智慧海 29

【阿含要略】

Āgama-Saṅkhepa

【阿含學】與【阿含道】

◎楊郁文著

序楊郁文居士《阿含要略》

楊公郁文居士，出生於一九三七年，籍貫台灣省雲林縣。台灣大學土木工程系肄業，高雄醫學院醫科畢業。台北市立中興醫院婦產科訓練完畢，自行開業婦產科診所，是位素具愛心的好醫師。

楊公在三十歲之後，由民間流傳的善書之中，接觸《金剛經》，啓發其正信，親近印順長老，執卷請益，解惑求證，並允爲之說法皈依，成爲三寶弟子。自此即根據印順長老的著述，啓迪研讀北傳漢譯四種《阿含》，以及南傳日譯五部《尼柯耶》，因此使他繼續探究，主攻阿含藏，自修巴利文。他對阿含經所下的對讀、分類、組織，條分縷析，細入牛毛，明察秋毫，一時之間，在國人之中，尙無出其右者。

故於民國七十二年九月起，應我中華學術學院佛學研究所聘爲兼任研究員，爲研究生講授阿含。嗣後台灣佛教界的僧俗大德創立研究所者，逐年增加，楊公也因此而成了諸方紛紛爭聘的一位阿含學老師。但他在民國七十九年四月起，接受了我們中華佛學研究所的禮聘，而爲專任研究員，既是我個人的光榮，也是本所同學的幸運。由於楊公的學問踏實，授課時的資料準備充分，教學的態度誠摯，深受歷屆同學的愛戴。

多年以來，凡是聽過楊公阿含學的人，都知道他對阿含經的整理，早已自成一家體系，無不盼其最日出版，以供廣大的讀者群，很有系統地認識阿含，可以用爲自我進修的工具，也可當作研究與教學的參考。

楊公對於阿含的看法是：一完整的學佛修道、乃至成佛的道次第：其包含著①增上善學、②增上信學、③增上戒學、④增上心學、⑤增上慧學、⑥正解脫學、⑦實證解脫。一共七個次第。他的這部偉構《阿含要略》，便是依照這樣的次第彙集編著而成。他把四種阿含、五尼柯耶，整治得條理井然，一覽無餘，其中以「增上慧學」的內容最豐富，舉凡佛法的義理，無不包羅，不僅攝盡原始的基礎佛法，也孕育著部派佛教及大乘佛教各宗奧義的要素。

在本書編著者的自序中說：此書是「以教理法義為緯，行果次第為經，探討原始佛教之佛法」。「引發向上心、菩提心、出離心，尋覓涅槃道跡，……修增上戒、定、慧學，解脫世間貪瞋癡之纏縛；證涅槃得阿羅漢，乃至究竟成佛。」這說明了阿含經既是原始佛教，確又是次第通向大乘佛教究竟成佛的寶筏。乃跟古來學者以為阿含僅屬三藏小乘教者，所見不同。這種看法，也已成為時代佛教學術界的通識，但是能像本書這樣脈絡分明地介紹出來的，尚屬初見。

我在三十三年前，也曾一度埋首於四部阿含，並作了大量的筆記，故我也知道阿含聖典，是大小乘諸宗佛法的根本，是一切佛法的源頭活水。雖亦時常參考引用，卻未能進一步地更下一番研究分析及審察組織的工夫，如今讀楊公的《阿含要略》，頗有左右逢源，處處明朗的感受，眞是惠我良多。今蒙其編著者楊公郁文居士，將之交由我們東初出版社印行，並囑寫序，謹述所知及所感，用報雅意。

民國八十二年四月三日午后釋聖嚴序於台北北投區中華佛學研究所

《阿含要略》出版感言

待望已久的《阿含要略》終於出版了，眞是一大快事。

筆者於七三年在中華學術院佛學研究所聆聽楊郁文老師所開「阿含學」的課程時，所用的是楊老師手寫的「阿含經講義」本。一年聽下來，該講義以及二本「阿含部」（大正藏）都塡滿了密密麻麻的上課筆記，這是我在佛學研究所時代所得到的寶貝之一。它亦是我到東京大學留學時，行囊中的「秘密武器」，因爲我的「阿含」底子常令日本的師生感到不可思議，此也是我能順利地在很短的時間內完成了碩士與博士學位的助緣之一。如今，這位「恩人」將要「粉墨登場」出版，公諸同好，豈非一大快事？藉此因緣，略談我國對「阿含」的傳統態度，以及近代歐美、日本的研究成果，從而來看《阿含要略》出版的意義。

完整的《阿含經》類在五世紀初就已完成漢譯了，可是並沒有受到中國佛教的重視。其原因或許是當印度佛教傳入我國的初期，印度本土正是初期大乘佛教的發展高潮，最重要的佛典傳譯者，如竺法護、鳩摩羅什等大師也是以弘揚大乘爲主。因此，對本來是代表「根本佛法」，卻常被誤解爲是「小乘」經典的《阿含經》類，其專家學者亦寥寥無幾。

可是，從十九世紀初開始，由於歐洲殖民主義的擴張，對東方世界有統治、傳教等等的須要，掀起了研究東方宗教的風潮。特別以同是印歐語系之梵語、巴利語佛教文獻爲主，在與漢譯《阿含經》類相當的巴利語佛典方面，他們的工作成果是：⑴巴利語文法書、辭典之出版，巴利語之語言研究。⑵巴利語佛典之校訂出版及翻譯。⑶巴利語佛教教理、教史之研究。⑷巴利語佛典成立史之研究。因此，奠定了巴利語佛典之國際性研究的基礎，也確定了它在佛教史上的重要性：是佛陀思想與言行的最早記錄。

在日本方面，自十九世紀末葉起，派遣留學生到歐洲學習梵語、巴利語佛教文獻研究。他們將這種新的研究方法與知識帶回日本，並且配合自中國傳入的漢譯佛典之傳統素養，於是在梵語，巴利語佛典與漢譯佛典的比較研究方面，當然有可以優於歐美學者的條件，因爲對使用與漢語不同語系的歐美人，漢譯佛典的研究是有些困難的。並且，在日本，設有佛教研究的公私大學中，大部分都有作與漢譯《阿含經》類相當的巴利語佛典之教學與研究。因此，除了有類似歐美的研究成果之外，從一九三五年開始，動員了全國有關學者，僅以六年的時間，將所有重要的巴利語佛典的日譯本－－稱爲《南傳大藏經》（六五卷七〇册），刊行圓滿。

印順法師在他的自傳中提到，於民國二六年，讀到日本學者的作品，如《原始佛教思想論》等，因而啓發「從現實世間的一定時空中，去理解佛法的本源與流變」的研究方法。三三年秋，在漢藏教理院講「阿含講要」，連載於《海潮音》雜誌。之後（三八年），刪補改題成《佛法概論》一書。這可說是中國佛教界對《阿含經》的價值重新認識的濫觴。

二十餘年後，楊郁文老師繼續此研究方向。於民國七〇年，將他多年的學習心得，並且運用歐美、日本的研究成果，融合成自己適用的風格，開始講授「阿含」。至今十餘年間，除了年年改編講義之外，尚有多篇論文發表於《中華佛學學報》等。此外，也協助《佛光大藏經》「阿含藏」（七二年出版）之編輯及撰寫四部《阿含經》的「題解」，日本的水野弘元先生（巴利語佛教研究當今最高權威）撰文對該「題解」稱讚，並且肯定其自成一家的研究風格，這事引起日本學界想一睹爲快的購買興趣，當時（一九八八）我正是東京大學碩士班二年級學生，多次被日本師生們問及楊老師事，我也曾應某書商請求，幫忙讀寫訂購「阿含藏」的中文信。眞是難得使日本學者也想買 MADE IN TAIWAN 的研究產品。所以，目前出版的《阿含要略》應該可以再次打進日本，乃至國際市場，爲國人爭光。

所以，國際上尚無如《阿含要略》之編著方針的書籍。我個人使用的角度是：⑴狹義上，作爲研讀浩瀚如海「阿含藏」的指南。因爲這是編者近二十年之研究與實踐心得（見其書如見其人），後人可「按圖索驥」直探精華，無有「歧路亡羊」之慮。此外，因爲隨處付有引文，無查尋「阿含藏」之勞，但仍須養成勤查原文的習慣，以免有「斷章取義」之失。⑵廣義上，當成一部有系統、有次第、可以從頭讀到尾的「重要佛學名相辭典」。因爲它有使用方便的號碼目錄、索引與表解，並且各條目間有點、線、面、體的互相關連性，無有「支離破碎」之弊。⑶作爲聞、思、修、證的學佛「生活手册」，隨時隨地以「經」印心，以「經」檢言，以「經」導行。

最後，贅言一句：若以此因緣，使中國佛教界普遍地對《阿含經》的價值有重新認識的機會，固然是件好事。若能進而去體會它與大乘經典的呼應性，也能再次重新肯定大乘經典的價値的話，豈非更美？

民國八十二年七月二十日釋惠敏序於台北北投區中華佛學研究所

＜阿含要略＞ 自序

十分慶幸宿世善根滋長，而立歲後 尙得淺植佛法大地； 適逢 印順法師宴處嘉義妙雲蘭若，法雨潤澤雲、嘉、南，深受感化，請求證明，允許歸依三寶，進授賢聖戒，成爲優婆塞。依 印老一系列著作，啓迪研讀北傳四部《阿含》、南傳日譯五部《尼柯耶》； 爲 如實了解早期「佛法」，發覺直接研究第一手資料 — 巴利語經文 —旣必要又爲充分之條件。由 慈惠法師協助，購得 水野先生之〈パーリ語佛教讀本〉〈パーリ語辭典〉〈パーリ語文法〉三書，從 達和法師處請得巴利語四部《尼柯耶》；熱心求法之情意推動下，刻苦自修巴利語。同修之間法談，時常以早期佛法傳布，乃至訛傳「專研阿含」，從此身陷教職；甚至，盛情難却下，接受 中華佛研所專職。自知有所不足 尙須充實，貿然答應聖嚴法師指導學子，至今乃具 恐有誤人子弟之慮；但冀 教學相長，同霑法益。

爲方便教學，十年前於 淨行法師 靈山佛研所「阿含經研究」科目講課時，編著〈阿含經講義〉爲底本，年年改編，於去年充實引用經文，編成〈阿含要略〉，應學生及同修之要求，今修訂後， 聖嚴法師 慨允由 東初出版社出版發行。

釋尊說法大部分結集在《阿含》《尼柯耶》裡，一切教、理、行、果之原型包羅無遺；集合聖教故曰 尼柯耶，傳來聖教故名 阿含。雖有南、北二傳，並無歧義；間有佛弟子所說，爲佛印可，同佛所說。經由部派傳承，少許出入、增損，皆屬方便權說；大部究竟實說，部派之間非有二致，可證南、北同出一原。

「若過去事有實，（聞者）可樂〔一ㄠ丶〕、有所利益，如來盡知然後記之；未來、現在（事），亦復如是。如來於過去、未來、現在，（是）應時語、實語、義語、利語、法語、律語，無有虛也。」（⇨大正㈠75c）上述經文宣示如來說法之原則，在於應機而說，所說有義、有利，所說不離眞理、不違實相。一代時敎，由眾弟子以「九事相應」結集《相應阿含》，依「四悉檀」整理《雜、中、長、增一阿含》；釋尊隨機散說，佛法脈絡猶然可循。今爲敎、學之方便，編著講義：

以「敎」、「理」法義爲『緯』，「行」、「果」次第爲『經』，探討「原始佛敎」之佛法。依「阿含道（修、證）次第」敘述由「生得慧（良知）」分別善、惡，引發「向上心、菩提心、出離心（良心）」，尋覓（人、天、）涅槃道跡；順「四預流支」，成就「四不壞淨」得「見道」成爲入流者；從此踏上「聖、出世間八正道」，修 增上戒、定、慧（三無漏）學；解脫 世間貪、瞋、癡之 纏縛；（成就五分法身）證涅槃得阿羅漢，乃至 究竟 成佛。

細分此「一乘道（ekâyana magga 唯一趣向《成佛之》道）」爲「阿含學（聞、思）階梯」，有六：⑴ 增上善學，⑵ 增上信學，⑶ 增上戒學，⑷ 增上心學，⑸ 增上慧學，⑹ 正解脫學 循序學習，合乎緣起，道果必成。

阿含「佛學」乃 人類「活學（生活之學問）」，透過 阿含「道性」之認識，有助於「人性」之充實；「人性」不外乎「知（理智）」、「情（感情）」、「意（意志）」。「增上善學」在於培植善根：分別善、惡之道德觀念—理智 —，發揮慚愧心— 情感 —，不放逸於實踐道德— 意志。「增上信學」在於培植信根：成就信忍— 理智 —，信樂— 情感 —，信求— 意志 —。「增上戒學」在於加強信力： 波羅提木叉戒— 情感 —，活命遍淨戒— 意志 —，資具依止戒— 理智 —。「增上心學」在於培養定根、定力： 擇法覺支— 理智 —，精進、定覺支— 意志 —，喜、輕安、捨覺支— 情感 —。「增上慧學」在於培養慧根、慧力： 發揮菩提— 無漏的理智 —，開發慈悲— 無漏的情感 —，堅定弘願— 無漏的意志 —。「正解脫學」在於證實：究竟解脫之聖人，具足完美的 知、情、意，是人格完滿者。

本講義對種種佛法之關鍵語，依阿含法、義作「重點的」敘述；每章節之間，有「連線的」看法；許多 表解 幫助「全面的」觀察；至於「整體的」體會佛法，惟有歷經 聞、思、修、證，解、行雙運，正確地 應用佛法於日常生活、宗教生活當中。「目錄」及「索引」提供「研究佛學」、「學佛修行」之資訊檢索。

阿含法海浩瀚，無量寶藏，難以一一道盡；阿含義海甚深不可測，難以層層潛入。亦如參天道樹，菩提果實纍纍，然矮身短手如余，惟能躡足伸手擷近（要）者，略剝其皮毛，以供養有緣而已；是故，名此 阿含講義曰〈阿含要略〉。

感謝 聖嚴法師賜序並出版本書； 道謝 楊劉淑蓉女士 電腦輸入經文 并製作索引。

民國 八十二年 正月初七 楊郁文 序於 阿含學園

作者簡介

楊郁文

- 高雄醫學院醫科畢業
- 中華佛學研究所專任研究員
- 法光佛教文化研究所兼任教授

著作

- 《佛光大藏經．阿含藏》審訂：
- 《佛光大辭典》審訂
- Digha-Nikaya(P.T.S)vols i. ii. iii. 漢譯《南傳大藏經、長部經卷一、二、三》
- 《佛光大藏經．阿含藏》之〈雜阿含經題解〉〈中阿含經題解〉〈長阿含經題解〉〈增一阿含經題解〉
- 〈以四部阿含經為主——綜論原始佛教之我與無我〉〈中華佛學學報，第二期PP.1～63）
- 〈南、北傳「十八愛行」之法說及義說〉（中華佛學學報，第三期PP.1～23）
- 〈初期佛教「空之法說及義說」〉（中華佛學學報，第四期PP.121～167;第五期PP.67～107）
- 《阿含要略》（東初出版社）
- 編著《中華阿含辭典》（進行中）

其致力於佛學學術研究至今歷二十餘寒暑，對阿含藏之研究更是不遺餘力。彼現正從事《中華阿含辭典》之編著，讀者將可拭目以待。

⇨ 指出 引用之經文/ 論文 出處

⇨ 指出 參考之經文/ 論文 出處

→ 作用、因果

! 人名呼格(vocative)

☆ 「……相應」、「……法門」……

✱ 發展的佛教：《阿毗曇》、《大乘經》、《清淨道論》、《中論》……

§ section 章節

〃 ditto mark，同上、同前

∾ ……∾…… 前後兩句(段) 意義有關聯

↔ ……↔…… 前後兩句(段) 意義相反

⊃ A ⊃ B = A includes B, A 包含、包括、含有 B(B 在 A 之中)

∋ A ∋ B = B is a member of A/ B is belonged to A(B 屬於 A)

= equals 等於、相等，identical with 相等、全同

≡ equivalence 同意義、同字義

≑ likeness 內容相似、類似

≠ is not equal 不等於、不相等， is not identical with 完全不同

∨ non-exclusive ‘or’ 非排取「或」

甲∨ 乙 = 甲與/ 或乙 = 或甲，或乙，或甲及乙

⑥ 法數略符；貪③ 指：貪、瞋、癡；色⑤ 指：色、受、想、行、識

♣ 提示符號； 如 夾注，擬修訂字，分項，……乃至 筆者創見

❋ 注解符號

√ 字根

° ° 文字之前或 後省略

> A > B = A developed to B, A becomes B(A 派生 B)

< A < B = A developed from, A from B(A 從 B 派生)

雜　雜阿含經

中　中阿含經

長　長阿含經

增　增一阿含經

大/ 大正　大正新修大藏經

A　Aṅguttara-nikāya(增支部)

D　Dīgha-nikāya(長部)

M　Majjhima-nikkāya(中部)

S　Saṁyutta-nikāya(相應部)

Pṭs　Paṭisambhidhā-magga(無礙解道)

V　Vinaya(律藏)

Vibh　Vibhaṅga(分別論)

VM　Visuddhi-magga(清淨道論)

a/ b/ c　指〈大正新修大藏經〉某頁之 上欄/ 中欄/ 下欄

cf.　confer(= compare)參照、參閱/ 出處參見；compare to/ with 與…比較

(中21) 指《大正新修大藏經 中阿含第21經》

(增21-5) 指《大正新修大藏經 增一阿含 第21品 第 5經》

(大1-790b^{3}f.)　指〈大正新修大藏經〉第一册790頁 中欄第三行及以後

(S 48,50　Sv.226^{5})　指《P.T.S. 相應部第 48相應,第 50經 相應部第 5卷第 226頁　第5行》

(A 1,5,7 A i.9^{-7}f.)　指《P.T.S. 增支部第 1集,第 5品,第 7經 增支部第 1卷 第 9頁 倒數第 7行及以下》

○.【阿含簡介】

一.【增上善學】

二.【增上信學】

三.【增上戒學】

四.【增上意學】

五.【增上慧學】

六.【正解脫學】

七.【索引】 …… 索引 01～91

【阿含要略(Āgama saṅkhittena)】願爲汝等以要略說阿含！

Saṅkhittena pi kho vo ahaṁ Āgamaṁ deseyyaṁ!

歸敬 世尊 阿羅訶 等正覺者！

Namo tassa Bhagavato Arahato Sammāsambuddhassa!

○.【阿含簡介】

§1-0-1 【阿含之音、義】

音：āgama，阿含、阿含慕、阿鋡、阿鋡暮、阿笈摩、阿伽摩……。

義：ā-√gam,<gam(gaccati)：to go to，to arrive at,to come to know.

⇨〈Monier-Williams' Skt-E dict.〉p.129c

① coming near ≒ 唐 玄奘譯《瑜伽師地論 卷85》：傳「來」；

② approaching ≒ 姚秦 僧肇〈長阿含 序〉：法「歸」；

晉 道安〈四阿鋡暮抄 序〉：「趣」無；

③ a traditional doctrine or precept ≒

唐 玄奘譯《瑜伽師地論 卷85》：「傳」來；

④ collection of such doctrines，(Nikāya) ≒

蕭齊·僧伽跋陀羅譯《善見律 毗婆娑 卷1》：容受聚「集」。

§1-0-2 【阿含＝ 一切事相應教＝ 事契經≠ 小乘經】

①《瑜伽師地論 卷85》：「卽 彼一切事相應教，……(集爲四阿笈摩)。」「……如是 四種(阿笈摩)，師、弟輾轉傳來于今，由此道理，是故說名 阿笈摩；是名事契經。」⇨(大30-772c^{-7}f.)

②《A.11,18》"… Ye te bhikkhū bahussutā āgatâgamā dhammadharā vinaya-dharā mātikādharā…" ⇨(A v. 352^{9}f.)

∽《中85》：「或有一人誦經、持律、學阿毗曇，諳阿含慕，多學經書。」⇨(大1-561b^{-3}f.)

《A.10,44》"Iṅgha tāva āyasmā āgamaṁ pariyāpuṇassû" ti⇨(A v. 80^{-8}f.)

§1-0-3 【聖傳】

〖Āgama(阿含)〗≒ 'āpta vacana' — Saṁkhya 之「聖言」；

'śruti' — Veda 天啓之「聞持」；

'śruta' — Jina 聖人啓示之「聞智」。

§1-0-4 【《四阿含》及《Pañca nikāyā》＝ 現存「原始佛教的 聖典」】

①《四阿含》：

(1)《瑜伽師地論 卷85》⇨(大30-772c⁻⁷f.)：「卽彼一切『事』相應教—

1. 間厠鳩集，是故 說名《雜阿笈摩》；

2. 復以「餘相」處中而說，是故 說名《中阿笈摩》；

3. 復以「餘相」廣長而說，是故 說名《長阿笈摩》；

4. 更以一、二、三… 等「漸分數」道理而說，是故說名《增一阿笈摩》。」

(2) 印順〈原始佛教聖典之集成〉⇨(p.878)：編集《四部阿含》之 宗趣：

1.《雜阿含》— 甚深法義爲主；

2.《中阿含》— 以分別、抉擇爲主；

3.《長阿含》— 以佛陀超越天、魔、梵爲主；

4.《增一阿含》— 是教化弟子，啓發出世善的。*cf.*〈p.0-7 ○.§2-0-4〉

(3) 漢譯，現存：

1.a.大本《雜阿含經》(五十卷 1～1363經)大正No.99←(正統)說一切有部傳誦

b.別譯《雜阿含經》(十六卷 1～364經)大正No.100←分別說系飲光部傳誦

c.別出《雜阿含經》(十九卷 1～48經) 大正No.101～124〔No.106,119,122,123.→屬《增一阿含經》；No.120屬大乘 如來藏系經典〕

2.a.大本《中阿含經》(六十卷 1～222經)大正No.26←說一切有部(旁系)傳誦

b.別出《中阿含經》(七十一卷 1～69經)大正No.27～98〔No.29,39,89→屬《增一阿含經》〕

3.a.大本《長阿含經》(二十二卷 1～30經)大正No.1 ←分別說系法藏部傳誦

b.別出《長阿含經》(五十八卷 1～24經) 大正No.2～25

4.a.大本《增一阿含經》(五十一卷 1～472經)大正No.125← 大眾部末派傳誦

b.別出《增一阿含經》(三十六卷 1～80經)大正No.126～151

(4) 韓譯、日譯……。

②《Pañca nikāyā(五部、五尼柯耶)》南傳 巴利(Pāli)語聖典，現存：←上座部分別說系銅鍱部 傳誦

(1)《Saṁyutta-nikāya(相應部經)》(S 1～56相應，1～7762經)

(2)《Majjhima-nikāya(中部經)》(M 1～152經)

(3)《Dīgha-nikāya(長部經)》(D 1～34經)

(4)《Aṅguttara-nikāya(增支部經)》(A 1～11集，1～9557經)

(5)《Khuddaka-nikāya(小部經)》

1.《khuddaka-pāṭha(小誦經)》(Khp.1～9，4文、5經)

2.《Dhamma-pada(法句經)》(Dhp.1～26品，1～423偈)

3.《Udāna(自說經)》(Ud.1～8品，1～80經)

4.《Itivuttaka(如是語經)》(It.1～4集，1～112經)

5.《Sutta-nipāta(經集)》(Sn.1～5品，54經，16所問及序偈結語，1～1149偈)

6.《Vimāna-vatthu(天宮事經)》(Vv.1～7品，1～85天宮事)

7.《Peta-vatthu(餓鬼事經)》(Pv.1～4品，1～51事)

8.《Thera-gāthā(長老偈經)》(Thag.1～21集，1～1279偈)

9.《Therī-gāthā(長老尼偈經)》(Thīg.1～16集，1～522偈)

10.《Jātaka(本生經)》(J.1～22篇，1～547則故事)

11.a.《Māha-Niddesa(大義釋)》(MNd.1～16經義釋)

b.《Culla-Niddesa(小義釋)》(CNd. 1 經義釋；16所問義釋)

12.《Paṭisambhidā-magga(無礙解道)》(Pts.1～3品)

13.《Apadāna(譬喻經)》(Ap.59品，1～587譬喻)

14.《Buddha-vaṁsa(佛種姓經)》(Bv.1～28品)

15.《Cariya-piṭaka(所行藏經)》(Cp.1～35所行)

(6) 泰國文、緬甸文、柬埔寨文、寮國文……

(7) 中譯 — a. 漢文〈普慧大藏經〉(五卷)　b. 傣文佛經　? c.元亨寺〈漢譯南傳大藏經〉

(8) 泰譯、日譯、英譯、德譯、法譯……

③ 梵文《經典》貝葉(Pattra) 斷片

§2-0-1 【由佛教 聖典集成之過程(＝ 佛教**法脈**、**法流**)看
《**阿含經**》在**佛法**中的地位】♣

佛自知自覺此**法**成 等正覺

說

↓

佛法

四眾弟子

↓

見聞

↓

受持

↓

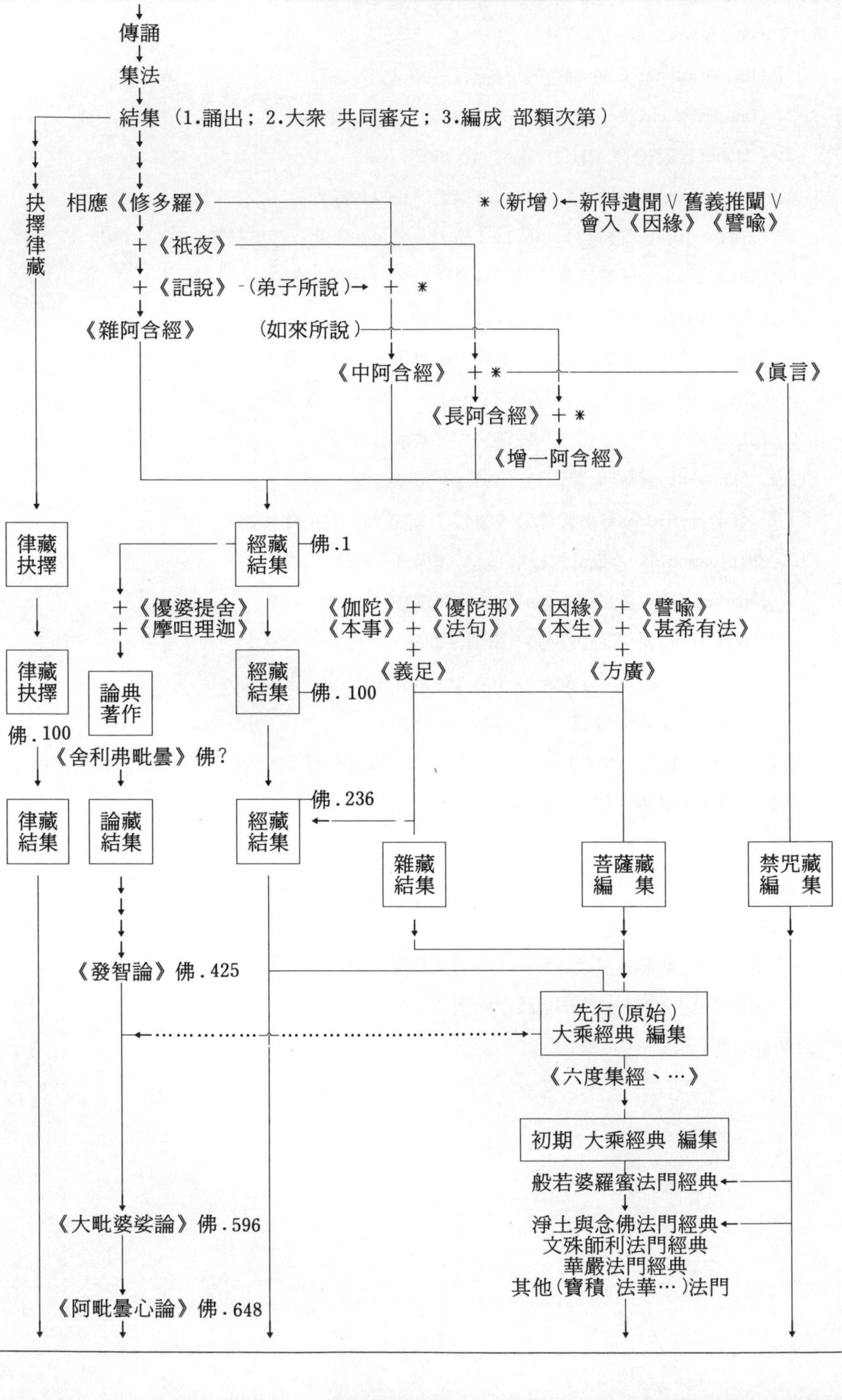
傳誦
集法
結集（1.誦出；2.大衆 共同審定；3.編成 部類次第）
抉擇律藏
相應《修多羅》
+《祇夜》
+《記說》-(弟子所說)→ + ＊
《雜阿含經》
(如來所說)
＊(新增)←新得遺聞∨舊義推闡∨
會入《因緣》《譬喻》
《中阿含經》 + ＊
《眞言》
《長阿含經》 + ＊
《增一阿含經》
律藏
抉擇
經藏
結集
佛.1
+《優婆提舍》
+《摩呾理迦》
《伽陀》+《優陀那》《因緣》+《譬喻》
《本事》+《法句》 《本生》+《甚希有法》
+
《義足》
+
《方廣》
律藏
抉擇
論典
著作
經藏
結集
佛.100
佛.100
《舍利弗毗曇》佛?
佛.236
律藏
結集
論藏
結集
經藏
結集
雜藏
結集
菩薩藏
編　集
禁咒藏
編　集
《發智論》佛.425
先行(原始)
大乘經典 編集
《六度集經、…》
初期 大乘經典 編集
般若婆羅蜜法門經典
《大毗婆娑論》佛.596
淨土與念佛法門經典
文殊師利法門經典
華嚴法門經典
其他(寶積 法華…)法門
《阿毗曇心論》佛.648

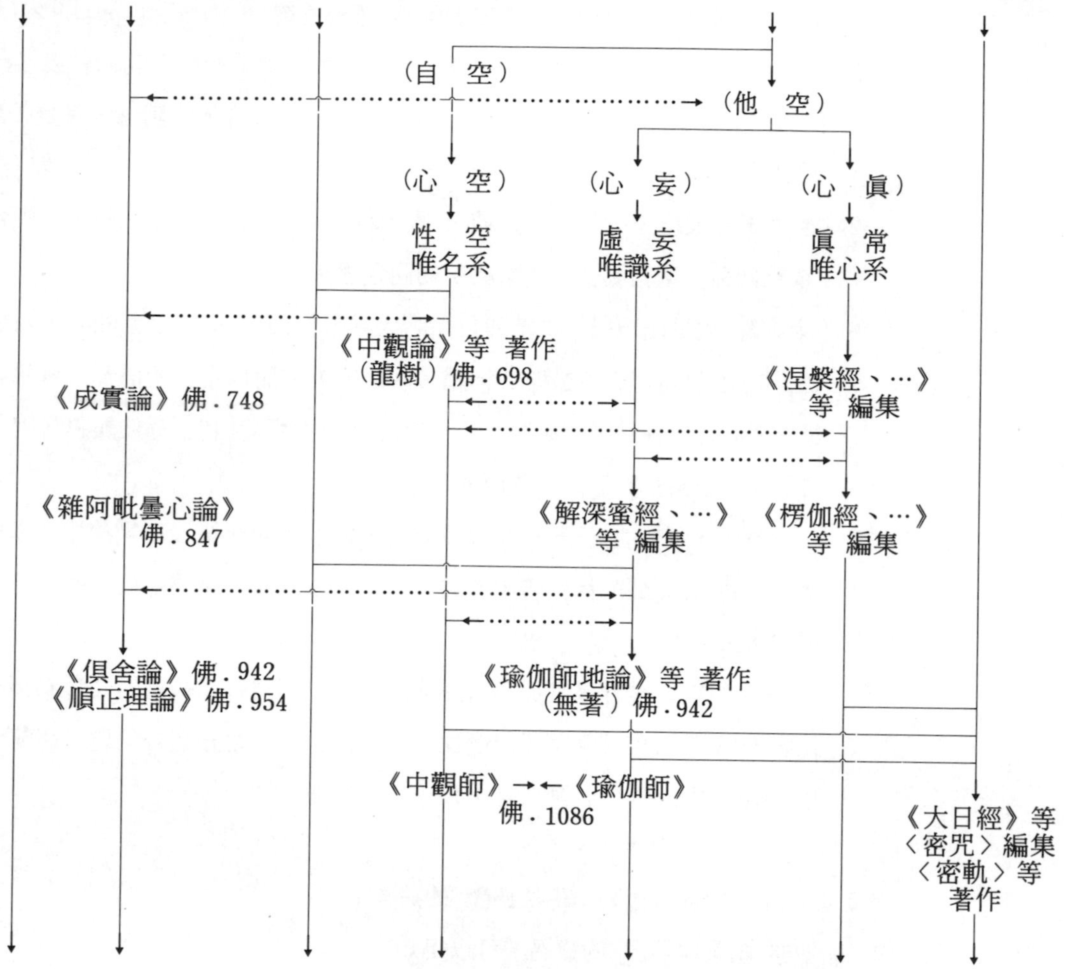

§2-0-2 【**印度佛教**中 《四部阿含》代表 **佛法**】

cf.〈p.0-08 ○.§2-0-5〉：〖印度佛教 表解〗

① 印順導師:〈印度之佛教〉p.1～11「印度佛教 流變概觀」：

第一期之佛教：聲聞爲本之 解脫同歸

第二期之佛教：傾向菩薩之 聲聞分流

第三期之佛教：菩薩爲本之 大小兼暢

第四期之佛教：傾向如來之 菩薩分流

第五期之佛教：如來爲本之 天佛一體

② 楊郁文：〈阿含經 題解〉《佛光大藏經 雜阿含經 一 》題解 pp.1～2：

(1)「釋尊在世時」： 諸弟子以從佛陀 金口所宣，傳承於弟子間的教授、教誡稱爲「阿含」。……表示「聖傳 法語」。……此時，「阿含」正是「聖教」的同義語。

(2)「釋尊般涅槃後」： 從阿難(結集 經)受得《四阿含》……此時，《阿含》成爲佛教「聖教集」、「聖典」的同義語。

(3)「大乘經 大量出現後」：革新之所謂大乘者爲排斥 保守之聲聞者，對聲聞者所信受而代代傳承之聖典 稱爲《阿含經》，而以自己所信奉，依佛本意新編纂的經典稱爲《大乘經》，從此之後，不明眞相者 竟然誤將《阿含》看輕爲《小乘經典》的同義語。

♣♣ 事實上，《阿含》是 佛世流傳之「教法」，是佛滅後所結集之「聖教集」，師、弟之間 代代傳承，爲「原始佛教」及「部派佛教」所公認的「根本佛法」。

部派佛教 著作《阿毘達磨論典》，可以和同時期編集的《大乘經典》比對， 而有《聲聞乘阿毘達磨論》跟《大乘經》之分別；但是，絕無理由可貶損「根本佛法 —阿含經」爲「小乘經典」。

§2-0-3 【《相應阿含》：佛法母體 的殊勝】

① 從聖典 結集與開展 的經過，可以得知：

(1)《相應阿含》是 佛教教、理、行、果、種種說法的 母體。

(2)《相應阿含》是 現存最早結集的 基本經典。

(3)《相應阿含》是 研究「佛學」的基礎。

② 熟讀《相應阿含》可以體會：《相應阿含》是概括釋尊成道至般涅槃間 一代之教化。

③ 奉讀《相應阿含》時，佛陀慇勤之教授、教誡，親切猶如 釋尊現前。

④《相應阿含》記錄 人間佛陀 來往各地，解答 教內、教外 日常生活乃至宗教生活之種種問題，可以做爲現代人建立正確人生觀的借鑑。

⑤《相應阿含》的人間佛陀觀 異於 後出經典之神化佛陀觀，由《相應阿含》可以認識 佛陀 的本來面目。

⑥由《相應阿含》可以把握 釋尊開示 教、理、行、果的本義。

(1) 教：一切事相應教 —五蘊、六處、無量界，現世安樂法、後世安樂法、究竟安樂法……等等。

(2) 理：十二緣起、四諦、四法本…… 等等。

(3) 行：三善支、四預流支、三學、三十七菩提分法、九淨勤支、十正行…等。

(4) 果：四向、四果、辟支佛、菩薩、阿耨多羅三藐三佛陀。

隨信行、隨法行、信解脫、見到、身證、慧解脫、阿羅漢俱解脫 等等。

§ 2-0-4 【佛法「適應世間」「化導世間」的四大宗趣】

三分教	〈修 多 羅〉	〈弟子記說〉	〈諸天誦說〉	〈如來記說〉
四阿含	《雜阿含經》	《中阿含經》	《長阿含經》	《增一阿含經》
①※1	說種種禪法是雜阿含，是坐禪人所習。	爲利根眾生說諸深義名中阿含，是學問者所習。	破諸外道是長阿含。	爲諸天、人隨時說法集爲增一阿含，是勸化人所習。
②※2	顯揚眞義。 Saratha-pakāsinī	破斥猶豫。 Papañca-sudānī	吉祥悅意。 Sumaṅgala-vilāsinī	滿足希求。 Manoratha-pūraṇi
③※3	第一義悉檀。	對治悉檀。	世界悉檀。	各各爲人生善悉檀。
④※4	隨(勝)義。	隨(對)治。	隨(好)樂。	隨(適)宜。
⑤※5	甚深法義爲主。	分別抉擇爲主。	佛陀超越天、魔、梵爲主。	教化弟子世出世善的。
⑥※6 一切經	以《相應部》爲主的《四部阿含》，無邊甚深法義由此出。	「大乘佛法初期空相應教」以遣除一切有情契入無我性爲主，重在對治。	「秘密大乘佛教」爲度劣慧、癡愛。	「大乘佛法後期眞常不空如來藏教」點出眾生心 自性清淨而爲眾生 生善解脫成佛的本因，重在爲人生善。

※1 《薩婆多毗尼 毗婆沙 卷一》⇨(大23-503c)；※2 覺音尊者《四 尼柯耶》註釋書 名稱（ P.T.S. 出版 ）；※3 龍樹菩薩「四悉檀」的教說。《大智度論 卷一》⇨(大25-59b)；※4 天台智者大師「修習禪觀 四隨」〈摩訶止觀 卷一〉⇨(大46-4c)；※5 ※6 印順導師「由佛法長期發展的觀點，看每一階段聖典的特色。」〈原始佛教聖典之集成〉⇨(p.878) *cf.*《佛般泥洹經》⇨(大1-175b^{6}~^{9})

§ 2-0-5 【印度佛教 ♣表解】

印度佛教							
佛紀	佛教內容						西元
(1)	(2)		(3)	(4)	(5)	(6)	565
	根本佛教		一	佛法	四部阿含經	原始佛學	530
0							486
1	原始佛教						370
2	部派佛教		二			部派佛學	
3							
4							
5	初期	大乘佛教	三	大乘佛法	大乘空相應經	初期大乘佛學	B.C.50
6							A.D.
7						小乘佛學成立期	150
8	中期		四		虛妄唯識經系典／眞常唯心經系典		
9						中期大乘佛學	400
10							500
11	後期		五	祕密大乘佛法	祕密大乘經典		
12						晚期大乘佛學／小乘佛學流行期	600
13							
14							
15							
16							1000
佛滅第幾百年	〈原始佛教〉		〈印度之佛教〉	〈原始佛教聖典之集成〉		〈印度佛學思想概論〉	
	水野先生		印順導師			呂澂先生	

565 悉達多菩薩出世
530 釋尊成無上等正覺者
←486 釋尊般涅槃；佛教紀元
268 Aśoka 王即位
000← 西元紀元
067 佛經來華
151 安世高 譯經
213 龍樹 出世
384《增一阿含》漢譯
385《中阿含》漢譯
413《長阿含》漢譯
430 Buddha-ghosa 注釋
453～443《雜阿含》漢譯
457 無著 出世
645 玄奘 返長安
716 善無畏 來華

§3-0-0【研究阿含】♣

§3-0-1【資源書】

① 依《經》解《經》用：

※(1)〈大正新修大藏經 阿含部 上〉—（《長阿含經》《中 阿含 經》及 別出單經 ）

〈大正新修大藏經 阿含部 下〉—（《雜阿含經》《增一阿含經》及 別出單經 ）

*(2)〈佛光大藏經 阿含藏〉—《雜阿含經 一～四》

《中阿含經 一～四》

《長阿含經 一～二》

《增一阿含經 一～四》

*(3) 日本〈國譯一切經 阿含經〉—《雜阿含經 一～三》

《中阿含經 四～六》

《長阿含經 七》

《增一阿含經 八～十》

*(4)〈Pāli Text Societys' Sutta Piṭaka〉：

1.《Dīga-nikāya vol. i. ~ iii.》

2.《Majjhima-nikāya vol. i. ~ iii.》

3.《Saṁyutta-nikāya vol. i. ~ iv.》

4.《Aṅguttara-nikāya vol. i. ~ v.》

5.《Khuddaka-nikāya》

a.《Dhammapada》

b.《Udāna》

c.《Iti-vuttaka》

d.《Sutta-nipāta》

e.《Thera-gāthā》

f.《Therī-gāthā》

g.《Paṭisambhidā-magga》

h.《Mahā-niddesa》

i.《Culla-niddesa》

※ 學習 本課程必備　　　　* 學習 本課程最好具備

*(5) 日譯〈南傳大藏經〉 第六～第八卷 《長部經典 一～三》
第九～第十一卷下 《中部經典 一～四》
第十二～第十六卷下 《相應部經典 一～六》
第十七～第二十二卷下《增支部經典 一～七》
第二十三卷 《法句經、自說經、如是語經》
第二十四卷 《經集》
第二十五卷 《長老偈經、長老尼偈經》
第四十～四十一卷 《無礙解道》
第四十二～四十三卷 《大義釋》
第四十四卷 《小義釋》

*(6) 英譯 ：〈Sutta Piṭaka〉

1.《Dialogues of the Buddha》←《D》T.W.& Mrs. Rhys Davids, 1899, 1910,1921

2.《Further Dialogues of the Buddha》←《M》Loard Chalmers 1926～27

3.《The Book of Kindred Sayings》←《S》Mrs. Rhys Davids, F.L. Woodward 1917～30

4.《The Book of the Gradual Sayings》←《A》F.L. Woodward, E.M. Hare 1932～36

5.a.《Minor Anthologies Ⅰ》←《Dhp》Mrs. Rhys Davids 1931

b.《Minor Anthologies Ⅱ》←《Ud》F.L. Woodward, 1935

c.《Sayings of Buddha》←《It》J. Moore, 1908

d.《Woven Cadences》←《Sn》E.M. Hare 1948

e.《Psalms of the Brethren》←《Thag》Mrs. Rhys Davids 1913

f.《Psalms of the Sisters》←《Thg》Mrs. Rhys Davids 1909

6.《Thus Have I Heard》←《D》M. Walshe 1987

② 依《律》解《經》用：南、北傳《律藏》如：四分律、五分律、銅鍱律之「隨律《經》」十誦律之「(十八)大經(♣大23-174b^{-12}f.)」

③ 依《論》解《經》用：

(1)〈大正新修大藏經（阿)毘曇部 一～四〉〈大正No.1536～1563〉

1.〈大正No.1545〉《阿毘達磨大毘婆娑論》(二百卷)

2.〈大正No.1558〉《阿毘達磨俱舍論》(三十卷)

3.〈大正No.1562〉《阿毘達磨順正理論》(八十卷)

(2)〈大正No.1564〉《中論》(四卷)

(3)〈大正No.1579〉《瑜伽師地論》(卷八十五～卷九十八)

*(4) 印順 編著〈雜阿含論會編上、中、下〉(正聞出版社)

(5)〈大正No.1648〉《解脫道論》(十二卷)

*(6) 覺音 造 葉均 譯〈清淨道論〉(上、中、下)(華宇出版社)

*(7)〈P.T.S.'s Tipiṭaka〉及 日譯〈南傳大藏經〉(略作:〈南傳〉)

1.《Dhamma-saṅgaṇi》〈南傳〉第四十五卷《法集論》

2.《Vibhaṅga》〈南傳〉第四十六～四十七卷《分別論》

3.《Kathā-vatthu》〈南傳〉第五十七～五十八卷《論事》

4.《Visuddhi-magga》〈南傳〉第六十二～六十四卷《清淨道論》

5.《Milinda-pañha》〈南傳〉第五十九卷上～五十九卷下《彌蘭王問經》

④ 依當代〈著作〉解《經》用：

*(1)印順 著〈佛法概論〉(正聞出版社)

*(2)木村泰賢著〈原始佛教思想論〉(大法輪閣 木村泰賢全集 卷三) 譯本(商務印書館)民國 77

*(3)水野弘元著〈原始佛教〉譯本(菩提樹雜誌社)

*(4)Rahula著〈佛陀的啓示〉譯本(慧炬出版社)

*(5)A.K.Warder著〈印度佛教史 上〉譯本(華宇出版社)「世界佛學名著譯叢 ㉜」〔緒論～第八章〕

*(6)〈佛光大藏經 阿含藏 附錄 上、下〉(佛光出版社)

(7)吳老擇編：〈雜阿含經之研究〉

(8)〈南傳大藏經解題〉—世界佛學名著譯叢 ㉔(華宇出版社)

(9)〈現代佛教學術叢刊 94，原始佛教研究〉(大乘文化社)

(10)印順著：〈原始佛教聖典之集成〉(正聞出版社)

(11)印順著：〈印度之佛教〉(正聞出版社)

(12)印順著：〈印度佛教思想史〉(正聞出版社)

(13)呂澂著：〈印度佛學思想概論〉(天華出版事業公司)

(14)E.J.D.Conze:〈BUDDHISM (Its essence and development)〉

胡國堅 譯：〈佛教的本質及其發展〉—世界佛學名著譯叢 ㉞(華宇出版社)

(15)印順著〈妙雲集〉(正聞出版社)—〈中觀論頌講記〉〈中觀今論〉〈性空學探源〉〈唯識學探源〉

(16)中村元 主編 葉阿月譯著〈印度思想〉(幼獅文化事業公司)

(17)中村元著〈原始佛教 1 ゴータマ・ブッダ －釋尊の生涯－〉(春秋社)

(18)中村元著〈原始佛教 2 原始佛教の成立〉(春秋社)

(19)中村元著〈原始佛教 3 原始佛教の思想 上〉(春秋社)

(20)中村元著〈原始佛教 4 原始佛教の思想 下〉(春秋社)

(21)中村元著〈原始佛教 5 原始佛教の生活倫理〉(春秋社)

(22)中村元著〈原始佛教その思想と生活〉(日本放送出版協會)昭和 58

(23)增谷文雄 著〈根本佛教 阿含經典講義〉(筑摩書房)

(24)金岡秀友 編著〈根本佛教〉(佼成出版社)1979

(25)舟橋一哉 著〈原始佛教思想の研究〉(法藏館)昭和 58

(26)三枝充悳 著〈初期佛教の思想〉(東洋哲學研究所)1978

(27)姊崎正治著作集 第八卷〈改訂 根本佛教〉(國書刊行會)昭和 57

(28)山本啓量 著〈原始佛教の哲學〉(山喜房佛書林)昭和 48

(29)雲井昭善 著〈佛教興起時代の思想研究〉

(30)Charles Eliot：〈Hinduism and Buddhism:A historical sketch — Pāli Buddhism〉李榮熙 譯〈巴利系佛教史綱〉— 世界佛學名著譯叢㉞(華宇出版社)

(31)佛教思想研究會編〈佛教思想 1.愛 2.惡 3.因果 4.恩 5.苦 6.空(上) 7.空(下) 8.解脫 9.心 〉(平樂寺書店)

(32)木村泰賢著〈印度六派哲學〉(大法輪閣 木村泰賢全集 卷二)昭和 62

(33)木村泰賢著〈印度哲學宗教史〉(大法輪閣 木村泰賢全集 卷一)昭和 62

⑤ 其他 歐、美、日人士之〈著作〉……

§3-0-2 【工具書】

① 索 引

(1)〈大正藏 法寶總目錄〉(新文豐 影印)

※(2)〈大正藏 大藏索引 第一册 阿含部……〉(新文豐 影印)

(3) P.T.S.' 〈Saṁyutta-nikāya vol.vi.〉
〈Majjhima-nikāya vol.iv.〉
〈Aṅguttara-nikāya vol.vii.〉
〈Dīgha-nikāya vol. i. ii. iii. 卷末〉

*(4)〈南傳大藏經 總索引 第一册，第二册〉(彌勒出版社 影印)

② 〖書 目〗

(1) 吳汝鈞 著〈佛學研究方法論〉附錄--「現代佛學研究書目」〉1360
(學生書局)

(2) 呂澂 著〈佛教研究法〉 「一～四參考書目」 204（常春樹坊 影印）

(3) 中村元 編著〈佛典解題事典 增補〉 「對佛教書之 引路」259
(地平線 影印)

(4) 水野弘元 著〈パ-リ語文法〉附錄……「關係巴利之重要 參考文獻」136
(山喜房)

③ 〖辭典〗

*(1) 中村元 編著〈佛教語 大辭典〉(彌勒出版社)

*(2)〈佛光大辭典〉(佛光出版社)

(3) 高觀廬 編著〈實用佛學辭典〉(佛教出版社影印)

*(4) T.W. Rhys Davids & W. Stede 編著〈Pāli-English Dictionary〉(London)

*(5) 水野弘元 編著〈パ-リ語辭典〉(春秋社)

(6) M.Monier-Williams 編著〈A Sanskrit-English Dictionary〉 (Oxford)

④ 〖文法書〗

*(1) 水野弘元 著〈パ-リ語文法〉(山喜房佛書林)

(2) Buddhadatta Thera 著〈The new Pāli course〉
(The Colombo apothecaries’ co.,Ltd.)1962

*(3) A.K.Warder 著〈Introduction to Pali〉(The Pali Text Society)1984

(4) 長井眞琴 著〈獨習巴利語文法〉(山喜房佛書林)

⑤ 〖方法書〗

(1) 印順 著〈以佛法研究佛法〉(妙雲集 中編之 三)

(2) 吳汝鈞 著〈佛學研究方法〉(學生書局)

(3) 平川彰 等著 許明銀譯〈佛教(學)研究入門〉(法爾出版社)

(4) 呂澂 著〈佛教研究法〉(常春樹坊 影印)

(5) 張曼濤 主編〈現代學術叢刊(51)佛學研究方法〉(大乘文化社)

(6) 塚本啓祥 著〈佛教研究入門〉「原始佛教」(大藏出版社)1984

(7) 大谷大學 編〈佛學研究指南〉關世謙 譯(東大圖書公司)

§3-0-3 【研習阿含】♣

①【認識佛陀、佛教、佛法、佛學】

(1)〖佛法〗*cf.* 〈p.0-03 ○.§2-0-1〉

(2)〖佛教〗*cf.* 〈p.0-14 ○.§3-0-3 ②〉

(3)〖佛學〗

(4)〖學佛〗

(5)〖佛陀〗*cf.* 〈p.2-09ff. 二.§2-0-4〉

②【佛陀的 教化】*cf.* 〈p.2-33ff. 一.§3-0-1～§3-0-4〉

(1)〖原則〗：義饒益、法饒益、梵行饒益，明、慧、正覺、向於涅槃。

1.「(1)事有實、(2)可樂、(3)有所利益 如來盡知，然後記(說)之。」⇨（長17大1-75c[4]f.）

2.「爾時，世尊與諸大眾到申恕林，坐樹下；爾時，世尊手把樹葉，告諸比丘：『此手中葉爲多耶？大林樹葉爲多？』比丘白佛：『世尊手中樹葉甚少，彼大林中樹葉無量，百千億萬倍，乃至算數，譬類不可爲比。』（世尊言：）『如是，諸比丘！我成等正覺自所見法，爲人定說者，如手中樹葉；所以者何？彼法 義饒益、法饒益、梵行饒益，明、慧、正覺、向於涅槃。如大林樹葉，如我成等正覺自知正法，所不說者亦復如是。』」⇨（雜404大2-108a[-2]f.）

(2)〖方式〗：

1.【法說、義說】

「爾時，世尊告諸比丘：『我今當說緣起法 法說、義說； 諦聽善思！當爲汝說。云何緣起法法說？ 謂 此有故彼有，此起故彼起；謂 緣無明行……乃至純大苦聚集，是名 緣起法 法說。 云何(緣起法)義說？ 謂緣無明行者，彼云何無明？ 若不知前際，不知後際、不知前後際，不知於內、不知於外、不知內外，不知業、不知報、不知業報，不知佛、不知法、不知僧，不知苦、不知集、不知滅、不知道，不知因、不知因所起法，不知善、不善、有罪、無罪、習、不習，若劣 若勝、染汙 清淨、分別緣起〔非緣起〕皆悉不知，於六觸入處不如實覺知； 於彼彼 不知、不見、無無間等、癡、闇、無明、大冥是名無明。緣無明行者，云何爲行？行有三種：身行、口行、意行。…』」⇨（雜298大2-85a[12]f.）

2.【法次法 說】

「時，有生聞婆羅門來詣佛所，與世尊面相問訊慰勞已，退坐一面；白佛言：『瞿曇！我聞瞿曇說言：「唯應施我，不應施餘人；施我得大果，非施餘人，而得大果。應施我弟子，不應施餘弟子；施我弟子得大果報，非施餘弟子得大果報。」云何，瞿曇！作是語者爲實說耶？非爲謗毀瞿曇乎？爲如說說、如法說耶？法次法說，不爲餘人以同法來訶責耶？』 佛告婆羅門：『彼如是說者，謗毀我耳；非 如說說、如法說、法次法說、不致他人來以同法呵責。所以者何？我不如是說：「應施於我，不應施餘；施我得大果報，非施餘人得大果報。應施我弟子；施我弟子得大果報，非施餘弟子得大果報。」然，婆羅門！我作如是說者：「作二種障 —障施者施；障受者利。」 婆羅門乃至士夫以洗器餘食，著於淨地，令彼處衆生卽得利樂；我說斯等，亦入福門，況復施人。 婆羅門！然，我復說：「施持戒者得果報不同(施)犯戒(者)。』 生聞婆羅門白佛言：『如是，瞿曇！ 我亦如是說：「施持戒者 得大果報，非施犯戒(者)』。」⇨(雜95大2-26a[6]f.) ∾ (S.12,24 S ii.33[15]f.)

3.【先說 端正法 ……次說 正法要】

「如諸佛(常)法，先說 端正法，聞者歡悅； 謂：說施、說戒、說生天法，毀呰欲爲災患生死爲穢，稱歎無欲爲妙、道品白淨。世尊爲彼說如是法已，佛知彼有歡喜心、具足心、柔軟心、堪耐心、勝上心、一向心、無疑心、無蓋心，有能力堪受正法，謂 如諸佛說 正法要，世尊卽爲彼說苦、習、滅、道。」⇨(中38大1-479c[-6]f.)

4.【說 增上法】

「爾時，尊者羅睺羅往詣佛所，稽首佛足，退坐一面；白佛言：『善哉！世尊爲我說法，我聞法已，獨一靜處，專精思惟，不放逸住……見法自知作證：……自知不受後有。』 爾時，世尊觀察羅睺羅 心解脫慧未熟，未堪任受 增上法；問羅睺羅言：『汝以授人五受陰未？』 羅睺羅白佛：『未也；世尊！』佛告羅睺羅：『汝當爲人演說 五受陰！』 爾時，羅睺羅受佛教已，爲人演說五受陰；說已，還詣佛所。

……爲人演說六入處……爲人廣演說尼陀那已；來詣佛所。……

爾時，世尊復觀察羅睺羅心解脫智未熟廣說；乃至告羅睺羅言：『汝當於上所說諸法，獨一靜處，專精思惟，觀察其義！』爾時，羅睺羅受佛教勅，如上所聞法、所說法，思惟稱量，觀察其義；作是念：此諸法，一切皆順趣涅槃、流注涅槃、後住涅槃。爾時，羅睺羅往詣佛所……白佛……爾時，世尊觀察羅睺羅，心解脫智熟，堪任受增上法，告羅睺羅言：『羅睺羅！一切無常；何等法無常？　謂：眼無常，若色、眼識、眼觸，如上無常廣說。』」⇨(雜200大2-51a^{-14}f.)

5.【四事之教】

「時，佛在毗舍離棕祇園中，與大比丘眾五百人俱，漸漸復在人中遊化；是時，世尊還顧 觀毗舍離城，尋時便說此偈：

『今觀毗舍離，　更後不復覩；　亦復更不入，　於是當別去！』

是時，毗舍離城中人民，聞說此偈，普懷愁憂，從世尊後，各各墮淚，自相謂曰：『如來滅度，將在不久，世間當失光明。』　世尊告曰：『止！止！諸人！勿懷愁憂，應壞之物，欲使不壞者，終無此理。吾先以有此 四事之教，由此 得作證；亦復與四部之眾，說此 四事之教。 云何爲四？　一切行無常，是謂一法；一切行苦，是謂二法；一切行無我，是謂三法；涅槃爲滅盡，是謂第四法之本。　如是，不久如來當取滅度，汝等當知 四法之本，普與一切眾生而說其義！』」⇨(增42-3大2-748c^{-3}f.)

6.【俗數法 ∽ 第一義空法】

「爾時，世尊告諸比丘：『我今當爲汝等說法， 初中後善，善義、善味，純一滿淨，梵行清白，所謂 第一義空經；諦聽善思！當爲汝說。 云何爲第一義空經？　諸比丘，眼 生時無有來處，滅時 無有去處；如是，眼不實而生，生已盡滅，有業報而無作者，此陰滅已，異陰相續，除俗數法。耳、鼻、舌、身、意 亦如是說，……除俗數法。 俗數法者，謂此有故彼有，此起故彼起；如 無明緣行，行緣識，廣說…… 乃至純大苦聚集起。　又復，此無故彼無，此滅故彼滅；無明滅故行滅，行滅故識滅，如是廣說……乃至純大苦聚滅。 比丘！是名 第一義空法經。』」⇨(雜335大2-92c^{13}f.)

③【聲聞(弟子)的學習】

(1)〖原則〗：

1.【導向涅槃∨導至涅槃】

「彼比丘(弟子)厭、離欲、滅盡向，是名爲 學。」(雜345大2-95b^{-10})

2.【學八正道】

「何等爲 學? 謂：學正見成就，學正志、正語、正業、正命、正方便、正念、正定成就.」⇨(雜761大2-200a[16])

3.【三無漏學】

「時，有外道出家名曰 尸婆，來詣佛所…… 白佛言：『瞿曇！云何爲學？所謂學者，云何學？』 佛告尸婆：『學其所學，故名爲學。』 尸婆白佛：『何所學？』 佛告尸婆：『隨時學增上戒、學增上意、學增上慧。』 尸婆白佛：『若阿羅漢比丘，諸漏已盡，所作已作，捨諸重擔，逮得己利，盡諸有結，正智善解脫；當於爾時，復何所學？』 佛告尸婆：『若阿羅漢比丘，諸漏已盡……乃至正智善解脫；當於爾時，覺知貪欲永盡無餘，覺知瞋恚、愚癡永盡無餘。故不復更造諸惡，常行諸善；尸婆！是名爲 學其所學。』」 ⇨(雜976大2-252c[2]f.)

4.【學戒、學三昧、學慧、學解脫→ 無學戒、無學三昧、無學慧、無學解脫】

「爾時，尊者阿難語摩訶男：『學人《亦》有戒，無學人亦有戒；學人有三昧，無學人亦有三昧；學人有慧，無學人亦有慧；學人有解脫，無學人亦有解脫。』 摩訶男問尊者阿難：『云何爲學人戒？云何爲無學人戒？云何學人三昧？云何無學人三昧？云何學人慧？云何無學人慧？云何學人解脫？ 云何無學人解脫？』 尊者阿難語摩訶男：『此聖弟子住於戒，波羅提木叉律儀，威儀行處，受持學戒；受持學戒具足已，離欲、惡、不善法……乃至第四禪具足住。如是三昧具足已；此苦聖諦如實知，此苦集如實知，此苦滅如實知，此苦滅道跡如實知。如是知、如是見已，五下分結已斷、已知，謂：身見、戒取、疑、貪欲、瞋恚，此五下分結斷；於彼受生得般涅槃 阿那含，不復還生此世。 彼當爾時，成就學戒、學三昧、學慧、學解脫；復於餘時，盡諸有漏，無漏解脫，慧解脫，自知作證：我生已盡，梵行已立，所作已作，自知不受後有，彼當爾時，成就無學戒、無學三昧、無學慧、無學解脫。 如是，摩訶男！是名世尊所說學戒、學三昧、學慧、學解脫，無學戒、無學三昧、無學慧、無學解脫。』」⇨(雜934大2-239a[7]f.)

(2)〖方式〗 ：

1.「若於色⑤說是生 厭、離欲、滅盡、寂靜法者，是名(善說)法師。」⇨(雜26大2-5c[15]f.)

2.「若聞色⑤是生 厭、離欲、滅盡、寂靜法(者)，是名多聞。」⇨
(雜25大2-5c^{4}f.)

( ).〔 於色⑤思惟，生 厭、離欲、滅盡…… 。〕

3.「於色⑤向 厭、離欲、滅盡，是名 法次法 向。」⇨(雜27大2-5c^{-5}f.)

4.「於色⑤生 厭、離欲、滅盡，不起諸漏、心正解脫，是名 比丘 見法涅槃。」⇨(雜28大2-6a^{6}f.)

④【阿含學】

(1) 增上善學(Adhikusalatā-sikkhā)

(2) 增上信學(Adhisaddhā-sikkhā)

(3) 增上戒學(Adhisīla-sikkhā)

(4) 增上心學(Adhicitta-sikkhā)

(5) 增上慧學(Adhipaññā-sikkhā)

(6) 正解脫學(Sammāvimutti-sikkhā)

⑤【阿含 道次第】*cf.* 〈p.0-33f. ◯.§3-0-5 ⑦【阿含 道次第表】〉

◯(見)善人 →慚愧 →不放逸 →親近善知識 →恭敬順語 →樂見賢聖 →樂聞正法 →觀法義 →受持法 →翫誦法 →觀法忍 →生信◯ →正思惟 →精進 →正念正智 →具威儀法 →護諸根 →三妙行 →四念處 →擇法 →正精進 →初禪 →第二禪 →第三禪 →第四禪 →見淨勤支 →度疑淨勤支 →分別淨勤支 →道淨勤支 →除淨勤支 → 無欲淨勤支 →解脫淨勤支 →解脫知見 →涅槃◌

⑥【學、道 過程 ♣表解】：

cf. 〈p.0-22 ◯.§3-0-5之 ⑤〉

<table>
<tr><td>人</td><td colspan="3">外凡</td><td colspan="4">內凡</td><td colspan="5">有學</td><td>無學</td></tr>
<tr><td>學</td><td colspan="7">學前</td><td>入學</td><td colspan="4">修學</td><td>無學</td></tr>
<tr><td>道</td><td colspan="3">道心</td><td colspan="4">覓道</td><td>見道</td><td colspan="4">修道</td><td>證道</td></tr>
<tr><td>法</td><td>分別善惡→</td><td>慚愧→</td><td>正勤→</td><td>親近善士→</td><td>聽聞正法→</td><td>內正思惟→</td><td>法次法向→</td><td>四不壞淨→</td><td>戒→</td><td>定→</td><td>慧→</td><td>解脫→</td><td>解脫知見</td></tr>
<tr><td>修學</td><td colspan="3">增上善學</td><td colspan="5">增上信學</td><td>增上戒學</td><td>增上意學</td><td>增上慧學</td><td>正解脫學</td><td>無學</td></tr>
<tr><td>支</td><td colspan="3">三善根具足</td><td colspan="5">四入流分具足</td><td colspan="5">五分法身具足</td></tr>
</table>

⑦【對《阿含》的「方法學的 佛學研究」】←〖學術的方法〗☆

(1) 文獻學的

(2) 哲 學 的

(3) 宗教學的

(4) 史 學 的

(5) 心理學的

(6) 社會學的

(7) 其他學科的……

⑧【「十法行」《辯中邊論 卷下》】←〖宗教的方法〗☆

「《論》曰:『於此大乘有 十法行:

(1) 書寫;

(2) 供養;

(3) 施他;

(4) 若他誦讀,專心諦聽;

(5) 自披讀;

(6) 受持;

(7) 正為他 開演文義;

(8) 諷誦;

(9) 思惟;

(10) 修習行。』」⇨(大31-474b^{-6}f.)

⑨ 【閱讀《阿含經》的 方法】♣←〖自修的方法〗☆

(1) 依 藏經〈大正藏∨P.T.S.藏〉編集的次第,從第一經至最後一經 依次 閱藏。

(2) 依《雜含經》、《中阿含》、《長阿含》、《增一阿含》的次序 閱藏。

(3) 依「事相應」的次序 閱藏。

1. 佛光山《佛光大藏經》

a.按編修完成次第;

b.按〈題解「導讀」〉之次第。

2. 印順導師〈雜阿含經論 會編〉

3. 日本《國譯 一切經》

4. P.T.S.《Saṁyutta-nikāya》;日譯 南傳。《相應部經典》

(4) 依「端正法」→「正法要」→「增上法」次序 閱讀

cf. 〈p.0-14f. ○.§3-0-3 ② 之(2)〉

(5) 依「阿含學、阿含道次第」閱讀 【本科目 研習方式】

⇨〈p.0-20ff. ○.§3-0-4 ~§3-0-5；p.1-01ff. 一.~ 六.〉

§3-0-4 【阿含學】 ♣

①【科目】阿含學/ 阿含經之 研究

②【主旨】學習「原始佛教 ＝ 佛法」(從 初發心 至 究竟成等正覺)。

③【方法】以「教」、「理」法義爲『緯』，「行」、「果」次第爲『經』，探討「原始佛教」之佛法。 依「阿含 道次第」── 由「生得慧(良知)」分別善、惡，引發「向上心、菩提心、出離心(良心)」，尋覓(人、天、)涅槃道跡； 順「四預流支」，成就「四不壞淨」得「見道」成爲 入流者；從此踏上「聖、出世間八正道」，修 增上戒、定、慧(三無漏)學；解脫 世間貪、瞋、癡之 纏縛；證涅槃乃至究竟成佛。

④【課程】(1) 增上善學(Adhikusalatā-sikkhā)

(2) 增上信學(Adhisaddhā-sikkhā)

(3) 增上戒學(Adhisīla-sikkhā)

(4) 增上心學(Adhicitta-sikkhā)

(5) 增上慧學(Adhipaññā-sikkhā)

(6) 正解脫學(Sammāvimutti-sikkhā)

(每星期 四小時； 分爲 二學期 講授)

⑤【成就】多聞者(隨信行)

如理思惟者(隨法行)

法次法向者(信解、見到、身證)

見法涅槃者(慧解脫、阿羅漢俱解脫)

⑥【課本】大正新修〈大藏經〉 第一册 《阿含部 上》

第二册 《阿含部 下》

P.T.S.〈Sutta Piṭaka〉(1) 《Dīgha-nikāya 3 vols.》

(2) 《Majjhima-nikāya 3 vols.》

(3) 《Saṁyutta-nikāya 5 vols.》

(4) 《Aṅguttara-nikāya 5 vols.》

日本《南傳大藏經》 第六卷 ～二十二卷下

§3-0-5 【阿含道】♣—〖本科目 副題〗

○〖從釋尊傳來 超凡成聖的一乘道(ekâyana-magga)〗

一乘道(雜563;607)；正眞道(雜1248)；古仙人道(雜287)；正覺道(雜974)；菩提道(別雜207)；戒定聞慧道(雜1094)；出離道(雜1028)；苦滅道跡(雜379)；離苦道(雜1217)；甘露道(增33-10)；清淨道(雜1160)；涅槃道(雜1218)；佛道(增29-1大2-656a)……。

①〖道〗

(悉達多菩薩)：覔道→ 見道→ 至道(知道) ⇨(雜287大2-80c^{-11}f.)

釋尊 成佛後，對眾生：示道— 說道— 導道 ⇨(別雜228大2-457b^{-13}f.)

聲聞弟子：隨道— 宗道 ⇨(雜1212大2-330a^{-5})

"Bhagavā hi bhante anuppannassa maggassa uppādetā, asañjatassa maggassa sañjanetā, anakkhātassa maggassakkhātā, maggaññū magga-vidū maggakovido; maggânugā ca bhante etarahi sāvakā viharanti pacchā samannāgatā." ⇨(S.8,7 S i.190^{-1}f.)

②〖道〗

(1) magga— (聖八支)道

(2) paṭipadā— (苦、集、滅)、道

(3) gati— (三惡)道

③〖道跡(道次第)〗

從 初發心 ⊙→ → → → → → → → → → → → → →至 究竟成佛 ◌

cf. ＜p.0-33f. ◌.§3-0-5 ⑦ 阿含 道次第表＞

④〖自覺道 ∾ 他覺道〗〖世、俗 正道 ∾ 聖、出世間 正道〗♣

自覺道(佛陀、辟支佛)	→(十二緣起 四諦)→苦→信法→戒→定→慧→解脫→證解脫	
他覺道(聲聞四雙八輩)	→(四預流支)→(四 諦)→淨信→戒→定→慧→解脫→證解脫	
⊙ → → → → 世、俗八支正道 → → → → →	⊙ → 聖、出世間八支正道 → ◌	
(有漏)十 善 業 道	「十正行、十無學法」	

⑤【一乘道 二階段】 表解

⑤【一乘道 二階段】表解♣

有漏　十　善　業　道							無　漏　十　正　行（道）					
世、俗 八支正道〔對四聖諦 尚未 無間等〕							聖、出世間八支聖道〔與四聖諦相應〕			道智	果智	
正見→	→	→	→	→	→正志→	正語→正業→正命→正方便→正念→正定→	正見→→	正志→正語→正業→正命→	正方便→正念→正定→	正智→	正解脫→	證智
							佛法僧　戒					
分別善惡	慚愧	正勤	親近善士	聽聞正法	內正思惟	法次法向	四不壞淨	戒	定	慧	解脫	解脫知見
三善根具足			四　預　流　支				具足	五　分　法　身			具　足	

⑥〖道性〗♣

(1)【整體性 ♣】：八『支』聖道（ariya aṭṭhaṅgika magga）‘aṅga’

三十七菩提『分』法（sattatiṁsa bodhipakkhiya dhammā）‘pakkha’

「正見者能起正志、正語、正業、正命、正方便、正念、正定。」⇨（雜787大2-204b^{5}f.）

「彼中正見最在其前；若見邪見是邪見者，是謂正見；若見正見是正見者，亦謂♣[1] 正見。……彼如是知已，則便求學；欲斷邪見成就正見，是謂♣[2] 正方便。比丘以念斷於邪見成就正見，是謂♣[3] 正念。 此♣三支隨正見，※從見方便[1] 。……」⇨（中189大1-735c^{13}f.）

「爾時世尊告諸比丘：『有五根，何等爲五？謂信根、精進根、念根、定根、慧根。信根者，當知是四不壞淨； 精進根者，當知是四正斷（♣勤）；念根者，當知是四念處；定根者，當知是四禪；慧根者，當知是四聖諦。』」⇨（雜646大2-182b^{-13}f.）

「若聖弟子成就慧根者 能修信根，依離、依無欲、依滅、向於捨，是名 信根成就；信根成就 即是慧根。

如信根，如是 精進根、念根、定根、慧根亦如是說。」

⇨（雜656大2-183c^{6}f.）

※[1] 《M 117》：‘anuparivattanti（隨遍轉遍隨《正見》普　現起《正見、正方便、正念等 三成分）⇨（Mⅲ.72^{-6}）

〖三十七菩提分法 ★〗表解♣

（包括 十正法☆、十正行☆、四不壞淨☆、四聖諦☆、四道智⁎、四果智※）

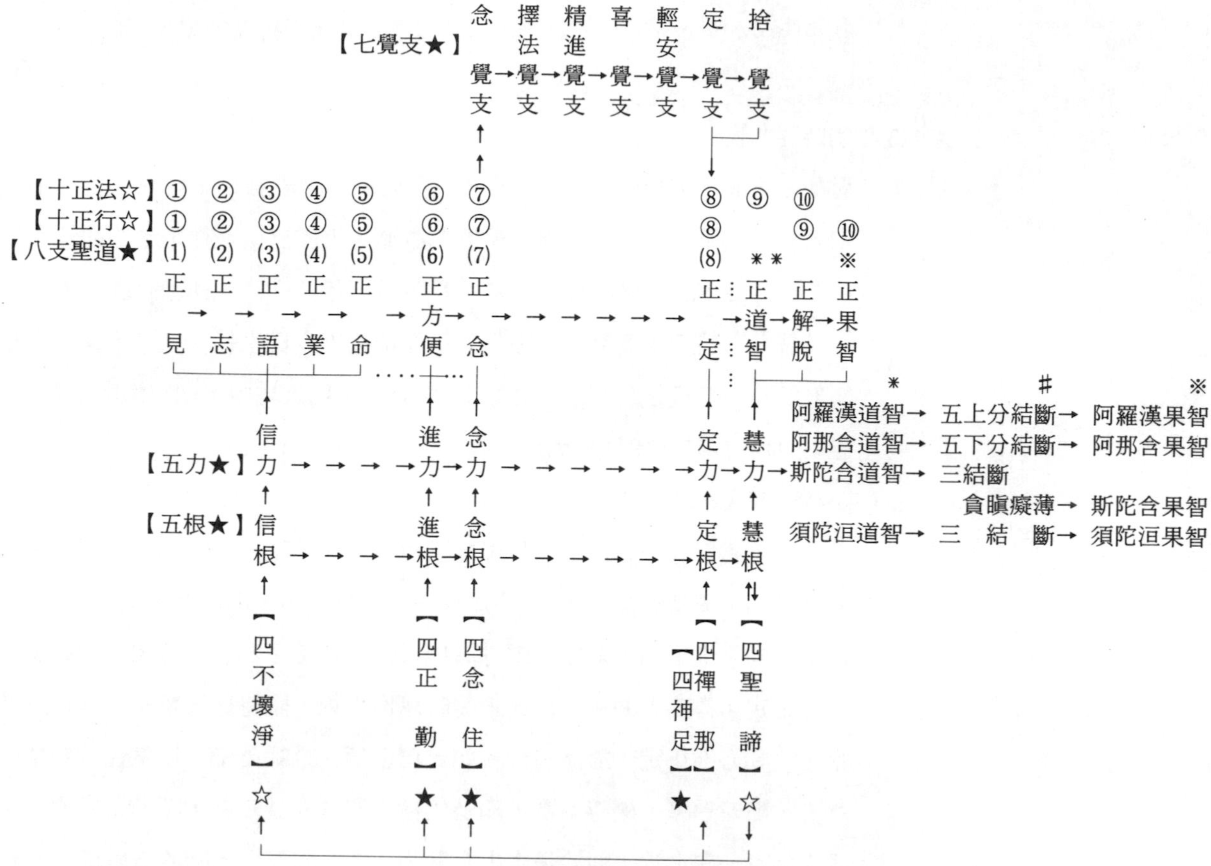

(2)【次第性♣】：

「戒清淨義者能使心清淨；心清淨義者能使見清淨；見清淨義者能使無猶豫清淨；無猶豫清淨義者能使行跡清淨；行跡清淨義者能使道清淨；道清淨義者能使知見清淨；知見清淨義者能使入涅槃義。」⇨(增39-10大2-734c^{5}f.)

“Nâhaṁ bhikkhave ādiken’ eva aññârādhanaṁ vadāmi. api ca bhikkhave anupubbasikkhā anupubbakiriyā anupubbapaṭipadā aññârādhanā hoti.” ⇨(M.70 M i.479^{-2}f.＝ 中196大1-752a^{-3}f.)⇦「我不說一切諸比丘初(卽)得究竟智；然漸漸習、學、趣迹，受教、受訶，然後，諸比丘得究竟智。」

「若起明爲前相，生諸善法時，慚愧 隨生。慚愧生已；能生正見。 正見生已；起正志、正語、正業、正命、正方便、正念、正定，次第而起。」⇨(雜749大2-198b^{-11}f.)

"Iti kho Ānanda kusalāni sīlāni anupubbena aggāya parentî" ti.⇨(A.10,1 A v.2[18]f.≒ 中42大1-485b[15]f.)⇦「阿難！是爲 法法相益，法法相因，如是此戒(依次第)趣至第一；謂 度此岸得至彼岸。」

(3)【隨時性♣】：

「譬如田夫有三種作田，隨時善作。 何等爲三？謂 彼田夫隨時耕磨，隨時溉灌，隨時下種。彼田夫隨時耕磨、溉灌、下種已；不作是念：欲令今日生長，今日(結)果實，今日成熟；若明日，若後日(……成熟)也。諸比丘！然彼長者耕田，溉灌，下種已，不作是念：今日生長、(結)果實、成熟；若明日，若復後日(……成熟)； 而彼種子已入地中，則自隨時生長、(結)果實、成熟。如是，比丘於此三學，隨時善學。」
⇨(雜827大2-212a^{-5}f.)

「諸比丘！應當專心方便，隨時思惟三相。云何爲三？隨時思惟止相，隨時思惟舉相，隨時思惟捨相。 若比丘一向思惟止相，則於是處 其心下劣；若復一向思惟舉相，則於是處 掉亂心起； 若復一向思惟捨相，則於是處不得正定，盡諸有漏。以彼比丘隨時思惟止相，隨時思惟舉相，隨時思惟捨相故，心則正定，盡諸有漏。如，巧金師、金師弟子，以生金著於爐中增火，隨時扇鞴，隨時水灑，隨時俱捨；若一向鼓鞴者，卽於是處生金焦盡；(若)一向水灑，則於是處生金堅強；若一向俱捨，則於是處生金不熟，則無所用；是故，巧金師、金師弟子，於彼生金隨時鼓鞴，隨時水灑，隨時兩捨。 如是，生金得等調適，隨事所用；如是，比丘專心方便，時時(♣隨時)思惟憶念三相，……乃至漏盡。」⇨(雜1247大2-342a[4]f.)

(4)【因依性♣】：

「縈髮目揵連白佛言：『瞿曇！諸弟子有法修習多修習，令明、解脫福利滿足者不？』 佛告縈髮目揵連：『有七覺分修習多修習，(令)明、解脫福利滿足。』縈髮目揵連白佛言：『有法修習多修習，能令七覺分滿足不？』 佛告縈髮目揵連：『有四念處修習多修習，能令七覺分滿足。』縈髮目揵連白佛：『復有法修習多修習，令四念處滿足不？』佛告縈髮目揵連：『有三妙行修習多修習，能令四念處滿足。』 縈髮目揵連白佛言：『復有法修習多修習，令三妙行滿足不？』佛告(縈髮)目揵連：『有六觸入處律儀修習多修習，令三妙行滿足。』 縈髮目揵連白佛言：『云何六觸入處律儀修習多修習，令三妙行滿足？』 佛告(縈髮)目揵連：『若眼見適意、可愛、(可)念，能長養欲樂，令人緣著之色……修習七覺分已明、解脫清淨滿足。如是，目犍連！法法相依，從此岸而到彼岸。』」
⇨(雜281大2-77b⁻¹³f.)

「(尊者阿難)白佛言：世尊！我獨一靜處思惟禪思，作是念：頗有一法多修習已，令四法滿足，……乃至二法滿足。我今問世尊，寧有一法多修習已，能令……乃至二法滿足耶？』 佛告：『阿難！有一法多修習已，……乃至能令二法滿足。 何等爲一法？謂 安那般那念 多修習已能令四念處滿足；四念處滿足已，七覺分滿足；七覺分滿足已，明、解脫滿足。』」
⇨(雜810大2-208a¹⁴f.)

∾ “Iti kho bhikkhave dhammā'va dhamme abhisandenti, dhammā'va dhamme paripūrenti apārā pāraṁ gamanāyâ” ti.⇨(A.10,2 A v.3⁻³f.≒中43大1-485c⁻¹³f.)⇦「法法相益，法法相因，如是，此戒趣至第一；謂度此岸得至彼岸。」

(5)【緣起性】：

「緣無明行，緣行識，緣識名色，緣名色六處，緣六處更樂，緣更樂覺，緣覺愛，緣愛受，緣受有，緣有生，緣生老死，緣老死苦；習苦便有信，習信便有正思惟，習正思惟便有正念正智，習正念正智便有護諸根，…護戒，…不悔，…歡悅，…喜，…止，…樂，…定，…見如實、知如眞，…厭，…無欲，…解脫，習解脫便得涅槃。」⇨(中55大1-491a⁴f.)

“Jātipaccayā bhikkhave jarāmaraṇam uppādā vā Tathāgatānam anuppādā vā Tathāgatānaṁ, ṭhitâ 'va sā dhātu dhammaṭṭhitatā dhammaniyāmatā idappaccayatā.” ⇨(S.12,20 S ii.25¹⁷f.)

(6)【法 性♣】：

「但法自然，持戒者便得不悔」⇨(中43大1-485b⁻⁷f.＝A.10,2 A. v.2⁻⁷f.)
⇦“Dhammatā esā bhikkhave, yaṁ sīlavato sīlasampannassa avippaṭisāro uppajjati.”

(7)【相應性♣】：

「(梵志優陂問佛)：『瞿曇！汝今云何敎諸弟子？』佛告之曰：『我佛法中

，童男、童女共相聚會，歡娛燕會，隨意舞戲，是名相應。譬如：有人年過八十，頭白面皺，牙齒墮落，然猶歌舞，作木牛馬，作於琵琶箜篌箏笛，亦作小車及蹹毱戲；如斯老人作如是事，名不相應。其有見者，當名此人為作 智人，為作 癡人？』梵志對曰：『如是之人，名為嬰愚，無有智慧。』　佛告之曰：『我佛法中，相應、相順如童子戲。』

⇨（別雜209大2-451c^{-11}f.）

「如諸佛法，先說端正法，聞者歡悅；謂：說施、說戒、說生天法，毀呰欲為災患，生死為穢，稱歎無欲為妙，道品白淨，世尊為彼大王說之。佛已知彼有歡喜心、具足心、柔軟心、堪耐心、昇上心、一向心、無疑心、無蓋心，有能有力堪受正法；謂如諸佛所說正要，世尊卽為彼說苦、習、滅、道。」⇨（中62大1-498a^{13}f.）*cf.* 〈p.2-47 二.§3-0-5⑤之 (1)〉

「爾時，尊者羅睺羅往詣諸佛所、稽首佛足、退坐、一面白佛言：『善哉！世尊為我說法、我聞法已、獨一靜處、專精思惟、不放逸住……乃至見法自知作證：我生已盡，梵行已立，所作已作，自知不受後有。』　爾時，世尊觀察羅睺羅心解脫慧未熟，未堪任 受增上法；　問羅睺羅言：『汝以授人五受陰未？』羅睺羅白佛：『未也，世尊！』　♣[1]佛告羅睺羅：『汝當為人演說五受陰！』

爾時，羅睺羅受佛教已，於異時為人演說五受陰；　說已，還詣佛所（求受增上法）……　爾時，世尊復觀察羅睺羅心解脫智未熟，不堪任受增上法；問羅睺羅言：汝為人說六入處未？』　羅睺羅白佛：『未也，世尊！』♣[2]　佛告羅睺羅：『汝當為人演說、六入處！』　爾時，羅睺羅於異時為人演說六入處；說六入處已，來詣佛所……爾時，世尊觀察羅睺羅心解脫智未熟，不堪任 受增上法；問羅睺羅言：『汝已為人說尼陀那法未？』羅睺羅白佛言：『未也，世尊！』　♣[3] 佛告羅睺羅：『汝當為人演說 尼陀那法！』　爾時，羅睺羅於異時為人廣說、尼陀那法已，來詣佛所……爾時，♣[4] 世尊復觀察羅睺羅心解脫智未熟，廣說乃至 告羅睺羅言：『汝當於上所說諸法，獨於一靜處，專精思惟，觀察其義！』　爾時，羅睺羅受佛敎勅，如上所聞法、所說法，思惟、稱量、觀察其義；作是念：此諸法一切皆順趣涅槃、流注涅槃、後住涅槃。　爾時，羅睺羅往詣佛所，稽首禮足，退住一面；白佛言：『世尊：我已於如上所聞法、所說法，獨一靜處，思惟、稱量、觀察其義；知此諸法皆順趣涅槃、流注涅槃、後住涅槃。』

爾時，♣5 世尊觀察羅睺羅心解脫智熟，堪任 受增上法；告羅睺羅言：『羅睺羅！一切無常， 謂 眼無常，若色、眼識、眼觸……如上無常廣說。』」⇨（雜200大2-51a^{-14}f.）

(8)【對治性♣】：〈∽〖因依性〗〉

「諸比丘！若爾時，其心微劣，其心猶豫者，不應修猗覺分、定覺分、捨覺分。所以者何？微劣心生，微劣猶豫；以此諸法增其微劣故。譬如小火欲令其燃，增以燋炭；云何，諸比丘！非爲增炭令火滅耶？』比丘白佛：『如是，世尊！』如是，比丘！微劣、猶豫，若修猗覺分、定覺分、捨覺分者，此則非時，增懈怠故。……諸比丘！若微劣心生，微劣猶豫，是時應修擇法覺分、精進覺分、喜覺分、所以者何？微劣心生，微劣猶豫，以此諸法，示教照喜；譬如小火欲令其燃，足其乾薪；云何，比丘！此火寧熾燃不？』比丘白佛：『如是，世尊！』佛告比丘：『如是微劣心生，微劣猶豫；當於爾時修擇法覺分、精進覺分、喜覺分，示教照喜。……』⇨（雜714大2-191c^{-5}f.）

(9)【相須性♣】：

「（世尊告諸比丘）：『♣1 若比丘觀已，則知我得內止，不得最上慧觀法者，彼比丘得內止已，當求最上慧觀法；彼於後時得內止，亦得最上慧觀法。

♣2 若比丘觀已，則知我得最上慧觀法，不得內止者， 彼比丘住最上慧觀法已，當求內止；彼於後時得最上慧觀法，亦得內止。

♣3 若比丘觀已，則知我不得內止，亦不得最上慧觀法者， 如是比丘不得此善法，爲欲得故，便以速求方便，學極精勤，正念、正智，忍不令退；猶人爲火燒頭燒衣，急求方便救頭、救衣。如是比丘不得此善法，爲欲得故，便以速求方便，學極精勤，正念、正智，忍不令退；彼於後時，卽得內止，亦得最上慧觀法。

♣4 若比丘觀已，則知 我得內止，亦得最上慧觀法。彼比丘住此善法已，當求漏盡智通作證。』⇨（中109大1-598b^{-14}f.）

「時，尊者阿難告諸比丘：『若比丘、比丘尼於我前自記說：（得阿羅漢性《arahattapattiṁ》⇨A ii.157[2]）我當善哉！慰勞問訊，或求以四道；何等爲四？ ♣1 若比丘、比丘尼，坐 作如是：住心、善住心、局住心，調伏心止、觀，一心等受，分別、於法量度，修習、多修習已，得斷諸使。若有比丘、比丘尼於我前自記說，我則如是善哉！慰喻或求是；名說初道。

復次，♣[2] 比丘、比丘尼正坐思惟， 於法選擇、思量，住心、善住、局住，調伏止、觀，一心等受，如是正向多住，得離諸使。若有比丘、比丘尼，於我前自記說，我當如是善哉！慰喻或求是；名第二說道。

復次，♣[3] 比丘、比丘尼爲掉亂所持，以調伏心坐， 正坐住心、善住心、局住心，調伏止、觀，一心等受化，如是正向多住已，則斷諸使。若有比丘、比丘尼於我前自記說，我則如是善哉！慰喻或求是；名第三說道。

復次，♣[4] 比丘、比丘尼止觀和合俱行，作如是正向多住，則斷諸使。若比丘、比丘尼於我前自記說者，我則如是 善哉！慰喻、敎誡或求是；名第四說道。』」⇨(雜560大2-146c^{-10}f.)

「爾時，尊者阿難往詣上座 —上座名者— 所；詣已，恭敬問訊，問訊已，退坐一面。問上座 —上座名者— 言：『若比丘於空處、樹下、閑房思惟者，當以何法專精思惟？』 上座答言：『尊者阿難！於空處、樹下、閑房思惟者，當以二法專精思惟；所謂：止、觀。』 尊者阿難復問上座：『修習於止，多修習已，當何所成；修習於觀，多修習已，當何所成？』 上座答言：『尊者阿難！修習於止，終成於觀；修習觀已，亦成於止。謂聖弟子止觀俱修，得諸解脫界。」⇨(雜464大2-118b^{-14}f.)

「(佛言)：『種德！如人洗手，左右(手)相須；左能淨右，右能淨左。此亦如是，有慧則有戒，有戒則有慧；戒能淨慧，慧能淨戒。婆羅門！戒慧具者，我說名 比丘。」(長22大1-96b^{-12}f.)

⑽【平等性♣】：

「佛告二十億耳：『精進太急，增其掉、悔；精進太緩，令人懈怠。是故，汝當平等修習攝受，莫著、莫放逸、莫取相！」⇨(雜254大2-62c^{-14}f.)

cf. 〈p.2-80 二.§10-3-1〉

⑾【中道性♣】：

「佛言：『莫求欲樂極下賤業，爲凡夫行；亦莫求自身苦行至苦，非聖行、無義相應。離此二邊則有中道，成眼、成智，自在成定，趣智、趣覺、趣於涅槃。』」⇨(中169大1-701b^{-2}f.)

cf. 〈p.2-89ff. 二.§13-0-0~§13-0-5〉

⑿【實踐性♣】：

「不修方便隨順成就而用心求：令我諸漏盡，心得解脫；當知彼比丘終不能得漏盡解脫。 所以者何？ 不修習故；不修習何等？謂不修習念處、正勤、如意足、根、力、覺、道。譬如：伏雞生子眾多，不能隨時蔭餾，消息冷暖，而欲令子以觜、以爪啄卵自生，安隱出㲉……譬如巧師、巧師弟子，手執斧柯，捉之不已，漸漸微盡，手指處現，然彼不覺斧柯微盡，而盡處現……譬如大舶在於海邊，經夏六月風飄、日暴，藤綴漸斷……」

⇨（雜263大2-67a^{-4}f.） *cf.* 〈p.0-24 ⑶【隨時性】〉

⒀【實證性♣ 】：

「尊者舍利弗問月子比丘言：『提婆達多云何說法？』 月子比丘語尊者舍利弗言：『彼提婆達多如是說法言：「比丘心法修心，是比丘能自記說：『我已離欲，解脫五欲功德。』 舍利弗語月子比丘言：『汝(師)提婆達多何以不說法言：「比丘心法善修，心離欲、心離瞋恚、心離愚癡，心得無貪法、無恚法、無癡法，不轉還欲有、色有、無色有法；彼比丘能自記說言：『我生已盡，梵行已立，所作已作，自知不受後有」耶？』 月子比丘言：『彼不能也』」⇨（雜499大2-131b^{-1}f.）

「一時，尊者那羅、尊者茂師羅、尊者殊勝、尊者阿難住舍衛國象耳池側；爾時，尊者那羅語尊者茂師羅言：『有異信、異欲、異聞、異行覺想、異見審諦忍，有如是正自覺知見生；所謂：生故有老死，不離生有老死耶？』

尊者茂師羅言：『有異信、異欲、異聞、異行覺想、異見審諦忍，有如是正自覺知見生，所謂：有生故有老死，不異生有老死；如是說有。』

（尊者那羅言）：『尊者茂師羅！有異信……乃至異〔見審諦〕忍，得自覺知見生，所謂：有滅，寂滅、涅槃耶？』

尊者茂師羅答言：『有異信……乃至異〔見審諦〕忍，得自覺知見生，所謂：有滅、寂滅、涅槃。』

復問尊者茂師羅：『有滅則寂滅、涅槃說者，汝今便是阿羅漢諸漏盡耶？』尊者茂師羅默然不答；第二、第三問，亦默然不答。爾時，尊者殊勝語尊者茂師羅：『汝今且止，我當為汝答尊者那羅。』

尊者茂師羅言：『我今且止，汝為我答。』 爾時，尊者殊勝語尊者那羅：『有異信……乃至異〔見審諦〕忍，得自覺知見生，所謂：有滅則寂滅、涅槃。』

時，尊者那羅問尊者殊勝言：『有異信……乃至異〔見審諦〕忍，得自覺知見生，所謂：有滅則寂滅、涅槃者，汝今便是漏盡阿羅漢耶？』

尊者殊勝言：『我說有滅則寂滅、涅槃，而非漏盡阿羅漢也。』

尊者那羅言：『所說不同，前後相違；如尊者所說：有滅則寂滅、涅槃，而復言非漏盡阿羅漢耶。』

尊者殊勝語尊者那羅言：『今當說譬，夫智者以譬得解；如曠野路邊有井，無繩、無罐得取其水。時，有行人熱渴所逼，繞井求覓，無繩、無罐，諦觀井水，如實知見而不觸身，如是我說：有滅則寂滅、涅槃，而自不得漏盡阿羅漢。』

爾時，尊者阿難語尊者那羅言：『彼尊者殊勝所說，汝復云何？』

尊者那羅語尊者阿難言：『尊者殊勝善說眞實，知復何言？』」

⇨(雜351大2-98c[1]f.) *cf.* 〈p.2-56 二.§4-0-5①〉

⑭【漸次性♣/ 分證性♣】:

「佛告(須達)長者：『此四聖諦漸次無間(等)，非頓無間等。』佛告長者：『若有說言：於苦聖諦未無間等，而於彼苦集聖諦、苦滅聖諦、苦滅道跡聖諦無間等者，此說不應； 所以者何？ 若於苦聖諦未無間等，而欲於苦集聖諦、苦滅聖諦、苦滅道跡聖諦無間等者，無有是處；猶如有人兩細樹葉連合爲器，盛水持行，無有是處。……」⇨(雜435大2-112c[-6]f.)

「佛告比丘：『所謂覺分者，謂七道品法；然諸比丘七覺分漸次而起，修習滿足。』 異比丘白佛：『世尊！云何覺分漸次而起，修習滿足？』 佛告比丘：『若比丘:(1a.)內身身觀住，彼內身身觀住時，攝心繫念不忘；彼當爾時，念覺分方便修習，方便修習念覺分已，修習滿足。滿足念覺分已，於法選擇、分別、思量；當於爾時，修擇法覺分方便，修方便已，修習滿足。如是，……乃至捨覺分修習滿足。如內身身觀念住，如是，(1b.)外身、(1c.)內外身。(2a.b.c.)受、(3a.b.c.)心、(4a.b.c.)法法觀念住，當於爾時，專心繫念不忘……乃至捨覺分，亦如是說。如是住者，漸次覺分起，漸次起已，修習滿足。』」⇨(雜733大2-196b[15]f.)

「(佛)不說一切諸比丘初(卽)得究竟智；然漸漸習、學、趣迹，受敎、受訶，然後諸比丘得究竟智，此諸比丘所得究竟智。云何漸漸習、學、趣迹，受教、受訶，然後，諸比丘得究竟智，此諸比丘所得究竟智耶？

或有信者便往詣；往詣已便奉習；奉習已便一心聽法；一心聽法已便持法；持法已便思惟；思惟已便平量；平量已便觀察；賢聖弟子觀察已身諦作證慧增上觀。彼作是念：此諦我未曾身作證，亦非慧增上觀；此諦今身作證，以慧增上觀。如是漸漸習、學、趣迹，受教、受訶，然後，諸比丘得究竟智，此諸比丘所得究竟智。」⇨(中195大1-752a^{-3}f.)

⒂【同行性♣】：

「世尊告諸比丘：『若比丘於四念處修習多修習，未淨衆生令得清淨，已淨衆生令增光澤。……如淨衆生，如是未度彼岸者令度，得阿羅漢、得辟支佛、得阿耨多羅三藐三菩提(佛陀)，亦如上說。」⇨(雜635大2-176a^{11}f.)

「三結盡，得須陀洹，一切當知四聖諦……

若三結盡，貪、恚、癡薄，得斯陀含，彼一切皆於四聖諦，如實知故……

五下分結盡，生般涅槃，阿那含不還此世，彼一切知四聖諦……

若一切漏盡、無漏，心解脫、慧解脫，見法自知作證：我生已盡，梵行已立，所作已作，自知不受後有，彼一切悉知四聖諦……

若得辟支佛道證，彼一切知四聖諦故……

若得無上等正覺，彼一切知四聖諦故。何等爲四；謂知苦聖諦，知苦集聖諦，知苦滅聖諦，知苦滅道跡聖諦，如是知如是見，如是無間等，亦如是說。」⇨(雜393大2-106a^{-4}f.)

⒃【必行性♣】：

「爾時，世尊卽爲說偈言：

『始年二十九，　出家修善道；　至道至於今，　經五十餘年。

三昧明行具，　常修於淨戒；　離斯少道分，　此外無沙門。』

佛告須跋陀羅：『於正法律，不得八正道者，亦不得初沙門，亦不得第二、第三、第四沙門；須跋陀羅！於此法律，得八正道者，得初沙門，得第二、第三、第四沙門。除此已，於外道無沙門；斯則異道之師，空沙門、婆羅門耳。」⇨(雜979大2-254b^{4}f.)

⒄【可證性♣】：

「我時作是念，我得古仙人道、古仙人逕、古仙人道跡；古仙人從此跡去，我今隨去。譬如有人遊於曠野，披荒覓路，忽遇故道，古人行處，彼則隨行；漸漸前進，見故城邑，古王宮殿，園觀浴池，林木清淨。彼作是念：我今當往白王令知；卽往白王：『大王！當知，我遊曠野，披荒求路，忽見故道，古人行處，我卽隨行；我隨行已，見故城邑，故王宮殿，園觀浴池，林流清淨。大王可往居止其中。』王卽往彼，止住其中，豐樂安隱，人民熾盛。今我如是，得古仙人道、古仙人逕、古仙人跡、古仙人去處，我得隨去，謂八聖道：正見、正志、正語、正業、正命、正方便、正念、正定。 我從彼道見 老、病、死，老、病、死集，老、病、死滅，老、病、死滅道跡。見生、有、取、愛、受、觸、六入處、名色、識、行，行集、行滅、行滅道跡；我於此法，自知自覺成等正覺，爲比丘、比丘尼、優婆塞、優婆夷，及餘外道沙門、婆羅門，在家、出家， 彼諸四眾聞法 正向信樂，知法善，梵行增廣，多所饒益，開示顯發。」⇨

(雜287大2-80c^{-13}f.)

「爾時，世尊告五比丘：『(1a.)此苦聖諦，本所未曾聞法，當正思惟；時，生眼、智、明、覺。(1b.)此苦集、(1c.)此苦滅、(1d.)此苦滅道跡聖諦，本所未曾聞法，當正思惟；時，生眼、智、明、覺。

復次，(2a.)苦聖諦，智(已知)當復知，本所未聞法，當正思惟； 時，生眼、智、明、覺。 (2b.)苦集聖諦，已知當斷，本所未曾聞法，當正思惟；時，生眼、智、明、覺。復次，苦集滅(♣「苦集滅」衍文)(2c.)此苦滅聖諦，已知當知作證，本所未聞法，當正思惟；時，生眼、智、明、覺。復以(♣次)，(2d.)此苦滅道跡聖諦，已知當修，本所未曾聞法，當正思惟；時，生眼、智、明、覺。

復次，比丘，(3a.)此苦聖諦，已知知已出，(本)所未聞法， 當正思惟；時，生眼、智、明、覺。 復次，(3b.)此苦集聖諦，已知已斷出，所未聞法，當正思惟；時，生眼、智、明、覺。 復次，(3c.)苦滅聖諦，已知已作證出，(本)所未聞法，當正思惟；時，生眼、智、明、覺。復次，(3d.)苦滅道跡聖諦，已知已修出，(本)所未曾聞法，當正思惟； 時，生時生眼、智、明、覺。……」⇨(雜379大2-103c^{14}f.)

⒅【結論】♣

1. 見道之要求：

知 ⇨〖整體性〗〖次第性〗〖隨時性〗〖因依性〗〖緣起性〗〖法性〗

2. 修道之要求：

依 ⇨〖相應性〗〖對治性〗〖相須性〗〖平等性〗〖中道性〗

3. 證道之要求：

得 ⇨〖實踐性〗〖實證性〗〖漸次性/ 分證性〗

4. 行道之肯定：

是 ⇨〖同行性〗〖必行性〗〖可證性〗

⑦ 〖阿含道次第 表〗♣

(1)【自覺道】：

「●無明 →行 →識 →名色 →六處 →更樂 →覺 →愛 →受 →有 →生 →老死＝苦 →◉信 →正思惟 →正念正智 →護諸根 →護戒 →不悔 →歡悅 →喜 →止 →樂 →定 →○見如實、知如眞→厭→ 無欲→解脫→◌涅槃」⇨(中55大1-491a^{4}f.)∽(S.12,23 S ii.31^{-9}f.)⇦ "● avijjā → saṅkhārā → viññāṇaṁ → nāmarūpaṁ → saḷāyatanaṁ → phasso → vedanā→ taṇhā → upādānaṁ → bhavo → jāti → dukkhaṁ → saddhā ◉ → pāmojjam→ pīti → passaddhi → sukhaṁ → samādhi → yathābhutaṁ ñāṇadassanaṁ ○→ nibbidā → virāgo → vimutti → khaye ñāṇaṁ ◌"

(2)【聲聞道】：—〖聲聞道次第 表〗

	(中52)	(雜346)	(中45)	(雜1242) (中49)… (A 5,21)	(中54)
善人 ↓	善人 ↓				
慚愧 ↓	↓	慚愧 ↓	有慚有愧 ↓		
不放逸 ↓	↓	不放逸 ↓	↓		
親近善知識 ↓	親近善知識 ↓	習善知識 ↓	↓	行恭敬及善觀敬重諸梵行人 ↓	奉事善知識 ↓
恭敬順語 ↓	↓	恭敬順語 ↓	愛恭敬 ↓	↓	↓
樂見賢聖 ↓	↓	樂見賢聖 ↓	↓	↓	往詣 ↓
樂聞正法 ↓	聞善法 ↓	樂聞正法 ↓	善法習耳界 ↓	↓	↓

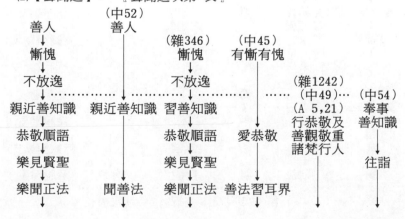

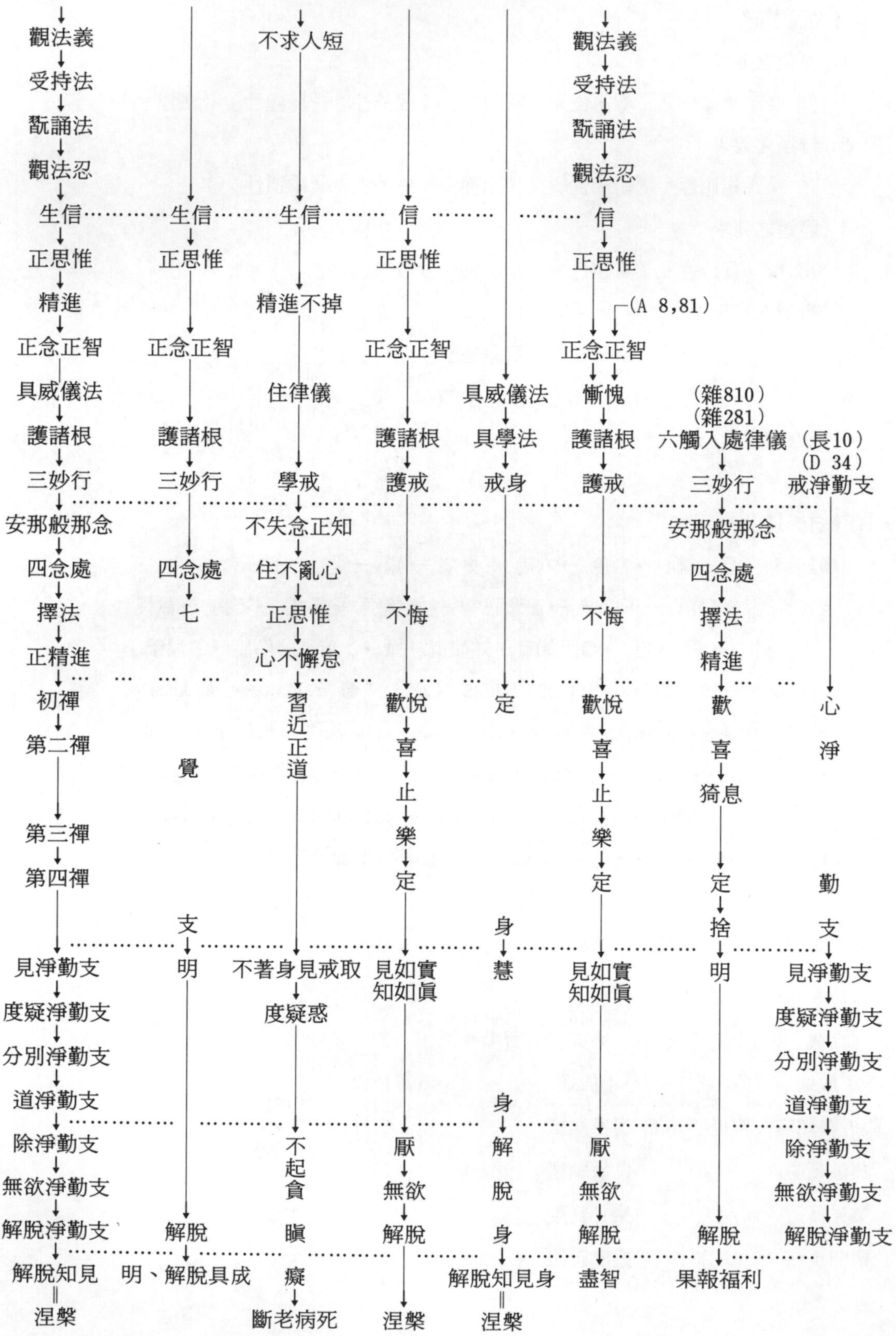
觀法義
受持法
翫誦法
觀法忍
生信
正思惟
精進
正念正智
具威儀法
護諸根
三妙行
安那般那念
四念處
擇法
正精進
初禪
第二禪
第三禪
第四禪
見淨勤支
度疑淨勤支
分別淨勤支
道淨勤支
除淨勤支
無欲淨勤支
解脫淨勤支
解脫知見
‖
涅槃
生信
正思惟
正念正智
護諸根
三妙行
四念處
七
覺
支
明
解脫
明、解脫具成
不求人短
生信
精進不掉
住律儀
學戒
不失念正知
住不亂心
正思惟
心不懈怠
習近正道
不著身見戒取
度疑惑
不起貪瞋癡
斷老病死
信
正思惟
正念正智
護諸根
護戒
不悔
歡悅
喜
止
樂
定
見如實知如眞
厭
無欲
解脫
涅槃
具威儀法
具學法
戒身
定
身
慧
身
解脫
身
解脫知見身
‖
涅槃
觀法義
受持法
翫誦法
觀法忍
信
正思惟
(A 8,81)
正念正智
慚愧
護諸根
護戒
不悔
歡悅
喜
止
樂
定
見如實知如眞
厭
無欲
解脫
盡智
(雜810)
(雜281)
六觸入處律儀
三妙行
安那般那念
四念處
擇法
精進
歡
喜
猗息
定
捨
明
解脫
果報福利
(長10)
(D 34)
戒淨勤支
心
淨
勤
支
見淨勤支
度疑淨勤支
分別淨勤支
道淨勤支
除淨勤支
無欲淨勤支
解脫淨勤支

一.【增上善學】(Adhikusalatā-sikkhā)

§1-0-0【建立 道德的觀念】 — 有善、惡；因緣、果報

§1-0-1【由「生得慧」建立 道德觀念】

①〖明〗

「若起<u>明</u>為前相，生諸善法；時，慚愧 隨生。 慚愧生已，能生正見。正見生已，起正志、正語、正業、正命、正方便、正念、正定，次第而起。」⇨(雜749大2-198b^{-11}f.)

②〖道德〗

「佛坐思念：人癡故有生死；何等為癡？ 本從癡中來，今生為人，復癡心不解、目不開，不知死當所趣向；見佛不問，見經不讀，見沙門不承事，不信<u>道德</u>，見父母不敬，不念世間苦，不知泥犁(niraya 地獄)中考治劇， 是名為癡；故有生死，不止生死。」⇨(大正No.151大2-883c^{13}f.)

③〖種種道德〗(＝種種行 得種種果)♣

道 ──→ 德(得)

- 道
  - 善道
    - 涅槃道
      - 佛　道 ← 修行 八支聖道 與苦、集、滅、道相應
      - 辟支佛道 ← 修行 八支聖道 與苦、集、滅、道相應
      - 聲(※4) 聞 道(※5) ← 修行 八支聖道 與苦、集、滅、道相應
    - 天　道
      - 無色界天 ← 修行 有漏(增上)十善(業)與(無色)定相應
      - 色 界 天 ← 修行 有漏(增上)十善(業)與定相應
      - 欲 界 天 ← 修行 (有漏)增上十善業
    - 人　道(※2) — 人 ← 行 (有漏十)善業(、修行 世俗八正道)
  - 惡　道(※1)
    - 阿 修 羅 ← 行 微(十)惡業
    - 餓　鬼 ← 行 輕(十)惡業
    - 畜　生 ← 行 中(十)惡業
    - 地(※3)　獄(※6) ← 行 重(十)惡業

cf.〈p.6-10ff. 六.§6-0-2 ～ §10-1-1〉

※1⇨(雜790~793大2-205a^{4}f.)；　※2⇨(雜785大2-203a^{-9}.)

※3⇨(大正No.80大1-893a^{8}f.)；　※4⇨(雜393大2-106a^{-13}f.)

※5⇨(雜820,821大2-210b^{-9}f.)；　※6⇨(長30大1-135c^{-3}f.)

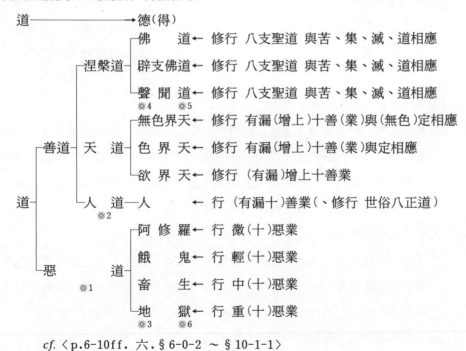

④〖正見〗

「何等爲正見？ 謂：說有施、有說、有齋，有善行、有惡行、有善惡行果報，有此世、有他世，有父、母，有眾生生，有阿羅漢善到、(阿羅漢)善向，有此世、他世自知作證具足住：我生已盡，梵行已立，所作已作，自知不受後有。」⇨(雜784大2-203a[4]f.)↔〈p.5-18 §1-2-2之 ⑥〉

⑤〖無 無明〗

「彼云何無明？ 若不知前際、不知後際、不知前後際，不知於內、不知於外、不知內外，不知業、不知報、不知業報，不知佛、不知法、不知僧，不知苦、不知集、不知滅、不知道，不知因、不知因所起法，不知『善、不善，有罪、無罪，習、不習，若劣、若勝，染汙、清淨。』 分別、〔不分別，緣起、非〕緣起皆悉不知； 於六觸入處不如實覺知，於彼彼不知、不見、無無間等，癡、闇、無明、大冥、是名無明。」⇨(雜298大2-85a[14]f.)

⑥〖「無」道德之「明」爲 十二支流轉之原因〗

「彼云何無明？ 若不知前際、不知後際、不知前後際……於彼彼不知、不見、無無間等，癡、闇、無明、大冥、是名無明。 緣無明行者，云何爲行？ 行有三種：身行、口行、意行。緣行識者，云何爲識？ ……〔緣生老、死、憂、悲、惱、苦；如是純大苦聚集。〕」⇨(雜298大2-85a[14]f.)

⑦〖「邪見」爲「八難」之一〗

「若復如來出現於世時，廣演法教得至涅槃；然此眾生在於中國，雖復六情完具無所缺漏，然彼眾生 心識邪見 —無人、無施亦無受者，亦無善、惡之報，無今世、後世，亦無父母，世無沙門婆羅門等成就得阿羅漢者，自身作證而自遊樂— 是謂第七之難也。」⇦(增42-1大2-747a[-7]f.)

⑧〖「正見」爲「十正行」之首〗

「正見者能起正志、正語、正業、正命、正方便、正念、正定；正定起已，聖弟子得正解脫貪、恚、癡；貪、恚、癡解脫已，是聖弟子得正智見：我生已盡，梵行已立，所作已作，自知不受後有。」⇨(雜750大2-198c[9]f.)

⑨〖「諸佛常法」先說(共世間)「端正法」〗

「如諸佛法，先說端正法，聞者歡悅，謂：說施、說戒、說生天法，毀呰(呰)欲爲災患，生死爲穢，稱歎無欲爲妙，道品白淨。世尊爲彼說如是法已，佛知彼有歡喜心、具足心、柔軟心、堪耐心、昇上心、一向心、無疑心、無蓋心，有能有力堪受正法，謂如諸佛所說正要，世尊便爲彼說，苦、習、滅、道。」⇨(中133大1-630c[1]f.)

§1-0-2【分別 善、惡】

①〖定義〗

(1)【得 可愛、可念、可意果】

「若正見人身業如所見、口業如所見、若思、若欲、若爲 悉皆隨順， 彼一切得可愛、可念、可意果；所以者何？ 善見謂正見；正見者能起正志……乃至正定。」⇨(雜788大2-204b[-6]f.)

(2)【得 人、天、涅槃】

「何等爲邪？ 謂：地獄、畜生、餓鬼。 何等爲邪道？ 謂：殺、盜……乃至邪見(♣十惡業道)。 何等爲正？ 謂：人、天、涅槃。 何等爲正道？ 謂：不殺、不盜……乃至正見(♣十善業道)。」⇨(雜791大2-205a[12].)

②〖善行〗

(1)【善心、善見、善業】

「善業因、善心因、善見因，身壞命終，必生善趣、天上。 婆羅門(諸比丘！)云何爲善業？ 謂：離殺生、不樂殺生……乃至不綺語，是名善業。 云何善心？ 謂：不貪、不恚，是名心善。 云何爲善見？ 謂：正見、不顚倒……乃至〔有施、有說、報有福、『有齋，有善行、有惡行、』有善惡行果報，有此世、『有他世、』有父、母，有眾生生，有世阿羅漢於此世、他世現法自知作證：我生已盡，梵行已立， 所作已作，自〕見不受後有，是名善見。♣[1]」⇨(雜1047大2-274a[15]f.) ♣[1] *cf.*(雜1039大2-272a[3]f.)

(2)【自行、教他、讚歎、隨喜善業】⇨(雜1056～1059大2-275b[-3]f.)

「(♣1a.自)不殺生、(1b.)教人不殺、(1c.)口常讚歎不殺功德、(1d.)見不殺者心隨歡喜；……乃至(10a.)自行正見、(10b.)教人令行(正見)亦(10c.)常讚歎正見功德、(10d.)見人行(正見)者 心隨歡喜；是名四十(♣善)法成就。」⇨(雜1059大2-275c[10]f.)

③〖究竟善〗

(1)【於佛法中 精勤方便】

「(波斯匿王)說：『嶮惡恐怖卒起之時，眾生運盡，人身難得，無有餘計，唯有行義、行法、行福，於佛法教專心歸依！』佛告『大王！如是如是，經常磨迮，謂：惡劫、老、病、死磨迮眾生，當作何計？ 正當修義、修

法、修福、修善、修慈，(♣除)於佛法中 精勤、方便(♣更無餘計)。」⇨
(雜1147大2-305c[2]f.) *cf.*(別雜70大2-399a[2])

(2)【趣至 涅槃】

「拘薩羅王波斯匿問曰：『阿難！云何善身行耶？』　尊者阿難答曰：『大王！謂身行無罪』。　拘薩羅王波斯匿問曰：『阿難！云何身行無罪耶？』　尊者阿難答曰：『大王！謂行身行，智者所不憎惡。』　拘薩羅王‧波斯匿問曰：『阿難！云何智者所不憎惡？』　尊者阿難答曰：『大王！謂行身行不自害、不害彼、不俱害，覺、慧、不惡相助、得涅槃、趣智、趣覺、趣至涅槃。』……拘薩羅王波斯匿問曰：『阿難！如來何故必行此法耶？』尊者阿難答曰：『大王！(如來)離欲、欲已盡，離恚、恚已盡，離癡、癡已盡。如來成就一切善法，斷一切不善之法。教師、妙師、善順師，將御、順御，善語、妙語、善順語，是故如來必行此法。……』⇨
(中214大1-798c[8]f.)

(3)【善 ∾ 不善……】

善	正法	正律	聖	善	親近	善哉！	白法	正義	勝法	無罪法	不棄法
惡	非法	非律	非聖	不善	非親近	非善哉！	黑法	非義	卑法	有罪法	棄法

⇨(雜1060,1061大2-275c[-13]f.＝ A 10,134～154 A v.240[-10]f.)⇦

	◌	●
A 10,134	sādhuṁ(善良)	asādhuṁ(不良)
A 10,135	ariyadhammaṁ(聖法)	anariyadhammaṁ(非聖法)
A 10,136	kusalaṁ(善)	akusalaṁ (不善)
A 10,137	atthaṁ(義)	anatthaṁ(非義)
A 10,138	dhammaṁ(法)	adhammaṁ(非法)
A 10,139	anāsavaṁ dha°(無漏法)	sâsavaṁ dha°(有漏法)
A 10,140	anavajjaṁ dha°(無過法)	sâvajjaṁ dha°(有過法)
A 10,141	atapanīyaṁ dha°(非苦行法)	tapanīyaṁ dha°(苦行法)
A 10,142	apacayagāmiṁ dha°(減損法)	ācayagāmiṁ dha°(積集法)
A 10,143	sukkhudrayaṁ dha°(引樂法)	dukkhudrayaṁ dha°(引苦法)
A 10,144	sukkhavipākaṁ dha°(樂報法)	dukkhavipākaṁ dha°(苦報法)
A 10,145	ariyamaggaṁ dha°(聖道法)	anariyamaggaṁ dha°(非聖道法)

	○	●
A 10,146	sukkamaggaṁ dha°（白道法）	kaṇhamaggaṁ dha°（黑道法）
A 10,147	saddhammaṁ dha°（正法）	asaddhammaṁ dha°（非正法）
A 10,148	sappurisadhammaṁ（善士法）	asapprisadhammaṁ（非善士法）
A 10,149	uppādetabbaṁ dha°（應起法）	na uppādetabbaṁ dha°（勿起法）
A 10,150	āsevitabbaṁ dha°（應親近法）	na āsevitabbaṁ dha°（勿親近法）
A 10,151	bhāvetabbaṁ dha°（應修習法）	na bhāvetabbaṁ dha°（勿修習法）
A 10,152	bahulikātabbaṁ dha°（應多作法）	na bahulikā° dha°（勿多作法）
A 10,153	anussaritabbaṁ dha°（應憶念法）	na anussaritabbaṁ dha°（勿憶念法）
A 10,154	sacchikātabbaṁ dha°（應現證法）	na sacchikātabbaṁ dha°（勿現證法）

§1-0-3 【善人】

①〖類似語及 譯語〗

sappurisa：善男子(雜.大2-215b^{-10})；善丈夫(別雜.大2-394a^{3})；

眞人(中.大1-561b^{3})；善知識(增.大2-631b^{13}；南傳.十四p.4^{-5})；

善友(長.大1-53a^{-8})；善士(南傳.十六上p.171^{-1})；

kalyāṇamita：善知識(雜.大2-195b^{13})；善友(南傳.十二 p.147^{3})

kulaputta：善男子(雜.大2-106a^{-13})；族姓子(雜.大2-51a^{-10})；

俗人在家(雜.91大2-23a,$^{-6}$f.)；族姓子(長.大1-82c^{-14})；

良家子(南傳.六p.139^{-2})；善男子(南傳.二十一 p.212^{-2})

②〖種種「善知識」〗

(1)〖世俗善知識〗

1.「何等爲善知識具足？ 若有善男子 不落度、不放逸、不虛妄、不凶險，如是知識 能善安慰，未生憂苦 能令不生， 已生憂苦 能令開覺，未生喜樂 能令速生，已生喜樂 護令不失，是名善男子善知識具足。」⇨ (雜91大2-23b^{7}f.)

2.「商人之導師，　遊行善知識；　貞祥賢良妻，　居家善知識；
宗親相習近，　通財善知識；　自所修功德，　後世善知識。」⇨
(雜1000大2-262b^{12}f.)

3.「云何善知識，　與己同體者？　非彼善知識，　放逸而不制；
沮壞懷疑惑，　伺求其端緒。　安於善知識，　如子臥父懷；

不為傍人間，　當知善知識。」⇨（雜978大2-253b^{6}f.）

(2)〖出世善知識〗*cf.* 〈p.6-19ff. 六. §9-1-1 ～ §9-1-2；§10-1-1〉

1.【四沙門果】⇨（雜917～918大2-232b^{-1}f.）

善男子（調士夫）	捷疾具足（斷德）	色具足（智德）	形體具足（福報）
須陀洹～（斯陀含）	＋[※1]	＋／－[※4]	＋／－[※5]
阿那含	＋[※2]	＋／－[※4]	＋／－[※5]
阿羅漢	＋[※3]	＋／－[※4]	＋／－[※5]

2.【「七善人」及「無餘涅槃者」】⇨（中6大1-427a^{-13}f.）

a.（上）中般涅槃（者）
b.（中）中般涅槃（者）
c.（下）中般涅槃（者）
d. 生般涅槃（者）
e. 無行般涅槃（者）
f.（有）行般涅槃（者）
g. 上流阿迦膩吒般涅槃（者）

（a.～g.）— 少慢未盡，五下分結已斷—「阿那含」

♣. 無餘涅槃者———慢已盡，五上分結已斷—「阿羅漢」

(3)〖究竟善知識〗

「我（世尊）常為諸眾生，作善知識；其諸眾生有生故，當知世尊正法 現法令脫於生；有老、病、死、憂、悲、惱苦者離諸熾然，不待時節現令脫惱苦；見通達，自覺證知；是則善知識、善伴黨，非惡知識、惡伴黨。」⇨（雜1238大2-339b^{4}f.）

「阿難白世尊言：『所謂善知識者，卽是半梵行之人也；將引善道，以至無為。』　佛告阿難：『勿作是言：言善知識者卽是半梵行之人；所以然者，夫 善知識之人卽是全梵行之人；與共從事，將視好道。我亦由善知識，成無上正眞等正覺，以成道果，度脫眾生不可稱計，皆悉免生、老、病

[※1] 四聖諦如實知→ 三結斷，得須陀洹。 [※2] 四聖諦如實知→ 五下分結斷，得阿那含。 [※3] 四聖諦如實知→ 解脫三有漏，得阿羅漢。[※4] 若有問阿毗曇、律，不能以具足句、味，次第隨順具足解說，是名色不具足。 [※5] 非 大德名聞感致衣被、飲食、牀臥、湯藥眾具。

、死。……若我昔日，不與善知識從事，終不爲燈光佛所見授決也；以與善知識從事故，得爲與 提和竭羅(Dīpaṁkara)佛所見授決。 以此方便，知其善知識者 卽是全梵行之人也。』」⇨(增44-10大2-768c[7]f.)

③【授與正法 善知識】

「佛告比丘：『若於色 說是生厭、離欲、滅盡、寂靜法者，是名法師； 若於受、想、行、識 說是生厭、離欲、滅盡、寂靜法者，是名法師； 是名如來所說 法師。」⇨(雜26-28大2-5c[14]f.)

「是爲具善人已，便具親近善知識；具親近善知識已，便具聞善法；具聞善法已，便具生信；具生信已，便具正思惟；具正思惟已，便具正念、正智；具正念、正智已，便具護諸根；具護諸根已，便具三妙行；具三妙行已，便具四念處；具四念處已，便具七覺支；具七覺支已，便具明、解脫。如是，此明、解脫 展轉具成。」⇨(中52大1-488c[11]f.＝A.10,61 A v.115[-7]f.)⇦ "vijjāvimuttiṁ ←satta bhojjhaṅgā ←cattāro satipaṭṭhānā ← tīṇi sucaritānī ←indriyasaṁvaro ←sati-sampajaññaṁ ←yonisomanasikāro ←saddhā ←saddhammasavanaṁ ←sappurisasaṁsevo"

④ 〖眞人法〗

「眞人法者作如是觀：(a)(有一人)我不因此是豪貴族 故斷婬、怒、癡； 或(b)有一人不是豪貴出家學道，彼行法如法、隨順於法、向法次法，彼因此故得供養、恭敬，如是趣向得眞諦法者，不自貴、不賤他，是謂 眞人法。……(a)有一人端正可愛……或(b)有一人不端正可愛……/ ……(a/b)才辯工談…… / ……(a/b)是長老爲王者所識及衆人所知 而有大福……/ ……(a/b)誦經、持律、學阿毗曇、諳阿含慕、多學經書……/……(a/b) 糞掃衣、攝三法服、持不慢衣……/……(a/b)常行乞食、飯齊五升，限七家食、一食、過中不飲漿……/…… (a/b)在無事處、山林、樹下、高巖、露地、冢間，或能知時……/……(a/b)得初禪、(a/b)第二禪…… 乃至(a/b)彼因得 非有想非無想處者，作如是觀： 非有想非無想處 世尊說無量種，若有計者是謂愛也。 彼因此故得供養、恭敬，如是趣向得眞諦法者，不自貴、不賤他，是謂眞人法。」→(中85大1-561a[-3]f.)

§1-0-4 【因果應報】

①《佛爲 首迦長者說 業報差別經》(大正No.80大1-891a-12f.)

「佛告首迦：『一切眾生繫屬於業、依止於業、隨自業轉， 以是因緣 有上、中、下(報)差別不同。或

(1 a.)有業能令眾生得短命報，/或(1 b.)有業能令眾生得長命報。或

(2 a.)有業能令眾生得多病報，/或(2 b.)有業能令眾生得少病報……

(3 a.)醜陋報/(3 b.)端正報……

(4 a.)小威勢報/(4 b.)大威勢報……

(5 a.)下族姓報/(5 b.)上族姓報 ……

(6 a.)少資生報/(6 b.)多資生報……

(7 a.)邪智報/(7 b.)正智報……

(8 a.)地獄報/(8 b.)畜生報……

(9 a.)餓鬼報/(9 b.)阿修羅報……

(10 a.)人趣報/(10 b.)欲天報……

(11 a.)色天報/(11 b.)無色天報……

(12 a.)決定報/(12 b.)不定報……

(13 a.)邊地報/(13 b.)中國報……

(14 a.)盡地獄壽/(14 b.)半地獄壽/(14 c.)暫入卽出(地獄)……

(15 a.)作而不集/(15 b.)集而不作/(15 c.)亦作亦集/(15 d.)不作不集……

(16 a.)初樂後苦/(16 b.)初苦後樂/(16 c.)初苦後苦/(16 d.)初樂後樂……

(17 a.)貧而樂施/(17 b.)富而慳貪……

(18 a.)富而能施/(18 b.)貧而慳貪……

(19 a.)身樂而心不樂/(19 b.)心樂而身不樂/(19 c.)身心俱樂/
(19 d.)身心俱不樂……

(20 a.)命雖盡而業不盡/(20 b.)業雖盡而命不盡/(20 c.)業命俱盡/(20 d.)業命俱不盡……

(21 a.)生於惡道，形容殊妙、眼目端嚴、膚體光澤，人所樂見/
(21 b.)生於惡道，形容醜陋、膚體麁澀，人不喜見/
(21 c.)生於惡道，身、口臭穢，諸根殘缺……。或

(22 a.)有眾生 習行十不善業，得外惡報/或(22 b.)有眾生習行十種善業，得外勝報。

(23)有眾生 禮佛塔廟，得十種功德。

(24)奉施寶蓋，得十種功德。

(25)奉施繒幡，得十種功德。

(26)奉施鍾(♣鐘)鈴，得十種功德。

(27)奉施衣服，得十種功德。

(28)奉施器皿，得十種功德。

(39)奉施飲食，得十種功德。

(30)奉施靴履，得十種功德。

(31)奉施香花，得十種功德。

(32)奉施燈明，得十種功德。

(33)恭敬合掌，得十種功德。是名 略說世間諸業差別法門。……(廣說)」

⇨(大正No.80大1-891a^{-5}f.)

②【業 ∽ 報】

(1)〖必報〗：

「夫人作善惡，　行本有所因；　彼彼獲其報，　終不有毀敗。

夫人作善惡，　行本有所因；　爲善受善報，　惡受惡果報。」

⇨(增47-6大2-782c^{6}f.)

「爾時世尊告諸比丘：『隨人所作業，則受其報；如是，不行梵行，不得盡苦。若作是說：隨人所作業，則受其報；如是修行梵行，便得盡苦。　所以者何？　若使有人作不善業，必受苦果地獄之報………。」

⇨(中11大1-433a^{14}f.)

(2)〖如影隨形〗：

「唯有罪福業，　若人已作者，　是則己之有，　彼則常持去；

生死未曾捨，　如影之隨形。」⇨(雜1233大2-338a^{4}f.)

「爾時世尊爲婆羅門而作頌曰：

『若以飲食、　衣服、臥具　施持戒人，　則獲大果；

此爲眞伴，　終始相隨，　所至到處，　如影隨形。

是故種善，　爲後世粮；　福爲根基，　眾生以安。

福爲天護，　行不危險；　生不遭難，　死則上天。』」

⇨(長2-大1-14c^{-3}f.)

(3)〖隨己資糧〗：

「老死之所壞，　身及所受滅；　唯有惠施福，　爲隨己資糧。」

⇨（雜1163大2-310b6f.）

(4)〖因果 通三世〗：

「我今所以獲此尊勝，皆由往昔積諸善業，今者宜應廣植諸善，造來生因。」

⇨（大正No.7大1-202c-12f.）

(5)〖苦樂 先、後 長、短〗：

「爾時世尊，告諸比丘：『今有四人出現於世；云何爲四？　或有人先苦而後樂；或有人先樂而後苦；或有人先苦後亦苦；或有人先樂後亦樂。……若復少時作福，長時作罪，後生之時，少時受福，長時受罪。……』」

⇨（增29-1大2-655a7f.）

(6)〖獨作 ∽ 共作，他人知 ∽ 不知→皆受報〗：

「爾時，世尊以天眼觀祇陀王子以取命終，生三十三天，卽便說此偈：

『人天中受福，　祇陀王子德；　爲善後受報，　皆由現報故。
此憂彼亦憂，　流離二處憂；　爲惡後受惡，　皆由現報故。
當依福祐功，　前作後亦然；　或獨而爲者，　或復人不知。
作惡有知惡，　前作後亦然；　或獨而爲者，　或復人不知。
人天中受福，　二處俱受福；　爲善後受報，　皆由現報故。
此憂彼亦憂，　爲惡二處憂；　爲惡後受報，　皆由現報故。』」

⇨（增34-2大2-692b-12f.）

③【作 ∽ 受】

(1)〖自作 自受〗：

「此之苦報惡業果者，非汝母作、非汝父作、非汝兄弟作、非姊妹作、非國王作、非諸天作，亦非往昔先人所作，是汝自身作此惡業，今還聚集受此報也。」⇨（大正.No.24大1-331b2f.）

「閻羅王曰：『……　今日當究汝放逸罪行，非父母爲　亦非國王大臣之所爲也；　本自作罪，今自受報。』」⇨（增32-4大2-674c12f.）

(2)〖爲他作 果自受〗：

「舍梨子告曰：『陀然！我今問汝，隨所解答；梵志陀然於意云何？　若使有人爲父、母故而行作惡，因行惡故，身壞命終　趣至惡處，生地獄中。生地獄已，獄卒執捉極苦治時，彼向獄卒而作是語：「獄卒！當知莫苦治我！所以者何？ 我為父、母故而行作惡。」云何，陀然！彼人可得得從地獄卒 脫此苦耶？』 (陀然)答曰：『不也。』」⇨(中27大1-456c^{-2}f.)

(3)〖漏、無漏業 果自受〗：

「一切眾生類，　有命終歸死；　各隨業所趣，　善惡果自受。
惡業墮地獄，　為善上昇天；　修習勝妙道，　漏盡般涅槃。
如來及緣覺，　佛聲聞弟子，　會當捨身命，　何況俗凡夫。」

⇨(雜1227大2-335c^{3}f.)

(4)〖果 自招〗：

尊者阿難聞 提婆達兜興起惡心向如來身，身壞命終入阿鼻(Avīci無間)地獄中；爾時，尊者阿難悲泣涕淚不能自勝。世尊便說斯偈：

「如人自造行，　還自觀察本；　善者受善報，　惡者受其殃。
世人為惡行，　死受地獄苦；　設復為善行，　轉身受天祿。
彼自招惡行，　自致入地獄；　此非佛怨咎，　汝今何為悲？」

⇨(增49-9大2-804b^{1}f.)

(5)〖果 不能互代〗：

「相須所作好、惡，身自當之；父作不善，子不代受；子作不善，父亦不受；善自獲福，惡自受殃」。⇨(大正No. 6大1-181b^{1}f.)

(6)〖果不能暫代〗：

「尊者賴吒惒羅問曰：『大王風病發時，生極重甚苦者，大王！爾時，可得語彼兒孫、兄弟…… 君臣、眷屬、持咒、知咒，汝等共來暫代我 受極重甚苦，令我 無病得安樂耶？』拘牢婆王答曰：『不也；所以者何？ 我自作業，因業、緣業 獨受極苦甚重苦也。』」⇨(中132大1-626c^{-6}f.)

(7)〖不能 將功折罪〗：

「夫 人修其行，　行惡及其善；　彼彼自受報，　行終不衰秏。
如人尋其行，　即受其果報；　為善獲其善，　作惡受惡報。
為惡及其善，　隨人之所習；　如似種五穀，　各獲其果實。」

⇨(增52-6大2-826c^{1}f.)

「爾時，世尊便說此偈：

『夫 人作善惡，　行本有所因；　彼彼獲其報，　終不有毀敗。
夫 人作善惡，　行本有所因；　為善受善報，　惡受惡果報。』

⇨(增47-6大2-782c^{6}f.)

(8)〖業為歸依處〗：

“Kammassakā, māṇava, sattā kammadāyādā kammayonī kammabandhū kammapaṭisaraṇā. Kammaṁ satte vibhajati yadidaṁ hīnappaṇītatāyâ ti.” ⇨(M.135 Miii. 203[4]f.＝ 中170大1-704c[-4]f.)⇦「彼眾生者 因自行業，因業得報，緣業、依業、業處，眾生隨其高、下，處妙、不妙。」

「爾時，世尊說偈答言：

『愛欲生眾生，　意在前驅馳；　眾生起生死，　業者可依怙。』

⇨(雜1017大2-265c[9]f.)

④【轉業報】

(1)〖不定業報〗：

「復有業能令眾生，得不定報者 —若業 非增上心作，更不修習，又 不發願迴向受生— 是名不定報業。」⇨(大正No.80大1-893b[15]f.)

「若有故作業，我說彼必受其報；或現世受，或後世受。若不故作業，我說此 不必(♣不一定)受報。」⇨(中15大1-437b[-4]f.)

(2)〖轉重報為 輕微受〗：

「謂有一人修身、修戒、修心、修慧，壽命極長；是謂有人作不善業，必受苦果，現法之報。彼於現法 設受(♣不)善、惡業報 而輕微也」。

⇨(中11大1-434a[7]f.)　*cf.* 1. 鹽喻 ⇨(中11大1-433a[-9]f.)

2. 奪他羊喻 ⇨(中11大1-433b[-13]f.)　3. 負債喻 ⇨(中11大1-433c[13]f.)

「是時，鴦掘魔 城中乞食，諸男女大小見之，各各自相謂言：『此名鴦掘魔，殺害眾生不可稱計，今復在城中乞食。』是時，城中人民 各各以瓦石打者，或有以刀斫者；(鴦掘魔)傷壞頭目，衣裳裂盡，流血汙體，卽出舍衛城 至如來所。是時，世尊遙見鴦掘魔 頭目傷破、流血汙衣而來；見已，便作是說：『汝今忍之，所以然者，此罪乃應永劫受之。』」

⇨(增38-6大2-721a[-8]f.)

(3)〖因 不失，加足 緣，成 果〗：

「(世尊曰)：『阿難！猶如穀種 不壞、不破、不腐、不剖、不為風熱所傷，秋時密藏；若彼居士善治良田，以種灑中，隨時雨溉；阿難！於意云何？此種寧得轉增長不？』 尊者阿難白曰：『爾也，世尊！』」

⇨(中112大1-601b[6]f.)

(4)〖有善因，可救濟〗：

「阿難！若我見提桓達哆 有白淨法如一毛許，我便不一向記 提桓達哆必至惡處，生地獄中，住至一劫，不可救濟； 阿難！我以不見提桓達哆 有白淨法如一毛許，是故我一向記 提桓達哆必至惡處，生地獄中，住至一劫，不可救濟。」⇨（中112大1-600c[-9]f.）

(5)〖行善不斷〗：

「世尊告曰：『此婆提長者 命終生涕哭大地獄中； 所以然者，此斷善根之人，身壞命終生涕哭地獄中』。 波斯匿王曰：『婆提長者斷善根耶？』 世尊告曰：『如是，大王！如王所說，彼長者斷於善根；然彼長者故福已盡，更不造新』。 王波斯匿曰：『彼長者頗有遺餘福乎？』 世尊告曰：『無也；大王！乃無毫釐之餘有存在者。 如彼田家公 但收不種，後便窮困，漸以命終；所以然者，但食故業更不造新，此長者亦復如是，但食故福，更不造新福，此長者今夜當在，涕哭地獄中。』」』

⇨（增23-4大2-612c[-12]f.）

⑤【善終】

(1)〖臨終 悉現善、惡業〗：

「爾時，世尊告諸比丘：『有 燒燃法、不燒燃法，諦聽、善思！當為汝說；云何燒燃法？ 若男、若女 犯戒，行惡、不善法，身惡行成就，口、意惡行成就。 若彼後時，疾病困苦，沈頓床褥，受諸苦毒； 當於爾時，先所行惡 悉皆憶念。譬如 大山日西影覆，如是眾生先所行惡，身、口、意業諸不善法，臨終悉現； 心乃追悔 —咄哉！咄哉！先不修善，但行眾惡，當墮惡趣，受諸苦毒— 憶念是已，心生燒燃，心生變悔； 心生悔已，不得善心，命終後世，亦不善心相續生，是名燒燃法。 云何不燒燃？若男子、女人受持淨戒，修眞實法，身善業成就，口、意善業成就。臨壽終時，身遭苦患，沈頓床褥，眾苦觸身； 彼心憶念 先修善法，身善行，口意善行成就。 當於爾時，攀緣善法 —我作如是身、口、意善，不為眾惡，當生善趣，不墮惡趣，心不變悔— 不變悔故 善心命終，後世續善，是名不燒燃法。』」⇨（雜1244大2-341a[7]f.）

(2)〖善法為 臨命終之歸依處〗：

「佛言：『實如汝說，汝於往日，身、口、意業不作善行，毀犯禁戒，不修福德，不能先造 臨命終時作所怙恃； 汝於今者，實為衰老，先造眾罪，所作麁惡，不造福業，不修善行，不能先造可畏之時 所歸依處。 譬如有人將欲死時，思願逃避 入善舍宅以自救護；如是之事 都不可得。是故，今當身修善行，意、口亦然； 若三業善，臨命(終)時 卽是舍宅、可逃避處。 爾時，世尊卽說偈言：

『人生壽命促，　必將付於死；　衰老之所侵，　無有能救者。
　是以應畏死，　唯有入佛法；　若修善法者，　是則歸依處。』」

⇨(別雜86大2-403b^{-2}f.)

「心、意、識久遠長夜正信所熏，戒、施、聞、慧所熏，神識上昇向安樂處，未來生天。」⇨(雜930大2-237c^{5}f.) *cf.*(別雜155大2-432c^{-5}f.)⇦「長夜善修，若墮惡趣、受惡報者，無有是處。」

⑶〖無我 善終〗：

「佛告跋迦梨，若於彼身，無可貪、可欲者，是則善終，後世亦善。」

⇨(雜1265大2-346c^{-6}f.)

⑥《中阿含》☆【業相應品】⇨(中11～20大1-433a^{6}ff.)

⑦《中阿含》☆【習相應品】⇨(中42～57大1-485a^{7}ff.)

⑧《中阿含170 鸚鵡經、中171 分別大業經》⇨(大1-703c^{9}ff.；706b^{14}ff.)

cf.《M 135 Cūḷa-kamma-vibhaṅga sutta》⇨(M iii.202^{13}ff.)

《M 136 Mahā-kamma-vibhaṅga sutta》⇨(M iii.207^{2}ff.)

《中135 善生經》《長16 善生經》《大正No.16,17》

§1-0-5 【斷宿業】

①〖錯誤的方法〗

⑴【咒術、祈禱 不能除 一切苦】：

「或有沙門、梵志 或持一句咒，二句、三句、四句、多句、百千句咒， 令脫我苦，是求苦、習苦、趣苦，苦盡者終無是處。」⇨(中181大1-724a^{-8}f.)

「非兵馬咒術，　力所能防禦；　惡劫老病死，　常磨迮眾生。」

⇨(雜1147大2-305c^{10}f.)

「伽彌尼！ 猶去村不遠，有深水淵，於彼 有人以大重石擲著水中，若衆人來各叉手向、稱歎求索，作如是語：『願石浮出！』伽彌尼！於意云何？此大重石寧爲 眾人各叉手向、稱歎求索，因此、緣此 而當出耶？』伽彌尼答曰：『不也！世尊。』(世尊曰)：『如是，伽彌尼！彼男女等 懈、不精進 而行惡法，成就十種不善業道 —殺生、不與取、邪婬、妄言……

乃至邪見 —若爲衆人各叉手向、稱歎求索，因此、緣此 身壞命終，得至善處，生天上者，是處不然。」⇨（中17大1-440⁻¹⁰f.）

⑵【做諸惡、不善，不能 用水洗淨】：

「世尊卽說偈言：

『非孫陀利河，　亦非婆休多，　非伽耶薩羅，　如是諸河等，
作諸惡、不善　能令其清淨；　恆河、婆休多、　孫陀利河等，
愚者常居中，　不能除衆惡。　其清淨之人，　何用洗浴爲！
其清淨之人，　何用布薩爲！　淨業以自淨，　是生於 受持
不殺 亦不盜，　不婬不妄語，　信施 除慳垢，　於斯而洗浴；
於一切衆生　常起慈悲心，　井水以洗浴，　用伽耶等爲！
內心自清淨，　不待洗於外，　下賤田舍兒，　身體多汙垢，
以水洗塵穢，　不能淨其內。』」⇨（雜1185大2-321b[4]f.）

⑶【苦行不能滅罪】：*cf.* 〈p.2-96ff.　二.§13-0-6 ②〉

「彼尼揵子曰：『瞿曇！當知昔我先師 作不善行，今所以苦者欲滅其罪；今雖露形體，有慚辱分，亦有消滅此事。 瞿曇！當知行盡 苦亦盡，苦盡行亦盡，苦行已盡，便至涅槃。』 我爾時，復語尼揵子曰：『此事不然，亦無由行盡 苦亦盡，亦不由苦盡 行亦盡得至涅槃。 但令苦行盡 得至涅槃者，此事然矣！但不可從樂至樂。』」⇨（增41-1大2-744b[2]f.）

②〖正確的方法〗

⑴【不造罪本 而修其善，爲罪 改其所造】

「佛告王曰：『世有二種人 無罪而命終，如屈伸臂頃，得生天上； 云何爲二？ 一者、不造罪本，而修其善；二者、爲罪改其所造。 是謂二人而取命終 生於天上，亦無流滯。 爾時，世尊便說此偈：

『人造極惡行，　悔過轉微薄；　日悔無懈息，　罪根永已拔。』」

⇨（增43-7大2-764a⁻¹¹f.）

⑵【修義、修法、修福、修善、修慈，於 佛法中精勤方便】：

「佛告大王：『如是如是，經常磨迮，謂：惡劫、老、病、苦磨迮衆生，當作何計？ 正當修義、修法、修福、修善、修慈，於 佛法中精勤方便。」

⇨（雜1147大2-305c[4]f.）

⑶【依五種白法(信、精進、慚、愧、慧)，能離不善法 修諸善法】：

「世尊告諸比丘：『若比丘，若不欲令惡、不善法生者，唯有信善法；若信退滅者 不信永住，諸不善法則生。…… 乃至欲令惡、不善法不生者，唯有精進、慚、愧、慧；若精進、慚、愧、慧力退滅，惡慧永住者，惡、不善法則生。若比丘依於信者，則離不善法，修諸善法；依精進、慚、愧、慧者，則離不善法，修諸善法。』」⇨(雜683大2-186b^{-13}f.)

⑷【三種 離熾然 清淨超出道】：

「三種 離熾然 清淨超出道，以一乘道 淨眾生、離憂悲、越苦惱、得眞如法；何等爲三？ 如是：(一)聖弟子住於淨戒，受波羅提木叉，威儀具足，信於諸罪過，生怖畏想，受持如是具足淨戒；※宿業漸吐，得現法離熾然，不待時節能得正法，通達現見觀察，智慧自覺。[1] 離車長者！是名如來、應、等正覺說，所知、所見說 離熾然 清淨超出道， 以一乘道 淨眾生、滅苦惱、越憂悲、得眞如法。(二)……如是淨戒具足，離欲、惡、不善法，……乃至第四禪具足住。(三)……於此苦聖諦如實知、此苦集聖諦、苦滅聖諦、苦滅道跡聖諦如實知；具足如是智慧，心業更不造，宿業漸已斷，得現正法離諸熾然，不待時節，通達現見，生自覺智。離車！是名如來、應、等正覺所知、所見，說第三離熾然 清淨超出，以一乘道 淨眾生離苦惱、滅憂悲、得如實法。』」(雜563大2-147c^{13}f.)

③〖常行諸善、作福無厭〗

⑴【(阿羅漢)不復更造 諸惡，常行諸善】：

「佛告尸婆：『若阿羅漢比丘 諸漏已盡，乃至正智善解脫； 當於爾時，覺知貪欲永盡無餘，覺知瞋恚 愚癡永盡無餘；故不復更造諸惡，常行諸善。』」⇨(雜976大2-252c^{6}f.)

⑵【佛作福無厭】：

王波斯匿飯佛及比丘僧，三月供養，手自行食，供給所須物、衣被、飲食、牀臥具、病瘦醫藥；白佛：「……(供養)成佛及比丘僧，其福功德不可稱計；我今所作功德，今日已辦。」世尊告曰：「大王！勿作是語，作福無厭。」……⇨(增23-1大2-609a^{-2}f.)*cf.*(增10-8大2-565c^{-8}f.)

※1 “So navañ ca kammaṁ na karoti purāṇañ ca kammaṁ phussa phussa vyantikaroti sandiṭṭhikā nijjarā akālikā ehipassikā paccattaṁ veditsabbā viññūhî ti” ⇨(A 3,74 A i. 221^{-16}f.)

(3)【佛於諸善法 未曾知足】：

「爾時，世尊告諸比丘：『我於二法 依止多住；云何爲二？（一)於諸善法，未曾知足；(二)於斷未曾遠離。於善法不知足故，於諸斷法未曾遠離故，乃至肌消肉盡 、 筋連骨立終不捨離，精勤方便不捨善法，不得未得 終不休息；未曾於劣心 生歡喜，常樂增進 昇上上道，如是精進住故，疾得阿耨多羅三藐三菩提等。……」⇨(雜987大2-257a[12]f.)

§1-0-6 【善惡趣】

①〖三惡道〗

(1)【於三惡道 空受衆苦】

「人生於世，長夜受苦； 有時地獄，有時畜生，有時餓鬼，於三惡道 空受衆苦，亦不聞法。 是故，我今爲(四聖諦)無間等故，不以終身受三百槍爲大苦也。」⇨(雜401大2-107c[-12]f.)

(2)【三惡道 ＝ 八邪道 ＝ 十惡業道】

1.「何等爲邪？ 謂：地獄、畜生、餓鬼。 何等爲邪道？ 謂：邪見……乃至邪定。」⇨(雜790大2-205a[5]f.)

2.「何等爲邪？ 謂：地獄、畜生、餓鬼。 何等爲邪道？ 謂：殺、盜、邪婬、妄語、兩舌、惡口、綺語、貪、恚、邪見。」⇨(雜791大2-205a[12]f.)

(3)【惡趣道】→(Avīci 地獄)

「何等爲惡趣道？ 謂：殺父、殺母、殺阿羅漢、破僧、惡心出佛身血。」

(4)【順流道、退道、下道】

「何等順流道？ 謂：邪見……乃至邪定。(退道、下道，亦復如是。)」⇨(雜793大2-205a[-4]f.)

(5)【六根不護 → 墮三惡道】

「我今寧以熾然鐵槍 以貫其目⑥，不以眼識⑥ 取於色相 墮三惡趣，長夜受苦。……」⇨(雜241大2-58b[1]f.)

(6)【三不壞淨 ↛ 三惡道】

「於佛所狐疑斷，於法、於僧狐疑斷，是名比丘 多聞聖弟子 不復堪任作身、口、意業，趣三惡道，正使放逸，聖弟子決定向三菩提，七有天人往來作苦邊。」⇨(雜133大2-42a[11]f.)

(7)【於四聖諦疑結斷 ↛ 三惡道】

「於苦狐疑斷，於集、滅、道狐疑斷，是名比丘 多聞聖弟子 不復堪任作身、口、意業，趣三惡道；如是廣說……乃至作苦邊。」⇨(雜134大2-42a^{-11}f.)

②〖三善處〗

(1)【修習 無常想等→ 三善處】

「當修無常想，廣布無常想，便無瞋恚、愚惑之想，亦能觀法，亦觀其義；若命終之後，生三善處，生天上、人中、涅槃之道。」⇨(增38-2大2-717c^{13}f.)

(2)【三善道＝ 八正道＝ 十善業道】

1.「何等爲正？ 謂：人、天、涅槃。 何等爲正道？ 謂：正見……乃至正定。」⇨(雜790大2-205a^{7}f.)

2.「何等爲正？ 謂：人、天、涅槃。 何等爲正道？ 謂：不殺、不盜、不邪婬、不妄語、不兩舌、不惡口、不綺語、無貪、無恚、正見。」⇨(雜791大2-205a^{14}f.)

(3)【逆流道、勝道、上道】

「何等逆流道？ 謂：正見……乃至正定。(勝道、上道亦復如是)」⇨(雜793大2-205a^{-3}f.)

③〖世、俗、有漏、有取、轉向善趣(道)〗
≀
〖聖、出世間、無漏、無取、正盡苦、轉向苦邊(道)〗

「(1 a.)何等爲正見⑧〔世、俗、〕有漏、有取、向於善趣？ 若彼見：有施、有說……乃至知世間有阿羅漢……〔自知〕不受後有；是名世間正見，世、俗、有漏、有取、向於善趣。(1 b.)何等爲正見⑧ 是聖、出世間、無漏、不取、正盡苦、轉向苦邊？ 謂：聖弟子 苦苦思惟，集、滅、道道思惟，無漏思惟相應〔心法〕， 於法選擇、分別推求、覺知黠慧、開覺觀察，是名正見是聖、出世間、無漏、不取、正盡苦、轉向苦邊。……」⇨(雜785大2-203a^{-7}f.)

④〖天趣〗— 非究竟善趣！

(1)【天 以人間爲善趣】

「爾時，世尊便說此偈：

『人爲天善處， 良友爲善利； 出家爲善業， 有漏盡 無漏。』

比丘當知 三十三天著於五欲；彼 以人間爲善趣； 於如來法 得出家爲善利；〔於如來法中 而得信根，剃除鬚髮、以信堅固 出家學道，彼以學道，戒性具足，諸根不缺，飲食知足，恆念經行〕得三達〔明，是謂名爲 安處善業。〕所以然者，諸佛世尊皆出人間，非由天而得也。」⇨(增34-3大2-693c^{-2}f.)

⑵【閻浮提人 以三事勝忉利天等】

「閻浮提人亦以上※三事[1] ，勝忉利天， 焰摩天、兜率天、化自在天、他化自在天。」⇨(長30大1-135b^{-2}f.)

⑶【得生天上 猶未斷惡趣苦】

1.「轉輪王 七寶具足，成就人中四種神力，王四天下，身壞命終 生於天上。雖復轉輪聖王七寶具足，成就人間神力，王四天下， 身壞命終 得生天上； 然猶未斷地獄、畜生、餓鬼惡趣之苦。 所以者何？ 以轉輪王不得 於佛不壞淨，(於)法、僧不壞淨，聖戒不成就故。」⇨(雜835大2-214a^{-7}f.)

2.「彼(優陀羅羅摩子)自樂身、自受於身、自著身已， 修習乃至 非有想非無想處， 身壞命終，生非有想非無想天中；彼壽盡已，復來此間 生於狸中。」⇨(中114大1-603a[12]f.)

⑷【長壽天 不聞(佛法)、不睹如來】(八難之一)

1.「如來出現世時，廣演法敎，然此眾生在長壽天上，不聞、不覩，是謂第四※難[2] 也。」⇨(增42-1大2-747a^{-13}f.)

2.「或時 在※長壽天[3] ，福未竟不令應得道。」⇨(大正No.13大1-240a^{-14}.)

§1-0-7 【念戒、念施、念天】

①〖念戒〗

「聖弟子自念淨戒：不壞戒、不缺戒、不汙戒、不雜戒、不他取戒、善護戒、明者稱譽戒、智者不厭戒。」⇨(雜931大2-238a[12]f.＝A 6,10 Aiii. 286^{-13}f.)⇦‘ariyasāvako attano sīlāni anussarati:“ Akhaṇḍāni acchiddāni asabalāni akammāsāni bhujissāni viññūpasaṭṭhāni aparāmaṭṭhāni samādhi saṁvattanikāni.” ’

②〖念施〗

「聖弟子自念施法：心自欣慶 —我今離慳貪垢，雖在居家 解脫心施、常施、(自手)捨施、樂施、具足施、平等施—」⇨(雜550大2-144a[6]f.＝A 6.26 Aiii. 316[15]f.∽ Aiii. 287[4]f.)⇦‘ ariyasāvako attano cāgaṁ anussarati:“

※1 一者勇猛強記 能造業行；二者勇猛強記 能修梵行；三者勇猛強記 佛出其土。⇨(長30大1-135b^{-1}f.)　※2 不得修行至涅槃。⇨(增42-1大2-747a[7]f.)　※3 ⇨(雜861～3大2-219b)

"Lābhā vata me suladdhaṁ vata me, yo'haṁ maccheramalapariyuṭṭhitāya pajāya vigatamalamaccherena cetasā agāraṁ ajjhāvasāmi muttacāgo payatapāṇi vossaggarato yācayogo dānasaṁvibhāgarato" ti'

③〖念天〗

「聖弟子(自)念諸天事：有四大天王、三十三天、焰摩天、兜率陀天、化樂天、他化自在天；若有正信心者，於此命終生彼諸天，我亦當行此正信。彼得淨戒、施、聞、捨、慧，於此命終 生彼諸天； 我今亦當行此戒、施、聞、慧。」⇨(雜931大2-238a^{-9}f.＝A 6,10 Aiii. 287^{-14}f.)⇦ 'ariyaasāvako attano devatânussatiṁ bhāveti:" Santi devā Catummahārājikā, santi devā Tāvatiṁsā, santi devā Yāmā, santi devā Tusitā,…… santi devā Taduttari; yathārūpāya saddhāya samannāgatā tā devatā ito cutā ta=tthaupapannā, mayham pi tathārūpā saddhā saṁvijjati; …… sīlena ……sutena…… cāgena…… yathārūpāya paññāya samannāgatātā devatā ito cutā tattha upapannā, mayham pi tathārūpā paññā saṁvijjati" ti.'

§2-0-0 【生 慚愧心】(良心)→ 發起實踐道德的意向

§2-0-1 【慚(hirī)、愧(ottappa)】 的定義

①〖慚 ∽ 愧〗

「知『慚』，恥於己闕 ；知『愧』，羞爲惡行。」⇨(長2大1-11c[15]f.)

②〖慚恥 ＝ 羞愧〗

「手長者 有慚者，此何因說？ 手長者常行慚恥，可慚知慚，惡、不善法、穢汙、煩惱，受諸惡報，造生死本；手長者 有慚者因此故說。手長者 有愧者，此何因說？ 手長者常行愧，可羞愧知愧，惡、不善法、穢汙、煩惱，受諸惡報，造生死本；手長者 有愧者因此故說。」⇨(中41大1-484c[12]f.)

③〖慚力 ＝ 愧力〗

「何等爲慚力是學力？謂羞恥；恥於 起惡、不善法、諸煩惱數，受 諸有熾然苦報，於未來世，生、老、病、死、憂、悲、苦、惱；是名慚力 是學力。何等爲愧力 是學力？ 謂諸可愧事而愧； 愧起諸惡、不善法、煩惱數，受諸有熾然苦報，於未來世生、老、病、死、憂悲、苦惱；是名愧力是學力。」⇨(雜679大2-186a[7]f.)

§2-0-2 【慚愧之 足處(padaṭṭhāna 直接原因)】

①「若起明為前相，生諸善法時，慚愧隨生。」⇨(雜749大2-198b^{-11}.)

②"Satisampajaññe bhikkhave asati satisampajjaññavipannassa hatupanisaṁ hoti hir'ottapaṁ." ⇨(A 8,81 Aiv. 336^{4}f.)

∼"attagārava-paragārava-padaṭṭhānā." ⇨＊(VM 464^{-1}f.)

§2-0-3 【慚愧心的作用】

①「慚愧心為 轅」⇨ (雜98大2-27a^{-3})

②「慚愧為 拘靷」⇨ (別雜171大2-437a^{-8})

③〖常習慚愧心 能遠離諸惡〗

「常習慚愧心， 能遠離諸惡； 此人實希有， 如※顧鞭良馬[1] 。」
⇨(雜578大2-154a^{13}f.)

④「成就慚愧…… 便能 捨惡修習於善。」(中69大1-519b^{5}f.)

⑤「恭敬 師、法、僧、學、慚、愧，是等六法令比丘 導至不退失(aparihānaya saṁvattaṁ)。」⇨(A 6,33 Aiii.p.331^{14}f.)

⑥〖懷 慚愧心 →……→「涅槃」〗

(1)【水喻七事】

「♣1 彼云何 人沒溺於水？ 或有一人以不善法 盡纏裹身，純罪熟至地獄，一劫受罪 不可療治，是謂此人常沒溺於水，是謂初入水沒溺。♣2 彼云何人出頭還沒入水？ 或有一人作是沒溺，有信於善法，懷慙愧求其方便，於諸善法皆懷慙愧；彼出於水，還沒溺水，是謂二人沒溺於水。 ♣3 彼云何人出水遍觀四方？ 或有一人出水，彼有信於善法，有慙愧心，有勇猛意，於諸不善法皆有慙愧，彼出水上不復沒溺於水；此，諸賢！是謂三人喻彼出水。…♣4 …♣5 …♣6 …♣7 彼云何人已至彼岸、淨志得立彼岸？或有一人而出水上，有信於善法，有慙愧，有勇猛意，於諸善法皆懷慙愧； 或有一(『或有一』宜作：『彼』)人盡有漏成無漏，念(♣心)解脫、智慧解脫，於現法中疾得證通而自娛樂，盡生死源，梵行已立，所作已辦，更不復受母胎；是謂彼(七)人喻彼出水已立彼岸。」
⇨(大正No.29大1-811b^{11}f.)

♣1「四種良馬」⇨(雜922大2-234a^{-13}～b^{-11})；▷〈p.2-77 二.§9-0-7〉

⑵【大學】

「猶如初迎新婦，見其姑嫜、若見夫主 則慙愧羞厭。 諸賢！當知比丘亦復如是，應慙愧羞厭 我於利無利，於德無德， 謂： 我因佛、法、眾 不住善相應捨， 彼因慙愧羞厭故，便住善相應捨是妙息寂 —謂捨一切有、離愛、無欲、滅盡無餘— 諸賢！是謂比丘一切大學。」⇨（中30大1-465a-12f.）

⑶【二成法】

「云何二成法？ 謂 知慙、知愧。」⇨（長10大1-53a13f.）

⑷【增長清淨道 永閉生死門】

「世間若無有　慚、愧二法者，　違越清淨道，　向生老病死。
世間若成就　慚、愧二法者，　增長清淨道，　永閉生死門。」
⇨（雜1243大2-341a1f.）

⑦〖能拔根本業〗

「復有業能令眾生得不定報者，若業非增上心作，更不修習，又不發願迴向受生，是名不定報業……復有業，能令眾生，墮於地獄，暫入卽出；若有眾生造地獄業，作已怖畏，起增上信，生慙愧心，厭惡棄捨，慇重懺悔，更不重造。如阿闍世王 殺父等罪，暫入地獄卽得解脫。 於是，世尊，卽說偈言：
『若人造重罪，　作已深自責；　懺悔更不造，　能拔根本業。』」
⇨（大正No.80大1-893c15f.）

⑧〖慚愧護世間〗

⑴【安定社會】

1.「若用衣服，非爲利故，非以貢高故，非爲嚴飾故，但，爲蚊虻風雨寒熱故，以慚愧故也。」⇨（中10大1-432b-8f.）

2.「時，彼眾生習於非法，極情恣欲 無有時節； 以慙愧故，遂造屋舍，世間於是始有房舍。」⇨（長5大1-38a6f.）

3.「有二淨法 能護世間；何等爲二？ 所謂慚、愧；假使世間無此二淨法者，世間亦不知有父母、兄弟、姊妹、妻子、宗親、師長尊卑之序，顚倒、渾亂如畜生趣。 以有二種淨法，所謂慚、愧，是故世間知 有父母……乃至師長尊卑之序，則不渾亂如畜生趣。」⇨（雜1243大2-340c-7f.）

⑵【護生 持戒】

「摩納白佛言：『瞿曇！何者是無上士明行具足？』 佛告摩納：『……具

諸戒行，不害眾生，捨於刀杖，懷慙愧心，慈念一切，是爲不殺[7] ……」

⇨（長20大1-83c[1]f.；）

「一心平等 修習正戒也； 遠離於殺，不執刀杖，心懷慙愧，普安一切，不施恐怖，其心清淨，無所加害……」⇨（大正No.22大1-272c[10]f.）

「常具慚愧，悲愍有情，下至螻蟻，起護念想。」⇨（大正No.10大1-222a[3]f.）

⑶【護世間之 初心】

「人壽十歲時，當有七日刀兵劫；彼（時人）若捉草卽化成刀，若捉樵木亦化成刀。彼以此刀，各各相殺；彼於七日刀兵劫，過七日便止。爾時，亦有人生慙恥、羞愧，厭惡、不愛（相殺），彼七日刀兵劫時，便入山野，在隱處藏； 過七日已，則從山野 於隱處出，更互相見，生慈愍心，極相愛念，猶如慈母唯有一子，與久離別，從遠來還，安隱歸家，相見喜歡，生慈愍心，極相愛念。 如是，彼人過七日後，則從山野 於隱處出，更互相見，生慈愍心，極相愛念，共相見已便作是語：『諸賢！我今相見，今得安隱，我等坐生不善法故，今值見此，親族死盡，我等寧可共行善法；云何當共行善法耶？ 我等皆是殺生之人，今寧可共離殺、斷殺，我等應共行是善法………』」⇨（中70大1-523b[1]f.）

⑷【自護 ⇄ 護他】

「大王！若復有行身善行，行口善行，行意善行者， 當知斯等 則爲自護；彼雖不以象、馬、車、步四軍自防，而實自護。所以者何？ 護其內者，名善自護，非謂防外。爾時，世尊復說偈言：

『善護於身口　　及意一切業，　　慚、愧而自防，　　是名善守護。』」

⇨（雜1229大2-336b[11]f.）

∽「己自護時，卽是護他；他自護時，亦是護己。心自親近修習，隨護作證，是名自護護他。云何護他自護？ 不恐怖他、不違他、不害他、慈心哀彼，是名護他 自護； 是故，比丘當如是學，自護者 修四念處，護他者 亦修四念處。」⇨（雜619大2-173b[13]f.）

§3-0-0 【不放逸於道德的實行】

§3-0-1 【釋尊的 遺囑】

「時，世尊披鬱多羅僧出金色臂，告諸比丘：『汝等當觀，如來時 時出世，如優曇鉢花時一現耳。』 爾時，世尊重觀此義，而說偈言：

『右臂紫金色， 佛現如靈瑞； 去來行無常， 現滅無放逸！是故，比丘 無為放逸！我以不放逸故 自致正覺，無量眾善亦由不放逸得；一切萬物無常存者，此是如來末後所說。』」⇨(長2大1-26b[14]f.)

§3-0-2 【不放逸 為一切善法之根本】→(雜880～882大2-221c[12]f.)

①「修習禪法，斷貪欲、瞋恚、愚癡，(證)涅槃，一切皆依不放逸為根本(nidāna)、不放逸集(saṁudaya)、不放逸生(jātika)、不放逸轉(pabhava)。」

⇨(雜880～1大2-221c[12]f.)

②「不放逸善法 修習多修習，得現法願滿足，得後世願滿足， 得現法、後世願滿足。」⇨(雜1239大2-339b[-7]f.)

③「佛告阿那律：『涅槃者以無放逸為食，乘無放逸得至於無為。』」

⇨(增38-5大2-719a[-11]f.)

④「不放逸故，得阿耨多羅三藐三菩提及餘道品法。」⇨(雜571大2-151c[-9]f.)

「因不放逸，諸如來、無所著、等正覺 得覺；因不放逸根，生諸無量善法，若有隨道品。阿難！是故，汝當如是學：『我亦成就於不放逸！』當學如是。」⇨(中191大1-739b[-6]f.)

⑤「云何一成法(eka dhamma bahu-kāra)？ 謂：於諸善法 能不放逸。」

⇨(長10大1-53a[4]f.)

§3-0-3 【不放逸 最勝】

①「於諸善法中， 不放逸最勝； 若當放逸者， 賢聖所譏嫌。
若不放逸者， 獲於天帝位， 於諸天中勝； 於作無作中
不放逸最勝。 若不放逸者， 坐禪盡諸漏， 逮得於勝果。」

⇨(別雜65大2-396b[1]f.)

②「諸善功德三十七品之法，無放逸行最為第一、最尊、最貴，無放逸比丘修四意斷 。」⇨(增26-3大2-635c[9]f.)

§3-0-4【不放逸 字義】♣

① appamāda：don't enjoy oneself, don't neglect duty for, don't indulge in. ⇨〈M.W. Skt-E dict.〉p.685b

②〖不(放)縱〗

「時，閻摩王又更告言：『愚癡丈夫 若如是者，汝自懈怠 行放逸故，不修身、口及意善業，以是因緣，汝當長夜 得大苦惱，無有安樂； 是故，汝當具足受此 放逸行罪，當得如是惡業果報。』⇨(大正No.25大1-386a^{-8}f.)

「時閻摩王見彼來， 以悲愍心而訶責： 汝昔在於人間時， 可不見於老病死？ 此是天使來告示！ 云何放逸不覺知， 縱身口意染諸塵， 不行施戒自調伏。」⇨(大正No.25大1-387a^{2}f.^{2})

③〖警策〗

「爾時，世尊告諸比丘：諸離車子常枕木枕，手足龜坼，疑畏莫令摩竭陀王阿闍世 —毗提希子— 得其間便；是故，常自警策、不放逸住。以彼不放逸住故，摩竭陀王阿闍世 —毗提希子— 不能伺求得其間便……如是，比丘精勤、方便、堅固堪能、不捨善法，肌膚損瘦，筋連骨立，精勤、方便、不捨善法……乃至未得所應得者，不捨精進，常攝其心不放逸住。以不放逸住故，魔王波旬不得其便。」⇨(雜1252大2-344b^{7}f.)

④〖攝心〗

「爾時，世尊卽說偈言：『……

我樂於己法， 攝心不放逸； 汝不見四諦， 一切所不住。

是名我實住， 汝名爲不住。』」⇨(別雜16大2-378c^{1}f.)

⑤〖護心〗

「云何爲一法？所謂 無放逸行。 云何爲無放逸行？ 所謂 護心也。 云何護心？ 於是 比丘常守護心有漏。……彼無放逸行 恆自謹愼，未生欲漏便不生，已生欲漏便能使滅；未生有漏便不生，已生有漏便能使滅；未生無明漏便不生，已生無明漏便能使滅。」⇨(增10-1大2-563c^{14}f.)

⑥〖定心〗

「佛告難提：『若於此五根 一切時不成就者，我說此等爲凡夫數； 若聖弟子不成就者 爲放逸，非不放逸。難提！若聖弟子於佛不壞淨成就，而不上求，不於空閑林中，若露地坐，晝夜禪思，精勤修習勝妙出離，饒益隨喜；彼不隨喜已，歡喜不生；歡喜不生已，身不猗息；身不猗息已，苦覺則生；苦覺生已，心不得定；心不得定者，是聖弟子 名爲放逸。 於法、僧不壞淨，聖戒成就亦如是說…… 若聖弟子 心定者名不放逸，法、僧不壞淨，聖戒成就亦如是說。」⇨(雜855大2-217c^{-8}f.)

⑦〖無自擧〗

「比丘！我者 是自擧；我當有 是亦自擧；我當非有非無 是亦自擧； 我當色有 是亦自擧；我當無色有 是亦自擧； 我當非有色、非無色 是亦自擧；我當有想 是亦自擧；我當無想 是亦自擧； 我當非有想非無想 是亦自擧。是貢高，是憍傲，是放逸。 比丘！若無此一切自擧、貢高、憍傲、放逸者，意謂之息；比丘！若意息者，便不憎、不憂、不勞、不怖。 所以者何？彼比丘成就法故，不復有可說憎者； 若不憎 則不憂，不憂 則不愁，不愁則不勞，不勞 則不怖。因不怖便當般涅槃：生已盡，梵行已立，所作已辦，不更受有知如眞。」⇨(中162大1-692a^{-8}f.)

⑧〖欲、精進、方便……等 同類〗

「欲、精進、方便、廣方便、堪能方便、堅固強健、勇猛身八(♣ 心)、勇猛難伏、攝受、常、學、不放逸。」⇨(雜174大2-46a^{10}f.)

§3-0-5 【修行 不放逸】

①〖樂受 不放逸〗

「爾時，世尊卽說偈言：

『多聞於苦樂， 非不受覺知； 彼於凡夫人， 其實大有聞。
樂受不放逸， 苦觸不增憂； 苦樂二俱捨， 不順亦不違。』」

⇨(雜470大2-120b^{5}f.)

②〖六觸入處 善自防護〗

「多聞聖弟子於五欲功德，善自攝護，盡心令滅； 若好田苗，其守護田者 不自放逸，闌牛入境，左手牽鼻，右手執杖 遍身搥打，驅出其田。」

⇨(雜1169大2-312b^{-4}f.)

③〖修 四意斷(四正勤)〗

「無放逸比丘修※四意斷[1] ；云何爲四？ 於是比丘若未生弊惡法，求方便令不生；若已生弊惡法，求方便令滅；若未生善法，求方便令生；若已生善法

※1 cattāro sammappadhānā (四正勤)；pahāna(斷、滅) ∾ padhāna(勤)。

，求方便重令增多。終不忘失，具足修行，心意不忘；如是比丘修四意斷。」

⇨(增26-3大2-635c[10]f.)*cf.* 〈p.2-84 二.§10-5-3 ④之 (1)〉

④〖於出入息中 思惟死想〗

「爾時，世尊告諸比丘：『汝等當修行死想，思惟死想！』 時，彼座上有一比丘白世尊言：『我常修行思惟死想。』 世尊告曰：『汝云何思惟修行死想？』 比丘白佛言：『思惟死想時，意欲存七日 思惟七覺意， 於如來法中多所饒益，死後無恨；如是，世尊！我思惟死想。』 世尊告曰：『止！止！比丘！此非行死想之行，此名爲放逸之法』……「世尊告曰：止！止！比丘！此亦非思惟修行死想。汝等諸比丘所說者，皆是放逸之行，非是修行死想之法。

是時，世尊重告比丘：『其能如 婆迦利比丘者，此則名爲思惟死想；彼比丘者，善能思惟死想，厭患此身惡露不淨。若比丘思惟死想，繫意在前，心不移動，念出入息，往還之數， 於其中間 思惟七覺意，則於如來法多所饒益；所以然者，一切諸行皆空皆寂，起者、滅者皆是幻化，無有眞實。是故，比丘 當於出入息中 思惟死想，便脫生、老、病、死、愁、憂、苦惱。 如是，比丘 當知，作如是學。」⇨(增41-8大2-741c[-2]f.)

⑤〖不觸嬈 不害 不惱一切衆生〗

「云何無放逸行？ 所謂 不觸嬈一切衆生，不害一切衆生，不惱一切衆生，是謂無放逸行。」⇨(增10-2大2-564a[8]f.)

⑥〖佛對阿羅漢不爲說 不放逸行〗

「若比丘得阿羅漢 盡諸有漏，離諸重擔，逮得己利，盡諸有結，心正解脫；如是像類比丘，我不爲說不放逸行。所以者何？ 彼諸比丘已作不放逸故，不復堪能 作放逸事。 我今見彼諸尊者得不放逸果；是故，不爲彼說不放逸行。爲何等像類比丘說不放逸行？ 若諸比丘 在學地者，未得心意增上安隱向涅槃住；如是像類比丘，我爲其說不放逸行。」⇨(雜212大2-53c[11]f.)

二.【增上信學】(Adhisaddhā-sikkhā)

§0-0-0 【清淨聖慧眼 → 淨信 道德】

「有四種法 未淨聖慧眼而得清淨；云何爲四？ 親近善知識 恭敬承事，聞善法，善思惟，趣向法次法。」⇨(中153大1-672c^{-3}f.)

「舍利弗白佛言：『世尊！有四種入流分； 何等爲四？ 親近善男子，聽正法，內正思惟，法次法向。」⇨(雜843大2-215b^{-11}f.)

「爾時，世尊告諸比丘：『有此四法 多饒益人； 云何爲四？ 第一法者當親近善知識；第二者當聞法；第三者當知法；第四者當法法相明； 是謂 比丘有此四法多饒益人。 是故，諸比丘！當求方便成此四法。」
⇨(增25-2大2-631b^{12}f.)

“Cattāro me bhikkhave dhammā bhāvitā bahulīkatā ♣sotāpattiphala-sa=cchikiriyāya saṃvattanti'. katame cattāro? Sappurisasaṃsevo sad=dhammasavanaṁ yonisomanasikāro dhammânudhamma-paṭipatti.”

♣1 sotāpattiphala-sacchikiriyāya saṁvattanti ⇨(S 55,55 S v. 410^{-2}f.)

♣1 sakadâgāmiphala-sacchikiriyāya saṁvattanti⇨(S 55,56 S v. 411^{6}f.)

♣1 anāgāmiphala-sacchikiriyāya saṁvattanti⇨(S 55,57 S v. 411^{9})

♣1 arahattaphala-sacchikiriyāya saṁvattanti⇨(S 55,58 S v. 411^{11})

§0-0-1 【增上信學 ♣ 表解】

① 親近善士 ←··········· ● (依生得慧)→善心 ┐ 依法 不依人
↓
② 聽聞正法 ···········→ (依法)→信順 ← ┐ 依義 不依語
↓
③ 內正思惟 ···········→ (依義)→信忍 ← ┐ 依了義 不依不了義
↓
④ 法次法向 ←··········· (依了義)←信求 ← ┐ 依智 不依識
↓
四分成就○＝入流者→(成就)四不壞淨→(依智)→淨信 ←
‖
●①→ → → ②→ → → ③→ → → ④→ → →○學者→ ①→ ②→ ③→ ④→ ◌無學者

§1-0-0 【涅槃道上的 導師及道件】

§1-0-1 【爲什麼要 親近善士】

①〖植福〗

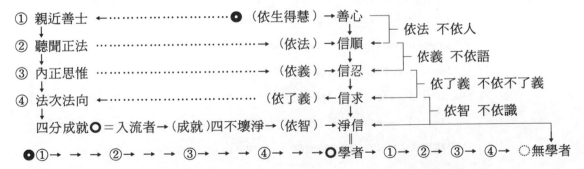

「善良馬百匹，　黃金滿百斤，　騾車及馬車　各各有百乘，

種種諸珍奇、 重寶載其上， 宿命種善根， 得如此福報；
若人宗重心， 向佛行一步， 十六分之一， 過前福之上。」
⇨(雜592大2-157c^{-3}f.)

②〖究竟般涅槃〗

「若習善知識 如來及聲聞， 清淨信善逝， 根生堅固力，
所往之善趣， 及生大姓家， 究竟般涅槃； 大仙如是說。」
⇨(雜95大2-26b^{12}f.)

③〖由善知識 成無上徧正覺〗

「夫 善知識之人，卽是全梵行之人，與共從事 將視好道；我亦由善知識，成無上正眞等正覺，以成道果，度脫衆生 不可稱計，皆悉免生、老、病、死。………與善知識共從事者，信根 增益，聞、施、慧德皆悉備具。 ……若我昔日不與善知識從事，終不爲燈光佛所見、授決也；以與善知識從事故，得爲與提和竭羅(Dīpaṁkara)佛所見、授決。 以此方便，知其善知識者，卽是全梵行之人也。 若當，阿難！世間無善知識者，則無有尊卑之敘— 父母、師長、兄弟、宗親 —則與彼豬犬之屬與共一類，造諸惡緣，種地獄罪緣；有善知識故，便別有 父母、師長、兄弟、宗親。」⇨ (增44-10大2-768c^{10}f.)

④〖增福、慧〗

“〔Dasahi bhikkhave dhammehi samannāgato puggalo〕 visujjhati(淨化之).
〔Katamehi dasahi? Sammādiṭṭhiko hoti, sammāsaṅkappo hoti, sammāvāco hoti, sammā-ājīvo hoti, sammāvāyāmo hoti, sammāsati hoti, sammāsamādhi hoti, sammāñāṇaṁ hoti, sammāvimutti hoti.
Imehi kho bhikkhave dasahi dhammehi samannāgato puggalo ārādhako”〕

A 10,163：visujjhati(淨化之) A 10,164：mānaṁ adhivibhoti(滅慢)
A 10,165：paññaya vaḍḍhati(增長慧) A 10,166：bahuṁ puññaṁ pasavati(積聚大福)⇨(A 10,163~166 A v.248^{-2}f.)

⑤〖入信、入流〗

「有四種入流分；何等爲四？ 謂 親近善男子，聽正法，內正思惟，法次法向。有四分成就入流者；何等爲四？ 謂 於佛不壞淨，於法不壞淨，於僧不壞淨，聖戒成就。」⇨(雜843大2-215b^{-11}f.)

§1-0-2 【親近(sevati)字義】

(√sev)：⇨〈Skt-E dict.〉p.1247a,〈P-E dict.〉p.724a.

① to associate with, resort to,「諸有得遇尊者目揵連，交遊往來，恭敬、供養者，大得善利。」⇨(大2-133a[8]f.)

② to practice,「與善知識 共從事」⇨(大2-768c[15])

③ to serve,「阿難尊者曾 親覲世尊」⇨(大2-66c[15])

§1-0-3 【善士】*cf.*〈p.1-05ff. 一.§1-0-3〉

§1-0-4 【如何親近善士】

① 尊重、禮拜、供養、承事（中132大1-623a[-7]f.）

② 愛敬、尊重、供養、宗奉、禮事（中145大1-654c[15]f.）

③ "Dasahi bhikkhave dhammehi samannāgato puggalo sevitabbo. Katamehi dasahi? Sammādiṭṭhiko hoti, sammāsaṅkappo hoti, sammāvāco hoti, sammā-ājīvo hoti, sammāvāyāmo hoti, sammāsati hoti, sammāsamādhi hoti, sammāñāṇaṁ hoti, sammāvimutti hoti.

Imehi kho bhikkhave dasahi dhammehi samannāgato puggalo sevitabbo (應親近)" ti. ⇨(A 10,155~166 A v. 248[7]f.)

A 10,156：bhajitabbo(應奉事)　A 10,157：payirupāsitabbo(應近侍)

A 10,158：pujjo(應供養)　A 10,159：pāsaṁso(應稱讚)

A 10,160：agāravo(應尊敬)　A 10,161：sapaṭisso(應尊重)

§1-0-5 【恭敬禮拜如來】

①〖知(往詣)時、著(大)衣、去屣、整服、偏袒右肩、向佛、叉手、合掌當胸、稽首、拜、問訊、右膝著地、長跪、五體投地、稽首佛足、右繞三匝〗

②〖觀 空無法〗

「若欲禮佛者，　及諸最勝者，　陰、持、入諸種，　皆悉觀無常；
曩昔過去佛，　及以當來者，　如今現在佛，　此皆悉無常。
若欲禮佛者，　過去及當來，　說於現在中，　當觀於空法；
若欲禮佛者，　過去及當來，　現在及諸佛，　當計於無我。」

⇨(增36-5大2-707c[-10]f.)

③〖平等　視聲聞〗

「大愛道瞿曇彌(Mahāpajāpatiī Gotamī) 卽說此偈：

『云何禮最勝、　世間無與等、　能斷一切疑？　由是說此語。』」

爾時，世尊復以偈報瞿曇彌曰：

『精進意難缺，　恆有勇猛心；　平等視聲聞，　此則禮如來。』

是時，大愛道白世尊曰：『自今以後當禮世尊；如來今勅 禮一切眾生意無增減，天上人中及阿須倫，如來爲最上。』是時，世尊 可大愛道所說。」

⇨(增18-8大2-592c[15]f.)

④〖如來有六功德，應得受人禮拜〗

「如來正法甚爲和雅，智者所修行，是謂如來初功德，可事可敬。　復次，如來聖眾極爲和順，法法成就，戒成就、三昧成就、智慧成就、解脫成就、解脫見慧成就；所謂聖眾者 四雙八輩，此是如來聖眾，可敬可貴世間之大福田，是謂如來第二功德。　復次，如來有四部之眾，所施行法皆習行之，更不重受觸擾如來，是謂如來第三功德。　復次，世尊！我見剎利之姓，婆羅門、居士、沙門高才蓋世，皆來集論議。我等當以此論 往問如來；設 彼沙門瞿曇不報此論者，則有缺也。設當能報者，我等當稱其善。是時，四姓來至世尊所 而問此論；或有默然者。　爾時，世尊與彼說法，彼聞法已 更不復問事，況復欲論；皆師事如來，是第四功德。　復次，諸六十二見，欺誑世人，不解正法 由此致愚；然 如來能除此諸邪見業，修其正見，是謂第五如來功德。 復次，眾生身、口、意 行惡，彼若命終憶如來功德，離三惡趣，得生天上；正使極惡之人，得生天上，是謂第六如來功德。 其有眾生見如來者，皆起恭敬之心 而供養之。」⇨(增38-9大2-725a[11]f.)

⑤ 〖念佛德〗 *cf.* 〈p.2-09ff. 二.§2-0-4 【佛陀】〉

§1-0-6 【供養如來】

①〖法供養〗：

「若比丘所爲眾生，善知識遇及一切父母、知親， 盡當以四事 教令知法；云何爲四？ 一者當恭敬於佛；是時，如來者 至眞、等正覺、明行成爲、善逝、世間解、無上士、道法御、天人師，號佛、眾祐，度人無量。(二者)當求於法 修行正眞之法，除穢惡之行，此是智者之所修行。 (三者)復當方便供養眾僧； 如來眾者 恆共和合，無有諍訟，法法成就，戒成就、三昧成就、智慧成就、解脫成就、解脫知見成就，所謂 四雙八輩、十二賢士。 此是如來聖眾，可尊可貴，世間無上福田。（四者）復當勸助 使行賢聖法律，無染無汚，寂靜無爲。若有比丘欲行道者，普共行此四事之法；所以然者，法之恭養三尊，最尊、最上、無能及者。」⇨(增31-2大2-667c^{-5}f.)

「爾時，世尊告阿難曰：『此雙樹神 以非時華供養於我，此非供養如來。』阿難白言：『云何名爲供養如來？』 佛語：『阿難！人能受法 能行法者，斯乃名曰供養如來。』 佛觀此義，而說頌曰：

『佛在雙樹間，　　偃臥心不亂；　　樹神心清淨，　　以花散佛上。』
阿難白佛言：　『云何名供養？』　『受法而能行，　　覺華而爲供；
紫金華如輪，　　散佛未爲供；　　陰、界、入無我，　乃名第一供。』

⇨(長2大1-21a^{8}f.)

②〖正信 佛、法、僧，慈念眾生〗：

「日日設大會，　　乃至百千數，　　不如正信佛，　　十六分之一；
如是信法、僧，　慈念於眾生，　　彼大會之福，　　十六不及一。
若人於世間，　　億年設福業，　　於直心敬禮，　　四分不及一。」

⇨(雜1234大2-338b^{5}f.)

③〖施 比丘眾〗

「爾時，摩訶簸邏闍鉢提・瞿曇彌 持新金縷黃色衣，往詣佛所； 稽首佛足，卻住一面，白曰：『世尊！此新金縷黃色衣，我自爲世尊作，慈愍我故，願垂納受；世尊告曰：『瞿曇彌！持此衣施比丘眾；施比丘眾已，便供養我亦供養眾。」⇨(中180大1-721c^{-6}f.)

§1-0-7 【(虛心受教)恭敬 順語】

「以慚愧故，不放逸；不放逸故，恭敬、順語 爲善知識。」⇨(雜346大2-96b^{-14}f.)

「爾時，尊者大目犍連告諸比丘：『諸賢！若有比丘 請諸比丘：「諸尊！ 語我，教我，訶我，莫難於我；所以者何？ 諸賢！或有一人戾語(dubbacca)，成就戾語法；成就戾語法故，令諸梵行者 不語彼，不教、不訶 而難彼人。諸賢！何者戾語法？ 若有成就戾語法者，諸梵行者 不語彼，不教、不訶而難彼人。　諸賢！或有一人惡欲、念欲； 諸賢！若有人惡欲、念欲者，是謂 戾語法。如是 染、行染，不語、結住，欺誑、諛諂，慳貪、嫉妒，無慙、無愧，瞋弊、惡意、瞋恚語言，訶比丘訶、訶比丘輕慢、訶比丘發露，更互相避而說外事，不語、瞋恚、憎嫉熾盛，惡朋友、惡伴侶，無恩、不知恩。諸賢！若有人 無恩、不知恩者，是謂戾語法； 諸賢！是謂諸戾語法。若有成就戾語法者，諸梵行者不語彼，不教、不訶 而難彼人。」

⇨(中89大1-571c²f.)

「善生！弟子敬奉師長 復有五事；云何爲五？ 一者，給侍所須；二者，禮敬供養；三者，尊重戴仰；四者，師有教勅，敬順無違；五者，從師聞法，善持不忘。善生！夫爲弟子，當以此法 敬事師長。」⇨(長16大1-71c⁻¹³f.)

§2-0-0 【見 出世的聖眾】

§2-0-1 【樂見賢聖】

①「世間有一類(人)往觀 象寶、馬寶、珠寶，觀大、觀小， 見沙門、婆羅門之邪見、邪行者；是等是『見也。』余不說『不見也。』。 然此等見是 下賤、異生、非聖、不引利、不能導致於厭離、離貪、滅盡、寂止、通智、正覺、涅槃。 諸比丘！往見 如來或弟子，種植 信、種植 愛、一向篤信；諸比丘！此 諸見中無上；能 淨有情、能越憂悲、能滅愁苦、能證得正理、能作證涅槃……如是名 見無上(dasanânutariya)。」⇨(A 6,30 Aⅲ.325⁻⁹f.)

②「爾時，世尊告諸比丘：『若比丘持戒、修德、慚愧、成眞實法，見此人者多得果報。』」⇨(雜724大2-195a⁻⁸f.)

③「彼一比丘往詣尊者舍梨子所，稽首禮足，卻坐一面；尊者舍梨子問曰：『賢者！從何處來，於何(處)夏坐？』 彼一比丘答曰：『尊者舍梨子！我從王舍城來，在王舍城受夏坐。』 復問：『賢者！世尊在王舍城受夏坐，聖體康強，安快無病，起居輕便，氣力如常耶？』 答曰：『如是，尊者舍梨子！』…… 復問：『賢者！比丘眾、比丘尼眾 在王舍城受夏坐，聖體康強，安快無病，起居輕便，氣力如常，欲數見佛，樂聞法耶？』 答曰：『如是，尊者舍梨子！比丘眾、比丘尼眾在王舍城受夏坐，聖體康強，安快無病，起居輕便，氣力如常，欲數見佛，盡樂聞法。』 復問：『賢者！優婆塞眾、優婆夷眾 住王舍城身體康強，安快無病，起居輕便，氣力如常， 欲數見佛，樂聞法耶？』 答曰：『如是，尊者舍梨子！』……復問：『賢者！若干異學沙門、梵志，在王舍城受夏坐，身體康強，安快無病，起居輕便，氣

力如常，欲數見佛，樂聞法耶？』　答曰：『如是，尊者舍梨子！』

⇨(中27大1-456a^{-1}f.)

④〖見佛 聞法難〗

「諸梵志書籍，亦有此言：『如來出世甚爲難遇，時、時、億劫乃出。」

⇨(增38-6大2-720b^{4}f.)

「如來出現世時，廣演法教，得至涅槃， 然此眾生在地獄中 不聞、不覩，是謂初一難也。……此眾生在畜生中……在餓鬼中……在長壽天上……在邊地生……生※於中國[1] ，又且六情不具……」⇨(增42-1大2-747a^{7}f.)

§2-0-2 【出世(lok'uttara)】

①〖出離(nissaraṅa)〗

「出世間道 不如實知」⇨(雜366大2-101a) ∾ (S 12,4 S ii.5^{12})⇦ " dukkha=ssa nissaraṇaṁ na ppajānāti(不如實知 苦之出離)"

②〖出現(uppāda)〗

「若佛 出世，若未出世，」⇨(雜296大2-84b^{-14}f.)＝(S 12,20 S ii.25^{18}f. " uppādā vā Tathāgatānam anuppādā vā Tathāgatānaṁ(若如來出現於世，若如來未出現於世)"

③〖超出(uttara)〗

「有正見是 聖、出世間、無漏、無取、正盡苦、轉向苦邊。」⇨(雜785大2-203a)≒(M 117 M iii. 72^{5}f.)⇦ " Atthi, bhikkhave, sammādiṭṭhi ariyā anāsavā lokuttarā maggaṅga.(諸比丘！有正見是 聖、無漏、出世、道支者也。)"

「云何無漏法？　謂出世間者 是名無漏法。」⇨(雜229大2-56a^{13}f.)

「賢聖、出世、空相應 緣起隨順法。」⇨(雜293大2-83c^{4}f.)

「佛者 是世間超渡之勝名。」⇨(雜100大2-28a^{8})

「我(佛)雖生世間，不爲世間著。」⇨(雜101大2-28b^{12})

「如來世間生，世間長，出世間行，不著世間法。」⇨(中92大1-575a^{5}f.)

④ 〖超人法(uttarimanussa-dhamma)〗⇨(M 69 M I p.472^{-12})

※1 majjhimesu janapadesu(中土/ 佛法流行地區) ↔ paccantimesu janapa=desu 邊地/ 無佛法之地區)

§ 2-0-3 【賢聖】

① 〖ariya(聖)；ariyā(賢聖)〗……(大2-176d)

② 〖聖〗

「云何爲聖？　謂遠離 諸惡不善之法 —諸漏穢汚，爲當來有本，煩熱、苦報、生老病死因— 是謂爲 聖。」⇨(中182大1-725c[8]f.)

「一切諸法，　皆從佛受；聖 則道本，爲一切護，慈愍之目，最尊殊特，聖德無上，超絕無侶，巍巍堂堂，宣布道化。」⇨(大正No. 62大1-860a[7]f.)

③ 〖聖眾〗

(1)【四雙八輩】

「如來聖眾 善業成就，質直、順義，無有邪業，上下和穆，法法成就；　如來聖眾 戒成就、三昧成就、智慧成就、解脫成就、解脫知見成就。　聖眾者，所謂 四雙八輩；是謂 如來聖眾，應當恭敬、承事、禮順，所以然者，是世福田故。　於此眾中，皆同一器，亦以自度，復度他人 至三乘道，如此之業，名曰 聖眾。」⇨(增3-3大2-554c[-9]f.)

(2)【十(賢)人】

「今此十人 皆從眾中出，非眾不成；云何爲十？　所謂向須陀洹、得須陀洹，向斯陀含、得斯陀含，向阿那含、得阿那含，向阿羅漢、得阿羅漢，辟支佛、佛；　是謂 十人皆由眾中(出)，非獨自立。」⇨(增48-5大2-792a[-9]9f.)

(3)【十二賢聖】

「所謂聖眾者 四雙八輩，十二賢聖。」⇨(增21-4大2-603a[-4])

「與 [1] 須陀洹食者 獲福不可計，況復 [2] 成須陀洹乎；況 [3] 向斯陀含，[4]得斯陀含道；況[5] 向阿那含，[6] 得阿那含道；況[7] 向阿羅漢，[8] 得阿羅漢道；況[9] 向辟支佛，[10] 得辟支佛；況 [11] 向如來、至眞、等正覺，況 [12] 成佛及比丘僧；其功德不可稱計。」⇨(增23-1大2-609b[-14]f.)

(4)【七寶】

「今佛道中亦有七寶；佛言：『道寶是也；一者、須陀洹，二者、斯陀含，三者、阿那含，四者、阿羅漢，五者、辟支佛，六者、發意念度一切菩薩，七者、佛 泥洹大道；是爲七寶。』」⇨(大正No.33大1-817b[12]f.)

§ 2-0-4 【佛陀】

①〖自記〗：

(1)「時，有異婆羅門 來詣佛所，面前問訊，相慰勞已，退坐一面； 白佛言：『瞿曇！所謂佛者，云何爲佛？ 爲是 父、母制名，爲是 婆羅門制名？』時，婆羅門卽說偈言：

『佛者是世間　超渡之勝名，　爲是父、母制，　名之爲佛耶？』

爾時，世尊說偈答言：

『佛見過去世，　如是見未來，　亦見現在世，　一切行起滅，
明智所了知，　所應修已修，　應斷悉已斷，　是故名爲佛；
歷劫求選擇，　純苦無暫樂，　生者悉磨滅，　遠離息塵垢，
拔諸使刺本，　等覺故名佛。」⇨(雜100大2-28a^{4}f.)

(2)「時，波斯匿王 聞世尊拘薩羅人間遊行，至舍衞國 祇樹給孤獨園；聞已，往詣佛所，稽首佛足，退坐一面，白佛言：『世尊！我聞世尊<u>自記說(pa=ṭijānati)：成阿耨多羅三藐三菩提</u>；諸人傳者 得非虛妄，過長說耶？爲如說說、如法說、隨順法說耶？ 非是他人損同法者，於其問答 生厭薄處耶？』 佛告大王：『彼如是說，是眞諦說，非爲虛妄；如說說，如法說，隨順法說；非是他人損同法者，於其問答 生厭薄處，所以者何？ 大王！我今實得阿耨多羅三藐三菩提故。」⇨(雜1226大2-334c^{14}f.)

②〖先佛 授記〗

「是時，燈光佛 知梵志心中所念，卽告之曰 ：『汝速還起，將來之世，當成作佛，號 釋迦文如來、至眞、等正覺。」⇨(增43-2大2-758b^{-4}f.)

③〖十號〗 ♣— 諸佛 通號 ：

同譯	異譯			
♣1 ♣2 ♣3 ♣4	♣1 雜阿含	♣2 中阿含	♣3 長阿含	♣4 增一阿含
1 如來	2 應	2 無所著	2 應供	2 至眞
5 善逝	3 等正覺	3 等正覺	3 正遍知	3 等正覺
6 世間解	4 明行足	4 明行成爲	4 明行足爲	4 明行足爲
7 無上士	8 調御丈夫	8 道法御	8 調御丈夫	8 道法御
9 天人師	11 世尊	11 衆祐	11 世尊	11 衆祐
10 佛				

♣1 ⇨(雜931大2-237c^{-8}f.)　♣2 ⇨(中8大1-429c^{-11}f.)
♣3 ⇨(長20大1-83c^{3}f.)　♣4 ⇨(增6-5大2-574a^{-3}f.)

⑴【如來(Tathāgata)】：

「造此世界者，非彼(大梵天)所及，唯佛能知； 又 過此事，佛亦盡知，雖知不著。苦、集、滅、味、過、出要如實知之；以平等觀，無餘解脫，名曰：如來。」⇨(長15大1-69b^{-9}f.)

「如來 於過去、未來、現在 應時語、實語、義語、利語、法語、律語，無有虛也。 佛於初夜成最正覺及末後夜，於其中間有所言說 盡皆如實，故名如來。 復次，如來所說如事，事如所說，故名如來。」⇨(長17大1-75c^{6}f.)

⑵【應(Arahant)】：

「爾時，世尊說偈答言：

『父、母及長兄，　和尚、諸師長　及諸尊重者，　所不應生慢；
應當 善恭敬，　謙下而問訊，　盡心而奉事，　兼設諸供養。
離貪恚癡心，　漏盡阿羅漢，　正智善解脫，　伏諸憍慢心；
於此賢聖等，　合掌稽首禮。』」⇨(雜92大2-24a^{-10}f.)

「若見如來、無所著、等正覺，尊重、禮拜、供養、承事者，快得善利，我等應共往見沙門瞿曇禮拜、供養。」⇨(中132大1-623a^{-7}f.)

「如來聖眾極為和順，法法成就，戒成就、三昧成就、智慧成就、解脫成就、解脫見慧成就，所謂四雙八輩，此是如來聖眾，可敬、可事，世間福田，是謂如來聖眾。」⇨(增24-1大2-615a^{-5}f.)

⑶【等正覺(Sammā-sambuddha)】：

「佛所知見，所滅(擬作：聞)、所覺，佛盡覺知，故名等正覺。」
⇨(長17大1-75c^{11}f.)

「今我如是得古仙人道、古仙人逕、古仙人跡、古仙人去處，我得隨去；謂八聖道 —正見、正志、正語、正業、正命、正方便、正念、正定— 我從彼道，見 老病死、老病死集、老病死滅、老病死滅道跡，見 生、有、取、愛、受、觸六入處、名色、識，(見)行、行集、行滅、行滅道跡；我於此法，自知、自覺成等正覺。」⇨(雜287大2-80c^{-3}f.)

「爾時，世尊與諸大眾到申恕林，坐樹下；爾時，世尊手把樹葉，告諸比丘：『此手中葉為多耶？大林樹葉為多？』 比丘白佛：『世尊手中樹葉甚少，彼大林中樹葉無量，百千億萬倍，乃至算數，譬類不可為比。』

『如是，諸比丘！我成等正覺，自所見法，為人定說者，如手中樹葉，所以者何？ 彼法義饒益、法饒益、梵行饒益，明、慧、正覺，向於涅槃；

如大林樹葉，如我成等正覺 自知正法，所不說者亦復如是。」

⇨(雜404大2-108a^{-2}f.)

(4)【明行足(Vijjā-caraṇa-sampanna)】：

「摩納白佛言：『瞿曇！何者是無上士 明行具足？』　佛告摩納：『具諸戒行，不害眾生，捨於刀杖，懷慙愧心，慈念一切，是爲不殺…… ※1 目雖見色 而不取相，眼不爲色之所拘繫……※2 食知止足……※3 初夜後夜，精進覺悟(寤)；又於晝日，若行若坐，常念一心，除眾陰蓋……※4 云何比丘，念無錯亂？　如是比丘 內身身觀，精勤不懈……※5 樂在靜處樹下塚間，若在山窟或在露地及糞聚間；至時乞食，還洗手足，安置衣鉢，結跏趺坐，端身正意，繫念在前，除去慳貪，心不與俱；滅瞋恨心，無有怨結；心住清淨，常懷慈愍；除去睡、眠，繫想在明；念無錯亂，斷除掉戲，心不與俱，內行寂滅，滅掉戲心；斷除疑惑，已度疑網。 ※6 其心專一，在於善法……彼即精勤捨欲惡不善法，與覺觀俱，離生喜樂得入初禪……第二禪……第三禪……第四禪…… ※7 彼得定心，清淨、無穢、柔濡、調伏 住無動地，自於身中起變化心，化作異身支節具足，諸根無闕； 彼作是觀：此身色四大化成彼身，此身亦異，彼身亦異，從此身起心化成彼身，諸根具足，支節無闕………※8 一心修習證天耳智……※9 一心修習證他心智……※10一心修習宿命智證…… ※11一心修習見生死智證……※12一心修習無漏智證……※13得無漏智證，乃至不受後有，此是比丘得第三明，斷除無明，生於慧明，捨離闇冥，出大智光，是爲無漏智明，所以者何？斯由精勤，念不錯亂，樂獨閑居之所得也；摩納！是爲無上明行具足。」

⇨(長20大1-83c^{1}f.～86c^{11}f.)

(5)【善逝(Sugata)】：

「若貪欲已盡無餘斷知，瞋恚、愚癡已盡無餘斷知，是名善逝。」

⇨(雜490大2-126a^{-4}f.)

※1 (大1-84c^{13}f.)；　※2 (大1-84c^{-10}f.)；　※3 (大1-84c^{-2}f.)；
※4 (大1-85a^{6}f.)；　※5 (大1-85a^{-12}f.)；　※6 (大1-85a^{-5}f.)；
※7 (大1-85c^{13}f.)；　※8 (大1-86a^{-12}f.)；　※9 (大1-86a^{-5}f.)；
※10(大1-86b^{2}f.)；　※11(大1-86b^{-14}f.)；　※12(大1-86c^{4}f.)；
※13(大1-86c^{11}f.)

(6)【世間解(Loka-vidū)】：

「爾時，世尊告諸比丘：『如來自覺世間 亦為他說，如來知世間； 如來自覺世間習 亦為他說，如來斷世間習；如來自覺世間滅 亦為他說，如來世間滅作證；如來自覺世間道跡 亦為他說，如來修世間道跡。 若有一切、盡、普、正有，彼一切 如來知、見、覺、得……』 於是世尊說此頌曰：

『知一切世間， 出一切世間， 說一切世間， 一切世如眞……』

⇨(中137大1-645b[12]f.)

「爾時，阿難告諸比丘：『諦聽善思，今當為說； 若 世間、世間名、世間覺、世間言辭、世間語說，此等皆入世間數。諸尊！謂眼是世間、世間名、世間覺、世間言辭、世間語說，是等悉入世間數；耳、鼻、舌、身、意亦復如是。多聞聖弟子 於六入處 集、滅、味、患、離如實知，是名弟子到世界邊、知世間、世間所重、度世間。』爾時，尊者阿難復說偈言：

『非是遊步者， 能到世界邊； 不到世界邊， 不能免眾苦。
是故牟尼尊， 名知世間者； 能到世界邊， 諸梵行已立。
世界邊唯有 正智能諦了； 覺慧達世間， 故說度彼岸。』」

⇨(雜234大2-56c[-3]f.)

「時，彼赤馬天子白佛言：『世尊！頗有能行過世界邊， 至 不生、不老、不死處不？』 佛告赤馬：『無有能過世界邊，至 不生、不老、不死處者……何等為世間？ 謂五受陰； 何等為五？ 色受陰、受受陰、想受陰、行受陰、識受陰是名世間。 何等為色集？ 謂當來有愛貪喜俱彼彼染著，是名世間集……世間滅……世間滅道跡…… 赤馬！若比丘於世間苦 若知、若斷，世間集若知、若斷，世間滅 若知、若證，世間滅道跡 若知、若修；赤馬！是名得世界邊，度世間愛。』爾時，世尊重說偈言：

『未曾遠遊行， 而得世界邊； 無得世界邊， 終不盡苦邊。
以是故牟尼 能知世界邊； 善解世界邊， 諸梵行已立。
於彼世界邊 平等覺知者， 是名賢聖行， 度世間彼岸。』

」⇨(雜1307大2-359a[13]f.)

(7)【無上(士)♣(Anuttara)】：

「上、下及四方， 諸地所出物， 天及人民類， 佛為無上尊；
欲求其德者， 三佛為最上。」⇨(增37-10大2-717a[9]f.)

「其實 無有諸天、魔、梵、沙門、婆羅門、天神、世人 於世尊所戒具足勝、三昧勝、智慧勝、解脫勝、解脫知見勝，令世尊恭敬、宗重、奉事、供養，依彼而住者。」⇨(雜1188大2-322a[11]f.)

cf.「比丘斷五枝、成六枝、守護一、依四種、棄捨諸諦、離諸求、淨諸覺、身行息、心善解脫、慧善解脫，純一立梵行無上士。」⇨(雜71大2-18c[-2]f.)

cf.（增46-2大2-775c[-10]f.)

(8)【〔無上〕♣調御丈夫(Purisa-damma-sārathi)】：

「無上調御士者，調御 士(夫)趣一切方；於中方者，色觀色是謂第一方……度一切非有想非無想處，想知滅盡身觸成就遊，慧觀漏盡斷智，是謂第八方； 無上調御士者 調御士(夫)趣一切方者，因此故說。」⇨(中163大1-694a[-3]f.)

「調馬師白佛：『世尊是無上調御丈夫，爲以幾種方便 調御丈夫？』 佛告聚落主：『我亦以三種方便調御丈夫；何等爲三？ 一者一向軟柔，二者一向麁澀，三者柔軟麁澀 。』⇨(雜923大2-234c[3]f.)

「聚落主白佛言：『瞿曇！無上調御丈夫者，當以幾種法 調御丈夫？』 佛告：『聚落主，我亦 以三法調御丈夫；何等爲三？ 一者柔軟，二者剛強，三者柔軟剛強。』 聚落主白佛：『 瞿曇 ！若三種調御丈夫 猶不調者，當如之何？』 佛言：『聚落主！三事調伏 猶不調者，便當殺之，所以者何？ 莫令我法有所屈辱。』

調馬聚落主，白佛言：『瞿曇法中，殺生者不淨；瞿曇法中，不應殺而今說言：不調伏者 亦當殺之。』 佛告聚落主：『如汝所言，如來法中，殺生者不淨，如來不應有殺。聚落主！然我以三種法調御丈夫；彼不調者 不復與語、不復教授、不復教誡。 聚落主！若如來調御丈夫 不復與語、不復教授、教誡豈非殺耶？』 調馬聚落主白佛言：『瞿曇！若調御丈夫 不復與語、不復教授、不復教誡，眞爲殺也；是故我從今日捨諸惡業，歸佛、歸法、歸比丘僧！』 佛告聚落主：『此眞實要。』」⇨(雜909大2-227c[-12]f.)

(9)【天人師(Satthā deva-manussānaṁ)】：

「阿難！汝侍我來，頗曾聞 我說二言不？』 阿難白佛：『實不曾聞天人之師 有二言也。』」⇨(大正No.7大1-192b[-11]f.)

「當於如來說此法時，六萬八千那由他 天人八部，遠塵離垢，得法眼淨。」⇨(大正No.7大1-195a[14]f.)

⑽【佛陀（Buddha）】：

「爾時，世尊說偈答言：

『佛見過去世，　如是見未來，　亦見現在世，　一切行起滅，
明智所了知，　所應修已修，　應斷悉已斷，　是故名爲佛。
歷劫求選擇，　純苦無暫樂，　生者悉磨滅；　遠離息塵垢，
拔諸使刺本，　等覺故名佛。』」⇨（雜100大2-28a[10]f.）

「一時，佛在拘薩羅人間遊行，（於）有從迦帝聚落（及）墮鳩羅聚落，二村中間 一樹下坐，入晝正受。時，有豆磨種姓婆羅門 隨彼道行，尋佛後來；見佛腳跡，千輻輪相印文顯現，齊輻圓輞，眾好滿足。見已，作是念 —— 我未曾見 人間有如是足跡，今當隨跡以求其人 ，即尋腳跡，至於佛所；來見世尊坐一樹下，入晝正受，嚴容絕世，諸根澄靜，其心寂定，第一調伏止觀成就，光相巍巍，猶若金山。見已，白言：『爲是天耶？』 佛告婆羅門：『我非天也。』 『爲龍、夜叉、乾闥婆、阿修羅、迦樓羅、緊那羅、摩睺羅伽、人、非人等？』 佛告婆羅門：『我非龍……乃至人、非人也。』 婆羅門白佛：『若言 非天、非龍…… 乃至非人、非非人，爲是何等？』 爾時，（佛）說偈答言：

『天、龍、乾闥婆、　緊那羅、夜叉，　無善阿修羅，　諸摩睺羅伽，
人與非人等，　悉由煩惱生；　如是煩惱漏，　一切我已捨，
已破、已磨滅；　如芬陀利生，　雖生於水中，　而未曾著水；
我雖生世間，　不爲世間著。　歷劫常選擇，　純苦無暫樂；
一切有爲行，　悉皆生滅故；　離垢不傾動，　已拔諸劍刺，
究竟生死際，　故名爲佛陀。』」⇨（雜101大2-28a[-10]f.）

⑾【世尊（Bhagavant）】：

「爾時，世尊與波斯匿王 而說此偈：

『祠祀 火爲上，　詩書 頌爲尊，　人中 王爲貴，　眾流 海爲首，
眾星 月爲上，　光明 日爲先，　八方上、下、中，　世界之所載，
天及世人民，　如來 最爲尊；　其欲求福祿，　當供養三佛。』
⇨（增26-6大2-637c[1]f.）

「彼 如來、至眞、等正覺、明行成爲、善逝、世間解、無上士、道法御、天人師，號佛、世尊。」⇨（增21-4大2-603a[-11]f.）

「彼 如來、無所著、等正覺、明行成爲、善逝、世間解、無上士、道法御、

天人師，號佛眾祐。」⇨（中128大1-616c⁸f.）

「如來出世之時，實不可遇，猶如優曇鉢花，時、時乃現；若成就三十二相、八十種好，當趣二處 ，若在家者，當作轉輪聖王，七寶具足；若出家學道者，必成無上道，爲三界世祐。」⇨（增49-6大2-799c³f.）

④〖三世 十方無量佛〗

「時，有異婆羅門 來詣佛所，恭敬問訊； 問訊已，退坐一面，白佛言：『瞿曇！未來世 當有幾佛？』 佛告婆羅門：『未來佛者 如無量恆河沙(數)。』爾時，婆羅門作是念：未來當有如無量恆河沙(數)三藐三佛陀，我當從彼修諸梵行。 爾時，婆羅門聞佛所說，歡喜隨喜，從坐起去；時，婆羅門 隨路思惟：我今唯問沙門瞿曇 未來諸佛，不問過去；卽隨路還，復問 世尊：『云何，瞿曇！過去世時，復有幾佛？』 佛告婆羅門：『過去世佛，亦如無量恆河沙數；時，婆羅門卽作是念：過去世中有無量恆河沙等諸佛、世尊，我曾不習近，設復未來如無量恆河沙三藐三佛陀，亦當不與習近娛樂；我今當於沙門瞿曇所 修行梵行。」⇨ （雜946大2-242a⁹f.）

「東方七恆河沙佛土，有佛 名奇光如來、至眞、等正覺出現彼土。」

⇨（增37-2大2-710a）

「往生十方淨土見佛。」⇨（大正No. 81大1-900a⁻⁸）∾（大正No.78,79,80）

∾「於此大林中， 大眾普雲集； 十方諸天眾， 皆悉來恭敬，
故我遠來禮， 最勝難伏僧。」⇨（雜1192大2-323a⁻⁷f.）

∾「復有十世界大威德天，來至佛所。」（別雜105大2-411b³f.）

∾「北方過三恆河沙刹，有國名意取，佛名無量意如來…在世教化……
東方去此過一恆河沙刹，有國名善味，佛名善味上……
南方去此過一恆河沙刹，有國名朱沙，佛名朱沙光……
西方去此過一恆河沙刹，有國名恬，佛名恬味……
西北方去此過一恆河沙刹，有國名歡喜進，佛名歡喜進……
東北方去此過一恆河沙刹，有國名寶主，佛名寶幢……
東南方去此過一恆河沙刹，有國名金剛積，佛名金剛慧……
西南方去此過一恆河沙刹，有國名無量光，佛名無量壽……
上方去此過一恆河沙刹，有國名忍見，佛名一切世間樂見……
下方去此過一恆河沙刹，有國名師子積聚，佛名師子遊戲……」

⇨（大正No.120大2-533c⁵f.）

∾「三佛 是佛所說，謂 過去諸佛、未來諸佛、現在諸佛。」⇨(大正No.12大1-228a⁻⁴f.)

∾“Ye pi hi Keci bhikkhave etarahi[3] arahanto sammāsambuddhā yathā=bhūtam abhisambujjhanti.” ⇨(S.56.24 S v.434⁵f.)

⑤「四無所畏、八聲、十力、十八不共法、三十二相、八十種好，不足一事者亦非佛矣。」⇨(大正No.76大1-885b⁻¹³f.)*cf.*(長22大1-95a²~c³)大婆羅門所認識之〖沙門瞿曇 所有功德〗

(1)【四無所畏】

「爾時，世尊告諸比丘：『如來出世有四無所畏，如來得此四無所畏，便於世間無所著，在大眾中而師子吼轉於梵輪；云何爲四？ 我今已辦此法；正使沙門、婆羅門、魔、若魔天、蜎飛蠕動之類，在大眾中言我不成此法，此事不然；於中 得無所畏，是爲第一無所畏。 如我今日 諸漏已盡，更不受胎； 若有沙門、婆羅門、眾生之類，在大眾中 言我諸漏未盡者，此事不然；是謂第二無所畏。 我今已離愚闇法，欲使還就 愚闇之法者，終無此處。若復沙門、婆羅門、魔、若魔天、眾生之類，在大眾中言我還就愚闇之法者，此事不然； 是謂如來三無所畏。 諸賢聖 出要之法，盡於苦際，欲使不出要者，終無此處。若有沙門、婆羅門、魔、若魔天、眾生之類，在大眾中 言如來不盡苦際者，此事不然；是謂如來四無所畏。如是，比丘！如來四無所畏，在大眾之中 能師子吼，轉於梵輪。」
⇨(增27-6大2-645b⁻³f.)

(2)【八聲】

「沙門瞿曇 口出八種音聲；一曰 甚深，二曰 毗摩樓簸，三曰 入心，四曰可愛，五曰 極滿，六曰 活瞿，七曰 分了，八曰 智也。多人所愛，多人所樂，多人所念，令得心定。」⇨(中161大1-687b⁻²f.＝M 91 M ii.140⁵f.)
⇦“Aṭṭhaṅgasamannāgato kho pan’assa bhoto Gotamassa mukhato ghoso niccharati. vissaṭṭho ca viññeyyo ca mañju ca savanīyo ca bindu ca avisārī ca gamhīro ca ninnādī ca.”

(3)【十力】

「何等爲如來十力？ 謂 如來處、非處如實知，是名如來初力；若成就此力者，如來、應、等正覺 得先佛最勝處智，轉於梵輪， 於大眾中能師子吼而吼。 復次，如來於過去、未來、現在業法、受因、事報如實知，是名第二如來力；如來、應、等正覺成就此力，得先佛最勝處智，能轉梵輪，於大眾中作師子吼而吼。 復次，如來、應、等正覺，禪、解脫、三昧、

正受 染惡、清淨、處淨(起出)如實知，是名如來第三力； 若此力成就，如來、應、等正覺 得先佛最勝處智，能轉梵輪，於大眾中師子吼而吼。復次，如來知眾生種種諸根差別如實知，是名如來第四力；若成就此力，如來、應、等正覺，得先佛最勝處智，能轉梵輪，於大眾中師子吼而吼。復次，如來悉知眾生種種意解如實知，是名第五如來力；若此力成就，如來、應、等正覺，得先佛最勝處智，能轉梵輪，於大眾中師子吼而吼。復次，如來悉知世間眾生種種諸界如實知，是名第六如來力；若於此力成就，如來、應、等正覺，得先佛最勝處智，能轉梵輪，於大眾中師子吼而吼。 復次，如來於一切至處道如實知，是名第七如來力；若此力成就，如來、應、等正覺，得先佛最勝處智，能轉梵輪，於大眾中師子吼而吼。復次，如來於過去宿命種種事憶念，從一生至百千生，從一劫至百千劫，我爾時，於彼生如是族、如是姓、如是名、如是食、如是苦樂覺、如是長壽、如是久住、如是壽分齊；我於彼處死 此處生，彼處生 此處死，如是行、如是因、如是方 —宿命所更悉如實知，是名第八如來力； 若此力成就，如來、應、等正覺，得先佛最勝處智，能轉梵輪，於大眾中師子吼而吼。 復次，如來以天眼淨過於人眼，見眾生死時、生時，妙色、惡色，下色、上色，向於惡趣、向於善趣， 隨業法受悉如實知 ，此眾生身惡業成就，口、意惡業成就，謗毀賢聖，受邪見業，以是因緣，身壞命終墮惡趣生地獄中；此眾生身善行，口、意善行，不謗賢聖，正見業法受，彼因彼緣，身壞命終生善趣、天上悉如實知， 是名第九如來力； 若此力成就，如來、應、等正覺，得先佛最勝處智，能轉梵輪，於大眾中師子吼而吼。 復次，如來諸漏已盡，無漏 心解脫、慧解脫，現法自知身作證：我生已盡，梵行已立，所作已作，自知不受後有，是名第十如來力；若此力成就，如來、應、等正覺，得先佛最勝處智，能轉梵輪，於大眾中師子吼而吼。 如此十力，唯如來成就。」⇨(雜684大2-186c[14]f.)

(4)【十八不共法】*cf.*《解脫道論》⇨(大32-427c)；《Milinda pañha》(p.105)；《大智度論》⇨(大25-86af.)

(5)【三十二相】

「大人足安平立，是謂※大人大人之相[1] 。 復次，大人足下生輪，輪有千輻

※1 MahāPurisassa MahāPurisa-lakkhaṇa(大人之大人相)⇨(D 30 Diii.142[7]f.)

，一切(相 ākāra)具足，是謂大人大人之相。 復次，大人足指纖長，是謂大人大人之相。 復次，大人足周正直，是謂大人大人之相。 復次，大人足跟踝後兩邊平滿，是謂大人大人之相。 復次，大人足兩踝𦟛，是謂大人大人之相。 復次，大人身毛上向，是謂大人大人之相。 復次，大人手足網縵，猶如鴈王，是謂大人大人之相。 復次，大人手足極妙，柔弱軟敷猶兜羅華，是謂大人大人之相。 復次，大人肌皮軟細，塵水不著，是謂大人大人之相。 復次，大人一一毛，一一毛者 身一孔一毛生，色若紺青，如螺右旋，是謂大人大人之相。 復次，大人鹿腨腸 猶如鹿王，是謂大人大人之相。 復次，大人陰馬藏 猶良馬王，是謂大人大人之相。復次，大人身形圓好，猶如尼拘類樹 上下圓相稱，是謂大人大人之相。 復次，大人身不阿曲，身不曲者 平立伸手以摩其膝，是謂大人大人之相。 復次，大人身黃金色如紫磨金，是謂大人大人之相。 復次，大人身七處滿，七處滿者，兩手兩足兩肩及頸，是謂大人大人之相。 復次，大人其上身大 猶如師子，是謂大人大人之相。 復次，大人師子頰車，是謂大人大人之相。 復次，大人脊背平直，是謂大人大人之相。 復次，大人兩肩上連通頸平滿，是謂大人大人之相。 復次，大人四十齒牙，平齒、不疏齒、白齒，通味第一味，是謂大人大人之相。 復次，大人梵音可愛，其聲猶如加羅毗伽(karavīka)，是謂大人大人之相。復次，大人廣長舌，廣長舌者 舌從口出遍覆其面，是謂大人大人之相。 復次，大人承淚處滿，猶如牛王，是謂大人大人之相。 復次，大人眼色紺青，是謂大人大人之相。 復次，大人頂有肉髻，團圓相稱，髮螺右旋，是謂大人大人之相。 復次，大人眉間生毛，潔白右縈，是謂大人大人之相。 諸比丘！大人成就此三十二(大人)相。」⇨(中59大1-493c^{-11}f.) *cf.*《D 30 Lakkhaṇa-Suttanta》

⑹【八十種好】

「世尊容貌 諸根寂靜，有三十二相、八十種好 而自莊嚴。」

⇨(增30-3大2-664b^{-12}f.)；*cf.* (長2大1-12^{2}f.) *cf.*《大般若經 卷三八一》

⑥〖諸佛 皆出人間〗：

「佛世尊皆出人間，非由天而得也。」⇨(增34-3大2-694a^{4}f.)

〖一人(ekapuggala)〗

「爾時，世尊告諸比丘，若有一人出現於世，多饒益人，安隱眾生，愍世羣萌，欲使天人獲其福祐，云何爲一人？　所謂多薩阿竭 阿羅呵 三耶三佛（Tathāgata arahaṁ sammāsambuddha），是謂一人出現於世，多饒益人，安隱眾生，愍世羣萌，欲使天人 獲其福祐。」⇨（ 增 8-2~10大2-561a[9]f. ＝ A 1,13,1~6 A i. 22[1]f.）

【Uttamapurisa（最上人） Paramapurisa（最好人）】

"Yo so āvuso Tathāgato uttamapuriso paramapuriso paramapattipatto……" ⇨（S 22,86 S iii. 118[-2]f.）

⑦〖諸佛 人父、人母所生〗：

「毗婆尸佛 父名槃頭，刹利王種，母名槃頭婆提；尸棄佛 父名曰明相，刹利王種，母名光曜；毗舍婆佛 父名善燈，刹利王種，母名稱戒；拘樓孫佛 父名祀得，婆羅門種母名善枝； 拘那含佛 父名大德，婆羅門種，母名善勝；迦葉佛 父名曰梵德，婆羅門種，母名曰財主；　我父 名淨飯，刹利王種，母名大清淨妙。」⇨（長1大1-3b[7]f.＝D 14 D ii. 6[-2]f.）

⑧〖我（釋尊）今 亦是人數〗

(1)〖當有此老、病、死〗：

「爾時，尊者阿難至世尊所，頭面禮足，在一面住；斯須，復以兩手摩如來足已，復以口嗚 如來足上，而作是說：『天尊之體，何故乃爾身極緩？ 今如來之身 不如本故。』　世尊告曰：『如是，阿難！如汝所言，今如來 身皮肉已緩，今日之體 不如本故； 所以然者，夫 受形體 爲病所逼，若應病眾生 爲病所困，應死眾生 爲死所逼。今日 如來年已衰微，年過八十。』 是時，阿難聞此語已，悲泣哽噎，不能自勝；並作是語：『咄！嗟！老至乃至於斯；是時，世尊 到時 著衣（持）鉢 入舍衞城乞食。 是時，世尊漸漸乞食至王波斯匿舍，當於爾時，波斯匿門前 有故壞車數十乘，捨在一面； 是時，尊者阿難以見車 棄在一面，見已， 白世尊曰：『此是王波斯匿車，昔日作時 極爲精妙，如今日觀之 與瓦石同色。』　世尊告曰；『如是，阿難！如汝所言，如今觀所有車，昔日之時 極爲精妙， 金銀所造，今日壞敗不可復用； 如是，外物尚壞敗，況復內者。』爾時，世尊便說此偈：

『咄！此老病死，　壞人極盛色；　初時甚悅意，　今爲死使逼。
雖當壽百歲，　皆當歸於死，　無免此患苦，　盡當歸此道。
如內身所有，　爲死之所驅；　外諸四大者，　悉趣於本無。

是故求無死，　唯有涅槃耳；　彼無死無生，　都無此諸行。』
爾時，世尊卽就波斯匿王坐；是時，王波斯匿與世尊辦種種飲食，觀世尊食竟，王更取一小座，在如來前坐。白世尊曰：『云何，世尊！諸佛形體皆金剛數，亦當有老、病、死乎？』 世尊告曰：『如是，大王！如大王語，如來亦當有此生、老、病、死；我今亦是人數，父名眞淨，母名摩耶，出轉輪聖王種。』」⇨(增26-6大2-637a^{-11}f.)

(2)〖頭痛〗⇨(增34-2大2-693b^{13}~3c^{8})

(3)〖金鎗刺足〗⇨(雜1289大2-355a^{-11}~^{1})

(4)〖背疾〗⇨(雜727大2-195b^{-1}~c^{-6})

(5)〖闍維(Jhāpita)〗⇨(長3大1-20a^{-8}~b^{-1}；26a^{-4}~30a^{14})

∾「九罪報」*cf.*《大智度論 卷九》⇨(大25-121c^{8}f.)

⑨〖由福 成佛道〗

「世尊告曰：『世間求福之人，無復過我；如來於六法，無有厭足。云何爲六？　一者、施，二者敎誡，三者、忍，四者、法說、義說，五者、將護眾生，六者、求無上正眞之道。」⇨(增38-6大2-719b^{2}f.)

⑩〖誓願成佛〗

「汝優波離莫作異觀；爾時，寶藏如來時，長老比丘豈是異人乎？爾時，燈光如來是也；爾時，王女牟尼我今是也。時，寶藏如來立我名號，字釋迦文，我今以此因緣，故說此八關齋法，當發誓願，無願不果。所以然者，若彼女人作是誓願，卽於彼劫成其所願也；若長老比丘，不發誓願者，終不成佛道。誓願之福不可稱記，得至甘露滅盡之處。」⇨(增43-2大2-758c^{2}f.)

⑪〖天中天〗

「天中天不眴，　猶如忉利天；　見色而正觀，　故號毗婆尸。」
⇨(長1大1-6a^{10}f.)

「七佛天中天，　照明於世間；　因緣坐諸樹，　各成其道果。」
⇨(增48-4大2-790c^{-5}f.)

⑫〖念 佛〗

「聖弟子念如來、應、等正覺所行法淨，如來、應、等正覺、明行足、善逝、世間解、無上士、調御丈夫、天人師、佛、世尊，聖弟子念如來、應、(等正覺)所行法故，離貪欲覺(♣尋)、離瞋恚覺、離害覺。如是聖弟子出染著心；何等爲染著心？　謂五欲功德；於此五欲功德離貪、恚、癡，安住正念正智，乘於直道，修習念佛，正向涅槃。是名 如來、應、等正覺 所知、所見說第一出苦處昇於勝處，一乘道淨於眾生，離苦惱，滅憂悲，得如實法。」⇨(雜550大2-143b^{-7}f.)

§2-0-5 【菩薩】

①〖菩薩 字義〗

「如※契經言：『有一有情 是不愚類、是聰慧類，謂菩提薩埵。』[1] 雖作是說，而不分別。 齊何名菩薩？得何名菩薩？ 彼契經是此論 所依根本； 彼所不說者 今應說之，故作斯論。 復次，爲斷實非菩薩 起菩薩增上慢故，而作斯論……』⇨《大毗婆沙論 卷176》(大27-886c^{10}f.)

「菩薩」爲‘Ⓢ bodhisattva/ Ⓟ bodhisatta’音譯之略，全稱「菩提薩埵」；‘bodhi(菩提)’字義單純，‘sattva/ satta(薩埵)’歧義甚多。

【菩提】

* 「三種道皆是 菩提；一者、佛道，二者、聲聞道，三者、辟支佛道。 辟支佛道、聲聞道 雖得菩提，而不稱爲 菩提；佛功德中 菩提稱爲 菩提。」⇨《大智度論 卷4》(大25-86a^{-2}f.)
* 「菩提有三種：有阿羅漢菩提，有辟支佛菩提，有佛菩提； 無學智慧 清淨無垢，名爲菩提。菩薩雖有大智慧，諸煩惱習未盡故，不名菩提。此中但說一種，所謂佛菩提也。」⇨《大智度論 卷53》(大25-436b^{5}f.)

【薩埵】<〖菩提薩埵〗

引用 Har Dayal:〈The bodhisattva doctrine in Buddhist sanskrit literature〉(1932)pp.4~9

參考 梶山雄一:「般若思想の生成」講座大乘佛教②〈般若思想〉pp.46~50

(1) sattva(本質)：> 以 正覺爲其本質的人
〔nt.〕
Saṁkhya 根本質料因 —三德(Guṇa)：sattva(喜) rajas(憂) tamas(闇)
cf. 〈金七十論〉⇦(大54-1247c)
the quality of purity⇦〈Maitry Upaniṣad〉⇨〈MW dict.〉p.1135b

(2) Ⓢ sattva(有情)= Ⓟ satta：> 決定得正覺的有情
〔m.< sat< √as〕

※1 ⇨(雜1177大2-317a^{-5}f.)

a living or sentient being⇦〈Manu's Law-book；MahāBhārata〉⇨〈MW dict.〉p.1135b

＊「薩埵 秦言：眾生；是眾生爲無上道故，發心修行。」⇨《大智度論 卷53》(大25-436b[9]f.)

(3) sattva＝ citta(vyavasāya《志願》abhiprāya《決意》)：＞心向正覺的人

＊「薩埵名 大心；是人發大心求無上菩提而未得，以是故名爲菩提薩埵。」⇨《大智度論 卷53》(大25-436b[10]f.)

(4) sattva ＝ embryo, fetus：＞ 知識潛在 尚未發展的人(終會覺悟的人)

sattva-lakśaṇā: showing signs of pregnancy⇦〈Ṣakuntalā〉⇨〈MW dict.〉p.1135b

(5) sattva — 純粹精神原理：＞ 潛在叡智的 人格化
↕　↕
prakṛti — 純粹物質原理⇦〈Yoga-sūtra〉

(6) sattva＝ sakta(√sañj or √saj)clinging, devoted to：＞獻身正覺的人
∧
〈MahāBhārata〉⇨〈MW dict.〉p.1132c

(7) sattva＝ satvan(strong, powerful, living being)：＞勇心傾向正覺的人
∧
〈Ṛg-Veda〉⇨〈MW dict.〉p.1137a

「菩提薩埵」＝ 藏語：byaṅ chub Sems dpa'＝ 勇心傾向正覺的人

＊「薩埵 是勇猛者義，未得阿耨多羅三藐三菩提時，恆於菩提精進勇猛，求欲速證； 是故 名爲菩提薩埵。」⇨《大毗婆沙論 卷176》(大27-887b[8]f.)

＊「薩埵 名眾生，或名勇心。」⇨《大智度論 卷5》(大25-94a[-10])

②〖阿含經中 菩薩名相之開展〗 ♣

(1)「爾時，世尊 告諸比丘：『我憶宿命 未成正覺時…作是念： …』」⇨(雜287大2-80b[-5]f.)(中102大1-589a[13]f.)(增43-5大2-760b[3]f.)

(2) "Pubbe me bhikkhave sambodhā anabhisambuddhassa bodhisattass'eva sato etad ahosi.……" ⇨(S 12,65 S ii.104[7]f.)

(3)「比丘！當知 我本未成佛道 爲菩薩行，坐道樹下 便生斯念：……」⇨(增41-3大2-739a[12]f.)

「道樹下坐菩薩」⇨(增42-4大2-749c[-15]f.)

(4) "Idha me, Bhāradvāja, pubbe va sambodhā anabhisambuddhassa Bodhisattass'eva sato etad ahosi :— Sambādho gharâvāso rajāpatho,

abbhosāso pabbajjā.……Yannūnâhaṁ kesamassuṁ ohāretvā kāsāyāni vatthāni acchādetvā agārasmā anagāriyaṁ paggajeyyan ti.” ⇨(M 100 M ii.211[-7]f.) ∾ 「太子(毗婆尸菩薩)曰：『善哉！此道最眞。』尋勅御者：『賷吾寶衣幷及乘轝，還白大王：我卽於此剃除鬚髮，服三法衣，出家修道。』」⇨(長1大1-7a[12]f.)〖♣出家菩薩〗

(5)「菩薩出家學道……菩薩降神、出母胎……菩薩從兜術天降神來下，在母胎中。」⇨(增42-5大2-753c[-10]f.)

(6)「補處菩薩」⇨(增42-4大2-749c[15]f.)

(7)“Sato sampajāno uppajjamāno，Ānanda，Boshisatto Tusitaṁ kāyaṁ up=pajjî 阿難！菩薩具念正知 生爲兜率天身” ti. ⇨(M 123 M iii.119[20]f.)

*「(問)『得何 名菩薩？』 答：『得相異熟業；如說：「慈氏！汝於來世當得作佛，名慈氏如來、應、正等覺。」』⇨《發智論》(大26-1018a[14]f.) *cf.* 平川彰 〈初期大乘佛教の研究〉 p.170 〖♣得佛授記菩薩〗：求悟(bodhi)之人 卽是菩提薩埵，得佛授記；未得授記，不得稱呼。

(8)「阿維越致(avivartikā bodhisattvā 不退轉菩薩)」⇨(增42-3大2-749c[15])

*「阿鞞跋致菩提薩埵是名 實菩薩； 以是實菩薩故，諸餘退轉菩薩皆 名菩薩。」⇨《大智度論 卷4》(大25-86b[13]f.)

*「問曰：『齊何 名菩提薩埵？』答曰：『有大誓願、心不可動、精進不退，以是三事名爲菩提薩埵。』」⇨《大智度論卷4》(大25-86b[3]f.)

(9)「昔 我未成佛道時，曾爲菩薩，有鴿投我……」⇨(增24-2大2-616b[8]f.)

(10)「佛言：『吾 求道已來，歷世久遠，不可稱紀。常奉 諸佛，行 菩薩道；所事師友 無復央數。』」⇨(大正No.20大1-260a[3]f.)

(11)「發意念度一切 菩薩」⇨(大正No.33大1-817b[14])

「未發菩薩意，使發菩薩心。」⇨(增35-2大2-699a[7])

*「有人言：初發心作願 —我當作佛 度一切眾生— 從是已來，名菩提薩埵。」⇨《大智度論卷4》(大25-86b[5]f.)

∾ *“Bodhiyā satto Bodhisatto.” ⇨(SA ii.21[4])

∾ *“Yathā vā udakato uggantvā ṭhitaṃ paripākagataṃ padumaṃ suriya-rasmi-samphassena avassaṃ bujjhissatî ti bhujjhanaka-paduman ti vuccati， evaṁ Buddhānaṃ santike byākaraṇassa laddhattā avassaṃ anantarāyena pāramiyo pūretvā bujjhissatî ti bujjhanaka

-satto ti pi, Bodhisatto. Yā c'esā catumagga-ñāṇa-sankhātā bodhi, taṃ patthayamāno pavattatî ti, bodhiyaṁ satto āsatto ti pi, Bhodhisatto." ⇨(SA ii.21[7]f.)

③〖菩薩行〗♣

(1)【行「四法本」具足「六波羅蜜」】

「爾時，彌勒菩薩白世尊言：『菩薩摩訶薩成就幾法而行檀波羅蜜，具足六波羅蜜，疾成無上正眞之道？』 佛告彌勒：『若菩薩摩訶薩行四法本，具足六波羅蜜，疾成無上正眞等正覺；云何爲四？ (1)於是菩薩惠施佛、辟支佛下及凡人皆悉平均，不選擇人，恆作斯念：一切(眾生)由食而存，無食則喪；是謂 菩薩成就此初法具足六度。 (2)復次，菩薩若惠施之時，頭 目、髓腦、國財、妻子歡喜惠施，不生著想；由如 應死之人臨時還活，歡喜踴躍，不能自勝。 爾時，菩薩發心喜悅，亦復如是；布施 誓願不生想著。 (3)復次，彌勒！菩薩布施之時，普及一切，不自爲己；使成 無上正眞之道。是謂成就此三法具足六度。 (4)復次，彌勒！菩薩 摩訶薩布施之時，作是思惟：諸有眾生之類，菩薩最爲上首，具足六度，了諸法本；何以故？♣[1] 食已，♣[2] 諸根寂靜，思惟禁戒，♣[3] 不興瞋恚，修行慈心，♣[4] 勇猛精進， 增其善法，除不善法，♣[5] 恆若一心，意不錯亂，♣[6] 具足辯才，法門終不越次；使此諸施具足♣ 六度，成就檀波羅蜜。 菩薩摩訶薩行此四法，疾成無上正眞等正覺；是故，彌勒！若菩薩摩訶薩欲施之時，當發此誓願：〔行四法本〕具足諸行！如是，彌勒！當作是學。」

⇨(增27-5大2-645b[1]f.)

(2)【六 度無極】

「人尊說六度無極， 布施、持戒、忍、精進、 禪、智慧力如月初，逮度無極觀諸法。」⇨(增序大2-550a[13]f.)

∾「沙門道士 當以六意視凡民： 一者、教之布施，不得自慳貪；二者、教之持戒，不得自犯色； 三者、教之忍辱，不得自恚怒； 四者、教之精進，不得自懈慢；五者、教人一心，不得自放意；六者、教人黠慧，不得自愚癡。」⇨(大正No.16大1-251c[10]f.)

cf. 〈大正No.1(16)；No.16；No.26(135)〉

(3)【佛 導凡夫人 立菩薩行】

「是時，優毗迦葉 卽前長跪，白世尊曰：『不審 如來何故向迦毗羅衛坐耶？』 世尊告曰：『如來在世間應行五事；云何爲五？ 一者、當轉法輪，二者、當與父說法，三者、當與母說法，四者、當導凡夫人 立菩薩行，五者、當授菩薩別。是謂 迦葉！如來出世當行此五法。 是時，優毗迦葉復作是念：如來 故念親族、本邦，故向彼坐耳。」⇨（增24-5大2-622c[10] f.）

「爾時，世尊告諸比丘：『如來出現世時，必當爲五事；云何爲五？ 一者、當轉法輪，二者、當度父、母，三者、無信之人，立於信地，四者、未發菩薩意，使發菩薩心，五者、當授將來佛決。若如來出現世時，當爲此五事；是故 諸比丘！當起慈心向於如來。』」⇨（增35-2大2-699a[4]f.）

④《阿含經》中〖具名菩薩〗 ♣

(1) 毗婆尸（Vipassin）菩薩（長1大1-3c[-11]）

(2) 悉達（Siddhattha）菩薩（大正No.23大1-309a[-5]）

(3) 彌勒（Maitreya）菩薩

	《雜 阿 含》	（－）	∾《相應部》	（－）	
※1 （大1-510c[10]）	《中 阿 含》	（尊者）	∾《中 部》	（－）	
（大1-174c[-6]）	《長 阿 含》	（＋）	∾《長 部》	（＋）	（Diii.76[1]） ※2
（大2-645a[-1]）	《增一阿含》	（＋）	∾《增支部》	（＋）	（Aiii.399[-7]） ※3

(4) 文殊師利（Mañjuśrī）法王子（菩薩）⇨ ＊（大正No.120大2-527a[-3]）

⑤〖無量菩薩〗⇨（增序大2-549c[9]）

§2-0-6 【辟支佛】

① Pacceka-buddha〖獨覺〗∾〖緣覺〗paccaya-buddha?
∧ (paṭi-eka)（獨一） ∧ (paṭi-√i)（緣）

②〖無師自覺〗

「二者 謂 辟支佛，思惟諸法，自覺悟道，亦能福利世間人民，應起兜婆。」⇨（大正No.7大1-200a[-6]f.）

「辟支佛者，無師自覺，出世甚難，得現法報，脫於惡趣，令人生天上；由此因緣，辟支佛 應起偸婆。」⇨（增51-3大2-816c[5]f.）

※1 《中66經》（大1-508c[9]f.）∾《增48-3經》（大2-787c[2]f.）；※2 Metteyya

※3 《A 6,61 Pārâyana》Tissa-Metteyya māṇava＝《雜1164》（大2-310b[-7]）⇨彌德勒（童子）

③〖獨逝〗

「爾時，大王喜益，厭此酸苦，卽捨王位，剃除鬚髮，着三法衣，出家學道；在空閑之處 而自剋已，觀五盛陰 觀了無常，所謂 此色、此色習、此色盡。痛、想、行、識 亦復如是，皆悉無常。 當觀此五盛陰時，諸可習法盡是滅法；觀此法已，然後 成辟支佛道。 是時，喜益辟支佛已成道果，便說此偈：『我憶地獄苦， 畜生五道中； 捨之今學道， 獨逝而無憂。』是時，此辟支佛在彼仙人山中，比丘！當知 以此方便 知此山中恆有神通菩薩、得道眞人、學仙道者而居其中；是故 名曰：仙人之山，更無異名。 若如來不出現於世時，此仙人山中，諸天恆來恭敬；所以然者，斯山中純是眞人無有雜錯者。若彌勒佛降神世時，此諸山 名各各別異，此仙人山 更無異名；此賢劫之中，此山名亦不異。 汝等比丘 當親近此山，承事恭敬，便當增益功德；如是，比丘！當作是學。」⇨(增38-7大2-723b[14]f.)

∾「時，魔波旬作是念：今沙門瞿曇…… 於菩提樹下成佛未久，我當往 彼爲作留難； 卽化作年少，往住佛前，而說偈言：

『獨入一空處， 禪思靜思惟； 已捨國財寶， 於此復何求？
若求聚落利， 何不習近人； 既不習近人， 終竟何所得？』

爾時，世尊作是念：惡魔波旬 欲作嬈亂，卽說偈言：

『已得大財利， 志足安寂滅； 摧伏諸魔軍， 不著於色欲。
獨一而禪思， 服食禪妙樂； 是故不與人 周旋相習近。』

魔復說偈言：『瞿曇若自知 安穩涅槃道； 獨善無爲樂，
何爲強化人？』 佛復說偈答言：

『非魔所制處， 來問度彼岸； 我則以正答， 令彼得涅槃；
時得不放逸， 不隨魔自在。』」⇨(雜1092大2-286b[-7]f.)

∾「(實意居士語 異學無恚)：『……是佛、※世尊如斯之比，在無事處、山林、樹下，或住高巖，寂無音聲，遠離、無惡，無有人民隨順宴坐[1] ；彼在遠離處 常樂宴坐，安穩快樂。 彼世尊初不一日一夜 共聚集會，如汝今日及眷屬也。』 於是，異學無恚語曰：『居士！止！止！ 汝何由得知 沙門瞿曇空慧解脫？ 此不足說，或相應或不相應，或順或不順；彼沙門瞿曇行邊 至邊，樂邊至邊，住邊至邊。 猶如 瞎牛在邊地食 行邊 至邊，樂邊至邊，住邊至邊；彼沙門瞿曇 亦復如是。』」⇨(中104大1-591c[-8]f.)

※1 如來但以二義故 住無事處…⑴現法樂居故 ⑵慈愍後生人(大1-740a[-14] ~[5])

∾「(魔波旬說偈言)：『 爲因我故眠， 爲是後邊故； 多有錢財寶， 何故守空閑， 獨一無等侶， 而著於睡眠？』爾時，世尊作是念：惡魔波旬 欲作嬈亂；即說偈言：

『不因汝故眠， 非爲最後邊， 亦無多錢財； 唯集無憂寶， 哀愍世間故， 右脅而臥息……』」(雜1090大2-285c^{15}f.)

∾「(世尊說頌曰)：『……若不得定伴， 慧者獨修善； 如王嚴治國， 如象獨在野； 獨行莫爲惡， 如象獨在野。 獨行爲善勝， 勿與惡共會； 學不得善友， 不與己等者； 當堅意獨住。』」

⇨(中72大1-535c^{9}f.)

∾「爾時，世尊告諸比丘：『我欲二月坐禪，諸比丘勿復往來！唯除送食比丘及布薩時。』」⇨(雜807大2-207a^{9}f.)

∾「爾時，世尊告諸比丘：『我已解脫人天繩索，汝等亦解脫人天繩索；汝等當行人間，多所過度，多所饒益，安樂天人；不須伴行，一一而去！我今亦往鬱鞞羅住處 人間遊行。』」⇨(雜1096大2-288b^{1}f.)

∾「時，※須菩提辟支佛[1] 以覺成佛，便說斯偈：『欲我知汝本， 意以思想生；我不思想汝，則汝而不有。』 是時，辟支佛說此偈已，飛在虛空而去，在一山中 獨在樹下，於無餘涅槃界而般涅槃。」⇨(增51-3大2-815c^{13}f.)

④〖具慈心〗

「阿難！當知或有是時 眾生之類，顏貌壽命，轉轉減少， 形器瘦弱，無復威神， 多諸瞋怒、嫉妒恚癡、姦僞、幻惑，所行不眞；或復有利根捷疾 展轉諍競，共相鬥訟，或以手拳、瓦石、刀杖，共相傷害。 是時，眾生之類 執草便成刀劍，斷斯命根；其中眾生 行慈心者無有瞋怒，見此變怪皆懷恐懼。悉共馳走離此惡處，在山野之中，自然(已)剃除鬚髮，着三法衣，修無上梵行，剋己自修盡有漏心 而得解脫，便入無漏境； 各各自相謂言：『我等已勝怨家。』 阿難！當知 彼名爲最勝。 是時，阿難復白佛言：『彼人爲在何部？ 聲聞部、辟支部、爲佛部耶？』 佛告阿難：『彼人當名正在辟支部；所以然者，此人皆由造諸功德，行眾善本，修清淨四諦，分別諸法；夫行善法者即慈心是也。所以然者，履仁行慈，此德廣大；吾昔著此慈仁之鎧，降伏魔官屬，坐樹王下 成無上道。以此方便知 慈最第一，慈者最勝之法也

※1 須菩提辟支佛父 一音響王(釋尊 前生)

；阿難！當知 故名爲最勝；行慈心者，其德如是不可稱計。當求方便 修行慈心！如是，阿難當作是學。』」⇨(增45-5大2-773a⁻⁴f.)

「昔者 過去久遠世時，有辟支佛名 善目， 顏貌端政 面如桃華色，視瞻審諦，口作優鉢華香，身作栴檀香； 是時，善目辟支佛 到時，着衣持鉢，入波羅棕城乞食，漸漸至 大長者家，在門外默然而立。是時，長者女 遙見有道士在門外立，端政無雙，顏貌殊特，世之希有，口作優鉢華香，體作栴檀香；便起欲心向彼比丘所，便作是說：『汝今端政 面如桃華色，世之希有，我今雖處女人亦復端政，可共合會；然我家中 饒多珍寶，資財無量； 然作沙門 甚爲不易。』是時，辟支佛問曰：『大妹！今爲染著何處？』 長者女報曰：『我今正著眼色， 又復口中作優鉢華香身作栴檀香。』 是時，辟支佛舒左手，以右手挑眼著掌中，而告之曰：『所愛眼者 此之謂也。 大妹！今日爲著何處？ 猶如癰瘡無一可貪，然此眼中亦漏不淨；大妹！ 當知眼如浮泡亦不牢固，幻僞非眞，誑惑世人，眼、耳、鼻、口、身、意皆不牢固，欺詐不眞；口是唾器出不淨之物，純含白骨；身爲苦器，爲磨滅之法；恆盛臭處諸虫所擾，亦如畫瓶內盛不淨。大妹！今日爲著何處？是故，大妹！當專其心思惟：此法幻僞、不眞；如妹 思惟眼色無常， 所有著欲之想自消滅；耳、鼻、口、身、意皆悉無常，思惟此已，所有欲意自當消除；思惟六入便無欲想。是時，長者女便懷恐懼，卽前禮辟支佛足，白辟支佛言：『自今已去，改過修善 更不興欲想； 唯願受悔過，如是再三修行。』辟支佛報曰：『止！止！大妹！此非汝咎，是我宿罪 受此形故，使人見起欲情意； 當熟觀眼，此眼非我，我亦非彼有，亦非我造，亦非彼爲，乃從無有中而生，已有便自壞敗，亦非往世、今世、後世，皆由合會因緣；所謂合會因緣者—緣是有是，此起則起； 此無則無，此滅則滅 —眼、耳、鼻、舌、身、意亦復如是，皆悉空寂。是故，大妹！莫著眼色，以不著色，便至安隱之處，無復情欲；如是，大妹！當作是學。』」⇨(增38-9大2-724a¹¹f.)

⑤〖能福利世間人民〗

「辟支佛 思惟諸法，自覺悟道，亦能福利世間人民，應起兜婆。」
⇨(大正No.7大1-200a⁻⁶f.)

⑥〖度人無量〗

「世尊告曰：『迦葉！汝今年高長大，志衰朽弊，汝今可捨乞食……乃至諸頭陀行；亦可受諸長者請幷受衣裳。』 迦葉對曰：『我今不從如來教，所以然者，若當如來不成無上正眞道者，我則成辟支佛； 然彼辟支佛盡行 阿練若，到時乞食 不擇貧富，一處一坐終不移易，樹下，露坐， 或空閑處，著五納衣，或持三衣，或在塚間，或時一食，或正中食，或行頭陀；如今不敢捨本所習更學餘行。』 世尊告曰：『善哉！善哉！迦葉 多所饒益，度人無量，廣及一切天人得度；所以然者，若，迦葉！此頭陀行在世者，我法亦當久在於世； 設 法在世，益增天道，三惡道便滅，亦成須陀洹、斯陀含、阿那含三乘之道，皆存在於世。』」⇨（增12-6大2-570b[3]f.）

⑦〖不同於佛〗

「一時，佛在舍衛國 東苑 鹿母園中，與大比丘眾五百人俱； 是時，世尊 七月十五日，於露野地敷座，比丘僧前後圍遶。佛告阿難曰：『汝今於露地速擊揵椎！所以然者，今七月十五日是受歲之日。』 是時，尊者阿難 右膝著地，長跪叉手，便說此偈：

『淨眼無與等， 無事而不練； 智慧無染著， 何等名受歲？』

爾時，世尊復以偈報阿難曰：

『受歲三業淨， 身、口、意所作；兩兩比丘對， 自陳所作短。
還自稱：名字， 今日眾受歲， 我亦淨意受， 唯願原其過！』

爾時，阿難復以偈問其義曰：

『過去恆沙佛、 辟支及聲聞， 盡是諸佛法， 獨是釋迦文？』

爾時，佛復以偈報阿難曰：

『恆沙過去佛 弟子清淨心， 皆是諸佛法， 非今釋迦文；
辟支無此法， 無歲、無弟子， 獨逝 無伴侶， ♣不與他說法。
當來佛、世尊， 恆沙不可計； 彼亦受此歲， 如今瞿曇法。』」

⇨（增32-5大2-676b[-2]f.）

⑧〖住於 無佛世〗

「爾時，此山中有此五百辟支佛，居此仙人山中；如來在兜術天上欲來生時，淨居天子自來在此相告，普勅：『世間當淨佛土，卻後二歲，如來當出現於世。』 是諸辟支佛 聞天人語已，皆騰在虛空而說此偈：

『諸佛未出時， 此處賢聖居； 自悟辟支佛， 恆居此山中。
此名仙人山， 辟支佛所居； 仙人及羅漢， 終無空缺時。』

是時，諸辟支佛卽於空中，燒身取般涅槃；所以然者，世無二佛之號，故取滅度耳。」⇨（增38-7大2-723a[-5]f.）

§2-0-7 【聖聲聞】

①〖聲聞(sāvaka)弟子〗：

(1)【弟子】

「阿羅漢比丘，諸漏已盡，離諸重擔，所作已作，逮得己利，盡諸有結，正智心善解脫，彼亦歸盡，捨身(取)涅槃；……『……如來及緣覺，　佛聲聞弟子，　會當捨身命，　何況俗凡夫。』」⇨(雜1227大2-335c[1]f.)

(2)【四眾】

「爾時，世尊勤爲聲聞說法……勤爲四眾說法。」⇨(雜1097大2-288b[-6]f.)

(3)【聖眾】

「彼如來、無所著、等正覺……如來聖眾善趣、正趣，向法次法，順行如法；彼眾實有阿羅訶、趣阿羅訶，有阿那含、趣阿那含，有斯陀含、趣斯陀含，有須陀洹、趣須陀洹；是謂四雙八輩。謂 如來眾 成就尸賴，成就三昧，成就般若，成就解脫，成就解脫知見；可敬、可重、可奉、可供、世良福田。」⇨(中128大1-616c[8]f.)

②〖修 三無漏學，知四聖諦〗

「何等爲增上戒學？ 謂比丘 重於戒，戒增上；不重於定，定不增上；不重於慧，慧不增上；……如是知、如是見，斷三結 —謂身見、戒取、疑— 斷此三結，得須陀洹，不墮惡趣法，決定正趣三菩提，七有天、人往生，究竟苦邊。……

何等爲增上戒學？ 是比丘 重於戒，戒增上；不重於定，定不增上；不重於慧，慧不增上；…… 如是知、如是見，斷三結 —謂身見、戒取、疑— 貪、恚、癡薄，成一種子道，彼地未等覺者 名斯陀含， 彼地未等覺者名家家，彼地未等覺者 名七有，彼地未等覺者 名隨法行，彼地未等覺者名隨信行；是名增上戒學。

何等爲增上意學？ 是比丘 重於戒，戒增上；重於定，定增上；不重於慧，慧不增上； ……如是知、如是見，斷五下分結 —謂身見、戒取、疑、貪欲、瞋恚— 斷此五下分結，能得中般涅槃， 彼地未等覺者 得生般涅槃，彼地未等覺者 得無行般涅槃，彼地未等覺者 得有行般涅槃，彼地未等覺者得上流般涅槃；是名增上意學。

何等爲增上慧學？　是比丘 重於戒，戒增上；重於定，定增上；重於慧，慧增上；如是知、如是見，欲有漏心解脫、有有漏心解脫、無明有漏心解脫，解脫知見：我生已盡，梵行已立，所作已作，自知不受後有；是名增上慧學。」⇨(雜820,821大2-210b^{-9}f.)

「又，三結盡 得須陀洹，一切當知四聖諦。……若三結盡 貪、恚、癡薄，得斯陀含；彼一切皆於四聖諦，如實知故。……五下分結盡，生般涅槃，阿那含不還此世，彼一切知四聖諦。…… 若一切漏盡，無漏 心解脫、慧解脫，見法自知作證：我生已盡，梵行已立，所作已作，自知不受後有，彼一切悉知四聖諦。…… 若得辟支佛道證，彼一切知四聖諦故 。……若得無上等正覺，彼一切知四聖諦故。」⇨(雜393大2-106a^{-5}f.)

③〖佛陀與阿羅漢之差別〗

「比丘於色厭、離欲、滅、不起、解脫，是名如來、應、等正覺；如是，受、想、行、識厭、離欲、滅、不起、解脫，是名如來、應、等正覺。 比丘亦於色厭、離欲、滅，名阿羅漢慧解脫；如是，受、想、行、識厭、離欲、滅，名爲阿羅漢慧解脫。 比丘！如來、應、等正覺，阿羅漢慧解脫，有何差別……如來、應、等正覺 未曾聞法 能自覺法，通達無上菩提，於未來世開覺聲聞而爲說法 —謂四念處、四正勤、四如意足、五根、五力、七覺(分)，八(聖)道(分)— 比丘！是名如來、應、等正覺，未得而得，未利而利， 知道、分別道、說道、通道； 復能成就諸聲聞，教授教誡，如是說 正順、欣樂善法；是名如來 羅漢差別。」⇨(雜75大2-19b^{-7}f.)

「如來、應、等正覺者，先未聞法 能自覺知，現法 身知得三菩提，於未來世能說正法 覺諸聲聞，所謂：四念處、四正斷♣、四如意足、五根、五力、七覺分、八聖道分；是名如來、應、等正覺，所未得法能得，未制梵行能制，能善知道，善說道，爲眾將導；然後聲聞成就隨法、隨道，樂奉大師教誡、教授，善於正法；是名如來、應、等正覺 阿羅漢慧解脫 種種別異。復次，(阿羅漢慧解脫)五學力，如來十力； 何等爲(五)學力？ 謂信力、精進力、念力、定力、慧力。何等爲如來十力；何等爲如來十力？謂……」
⇨(雜684大2-186c^{6}f.)

④〖聲聞四眾 德行〗

「爾時，世尊告諸苾芻：『我今稱讚大聲聞，能於佛法清淨修持，而於自果皆具己德；汝等諦聽，善思念之，吾當爲汝(等)次第宣說！ 諸苾芻！我弟子中有大聲聞，棄捨王位，久爲出家，最初悟道，梵行第一，憍陳如苾芻是…

…。」⇨(大正No.126大2-831a[8]f.~ 834b[-4])〖♣九十九德〗

「爾時，世尊告諸比丘，我聲聞中 第一比丘，寬仁博識， 善能勸化，將養聖眾，不失威儀，所謂阿若拘鄰比丘是；初受法味，思惟四諦，亦是阿若拘鄰比丘。……」⇨(增大2-557a[-12]f. ~560c[1]) ♣ 共有百比丘、五十比丘尼、四十優婆塞、三十優婆斯爲釋尊四眾弟子中種種德行之第一弟子。

⑤〖自了漢 ?〗—【護阿羅漢】【滅阿羅漢(臨命終般涅槃者)】

(1)「阿羅漢有二輩 ——輩爲滅，一輩爲護— 所謂滅者自憂，得道卽取泥洹；護者憂人，度脫天下。」⇨(大正No.20大1-263a[7]f.)

(2)「爾時，世尊告諸比丘：『有八種之人 流轉生死，不住生死；云何爲八？趣須陀洹、得須陀洹，趣斯陀含、得斯陀含，趣阿那含、得阿那含，趣阿羅漢、得阿羅漢；是謂比丘有此八人流轉生死，不住生死。 是故比丘 求其方便，度生死之難，勿住生死。」⇨(增43-10大2-764c[3]f.)

(3)「若彼比丘漏盡阿羅漢，所作已辦，捨於重擔，盡生死原本，平等解脫。彼能分別地種 都不起想著地種，人、天、梵王……乃至有想無想處 亦復如是； 至於涅槃，不著涅槃，不起(♣不取)涅槃之想。所以然者，皆由壞婬、怒、癡之所致也。」⇨(增44-6大2-766b[5]f.)

⑥ *cf.* 〈p.6-17ff. 六.§8-1-1 ~§10-1-1〉

§2-0-8 【念 僧】

「聖弟子念於僧法：(世尊弟子)※善向[1] 、※正向[2] 、※直向[3] 、※等向[4] ，修隨順行，(有)謂向須陀洹、得須陀洹果，向斯陀含、得斯陀含，向阿那含、得阿那含，向阿羅漢、得阿羅漢，如是四雙八士賢聖；是名世尊弟子僧戒具足、定具足、慧具足、解脫具足、解脫知見具足，(是應)供養、恭敬、禮拜處，世間無上福田。 聖弟子如是念僧時，爾時，聖弟子不起欲覺(尋)，瞋恚、害覺；如是聖弟子 出染著心；何等爲染著心？ 謂五欲功德。 於此五欲功德 離貪、恚、癡，安住正念正知，乘於直道，修習念僧，正向涅槃。 是名如來、應、等正覺所知、所見 說第三出苦處昇於勝處， 一乘道淨於眾生，離苦惱，滅憂悲，得如實法。」⇨(雜550大2-143c[12]f.)

※1 supaṭipanna(善行道者)

※2 ñāyapaṭipanna(如理行者)

※3 ujupaṭipanna(質直行者)

※4 samīcipaṭipanna(和敬行者)

§ 3-0-0 【轉法輪 聞正法】

§ 3-0-1 【佛陀 自轉法輪 ∽ 梵天王 請轉法輪】

①〖大梵天王 請佛 轉法輪〗

「毗婆尸佛 於閑靜處復作是念 —我今已得此無上法，甚深、微妙、難解、難見、息滅、清淨，智者所知，非是凡愚所能及也。斯由眾生異忍、異見、異受、異學，依彼異見，各樂所求，各務所習，是故，於此甚深因緣不能解了；然，愛盡、涅槃 倍復難知。 我若爲說，彼必不解 更生觸擾。— 作是念已，卽便默然，不復說法。時，梵天王知毗婆尸如來所念；卽自思惟，念此世間便爲敗壞，甚可哀愍，毗婆尸佛乃得知此深妙之法，而不欲說。譬如力士屈伸臂頃，從梵天宮忽然來下，立於佛前 頭面禮足，卻住一面； 時，梵天王右膝著地，叉手、合掌白佛言：『惟願世尊 以時說法； 今此眾生塵垢微薄，諸根猛利，有恭敬心，易可開化，畏怖後世無救之罪，能滅惡法，出生善道。』 佛告梵王：『如是！如是！ 如汝所言； 但，我於閑靜處默自思念：所得正法，甚深微妙，若爲彼說，彼必不解更生觸擾，故我默然不欲說法。我從無數阿僧祇劫勤苦不懈，修無上行，今始獲此難得之法；若爲婬、怒、癡眾生說者，必不承用，徒自勞疲。此法微妙，與世相反，眾生染欲，愚冥所覆，不能信解。梵王！我觀如此，是以默然不欲說法。時，梵天王復重勸請，慇懃懇惻，至于再三：『世尊若不說法，今此世間便爲壞敗，甚可哀愍；惟願世尊，以時敷演，勿使眾生墮落餘趣。』 爾時，世尊三聞梵王慇懃勸請，卽以佛眼 觀視世界，眾生垢有厚、薄，根有利、鈍，教有難、易；易受教者 畏後世罪能滅惡法，出生善道。 譬如優鉢羅花、鉢頭摩華、鳩勿頭華、分陀利華，或有始出汙泥未至水者，或有已出與水平者，或有出水未敷開者，然皆不爲水所染者，易可開敷；世界眾生 亦復如是。 爾時，世尊告梵王曰：「吾愍汝等，今當開演甘露法門，是法深妙難可解知，今爲信受樂聽者說，不爲觸擾無益者說。』 爾時，梵王知佛受請，歡喜踴躍，遶佛三匝，頭面禮足，忽然不現；其去未久，是時，如來靜默自思，我今先當爲誰說法，卽自念言：當入槃頭城內，先爲王子 提舍、大臣子 騫茶，開甘露法門……。」⇨(長1大1-8b^{15}f.＝ D 14,3 D ii.35^{-4}f.)

②〖自動 轉法輪〗

「我 初覺無上正盡覺已，便作是念：我當 爲誰先說耶？」⇨(中204大1-777a^{-12}f.)

「一時，佛在摩竭國 道場(菩提)樹下，初始得佛；爾時，世尊便作是念— 我今以得此甚深之法，難解難了，難曉難知，極微極妙，智所覺知；我今當先與誰說法？使(♣能)解吾法者是誰？— 爾時，世尊便作是念 —阿羅勒迦藍(ṃḷāra-Kālāma)諸根純熟，應先得度；又，且待我有法。— 作此念已，虛空中有天白世尊曰：『阿羅勒迦藍 死已七日。』 是時，世尊復作念曰：『何其苦哉！不聞吾法而取命終；設當聞吾法者，卽得解脫。』 是時，世尊復作是念 —我今先與誰說法，使得解脫？ 今 欝頭藍弗(Uddaka-Rāmaputta)先應得度，當與說之，聞吾法已先得解脫。— 世尊作是念(已)，虛空中有天語言：『昨日夜半，已取命終。』是時，世尊便作是念：『欝頭藍弗何其苦哉！不聞吾法而取命過；設得聞吾法者，卽得解脫。』 爾時，世尊復作是念 —誰先聞法而得解脫？— 是時，世尊重更思惟：五比丘多所饒益我，初生時 追隨吾後。 是時，世尊復作是念 —今五比丘竟爲所在？— 卽以天眼 觀五比丘乃在波羅㮈 仙人 鹿園所止之處；(念)我今當往，先與五比丘說法，聞吾法已，當得解脫。……」⇨(增24-5大2-618a^{-3}f.)

③〖如來出世 必當轉法輪〗

「爾時，世尊告諸比丘：『如來出現世時，必當爲五事；云何爲五？ 一者、當轉法輪，二者、當度父、母，三者、無信之人立於信地，四者、未發菩薩意 使發菩薩心，五者、當授將來佛決。』」⇨(增35-2大2-699a^{4}f.)

§3-0-2 【示現教化】

① 神足示現(iddhipāṭihāriya)

② 他心示現(ādesanāpātihāriya)

③ 教誡示現(anusāsanipāṭihāriya)

「一時，佛住迦闍尸利沙(Gayāsīsa)支提，與千比丘俱，皆是舊縈髮婆羅門；爾時，世尊爲千比丘作三種示現教化。云何爲三？ 神足變化示現、他心示現、教誡示現。

神足示現者，世尊隨其所應，而示現入禪定、正受，陵虛至東方，作四威儀，行、住、坐、臥；入火三昧，出種種火光，青、黃、赤、白、紅頗梨色；水、火俱現，或身下出火，身上出水，身上出火，身下出水； 周 圓四方，亦復如是。 爾時，世尊作種種神變已，於眾中坐，是名神足示現。

他心示現者，如彼心、如彼意、如彼識；彼應作如是念，不應作如是念，彼應作如是捨，彼應作如是身證住；是名他心示現。

教誡示現者，如世尊說：『諸比丘！一切燒然；云何一切燒然？謂眼燒然，若色、眼識、眼觸，眼觸因緣生受，若苦、若樂、不苦不樂，彼亦燒然；如是耳、鼻、舌、身、意燒然，若法、意識、意觸，意觸因緣生受，若苦、若樂、不苦不樂，彼亦燒然；以何燒然？　貪火燒然，恚火燒然，癡火燒然，生、老、病、死、憂、悲、惱苦火燒然。爾時，千比丘聞佛所說，不起諸漏，心得解脫。』⇨(雜197大2-50b[14]f.)

「摩竭提王 瓶沙(Bimbisāra)聞 世尊摩竭提國人間遊行，至 善建立(Supaṭṭ=hita)支提 杖林中住，與諸小王、羣臣、羽從，車 萬二千乘，馬 萬八千，步逐眾無數，摩竭提婆羅門、長者 悉皆從王出王舍城 詣世尊所，恭敬、供養……時，鬱鞞羅迦葉(Uruvelā Kassapa)亦在座中；　時，摩竭提婆羅門、長者作是念：爲大沙門 從鬱鞞羅迦葉所，修梵行耶？爲鬱鞞羅迦葉 於大沙門所，修梵行耶？　爾時，世尊知摩竭提 婆羅門、長者心之所念，卽說偈而問言：

『鬱鞞羅迦葉　於此見何利，　棄汝先所奉　事火等眾事；
今可說其義，　捨事火之由！』　鬱鞞(羅)迦葉說偈白佛：
『錢財等滋味，　女色五欲果，　觀察未來受，　斯皆大垢穢；
是故悉棄捨　先諸奉火事。』　……
『今始因世尊，　得見無爲道；　大龍所說力，　得度於彼岸。
牟尼廣濟度，　安慰無量眾；　今始知瞿曇，　眞諦超出者。』

佛復說偈歎迦葉言：

『善哉！汝迦葉，　先非惡思量；　次第分別求，　遂至於勝處。』

汝今，迦葉！當安慰汝徒眾之心！　時，鬱鞞羅迦葉卽入正受，以神足力 向於東方上昇虛空，作四種神變，行、住、坐、臥；入火三昧，舉身洞然，青、黃、赤、白、頗梨紅色；身上出水，身下出火 還燒其身，身上出水 以灌其身；或身上出火 以燒其身，身下出水 以灌其身；　如是 種種現化神通息已；稽首佛足，白佛言：『世尊！佛是我師，我是弟子。』　佛告迦葉：『我是汝師，汝是弟子；隨汝所安，復座而坐！』　時，鬱鞞羅迦葉還復故坐(♣座)；爾時，摩竭提 婆羅門、長者作是念：鬱鞞羅迦葉定於大沙門所，修行梵行。　佛說此經已，摩竭提王 瓶沙，及諸婆羅門、長者，聞佛所說歡喜隨喜。」⇨(雜1074大2-279a[14]f.)

④〖教誡示現 最上、最妙、最勝〗

「世尊復告傷歌邏(Saṅgārava)曰：『有三示現： 如意足示現、占念示現、教訓示現。摩納！云何如意足示現？……云何占念示現？……云何教訓示現？有一沙門梵志，自行如是道、如是跡，行此道、行此跡已，諸漏已盡，得無漏心解脫、慧解脫，自知、自覺、自作證成就遊：生已盡，梵行已立，所作已辦，不更受有 知如眞； 彼爲他說：「我自行如是道、如是跡，行此道、行此跡已，諸漏已盡，得無漏心解脫、慧解脫，自知、自覺、自作證成就遊：生已盡，梵行已立，所作已辦，不更受有 知如眞。 汝等共來，亦自行如是道、如是跡，行此道、行此跡已，諸漏已盡……，不更受有知如眞。」彼爲他說，他爲他說，如是展轉無量百千；摩納！是謂教訓示現。此三示現，何者示現最上、最妙、最勝耶？』 傷歌邏摩納答曰：『……若有沙門梵志，自行如是道、如是跡，行此道、行此跡已，諸漏已盡得無漏心解脫，慧解脫，自知自覺，自作證成就遊： 生已盡，梵行已立，所作已辦，不更受有知如眞；彼爲他說，他爲他說，如是展轉無量百千者，瞿曇！於三示現，此示現最上、最妙、最勝。』……」⇨（中143大1-651a^{-7}f.）

§3-0-3 【佛 語】♣

①〖應時語、實語、義語、利語、法語、律語〗

「如來於彼過去事，若在目前 無不知見；於未來世，生於道智。過去世事 虛妄、不實、不足喜樂、無所利益，佛則不記； 或過去事 有實、無可喜樂、無所利益，佛亦不記；或過去事 有實、可樂 而無利益，佛亦不記；若過去事 有實、可樂、有所利益，如來盡知，然後記之。未來、現在亦復如是。如來於過去、未來、現在，應時語、實語、義語、利語、法語、律語，無有虛也。 佛於初夜成最正覺 及末後夜，於其中間有所言說，盡皆如實，故名如來。復次，如來所說如事，事如所說，故名如來。」⇨（長17大1-75b^{-2}f.＝D 29 Diii.135^{2}f.）⇦ “ Pacuppannaṁ ce pi Cunda hoti bhūtaṁ tacc=haṁ attha-saṁhitaṁ, tatra kālaññū hoti Tathāgato tassa pañhassa veyyākaraṇāya. Iti kho Cunda atītânāgata-paccuppannesu dhammesu Tathāgato kāla-vādī bhūta-vādī attha-vādī dhamma-vādī vinaya-vādī. Tasmā Tathāgato ti vuccati.”

②〖說 義饒益、法饒益、梵行饒益、明、慧、正覺、向於涅槃〗

「爾時，世尊與諸大眾到申恕(siṁsapā)林，坐樹下； 爾時，世尊手把樹葉，告諸比丘：『此手中葉爲多耶？大林樹葉爲多？』 比丘白佛：『世尊手中樹葉甚少，彼大林中樹葉無量，百千億萬倍，乃至算數、譬類 不可爲比。』(佛言：)『如是，諸比丘！我成等正覺，自所見法，爲人定說者，如手中樹葉；所以者何？ 彼法義饒益、法饒益、梵行饒益、明、慧、正覺、向於涅槃； 如大林樹葉，如我成等正覺，自知正法，所不說者亦復如是。』」⇨(雜404大2-108a^{-2}f.＝ S 56,31 S v .438^{6}f.)⇦“ Kasmā cetam bhikkhave mayā anakkhātaṁ? Na h’etam bhikkhave atthasaṁhitaṁ nâdibrahmaca=ryakaṁ na nibbidāya na virāgāya na nirodhāya na upasamāyana abhiñ=ñāya na sambodhāya na nibbānāya saṁvattati. Tasmā tam mayā anakk=hātaṁ.”

③〖略說、廣說〗

(1)「爾時，世尊告尊者舍利弗：『我能於法略說、廣說，但 知者難。』 尊者舍利弗白佛言：『惟願世尊略說、廣說法說，於法實有解知者。』」⇨(雜982大2-255b^{-14}f.)

(2)“Saṅkhittena pi kho te ahaṁ Vaccha kusalâkusalaṁ deseyyaṁ, vitth=ārena pi kho te ahaṁ Vaccha kusalâkusalaṁ deseyyaṁ, api ca te ahaṁ Vaccha saṅkhittena kusalâkusalaṁ deseyyāmi, taṁ suṇāhi sād=hukaṁ manasikarohi, bhāsissāmî ti.” ⇨(M 73 M i. 489^{14}f.)
∾ (雜964大2-246b^{-5}f.)

④〖隨根爲說〗

(1)「若 婆羅門、刹利、長者、居士 來欲聽法，當善籌量，隨根爲說。」⇨(大正No.7大1-194b^{11}f.)

(2)「如來爲我說法 轉高、轉妙； 說黑、白法，緣、無緣法，照、無照法，如來所說 轉高、轉妙，我聞法已，知一一法，於法究竟。信如來 至眞、等正覺；信如來法 善可分別；信如來眾 苦滅成就；諸善法中，此爲最上。世尊智慧無餘，神通無餘，諸世間所有沙門婆羅門，無有能與如來等者，況欲出其上。」⇨(長18大1-76c^{-9}f.)

⑤〖隨根相應 次第說法〗

(1)「如諸佛(常)法，先說端正法♣[1]，聞者歡悅，謂：說施、說戒、說生天法；毀呰欲為災患，生死為穢；稱歎無欲為妙，道品白淨。世尊為彼說如是法已，佛知彼有歡喜心、具足心、柔軟心、堪耐心、勝上心、一向心、無疑心、無蓋心，有能力堪受正法，謂： 如諸佛說正法要♣[2]，世尊即為彼說苦、習、滅、道。」⇨(中38大1-479c^{-6}f.)

(2)「爾時，尊者羅睺羅往詣佛所，稽首佛足，退坐一面；白佛言：『善哉！世尊為我說法，我聞法已，獨一靜處，專精思惟，不放逸住………見法自知作證，我生已盡，梵行已立，所作已作，自知不受後有。』 爾時，世尊觀察羅睺羅心解脫慧未熟，未堪任受 增上法； 問羅睺羅言：『汝以授人五受陰未？』 羅睺羅白佛：『未也，世尊！』 佛告羅睺羅：『汝當為人演說五受陰！』……(*cf.* 〈p.0-26f. ○. § 3-0-5⑥之 (7)〉)…… 爾時，世尊觀察羅睺羅心解脫智熟，堪任受增上法，告羅睺羅言：『羅睺羅！一切無常； 何等法無常？ 謂 眼無常，若色、眼識、眼觸……如上 無常廣說。」⇨(雜200大2-51a^{-14}f.)

⑥〖隨機為說〗

「時，有刀師氏聚落主，先是尼揵弟子；詣尼揵所，禮尼揵足，退坐一面。爾時，尼揵語聚落主：『汝能共沙門瞿曇作※蒺藜論[1]，令 沙門瞿曇 不得語，不得不語。』 聚落主白尼揵：『阿梨！何等為蒺藜論，令沙門瞿曇不得語，不得不語耶？』 尼揵語聚落主：『汝往沙門瞿曇所，作如是言：「瞿曇！不常欲安慰一切眾生，讚歎安慰一切眾生耶？」若言：「不！」者，應語言：「瞿曇與凡愚夫 有何等異？」 若言：「常欲安慰一切眾生，讚歎安慰一切眾生。」者， 復應問言：「若欲安慰一切眾生者，以何等故 或為一種人說法，或不為一種人說法？」 作如是問者，是名蒺藜論，令彼沙門瞿曇不得語，不得不語。』 爾時，聚落主受尼揵勸進已；往詣佛所，恭敬問訊已，退坐一面，白佛言：『瞿曇豈不欲常安慰一切眾生，歎說安慰一切眾生？』 佛告聚落主：『如來長夜慈愍安慰一切眾生，亦常歎說安慰一切眾生。』 聚落主白佛言：『若然者，如來何故為一種人說法，又復不為一種人

※1 蒺藜論：《M 58》：有‘ubhatokoika pañha(雙頭尖問)’ 不得嚥下亦不得吐出 。⇨(M i .393^{6}f.)

說法？』 佛告聚落主：『我今問汝，隨意答我；聚落主！譬如有三種田：有一種田 沃壤肥澤，第二田 中，第三田 瘠薄； 云何，聚落主！彼田主先於何田耕治、下種？』 聚落主言：『瞿曇！於最沃壤肥澤者先耕、下種。』 『聚落主！復於何田，次耕、下種？』 聚落主言：『瞿曇！當於中田次耕、下種。』 佛告聚落主：『復於何田 次耕、下種？』 聚落主言：『當於最下，瘠薄之田 次耕、下種。』 佛告聚落主：『何故如是？』 聚落主言：『不欲廢田，存種而已。』 佛告聚落主：『我亦如是，如彼沃捷(♣壤)肥澤田者，我諸比丘、比丘尼亦復如是； 我常爲彼(等)演說正法，初、中、後善，※善義、善味[1]，純一滿淨，梵行清白，開示顯現。彼聞法已，※依於我舍、我洲、我覆、我陰、我趣[2]，常以淨眼觀我而住；作如是念：佛所說法，我悉受持，令我長夜以義饒益、安隱、樂住。 聚落主！如彼中田者，我弟子優婆塞、優婆夷亦復如是；我亦爲彼(等)演說正法，初、中、後善，善義、善味，純一滿淨，梵行清白，開發顯示。 彼聞法已，依於我舍、我洲、我覆、我陰、我趣，常以淨眼觀察我(而)住；作如是念：世尊說法，我悉受持，令我長夜以義饒益、安隱、樂住。 聚落主！如彼田家最下田者，如是 我爲諸外道、異學、尼揵子輩； 亦爲說法，初、中、後善，善義、善味，純一滿淨，梵行清白，開示顯現。 然於彼等少聞法者，亦爲其說，多聞法者亦爲其說，然其彼眾 於我善說法中得一句法，知其義者 亦復長夜以義饒益、安隱、樂住。』 時，聚落主白佛：『甚奇！世尊善說如是 三種田譬。』 佛告聚落主：『汝聽我更說譬類；譬如 士夫有三水器，不穿、不壞 亦不津漏，第二器不穿、不壞 而有津漏，第三器者穿、壞、津漏；云何聚落主！彼士夫三種器中，常持淨水 著何等器中？』 聚落主言：『瞿曇！當以不穿、不壞、不漏津者，先以盛水。』 佛告聚落主：『次復應以何器盛水？』 聚落主言：『瞿曇！當持彼器不穿、不壞 而津漏者，次以盛水。』 佛告聚落主：『彼器滿已，復以何器爲後 盛水？』 聚落主言：『以穿、壞、津漏之器，最後盛水，所以者何？ 須臾之間，供小用故。』

※[1] S 42,7 作：“sâtthaṁ savyañjanaṁ(有義有文)”指 有甚深意義，而以淺顯文句說示。⇨(Siv.315^{-12})；※[2] S 42,7 作：“Ete hi gāmaṇi maṁdīpā maṁleṇā maṁtāṇā maṁsaraṇā viharanti.(彼等以余爲洲、余爲窟、余爲庇護所、余爲歸依所而過日。)”⇨(Siv.315^{-11}f.)

佛告聚落主：『如彼士夫 不穿、不壞、不津漏器， 諸弟子比丘、比丘尼亦復如是； 我常爲彼(等)演說正法……乃至長夜以義饒益、安隱、樂住。 如第二器 不穿、不壞 而津漏者，我諸弟子優婆塞、優婆夷亦復如是；我常爲彼(等)演說正法……乃至長夜以義饒益、安隱、樂住。 如第三器 穿、壞、津漏者，外道、異學、諸尼揵輩亦復如是；我亦爲彼(等)演說正法，初、中、後善，善義、善味，純一滿淨，梵行清白，開示顯現，多(聞法)亦爲說，少(聞法)亦爲說，彼若於我說一句法知其義者，亦得長夜安隱、樂住。』」⇨(雜915大2-230c^{-13}f.)

⑦〖制 法〗

「(長老舍利弗言：)『世尊說法 復有上者，謂 制法； 制法者，謂 四念處、四正勤、四神足、四禪、五根、五力、七覺意、八賢聖道；是爲無上制，智慧無餘，神通無餘， 諸世間所有沙門、婆羅門 皆無有與如來等者，況欲出其上者。 世尊說法又有上者，謂 制諸入(āyatana-paññattīsū)……謂識入胎……如來說法復有上者，所謂道也……如來說法復有上者，所謂爲滅。』」⇨(長18大1-76c^{-2}f.)

⑧〖制 戒〗

「諸比丘！何等爲學戒隨福利？ 謂大師爲諸聲聞制戒(sikkhāpadaṃ paññataṁ)； 所謂 攝僧，極攝僧，不信者信，信者增其信，調伏惡人，慙愧者得樂住，現法防護有漏，未來得正對治，令梵行久住。 如大師已爲聲聞制戒；謂攝僧……乃至梵行久住；如是、如是學戒者，行堅固戒、恆戒、常行戒、受持學戒，是名比丘戒福利。」⇨(雜826大2-211c^{-5}f.)

⑨〖四說〗

「世尊說四說； 云何爲四？ 一曰 ※見見說[1]，二曰 ※聞聞說[2]，三曰 ※識識說[3]，四曰 ※知知說[4]； 賢者！ 云何知、云何見此四說，得知 無所受、漏盡、心解脫耶？ 漏盡比丘 得知梵行已立法者，應如是答： 諸賢！我於見見說，不高、不下、不倚、不縛、不染、不著，得解、得脫、盡得解脫，心離顚倒，生已盡，梵行已立，所作已辦，不更受有 知如眞。 如是，(於)聞聞、識識、知知說，不高、不下、不倚、不縛、不染、不著，得解、得脫、

※1 dihe diṭṭhavāditā；　※2 sute sutavāditā；
※3 viññāte viññātavāditā；　※4 mute mutavāditā.

盡得解脫，心離顛倒，生已盡，梵行已立，所作已辦，不更受有 知如眞。」
⇨(中187大1-732b^{-2}f.)

∽「爾時，世尊告摩羅迦舅(Mālukyaputta)：『我今問汝，隨意答我。』佛告摩羅迦舅：『※若眼未曾見色，汝當欲見，[1] 於彼色 起欲、起愛、起念、起染著不？』 答言：『不也；世尊！』 耳聲、鼻香、舌味、身觸、意法，亦如是說； 佛告摩羅迦舅：『善哉！善哉！摩羅迦舅！※見以見爲量，聞以聞爲量，覺以覺爲量，識以識爲量。[2]』而說偈言：

『若汝非於彼，　彼亦復非此，　亦非兩中間，　是則爲苦邊。』

摩羅迦舅白佛言：

『已知，世尊！已知，善逝！』 佛告摩羅迦舅：『汝云何於我略說法中，廣解其義？』 爾時，摩羅迦舅說偈白佛言：

『若眼已見色，　而失於正念；　則於所見色，　而取愛念相。
取愛樂相者，　心則常繫著；　起於種種愛，　無量色集生。
貪欲、恚、害覺，　令其心退減；　長養於衆苦，　永離於涅槃。
見色不取相，　其心隨正念；　不染惡、心愛，　亦不生繫著，
不起於諸愛；　無量色集生，　貪欲、恚、害覺，　不能壞其心。
小長養衆苦，　漸次近涅槃；　日種尊所說，　離愛般涅槃。
若耳聞諸聲，　心失於正念，　而取諸聲相，　執持而不捨；
鼻香、舌嘗味，　身觸、意念法，　忘失於正念，　取相亦復然。
其心生愛樂，　繫著堅固住，　起種種諸愛，　無量法集生。
貪欲、恚、害覺，　退減壞其心；　長養衆苦聚，　永離於涅槃。
不染於諸法，　正智正念住；　其心不染污，　亦復不樂著。
不起於諸愛，　無量法集生；　貪、瞋恚、害覺，　不退減其心。
衆苦隨損減，　漸近般涅槃；　愛盡般涅槃，　世尊之所說。

是名世尊略說法中廣解其義。』」⇨(雜312大2-90a^{7}f.)

※1 "Ye te cakkhuviññeyyā rūpā adiṭṭhā adihapubbā na ca passasi, na ca te hoti Passeyyanti." ⇨(S 35,95 Siv.72^{17}f.)

※2 "diṭṭha-suta-muta-viññātabbesu dhammesu diṭṭhe diṭṭhamattam bhavissati, sute sutamattam bhavissati, mute…… viññāte, viññāt=amattam bhavissati" ⇨(S 35,95 Siv.73^{4}f.)

⑩〖言清淨〗

「如來說法 復有上者，謂 言清淨；言清淨者，世尊於諸沙門婆羅門，不說無益、虛妄之言，言不求勝，亦不朋黨，所言柔和，不失時節，言不虛發，是為言清淨。」⇨(長18大1-77b^{5}f.)

⑪〖可、不可共說〗

「因其所說 有四處當以觀人，此賢者 可共說、不可共說。 若使此賢者(一)※一向論 不一向答[1] 者，(二)分別論※不分別答[2] 者，(三)詰論 ※不詰答[3] 者，(四)止論 ※不止答[4] 者；如是，此賢者不得共說，亦不得共論。若使此賢者，一向論 便一向答者，分別論 分別答者，詰論 詰答者，止論 止答者；如是，此賢者 得共說，亦得共論。 復次，因其所說，更有四處，當以觀人，此賢者可共說，不可共說。若使此賢者於(一)※處非處不住[5] 者，(二)※所知[6] 不住者，(三)※說喻[7] 不住者，(四)※道跡[8] 不住者；如是此賢者不可共說，亦不可共論。若此賢者於處非處住者，所知住者，說喻住者，道跡住者；如是此賢者可得共說，亦可得共論。因所說時，止息口行，捨已所見，捨怨結意，捨欲、捨恚、捨癡、捨慢、捨不語、捨慳嫉、不求勝、不伏他，莫取所失，說義、說法，說義、說法已，教 復教止，自歡喜、令彼歡喜；如是說義，如是說事，是聖說義，是聖說事，謂至竟漏盡。於是，世尊說此頌曰：

『若有諍論議，　雜意懷貢高，　非聖毀呰德；　各各相求便，
但求他過失，　意欲降伏彼，　更互而求勝，　聖不如是說。
若欲得論議，　慧者當知時，　有法亦有義，　諸聖論如是。
慧者如是說，　無諍無貢高，　意無有厭足，　無結無有漏。
隨順不顛倒，　正知而為說，　善說則然可，　自終不說惡。
不以諍論議，　亦不受他諍；　知處及說處，　是彼之所論。
如是聖人說：　慧者俱得義，　為現法得樂，　亦為後世安，
當知聰達者，　非倒非常說。』」⇨(中119大1-609a^{-6}f.)

※1 ekaṁsa-vyākaraṇīyaṁ pañhaṁ na ekaṁsena vyākaroti.⇨(A i. 197^{-14}f.)；※2 na vibhajjavyākaroti’；※3 na paṭipucchā-vyākaroti；※4 na ṭhapeti；※5 ṭhānâṭṭhāne na saṇṭhāti；※6 parikappe；※7 aññavāde；※8 paṭipadāya’

⑫〖成就十法 佛想說法〗

「具壽 Puṇṇiyo 白世尊言：『何因、何緣，如來有時欲說法， 然有時不想說法耶？』『Puṇṇiya 比丘(1)有信而不來詣時，如來不想說法； Puṇṇiya 凡比丘有信又來詣時，如來卽想說法。

(2)有信－來詣→ 不想說法 ∾ 有信＋來詣→ 想說法

(3)有信＋來詣－承事→ 不想說法 ∾ 有信＋來詣＋承事→ 想說法

(4)…∾有信＋來詣＋承事＋請問→ 想說法

(5)…∾有信＋來詣＋承事＋請問＋諦聽法→ 想說法

(6)…∾有信＋來詣＋承事＋請問＋諦聽法＋受持法→ 想說法

(7)…∾有信＋來詣＋承事＋請問＋諦聽法＋受持法＋觀察法義→ 想說法

(8)…∾有信＋來詣＋承事＋請問＋諦聽法＋受持法＋觀察法義＋法次法行→ 想說法

(9)…∾有信＋來詣＋承事＋請問＋諦聽法＋受持法＋觀察法義＋法次法行＋能述義→ 想說法

(10)…∾有信＋來詣＋承事＋請問＋諦聽法＋受持法＋觀察法義＋法次法行＋能述義＋示導同梵行→ 想說法」⇨(A 10,83 Aiv.155^{15}f.)

⑬〖佛 不爲利養、名稱……故 說法〗

「佛 不爲利養、名稱、尊重、導首、眷屬、〔得〕大衆故 說法。……佛所說法微妙第一，爲滅不善 增益善法。」⇨(長8大1-$49b^{4}$f.)

⑭〖說法 有所得/ 無所得〗

「時，梵童子告毗沙門王曰：『汝何故作此言：「如來出世 說如是法 爲甚奇、甚特、未曾有也！」？』（毗沙門王曰：）『如來以方便力說善 不善。具足說法 而無所得；說空淨法 而有所得。此法微妙 猶如醍醐。』」⇨(長4大1-$35c^{-10}$f.)

§3-0-4 【衆弟子說】♣

①〖如說 說、如法 說、法次法 說〗

「尊者舍利弗言：『尊者浮彌！汝之所說，實如佛說，不謗如來； 如說 說、如法 說，法行法 說，不爲餘因 論義者來難詰、呵責。』」⇨(雜343大2-9$3c^{-8}$f.)

②〖佛略說 弟子廣說其義〗

「我等今日，於世尊略說法中，猶故不解，今此衆中 誰有慧力，能爲我等 於世尊略說法中，廣爲我等演說其義？復作是念：唯有尊者阿難，常侍世尊，常為大師之所讚歎，聰慧梵行；唯有尊者阿難堪能為我等，於世尊略說法中，演說其義。我等今日 皆共往詣尊者阿難所，問其要義； 如阿難所說，悉當奉持。」⇨(雜211大2-53b-12f.)

③〖隨所見 而為記說〗

「時，有異比丘 獨處坐禪，作是思惟：比丘云何知、云何見，得見清淨？ 作是念已，詣諸比丘；語諸比丘言：『諸尊！比丘云何知、云何見，令見清淨？』 比丘答言：『尊者！於六觸入處集、滅、味、患、離如實正知；比丘作如是知、如是見者，得見清淨。』 是比丘 聞彼比丘記說，心不歡喜；復詣餘比丘所，問彼比丘言：『諸尊！比丘云何知、云何見，得見清淨？』 彼比丘答言：『於六界集、滅、味、患、離如實正知；如是，比丘如是知、如是見，得見清淨。』 時，比丘聞其記說，心亦不喜；復詣餘比丘 作是問言：『比丘云何知、云何見，得見清淨？』 彼比丘答言：『於五受陰觀察如病、如癰、如刺、如殺、無常、苦、空、非我；作如是知、如是見，得見清淨。』 是比丘聞諸比丘記說，心亦不喜；往詣佛所，稽首禮足，退坐一面白佛言：『世尊！我獨靜思惟：比丘云何知、云何見，得見清淨？作是念已，詣諸比丘……』三處所說 具白：『 世尊！我聞彼說，心不歡喜，來詣世尊，故以此義 請問世尊，比丘云何知、云何見，得見清淨？』

佛告比丘：『過去世時有一士夫，未曾見緊獸(kiṁsuka 肉色花)，往詣曾見緊獸者；問曾見緊獸士夫言：「汝知緊獸不？」 答言：「知。」 復問：「其狀云何？」 答言：♣[1]「其色黑如火燒柱。」當彼見時，緊獸黑色如火燒柱；時，彼士夫聞 緊獸黑色如火燒柱，不大歡喜。 復更詣一曾見緊獸士夫，復問彼言：「汝知緊獸不？」彼答言：「知。」復問：「其狀云何？」彼曾見緊獸士夫答言：♣[2]「其色赤而開敷，狀似肉段。」 彼人見時，緊獸開敷，實似肉段；是士夫聞彼所說，猶復不喜，復更詣餘，曾見緊獸士夫問：「汝知緊獸不？」答言：「知。」復問：「其狀云何？」 答言：♣[3]「毿毿下垂，如尸利沙果。」是人聞已，心復不喜；復行問餘知緊獸者，問：「汝知緊獸不？」彼答言：「知。」又問：「其狀云何？」 彼復答言：♣[4]「其葉青，其葉滑，其葉長廣，如尼拘婁陀(nigrodha 榕)樹。」 如彼士夫問其緊獸，聞則不喜，處處更求；而彼諸人見緊獸者，隨時所見而為記說，是故不同。如是，諸比丘！若於獨處，專精思惟，不放逸住，所因思惟法不起諸漏，心得解脫；隨彼所見，而為記說。」⇨(雜1175大2-315b8f.)

④〖樂聞、樂受者，當爲說 四不壞淨，令入令住〗

「爾時，世尊告諸比丘：『汝等當起哀愍心、慈悲心，若有人於汝等所說，樂聞、樂受者，汝當爲說 四不壞淨，令入令住；何等爲四？ 於佛不壞淨，於法不壞淨，於僧不壞淨，於聖戒成就。」⇨(雜836大2-214b[8]f.)

⑤〖清淨心爲人說法〗

「若復，比丘爲人說法，作如是念：世尊顯現正法、律，離諸熾然，不待時節，即此現身，緣自覺知，正向涅槃，而 諸眾生 沈溺老、病、死、憂、悲、惱苦；如此眾生 聞正法者，以義饒益，長夜安樂。以是 正法因緣，以慈心、悲心、哀愍心、欲令正法久住心，而爲人說，是名清淨說法。唯迦葉比丘有如是 清淨心爲人說法。」⇨(雜1136大2-300a[10]f.)

⑥〖以其所長 而以教人〗

「爲人說法，並自量忖；以其所長，而以教人。」⇨(大正No.7大1-194b[10]f.)

§3-0-5 【聞正法】

① 〖當求方便成就 聞〗

(1)「比丘(出家眾)當求方便成就信、戒、聞、施、智慧。」

⇨(增50-7大2-812b[-8]f.)

(2)「優婆塞(在家眾)聞具足者，聞則能持，聞則積聚；若佛所說初、中、後善，善義、善味，純一滿淨，梵行清白，悉能受持。摩訶男！是名優婆塞聞具足。」⇨(雜927大2-236b[-4]f.)

②〖(種種情況)聽法福利〗

「佛告阿難：『若有比丘先未病時，未斷五下分結，若覺病起，其身苦患，心不調適，生分微弱，得聞大師教授、教誡，種種說法；彼聞法已斷五下分結，阿難！是則大師教授說法福利。　復次，阿難！若有比丘，先未病時，未斷五下分結， 然後 病起身遭苦患，生分轉微，不蒙大師教授、教誡說法；然遇諸餘多聞大德修梵行者，教授、教誡、說法；得聞法已，斷五下分結。阿難！是名教授、教誡 聽法福利。 復次，阿難！若比丘先未病時，不斷五下分結…… 乃至生分微弱，不聞大師教授、教誡、說法，復不聞餘 多聞大德諸修梵行者教授、教誡、說法； 然 彼先所受法，獨靜思惟，稱量觀察，得斷五下分結。阿難！是名思惟觀察 先所聞法，所得福利。 復次，阿難！若有比丘先未病時， 斷五下分結，不得 無上愛盡解脫、不起諸漏、心善解脫； 然後，得病身遭苦患，生分微弱，得聞大師教授、教誡、說法，得 無上愛盡解脫、不起諸漏、離欲、解脫，阿難！是名大師說法福利。復次，阿難！若有比丘先未病時， 斷五下分結，不得 無上愛盡解脫、不起諸漏、離欲、解脫，覺身病起，極遭苦患，不得大師教授、教誡、說法； 然 得諸餘多聞大德 諸梵行者教授、教誡、說法，得 無上愛盡解脫、不起諸漏、離欲、解脫。阿難！是名教授、教誡、聞法福利。 復次，阿難！若有比丘先未病時，斷五下分結，不得無上愛盡解脫、不起諸漏、離欲、解脫，其身病起，極生苦患， 不得大師教授、教誡、說法，不得諸餘 多聞大德教授、教誡、說法； 然 先所聞法獨一靜處思惟，稱量觀察，得無上愛盡解脫、不起諸漏、離欲、解脫。阿難！是名 思惟先所聞法所得福利。」

⇨(雜1023大2-266c^{-5}f.)

③〖隨時聽法 五功德〗

「爾時，世尊告諸比丘：『隨時聽法有五功德，隨時承受不失次第；云何爲五？(一)未曾聞者便得聞之；(二)以(已)得聞者，重諷誦之；(三)見不邪傾；(四)無有狐疑；(五)即解甚深之義。隨時聽法有五功德； 是故，諸比丘 當求方便 隨時聽法！如是，諸比丘當作是學！」⇨(增36-1大2-702c^{-6}f.)

④〖聞大師說法，從 明智、尊重梵行者聞法〗

「云何名爲 見淨斷(♣勤)？ 謂 聖弟子聞大師說法，如是如是說法，則如是如是入；如實正觀，如是如是得歡喜、得隨喜，得從於佛。復次，聖弟子不聞大師說法，然 從餘明智、尊重梵行者說，聞尊重梵行者， 如是如是說，則如是如是入；如實觀察，如是如是觀察，於彼法得歡喜、隨喜，信於正法。復次，聖弟子不聞大師說法，亦復不聞明智、尊重梵行者說，隨先所聞、受持者，重誦習；隨先所聞、受持者，如是如是重誦已，如是如是得入彼法，乃至信於正法。 復次，聖弟子不聞大師說法，不聞明智、尊重梵行者說，又復不能先所受持重誦習；然先所聞法，爲人廣說。先所聞法，如是如是爲人廣說，如是如是得入於法，正智觀察，乃至信於正法。 復次，聖弟子不聞大師說法，復不聞明智、尊重梵行者說，又復不能先所受持重誦習，亦復不以先所聞法，爲人廣說；然於先所聞法，獨一靜處，思惟觀察，如是如是思惟觀察，如是如是得入正法，乃至信於正法。如是，從他聞，內正思惟，是名未起正見令起，已起正見令增廣；是名未滿戒身令滿，已滿者隨順攝受欲、精進、方便……乃至常攝受；是名見淨斷(♣勤)。」⇨ (雜565大2-148c^{-3}f.)

⑤〖聞法心態〗：

(1)【八心】

「具 歡喜心(udaggacittaṁ)、具足心、柔軟心(muducittaṁ)、堪耐心(kalla-
cittaṁ)、勝上心、一向心、無疑心(pasannacittaṁ)、無蓋心(vinivaraṇa-
cittaī。」 ⌒(中38大1-479c⁻³f.≒A 8,21 Aiv.209⁻²f.)

(2)【十六相】

「若人欲聽正法，具十六相 乃可聽受；何等十六？ 一、隨時聽，二、恭敬，
三、欲樂、四、無執着，五、如聞隨行，六、不爲破難，七、於法起尊重心
，八、於說者起尊重心，九、不輕撥正法，十、不輕撥說者，十一、不輕己
身，十二、心不散，十三、欲求解心，十四、一心諦聽，十五、依理正思，
十六、憶持前後而聽正法。 佛聖弟子若能如此，恭敬諦聽，信根生長，於
正法中 心得澄淨。 以此爲先，則於涅槃生歡喜心，及求得心；以此爲先，
則於涅槃生喜樂心，離於愛著；以此爲先，則於涅槃滅除惑障，得一定心；
以此爲先，則於涅槃捨離疑惑，生正直見；以此爲先，則於涅槃起廻向心，
爲修觀行、爲熾然修、爲應隨道法、爲滅助道障法、爲得安住心、爲得第一
義；以此爲先，於一切行法寂滅，證得眞空，愛滅、離欲，於無生涅槃得入
、成住、信樂之心；以此爲先，則於涅槃及陰無常，得入、成住、信樂之心
；以此爲先，則於涅槃及四聖諦，法眼清淨，爲生慧眼；以此爲先，則於涅
槃而得解脫；以此爲先，則於涅槃、解脫知見，皆得圓滿。 由能如此 如理
一心諦聽正法，諸聖弟子則 不損惱能說法者，已能了別正說言味；卽是 依
法供養大師、證得己利及以涅槃，是聽法人。（大正No.97大1-919c¹⁵f.）

⑥〖樂聞佛法 聞法無厭〗

「（佛）告尊者阿難：『令四重襞疊敷 世尊欝多羅僧；我今背疾欲小臥息。』
尊者阿難卽受敎勅，四重襞疊敷欝多羅僧已，白佛言：『世尊！已四重襞疊
敷欝多羅僧；唯 世尊知時！』 爾時，世尊厚襞僧伽梨枕頭，右脅而臥，
足足相累，繫念明相，正念正智，作起覺想；告尊者阿難：『汝說七覺分！
』 時，尊者阿難卽白佛言：『世尊 所謂念覺分，世尊 自覺成等正覺說；
依遠離、依無欲、依滅 向於捨；擇法、精進、喜、猗、定、捨覺分，世尊
自覺成等正覺說；依遠離、依無欲、依滅 向於捨。』 佛告阿難：『汝說精
進耶？』 阿難白佛：『我說 精進，世尊！我說精進，善逝！』 佛告阿難
：『唯精進修習 多修習，得阿耨多羅三藐三菩提。』 說是語已，正坐、端

身、繫念；時，有異比丘，卽說偈言：

『樂聞美妙法，　忍疾告人說：　「比丘卽說法！」　轉於七覺分，
善哉尊阿難，　明解巧便說；　有勝白淨法，　離垢微妙說，
念、擇法、精進、　喜、猗、定、捨覺，　此則七覺分，　微妙之善說。
聞說七覺分，　深達正覺味；　身嬰大苦患，　忍疾端坐聽。
觀爲正法王，　常爲人演說，　猶樂聞所說，　況餘未聞者。
第一大智慧、　十力 所禮者，　彼亦應疾疾　來聽說正法；
諸多聞通達　契經、阿毗曇，　善通法律者，　應聽況餘者。
聞說如實法，　專心黠慧聽；　於佛所說法，　得離欲 歡喜。
歡喜、身猗息，　心自樂亦然；　心樂得正受，　正觀有事行。
厭惡三趣者，　離欲、心解脫；　厭惡諸有趣，　不集於人、天。
無餘猶燈滅，　究竟般涅槃；　聞法多福利，　最勝之所說；
是故當專思，　聽大師所說。』」⇨（雜727大2-195c²f.）

「時，手天子卽說偈言：

『見佛無厭足，　聞法亦無厭；　供養於衆僧，　亦未曾 知足。
受持賢聖法，　調伏慳著垢，　三法不知足，　故生無熱天。」

⇨（雜594大2-159a⁻⁴f.）

⑦〖多聞〗

「比丘當知，若聞 色是生厭、離欲、滅盡、寂靜法，是名多聞；如是，聞受、想、行、識是生厭、離欲、滅盡、寂靜法，是名 多聞比丘，是名 如來所說多聞。」⇨（雜25大2-5c⁴f.）

「『世尊！多聞比丘，說多聞比丘，世尊！云何多聞比丘？』……『……比丘所問，爲如是耶？』比丘答曰：『如是，世尊！』　世尊告曰：「比丘！我所說甚多，謂※正經[1]、※歌詠[2]、※記說[3]、※偈他[4]、※因緣[5]、※撰錄[6]、※本起[7]、※此說[8]、※生處[9]、※廣解[10]、※未曾有法[11]及※說義[12]；比丘！若有族姓子，(於)我所說四句偈，知義、知法，趣法、向法，趣順梵行；比丘！說多聞比丘 無復過是。比丘！如是多聞比丘，如來如是施設多聞比丘。」⇨（中172大1-709a⁻¹f.）

※1 sūtra；※2 geya；※3 vyākaraṇa；※4 gāthā；※5 nidāna；※6 avdāna；※7 itivṛttka※8 udāna；※9 jātaka；※10 vaipulya；※11 adbhuta-dharma；※12 upadeśa⇨〈佛教語大辭典〉p.656b

⑧〖樂聞正法 不求人短〗

「以慚愧故 不放逸；不放逸故 恭敬順語爲善知識；爲善知識故 樂見賢聖、樂聞正法、不求人短；……」⇨(雜346大2-96b^{-14}f.)

「佛便告比丘：『若人意在五法中，設使聞佛法教，不應除塵垢，亦不得道眼；何等爲五？ 一者、若惱說經者，二者、若求便，三者、若求窮，四者、聞亦邪念，意著他因緣，五者、亦無有自高意，令所聞分別好醜。若人意隨是五法，設使聞佛說法，不應自解塵垢，亦不應生法眼。』 佛復告比丘：『有五法，若人意在五法，卽聞佛所教行法，爲應自解塵垢，亦應得道眼；何等爲五？一者、無有惡意在說經者，二者、亦不求經中長短，有疑問解休，三者、意亦不在色，意亦不在他因緣，四者、亦自有黠意能解善惡，五者、分別自知；是五法。 若人意隨是五法，能得自解塵垢，一爲、不惱說經者，二爲、不求經中長短，三爲、不求窮，四者爲、亦不邪念，五爲、亦自有黠意能分別白黑』 佛說如是。」⇨(大正No.150-17大2-878b^{-3}f.)

⑨〖莫 妄量於人〗

(1)【勿從形色醜陋與否】

「時，有異比丘(āyasmā Lakuṇṭaka-bhaddiy⇨S ii.279[13])形色醜陋，難可觀視，爲諸比丘之所輕慢，來詣佛所；爾時，世尊四眾圍遶，見彼比丘來，皆起輕想，更相謂言：『彼何等比丘隨路而來，形貌醜陋，難可觀視，爲人所慢。』 爾時，世尊知諸比丘心之所念，告諸比丘：『汝等見彼比丘來，形狀甚醜，難可視見，令人起慢不？』 諸比丘白佛：『唯然 已見。』 佛告諸比丘：『汝等 勿於彼比丘 起於輕想，所以者何？ 彼比丘已盡諸漏，所作已作，離諸重擔，斷諸有結，正智心善解脫；諸比丘！汝等莫妄量於人，唯有如來能量於人，……』 爾時，世尊卽說偈言：

『飛鳥及走獸，　莫不畏師子；　唯師子獸王，　無有與等者。
如是智慧人，　雖小則爲大；　莫取其身相，　而生輕慢心。
何用巨大身，　多肉而無慧；　此賢勝智慧，　則爲上士夫。
離欲 斷諸結，　涅槃永不生；　持此最後身，　摧伏眾魔軍。
」⇨(雜1063大2-276a^{-7}f.)

(2)【勿從 持戒與否】

「時，鹿住優婆夷稽首禮阿難足，退住一面，白(言：)『尊者阿難！云何言世尊知法？ 我父富蘭那(Purāṇa)先修梵行，離欲清淨，不着香花，遠諸凡鄙；叔父梨師達多(Isidatta)不修梵行，然其知足。二俱命終，而今世尊俱記：「二人同生一趣，同一受生，同於後世得斯陀含，生兜率天，一來世間，究竟苦邊。」 云何，阿難！修梵行 不修梵行，同生一趣，同一受生，同其後世？』 阿難答言：『姊妹！汝今且停，汝不能知 眾生 世間、根之差別；如來悉知 眾生 世間、根之優劣。』 如是說已，從坐起去。　時，尊者阿難還精舍，舉衣鉢，洗足已，往詣佛所，稽首佛足，退坐一面；以鹿住優婆夷所說，廣白世尊。

佛告阿難：『彼鹿住優婆夷，云何能知眾生 世間、根之優劣？阿難！如來悉知眾生 世間、根之優劣。阿難！或有一犯戒，彼於心解脫、慧解脫 不如實知；彼所起犯戒無餘滅、無餘沒、無餘欲盡。 或有一犯戒，於心解脫、慧解脫 如實知；彼所起犯戒 無餘滅、無餘沒、無餘欲盡。於彼(等倆)籌量者言：「此亦有如是法，彼亦有是法，此則應俱同生一趣，同一受生，同一後世。」 彼如是籌量者，得長夜 非義饒益苦； 阿難！彼犯戒者，於心解脫、慧解脫不如實知， 彼所起犯戒 無餘滅、無餘沒、無餘欲盡，當知此人是退 非勝進，我說彼人為退分。阿難！有犯戒(者)，彼於心解脫、慧解脫 如實知，彼於所起犯戒 無餘滅、無餘沒、無餘欲盡；當知是人勝進 不退，我說彼人為勝進分。自 非如來，此二有間，誰能悉知； 是故，阿難！莫籌量人人而取。 人 善籌量人人而病；人 籌量人人(而)自招其患；唯有如來能知人耳。

如二犯戒，二持戒亦如是，彼於心解脫、慧解脫 不如實知； 彼所起持戒無餘滅。……阿難！鹿住優婆夷，愚癡少智，而於如來一向說法，心生狐疑； 云何，阿難！如來所說 豈有二耶？』 阿難白佛：『不也！世尊！』 佛告阿難：『善哉！善哉！如來說法 若有二者，無有是處。 阿難！若富蘭那持戒，梨師達多亦同持戒者 所生之趣； 富蘭那所不能知梨師達多為生何趣？云何受生？云何後世？ 若梨師達多所成就智，富蘭那亦成就此智者，梨師達多亦不能知 彼富蘭那當生何趣？ 云何受生？後世云何？阿難！彼富蘭那持戒勝，梨師達多智慧勝，彼(等)俱命終。我說：二人同生一趣，同一受生，後世亦同是斯陀含，生兜率天，一來生此，究竟苦邊；彼二有間(♣別)，自非如來，誰能得知。是故，阿難！莫量人人，量人人者 自生損滅，唯有如來能知人耳。」⇨(雜990大2-257c[1]f.)

(3)【從 能說法，具福報與否】

「三種調士夫相，何等爲三？ ♣[1] 有士夫捷疾具足，色不具足，形體不具足；♣[2] 有士夫捷疾具足，色具足，形體不具足；♣[3] 有士夫捷疾具足，色具足，形體具足。 比丘！何等爲不(♣「不」擬刪)調士夫捷疾具足，色不具足，形體不具足 —有士夫於 此苦如實知，此苦集、此苦滅、此苦滅道跡如實知； 如是觀者，三結斷，身見、戒取、疑 此三結斷，得須陀洹，不墮惡趣法，決定正趣三菩提，七有天人往生，究竟苦邊，是名捷疾具足。何等爲 非色具足？ 若有問 阿毗曇、律，不能以具足句味，次第隨順 具足解說，是名 色不具足。 云何形體不具足？非大德名聞，感致衣、被、飲食、床臥、湯藥眾具；是名士夫，捷疾具足，色不具足，形體不具足……。」⇨(雜917~919大2-232b^{-1}f.)

∽(4)【求解如來】

「爾時，世尊告諸比丘：『緣於彼意 不知他心如眞者， 彼世尊、正盡覺不可知，云何求解於如來乎？』 時，諸比丘白世尊曰：『世尊爲法本，世尊爲法主，法由世尊，唯願說之； 我等聞已得廣知義。」 佛便告曰：『(諸)比丘！諦聽，善思念之，我當爲汝具分別說。』 時，諸比丘受教而聽。

世尊告曰：『緣於彼意 不知他心如眞者，當以二事求解如來： 一者、眼知色，二者、耳聞聲；♣[1]若有穢汚眼、耳知法，是彼尊者爲有 爲無耶？若求時則知：所有穢汚眼、耳知法，彼尊者無。若無此者，當復更求；♣[2] 若有雜眼、耳知法，是彼尊者爲有 爲無耶？ 若求時則知，所有雜眼、耳知法，彼尊者無。 若無此者，當復更求；♣[3] 若有白淨眼、耳知法，是彼尊者爲有 爲無耶？ 若求時則知，所有白淨眼、耳知法，彼尊者有。若有此者，當復更求；♣[4] 彼尊者爲長夜行此法，爲暫行耶？ 若求時則知，彼尊者爲長夜行此法，不暫行也。 若常行者，當復更求；♣[5] 彼尊者爲 爲名譽，爲 爲利義入此禪耶？ 不爲名譽，不爲利義入此禪耶？ 若求時則知，彼尊者非爲災患故 入此禪也。♣[6]若有作是說：「 彼尊者樂行非恐怖，離欲、不行欲、欲已盡也。 [1]」 便應問彼賢者有何行、有何力、有何智 令賢者自正觀如是說：「彼尊者 樂行非恐怖，離欲、不行欲、欲已盡耶？」 彼若作是答：「

※1 "Abhayūparato ayam-āyasmā, nâyam-āyasmā bhayūparato, vītarāgattā kāme na sevati(不親近欲) khayā rāgassâ ti." ⇨(M 47 M i.319[8]f.)

賢者！我不知彼心，亦非餘 事知；然彼尊者 或獨住，或在眾，或在集會，※若有善逝，若為善逝，所化為宗，主因食可見[1] 。彼賢者我不自知； 我從彼尊者聞，面前諮受，我 樂行非恐怖，離欲、不行欲、欲已盡也。 賢者！我有是行、有是力、有是智令我自正觀，如是說： 彼尊者 樂行不恐怖，離欲、不行欲、欲已盡也。」♣[7] 於中當復問：「彼如來法，若有穢污眼、耳知法，有彼處 此法滅盡無餘？若有雜眼、耳知法，有彼處 此法滅盡無餘？若有白淨法，有彼處 此法滅盡無餘？」 如來為彼答：「若有穢污眼、耳知法，有彼處 此法滅盡無餘！若有雜眼、耳知法，有彼處 此法滅盡無餘！若有穢污眼、耳知法，如來滅斷，拔絕根本，終不復生！若有雜眼、耳知法，如來滅斷，拔絕根本，終不復生！ 若有白淨法，如是我白淨！ 如是境界，如是沙門，我如是成就此正法律。」

♣[8] 有信弟子，往見如來，奉侍如來，從如來聞法； 如來為說法，上復上，妙復妙，善除黑白。如來為說法，上復上，妙復妙，善除黑白者；如是如是聞已，知斷一法 於諸法得究竟，靖信世尊 —彼世尊正盡覺也— 復應問彼賢者：「有何行、有何力、有何智 令賢者知斷一法，於諸法得究竟，靖信世尊— 彼世尊正盡覺耶？」 彼如是答：「賢者！我不知世尊心，亦非餘事知； 我因世尊，有如是靖信— 世尊為我說法，上復上，妙復妙，善除黑白—賢者！如(是)如(是) 世尊為我說法者，如是 如是我聞；如來為我說法，上復上，妙復妙，善除黑白， 如是如是我聞已，知斷一法 於諸法得究竟，靖信世尊 —彼世尊正盡覺也— 賢者！我有是行，有是力，有是智，令我知斷一法 於諸法得究竟，靖信世尊 —彼世尊正盡覺也— 若有此行，有此力深著如來，信根已立者 是謂信見本，不壞智相應； 沙門、梵志，天及魔、梵及餘世間 無有能奪。如是求解如來，如是正知如來。」

⇨(中186大1-731b[3]f.)

※1 "ye ca tattha sugatā ye ca tattha duggatā ye ca tattha gaṇam-anusāsanti ya ca idh' ekacce āmisesu sandissanti ye ca idh' ekacce āmisena anupalittā, nâyam-āyasma taṁ tena avajānāti." ⇨ (M 47 M i. 319[13]f.)

⑩〖依法 不依人〗

(1)「尊者阿難答曰：『雨勢(Vassakāra)！都無一比丘 爲世尊所知見，如來、無所著、等正覺在時所立 —此比丘 我般涅槃後，爲諸比丘所依— 謂 令我等今所依者……如來、無所著、等正覺說有十法而可尊敬，我等若見比丘有此十法者，則共愛敬、尊重、供養、宗奉、禮事於彼比丘。　云何爲十？ 雨勢！比丘♣1 修習禁戒，守護從解脫，又復善攝威儀、禮節，見纖芥罪 常懷畏怖，受持學戒；雨勢！我等若見比丘 極行增上戒者，則共愛敬、尊重、供養、宗奉、禮事於彼比丘，……♣2 極多聞者……♣3 極善知識者……♣4 極樂住遠離者……♣5 極樂燕坐者……♣6 極知足者……♣7 極有正念者……♣8 極精懃者……9 極行慧者……我等若見比丘♣10諸漏盡者，則共愛敬、尊重、供養、宗奉、禮事於彼比丘。　雨勢！世尊知見，如來、無所著、等正覺 說此十法而可尊敬； 雨勢！我等若見比丘行此十法者，則共愛敬、尊重、供養、宗奉、禮事於彼比丘。」⇨(中145大1-654a^{-8}f.)

(2)【單信一人之過患】

「爾時，世尊告諸比丘：『若(單)信(一)人者，生五種過患： ♣1 彼人或時犯戒、違律，爲眾所棄；恭敬其人者，當作是念：此是我師，我所重敬，眾僧棄薄；我今何緣入彼塔寺？不入塔寺已，不敬眾僧；不敬僧已，不得聞法；不聞法已，退失善法，不得久住於正法中；是名信敬人生初過患。　復次，敬信人者，♣2 所敬之人 犯戒、違律，眾僧爲作 不見擧……♣3 彼人若持衣鉢，餘方遊行……♣4 彼所信敬人，捨戒還俗……♣5 彼所信敬人身壞命終……。」⇨(雜837大2-214b^{-9}f.)

§ 3-0-6 【法隨念】

(1)「爾時，世尊告諸比丘：『我今當爲汝等說法 —初語亦善、中語亦善、後語亦善，善義、善味，純一、滿淨、清白梵行— 謂……』」
⇨(雜245大2-58c^{-12}f.)

“So dhammaṁ deseti: ādi kalyāṇaṁ majjhe kalyāṇaṁ pariyosānakalyā=ṇaṁ sâtthaṁ savyañjanaṁ kevalaparipuṇṇaṁ parisuddhaṁ brahmacari=yaṁ pakāseti.” ⇨(A 3,63 A i.180^{-9}f.)

(2)「聖弟子念於法事：世尊法、律，現法能離生死熾然，不待時節，通達，現法，緣自覺知。聖弟子如是念法者，不起貪欲、瞋恚、愚癡，……乃至念

法所熏，昇進涅槃。」⇨(雜931大2-238a[1]f.＝A 6.10 Aiii.p.285[-14]f.)⇦

"ariyasāvako dhammaṁ anusarati 'svâkkhāto Bhagavatā dhammo sand=iṭṭhiko akāliko ehipassiko opanayiko paccattaṃ veditabbo viññūhî' ti"

§4-0-0 【(內正思惟) 觀法義】

§4-0-1 【當思惟觀察法義】

①「聞善法→ 有耳界→ 觀法義 →……」⇨(中54大1-490b[-11]f.)

②「聽正法→ 內正思惟→……」⇨(雜843大2-215b[-10]f.)

③「聞如來說法，或聞梵行者說，或聞師長說法，思惟、觀察、分別法、義……」⇨(長9大1-51c[5]f.)

「眾賢！在世，有大師、或某一師位同梵行者，爲比丘說法；眾賢！凡大師、或某一師位同梵行者如是、如此爲比丘說法；彼卽如是、如此於此法成爲義之知覺者及法之知覺者。……比丘如是、如此如所聞、如所學得之法爲他廣說，彼卽如是、如此於此法成爲義之知覺者及法之知覺者。……比丘如是、如此如所聞、如所學得之法詳細讀誦，彼卽如是、如此於此法成爲義之知覺者及法之知覺者。……比丘如是、如此如所聞、如所學得之法以心隨尋之、隨伺之，以意隨觀之；彼卽如是、如此於此法成爲義之知覺者及法之知覺者。……比丘如是、如此如所聞、如所學得之法以心隨尋之、隨伺之，以意隨觀之；彼卽如是、如此於此法成爲義之知覺者及法之知覺者。……復次，眾賢！實非大師、或某一師位同梵行者爲比丘說法，非如所聞、如所學得之法爲他廣說，非如所聞、如所學得之法詳細讀誦，亦非如所聞、如所學得之法以心隨尋之、隨伺之，以意隨觀之；然彼是善把握某一三昧相者，以般若善作意、善理解、善洞察。眾賢！凡比丘是善把握某一三昧相，以般若善作意、善理解、善洞察；彼卽如是、如此於此法成爲義之知覺者及法之知覺者。……」⇨(D 33 Diii.241[3]f.)

④「或有族姓子不顚倒，善受解 義及文；彼因不顚倒，善受解故，如是如是 知彼法： 謂 正經、歌詠、記說、偈他、因緣、撰錄、本起、此說、生處、廣解、未曾有法及說義。 彼不諍 知此義，唯受解脫 知此義；彼所爲 知此法、得此義，不受極苦，亦不疲勞。所以者何？以不顚倒受解法故。」

⇨(中200大1-764a[-1]f.) *cf.* 《雜298》：法說 義說⇨(大2-85a[13]f.)

§4-0-2 【觀義(attho vibhatto)】⇨(中164大1-696b,-11f.= M138 M iii.229⁻⁹)

vibhatta〔pp.of vibhajati<vi-√bhaj①〕

【觀 法義(dhammānaṁ atthaṁ upaparikkhati)】⇨(A 10,83 A v.154⁻¹)

upaparikkhati〔<upa-pari-√īkṣ〕

§4-0-3 【《經典》中 種種「觀」字】

①「色觀色」⇨(大1-52b12f.)=“rūpī rūpāni passati”⇨(D iii.261⁻²)

②「觀身如身念處」⇨(大1-582b⁻14f.)=“kāye kāyânupassī viharati” ⇨(M i.56 4)

③「觀察非我」⇨(大2-82c13)=“anattato passanti”⇨(S ii.112 17)

④「止觀和合俱行」⇨(大2-147a8)=“samatha-vipassanaṁ yuganaddhaṁ bhāveti”⇨(A ii.157 15 f.)

⑤「得最上慧觀法」⇨(大1-598b14)=“lābhī adhipaññādhamma-vipassanāya” ⇨(A v.100 3 f.)

⑥「有覺 有觀」⇨(大2-123b1)=“savitakkaṁ; savicāraṁ”(S vi.236 3)

⑦「觀三摩地勤行成就の神足」⇨(南傳.十六卷下p.99 7 f.)=“vīmaṁsa-samād=hipadhāna-saṅkhāra-samannāgataṁ iddhipādam”⇨(S v.254 11 f.)

⑧「如是 平等慧如實觀」⇨(大2-5b15f.)=“evam etaṁ yathābhūtaṁ sammap=paññāya passati”⇨(S iii.136 13 f.)

「當以慧觀知如眞」⇨(大1-498c14) *cf.* “evam etaṁ yathābhūtaṁ sammapp=aññāya dahabbaṁ”⇨(S iii.68 10 f.)

⑨「慢の現觀」⇨(南傳.第二十卷p.218,10)=“mānâbhisamayā”⇨(A iii.445 12)

cf.「慢無間等」⇨(大2-255c9)

⑩「觀彼婆羅門志意」⇨(大1-101a⁻13)=“aññāsi Kūṭadantaṁ brāhmaṇaṁ ka=lla-cittaṁ…”⇨(D i.148 10 f.)

⑪「觀劇」⇨(南傳.第十六卷下p.409,3)=“vis kadassanā”⇨(S v.471 1)

§4-0-4 【正思惟】*cf.* 〈p.2-63ff. 二.§7-0-0~7-0-3〉

①〖內正思惟 = yoniso-manasikāra(如理作意)〗

⇨(雜843大2-215b9;S 55,5 S v.347⁻¹¹)

saṁ-√jñā→總相知 → 想身

vi-√jñā→ 別相知 → 識身

pā-√jñā→ 慧 知 → 慧身

abhi-√jñā→ 證 知 → 解脫知見身

② 〖正思惟→ 法次法向〗⇨(雜843大2-215b⁻⁹)

(1)「觀法義(如理作意) →受持法 →翫誦法 → 觀法忍→『信』→……」

⇨(中54大1-490b⁻¹⁰f.)

(2)「(信 →)正思惟→ 正念正知→ 護諸根 →護『戒』→……」

⇨(中45大1-486a¹⁵f.)

(3)「正思惟→ 勤斷五蓋、勤修七覺支(『定』)」⇨(雜716大2-193a⁻¹³f.)

(4)「正思惟(如理作意)→ 無間等知(『慧』)十二緣起」⇨(雜285大2-80a³f.)

§4-0-5 【依 正自覺知見】

①「尊者茂師羅言：『(尊者那羅！)有 異信、異欲、異聞、異行覺想、異見 審諦 忍有如是 正自覺知見生：所謂「生故有老死，不異生有老死。」如是說有。』」⇨(雜351大2-98c⁶f.≒S 12,68 S ii.115⁻⁴f.)⇦ "Aññatr'eva āvuso Saviṭṭha(殊勝)saddhāya aññatra ruciyā aññatraanussavā aññatra ākāraparivitakkā aññatra dihinijjhānakkhantiyā aham etam jānāmi aham etaṁ passāmi: 'Jātipaccayā jarāmaraṇan' ti."

∾ "Atha kho bhikkhave Vipassissa bodhisattassa yoniso manasikārā ahu paññāya abhisamayo: 'jātiyā kho sati jarāmaraṇaṁ hoti jātipaccayā jarāmaraṇan' ti." ⇨(S 12,4 S ii. 5¹⁷f.= 雜366大2-101a⁻⁹f.) ⇨「(毗婆尸佛未成正覺時)如是正思惟觀察得 如實無間等起知：有生故 有此老死；緣生故 有老死。……」

∾ " 'Etha tumhe Kālāmā mā anussavena
mā paramparāya
mā itikirāya
mā piṭakasampadānena
mā takkahetu
mā nayahetu
mā ākāraparivittakena
mā diṭṭhinijjhānakkhantiyā
mā bhavyarūpatāya
mā samaṇo no garû' ti, yadā tumhe Kālāmā attanā va jāneyyātha……" ⇨(A 3,65 A i. 189⁸f.)

§5-0-0 【受持法(dhāraṇa)】

§5-0-1 【由何 受持】

①「專心聽法→ 聞則能持→ 持已 觀察甚深妙義→ 隨順知 法次法向」

⇨(雜929大2-237a14f.)

②「觀法義→ 受持法→」⇨(中54大1-490b-10f.)

「若我所說法 盡具解義者，當如是 受持！」⇨(中200大1-764a10)

§5-0-2 【有何 受持】

①「受持 諸法」⇨(中118大1-608c12)

②「受持 學戒」⇨(中56大1-491c1)

③「善受持 諸三昧相」⇨(中86大1-564a-12)

④「(天帝釋 本為人時) 受持七種受(satta vatapadāni七則禁戒)」

⇨(雜1104大2-290b-10f.＝S 11,21 S i.228[14])

⑤「應當於此 大集法門 受持、讀誦、宣通、流布！」⇨(大正No. 12大1-233b14)

§5-0-3 【集法】

①〖增一法〗⇨(增序大2-550b-1)

「造立十經為 一(錄)偈」⇨(增.序大2-549c-5)

②〖一法～ 十法〗

「爾時，世尊知諸比丘：『若於一法 生正厭離、不樂、背捨，得盡諸漏；(云何為 一法？)所謂一切眾生由食而存。 復有 二法，(謂)名及色；復有 三法，謂 三受；復有 四法，謂※四食[1] ；復有 五法，謂 五受陰；復有 六法，謂※六內外入處[2]； 復有 七法，謂※七識住[3]；復有 八法，謂※世八法[4]；復有 九法，謂 九眾生居；後復有 十法，謂※十業跡[5]。 於此十法生 厭、不樂、背捨，得盡諸漏。』」⇨(雜486~9大2-124b-11f. ＝Kumāra-pañha Khp 2)

③《增一經》⇨(長11大1-57b-5f.)

④《十上經》⇨(長10大1-52c-13f.)

問沙彌文※1 作：四聖諦； ※2 作：六內入處； ※3 作：七覺支；
※4 作：八支聖道； ※5 作：十支具足阿羅漢。

⑤《眾集經》⇨(長9大1-49b^{-4}f.)

§5-0-4 【爲何 受持】

①「應當於此大集法門，受持、讀誦、宣通、流布。」⇨(大 No.12大1-233b[14])

②「 聞法喜已，受持諷誦 亦復歡喜。」⇨(長9大1-51c[10]f.)

③「若汝睡眠 故不滅者，大目犍連！當隨本所聞法， 隨而受持、廣布、誦習，如是睡眠 便可得滅；若汝睡眠 故不滅者，大目犍連！當隨本所聞法，隨而受持、爲他廣說，如是睡眠 便可得滅；若汝睡眠 故不滅者，大目犍連！當隨本所聞法，隨而受持，心念心思，如是睡眠 便可得滅。」

⇨(中83大1-559c[12]f.)

§5-0-5 【云何 受持】

①「爾時，世尊告諸比丘：『汝等(受)持 我所說四聖諦不？』 時，有異比丘從座起，整衣服，爲佛作禮，合掌白佛：『唯然，世尊所說四聖諦，我悉受持。』 佛告比丘：『汝云何受四聖諦？』 比丘白佛言：『世尊說言：此是苦聖諦，我卽受持；此苦集聖諦，此苦滅聖諦，此苦滅道跡聖諦。如是，世尊說四聖諦，我卽受持。』」⇨(雜416大2-110b^{-14}f.S 56,15 S v.426^{-3}f.)

②「佛告比丘：『汝云何持我所說四聖諦？』 比丘白佛言：『世尊說 苦聖諦，我悉受持，如如、不離如、不異如，眞、實、審諦、不顚倒，是聖所諦，是名苦聖諦； 世尊說 苦集聖諦，苦滅聖諦，苦滅道跡聖諦，如如、不離如、不異如，眞、實、審諦、不顚倒，是聖所諦，是爲世尊說四聖諦，我悉受持。』⇨(雜417大2-110c[2]f.S 56,20 S v.430^{-8}f.)

③「爾時，世尊告諸比丘：『汝(等受)持 我所說四聖諦不？』 時，有異比丘從座起，整衣服，爲佛作禮，合掌白佛言：『唯然，世尊所說四聖諦，我悉持之；云何四諦？ 世尊說 苦聖諦，我悉持之，苦集聖諦，苦滅聖諦，苦滅道跡聖諦，我悉持之。』……『若沙門、婆羅門，作如是說：如沙門、瞿曇所說 苦聖諦，我當捨更立 苦聖諦者，但有言數，問已不知，增其疑惑，以非其境界故； 苦集聖諦，苦滅聖諦，苦滅道跡聖諦 我今當捨，更立餘四聖諦者，彼但有言數，問已不知，增其疑惑，以非其境界故。』」

⇨(雜418大2-110c[14]f.S 56,16 S v.427^{-7}f.)*cf.* 〈p.5-62 五.§5-3-1之 ⑨〉

「彼世尊所說，我善知、善受爲善持耶？(Kacci me taṁ bhante, sussutaṁ suggahītaṁ sumanasikataṁ sūpadhāritan ti?)」⇨(中190大1-737a[4]f.；M 121 Miii.104[11]f.)

§6-0-0【誑誦法】

§6-0-1【不同之 誦法】

①〖傳誦(āgatâgama)〗

"… Ye te bhikkhū bahussutā āgatâgamā dhammadharā vinayadharā māti=kādharā……" ⇨(A 11,18 Av.352[9]f.) ∽ (中85大1-561b[-3]f.)⇦：「或有一人誦經、持律、學阿毗曇，諳阿含慕，多學經書。」

②〖合誦(saṁgīti)〗

「佛知諸比丘：『……比丘當 數相聚會誦經，法可久。』」⇨(大正No.5大1-161a[2])

「時，舍利弗告諸比丘：『今此波婆城，有尼乾子 命終未久， 其後弟子分爲二部，常共諍訟，相求長短，迭相罵詈，各相是非：「我知此法，汝不知此；汝在邪見，我在正法；(汝)言語錯亂，無有前後，自稱己言 以爲眞正；我所言勝，汝所言負； 我今能爲談論之主，汝有所問，可來問我。」 諸比丘！時，國人民奉尼乾子者，厭患此輩鬪訟之聲，皆由其法不眞正故；法不眞正，無由出要，譬如朽(♣擬作：朽)塔 不可復圬； 此非三耶三佛(Smmā-sambuddha)所說。諸比丘！唯我釋迦無上尊法，最爲眞正，可得出要，譬如新塔易可嚴飾；此是三耶三佛之所說也。諸比丘！我等今者，宜集法、律，以防諍訟，使梵行久立，多所饒益，天人獲安。」⇨(長9大1-49c[6]f.)

③〖誦習(sajjhāya)〗

「時，有比丘在拘薩羅人間(Kosalesu)林中止住，勤誦經，勤講說，精勤思惟；得阿羅漢果證已，不復精勤誦、說。 時，有天神止彼林中者，而說偈言：

『比丘汝先時，　晝夜勤誦習；　常爲諸比丘　共論決定義。
汝今於法句，　寂然無所說；　不與諸比丘　共論決定義。』

時，彼比丘說偈答言：

『本未應離欲，　心常樂法句；　旣離欲相應，　誦、說事已畢。
先知道已備，　用聞見道爲？　世間諸聞、見、　無知 悉放捨！』

時，彼天神聞比丘所說，歡喜隨喜，卽沒不現 。」⇨(雜1337大2-368c⁻⁶f.)

§6-0-2 【佛世 誦經狀況】

①〖在家者〗

「時，商估中 有優婆塞於三寶所，深得淨信，歸佛、法、僧， 於佛、法、僧得了決定，無有狐疑，又於四諦，亦無疑心，已得見諦，獲於初果；晨朝 早起，正身端坐，繫念在前，高聲誦經，誦法句偈(Dhammapada)及婆羅緣(Pārâyana)，種種經偈。」⇨(別雜184大2-439c[11]f.)

②〖出家者〗

「時，尊者阿那律陀 於摩竭提國人間(Magadhesu)遊行，到畢陵伽(Piyaṅk=ara)鬼子母住處宿；時，尊者阿那律陀 夜後分時，端身正坐，誦憂陀那(Udāna)、婆羅延那(Pārâyana)，見眞諦， 諸上座所說偈(Thera-gāthā)、比丘尼所說偈(Therī-gāthā)，尸路偈、義品(Aṭṭhaka-vagga)、牟尼偈(Muni-gāthā)、修多羅(Sūtra)，悉皆廣誦。爾時，畢陵伽鬼子夜啼，畢陵伽鬼子母，爲其子說偈呵止言：

『畢陵伽鬼子，　汝今莫得啼；　常聽彼比丘，　誦習法句偈。
若知法句者，　能自護持戒；　遠離於殺生，　實言不妄語；
能自捨非義，　解脫鬼神道。』　畢陵伽鬼子母說是偈時，畢陵伽鬼子啼聲卽止。」⇨(雜1321大2-362c[8]f.)

③〖讀誦第一 比丘〗

「(我聲聞中第一比丘)不毁禁戒，誦讀不懈，所謂 羅雲比丘是 。」
⇨(增4-6大2-558a[14]f.)

§6-0-3 【誦經功德】

①〖佛法可久〗

「比丘當數相聚會誦經，法可久。」⇨(大正No.5大1-161a[2])

②〖眾生得久存於善趣〗

∾「比丘不多學問，不勤加誦讀翫習，是謂比丘成就六法，不得久存(於善趣)。」
⇨(增46-7大2-777c⁻⁶f.)

③〖離蓋〗

「汝目乾連 如所聞法，如所誦法，廣當誦習，如是睡當離。」⇨(大正No.47大1-837a⁻⁹f.)

④〖入法 信正法〗

「隨先所聞，受持者，重誦習；隨先所聞受持者，如是如是重誦已；如是如是得入彼法，乃至信於正法。」⇨(雜565大2-149a[6]f.)

⑤〖誦習諷讀→ 觀察其義→ 順從其法(而)行→ 漸漸由此因緣得至涅槃〗

「誦習誦讀，靡不周徧觀察其義，順從其法，終無違失；漸漸由此因緣，得至涅槃。所以然者，由其執正法故。」⇨(增50-8大2-813b[9]f.)

§6-0-4 【佛陀 對誦經之教誡】

①〖數相集會誦經〗

「比丘當 數相聚會誦經，法可久。」⇨(大正No.5大1-161a[2])

②〖誦經 不失時〗

「誦經、坐禪、禮儀、景式 不失其時也；猶海之潮，不過期先際。」

⇨(大正No.35大1-819b[11])

③〖釋尊般涅槃後，外道欲於佛法求出家，先令四月誦習經典〗

「我般涅槃後，若有外道 欲於我法求出家者，汝等不應便聽許之； 先令四月誦習經典，觀其意性爲虛、爲實。若見其行質直柔軟，於我法中實有深樂，然後，方可聽其出家。」⇨(大正No.7大1-204b[12]f.)

④〖不堪任 行禪法者 誦經〗

「寶藏佛告曰：『設有比丘 諸根闇鈍，不堪任行禪法者，當修三上人法業；云何爲三？ 所謂 坐禪、誦經、佐勸眾事。 如是彼佛與諸弟子說 如此微妙之法。 爾時，有※長老比丘[1]，亦不堪任修行禪法；時，彼比丘便作是念：我今年衰長大，亦不能修其禪法，今當求願行 勸助之法。……」

⇨(增43-2大2-757b[11])

⑤〖亦雷亦雨〗

「彼 云何比丘 雷而不雨？ 或有比丘高聲誦習，所謂契經、祇夜、受決、偈、本末、因緣、已說、生經、頌、方等、未曾有法、譬喻； 如是諸法 善諷誦讀，不失其義，不廣與人說法；是謂 此人雷而不雨。 彼云何人雨而不雷？或比丘有顏色端政，出入行來進止之宜 皆悉具知，修諸善法，無毫釐之失；然不多聞，亦不高聲誦習，復不修行契經、本末、授決、偈、因緣、譬喻、

※[1] 燈光佛之前生

生經、方等、未曾有法；然從他承受，亦不忘失，好與善知識相隨，亦好與他說法； 是謂 此人雨而不雷。 彼何等人亦不雨 亦復不雷？ 或有一人顏色不端政，出入行來進止之宜 皆悉不具，不修諸善法； 然不多聞，亦不高聲誦習，復不修行契經……(乃)至方等，亦復不與他說法；是謂此人亦不雨亦不雷。 復有何等人 亦雨亦雷？ 或有一人顏色端政，出入行來進止之宜亦悉具知，好喜學問，所受不失；亦好與他說法，勸進他人，令使承受；是謂此人亦雷亦雨。」⇨(增25-10大2-635a[10]f.)

⑥〖雖誦千章 不義何益〗

「爾時，目連弟子、阿難弟子，二人共談：『我等二人同聲經唄，誰者爲勝？』……爾時，世尊便說此偈：

『多誦無益事，　此法非爲妙；　猶算牛頭數。　非此沙門要。
若少多誦習，　於法而行法；　此法極爲上。　可謂沙門法。
雖誦千章，　不義何益；　不如一句，　聞可得道。
雖誦千言，　不義何益；　不如一義，　聞可得道。
千千爲敵，　一夫勝之；　未若自勝，　已忍者上。』」

⇨(增31-11大2-673b[2]f.)

⑦〖比丘以 引長之歌聲誦法 五失〗

「諸比丘！以此等引長之歌聲誦法(āyatakena gītassarena dhammaṁ bhaṇat=assa)有 五過失； 是何等五？ ⑴自己愛著此聲音，⑵使他人愛著此聲音，⑶在家者 嫌惡此等釋子如在家人歌詠， ⑷練習音調 妨礙定心，⑸致使 後人仿傚。」⇨(A 5,209 A iii.251[1]f.)

§6-0-5 【離欲相應　無所誦習】

⇨〈p.2-59f. 二.§6-0-1 ③〉

"Kasmā tvaṁ dhammapadāni bhikkhu ‖ nâdhīyasi bhikkhūhi saṁvasanto ‖ …

"Ahu pure dhammapadesu chando ‖ yāva virāgena samāgamimha ‖
yato virāgena samāgamimha ‖ yaṁ kiñci diṭṭhaṁ va sutaṁ va mutaṁ ‖
aññāya nikkhepanam āhu santo ti ‖ ‖" ⇨(S 9,10 S i.202[-6]f.)

∾「爾時，世尊勤爲聲聞說法；時，諸信心歸三寶者，斯則皆生人天道中。時，魔波旬作是念：『今沙門瞿曇住於釋氏石主釋氏聚落(Sakkesu Silāvatiyaṁ)，勤爲四衆說法； 我今當往爲作留難，化作年少，往住佛前而說偈言：

『何爲勤說法，　　教化諸人民；　　相違不相違，　　不免於驅馳。
　以有繫縛故，　　而爲彼說法。』

爾時，世尊作是念：惡魔波旬欲作嬈亂，卽說偈言：

『汝夜叉當知，　　眾生羣集生；　　;諸有智慧者，　　孰能不哀愍。
　以有哀愍故，　　不能不敎化；　　哀愍諸眾生，　　法自應如是。』」

⇨(雜1097大2-288b^{-6}f.) *cf.*《雜1096經》⇨(大2-288b^{1} ~^{18})

§7-0-0 【觀法忍】

☆〖Okkantika-saṁyutta(入相應)〗(S 25,1~10)

①《A 6,86~8》"Chahi bhikkhave dhammehi samannāgato suṇanto pi saddh=ammaṁ bhabbo niyāmaṁ okkamituṁ kusalesu dhammesu sammattaṁ."

⇦(A iii.436^{7}f.)

②《雜阿含第892經》

「爾時，世尊告諸比丘：『有內六入處；云何爲六？ 謂 眼內入處，耳、鼻、舌、身、意內入處；於此六法觀察忍，名爲 信行；超昇、離生，離凡夫地，未得須陀洹果 乃至未命終，要得須陀洹果。 若此諸法增上觀察忍，名爲法行；超昇、離生，離凡夫地，未得須陀洹果 乃至未(命)終，要得須陀洹果。若此諸法如實正智觀察，三結已盡、已知 —謂 身見、戒取、疑，是名須陀洹，決定不墮(原文作：不墮決定) 惡趣，定趣三菩提，七有天人往生 究竟苦邊。— (若)此等諸法正智觀察，不起諸漏，離欲、解脫，名阿羅漢，諸漏已盡，所作已作，離諸重擔，逮得己利，盡諸有結，正智心善解脫。佛說此經已，諸比丘聞佛所說，歡喜奉行！

　如六內入處迹如是 外六入處、六識身、六觸身、六受身、六想身、六思身、六愛身、六界(身)、五陰 亦如上說。」⇨(雜892大2-224b^{-3}f.)

§7-0-1 【由何 觀法忍】

①「奉事(善知識)→ 往詣→ 聞善法→ 耳界→ 觀法義→ 受持法→ 翫誦法→ 觀法忍→…⇨(中54大1-490b^{-13}f.)

②"Idha bhikkhave saddhājāto upasaṅkamati, upasaṅkamanto payirupāsati, payirupāsanto sotaṁ odahati, ohitasoto dhammaṁ suṇāti, sutvā dhammaṁ dhāreti, dhatānaṁ dhammānaṁ atthaṁ upaparikkhati, attham upaparikkhato dhammā nijjhānaṁ khamanti, dhammanijjhāna-khantiyā sati chando jāyati……” ⇨(M 70 M i. 480[3]f.)

cf. 《中阿含第195經》(大1-752b[2] ~[4])

§7-0-2 【法忍】

①「微見小明者，謂得 法忍。」⇨(雜1177大2-317a[-3])

②「聞佛所講說經，於如來法、律 得信，善利自見，於佛法中 有大善利，即得法忍。」⇨(大正No.22大1-272c[3]f.)

§7-0-3 【審諦堪忍】

①「摩訶男！聖弟子信於佛 言說清淨，信法、信僧 言說清淨；於五法增上智慧審諦堪忍(dhammā paññāya mattso nijjhānaṁ khamanti)，謂 信、精進、念、定、慧；是名聖弟子 不墮惡趣，乃至隨法行。 復次，摩訶男！聖弟子信於佛 言說清淨，信法、信僧 言說清淨； 乃至(於)五法少慧 審諦堪忍，謂 信、精進、念、定、慧； 是名聖弟子 不墮惡趣，乃至隨信行。」

⇨(雜936大2-240a[-2]f.) cf.《M 70》⇨(M i. 479[4]f.)

§7-0-4 【隨順忍】

① “Tathāgatappavedite dhammavinaye desiyamāne sussūsati, sotaṁ odahati, aññācittaṁ upaṭṭhapeti, atthaṁ gaṇhāti, anatthaṁ riñcati, anulo=mikāya khantiyā samannāgato hoti. Imehi kho bhikkhave chahi dham=mehi samannāgato suṇato pi saddhammaṁ bhabbo niyāmaṁ okkamituṁ ku=salesu dhammesu sammattan ti.” ⇨(A 6,88 A iii. 437[-7]f.)

② “So vata bhikkhave bhikkhu sabbasaṅkhāraṁ aniccato samanupassanto anulomikāya khantiyā samannāgato bhavissatî ti ṭhānam etaṁ vijjati. Anulomikāya khantiyā samannāgato sammattaniyāmaṁ okkamamāno so=tāpattiphalaṁ vā sakadâgāmiphalaṁ vā anâgāmiphalaṁ vā arahattaṁ vā sacchikarissatî ti ṭhānam etaṁ vijjatî ti.” ⇨(A 6,98 A iii. 442[1]f.)

“…… sabbasaṅkharaṁ dukkhato… pe …” ⇨(A 6,99 A iii. 442[10]f.)

“…… sabbadhammaṁ anattato… pe …” ⇨(A 6,100 A iii. 442[14]f.)

“…… nibbānaṁ sukhato… pe …” ⇨(A 6,101 A iii. 442[-9]f.)

③〖於諸善法入正性決定之 加行〗*cf.*〈p.2-65 二.§8-0-1之 ①〉

"Na kammāvaraṇatāya(業障) samannāgato hoti, na kilesāvaraṇatāya(煩惱障) samannāgato hoti, na vipākāvaraṇatāya (異熟障) samannāgato hoti, <u>saddho (信)</u> ca hoti, chandiko (志欲) ca, paññavā (具慧)ca. Imehi kho bhikkhave chahidhammehi samannāgato suṇato pi saddhammaṁ bhabbo niyāmaṁ okkamituṁ kusalesu dhammesu sammattan ti."

⇨(A 6,86 Aiii.436^{10}f.)

§8-0-0 【具信 入(法)流】⇨(雜843大2-215b^{-8} ~$^{-2}$)(雜603大2-161a^{-1})

☆〖不壞淨相應〗(雜902~904; 833~860; 1121~1135)

☆〖Sotāpatti-saṁyutta〗(S 55,1~74)

§8-0-1 【信】

①〖信之 加行〗

「世尊告曰:『阿難!多聞聖弟子 眞實因心思念、稱量、善觀分別無常、苦、空、非我;彼如是思念,如是稱量,如是善觀分別,便<u>生忍,生樂,生欲</u>—欲聞、欲念、欲觀— 阿難!是謂 <u>頂法</u>。 阿難!若得此頂法 復失、衰退,不修守護,不習精勤,阿難!是謂 <u>頂法退</u>。 如是(對)內外識、更樂(♣觸)、覺(♣受)、想、思、愛、界、因緣起,阿難!多聞聖弟子(於)此因緣起及因緣起法 思念、稱量、善觀分別 無常、苦、空、非我;彼如是思念,如是稱量,如是善觀分別,便生忍,生樂,生欲 —欲聞、欲念、欲觀— 阿難!是謂 頂法。阿難!若得此頂法 復失、衰退,不修守護,不習精勤,阿難!是謂 頂法退。 阿難!此頂法及頂法退,汝當爲諸年少比丘說以教彼;若爲諸年少比丘 說教此頂法及頂法退者, 彼(等)便得安隱、得力、得樂,身心不煩熱,終身行梵行。」⇨(中86大1-565c^{3}f.)*cf.*〈p.2-65 二.§7-0-4 ③〉

②〖信之 心態〗♣ *cf.*〈§8-0-1 ①〉*《成唯識論 卷六》⇨(大31-29b^{-8} ~c13)

科學家⇨ 理智→ 求眞(*有實)→「♣生忍」=〖信忍〗┐
藝術家⇨ 感情→ 求美(*有能)→「♣生樂」=〖信樂〗┼←求聖←┤智・情・意├ 完整的人格 ⇦學佛者
德道家⇨ 意志→ 求善(*有德)→「♣生欲」=〖信求〗┘

③〖信的對象〗

(1)【信三寶】

「有一優婆塞 信佛、信法、信比丘僧；一心 向佛、法、僧；歸依 佛、法、僧； 於佛離疑，於法、僧離疑；於苦、集、滅、道離疑； 見四聖諦，得第一無間等果。」⇨(雜590大2-156c^{-14}f.)

(2)【淨信(pasīdati∨pasādeti) 佛、法、僧、聖戒】

「爾時，世尊告諸比丘：『汝等當起哀愍心、慈悲心，若有人於汝等所說樂聞、樂受者，汝當爲說 四不壞淨(aveccappasāda)，令入、令住；何等爲四？ 於佛不壞淨，於法不壞淨，於僧不壞淨，於聖戒成就。』」⇨(雜836大2-214b^{8}f.)

cf.〔pasāda＜pa-√sad〕①clearness,purity; ②joy,satisfaction; ③allayment. ※ faith

(3)【成就 信根】

「信根者，當知是 四不壞淨。」⇨(雜646大2-182b^{-12}f.)

cf. "Catusu sotâpattiyaṅgesu, ettha saddhindriyaṃ daṭṭhabbaṁ."
⇨(S 48,8 S v. 196^{12}f.)

cf. "Katamañ-ca bhikkhave saddhindriyaṁ? Idha bhikkhave ariyasāvako saddho hoti, saddahati Tathāgatassa bodhiṁ: Iti pi so Bhagavā arahaṁ smmāsambuddho vijjācaraṇasampanno sugato lokavid anut=taro purisa-dhammasārathi satthā devamanussānaṃ buddho bhagavâ ti. Idaṁ vuccati bhikkhave saddhindriyam." ⇨(S 48,9 S v. 196^{-2}f.)

④〖信的要求〗

(1)【信具足】

「佛告摩訶男：『優婆塞者 於如來所，正信爲本， 堅固難動，諸沙門、婆羅門， 諸天、魔、梵及餘世間 所不能壞；摩訶男！是名優婆塞信具足。』」⇨(雜927大2-236b^{-11}f.)

(2)【法鏡自鑒】

「爾時，世尊告諸比丘：『我今當爲汝說 法鏡經；於佛不壞淨…… 乃至聖戒成就 是名法鏡經。』」⇨(雜852大2-217b^{7}f.)

(3)【一切時成就 不壞淨】

「(釋氏難提)白佛言：『世尊！若聖弟子於四不壞淨一切時不成就者，是聖弟子爲是放逸爲不放逸？』 佛告釋氏難提：『若於四不壞淨 一切時不成就者，我說是等爲 外、凡夫數。』」⇨(雜856大2-218a[12]f.)

⑷【清淨信 決定、不傾動】

「正信於如來，　決定不傾動，　受持眞實戒，　聖戒無厭者，
於佛心清淨，　成就於正見；　當知非貧苦，　不空而自活；
故於佛法僧　當生 清淨信，　智慧力增明，　思念佛正教。」
⇨(雜1223大2-333c[-3]f.)

⑸【信堅固】

「手長者得信堅固，深著如來，信根已立，終不隨外沙門、梵志，若天、魔、梵 及餘世間；手長者有信者，因此故說。」⇨(中大1-484c[9]f.)

⑹【實信】

「時，有異婆羅門 來詣佛所，與世尊面相慰勞，慰勞已，退坐一面，白佛：『瞿曇！我名 信。』 佛告婆羅門：『所謂信者，信 增上戒、施、(施 擬刪)聞、捨、慧，是則爲 信； 非名字是 信也。』」⇨(雜887大2-224a[11]f.)

§ 8-0-2 【入信】

〖四預流支〗→〖四不壞淨〗

「佛告舍利弗：『如汝所說：流者謂 八聖道； 入流分者 有四種，謂 親近善男子，聽正法，內正思惟，法次法向；入流者 成就四法，謂 於佛不壞淨，於法不壞淨，於僧不壞淨，聖戒成就。』」⇨(雜843大2-215b[-6]f.)

∾「虎種(Vyagghapajja)！云何名爲見淨斷(♣勤)？ 謂 聖弟子聞大師說法；如是如是說法，則如是如是入，如實正觀；如是如是得歡喜，得隨喜，得從於佛。 復次，聖弟子不聞大師說法，然從餘明智尊重梵行者說；聞尊重梵行者 如是如是說，則如是如是入，如實觀察； 如是如是觀察，於彼法得歡喜隨喜，信於正法。 復次，聖弟子不聞大師說法，亦復不聞明智尊重梵行者說，隨先所聞、受持者 重誦習；隨先所聞、受持者 如是如是重誦已，如是如是得入彼法……乃至信於正法。 復次，聖弟子不聞大師說法，不聞明智尊重梵行者說，又復不能先所受持重誦習；然先所聞法爲人廣說；先所聞法如是如是爲人廣說，如是如是得入於法，正智觀察……乃至信於正法。 復次，聖弟子不聞大師說法，復不聞明智尊重梵行者說，又復不能先所受持重誦習，亦復不以先所聞法爲人廣說；然於先所聞法，獨一靜處 思惟、觀察；如是如是思惟、觀察，如是如是得入正法……乃至信於正法。如是，從他聞

，內正思惟，是名未起正見令起，已起正見令增廣，是名未滿戒身令滿，已滿者隨順攝受 欲、精進、方便……乃至常、攝受，是名見淨斷(♣勤)。」

⇨(雜565大2-148c^{-3}f.)

§8-0-3 【信德(得)】

①〖入流者〗

「入流者成就四法，謂 於佛不壞淨，於法不壞淨，於僧不壞淨，聖戒成就 。」⇨(雜843大2-215b^{-3}f.)

②〖斷 三惡趣苦〗

「彼多聞聖弟子 解脫地獄、畜生、餓鬼惡趣之苦；所以者何？ 以彼多聞聖弟子 於佛不壞淨，(於)法、僧不壞淨，聖戒成就。」⇨(雜835大2-214b^{1}f.)

③〖不於人中貧活 不空活〗

「若聖弟子 成就四不壞淨者，不於人中貧活，而活不寒乞，自然富足。」

⇨(雜834大2-214a^{15}f.)

「受持眞實戒， 聖戒無厭者， 於佛心清淨， 成就於正見；
當知非貧苦， 不空而自活； 故於佛法僧， 當生清淨信，
智慧力增明， 思念佛正教。」⇨(雜1223大2-333c^{-2}f.)

④〖福德潤澤 爲安樂食；福多 無能度量〗

「爾時，世尊告諸比丘：『有四種食 長養眾生，四大增長攝受；何等爲四？ 謂摶食、觸食、意思食、識食。 如是，福德潤澤 爲安樂食(有四)；何等爲四？ 謂 於佛不壞淨，於法、僧不壞淨，聖戒成就。」⇨(雜838大2-214c^{-4}f.)

「聖弟子 成就四功德潤澤者，無能度量其福多少；然彼多福 是大功德聚數。是故，諸比丘 當作是學：我當成就 於佛不壞淨，於法、僧不壞淨，聖戒成就。爾時，世尊卽說偈言：

『眾吉之巨海， 自淨能淨彼； 汪洋而平流， 實諸百川長。
一切諸江河， 羣生之所依， 悉歸於大海； 此身亦復然，
施戒修功德， 百福流所歸。』」⇨(雜841大2-215a^{-10}f.)

cf.《雜840》⇨(大2-215a^{9}f.)

⑤〖現法樂居，易 不難得〗

「世尊告曰：『舍梨子！若汝知白衣聖弟子 善護行五法(五戒)及得四增上心(四不壞淨)， 現法樂居 易不難得；舍梨子！汝當記別：聖弟子 地獄盡，畜

生、餓鬼及諸惡處亦盡，得須陀洹，不墮惡法，定趣正覺，極受七有，天上、人間七往來已，而得苦邊。…』」⇨（中128大1-616b^{10}f.）

⑥〖命、色、力、樂、辯 自在卽得〗

「若聖弟子 成就四不壞淨者，欲求壽命，卽得壽命；求 好色、力、樂、辯自在卽得。」⇨（雜833大2-213c^{-3}f.）*cf*.《大正No.132》⇨（大2-854c^{5}~ 6a^{3}）

⑦〖淨信 善建立〗

「時，彼天子說偈問佛：

『云何善至老？　云何善建立？　云何爲人寶？　云何賊不奪？』

爾時，世尊說偈答言：

『正戒善至老，　※淨信善建立[1]，　智慧爲人寶，　功德賊不奪。』

⇨（雜1015大2-265b^{7}f.）

⑧〖信 能度諸流〗

「天子說偈 問佛：

『云何度諸流？　云何度大海？　云何能捨苦？　云何得清淨？』

爾時，世尊卽說偈言：

『信能度諸流，　不放逸度海，　精進能除苦，　智慧得清淨。』

⇨（雜603大2-161a^{-5}f.）

cf.《雜1286》：「信爲士夫伴，　不信則不度。」⇨（大2-354b^{-8}f.）

cf.《雜1014》：「信爲同己二」⇨（大2-265a^{-4}f.）

⑨ 信爲 五根之一（大2-182b^{-13}f.）；　五力之一（大1-230b^{1}f.）；
七力之一（大1-232c^{7}f.）；　七財之一（大1-54b^{15}f.）；
七寶之一（大1-236b^{8}f.）；　七慧者法之一（大1-236b^{-7}f.）

§8-0-4 **【信喩】**

①〖信種〗

「爾時，王舍城北有耕作（Kasi）婆羅門 名豆羅闍（Bhāradvāja）；爾時，世尊於其晨朝，著衣持鉢 往至彼所。時，婆羅門 遙見佛來，卽至佛所白言：『世尊！我種作人 耕種而食，不從人乞；瞿曇！汝今亦可耕種而食。』 佛言：『我亦耕種而食。』 時，（婆羅）豆羅闍婆羅門 卽說偈言：

※1 "saddhā sādhu patiṭṭhā." ⇨（S 1,51 S i. 36^{-5}）

『汝自說知耕，　未見汝耕時；　汝若知耕者，　爲我說耕法。』

爾時，世尊說偈答言：

『吾以信爲種，　諸善爲良田，　精進爲調牛，　智慧爲轅輻，
慚愧爲犂具，　念爲御耕者，　身口意調順，　持戒爲鞅子；
耕去煩惱穢，　甘雨隨時降，　芸耨爲善心，　大獲善苗稼；
趣向安隱處，　可以剋永安；　吾所耕如是，　故得甘露果，
超昇離三界，　不來入諸有。』　婆羅門言：『汝耕 實是耕無上之勝耕。』 婆羅門聞是偈心生信解，盛滿鉢飲食 來用奉佛，佛不受。」

⇨(別雜264大2-466b^{-11}f.)

②〖信手〗

「尊者烏陀夷 在於佛前，以龍(nāga象)相應頌 讚世尊曰：

『正覺生人間，　自御得正定；　修習行梵跡，　息意能自樂。
人之所敬重，　越超一切法；　亦爲天所敬，　無著至眞人。…
一切龍中龍，　眞諦無上龍；　溫潤無有害，　此二是龍足：
苦行及梵行，　是謂龍所行。　大龍 信爲手，　二功德爲牙，
念項 智慧頭，　思惟分別法；　受持諸法腹，　樂遠離雙臂，
住善息出入，　內心至善定。　龍行止俱定，　坐定臥亦定，
龍一切時定，　是謂龍常法。……』」⇨(中118大1-608bc^{-5}f.)

§8-0-5 【信 ∽ 慧】

「爾時，世尊告諸比丘：『有五根，何等爲五？ 信根、精進根、念根、定根、慧根。若聖弟子 成就慧根者 能修信根， 依離、依無欲、依滅 向於捨，是名信根成就；信根成就 卽是慧根(成就)。

如信根，如是精進根、念根、定根、慧根 亦如是說。 是故，就此五根慧根爲其首，以攝持故； 譬如堂閣，棟 爲其首，衆材所依，以攝持故；如是，五根 慧爲其首，以攝持故。」⇨(雜656大2-183c^{5}f.)

§8-0-6 【信 ∽ 見 ∽ 得】

「一時，尊者那羅、尊者茂師羅、尊者殊勝、尊者阿難住舍衞國象耳池側；爾時，尊者那羅 語尊者茂師羅言：『有 異信、異欲、異聞、異行覺想、異見審諦忍，有如是 正自覺知見生 —所謂生故 有老死，不離生 有老死耶？』

尊者茂師羅言：『有異信、異欲、異聞、異行覺想、異見審諦忍，有如是正自覺知見生 —所謂 有生故 有老死，不異生 有老死。— 如是 說有。』

(問)尊者茂師羅：『有 異信……乃至異忍，得自覺知見生 —所謂 有滅寂滅涅槃耶？』

尊者茂師羅答言：『有 異信……乃至異〔見審諦〕忍，得自覺知見生 —所謂 有滅 寂滅涅槃。』

復問尊者茂師羅：『有滅 則寂滅涅槃說者，汝今便是阿羅漢諸漏盡耶？』 尊者茂師羅 默然不答；第二、第三問 亦默然不答。爾時，尊者殊勝語 尊者茂師羅：『汝今且止， 我當爲汝答尊者那羅。』

尊者茂師羅言：『我今且止，汝爲我答。』

爾時，尊者殊勝語 尊者那羅：『有 異信…… 乃至異〔見審諦〕忍，得自覺知見生 —所謂 有滅則寂滅涅槃。』

時，尊者那羅 問尊者殊勝言：『有異信……乃至異〔見審諦〕忍，得自覺知見生 —所謂 有滅則寂滅涅槃者，汝今便是漏盡阿羅漢耶？』

尊者殊勝言：『我說 有滅則寂滅涅槃，而非漏盡阿羅漢也。』

尊者那羅言：『所說不同，前後相違；如尊者所說 有滅則寂滅涅槃，而復言 非漏盡阿羅漢耶(♣「耶」應作：也)。』

尊者殊勝 語尊者那羅言：『今當說譬，夫 智者以譬得解；如 曠野路邊 有井，無繩、無罐得取其水；時，有行人 熱渴所逼，繞井求覓，無繩、無罐，諦觀井水 如實知見而不觸身。 如是，我說 有滅則寂滅涅槃，而自不得漏盡阿羅漢。』

爾時，尊者阿難 語尊者那羅言：『彼尊者殊勝所說，汝復云何？』

尊者那羅語 尊者阿難言：『尊者殊勝 善說眞實；知復何言？』」

⇨(雜351大2-98c1f.)

§8-0-7 【信 ∽ 智】

「時，有尼犍·若提子與五百眷屬 詣菴羅林中，欲誘 質多羅長者 以爲弟子；質多羅長者 聞尼犍·若提子將五百眷屬 來詣菴羅林中，欲誘我爲弟子； 聞已，即往詣其所，共相問訊畢，各於一面坐。　時，尼犍·若提子語質多羅長者言：『汝信沙門瞿曇 得無覺無觀三昧耶？』　質多羅長者答言：『我不以信 故來也！』　尼犍·若提子言：『長者！汝不諂、不幻，質直、質直所生，長者若 能 息有覺有觀者，亦能以繩繫縛於風； 若能 息有覺有觀者，亦可以一把土斷恆水流。我於 行、住、坐、臥 智見常生。』 質多羅長者 問尼犍·若提子：『為信在前耶？為智在前耶？信之與智，何者為先？何者為勝？』　尼犍·若提子答言：『信 應在前，然後有智；信 智相比，智者為勝。』　質多羅長者 語尼犍·若提子：『我已求得 息有覺有觀，內淨一心，無覺無觀三昧生喜樂，第二禪具足住；我晝亦住此三昧，夜亦住此三昧，終夜常住此三昧。 有如是智 何用信世尊為？』　尼犍 若提子言：『汝 諂曲、幻偽，不直、不直所生。』　質多羅長者言：『汝先言我 不諂曲、不幻，質直、質直所生；今 云何言 諂曲、幻偽，不直、不直所生耶？若 汝前實者 後則虛，後實者 前則虛；汝先言:「我於行、住、坐、臥 知見常生。」 汝於前後小事不知；云何知過人法，若知、若見安樂住事？』」⇨（雜574大2-152b^{-1}f.）

§8-0-8 【自信 自度】♣

「爾時，長爪外道出家 遠塵離垢，得法眼淨；長爪外道出家 見法、得法、覺法、入法，度諸疑惑，不由他度，入正法律，得無所畏。」⇨（雜969大2-250a^{2}f.＝M 74 M i.501^{8}f.）⇦“Atha kho Dīghanakho paribbājako diṭṭhadh=ammo pattadhammo viditadhammo pariyogāḷhadhammo tiṇṇavicikiccho vigatakathaṁkathko vesārajjappatto aparappaccayo satthusāsane.”

∾「尊者須深 遠塵離垢，得法眼淨； 爾時，須深見法、得法、覺法、度疑，不由他信，不由他度，於正法中，心得無畏。」⇨（雜347大2-97c^{4}f.）

∾「闡陀比丘 遠塵離垢，得法眼淨； 爾時，闡陀比丘見法、得法、知法、起法，超越狐疑，不由於他，於大師教法，得無所畏。」⇨（雜262大2-67a^{9}f.）

§8-0-9 【信者】♣

①〖信弟子saddha sāvaka〗⇨（中195大1-752b^{-3}f.；M 70 M i.481,^{5}f.）

②〖信解脫（者）Saddhā-vimutta〗⇨（雜936大2-240a^{-3}）

③〖信勝解（者）Saddhâdhimutta〗⇨（A 1,14.2 A i.24^{15} ≒ 增4-5大2-557c^{-4}）
「信解脫」

④〖無根之（Amūlaka）信〗⇨（增43-7大2-764b^{9}）

⑤〖隨信行（者）Saddhânusārin〗⇨（雜936大2-240b^{5} ）*cf.* 〈p.2-64 二.§7-0-4〉

⑥〖有信者（saddhājāta 已生信者）〗⇨（中195大1-752b^{2} M 70 M i.480^{3}）

§9-0-0 【正思惟 被稱爲 諸法之最上】

"Ye keci bhikkhave dhammā kusalākusalabhāgiyā kusalapakkhikā. Sabbe te yoniso manasikāramūlakā yoniso manasikārasamosaraṇā. Yonisomanasikāro tesaṃ dhammānam aggam akkhāyati." ⇨(S 46,32 S v. 91[17])

§9-0-1 【正思惟】

①〖四預流支之 正思惟◉(yoniso manasikāra如理作意)〗⇨(雜843大2-215b⁻⁹)

②〖八正道(支)之 正思惟○(sammā saṅkappa正志)〗⇨(大正No.13大1-233a⁻¹³；雜785大2-203b²f.)

§9-0-2 【各階段之 正思惟】♣

① 分別善惡→ 慚愧→ 斷惡、修善 *cf.* 〈p.1-20ff. 一. §2-0-1～2-0-3〉

② 聽正法→ 內正思惟(如理作意)→ 法次法向 ⇨(雜843大2-215b⁻¹⁰f.)

③ 受持法→ 觀法義→ 法審諦忍→ 志欲 ⇨(M.70 M i. 480⁵f.)

④ 正思惟(如理作意)→ 正見、正志……八正道 ⇨(雜776大2-201c⁴f.)

⑤ 正見→ 正志→ 正語→ 正業→ 正命…… ⇨(中189大1-735c⁸f.)

⑥ 念覺分→ 擇法覺分→ 精進覺分→ 喜覺分…… ⇨(雜281大2-77c⁻¹⁰f.)

⑦ 獨一靜處 專精禪思→ 正思惟→ 無間等知(十二支緣起) ⇨(雜285大2-79c⁻¹f.)

§9-0-3 【依正思惟、正精勤 自作證無上解脫】

"Bhagavā etad avoca: 'Mayhaṁ kho bhikkhave yoniso manasikārā yoniso sammappadhānā anuttarā vimutti anuppattā anuttarā vimutti sacchikatā. Tumhe pi bhikkhave yoniso manasikārā yoniso sammappadhānā anuttaraṃ vimuttim anupāpuṇātha anuttaraṁ vimuttiṁ sacchikarothâ' ti." ⇨(S 4,4 S i. 105⁶f.)

§9-0-4 【云何正思惟】

①〖諦聽 善思〗

「(世尊告諸比丘)：『諦聽，善思！當爲汝(等)說。」⇨(雜43大2-10c⁻⁹f.＝S 22,7 S iii. 15,)⇦ "Taṃ suṇātha sādhukam manasikarotha bhāsissāmî" ti.)

②〖專精思惟〗

「世尊爲我略說法要，我於略說法中廣解其義，當獨一靜處，專精思惟，住不放逸。」⇨(雜17大2-3c[7]f.) *cf.*(S 22,63 Siii.73⁻[5]f.) 49⇦ "Sādhu me bhante Bhagavā saṅkhittena dhammaṃ desetu yam aham Bhagavato dhammaṃ sut=vā eko vūpakaṭṭho appamatto ātāpī pahitatto vihareyyan" ti.

③〖方便禪思，內寂其心，如實觀察〗

「比丘常當 修習方便禪思，內寂其心，(得)如實觀察。」⇨(雜65大2-17a⁻[5]f.)

∾ "Samādhim bhikkhave bhāvetha. samāhito bhikkhave bhikkhu yathābhūtaṃ pajānāti." ⇨(S 22,5 Siii.13⁻[5]f.)

∾ "Paṭsallāṇe bhikkhave yogam āpajjatha paṭisallīno bhikkhave bhikkhu yathā bhūtaṃ pajānāti." ⇨(S 22,6 Siii.15⁻[11]f.)

④〖調伏心止觀，止觀和合俱行〗

「時， 尊者阿難告諸比丘：『若比丘、比丘尼 於我前自記說 —我當 善哉！慰勞、問訊，或求以四道；何等為四？

若比丘、比丘尼坐 作如是住心、善住心、局住心，調伏心 止觀，一心等受，分別、於法量度，修習、多修習已，得斷諸使；— 若有比丘、比丘尼於我前自記說，我則如是善哉！慰喻 或求是，名說初道。

復次，比丘、比丘尼 正坐思惟，於法選擇、思量，住心、善住、局住，調伏止觀 ，一心等受，如是正向多住，得離諸使；若有比丘、比丘尼 於我前自記說，我當 如是善哉！慰喻 或求是，名第二說道。

復次，比丘、比丘尼為掉亂所持，以調伏心坐、正坐，住心、善住心，局住心，調伏止觀，一心等受化，如是正向多住已，則斷諸使；若有比丘、比丘尼 於我前自記說，我則如是 善哉！慰喻 或求是，名第三說道。

復次，比丘、比丘尼※止觀和合俱行[1] ，作如是正向多住，則斷諸使；若比丘、比丘尼於我前自記說者，我則如是 善哉！慰喻、教誡或求是，名第四說道。」⇨(雜560大2-146c⁻[10]f.＝A 4,170 Aii.156⁻[1]f.)

⑤〖種種 觀察〗*cf.* 〈p.2-55 二.§4-0-3； p.2-56 二.§4-0-5〉

§9-0-5 【當思惟】*cf.* 〈p.5-09ff. 五.§1-0-0 ~§6-3-4；
p.5-104f. 五.§7-0-0 ~§7-0-5 〉

① 陰相應

※1 samathavipassanaṁ yuga-naddhaṁ bhāveti(修習止觀相應)⇨(Aii.157[15]f.)

② 處相應

③ 界相應

④ 根相應

⑤ 諦相應

⑥ 緣起相應

⑦ 無常法門

⑧ 苦法門

⑨ 無我法門

⑩ 三藏 九分教 十二部經：「教」、「理」 、「行」、「果」

§9-0-6 【勿思惟世間】↔「思惟四聖諦」

☆*cf.*【婆蹉種出家相應】⇨(雜957~ 969大2-244a9f.＝別雜190~198大2-443a9f.)

【Vacchagotta-Saṁuttaṁ(婆蹉種相應)】⇨(S 33,1~ 55 Siii.257-7f.)

【Avyākata-Saṁyuttaṁ(無記相應)】⇨(S 44,1~ 11 Siv.3741f.)

①〖勿思惟世間〗

「時，有眾多比丘 集於食堂，思惟世間而思惟； 爾時，世尊知諸比丘心之所念，往詣食堂，敷座而坐，告諸比丘：『汝等比丘愼莫思惟— 世間思惟！所以者何？ 世間思惟 非義饒益，非法饒益，非梵行饒益，非智、非覺，不順涅槃。 汝等當正思惟— 此苦聖諦，此苦集聖諦，此苦滅聖諦，此苦滅道跡聖諦；所以者何？　如此思惟 則義饒益，法饒益，梵行饒益，正智、正覺，正向涅槃。 過去世時，有一士夫 出王舍城，於拘絺羅池側 正坐思惟— 世間思惟； 當思惟時，見四種軍— 象軍、馬軍、車軍、步軍 —無量無數，皆悉入於一藕孔中。 見已，作是念：我狂失性，世間所無 而今見之。爾時，去池不遠 更有大眾，一處聚集；時，彼士夫 詣大眾所語言：「諸人！我今發狂，我今失性，世間所無，而我今見……如上廣說。」　時，彼大眾皆謂士夫 狂發失性；世間所無，而彼見之。』

佛告比丘：『然彼士夫 非狂失性，所見眞實；所以者何？ 爾時，去拘絺羅池 不遠，有諸天 阿修羅與四種軍戰於空中；時，諸天得勝，阿修羅軍敗，退入彼池一藕孔中。是故，(諸)比丘！汝等愼莫思惟世間！所以者何？世間思惟 非義饒益，非法饒益，非梵行饒益， 非智、非覺，非正向涅槃；當思惟 四聖諦！ 何等爲四？　苦聖諦，苦集聖諦，苦滅聖諦，苦滅道跡聖諦。」⇨(雜407大2-108c-1f.)

②〖十四無記〗

「時，有眾多比丘 集於食堂， 作如是論：『或謂[1] 世間有常，或謂[2] 世間無常，[3] 世間有常無常，[4] 世間非有常非無常；[5] 世間有邊，[6] 世間無邊，[7] 世間有邊無邊，[8] 世間非有邊非無邊；[9] 是命是身，[10]命異身異；[11]如來死後有，[12]如來死後無，[13]如來死後有無，[14]如來死後非有非無。』……

佛告(諸)比丘：『汝等莫作如是([1] ~[14])論議！所以者何？ 如此論者 非義饒益，非法饒益，非梵行饒益，非智非覺，非正向涅槃； 汝等比丘應如是論議：『此苦聖諦，此苦集聖諦，此苦滅聖諦，此苦滅道跡聖諦。』 所以者何？如是論議 是義饒益，法饒益，梵行饒益，正智正覺，正向涅槃。 是故，比丘於四聖諦未無間等，當勤方便 起增上欲，學無間等！」⇨(雜408～415大2-109a^{-2}f.)

③〖有四事 終不可思議(acintita)〗

「爾時，世尊告諸比丘：『有四事 終不可思議；云何爲四？ 眾生不可思議，世界不可思議，龍國不可思議，佛國境界不可思議； 所以然者，不由此處得至滅盡、涅槃。

云何眾生不可思議？此眾生 爲從何來？爲從何去？ 復從何起？從此終，當從何生？ 如是 眾生不可思議。

云何世界不可思議？ 諸有邪見之人，(思惟)：世界斷滅，世界不斷滅；世界有邊，世界無邊；是命 是身，非命 非身； 梵天之所造，諸大鬼神 作此世界邪(♣「邪」擬作：也)。』 爾時，世尊便說此偈：

『梵天造人民，　世間鬼所造；　或能諸鬼作，　此語誰當定。
欲恚之所纏，　三者俱共等；　心不得自在，　世俗有災變。

如是，比丘！世間不可思議。

云何龍界不可思議？ 云何此雨 爲從龍口出耶？ 所以然者，雨渧不從龍口出也。 爲從眼、耳、鼻出耶？ 此亦不可思議；所以然者，雨渧不從眼、耳、鼻出，但，龍意之所念，若念惡亦雨，若念善亦雨，亦由本行而作此雨。 所以然者，今須彌山腹有天名曰 大力，知眾生心之所念，亦能作雨，然雨不從彼天口出，眼、耳、鼻出也；皆由彼天有神力，故而能作雨。如是，(諸)比丘！龍境界不可思議。

云何佛國境界不可思議？ 如來身者爲是父、母所造耶？ 此亦不可思議；所以然者，如來身者清淨無穢，受諸天氣。 爲是人所造耶？ 此亦不可思議；所以然者，以過人行。 如來身者爲是天身？ 此亦不可思議；所以然者，如來身者不可造作，非諸天所及。 如來壽爲短耶？ 此亦不可思議；所以然者，如來有四神足。 如來爲長壽耶？ 此亦不可思議； 所以然者，然復如來 故與世間周旋，與善權方便相應。 如來身者不可摸則；不可言長、言短。 音聲亦不可法則；如來梵音。 如來智慧、辯才不可思議，非世間人民之所能及，如是佛境界不可思議。 如是，(諸)比丘！有此四處 不可思議，非是常人之所思議； 然此四事 無善根本，亦不由此得修梵行，不至休息之處，乃至不到涅槃之處；但，令人狂惑心意，錯亂，起諸疑結。所以然者，(諸)比丘！當知過去久遠，此舍衞城中有一凡人，便作是念：我今當思議世界；是時，彼人出舍衞城，在一華池水側 結跏趺坐，思惟世界 —此世界云何成？云何敗？誰造此世界？此眾生類爲從何來？爲從何出？爲何時生？—是時，彼人思議；此時，便見池水中，有四種兵出入……』」

⇨(增29-6大2-657a^{-11}f.≒ A 4,77 A ii.80^{14}f.)*cf.*(雜407大2-108c^{-2}f.)

§9-0-7 【四種善男子 依正思惟】

「有四種善男子；何等爲四？ 謂善男子 聞他聚落有男子、女人 疾病困苦，乃至死；聞已，能生恐怖，依正思惟。 如彼良馬，顧影則調；是名 第一善男子，於正法律，能自調伏。 復次，善男子不能 聞他聚落若男若女 老病死苦，能生怖畏，依正思惟；(然)見他聚落若男若女 老病死苦，則生怖畏，依正思惟；如彼良馬，觸其毛尾，能速調伏，隨御者心； 是名 第二善男子於正法律，能自調伏。 復次，善男子不能 聞、見他聚落中男子女人 老病死苦，生怖畏心，依正思惟；然見(己)聚落、城邑 有善知識及所親近 老病死苦，則生怖畏，依正思惟；如彼良馬，觸其膚肉，然後調伏，隨御者心；是名(第三)善男子，於聖法律而自調伏。 復次，善男子不能聞、見他聚落中男子女人及所親近 老病死苦，生怖畏心，依正思惟； 然於自身老病死苦，能生厭怖，依正思惟；如彼良馬侵肌徹骨，然後乃調，隨御者心；是名第四善男子於聖法律，能自調伏。」⇨(雜922大2-234b^{1}f.)*cf.* 〈五.§9-4-1〉 p.5-128

§9-0-8 【正志(sammā-saṅkappa)＝ 正思惟】

①〖世間正志〗

「何等爲正志有世、俗、有漏、有取向於善趣？ 謂 正志出要覺、無恚覺、不害覺，是名 正志世、俗、有漏、有取、向於善趣。」⇨(雜785大2-203b[4]f.)

②〖出世間正志〗

「何等爲正志是 聖、出世間、無漏、不取、正盡苦、轉向苦邊？ 謂 聖弟子 苦 苦思惟，集、滅、道 道思惟，無漏思惟，相應心法 分別、自決、意解、計數、立意，是名 正志是聖、出世間、無漏、不取、正盡苦、轉向苦邊。」⇨(雜785大2-203b[7]f.)

③ "Yo kho, bhikkhave, ariyacittassa anāsavacittassa ariyamaggassa samaṅgino ariyamaggaṁ bhāvayato takko vitakko saṁkappo appanāvyappanā cetaso abhiniropanā vācāsaṁkhāro, ayaṁ, bhikkhave, sammāsaṁkappo ariyo anāsavo lokuttaro maggaṅgo." (M 117 M iii.73[13]f.)

§ 9-0-9 【正志(三善思 Tayo kusala-saṁkappā)之 等流】

"Tayo kusala-saṁkappā: Nekkhamma-saṁkappo(出離志), avyāpāda-saṁkappo(無恚志),avihiṁsā-saṁkappo(不害志)." ⇨(D.33 D iii.215[8]f.)

①〖三善覺(tayo kusala-vittakā)〗⇨(D.33 D iii.215[5])

②〖三善想(tisso kusala-saññā)〗⇨(D.33 D iii.215[13])

③〖三善界(tisso kusala-dhātuyo)〗⇨(D.33 D iii.215[-8])

§ 9-0-10【正志之 因果】

「有因生出要想③，非無因；云何有因生出要想？ 謂出要界；緣出要界③生出要想→出要欲→出要覺→出要熱→出要求；謂彼慧者出要求時，眾生三處生正，謂身、口、心。彼正因緣生已，現法樂住 —不苦、不礙、不惱、不熱— 身壞命終 生善趣中。」⇨(雜458大2-117b[11]f.)

"Kathān ca bhikkhave sanidānam uppajjati nekkhammavitakko③ no anidānam?…… Nekkhammadhātum bhikkhave paṭicca uppajjati nekkhammasaññā, nekkhammasaññam paṭicca uppajjati nekkhammasasaṅkappo, nekkhammasasaṅkappam paṭicca uppajjati nekkhammachando, nekkhammachandaṁ paṭicca uppajjati nekkhammapariḷāho, nekkhammapariḷāham paṭicca uppajjati nekkhammapariyesanā, nekkhammapariyesanaṁ bhikkhave pariyesamāno sutavā ariyasāvako tīhi ṭhānehi sammāpaṭipajjati kayena vācāya manasā." ⇨(S 14,12 S ii.152[17]f.)

§10-0-0 【精進】

「佛告阿難：『唯精進修習 多修習，得阿耨多羅三藐三菩提。』」

⇨(雜727大2-195c[14]f.)

§10-1-1 【精進的發起】

①〖眞實教法顯現→ 斷生死流〗

「爾時，世尊告諸比丘：『如來 成就十種力，得四無畏，知先佛住處， 能轉梵輪，於大眾中震師子吼言：「此有故彼有，此起故彼起； 謂 緣無明行，廣說……乃至純大苦聚集。……純大苦聚滅。諸比丘！此 是眞實教法顯現，斷生死流，乃至其人悉善顯現； 如是眞實教法顯現，斷生死流，足令 善男子正信出家，方便修習不放逸住， 於正法律 精勤苦行，皮筋骨立，血肉枯竭；若其未得所當得者，不捨 慇懃精進、方便、堅固、堪能。所以者何？懈怠苦住，能生種種 惡不善法，當來有結熾然增長， 於未來世生老病死，退其大義故； 精進樂獨住者，不生種種 惡不善法，當來有結熾然苦報，不於未來世 增長生老病死，大義滿足，得成第一教法之場，所謂 大師面前親承說法，寂滅涅槃，菩提正向，善逝正覺。 是故，比丘 當觀自利利他，自他俱利，精勤修學。」⇨(雜348大2-98a[14]f.)

「爲斷 無常法[106]…… 欲、精進、方便、廣方便、堪能方便、堅固、強健、勇猛身八(「八」擬作：心)、勇猛難伏、攝受、常、學、不放逸。」

⇨(雜174~186大2-46a[1]f.)*cf.* 〈p.5-27f. 五.§1-4-3~§1-4-4〉

②〖選擇分別思量法→ 精進方便〗

「彼選擇、分別、思量法已，則 精進方便；(爾時，)精進覺支於此修習。 修精進覺支已，精進覺支滿足。」⇨(雜711大2-190c[-13]f.)

§10-2-1 【合乎緣起之精進 有義】♣

「爾時，世尊告諸比丘：『何所有故 何所起、何所繫著、何所見我 令諸眾生作如是見、如是說：「無力、無精進、無力精進、無士夫方便、無士夫精勤、無士夫方便精勤，無自作、無他作、無自他作；一切人、一切眾生、一切神無方便、無力、無勢、無精進、無堪能，定分、相續、轉變 受苦樂六趣(niyatisaṅgatibhāvapariṇatā chaḷevâbhijātisu sukhadukkhaṁ paṭisamv=edentî《S 24,7 Siii.210[9]》)。」』」⇨(雜155大2-44a[2]f.)∽(長27大1-108c[9]~[13])

§10-3-1 【精進之原則】

「佛告二十億耳：『精進太急，增其掉、悔；精進太緩，令人懈怠。是故，汝當平等修習攝受，莫著、莫放逸、莫取相。」⇨(雜254大2-62c^{-14}f.)

「世尊告曰：『如是，沙門 極大精進，令心調亂；不極精進，令心懈怠。 是故，汝當分別，此時觀察此相，莫得放逸。』」⇨(中123大1-612a^{-2}f.)

「世尊告曰：『此亦如是，極精進者 猶如調戲，若懈怠者 此墮邪見，若能在中者 此則上行； 如是不久 當成無漏人。』」⇨(增23-3大2-612b^{-12}f.)

'…… Tasmā ti ha tvaṁ Soṇa viriyasamataṁ adhiṭṭhāhi indriyānañ ca samataṁ paṁivijja tattha ca nimittaṃ gaṇhāhî ' ti.⇨(A 6,55 Aⅲ.375^{-7}f.)

§10-3-2 【精進之目標】

①「如來、應、等正覺說 四種清淨(勤)：戒清淨、心清淨、見清淨、解脫清淨。」⇨(雜565大2-148c^{-14}f.)

②「九成法，謂 九淨滅(♣勤)枝法：戒淨滅枝、心淨滅枝、見淨滅枝、度疑淨滅枝、分別淨滅枝，道淨滅枝、除淨滅枝，無欲淨滅枝、解脫淨滅枝。」

⇨（長10大1-56a^{-8}f.）

§10-3-3 【精進之心態】♣

「云何八精進？（一)比丘入村 乞食不得食，還卽作是念：『我身體輕便，少於睡眠；宜可精進坐禪經行，未得者 得，未獲者 獲，未證者 證。』 於是，比丘 卽便精進；是爲 初精進比丘。(二)乞食得足，便作是念：『我今入村 乞食飽滿，氣力充足；宜勤精進 坐禪經行，未得者 得，未獲者 獲，未證者 證。』 於是，比丘 卽尋精進。(三)精進比丘 設有執事，便作是念：『我向執事，廢我行道； 今宜精進 坐禪經行，未得者 得，未獲者 獲，未證者 證。』於是，比丘卽尋精進。（四)精進比丘 設欲執事，便作是念：『明當執事，廢我行道； 今宜精進 坐禪經行，未得者 得，未獲者 獲，未證者 證。』 於是，比丘卽便精進。（五)精進比丘 設有行來，便作是念：『我朝行來，廢我行道； 今宜精進 坐禪經行，未得者 得，未獲者 獲，未證者 證。』於是，比丘卽尋精進。 （六)精進比丘 設欲行來，便作是念：『我明當行，廢我行道，或能命終； 今宜精進(坐禪經行，)未得者 得，未獲者 獲，未證者 證。』 於是，比丘卽便精進。 （七)精進比丘 設遇患時，便作是念：『我得重病，或能命終； 今宜精進(坐禪經行，)未得者 得，未獲者 獲，未證者 證。』 於是，比丘即便精進。 (八)精進比丘 患得小差，復作是念：『我病初差，或更增動，廢我行道； 今宜精進 坐禪經行，未得者 得，未獲者 獲，未證者 證。』 於是，比丘即便精進 坐禪經行，是為八。」⇨（長10大1-55b^{9}f.）≒（大正No.13大1-237c^{12}f.）

§10-4-1 【何時堪精進】

"Pañc' ime bhikkhave samayo padhānāya. Katame pañca?
Idha bhikkhave bhikkhu♣[1] daharo（年少）hoti yuvā susu kāḷakeso bha=drena yobbanena samannāgato paṭhamena vayasā. Ayaṃ bhikkhave paṭ=hamo samayo padhānāya. ……♣[2] appābādho(無病) hoti……♣[3] subhikkhaṃ（豐年）hoti… ♣[4] manussā samaggā(人人和合) …♣[5] saṅgho samaggo(僧團和合) …" ⇨(A 5,54 Aiii.66^{-10}f.)

§10-5-1 【精進之程度】

①「爾時，世尊告諸比丘：『我於二法 依止多住； 云何為二？ 於諸善法 未曾知足，於斷 未曾遠離。 於善法不知足故，於諸斷法未曾遠離故，乃至肌消肉盡，筋連骨立，終不捨離 精勤、方便，不捨善法；不得未得 終不休息；未曾於劣心 生歡喜，常樂 增進昇上上道。 如是 精進住故，疾得阿耨多羅三藐三菩提等。…」⇨(雜987大2-257a^{12}f.)

②「時，有尊者瞿低迦 住王舍城 仙人山側 黑石室中， 獨一思惟，不放逸行，修行自饒益 時受意解脫身作證；數數退轉，一、二、三、四、五、六反 退還，復得時受意解脫(sāmayika-kantaceto-vimutti/ ⓢsāmādhikha ceto-vimutti)身作證，尋復退轉。彼 尊者瞿低迦，作是念：『我獨一靜處思惟，不放逸行， 精勤修行以自饒益 時受意解脫身作證，而復數數退轉，……乃至六反猶復退轉；我今當以刀自殺，莫令第七退轉。』 時，魔波旬作是念：『沙門瞿曇 住王舍城毗婆羅山側 七葉樹林石窟中，有弟子瞿低迦，住王舍城 仙人山側 黑石室中， 獨一靜處，專精思惟，得 時受意解脫身作證，六反退轉而復還得；彼作是念：『我已六反退而復還得，莫令我第七退轉；我寧以刀自殺，莫令第七退轉。』若彼比丘 以刀自殺者，莫令自殺 出我境界去；我今當往告彼大師。 爾時，波旬執琉璃柄琵琶，詣世尊所， 鼓絃

說偈：

『大智大方便，　自在大神力，　得熾然弟子，　而今欲取死；
大牟尼當制，　勿令其自殺。　何聞佛世尊　正法律聲聞，
學其所不得，　而取於命終？』 時，魔說此偈已，世尊說偈答言：
『波旬放逸種，　以自事故來；　堅固具足士，　當住妙禪定。
晝夜勤精進　不顧於性命；　見三有可畏，　斷除彼愛欲；
已摧伏魔軍，　瞿低般涅槃！』」⇨(雜1091大2-286a^{3}f.)

③「爾時，世尊告諸比丘：『諸離車子 常枕木枕，手足龜坼，疑畏莫令 摩竭陀王阿闍世毗提希子，得其間便；是故，常自警策 不放逸住。 以彼不放逸住故，摩竭陀王阿闍世毗提希子，不能伺求得其間便…… 如是，比丘 精勤、方便、堅固、堪能不捨善法，肌膚損瘦，筋連骨立，精勤、方便不捨善法，……乃至未得所應得者，不捨精進，常攝其心 不放逸住； 以不放逸住故，魔王波旬不得其便。」⇨(雜1252大2-344b^{7}f.)

④「爾時，世尊告諸比丘：『汝等當修行死想，思惟死想！』 時，彼座上有一比丘白世尊言：『我常修行思惟死想。』 世尊告曰：『汝云何思惟修行死想？』 比丘白佛言：『思惟死想時，意欲存七日 思惟七覺意，於如來法中多所饒益，死後無恨；如是，世尊！我思惟死想。』 世尊告曰：『止！止！比丘！此非行死想之行，此名爲 放逸之法。』…… 世尊告曰：『止！止！比丘！此亦非思惟修行死想； 汝等諸比丘所說者，皆是放逸之行，非是 修行死想之法。』

是時，世尊重告比丘：『其能如婆迦利比丘者， 此則名爲 思惟死想；彼比丘者，善能思惟死想，厭患此身 惡露不淨；若比丘思惟死想 —繫意在前，心不移動，念出入息 往還之數，於其中間，思惟七覺意— 則於如來法多所饒益。所以然者，一切諸行皆空皆寂，起者、滅者皆是幻化，無有眞實。是故，比丘當於出入息中思惟死想，便脫生、老、病、死、愁、憂、苦惱；如是，比丘當知 作如是學。』」⇨(增一40-8大2-741c^{-2}f.)

⑤「云何 名爲慇懃精進？ 世尊答我言：『目犍連！若此比丘 晝則經行、若坐，以不障礙法，自淨其心。初夜，若坐、經行，以不障礙法，自淨其心；於中夜時，出房外 洗足，還入房 右脅而臥，足足相累，係念明相，正念正知，作：起思惟；於後夜時，徐覺 徐起，若坐 亦經行，以不障礙法，自淨其心。目犍連！是名比丘 慇懃精進。』⇨(雜503大2-132c^{-6}f.)

∾〖專修警寤(jāgariyânuyoga 覺寤瑜伽)〗

「彼善男子難陀，初夜、後夜 精勤修業者 —彼難陀晝則經行、坐禪，除去陰障，以淨其身。 於初夜時，經行、坐禪，除去陰障，以淨其身； 於中夜時，房外洗足，入於室中 右脅而臥，屈膝累足， 係念明想，作：起覺想；於後夜時，徐覺 徐起，經行、坐禪。— 是名 善男子難陀，初夜、後夜精勤修習。」⇨(雜275大2-73b[13]f.)

§10-5-2 【釋尊之精進】♣

①「如我於三阿僧祇劫(asaṅkheyya kappa)，所行懃苦 成無上道。」
⇨(增24-8大2-630a[2]f.)

②「彌勒菩薩 應三十劫當成無上 正眞 等正覺； 我以精進之力，超越(彌勒)成佛。 阿那律知之，諸佛、世尊皆同一類，同其戒律、解脫、智慧而無有異；亦復同空、無相、(無)願；有三十二相、八十種好 而莊嚴其身；視無厭足，無能見頂者，皆悉不異。唯有精進不同；於過去、當來諸佛、世尊，精進者吾最爲勝。」⇨ (增42-6大2-754b[-13]f.)

「若能不懈惰 精進者，此者最妙，於諸善法 便有增益。所以然者，彌勒菩薩經三十劫，應當作佛、至眞、等正覺；我以精進力、勇猛之心，使彌勒在後；過去恆沙多薩阿竭 阿羅訶 三耶三佛(Tathāgata Arahat Samyaksambuddha)皆由勇猛而得成佛。以此方便，當知 懈惰爲苦，作諸惡行，於事有損；若能精進，勇猛心強，諸善功德，便有增益。是故，諸比丘！當念精進，勿有懈怠！」⇨(增20-6大2-600a[-11]f.)

③ *cf.* 〈p.2-81 二.§10-5-1 ①〉

④「(佛)告尊者阿難：『令四重褺疊 敷世尊欝多羅僧(uttarāsaṅga大衣)；我今背疾，欲小臥息。』尊者阿難 即受教勅，四重褺疊 敷欝多羅僧已；白佛言：『世尊！已四重褺疊 敷欝多羅僧；唯世尊知時。』爾時，世尊厚褺 僧伽梨(saṁghāṭī上衣)枕頭，右脅而臥，足足相累，繫念明相，正念正智，作：起覺想；告尊者阿難：『汝說七覺分！』

時，尊者阿難卽白佛言：『世尊 所謂念覺分 —世尊自覺成等正覺說— 依遠離、依無欲、依滅、向於捨； 擇法、精進、喜、猗、定、捨覺分 —世尊自覺成等正覺說— 依遠離、依無欲、依滅、向於捨。』

佛告阿難：『汝說精進耶？』 阿難白佛：『我說精進，世尊！ 說精進，善逝！』　佛告阿難：『唯 精進修習 多修習，得阿耨多羅三藐三菩提。』 說是語已，正坐端身，繫念(在前)。」⇨(雜727大2-195c²f.)

⑤「尊者婆耆舍起，正身端坐，繫念在前，而說偈言：

『我今住佛前，　稽首恭敬禮；　於一切諸法，　悉皆得解脫。
深信樂正法，　世尊等正覺，　世尊爲大師；　世尊降魔怨，
世尊大牟尼，　滅除一切使，　自度羣生類。　世尊於世間，
諸法悉覺知，　世間悉無有　知法過佛者；　於諸天人中，
亦無與佛等；　是故我今日，　稽首大精進，　稽首士之上…」

⇨(雜994大2-260a⁻¹⁵f.)

§10-5-3【種種精進】

①「何等爲正方便？謂 欲、精進、方便、出離、勤競、堪能、常行、不退。」⇨(雜784大2-203a¹³f.)

「欲者、精進者、方便者、出者、堅固者、勇猛者、堪能者、攝者、常者、學者、不放逸者。」⇨(雜895大2-225a⁻⁵f.)

②「何等爲正方便 是聖、出世間、無漏、不取、〔正〕盡苦，轉向苦邊？ 謂 聖弟子苦 苦思惟，集、滅、道 道思惟，無漏憶念相應心法，欲、精進、方便、勤踊、超出、建立、堅固、堪能、造作精進、心法攝受、常、不休息，是名正方便 是聖、出世間、無漏、不取、正盡苦、轉向苦邊。」⇨(雜785大2-203c⁻¹¹f.)

③《S 12,85》 Chando(志欲)
《S 12,86》 Ussoḷhī(敢行)
《S 12,87》 Appaṭivāni(不退轉)
《S 12,88》 Ātappaṁ(熱勤)
《S 12,89》 Viriyaṁ(精進)
《S 12,90》 Sātaccaṁ(堅忍)
《S 12,93》 Appamāda(不放逸) ⇨(S 12,85~ 93 S ii.132¹f.)

④(1)〖正勤〗

「有四正斷(♣勤)；何等爲四？ 一者、斷勤，二者、律儀勤，三者、隨護勤，四者、修勤。」⇨(雜876大2-221a¹⁰.)*cf.*《雜877經》⇨(大2-221a⁻⁸f.)

(2)〖精進定 斷(♣勤)行成就如意足〗⇨(雜561大2-147b³)

(3)〖精進根〗

「精進根者，當知是四正斷(♣勤)。」⇨(雜646大22-182b^{-12})

「於如來發菩提心 所起精進、方便，是名精進根。」⇨(雜659大2-184a^{11})

(4)〖精進力〗

「何等爲精進力？ 謂 修四正斷(♣勤)。」⇨(雜666大2-184c)

(5)〖精進覺分〗

「何等爲精進覺分食？ 彼四正斷(♣勤)思惟，未生精進覺分令起，已生精進覺分 重生令增廣；是名精進覺分食。」⇨(雜715大2-192c^{-7}f.)

(6)〖正方便(sammā-vāyāma) —道支之一〗⇨〈p.2-84 二.§10-5-3 ① ②〉

§10-6-1 【精進是 種種「法數」之一】

〖四力〗(大1-229b^{12}.)；〖五力〗(大1-51b^{14}.)；〖七力〗(大1-232c^{8} .)；〖五學力〗(大1-230b^{3} .)；〖七正法〗(大1-52a^{-9}.)；〖大人八念〗(大1-541c^{6} .)：〖十救法〗(大1-59a^{13}.)

§11-0-0 【正念正知】

「(佛)告諸比丘：『當正念正智(♣知) 以待時，是則爲我 隨順之教。』」⇨(雜1028大 2-268c^{1}f.＝S 36,7 Siv.210^{-1}f.)⇦“Nisajja kho Bhagavā bhi=kkhū āmantesi：‘Sato bhikkhave bhikkhu sampajāno kālam āgameyya.’”

§11-0-1 【正念正智(sata sampajāna)】＝具念 正知

∽ 聖八支道之〖正念(sammā-sati)〗(雜85大2-203c^{-5})

∽ 十支(道)之〖正智(sammā-ñāṇa)〗(中189大1-736b^{11})

①「云何爲正念？ 謂 比丘內身 身觀念處，精勤方便，正念正智，調伏世間貪憂；外身 身觀念處、內外身 身觀念處；內受、外受、內外受，內心、外心、內外心，內法、外法、內外法 法觀念處， 精勤方便，正念正智，調伏世間貪憂；是名比丘正憶念。

云何正智(♣知)？ 謂 比丘若來若去，正知而住，瞻視觀察，屈申俯仰，執持衣鉢，行住坐臥眠覺， 乃至 ※五十、六十依[1] 語、默正智行 比丘，是名正智♣。」⇨(雜1028大2-268c^{2}f.)

※1 《S 36,7》作：“uccāra passāvakamme sampajānakārī hoti.” ⇨(Siv.211^{14}f.)

②「難陀(Nanda) 勝念正知者，是善男子難陀 觀察東方，一心正念，安住觀察，觀察南、西、北方亦復如是，一心正念，安住觀察；如是觀者，世間貪愛、惡、不善法不漏其心。彼善男子難陀覺諸受起，覺諸受住，覺諸受滅，正念而住，不令散亂；覺諸想起，覺諸想住，覺諸想滅；覺諸覺起，覺諸覺住，覺諸覺滅，正念而住，不令散亂；是名 善男子難陀 正念正智成就。是故，諸比丘 當作是學！」⇨(雜275大2-73b^{-10}f.)

③「四念處，是佛所說； 謂(一)觀身不淨，無生起（欲）想，調伏無明，離煩惱受；(二)觀受是苦，(三)觀心生滅，(四)善觀諸法(無我) 亦復如是。」⇨(大正No.12大1-228b^{-4}f.) *cf.* 《中98 念處經》⇨(大1-582b^{7}f.)

§11-0-2 【→ 正念正知】

①「正思惟(正志)→ 正念正知」⇨(中52大1-488c^{14}f.)

②「學戒→ 不失念 正知」⇨(雜346大2-96b^{-11}f.)

③「無五蓋→ 正念正知」⇨(中183大1-726b^{10}f.)

④「(第三禪)離喜貪，捨心住→ 正念正知」⇨(雜482大2-123b^{11}f.)

⑤「「心得解脫→ 正念正智」⇨(雜60大2-15c^{4}f.)

⑥「「佛法作已辦→ 正念正智」⇨(中74大1-542a^{-6}f.)

§11-0-3 【正念正知→ 】

①“Satisampajañ̃e bhikkhave sati satisampajaññasampannassa upanisasa=mpannaṁ hoti hir’ottappaṁ.” ⇨(A 8,81 Aiv.336^{-9}f.)

②「正念正智→ 護諸根」⇨(中45大1-486a^{-14}f.)

③「正念正智→ 無上修根」⇨(雜282大2-78b^{10}f.)

④「正念正智→ 止、觀」⇨(中109大1-598b^{-2}f.)

⑤「正念(sati) 正智(sampajaññaṁ)→ 如實知、見四諦 十二緣起」⇨(S 12,91 ~92 S ii.132^{-10}f.)

⑥「四念處→ 斷無明」⇨(中222大1-805c^{13}f.)

⑦「正念→ 超出 世恩愛流」⇨(雜1077大2-281b^{-8})

⑧「正見、正方便、正念→ 八正道」⇨(中189大1-735c^{13}f)

§ 11-0-4 【隨時任所適 立正念正智】

「是時，尊者阿那律陀 得阿羅呵，心正解脫，得長老、上尊；則於爾時 而說頌曰：

『遙知我思念，　無上世間師，　正身心入定，　乘虛忽來到；
如我心所念，　爲說而復過，　諸佛樂不戲，　遠離一切戲。
既從彼知法，　樂住正法中，　逮得三昧(♣明)達，佛法作已辦；
我不樂於死，　亦不願於生；　隨時任所適，　立正念正智。……』

⇨(中74大1-542a^{-14}f.)

∾〖六常行〗⇨(雜339大2-93a^{-13}f.)

cf. 〈p.4-55 四. § 9-0-4〉之〖捨念清淨〗；

cf. 〈p.5-164f. 五. § 10-6-1〉之【無我行】

§ 11-0-5 【專心正念(正知) 如護油鉢】

「佛告比丘：『若有世間美色，世間美色者 在於一處，作種種歌舞伎樂戲笑，復有大眾雲集一處；若有士夫 不愚不癡，樂樂背苦，貪生畏死。 有人語言：「士夫！汝當持滿油鉢，於世間美色者所及大眾中過；使一能殺人者，拔刀隨汝，若失一渧油者，輒當斬汝命。」 云何，(諸)比丘！彼持油鉢士夫能不念油鉢，不念殺人者，(而)觀彼伎女及大眾不？』 (諸)比丘白佛：『不也，世尊！所以者何？ 世尊！彼士夫自見其後 有拔刀者，常作是念：我若落油一渧，彼拔乃者 當截我頭；唯一其心 繫念油鉢，於世間美色及大眾中 徐步而過，不敢顧眄。』 『如是，(諸)比丘！若有沙門、婆羅門 正身自重，一其心念，不顧聲色，善攝一切心法 住身念處者， 則是我弟子，隨我教者；云何爲比丘 正身自重，一其心念，不顧聲色，攝持一切心法 住身念處？ 如是，比丘身 身觀念(住)，精勤方便，正智正念，調伏世間貪憂；受、心、法 法觀念住，亦復如是。是名 比丘正身自重，一其心念，不顧聲色，善攝心法，住四念處。』 爾時，世尊卽說偈言：

『專心正念，　護持油鉢；　自心隨護，　未曾至方，
甚難得過，　勝妙微細。　諸佛所說，　言教利劍，
當一其心，　專精護持；　非彼凡人　放逸之事，
能入如是　不放逸教。』」⇨(雜623大2-174b^{-9}f.)

§ 11-0-6 【四念處 法門】*cf.* 〈p.4-37f. 四. § 8-0-2〉

§12-0-0【於正法律中 學道】

「尊者薄拘羅(Bakkula)答曰：『異學！我於此正法律中 學道已來八十年。』」

⇨(中34大1-475⁻¹⁰f.)

☆〖學相應〗(雜816 ~832)；

☆〖Sikkhāpada-paṭisaṁyuta〗(A 3,81 ~90)

☆〖聖道分相應〗(雜748 ~800)

☆〖Magga-saṁyutta〗(S 45,1 ~180)

「爾時，世尊說偈答言：

『智者建立戒， 內心修智慧， 比丘勤修習， 於纏能解纏。』」

⇨(雜599大2-160b.)

「爾時，世尊以偈答曰：

『堅持立禁戒， 修心及智慧， 懃行於精進， 具念名比丘，

速能令結髮 作於不結髮。』」⇨(別雜173大2-437b⁻⁹f.)

"Sile patiṭṭhāya naro ♣sapañño[1] ‖ cittaṁ ♣paññañ[2] ca bhāvayaṁ ‖

ātāpī ♣nipako[3] bhikkhu ‖ so imaṁ vijaṭaye jaṭan-ti.‖‖"

⇨(S 1,23 S i.13⁻⁶f.) ♣[1] 生慧，♣[2] 觀慧，♣[3] 應用慧

＊"Imam atra Bhagavā sīlasamādhipaññāmukhena Visuddhi-Maggaṁ dasseti. Ettāvatā hi ♣tisso sikkhā[1]，♣tividhakalyāṇaṁ sāsanaṁ[2]，♣tevijj=atâdīnaṁ upanissayo[3]，♣antadvayavajjana-majjhimapaṭipattisevanāni[4]，♣apāyādisamatikkamanupāyo[5]，♣tīh'ākārehi kilesappahānaṁ[6]，♣vī=tikkamâdīnaṁ paṭipakkho[7]，♣saṅkilesattayavisodhanaṁ[8]，♣sotāpann=âdibhāvassa ca kāraṇaṁ[9] pakāsitaṁ hoti." ⇨＊(VM 4¹⁸f.)

♣[1]〖三學〗⇨(雜816,817大2-210a⁷f.)：

(1) 增上戒學； (2) 增上意學； (3) 增上慧學。

♣[2]〖三種善巧教說〗⇨(增一.序大2-551a¹³f.)(D 14. D ii.49)(Dhp. v.183)：

(1) 諸惡莫作(戒爲初善)；(2) 諸善奉行(定爲中善)；(3) 自淨其意(慧爲後善)。

♣[3]〖三明等之近依〗(1) 三明⇨(雜886大2-223c⁻³f.)；(2) 六神通⇨(長10大1-54b⁹f.)；(3) 四無礙解⇨(增29-5大2-656c⁻³f.)。

♣[4]〖回避二邊 行中道〗⇨(A 3,151~3 A i.295¹f.)：

(1) 回避深固道； (2) 回避劇苦道； (3) 習行中道。

♣5 〖超越惡趣等之 方便〗⇨(雜820～822大2-210b^{-2}f.)：
(1) 越苦趣；　(2) 越欲界；　(3) 越一切有。

♣6 〖依三行相 捨斷煩惱〗⇨(VM 5^{-6}f.)(1) Sīlena ca tad-aṅgappahānavas= sena kilesappahānaṁ pakāsitaṃ hoti; (2) samādhinā vikkhambhanap= pahānavasena……; (3) paññāya samuccheda ppahānavasena …… .

♣7 〖對治違犯 等等〗⇨(∽ 雜201大2-51c^{-8}f.)：
(1) 對治 違犯;；　(2) 對治 纏；　(3) 對治 隨眠。

♣8 〖三雜染之 淨化〗⇨(雜565大2-148c^{-12}f.)：
(1) 淨化 惡行雜染；　(2) 淨化 渴愛雜染；　(3) 淨化 惡見雜染。

♣9 〖須陀洹等 之原因〗⇨(雜820～823大2-210b^{-2}f.)：
(1) 須陀洹果；　(2) 阿那含果；　(3) 阿羅漢果。

§13-0-0 【中道＝ 正道＝ 佛道】

§13-0-1 【中道(行)】*cf.* 〈p.0-22ff. ○. §3-0-5 ⑥道性 (7)～(11)〉

「我於爾時，即告彼(等)曰：『五比丘！當知 有二邊行，諸爲道者所不當學；一曰 著欲樂、下賤業，凡人所行；二曰 自煩、自苦，非賢聖法，無義相應。五比丘！捨此二邊，有取中道 —成明、成智、成就於定 而得自在，趣智、趣覺、趣於涅槃；— 謂 八正道，正見……乃至正定。」 ⇨(中204大1-777c^{-5}f.)

∽「爾時，世尊告諸比丘：『有此二事，學道者 不應親近；云何爲二事？ 所謂著欲及樂之法，此是卑下凡賤之法；又 此諸苦 眾惱百端；是謂 二事 學道者不應親近。 如是，捨此二事已，我自有至要之道，得成正覺，眼生、智生、意得休息，得諸神通，成沙門果，至於涅槃。云何至要之道，得成正覺，眼生、智生、意得休息，得諸神通，成沙門果，至於涅槃？ 所謂此賢聖八品道是， 所謂 等見、等治、等語、等業、等命、等方便、等念、等定；此名 至要之道。 今我得成正覺，眼生、智生，意得休息，得諸神通，成沙門果，至於涅槃； 所謂 此賢聖八品道是。⇨(增19-2大2-593b^{-5}f.)

"Tatra kho Bhagavā pañcavaggiye bhikkhū āmantesi. 'Dve'me bhikkhave antā pabbajitena na sevittabbā. Katame dve? Yo câyaṃ kāmesu kām= asukhallikânuyogo hīno gammo puthujjaniko anariyo anatthasaṁhito, yo câyam attakilamathânuyogo dukkho anariyo anatthasaṁhito. Ete te bhikkhave ubho ante anupagamma majjhimā paṭipadā Tathāgatena abhi= sambuddhā cakkhukaraṇī ñāṇakaraṇī upasamāya abhiññāya sambodhāya nibbānāya saṁvattati.' " ⇨(S 56,11 S v. 421^{1}f.; V i. 10^{10}f.)

§ 13-0-2 【正＝ 中 ↔ 邊＝ 邪】

① 〚(邊)＝ 非法、不正、非義饒益〛⇨(雜912大2-229b^{8}f.)

② 〚中道(行) majjhimā paṭipadā〛⇨(中169大1-701c^{1})

〚正行(道) sammā-paṭipadā〛⇨(中169大1-702a^{6})

〚正事 sammā paṭipadā〛⇨(雜751大2-198c^{-10})

③ 〚專心於苦、樂 ＝ 邊〛⇨(雜912大2-228c^{-12}f.)

④ 〚離苦、樂二邊 ≠ 離苦、樂行〛⇨(中195大1-751a^{-13}f.)⇦〚苦、樂≠ 邊〛

§ 13-0-3 【正(samma-/ sammā-)】

(indecl./mfn.)〔Vedic samyac(＝ samyak)＜samy-añc〕

samy^{2} (sam② regular, normal, right, same, equal)

√añc(añc② turn to, going or directted towards)

⇨〈M.W. Skt-E dict.〉p.1181b,1152a,10c; *cf.*〈PE-d.〉p.695b

sammā(正)＝ samyak ↔ micchā＝	mithyā(邪)
correct(正確)	incorrect
proper(正當)	improper
true(真正)	untrue
identical(正、同)	not identical
in the same way(正行、同道)	not the same way

§ 13-0-4 【二邊】

① 〚二極端〛

「今者 眾生依於二邊；何等為二？ 一者 樂著卑下、田舍、常人、凡夫五欲；二者 自苦方便，不正、非義饒益。」⇨(雜912大2-228c^{-13}f.)

② 〚斷二〛

「諸賢！念欲惡(ㄜ丶)，惡(ㄨ丶)念欲 亦惡(ㄜ丶)； 彼斷 念欲，亦斷 惡念欲。 如是，恚、怨、結、慳、嫉、欺誑、諛諂、無慚、無愧、慢、最上慢、貢高、放逸、豪貴、憎諍。 諸賢！※貪亦惡，著亦惡；彼斷貪亦斷著，諸賢！是謂中道[1] 能得心住，得定、得樂，順法次法，得通、得覺，亦得涅槃。」⇨(中88大1-571a^{-1}f.)

③〖有↔無； 常↔斷；一↔異； 來↔去……等二邊〗

⇨(雜301大2-85c[12]；大2-85d，註⑧) *cf.*〈p.5-84　五.§6-3-2 ⑨〉

④∽〖種種 二邊〗

「(眾多比丘)作如是論：『諸尊！如世尊說《婆羅延》低舍·彌德勒(Pārāyana Tissa Metteya)所問：

「若知二邊者，　　於中永無著；　　說名大丈夫，　　不顧於五欲，

無有煩惱鏁，　　超出縫紩憂。」 諸尊！此有何義？云何邊？云何二邊？云何為中？云何為縫紩？云何思，以智知，以了了；智所知，了所了，作苦邊，脫於苦？』 有一答言：『六內入處 是一邊，六外入處 是二邊，受 是其中，愛 為縫紩； 習於受(「受」擬作：愛)者，得 彼彼因，身漸轉(「轉」擬作：觸) 增長出生。於此即法(♣即於此法)，以智知，以了了；智所知，了所了，作苦邊，脫於苦。』

復有說言：『過去世 是一邊，未來世是二邊，現在世 名為中， 愛 為縫紩； 習近此愛，彼彼所因，身漸觸 增長出生，……乃至脫(於)苦。』

復有說言：『樂受者 是一邊，苦受者 是二邊，不苦不樂 是其中，愛為縫紩； 習近此愛，彼彼所得，自身漸觸，增長出生，…乃至脫(於)苦。』

復有說言：『有者 是一邊，集 是二邊，受 是其中，愛 為縫紩；如是廣說……乃至脫(於)苦。』

復有說言：『身者 是一邊，身集 是二邊，愛 為縫紩； 如是廣說……乃至脫(於)苦。……

佛告諸比丘：『汝等所說 皆是善說；我今當為汝等 說有餘經，我為《婆羅延》低舍·彌德勒 有餘《經》說； 謂：觸 是一邊，觸 集是二邊，受是其中，愛 為縫紩；習近愛已，彼彼所得，身緣觸 增長出生。 於此法 以智知，以了了；智所知，了所了，作苦邊，脫於苦。』」⇨(雜1164大2-310

※1　《M 3》“… lobho ca pāpako doso ca pāpako，lobhassa ca pahānāya dosassa ca pahānāya atthi majjhimā paṭipadā……” ⇨(M i.15^{-13}f.)

§ 13-0-5 ∽【諸邊】

①「佛告迦葉(Acela-Kassapa)：『若 受即自受者，我應說 苦自作；若 他受他即受者，是則他作；若 受自受他受 復與苦者，如是者自他作； 我亦不說若不因自他，無因而生苦者，我亦不說。 離此諸邊 說其中道，如來說法：此有故彼有，此起故彼起；謂 緣無明行……乃至純大苦聚集。無明滅 則行滅……乃至純大苦聚滅。』」⇨(雜302大2-86a^{-5}f.)

②「爾時，世尊告諸比丘：『我今當說 有身邊、有身集邊、有身滅邊； 諦聽，善思念之，當爲汝(等)說。 云何有身邊？謂 五受陰；云何爲五？色受陰，受、想、行、識受陰，是名有身邊。 云何有身集邊？謂 受當來有愛 貪喜俱，彼彼樂著；是名 有身集邊。 云何有身滅邊？ 即此受當來有愛 貪喜俱，彼彼樂著，無餘斷、吐、盡，離欲、滅、寂沒；是名 有身滅邊。』」

⇨(雜70大2-18b^{-13}f.)＝‘tayo antā’⇨(D 33 Diii.216^{-6}f.)

cf. ‘cattāro antā’⇨(S 22,103 Siii.157^{-1}f.) ＋

‘sakkāyanirodhagāminipaṭipadanto(有身滅道跡邊)’

§ 13-0-6 【修道上 二邊行】

①〖樂行〗

(1)【欲樂】

1.〖五欲功德 ∽ 樂 ∽ 欲〗

「佛告迦摩：『欲 謂※五欲功德[1]； 何等爲五？ 謂 眼識 明色可愛、可意、可念，長養欲樂；如是，耳、鼻、舌、身識 觸可愛、可意、可念，長養欲樂；是名爲 欲。然彼非欲，於彼貪著者，是名爲 欲。 爾時，世尊即說偈言：

『世間雜五色， 彼非爲愛欲； 貪欲覺想者， 是則士夫欲；

眾色常住世， 行者斷心欲。』」⇨(雜752大2-199a^{1}f.)

2.〖欲受(樂) ∽ 離欲受(樂) ∽ 四種樂〗

「然，優陀夷！有二受；欲受(樂)、離欲受(樂)。 云何欲受(樂)？ 五欲功德因緣生受，是名 欲受。 云何離欲受？ 謂 比丘離 欲、惡、不善法，有覺、有觀，離生喜、樂，初禪具足住； 是名 離欲受。 若有說言

※1 pañca kāmaguṇā(五欲分/ 五種能引欲之性質)

：『眾生依此初禪，唯是 爲樂，非餘者。』 此則不然； 所以者何？更有勝樂過於此故。 何者是？ 謂 比丘離 有覺、有觀，內淨，定 生喜樂，第二禪具足住； 是名勝樂。如是，……乃至 非想非非想入處，轉轉勝說。若有說言：『唯有此處……乃至非想非非想 極樂，非餘。』亦復不然； 所以者何？ 更有勝樂過於此故。 何者是？ 謂比丘度一切非想非非想入處，想受滅 身作證具足住；是名 勝樂過於彼者。若有異學出家作是說言：『沙門釋種子，唯說想受滅 名爲至樂。』 此所(說)不(相)應。 所以者何？ 應當語言：『此非世尊所說 受樂數；世尊說受樂數者說，優陀夷！有四種樂。何等爲四？ 謂 離欲樂、遠離樂、寂滅樂、菩提樂。』」⇨(雜485大2-124a^{-3}f.)

(2)【三受欲∨ 十行欲】

「爾時，世尊告王頂聚落主：『今者 眾生依於二邊； 何等爲二？ 一者 樂著 卑下、田舍常人、 凡夫五欲；二者 自苦方便，不正非義饒益。 聚落主！有三種樂(ㄧㄠˋ)受欲樂(ㄌㄜˋ)，卑下、田舍常人、凡夫……何等爲三種 卑下、田舍常人，凡夫樂受欲樂？

有受欲者，非法濫取，不以安樂自供，不供養父母，給足兄弟、妻子、奴婢、眷屬、朋友知識；亦不隨時供養沙門、婆羅門，仰求勝處，安樂果報，未來生天；是名 世間第一受欲。

復次，聚落主！受欲樂者，以法、非法濫取財物，以樂自供，供養父母，給足兄弟、妻子、奴婢、眷屬、朋友知識；而不隨時供養沙門、婆羅門，仰求勝處，安樂果報，未來生天；是名 世間第二受欲樂者。

復次，聚落主！ 有受欲樂者，以法求財 不以濫取，以樂自供，供養父母，給足兄弟、妻子、奴婢、眷屬、(朋友)知識；隨時供養沙門、婆羅門，仰求勝處，安樂果報，未來生天； 是名 世間第三受欲樂者。聚落主！我不一向說 受欲平等；我說 受欲者其人卑下，我說 受欲者是其中人，我說 受欲者是其勝人。

何等爲卑下受欲者？ 謂非法濫取……乃至不仰求勝處，安樂果報，未來生天；是名我說 卑下者受欲。 何等爲中人受欲？ 謂 受欲者以法、非法而求財物，……乃至不求未來生天，是名我說 第二中人受欲。 何等爲我說 勝人受欲？ 謂 彼以法求財……乃至未來生天；是名我說 第三勝人受欲。」⇨(雜912大2-228c^{-13}f.)

「世尊告曰：『居士！世中凡有 十人行欲；云何爲十？ 居士！(一)有一行欲人，非法無道 求索財物；彼非法無道 求財物已，不自養安隱 及父母、妻子、奴婢、作使，亦不供養沙門、梵志，令昇上與樂俱而受樂報，生天長壽；如是有一行欲人也。 復次，居士！(二)有一行欲人，非法無道 求索財物，彼非法無道 求財物已，能自養安隱 及父母、妻子、奴婢、作使，而不供養沙門、梵志，令昇上與樂俱而受樂報，生天長壽；如是有一行欲人也。復次，居士！(三)有一行欲人，非法無道 求索財物，彼非法無道 求財物已，能自養安隱 及父母、妻子、奴婢、作使，亦供養沙門、梵志，令昇上與樂俱而受樂報，生天長壽；如是有一行欲人也。 復次，居士！(四)有一行欲人，法、非法 求索財物，彼法、非法，求財物已，不自養安隱 及父母、妻子、奴婢、作使，亦 不供養沙門、梵志，令昇上與樂俱而受樂報，生天長壽；如是有一行欲人也。 復次，居士！(五)有一行欲人，法、非法 求索財物，彼法、非法 求財物已， 能自養安隱 及父母、妻子、奴婢、作使，而不供養沙門、梵志，令昇上與樂俱而受樂報，生天長壽；如是有一行欲人也。復次，居士！(六)有一行欲人，法、非法求索財物，彼法、非法 求財物已，能自養安隱 及父母、妻子、奴婢、作使，亦供養沙門、梵志，令昇上與樂俱而受樂報，生天長壽；如是有一行欲人也。 復次，居士！(七)有一行欲人，如法以道 求索財物，彼如法以道 求財物已，不自養安隱 及父母、妻子、奴婢、作使，亦不供養沙門、梵志，令昇上與樂俱而受樂報，生天長壽； 如是有一行欲人也。 復次，居士！(八)有一行欲人，如法以道 求索財物，彼如法以道 求財物已，能自養安隱 及父母、妻子、奴婢、作使， 而不供養沙門、梵志，令昇上與樂俱而受樂報，生天長壽；如是有一行欲人也。復次，居士！(九)有一行欲人，如法以道 求索財物， 彼如法以道 求財物已，能自養安隱 及父母、妻子、奴婢、作使，亦供養沙門、梵志，令昇上與樂俱而受樂報，生天長壽；得財物已，染、著、縛、繳；繳已染著，不見災患，不知出要而用；如是有一行欲人也。 復次，居士！(十)有一行欲人，如法以道 求索財物，彼如法以道 求財物已，能自養安隱 及父母、妻子、奴婢、作使，亦供養沙門、梵志，令昇上與樂俱而受樂報，生天長壽；得財物已，不染、不著、不縛、不繳； 不繳已(不)染著，見災患，知出要 而用者，此行欲人，於諸行欲人，爲最第一、最大、最上、最勝、最尊，爲最妙也。猶如：因牛 有乳，因乳 有酪，因酪有生酥，因生酥 有熟酥，因熟酥有酥精； 酥精者爲最第一、最大、最上、最勝、最尊、爲最妙也。如是，居士！此行欲人 於諸行欲人，爲最第一、最大、最上、最勝、最尊、爲最妙也 。』 」⇨(中126大1-615a[12]f.)

(3)〖誡欲〗

1.「世尊而說頌曰：

『天雨妙珍寶， 欲者無厭足； 欲苦無有樂， 慧者應當知！
若有得金積 猶如大雪山， 一一無有足； 慧者作是念：
得天妙五欲， 不以此五樂， 斷愛、不著欲， 等正覺弟子。』」

⇨(中60大1-495c[-9]f.)

2.「晡利多(Potaliya)居士， 聞已 便脫白巾，叉手向佛白曰：『瞿曇！聖法律中，云何更有八支斷絕俗事 得作證耶？』 世尊答曰：『居士！猶如 有狗飢餓羸乏，至屠牛處； 彼屠牛師，屠牛弟子，淨摘除肉，擲骨與狗。狗得骨已，處處咬嚙，破脣缺齒，或傷咽喉；然狗不得以此除飢。居士！ 多聞弟子 亦復作是思惟：「欲 如骨鏁，世尊說：『欲 如骨鏁，樂少苦多，多有災患，當遠離之！若有此捨，離欲，離惡、不善之法，謂此一切世間飲食永盡無餘；當修習彼！』」 居士！……欲如 肉臠……欲如 火炬……欲如 火坑……欲如 毒蛇……欲如夢……欲如 假借……欲如 樹果……』」⇨(中203大1-774a[-13]f.)

3.「欲有何過者？ 若有一族姓子，學諸伎術而自營己，或學田作，或學書疏，或學傭作，或學算數，或學權詐，或學剋(♣刻)鏤，或學通信 至彼來此，或學承事王；身不避寒暑，記累懃苦不自由己，作此辛苦而獲財業；是爲 欲爲大過；現世苦惱，由此恩愛，皆由貪欲。 然復彼族姓子，作此懃勞，不獲財寶，彼便懷愁憂苦惱 不可稱記； 便自思惟：我作此功勞，施諸方計 不得財貨，如此之比者 當念捨離，是爲 當捨離欲！復次，彼族姓子 或時作此方計而獲財貨； 已獲財貨，廣施方宜，恆自擁護，恐王勅奪，爲賊偷竊，爲水所漂，爲火所燒。復作是念：正欲藏窖，恐後亡失；正欲出利，復恐不剋；或家生惡子，費散吾財；是爲欲爲大患，皆緣欲本，致此災變。 復次，族姓子 恆生此心，欲擁護財貨；後猶復爲國王所奪，爲賊所劫，爲水所漂，爲火所燒；所藏窖者亦復不剋；正使出利，亦復不獲；居家生惡子，費散財貨；萬不獲(剩)一，便懷愁憂苦惱，推胸喚呼：『我本所得財貨，今盡亡失。』遂成愚惑，心意錯亂；是謂 欲爲大患，緣此欲本，不至無爲。 復次，緣此欲本，著鎧執仗，共相攻伐；以相攻伐，在象眾前，或在馬眾前，或在步兵前，或在車眾前，見馬共馬鬥，見象共象鬥，見車共車鬥，見步兵共步兵鬥。或相斫射，以矟相斫刺，如此之比；欲爲大患，緣欲爲本，致此災變。 復次，緣此欲本，著鎧執仗，或在城門，或在城上，共相斫射，或以矟刺，或以鐵輪而轢其頭，或消鐵相灑，受此苦惱，死者眾多。

復次，欲者亦無有常，皆代謝變易不停；不解此欲變易無常者，此謂欲爲大患。」⇨(增21-9大2-605a[6]f.)

(4)【有樂自娛，如來呵責；有樂自娛，如來稱譽。】

「若外道梵志問言：『何樂自娛，瞿曇呵責？』設有此語，汝等當報：『五欲功德可愛、可樂，人所貪著……由是五欲緣生喜樂，此是如來、至眞、等正覺之所呵責也。

猶如有人故(意)殺眾生 自以爲樂，……私竊偷盜 自以爲樂…… 犯於梵行 自以爲樂……故作妄語 自以爲樂……放蕩自恣〔自以爲樂〕……行外(道)苦行， 非是如來所說正行 自以爲樂，此是如來之所呵責。』

若外道梵志作如是問：『何樂自娛，瞿曇之所稱譽？』諸比丘！彼若有此言，汝等當答彼言：『……猶如有人去離貪欲，無復惡法，有覺、有觀，離生喜、樂，入初禪，如是樂者 佛所稱譽。…… 入第二禪……入第三禪……入第四禪，如是樂者 佛所稱譽。……』」⇨(長18大1-74c[8]f.)

②〖苦行〗

(1)【自煩自苦(attakilamatha anuyoga)】⇨(中204大1-777c[-2])

【nijjhāmā paṭipadā(劇苦道)】⇨(A 3,151 i. A295[3])

【苦行(dukkara-kārikā)】⇨(雜1094大2-287c[-7]f.)

【不了可憎行(tapo jigucchā)】⇨(中104大1-592b[5]f.)

(2)〖種種苦行〗

「(異學無恚)問曰：『瞿曇！不了可憎行 云何得具足？云何不得具足？』

於是世尊答曰：『無恚！或有沙門、梵志，倮形無衣，或以手爲衣，或以葉爲衣，或以珠爲衣。

或不以瓶取水，或不以櫆取水；不食刀扙劫抄之食，不食欺妄食；不自往，不遣信，※不求「來！尊。」[1]，※不「善！尊。」[2]，※不「住！尊。」[3]；若有二人食 不在中食，不懷妊家食，不畜狗家食；設使家有糞蠅飛來 而不食；不噉魚，不食肉；不飲酒，不飲惡水，或都無所飲 學無飲行；或噉一口，以一口爲足；或二、三、四……乃至七口，以七口爲足；或食一得，以一得爲足；或二、三、四……乃至七得，以七得爲足；或日一食，以一食爲足；或二、三、四、五、六、七日，……半月、一月一食，以一食爲足；或食菜茹，或食稗子，或食穄米，或食雜䵃，或食頭頭邏(daddula)食，或食麤食；或至無事處 依於無事，或食根，或食果，或食自落果。

或持連合衣，或持毛衣，或持頭舍(dussa)衣，或 持毛頭舍衣，或持全皮(衣)或持穿皮(衣)，或持全穿皮(衣)。

或持散髮，或持編髮，或持散編髮，或有剃髮，或有剃鬚，或有剃鬚髮，或有拔髮，或有拔鬚，或拔鬚髮。

或住立斷坐，或修蹲行。或有臥刺 以刺爲床，或有臥果 以果爲床。

或有事水晝夜手抒；或有事火，竟昔然之；或事日、月、尊祐大德，叉手向彼。如此之比，受無量苦，學煩熱行。』」⇨(中104大1-592b^{5}f.)

cf.《長25》⇨(大1-103c^{-5}f.)；《中18》⇨(大1-441c^{-13}f.)

⑶〖苦行者之主張 及世尊之批判〗

「爾時，世尊告諸比丘：『諸尼乾等 如是見、如是說：「謂 人所受皆因本作；若其故業，因苦行滅，不造新者，則諸業盡；諸業盡已，則得苦盡；得苦盡已，則得苦邊。」 我便往彼，到已，即問(諸)尼乾：『汝等實如是、如是說 —謂 人所受皆因本作；若其故業，因苦行滅，不造新者，則諸業盡；諸業盡已，則得苦盡；得苦盡已，則得苦邊。— 耶？』 彼答我言：『如是，瞿曇！』

我復問彼(等)尼乾：『汝等自有淨智：我爲※本有[4]，我爲※本無[5]；

※1 「不求『來！尊。』」《D 25》作：“na-ehi-bhadantiko(《言：》『大德 請來！』則不《受食》)”⇨⟨D⟩ iii.40^{-1} ※2 「不『善！尊。』」指「他人言：『善哉！大德。』則不受食。」 ※3 「不『住！尊。』」《D 25》作：“na-tiṭṭha-bhadantiko(《言:》『大德 請住！』則不《受食》)”⇨⟨D⟩ iii.40^{-1} 「住！」指 請等一下。 ※4 ‘ahuvāma(余等曾存在)’⇨⟨M⟩ ii.215^{6}

※5 ‘nâhuvamha(余等未曾存在)’⇨⟨M⟩ ii.215^{7}

我爲本作惡 爲不作惡；我爲爾所苦盡，爲爾所苦不盡。 若盡已，便得盡，卽於現世斷諸不善，得眾善法修 習作證耶？』 彼答我言：『不也，瞿曇！』我復語彼(等)尼乾：『汝等自無淨智：我爲 本有，我爲 本無；我爲本作惡，爲不作惡；我爲爾所苦盡，爲爾所苦不盡。若盡已，便得盡，卽於現世斷 諸不善，得眾善法修習作證；而作是說：謂 人所受皆因本作；若其故業 因苦行滅 ，不造新者，則諸業盡；諸業盡已，則得苦盡；得苦盡已，則得苦邊。 尼乾！若汝等 自有淨智：我爲本有，我爲本無；我爲本作惡，爲不作惡；我爲爾所苦盡，爲爾所苦不盡；若盡已，便得盡，卽於現世斷 諸不善，得眾善法 修習作證。(諸)尼乾！汝等可得作是說：謂 人所受 皆因本作； 若其故業 因苦行滅，不造新者，則諸業盡；諸業盡已，則得苦盡； 得苦盡已，則 得苦邊。 (諸)尼乾！猶如 有人身被毒箭；因被毒箭 則生極苦。彼爲親屬 憐念愍傷，欲饒益 安隱故，卽 呼拔箭金醫；箭金醫來，便以利刀 而爲開瘡。 因開瘡時，復生極苦；旣開瘡已， 而求箭金。求箭金時，復生極苦；求得(箭)金已，卽便拔出。 因拔出(箭金)時，復生極苦；拔 (箭)金出已，覆瘡纏裹； 因裹瘡時，復生極苦。彼於拔箭金後，得力、無患、不壞，諸根平復 如故； (諸)尼乾！彼人自有淨智，便作是念：我本被毒箭，因被毒箭，則生極苦；我諸親屬見 ，憐念愍傷，欲饒益安隱我故，卽 呼拔箭金醫；箭金醫來，便以利刀而爲我開瘡。因開瘡時 ，復生極苦；旣開瘡已，而求箭金。 求箭金時，復生極苦；求得(箭)金已，卽便拔出。因拔出時，復生極苦。拔(箭)金出已，覆瘡纏裹；因裹瘡時，復生極苦。 我於拔箭金後，得力、無患 、不壞，諸根平復如故。 如是，(諸)尼乾！若汝等自有淨智：我爲本有，我爲本無；我爲本作惡，爲不作惡；我爲爾所苦盡，爲爾所苦不盡；若盡已，便得盡，卽於現世 斷諸不善，得眾善法 修習作證。(諸)尼乾！汝等可得作是說：「謂 人所受皆因本作；若其故業 因苦行滅，不造新者，則諸業盡；諸業盡已，則得苦盡；得苦盡已，則得苦邊。」』 我問如是，不見諸尼乾能答我言：『瞿曇！如是，不如是。』

復次，我問諸尼乾曰：『若諸尼乾有上斷(♣勤)上苦行， 爾時，諸尼乾生上苦耶？』 彼答我言：『如是，瞿曇！』『若有中♣中苦行，爾時，諸尼乾生中苦耶？』 彼答我言：『如是，瞿曇！』『若有下 斷下苦行，爾時，諸尼乾生下苦耶？』 彼答我言：『如是，瞿曇！』『是爲諸尼乾有上♣斷上苦行，爾時，諸尼乾則生上苦；有中♣斷中苦行，爾時，諸尼乾則生中苦；有下♣斷下苦行，爾時，諸尼乾則生下苦。 若使 諸尼乾有上♣斷上苦行，爾時，諸尼乾止息上苦；有中♣斷中苦行，爾時，諸尼乾止息中苦；有下♣斷下苦行，爾時，諸尼乾止息下苦。 若如是作，不如是作，止息極苦、甚重苦者，當知 諸尼乾卽於現世作苦。 但，諸尼乾爲癡所覆，爲癡所纏，而作是說：「謂 人所受皆因本作；若其故業 因苦行滅，不造新者，則諸業盡；諸業盡已，則得苦盡；得苦盡已，則得苦邊。」』 我問如是，不見諸尼乾能答我言：『瞿曇！如是，不如是。』

復次，我問諸尼乾曰：『諸尼乾！若有樂報業，彼業寧可因斷(♣勤)、因苦行 轉作苦報耶？』 彼答我言：『不也，瞿曇！』 『諸尼乾！若有苦報業，彼業寧可因♣斷、因苦行 轉作樂報耶？』 彼答我言：『不也，瞿曇！』 『諸尼乾！若有現法報業，彼業寧可因♣斷因苦行，轉作後生報耶？』 彼答我言：『不也，瞿曇！』 『諸尼乾！若有後生報業，彼業寧可 因♣斷、因苦行，轉作現法報耶？』 彼答我言：『不也，瞿曇！』 『諸尼乾！若有不熟報業，彼業寧可因♣斷、因苦行，轉作熟報耶？』 彼答我言：『不也，瞿曇！』 『諸尼乾！若熟報業，彼業寧可因♣斷、因苦行，轉作異(♣不熟報)耶？』 彼答我言：『不也，瞿曇！』 『諸尼乾！是爲 樂報業，彼業不可因♣、因苦行，轉作苦報；諸尼乾！苦報業 彼業不可因♣斷、因苦行，轉作樂報。 諸尼乾！現法報業 彼業不可因♣斷、因苦行，轉作後生報；諸尼乾！後生報業，彼業不可，因♣斷、因苦行，轉作現法報；諸尼乾！不熟業 彼業不可因♣斷、因苦行，轉作熟報；諸尼乾！熟報業 彼業不可因♣斷、因苦行，轉作異(♣不熟)者； 以是故，諸尼乾 虛妄方便，空♣斷無獲。』

彼諸尼乾便報我言：『瞿曇！我有尊師，名 親子·尼乾(Nighaṇṭha-Nātaputta)作如是說：「諸尼乾！汝等若本作惡業，彼業皆可因此苦行，而得滅盡；若今護身、口、意，因此 不復更作惡業也。」』 我復問諸尼乾曰：『汝等信尊師 親子·尼乾，不疑惑耶？』 彼答我言：『瞿曇！我信尊師 親子·尼乾，無有疑惑。』 我復語彼諸尼乾曰：『有五種法現世二報；信、樂、聞、念、見善觀。 諸尼乾！人自有虛妄言，是可信、可樂、可聞、可念、可見善觀耶？』 彼答我言：『如是，瞿曇！』 我復語彼諸尼乾曰：『是虛妄言，何可信、何可樂、何可聞、何可念、何可善觀。謂人自有虛妄言，有信、有樂、有聞、有念、有善觀；若諸尼乾作是說者，於如法中得五詰責，爲可憎惡。云何爲五？ 今此眾生所受苦樂 皆因本作；若爾者，諸尼乾等本作惡業。 所以者何？ 因彼故，諸尼乾於今受極重苦；是謂尼乾第一可憎惡。　復次，眾生所受苦樂 皆因合會；若爾者，諸尼乾等本惡合會。 所以者何？ 因彼故，諸尼乾於今受極重苦；是謂尼乾第二可憎惡。　復次，眾生所受苦樂 皆因爲命； 若爾者，諸尼乾等本惡爲命。 所以者何？ 因彼故，諸尼乾於今受極重苦；是謂尼乾第三可憎惡。　復次，眾生所受苦樂 皆因見也； 若爾者，諸尼乾等本有惡見。 所以者何？ 因彼故，諸尼乾於今受極重苦；是謂尼乾第四可憎惡。復次，眾生所受苦樂 皆因尊祐造；若爾者，諸尼乾等本惡尊祐。 所以者何？ 因彼故，諸尼乾於今受極重苦；是謂尼乾第五可憎惡。 若諸尼乾因本所作惡業、惡合會、惡爲命、惡見、惡尊祐，爲惡尊祐所造；因彼故，諸尼乾於今受極重苦；是謂因彼事故，諸尼乾等爲可憎惡。』」

⇨(中19大1-442c²f.)∽（雜563大2-147c⁷f.）

cf. 〈p.1-16 一.§1-0-5 ②之 (4)〉

(4)〖世尊對 苦行俱足行之 批判〗

「『(……⇨ p.2-96f. 二.§13-0-6②之 (2))無恚！於意云何？不了可憎行如是爲具足，爲不具足？』 異學無恚答曰：『瞿曇！如是 不了可憎行，爲具足 非不具足。』　世尊復語曰：『無恚！我爲汝說，此不了可憎具足行 爲無量穢所汙。』　異學無恚問曰：『瞿曇！云何爲我說 此不了可憎具足行，爲無量穢所汙耶？』 世尊答曰：『(一)無恚！或有一清苦 行苦行，因此清苦 行苦行，(♣而)惡欲、念欲； 無恚！若有一清苦 行苦行，因此清苦 行苦行，♣惡欲、念欲者，是謂 無恚！行苦行者穢。 復次，……自貢高 ……自貴賤他……自稱說……起嫉妒言……面訶……有 愁、癡、恐怖、恐懼、密行、疑、恐失名、增伺、放逸…… 生 身見、邊見、邪見、見取、難爲、意無節限，爲諸、沙門梵志可通法 而不通…… 瞋纏、不語結、慳、嫉、諛諂、欺誑、無慚、無愧……妄言、兩舌、麤言、綺語、具惡戒……不信、懈怠、無正念正智、有惡慧……<u>此不了可憎具足行爲無量穢所汙</u>。』

(二)無恚復問曰：『云何，瞿曇！ 爲我說此不了可憎具足行 不爲無量穢所汙耶？』　世尊答曰：『無恚！ 或有一清苦行、苦行，因此清苦行苦行，不惡欲、不念欲…… 乃至無 不信、懈怠，有正念正智，無有惡慧者，是謂，無恚！行苦行者無穢；無恚！我不為汝說此不了可憎具足行不為無量穢所汙耶？』 異學無恚答曰：『如是，瞿曇為我說此不了可憎具足行 不為無量穢所汙。』

(三)無恚問曰：『瞿曇！此不了可憎行，是得第一，得眞實耶？』世尊答曰：『無恚！此不了可憎行，不得第一，不得眞實；然有二種：得皮，得節。』 ⑴異學無恚復問曰：『瞿曇！云何此不了可憎行 得表皮耶？』 世尊答曰：『此或有一沙門、梵志行四行：不殺生、不教殺、不同殺，不偷、不教偷、不同偷，不取他女、不教取他女、不同取他女，不妄言、不教妄言、不同妄言；彼行此四行，樂而不進，心與慈俱徧滿一方成就遊， 如是，二、三、四方，四維、上、下，普周一切，心與慈俱 無結、無怨、無恚、無諍，極廣、甚大、無量善修，徧滿一切世間成就遊。如是，悲、喜、心與捨俱無結、無怨、無恚、無諍，極廣、甚大、無量善修，徧滿一切世間成就遊。 無恚！於意云何？ 如是此不了可憎行得表皮耶？』 無恚答曰：『瞿曇！如是 此不了可憎行得表皮也。

⑵瞿曇！云何此不了可憎行 得節耶？』 世尊答曰：『無恚！或有一沙門梵志行四行……彼有行、有相貌，憶本無量昔所經歷，或一生、二生、百生、千生、成劫、敗劫、無量成敗劫— 彼眾生名某， 彼昔更歷，我曾生彼，如是姓、如是字、如是生、如是飲食、如是受苦樂、如是長壽、如是久住、如是壽命訖； 此死生彼，彼死 生此； 我生在此 如是姓、如是字、如是生、如是飲食、如是受苦樂、如是長壽、如是久住、如是壽命訖。 無恚！於意云何？ 如是，此不了可憎行得節耶？』 無恚答曰：『瞿曇！如是 此不了可憎行得節也。

(四)瞿曇！云何 此不了可憎行得第一，得眞實耶？』 世尊答曰：『無恚！或有一沙門、梵志行四行……彼以清淨天眼出過於人，見此眾生死時、生時，好色、惡色，妙與不妙，往來善處及不善處，隨此眾生之所作業，見其如眞。若此眾生成就身惡行，口、意惡行，誹謗聖人，邪見成就邪見業；彼因緣此，身壞命終 必至惡處，生地獄中。 若此眾生成就身妙行，口、意妙行，不誹謗聖人，正見成就正見業；彼因緣此，身壞命終必昇善處，乃至天上。無恚！於意云何？ 如是，此不了可憎行 得第一，得眞實耶？』 無恚答曰：『瞿曇！如是，此不了可憎行得第一，得眞實也。

（五）瞿曇！云何 此不了可憎行 作證故，沙門瞿曇弟子依沙門行梵行耶？』 世尊答曰：『無恚！非因此不了可憎行 作證故，我弟子依我 行梵行也。 無恚！更有異(♣其他)最上、最妙、最勝，爲彼證故，我弟子依我行梵行……彼捨五蓋 —心穢、慧羸— 離欲、離 惡、不善之法……(乃)至 得第四禪成就遊。 彼已如是 定心清淨，無穢無煩，柔軟善住，得不動；心趣向漏盡智通作證 —彼知 此苦如眞，知此苦習、知此苦滅、知此苦滅道如眞； 亦知此漏、知此漏習、知此漏滅、知此漏滅道如眞。 彼如是知、如是見 欲漏心解脫，有漏(心)、無明漏心解脫； 解脫已，便知解脫：生已盡，梵行已立，所作已辦，不更受有 知如眞。 無恚！是謂 更有♣異最上、最妙、最勝，爲彼證故，我弟子依我 行梵行。』」

⇨(中104大1-592c²f.)

(5)〖世尊體驗苦行之 心得〗

「我六年之中，勤苦求道而不剋獲，或臥荊棘之上，或臥板木鐵釘之上；或懸鉤身體遠地 兩腳在上而頭首向地，或交腳踞踞； 或養長鬚髮未曾擶除；或日曝火炙， 或盛冬坐冰 身體沒水；或寂寞不語；或時一食，或時二食，或時三食、四食……乃至七食，或食菜果，或食稻麻，或食草根，或食木實，或食花香，或食種種果蓏；或時倮形，或時着弊壞之衣，或着莎草之衣，或着毛毳之衣，或時以人髮覆形，或時養髮，或時取他髮益戴。如是，(諸)比丘！吾昔苦行，乃至於斯；然，不獲四法之本。 云何爲四？所謂(一)賢聖戒律 難曉、難知，♣(二)賢聖智慧難曉、難知，(三)賢聖解脫 難曉、難知，♣(四)賢聖三昧難曉、難知。」⇨(增31-8大2-671b¹⁴f.)

「我(♣魔波旬)今當往，爲作留難；卽 化作年少，住於佛前而說偈言：

『大修苦行處，　能令得清淨；　而今反棄捨，　於此何所求？
欲於此求淨，　淨亦無由得！』　爾時，世尊作是念：此魔波旬

欲作嬈亂，卽說偈言：

『知諸修苦行，　皆與無義俱；　終不獲其利，　如弓彈有聲。
戒定聞慧道，　我已悉修習；　得第一清淨，　其淨無有上！』

⇨(雜1094大2-287c⁻³f.)

∾「時，彼天子說偈問佛：

『此世多恐怖，　眾生常惱亂；　已起者亦苦，　未起亦當苦。

頗有離恐處， 唯願慧眼說。』 爾時，世尊說偈答言：

『無有異苦行， 無異伏諸根， 無異一切捨， 而得見解脫。』

⇨（雜596大2-159c^{-8}f.）

§13-0-7 【佛宗本苦行 亦爲人說苦行之法】

「師子！若有沙門、梵志，彼苦行法 知、斷、滅、盡，拔絕其根 至竟不生者，我說彼苦行；師子！如來、無所著、等正覺，彼苦行法 知、斷、滅、盡，拔絕其根 至竟不生，是故我苦行。師子！是謂 有事 因此事故，於如實法不能謗毀：沙門瞿曇宗本苦行，亦爲人說苦行之法。」⇨（中18大1-442a^{13}f.）

§13-0-8 【修行 有苦、有樂∨ 可修、不修】

①「我不說 修一切身樂，亦不說 莫修一切身樂；我不說 修一切身苦，亦不說 莫修一切身苦；我不說 修一切心樂，亦不說 莫修一切心樂； 我不說 修一切心苦，亦不說 莫修一切心苦。

云何身樂我說 不修？ 若修身樂，惡 不善法轉增，善法轉減者，如是身樂，我說 不修。

云何身樂我說 修耶？ 若修身樂，惡 不善法轉減，善法轉增者，如是身樂，我說 修也。

云何身苦我說不修？ 若修身苦，惡 不善法轉增，善法轉減者，如是身苦，我說 不修。

云何身苦我說修耶？ 若修身苦，惡 不善法轉減，善法轉增者，如是身苦，我說 修也。

云何心樂我說 不修？ 若修心樂，惡 不善法轉增，善法轉減者，如是心樂，我說 不修。

云何心樂我說 修耶？ 若修心樂，惡 不善法轉減，善法轉增者，如是心樂，我說 修也。

云何心苦我說 不修？ 若修心苦，惡 不善法轉增，善法轉減者，如是心苦，我說 不修。

云何心苦我說 修耶？ 若修心苦，惡 不善法轉減，善法轉增者，如是心苦，我說 修也。

彼可修法 知如眞，不可修法 亦知如眞。 彼可修法 知如眞，不可修法亦知如眞已；不可修法 便不修，可修法 便修已； 便惡 不善法轉滅，善法轉增。」⇨（中195大1-751a^{-13}f.）

②「是時，世尊告諸比丘：『今有此 四事緣本，先苦後樂； 云何 爲四？（一）修習梵行，先苦而後樂；（二）誦習經文，先苦而後樂；（三）坐禪念定，先苦而後樂；（四）數出入息，先苦而後樂；是謂 比丘行此四事者，先苦 而後樂也。 其有比丘行此 先苦而後樂之法，必應沙門 後得果報之樂 ……

復次，（諸）比丘！若有比丘行此先苦 後獲沙門四樂之報；（一）斷三結網，成須陀洹，不退轉法，必至滅度；復次，（二）比丘若斷此三結，淫、怒、癡薄，成斯陀含，來至此世 必盡苦際； 復次，（諸）比丘！（三）若有比丘斷五下分結，成阿那含，於彼般涅槃，不來此世； 復次，（諸）比丘！（四）若有比丘有漏盡 成無漏，心解脫、智慧解脫，於現法中 身作證而自遊戲：生死已盡，梵行已立，所作已辦，更不復受胎 如實知之；是彼比丘 修此先苦之法，後獲沙門四果之樂。 是故，諸比丘！當求方便成此 先苦而後樂；如是，諸比丘當作是學！』」⇨（增28-6大2-653b^{12}f.）

§13-0-9 【勤苦 ∾ 不勤苦】

「……若彼比丘 便作是念： 隨所爲、隨所行，不善法生而善法滅，若自斷(♣勤)苦，不善法滅 而善法生；我今寧可自♣斷其苦，便自♣斷苦。自 斷苦已，不善法滅而善法生，不復♣斷苦。所以者何？（♣諸)比丘！本所爲者 其義已成，若復♣斷苦 是處不然。♣比丘！猶如箭工 用檢撓箭，其箭已直，不復用檢；所以者何？ 彼人本所爲者 其事已成，若復用檢 是處不然……。」

⇨（中19大1-444a^{-11}f.）

∾ "Puna ca paraṃ, bhikkhave, bhikkhu iti paisañcikkhati: Yathāsukhaṃ kho me viharato akusalā dhammā abhivaḍḍhanti kusalā dhammā parihā=yanti; dukkhāya pana me attānaṁ padahato akusalā dhammā parihāya=nti kusalā dhammā abhivaḍḍhanti. Yannūnâhaṁ dukkhāya attānaṁ pad=aheyyan ti? So dukkhāya attānaṃ padahati, tassa dhkkhāya attānaṁ padahato akusalā dhammā parihāyanti kusalā dhammā abhivaḍḍhanti. So na aparena samayena dukkhāya attānaṁ padahati. Taṁ kissa hetu? Yassa hi so, bhikkhave, bhikkhu atthāya dukkhāya attānaṁ padahey=ya, svâssa attho abhinipphanno hoti, tasmā na aparena samayena dukkhāya attānaṁ padahati. Seyyathāpi……" ⇨（M 101 M ii.225^{5}f.）

三.【增上戒學】(Adhisīla-sikkhā)

§1-0-1 【戒是什麼？】

"Kiṁ sīlan ti? ① Cetanā sīlaṁ, ② cetasikaṁ sīlaṁ, ③ saṁvaro sīlaṁ, ④ avītikkamo sīlaṁ." ⇨(Pṭs i.44[-5]f.)

①〖思 是戒〗

(1)「有人[1] 不殺生，離殺生，捨刀杖；慚愧，悲念一切眾生。[2] 不偷盜，遠離偷盜；與者取，不與不取，淨心不貪。[3] 離於邪婬，若父母護，……乃至授一花鬘者，悉不強干 起於邪婬。[4] 離於妄語，審諦實說。[5] 遠離兩舌，不傳此向彼，傳彼向此，共相破壞；離者令和，和者隨喜。[6] 遠離惡口，不剛強，多人樂其所說。[7] 離於壞語，諦說、時說、實說、義說、法說、見說。[8] 離於貪欲，不於他財、他眾具作己有想，而生貪著。[9] 離於瞋恚，不作是念：撾打縛殺，爲作眾難。 [10] 正見成就，不顚倒見：有施、有說、報有福(♣有齋)，有善惡行果報， 有此世，有父母、有眾生生，有世阿羅漢於此世、他世現法自知作證：我生已盡，梵行已立，所作已作，自知不受後有。」⇨(雜1039大2-271c[-8]f.)

(2)「佛告善生：『當知六方；云何爲六方？ 父母爲東方，師長爲南方，妻婦爲西方，親黨爲北方，僮僕爲下方，沙門、婆羅門、諸高行者爲上方。善生！夫 爲人子，當以五事敬順父母。…… 善生！檀越當以五事供奉沙門、婆羅門。云何爲五？ 一者身行慈，二者口行慈，三者意行慈，四者以時施，五者門不制止。善生！若檀越以五事供奉沙門、婆羅門。沙門、婆羅門當復以六事而教授之。云何爲六？ 一者防護不令爲惡，二者指授善處，三者教懷善心，四者使未聞者聞，五者已聞能使善解，六者開示天路。」⇨(長16大1-71[5]f.)

(3)「長苦行尼揵問曰：『沙門瞿曇施設幾罰，令不行惡業，不作惡業？』爾時，世尊答曰：『苦行！我不施設罰，令不行惡業、不作惡業；我但施設業，令不行惡業、不作惡業。』 長苦行尼揵問曰：『瞿曇施設幾業，令不行惡業、不作惡業？』 世尊又復答曰：『苦行！我施設三業，令不行惡業、不作惡業。』 云何爲三？ 身業、口業及意業也。』 長苦行尼揵問曰：『瞿曇！身業異、口業異、意業異耶？』 世尊又復答曰：『苦行！我身業異、口業異、意業異也。』 長苦行尼揵問曰：『瞿曇！此三業如是相似，施設何業爲最重，令不行惡業、不作惡業？爲身業、口業，爲意業耶？』 世尊又復答曰：『苦行！此三業如是相似，我施設意業爲最重，令不行惡業、不作惡業。身業、口業則不然也。』」

⇨(中133大1-628b^15 f.)

「世尊問曰：『居士！於意云何？ 若有尼揵來，好喜於布施，樂行於布施，無戲、樂不戲，爲極清淨，極行呪也；若彼行來時，多殺大小蟲；云何，居士！尼揵親子於此殺生施設報耶？』優婆離居士答曰：『瞿曇！若思者有大罪，若無思者無大罪也。』 世尊問曰：『居士！汝說思爲何等耶？』 優婆離居士答曰：『瞿曇！意業是也。』」⇨(中133大1-629b^-9 f.)

(4)「云何知業？ 謂 有二業，思、已思業，是謂知業。」⇨(中111大1-600a-7 f.)

②〖心所是戒〗

(1)「五支物主往詣異學 沙門文祁子(Samaṇa-maṇḍikāputta)所，共相問訊，却坐一面。 異學沙門 文祁子語曰：『物主！若有四事，我施設彼成就善、第一善、無上士、得第一義、質直沙門。 云何爲四？ 身不作惡業、口不惡言，不行邪命，不念惡念。物主！若有此四事者，我施設彼成就善、第一善、無上士、得第一義、質直沙門。』 五支物主聞異學 沙門文祁子所說，不是不非，從座起去；(念)：如此所說，我自詣佛，當問此義。便往詣佛，稽首作禮，却坐一面；與異學 沙門文祁子所共論者，盡向佛說。

世尊聞已，告曰：『 物主！如異學 沙門文祁子所說，若當爾者，嬰孩童子支節柔軟，仰向臥眠，亦當成就善、第一善、無上士、得第一義、質直沙門。 物主！嬰孩童子尚無身想，況復作身惡業耶？ 唯能動身。物主！嬰孩童子尚無口想，況復惡言耶？ 唯能得啼。 物主！嬰孩童子尚無命想，況復行邪命耶？ 唯有呻吟。 物主！嬰孩童子尚無念想，況復惡念耶？ 唯念母乳。 物主！若如異學 沙門文祁子說者，如是嬰孩童子成就善、第一善、無上士、得第一義、質直沙門。……物主！身業、口業者，我施設是戒。 物主！念者，我施設是♣心所有 與♣心相隨。物主！我說當知不善戒，當知不善戒從何而生，當知不善戒何處滅無餘，何處敗壞無餘，……物主！云何不善戒耶？ 不善身行，不善口、意行，是謂不善戒。 物主！此不善戒從何而生？ 我說彼所從生，當知從心生；云何爲心？ 若心有欲、有恚、有癡，當知不善戒從是心生。 物主！不善戒何處滅無餘？何處敗壞無餘？ 多聞聖弟子捨身不善業，修身善業；捨口、意不善業，修口、意善業，此不善戒滅無餘、敗壞無餘。　物主！賢聖弟子云何行滅不善戒？　若多聞聖弟子觀內身如身，……（乃）至觀覺、心，（觀）法如法；賢聖弟子如是行者，滅不善戒也。』」⇨（中179大1-720b⁻⁹f.）

(2)「世尊遙見水淨梵志來；因水淨梵志故，告諸比丘：『若有二十一穢汙於心者，必至惡處，生地獄中。　云何二十一穢？ [1] 邪見心穢、非法欲心穢、惡貪心穢、邪法心穢、貪心穢、恚心穢、睡眠心穢、　調(♣掉)悔心穢、疑惑心穢、瞋纏心穢、不語結心穢、慳心穢、嫉心穢、欺誑心穢、諛諂心穢、無慙心穢、無愧心穢、慢心穢、大慢心穢、憍慠心穢、[21] 放逸心穢。』」⇨（中93大1-575a⁻⁷f.）∾ 不善心所有法⇨《俱舍論》等

③〖律儀是戒〗—（saṁvara 防護）

(1)【波羅提木叉律儀】

「賢士夫住於正戒，波羅提木叉律儀，威儀行處具足；見微細罪，能生怖畏，受持學戒；是名 丈夫於正法、律第一之德。」⇨（雜925大2-235c⁷f.）

(2)【（六）根律儀／ 念律儀】

「多聞聖弟子眼見色，不取色相，不取隨形好，任其眼根之所趣向，常住律儀，世間貪、愛、惡不善法不漏其心，能生律儀，善護眼根；耳、鼻、舌、身、意根，亦復如是。如是六根善調伏、善關閉、善守護、善執持、善修習，於未來世必受樂報。即說偈言：

『於六觸入處，　住於不律儀；　是等諸比丘，　長夜受大苦。
斯等於律儀，　常常勤修習；　正信心不二，　諸漏不漏心。
眼見於彼色，　可意不可意；　可意不生欲，　不可不憎惡。
耳聞彼諸聲，　亦有念不念；　於念不樂著，　不念不起惡。
鼻根之所嗅，　若香若臭物；　等心於香臭，　無欲亦無違。
所食於眾味，　彼亦有美惡；　美味不起貪，　惡味亦不擇。
樂觸以觸身，　不生於放逸；　爲苦觸所觸，　不生過惡想。
平等捨苦樂，　不滅者令滅；　心意所觀察，　彼種彼種相。
虛僞而分別，　欲貪轉增廣；　覺悟彼諸惡，　安住離欲心。
善攝此六根，　六境觸不動；　摧伏眾魔怨，　度生死彼岸。』」

⇨（雜279大2-76b⁴f.）

(3)【智律儀】

“Yāni sotāni lokasmiṁ, Ajitâ ti Bhagavā sati tesaṁ nivāraṇaṁ, sotānaṁ saṁvaraṁ brūmi, paññāy' ete pithiyyare."

⇨(Sn v.1035 Sn 198⁵f.)

「世間諸流漏，　是漏念能止；　我說能防護，　由慧故能堰。」

⇨(瑜伽師地論 大30-386⁻¹⁰f.)

(4)【忍律儀】

「云何有漏從忍斷耶？　比丘！精進斷惡不善，修善法故，常有起想，專心精勤；　身體、皮肉、筋骨、血髓皆令乾竭　不捨精進，要得所求，乃捨精進。比丘！復當堪忍飢渴、寒熱、蚊虻蠅蚤虱，風日所逼，惡聲捶杖，亦能忍之。身遇諸病，極爲苦痛，至命欲絕，諸不可樂，皆能堪忍。若不忍者，則生煩惱、憂慼；忍則不生煩惱、憂慼，是謂有漏從忍斷也。」

⇨(中10大1-432c⁵f.)

(5)【勤律儀】

「云何律儀斷(♣勤)？　未起惡不善法不起，生欲、方便、精勤、攝受，是名律儀斷(勤)。」⇨(雜877a大2-221a⁻⁴f.)

④〖(思已)不犯 是戒〗

(1)「梵志問曰：『云何名之爲戒？』阿那律曰：「不作眾惡，不犯非法。」

⇨(增16-9大2-581a⁻¹³f.)

(2)「種德婆羅門白佛言：『云何爲戒？』佛言：『……具足戒律，捨殺不殺，※……乃至[1] 心法四禪現得歡樂。 所以者何？　斯由精勤，專念不忘，樂獨閑居之所得也。婆羅門！是爲具戒。』」⇨(長22大1-96b⁻⁹f.)

§1-0-2 【戒義】

①〖頭義(sira'ttha)〗〖清涼義(sītala'ttha)〗

「汝爲沙門，奉戒爲本。戒 猶人之頭首；沙門戒行 宜令清白 如冰、如玉。」

⇨(大正No.34大1-818a⁻⁴.)

②"Ken' atthena sīlan ti? Sīlana'tthena sīlam. Kim idaṁ sīlalaṁ nāma? Samādhānaṁ vā, kāyakammâdīnaṁ susīlyavasena avippakiṇṇatā ti attho. Upadhāraṇaṁ vā, kusalānaṁ dhammānaṁ patiṭṭhāvasena ādhārabhāvo ti attho." ⇨＊(VM 8²f.)

※1 省略之經文 ⇨(大1-83c¹⁴f.~85c¹²)

§1-0-3 【戒從心生】

「物主！此善戒從何而生？ 我說彼所從生，當知從心生。 云何爲心？ 若心無欲(♣大正本作：無欲無欲)、無恚、無癡，當知善戒從是心生。」

⇨(中179大1-721a[13]f.)

①〖怖苦心〗♣

「多聞聖弟子作是思惟 —殺者必受惡報，現世及後世，若我殺者，便當自害，亦誣謗他；天及諸智梵行者道說我戒，諸方悉當聞我惡名；身壞命終，必至惡處，生地獄中。如是殺者受此惡報，現世及後世；我今寧可依離殺、斷殺耶！— 便依離殺、斷殺；如是，多聞聖弟子依離殺、斷殺也。……」

⇨(中203大1-773b[7])

②〖畏罪心〗♣

「拘薩羅王波斯匿問曰：『阿難！云何不善身行耶？』 尊者阿難答曰：『大王！謂身行有罪。』」 ⇨(中214大1-798a[-4]f.)

「出家已，住於靜處；攝受波羅提木叉律儀，行處具足，於細微罪生大怖畏，受持學戒；離殺、斷殺，不樂殺生，……乃至一切業跡如前說。」

⇨(雜637大2-176b[-8]f.)

③〖求福心〗♣

「時，有異婆羅門於十五日，洗頭已，受齋法，被新長鬘白㲲，手執生草，來詣佛所；與世尊面相問訊慰勞已，退坐一面。爾時，佛告婆羅門：『汝洗頭被新長鬘白㲲，是誰家法？』 婆羅門白佛：『瞿曇！是學捨法(paccorohaṇi 捨《捨福、降福》)。』 佛告婆羅門：『云何婆羅門捨法？』 婆羅門白佛言：『瞿曇！如是十五日，洗頭受持法齋，著新淨長鬘白㲲，手執生草，隨力所能 布施作福。瞿曇！是名婆羅門修行捨行。』 佛告婆羅門：『賢聖法、律所行捨行異於此也。』 婆羅門白佛：『瞿曇！云何爲賢聖法、律所行捨行？』 佛告婆羅門：『謂 離殺生，不樂殺生，如前※清淨分廣說。依於不殺，捨離殺生，……[1] 』」⇨(雜1040大2-272a[11]f.)

④〖兩利心〗♣

「爾時，世尊告諸比丘：『過去世時有緣幢伎師，肩上竪幢，語弟子言：「汝等於幢上，下向護我，我亦護汝；迭相護持，遊行嬉戲，多得財利。」 時

※1 ⇨(雜1039大2-271c[-7]f.)

，伎弟子語伎師言：「不如所言；但當各各自愛護，遊行嬉戲，多得財利，身得無爲安隱而下。」 伎師答言：「如汝所言，各自愛護。」 然其此義亦如我說，己自護時卽是護他，他自護時亦是護己。 心自親近 修習隨護作證，是名自護護他。 云何護他自護？ 不恐怖他、不違他、不害他，慈心哀彼，是名護他自護。是故，比丘當如是學：自護者修四念處，護他者亦修四念處！』」⇨(雜619大2-173b⁶f.)

⑤〖慚愧心〗♣

⑥〖慈悲心〗♣

「諸賢！我離殺，斷殺，棄捨刀杖，有慚有愧，有慈悲心，饒益一切乃至蜫蟲；我於殺生淨除其心。……」⇨(中187大1-733a⁻³f.)

cf. 〈p.6-06f. 六.§5-0-1之 ④〉

⑦〖恕心〗 ♣

「爾時，世尊告婆羅門長者：『我當爲說自通之法(attûpanāika dhamma par=iyāya)。諦聽！善思！ 何等自通之法？ 謂聖弟子作如是學：我作是念—若有欲殺我者，我所不喜；我若所不喜，他亦如是，云何殺彼？作是覺已，受不殺生，不樂殺生，……』」⇨(雜1044大2-273b¹³f.)

⑧〖菩提心〗♣

「佛言：『善哉！善哉！如汝所說：有戒則有慧，有慧則有戒；戒能淨慧，慧能淨戒。種德！如人洗手，左右相須，左能淨右，右能淨左。此亦如是，有慧則有戒，有戒則有慧；戒能淨慧，慧能淨戒。婆羅門！戒、慧具者，我說名比丘。』」⇨(長22大1-96b⁻¹⁴f.)

§1-0-4 【世尊爲何施設戒？】

① “Dve 'me bhikkhave atthavase paṭicca Tathāgatena sāvakānaṁ sikkhā=padaṁ paññattaṁ. Katame dve?

[1] Saṅgha-suṭṭhutāya; [2] saṅgha-phāsutāya：…pe…； [3] Dummaṅkūnaṁ puggalānaṁ niggahāya; [4] pesalānaṁ bhikkūnaṁ phāsuvihārāya:…pe… [5] Diṭṭhadhammikānaṁ āsavānaṁ verānaṁ vajjānaṁ bhayānaṁ akusalānaṁ dhammānaṁ saṁvarāya; [6] samparāyikkānaṁ āsavānaṁ verānaṁ vajjānaṁ bhayānaṁ akusalānaṁ dhammānaṁ paighātāya:…pe… [7] Gihīnaṁ anuka=mpāya [8] pāpicchānaṁ pakkhupacchedāya:…pe… [9] Appasannānaṁ pasādāya

:[10] pasannānaṁ bhiyyo bhāvāya:…pe… [11] Saddhammaṭṭhitiyā;
[12] vinayânuggahāya. ” ⇨(A.2.17.1~2 A i. 98[10]f.)≒〈三.§1-0-4②〉

②〖令和敬生活……〗

「諸比丘！何等爲學戒隨福利？ 謂 大師爲諸聲聞制戒，所謂[1] 攝僧，[2] 極攝僧，[3] 不信者信，[4] 信者增其信，[5] 調伏惡人，[6] 慚愧者得樂住，[7] 現法防護有漏，[8] 未來得正對治，[9] 令梵行久住。 如大師已爲聲聞制戒，謂 攝僧，……乃至梵行久住。 如是如是學戒者，行 堅固戒、恆戒、常行戒、受持學戒，是名比丘戒福利。」⇨(雜826大2-211c[-5]f.)

「爾時，世尊告諸比丘：『有十事功德，如來與諸比丘說禁戒。 云何爲十？ 所謂[1] 承事聖眾，[2] 和合將順，[3] 安隱聖眾，[4] 降伏惡人，[5] 使諸慚愧比丘不令有惱，[6] 不信之人使立信根，[7] 已有信者倍令增益，[8] 於現法中得盡有漏，[9] 亦令後世諸漏之病皆悉除盡，[10] 復令正法得久住世； 當念思惟當何方便正法久存。 是謂，比丘十法功德，如來與諸比丘而說禁戒。 是故，比丘 當求方便，成就禁戒，勿令有失。 如是，比丘當作是學！」
⇨(增46-1大2-775c[8]f.＝A 10,31 A v. 70[11]f.)

③〖令清淨修道〗

「佛告諸比丘：『我日一食；日一食已，無爲無求，無有病痛，身體輕便，氣力康強，安隱快樂。 汝等亦應日一食；日一食已，無爲無求，無有病痛，身體輕便，氣力康強，安隱快樂。』 爾時，世尊爲比丘眾施設日一食戒；諸比丘眾皆奉學戒及世尊境界諸微妙法。」⇨(中195大1-749c[4]f.)

「世尊告鬱低迦：『汝當先淨其初業，然後修習梵行。』 鬱低迦白佛：『我今云何淨其初業，修習梵行？』 佛告鬱低迦：『汝當先淨其戒，直其見，具足三業，然後修四念處。』」⇨(雜624大2-175a,[5]f.)

「爾時，尊者優陀夷詣尊者阿難所，共相問訊慰勞已，退坐一面，語尊者阿難：『如來、應供、等正覺所知所見， 爲諸比丘說聖戒，令 不斷、不缺、不擇(♣汙)、不離(♣雜)、不戒取，善究竟、善持，智者所歎、所不憎惡；何故如來、應、等正覺所見，爲諸比丘說聖戒，不斷、不缺……乃至智者所歎、所不憎惡？』 尊者阿難語優陀夷：『爲修四念處故。 何等爲四？ 謂身身觀念住，受、心、法法觀念住。』」⇨(雜628大2-175b[14]f.) ∽「學戒成就修四念處。」⇨(雜637大2-176b[-4]；S 47,46 S v. 187[-11~-9])

④〖令斷今、後世漏〗

「世尊告曰：『彌醯(Meghiya)！心解脫未熟 欲令熟者，有五習法；云何爲五？……彌醯！比丘者 修習禁戒 ，守護從解脫，又復善攝威儀禮節；見纖芥罪 常懷畏怖，受持學戒。彌醯！心解脫未熟 欲令熟者，是謂第二習法。……』」⇨(中56大1-491b^{-5}f.)

「尊者跋陀和利即從座起，偏袒著衣，叉手向佛， 白曰：『世尊 何因何緣，昔日少施設戒，多有比丘遵奉持者？ 何因何緣，世尊 今日多施設戒，少有比丘遵奉持者？』 世尊答曰：『跋陀和利！若比丘眾不得利者，眾便無喜好法；若眾得利者，眾便生喜好法。生喜好法已，世尊欲斷此喜好法故，便爲弟子施設於戒。 如是 稱譽廣大、上尊、王所識知、大有福、多學問。跋陀和利！若眾不多聞者，眾便不生喜好法；若眾多聞者，眾便生喜好法。眾生喜好法已，世尊欲斷此喜好法故，便爲弟子施設戒。跋陀和利！不(只)以斷現世漏故，爲弟子施設戒；我(亦)以斷後世漏故，爲弟子施設戒。跋陀和利！是故我爲弟子斷漏故施設戒，至受我教。……』」⇨(中194大1-749a^{8})

「云何有漏從用斷耶？ 比丘若用衣服……若用飲食……若用居止……若用湯藥非爲利故，非以貢高故，非爲肥悅故；但爲除病惱故，攝御命根故，安隱無病故。若不用者則生煩惱憂慼，用則不生煩惱憂慼；是謂有漏從用斷也。」⇨(中10大1-432b^{-9}f.)

⑤〖令正法久存七法之一〗

「佛在世間爲比丘作師，比丘敬佛所說戒勅，持受戒法，不慢念師恩，持師戒法，法可久；不得下道，當隨佛法約束，法可久；敬比丘僧，受其教戒，得當承用無厭，法可久；當重持戒，能忍辱者，法可久；隨經戒心，無所貪愛，常念人命非常，法可久；晝日不得貪飯食，夜臥不得貪好牀，法可久；自整頓思惟世間，擾擾所念莫懈，莫隨惡心，莫隨邪心，邪心來至，自戒莫隨，當端心，世間人，爲心所欺，比丘莫隨天下愚人心，持是七法，法可久。」⇨(大正No.5大1-161a^{-6}f.)

⑥〖護生〗♣

「己自護時即是護他，他自護時亦是護己；心自親近，修習隨護作證，是名自護護他。云何護他自護？不恐怖他、不違他、不害他，慈心哀彼，是名護他自護。……自護者修四念處，護他者亦修四念處。」⇨(雜619大2-173b^{13}f.)

「善求自護者，　自護如護命；　以平等自護，　而等護於命。」
⇨(雜1226大2-335a[12]f.)

§1-0-5 【戒德】

①「凡人持戒，有五功德。何謂爲五？　一者諸有所求，輒得如願。二者所有財產，增益無損。三者所往之處，眾人敬愛。四者好名善譽，周聞天下。五者身壞命終，必生天上。」⇨(長2大1-12b[10]f.)

②「若復比丘意欲求衣被、飲食、牀敷臥具、病瘦醫藥者，亦當戒德成就，在空閑處而自修行，與止觀共相應。若復比丘欲求知足者，當念戒德具足，……比丘欲求使四部之眾、國王、人民有形之類所見識知，……意欲求四禪，中無悔心，亦不變易，……意欲求四神足，……意欲求八解脫門而無罣礙，……意欲求天耳，徹聽聞天人聲，……意欲求知他人心中所念，諸根缺漏，……意欲求知眾生心意，……意欲得無量神足，……意欲求自憶宿世無數劫事，……意欲求天眼，徹視觀眾生類善趣、惡趣，善色、惡色，若好、若醜，如實知之。……　意欲求盡有漏，成無漏心解脫、智慧解脫 —生死已盡，梵行已立，所作已辦，更不復受胎，如實知之— 彼當念戒德具足。」
⇨(增37-5大2-712a[15]f.)

③「比丘持戒之人，天龍鬼神，所共恭敬；美聲流布，開徹世間；處大眾中，威德明盛；諸善鬼神，常隨守護；臨命終時，正念分明，死卽生於清淨之處。」⇨(大正No.7大1-195a[10]f.)

④「爾時，世尊告諸比丘：『若比丘於五恐怖怨對休息，三事決定，不生疑惑，如實知見賢聖正道，彼聖弟子能自記說：「地獄、畜生、餓鬼惡趣已盡，得須陀洹，不墮惡趣法，決定正向三菩提，七有天人往生，究竟苦邊。」　何等爲五恐怖怨對休息？　若殺生因緣，罪、怨對、恐怖生；若離殺生者，彼殺生罪、怨對因緣 生恐怖休息。 若偷盜、邪婬、妄語、飲酒罪 怨對因緣生恐怖； 彼若離偷盜、邪婬、妄語、飲酒罪、怨對者因緣 恐怖休息，是名罪、怨對 因緣生五恐怖休息。 何等爲三事決定，不生疑惑？ 謂 於佛決定離於疑惑，於法、僧決定離疑惑，是名三法決定離疑惑。　何等名爲聖道如實知見？ 謂 此苦聖諦如實知，此苦集聖諦、此苦滅聖諦、此苦滅道跡聖諦如實知，是名聖道如實知見。』」⇨(雜845大2-215c^{-5}f.)

⑤「因持戒便得不悔，因不悔便得歡悅，因歡悅便得喜，因喜便得止，因止便得樂，因樂便得定。阿難！多聞聖弟子因定便得見如實、知如眞，因見如實、知如眞，便得厭，因厭便得無欲， 因無欲便得解脫，因解脫便知解脫— 生已盡，梵行已立，所作已辦，不更受有，知如眞。— 阿難！是爲法法相益，法法相因，如是此戒趣至第一，謂度此岸，得至彼岸。」⇨(中42大1-485b^{8}f.)

⑥「所謂戒者，息諸惡故，戒能成道，令人歡喜，戒纓絡身，現眾好故。夫禁戒者，猶吉祥瓶，所願便剋；諸道品法，皆由戒成。如是，比丘！行禁戒者，成大果報，諸善普至，得甘露味，至無爲處。」⇨(增3-4大2-555a^{-10}f.)

⑦「吾今成佛由其持戒，五戒、十善，無願不獲。諸比丘！若欲成其道者，當作是學！」⇨(增24-6大2-626a^{-8}f.)

⑧〖由譬喻看 戒德〗

(1)【比丘顏色】

「何謂比丘顏色增益？ 於是比丘戒律具足，成就威儀；見有小罪，生大怖畏；等學諸戒，周滿備悉；是爲 比丘顏色增益。」⇨(長6大1-42b^{1}f.)

(2)【香】

「非根莖華香， 能逆風而熏； 唯有善士女， 持戒清淨香，
逆順滿諸方， 無不普聞知。」⇨(雜1073大2-278c^{-2}f.)

(3)【地】

「時，彼天子說偈問佛：『何物重於地？ 何物高於空？ 何物疾於風？ 何物多於草？』 爾時，世尊說偈答言：

『戒德重於地， 慢高於虛空， 憶念疾於風， 思想多於草。』」

⇨(雜1298大2-357a^{-2}f.)

(4)【水】

「世尊爲彼梵志而說頌曰：『妙好首梵志！ 若入多水河， 是愚常遊戲，不能淨黑業。 好首何往泉，何義多水河， 人作不善業， 清水何所益？ 淨者無垢穢， 淨者常說戒， 淨者清白業， 常得清淨行。 若汝不殺生， 常不與不取， 眞諦不妄語， 常正念正知。 梵志如是學， 一切眾生安，梵志何還家？ 家泉無所淨。 梵志汝當學， 淨洗以善法， 何須弊惡水， 但去身體垢。』

梵志白佛曰：『我亦作是念：淨洗以善法， 何須弊惡水。』」

⇨(中93大1-575c^{-9}f.)

⑸【纓絡、吉祥瓶】

「戒能成道，令人歡喜，戒纓絡身，現眾好故。 夫 禁戒者，猶吉祥瓶，所願便剋；諸道品法，皆由戒成。」⇨(增3-4大2-555a^{-10}f.)

§2-0-1 【戒的分類】

①〖戒行〗

「佛告波斯匿王：『汝今且止，汝亦不知是阿羅漢，非阿羅漢，不得他心智故。且當親近觀其戒行，久而可知，勿速自決！審諦觀察，勿但洛莫！當用智慧，不以不智。經諸苦難，堪能自辯；交契計挍，眞僞則分。見說知明，久而則知，非可卒識，當須思惟，智慧觀察！……」⇨(雜1148大2-306a^{1}f.)

②⑴〖作持戒 ∾ 止持戒〗

“Tattha saddhāviriyasādhanaṁ cāritaṁ, saddhāsādhanaṁ vārittaṁ. Evaṁ cāritta-vārittavasena duvidhaṁ” ⇨ ＊(VM 11^{-12}f.)

⑵〖學戒 ∾ 無學戒〗

「爾時，尊者阿難語 摩訶男：『學人亦有戒，無學人亦有戒； 學人有三昧，無學人亦有三昧；學人有慧，無學人亦有慧；學人有解脫，無學人亦有解脫。』 摩訶男問尊者阿難：『云何爲學人戒？云何爲無學人戒？……云何無學人解脫？』

尊者阿難語摩訶男：『此聖弟子住於戒婆羅提木叉律儀，威儀行處，受持學戒；受持學戒具足已，離欲、惡不善法，……乃至第四禪具足住；如是三昧具足已，此苦聖諦如實知，此苦集如實知，此苦滅如實知，此苦滅道跡如實知；如是知、如是見已，五下分結已斷已知，謂身見、戒取、疑、貪欲、瞋恚，此五下分結斷，於彼受生，得般涅槃阿那含，不復還生此世。彼當爾時，成就學戒、學三昧、學慧、學解脫。

復於餘時，盡諸有漏，無漏解脫、慧解脫，自知作證：我生已盡，梵行已立，所作已作，自知不受後有。彼當爾時成就無學戒、無學三昧、無學慧、無學解脫。如是，摩訶男！是名世尊所說學戒、學三昧、學慧、學解脫，無學戒、無學三昧、無學慧、無學解脫。』」⇨(雜934大2-239a^{7}f.)

(3)〖時限戒 ∾ 終身戒〗

「常以月八日、十四、十五日，受化修齋戒，其人與我同。」

⇨(長30大1-135a^{-8}f.)

∾《中202 持齋經》作：盡形壽持八戒。(大1-770b^{-2}f.)

「爾時，帝釋天主，聞法見法而能了知，住法堅固，斷諸疑惑，如是證已；從座而起，偏袒右肩，合掌頂禮，而白佛言：『世尊！我得解脫！我得解脫！從於今日，盡其壽命，歸佛、法、僧，持優婆塞戒。』」

⇨(大正No. 15大1-250a^{-5}f.)

(4)〖世間戒 ∾ 出世間戒〗

「何等爲正志？ 正志有二種。 有正志 世、俗、有漏、有取，向於善趣；有正志是 聖、出世間、無漏、不取，正盡苦，轉向苦邊。何等爲正志 世、俗、有漏、有取，向於善趣？ 謂正志 —出要覺、無恚覺、不害覺— 是名 正志 世、俗、有漏、有取，向於善趣。 何等正志是 聖、出世間、無漏、不取，正盡苦，轉向苦邊？ 謂聖弟子(於)苦(作)苦(相應)思惟，集、滅、道道思惟；無漏思惟相應心法，分別、自決、意解、計數、立意，是名正志 是聖、出世間、無漏、不取，正盡苦，轉向苦邊。

何等爲正語？ 正語有二種。 有正語 世、俗、有漏、有取，向於善趣；有正語 是聖、出世間、無漏、不取，正盡苦，轉向苦邊。 何等爲正語世、俗、有漏、有取，向於善趣？ 謂正語— 離妄語、兩舌、惡口、綺語，—是名正語世、俗、有漏、有取，向於善趣。 何等正語是聖、出世間、無漏、不取，正盡苦，轉向苦邊？ 謂聖弟子(於)苦(作)苦(相應)思惟，集、滅、道道思惟；除邪命，念口四惡行、諸餘口惡行，離於彼，無漏、遠離、不著，固守、攝持不犯，不度時節，不越限防，是名正語是聖、出世間、無漏、不取，正盡苦，轉向苦邊。

何等爲正業？ 正業有二種。 有正業 世、俗，有漏、有取，向於善趣；有正業 是聖、出世間，無漏、不取，正盡苦，轉向苦邊。 何等爲正業 世、俗，有漏、有取，轉向善趣？ 謂離殺、盜、婬，是名正業世、俗、有漏、有取，轉向善趣。 何等爲正業是 聖、出世間、無漏、不取，正盡苦，轉向苦邊？ 謂聖弟子 苦苦思惟，集、滅、道道思惟，除邪命，念身三惡行、諸餘身惡行數，無漏、心不樂著，固守、執持不犯，不度時節，不越限防， 是名正業是 聖、出世間、無漏、不取，正盡苦，轉向苦邊。

何等爲正命？ 正命有二種 有正命 是世、俗、有漏、有取，轉向善趣；有正命是 聖、出世間、無漏、不取，正盡苦，轉向苦邊。 何等爲正命世、俗、有漏、有取，轉向善趣？ 謂如法求衣食、臥具、隨病湯藥，非不如法；是名正命 世、俗、有漏、有取，轉向善趣。 何等爲正命是 聖、出世間、無漏、不取，正盡苦，轉向苦邊？ 謂聖弟子 苦苦思惟，集、滅、道道思惟，於諸邪命無漏、不樂著，固守、執持不犯，不越時節，不度限防， 是名正命是 聖、出世間、無漏、不取，正盡苦，轉向苦邊。」⇨(雜785大2-203b^{2}f.)

(5)〖善戒 ∾ 不善戒〗

「云何不善戒耶？ 不善身行，不善口、意行，是謂不善戒。 云何善戒耶？ 善身業，善口、意業，是謂 善戒 」⇨(中179大1-721a^{2}f.)

〖不善戒〗如：牛戒、犬戒、鹿戒、龍戒、金翅鳥戒……瘂戒 *cf.*(長30大1-128a^{7}f.~^{17})

③(1)〖比丘戒 ∾ 比丘尼戒 ∾ 優婆塞戒 ∾ 優婆夷戒〗

「大迦葉賢聖眾，選(阿)羅漢得四十人，從阿難得四阿含；……四阿含佛之道樹也。因相約束，受比丘僧，二百五十清淨明戒，比丘尼戒五百事，優婆塞戒有五，優婆夷戒有十。」⇨(大正No.5大1-175c^{2}f.)

(2) 1.〖別解脫律儀(戒)〗←【正信】(情)♣

「具諸戒行，不害眾生；捨於刀杖，懷慙愧心，慈念一切，是爲不殺 ……入海採寶之事；入我法者，無如此事。」⇨(長20大1-83c^{14}~84a^{-4})

2.〖活命遍淨(戒)〗←【正勤】(意)♣

「摩納！如餘沙門、婆羅門食他信施，無數方便，但作邪命，諂諛美辭，現相毀訾，以利求利；入我法者，無如此事。……瞻相吉凶，說其盛衰。入我法者，無如是事；但修聖戒，無染著心，內懷喜樂。」

⇨(長20大1-84a^{-4} ~84c^{13})

3.〖根律儀(戒)〗←【正念、正知】(知、情、意)♣

「目雖見色而不取相，眼不爲色之所拘繫，………彼有如是聖戒，得聖諸根。」⇨(長20大1-84c^{13} ~84c^{-10})

4.〖資具依止(戒)〗←【正見】(知)♣

「食知止足，亦不貪味，趣以養身，令無苦患而不貢高；調和其身，令故苦滅，新苦不生，有力無事，令身安樂 猶如有人以藥塗瘡，趣使瘡差，不求飾好，不以自高。摩納！比丘如是，食足支身，不懷慢恣。又如膏車，欲使通利以用運載，有所至到；比丘如是，食足支身，欲爲行道。摩納！比丘如是成就聖戒，得聖諸根，食知止足。……」

⇨(長20大1-84c^{-10} ~84c^{-2})

§2-0-2【波羅提木叉律儀戒(pātimokkha-saṁvara-sīla)】

「何等爲♣增上戒學[1]？　若比丘住於戒，♣波羅是木叉律儀[2]，♣威儀[3]、♣行處[4]具足，見♣微細罪[5]則生怖畏，受持♣學戒[6]。」⇨(雜817大2-210a^{-4})

"Katamā ca bhikkhave ♣adhisīlasikkhā[1]?
Idha bhikkhave bhikku sīlavā hoti ♣pātimokkha-saṁvarasaṁvuto[2] viharati ♣ ācāra[3] -♣ gocara[4]-sampanno ♣ aṇumattesu vajjesu[5] bhayadassāvī samādāya sikkhati ♣sikkhāpadesu[6]." ⇨(A3,88 A i.235[18] f.; A2,4,5 A i.63^{-7}f.)

♣[1]　〖增上戒學〗—(雜565大2-148c^{-11})作：〖戒清淨〗；(雜637大2-176b^{-4})作：〖學戒成就〗；(別雜146大2-429a^{-2})作：〖色具足〗；(中146大1-657a[12])作：〖受比丘要〗

♣[2]　〖波羅提木叉律儀〗

＝ 守護從解脫(中146大1-657a[13])

∾ 波羅提木叉⇨(別雜146大2-429a^{-2}f.)

∾ 說波羅提木叉修多羅(雜819大2-210b[15])

∾ 說戒(雜809大2-207c^{-11})

♣[3]　〖正行〗

(1)【法行】

「佛告婆羅門長者：『行法行、行正行，以是因緣故，身壞命終，得生天上。』　復問：『世尊！行何等法行、何等正行，身壞命終，得生天上？』佛告婆羅門長者：『謂離殺生……乃至正見，十善業跡因緣故，身壞命終，得生天上。……以法行、正行故，持戒清淨，心離愛欲，所願必得。欲求斷三結，得須陀洹、斯陀含、阿那含果，無量神通，天耳、他心智、宿命智、生死智、漏盡智皆悉得。　所以者何？　以法行、正行故，持戒 離欲，所願必得。』」⇨(雜1042大2-273a[1]f.)

⑵【行不犯戒】

「或有人往來行步 不行卒暴，眼目視瞻恆隨法教， 著衣持鉢亦復隨法，行步視地不左右顧望； 然復犯戒不隨正行，實非沙門而似沙門。」

⇨(增25-7大2-634a^{-6}f.)

⑶【不求生天】

「爾時，世尊說偈答曰：『所謂比丘者， 非但以乞食； 受持在家法，是何名比丘？ 於功德過惡 俱離 修正行； 其心無所畏， 是則名比丘。』」⇨(雜97大2-27a^{3}f.) *cf.* (長23大1-96b$^{-10\sim-9}$)(雜1286大2-354$^{-12\sim-1}$) *cf.*「比丘功德」⇨(雜1317大2-361c$^{13\sim17}$)

⑷【正知而行】

「云何名比丘正智(♣知)？ 若比丘去來威儀常隨正智，廻顧視瞻，屈伸俯仰，執持衣鉢，行住坐臥，眠覺語默，皆隨正智住，是正智。」

⇨(雜622大2-174a^{14}f.≒ S47,2 S v.142^{13}f.)

⑸【佛正行】

「我見沙門瞿曇著衣、已著衣，被衣、已被衣，出房、已出房，出園、已出園，行道至村間，入村、已入村，在巷，入家、已入家，正床、已正床，坐、已坐，澡手、已澡手，受飲食、已受飲食，食、已食，澡手呪願，從坐起，出家、已出家，在巷，出村、已出村，入園、已入園，入房、已入房。 (師)尊！沙門瞿曇著衣齊整，不高不下，衣不近體，風不能令衣遠離身。……沙門瞿曇隨眾說法，聲不出眾外，唯在於眾；爲彼說法，勸發渴仰，成就歡喜。無量方便爲彼說法，勸發渴仰，成就歡喜已，卽從坐起，還歸本所。 尊！沙門瞿曇其像如是，但有殊勝復過於是。………』」

⇨(中161大1-686c^{-4}~687c^{7})

⑹【戒正行(sīla-samâcāra)】

「師尊！復次，如是世尊有關人之戒正行之說法，斯是無上之(法)。師尊！在世有一部分人是誠實、有信、不詐欺、不喃喃虛言、不占相者、不變戲法亦不以利求利者，是於諸根守門、於食知量、作正知、專修警寤、發勤無倦怠、禪思、具念、應辯善巧、品行端正、有果斷、有覺慧、於諸欲無貪求、正念、賢明者。師尊！關於人之戒正行(之說法)，斯是無上之(法)也。」⇨(D 28 Diii.106^{-4}f.≒長18大1-78a$^{-7\sim-1}$)

♣[4] 〖行處〗

(1)【近依行處】

「如來、無所著、等正覺說有十法而可尊敬；我等若見比丘有此十法者，則共愛敬、尊重、供養、宗奉，禮事於彼比丘。云何為十？　雨勢！比丘修習禁戒，守護從解脫，又復善攝威儀禮節；見纖芥罪，常懷畏怖，受持學戒。雨勢！我等若見比丘極行增上戒者，則共愛敬、尊重、供養、宗奉、禮事於彼比丘。……[1] 意所惟觀，明見深達；[2] 極多聞者；[3] 極善知識者；[4] 極樂住遠離者；[5] 極樂燕坐者；[6] 極知足者；[7] 極有正念者；[8] 極精懃者；[9] 極行慧者；[10] 諸漏盡者。 我等若見比丘諸漏盡者，則共愛敬尊重、供養、宗奉，禮事於彼比丘。雨勢！世尊知見，如來、無所著、等正覺說此十法而可尊敬。雨勢！我等若見比丘行此十法者，則共愛敬、尊重、供養、宗奉，禮事於彼比丘。」⇨(中145大1-654c13f.)

(2)【守護行處】

「我見沙門瞿曇著衣、已著衣，被衣、已被衣，出房、已出房，……入房、已入房。……」⇨(中161大1-686c-4f.)

cf.〈p.3-15 三.§2-0-2〖正行〗之(5)〉

(3)【近縛行處】

「爾時，世尊告諸比丘：『過去世時有一鳥，名曰羅婆(Lāpa鶉)，為鷹所捉，飛騰虛空；於空鳴喚言：『我不自覺，忽遭此難；　我坐(♣因也。)捨離父母境界而遊他處，故遭此難。如何今日為他所困，不得自在。』　鷹語羅婆：『汝當何處 自有境界而得自在？』 羅婆答言：『我於田耕壟中自有境界，足免諸難，是為我家父母境界。』　鷹於羅婆起憍慢言：『放汝令去，還耕壟中，能得脫以不？』

於是，羅婆得脫鷹爪，還到耕壟大塊之下，安住止處；然後於塊上欲與鷹鬪。 鷹則大怒：『彼是小鳥，敢與我鬪？』 瞋恚極盛，駿飛直搏。於是，羅婆入於塊下，鷹鳥飛勢，臆衝堅塊，碎身卽死。……

如是，比丘！如彼鷹鳥，愚癡自捨所親父母境界，遊於他處，致斯災患。　汝等比丘亦應如是，於自境界所行之處，應善守持；離他境界，應當學！比丘！他處他境界者， 謂五欲境界 —眼見可意、愛、念妙色，欲心染著；　耳識聲、鼻識香、舌識味、身識觸 可意、愛、念妙觸，欲心染著— 是名比丘他處他境界。比丘！自處父母境界者，謂 四念處。云何為四？ 謂身身觀念處，受、心、法法觀念處。 是故，比丘！於自行處父母境界而自遊行，遠離(自處，於) 他處他境界，應當學！』」

⇨(雜617大2-172c-5f.)

♣5 【微細罪】 “aṇuppamāṇesu asañcicca āpannasekhiya-akusalacitt'up=pādâdibhedesu …” ⇨＊(VM 20[1]f.)

♣6 學戒(sikkhā-pada)〈PE-d.〉：“code of training, rule” ⇨(p.708a)

§ 2-0-3 【根律儀戒(indriya-saṁvara-sīla)】

①「若眼見色， ♣不取色相、不取隨形好1 ；若諸眼根增♣不律儀[2] ，無明、闇障、世間貪憂♣以漏其心；生諸律儀，防護於眼、耳、鼻、舌、身、意。」

⇨(雜275大2-73b[1]f.) 「♣以漏其心」根據 ⇨(雜279大2-76a-2)

② “Idha bhikkhave bhikkhu cakkhunā rūpaṁ disvā ♣na nimittaggahī hoti nânuvyañjanaggāhī.[1] Yatvâdhikaraṇam enaṁ cakkhu'ndriyaṁ ♣asaṁ=vutam[2] viharantam abhijjhā domanassā pāpakā akusalā dhammā anvās=saveyyuṁ. Tassa saṁvarāya paipajjati rakkhati cakkhu'ndriyaṁ ca=kku'ndriye saṁvaraṁ āpajjati.……” ⇨(S 35,198 Siv.176[3]f.)

♣1 〖不取色相　　不取隨形好〗⇨(雜275)

不起想著	無有識念 ⇨(增21-6)
不受想	不味色 ⇨(中146)
不執〔總〕相	不執別相 ⇨(相應部 35,198)
mā nimittaggāhino	mā anuvyañjanaggāhino ⇨(S 35,127)

♣2 〖不律儀〗

(1)「於此六根不調伏、不關閉、不守護、不執持、不修習……」

⇨(雜279大2-76a-9f.)

(2) “Cha yime bhikkhave phassâyatanā adantā aguttā arakkhitā asaṁvutā dukkhâdhivahaṁ honti.” ⇨(S 35,94 Siv.70[3]f.)

(3)【律儀 ∾ 不律儀】

「云何律儀？ 云何不律儀？ 愚癡無聞凡夫眼見色已，於可念色而起貪著，不可念色而起瞋恚； 於彼次第隨生眾多覺想相續，不見過患；復見過患，不能除滅。耳、鼻、舌、身、意亦復如是。 比丘！是名不律儀。云何律儀？ 多聞聖弟子若眼見色，於可念色不起欲想，不可念色不起恚想；次第不起眾多覺想相續住。見色過患；見過患已，能捨離。 耳、鼻、舌、身、意亦復如是；是名律儀。」⇨(雜1170大2-313a[3]f.)

③〖無上修根〗

「時，有年少名鬱多羅(Uttara)，是波羅奢那(Pārāsariya)弟子，來詣佛所；恭敬問訊已，退坐一面。爾時，世尊告鬱多羅：『汝師波羅奢那為汝等說修諸根不？』 鬱多羅言：『說已，瞿曇！』 佛告鬱多羅：『汝師波羅奢那云何說修諸根？』 鬱多羅白佛言：『我師波羅奢那說：「眼不見色，耳不聽聲，是名修根。」』 佛告鬱多羅：『若如汝(師)波羅奢那說，盲者是修根不？ 所以者何？ 如唯盲者眼不見色。』 爾時，尊者阿難在世尊後，執扇扇佛；尊者阿難語鬱多羅言：『如波羅奢那所說， 聾者修根不？ 所以者何？ 如唯聾者耳不聞聲。』

爾時，世尊告尊者阿難：『異於賢聖法、律無上修諸根。』 阿難白佛言：『唯願世尊為諸比丘說賢聖法、律無上修根，諸比丘聞已，當受奉行。』 佛告阿難：『諦聽！善思！當為汝說。[1] 緣眼、色，生眼識，見可意色，欲修如來厭離正念正智。 [2] 眼、色緣 生眼識，不可意故，修如來不厭離正念正智。 [3] 眼、色緣 生眼識，可意不可意，欲修如來厭離、不厭離正念正智。 [4] 眼、色緣 生眼識，不可意可意，欲修如來不厭離、厭離正念正智。 [5] 眼、色緣 生眼識，可意，不可意，可不可意， 欲修如來厭、不厭、俱離捨心住正念正智。』如是，阿難！若有於此五句，心善調伏、善關閉、善守護、善攝持、善修習，是則於眼、色 無上修根；耳、鼻、舌、身、意 法，亦如是說。阿難！是名賢聖法、律無上修根。』」⇨(雜282大2-78a[-7]f.)
⇨〈p.5-41 (6)〉*cf.*【以賢聖戒律成就 善攝根門】⇨雜636大2-176b[1]f.)

§2-0-4【活命遍淨戒(ājīva-pārisuddhi-sīla)】

①「正命亦有二：求財以道，不貪苟得，不詐紿心於人，是為世間正命；以離邪業，捨世占侯，不犯道禁，是為道正命。」⇨(大正No.46大1-836c[8]f.)

②「入海採寶之事；入我法者，無如此事。 摩納！如餘沙門、婆羅門食他信施，無數方便，但作邪命，諂諛美辭，現相毀訾，以利求利；入我法者，無如此事。……瞻相吉凶，說其盛衰；入我法者，無如是事。」⇨(長20大1-84a[-5]f.)

③〚世間 ∾ 出世間正命〛

「何等爲正命？ 正命有二種。有正命，是世、俗、有漏、有取，轉向善趣；有正命是 聖、出世間、無漏、不取，正盡苦，轉向苦邊。 何等爲正命世、俗、有漏、有取，轉向善趣？ 謂如法求衣食、臥具、隨病湯藥，非不如法；是名正命世、俗、有漏、有取，轉向善趣。何等爲正命是聖、出世間、無漏、不取，正盡苦，轉向苦邊？ 謂聖弟子 苦苦思惟，集、滅、道道思惟，於諸邪命無漏、不樂著，固守、執持不犯，不越時節，不度限防，是名正命是聖、出世間、無漏、不取，正盡苦，轉向苦邊。」⇨（雜785大2-203c[3]f.）

④〚（俗人）正命以自活〛

「云何爲正命具足？ 謂善男子所有錢財出內稱量，周圓掌護，不令多入少出也，多出少入也。 如執秤者，少則增之，多則減之，知平而捨。 如是，善男子稱量財物，等入等出；莫令入多出少，出多入少。若善男子無有錢財而廣散用，以此生活，人皆名爲優曇鉢（Udumbara無花）果，無有種子，愚癡貪欲，不顧其後。 或有善男子財物豐多，不能食用，傍人皆言是愚癡人 如餓死狗。 是故，善男子所有錢財能自稱量，等入等出，是名正命具足。」

⇨（雜91大2-23b[11]f.）

⑤〚（沙門釋子）淨命自活〛

「尊者舍利弗言：『姊妹！諸所有沙門、婆羅門明於事者、明於橫法、邪命求食者，如是沙門、婆羅門下口食也。若諸沙門、婆羅門仰觀星曆，邪命求食者，如是沙門、婆羅門則爲仰口食也。若諸沙門、婆羅門爲他使命，邪命求食者，如是沙門、婆羅門則爲（四）方口食也。若有沙門、婆羅門爲諸醫方種種治病，邪命求食者，如是沙門、婆羅門則爲四維口食也。姊妹！我不墮此四種邪命而求食也。 然我，姊妹！但以法求食而自活也；是故我說 不爲四種食也。』 時，淨口外道出家尼聞尊者舍利弗所說，歡喜隨喜而去。 時，淨口外道出家尼於王舍城里巷四衢處讚歎言：『沙門釋子淨命自活，極淨命自活……』」⇨（雜500大2-131c[-8]f.）

⑥〚種種邪命〛⇨（雜508大2-135a[8]f. ~雜521大2-137b[3] ）

∾《長16善生經》《中135善生經》*cf.*《大正No.16,17》

§ 2-0-5【資具依止戒(paccayasannissita-sīla)】

「若用衣服，非爲利故，非以貢高故，非爲嚴飾故；但爲蚊虻、風雨、寒熱故，以慚愧故也。若用飲食，非爲利故，非以貢高故，非爲肥悅故；但爲令身久住，除煩惱、憂慼故，以行梵行故，欲令故病斷，新病不生故，久住安隱無病故也。若用居止房舍、床褥、臥具，非爲利故，非以貢高故，非爲嚴飾故；但爲疲倦得止息故，得靜坐故也。若用湯藥，非爲利故，非以貢高故，非爲肥悅故；但爲除病惱故，攝御命根故，安隱無病故。　若不用者，則生煩惱、憂慼；用則不生煩惱、憂慼；是謂有漏從用斷也。」⇨(中10大1-432b^{-8}f.)

cf. (增40-6大2-741a$^{1\sim13}$;大正No.31大1-813c^{-13}~814a^{-1};長20大1-84c$^{-10\sim-3}$)

〖四資具〗：①衣服 ②飲食 ③居止 ④湯藥

♣〖素食〗

(1)【不殺生食】○

「不殺生，敎人不殺，口常讚歎不殺功德，見不殺者心隨歡喜；……」⇨(雜1059大2-275c^{10}f.)

(2)【不肉食】

苦行者 →「不噉魚，不食肉，不飲酒。」⇨(大1-441c^{-7}f.)

「福罽(Pukkusa)避坐言：『從今日始，身 自歸佛，自歸道法，自歸聖眾，受清信戒 一身 不殺，不妄取，不婬泆，不欺僞，不飲酒，不噉肉，無有犯。』」⇨(大1-184a^{13}f.) ∾ (大1-19b^{-11}f.)⇦ 「(福貴)白佛言：『我今歸依佛，歸依法，歸依僧，唯願如來聽我於正法中，爲優婆塞；自今已後盡壽，不殺、不盜、不婬、不欺、不飲酒；唯願世尊聽我於正法中，爲優婆塞。』」

∾《V 1 b 5, 1～8》Pāṭidesaniya(提舍尼)

「比丘尼 無病乞食[1] sappi(酥)、[2] tela(ㄉㄜㄉㄚ油)、[3] madhu(蜜)、[4] phāṇita(砂糖)、[5] maccha(魚)、[6] maṁsa(肉)、[7] khīra(乳)、[8] dadhi(酪)者，應懺悔！」⇨(V iv. 347f.)

∾《梵網經盧舍那佛說 菩薩心地戒品第十卷下》:「若佛子 故食肉，一切肉不得食； 夫 食肉者斷大慈悲性種子，一切眾生見而捨去；是故，一切菩薩不得食一切眾生肉，食肉得無量罪；若故食者 犯輕垢罪。」⇨(大24-1005b^{10}f.)

(3)【不食動物質】

乳、蛋。

「莫如提婆達兜，貪著利養……勿起利養之心，制令不起，已起利養之心，求方便而滅之。」⇨(大2-759c^{-13}f.)∾「不 飡(♣餐)於乳酪， 魚肉及以鹽， 長縷、在村中， 是天授(Devadatta)五法。」⇨(根本說一切有部毘奈耶破僧事 卷十 大24-149b^{-9}f.)(♣ 盡形壽持此五法)《大毘婆沙論卷百一六》大27-602c^{1}f.

∾「提婆達多誹謗聖說……於其徒眾別立五法；便告之曰：『爾等應知，沙門喬答摩及諸徒眾 咸食乳酪；吾等從今更不應食。何緣由此 令彼犢兒鎮嬰飢苦！又沙門喬答摩 聽食魚肉；吾等從今更不應食。何緣由此 於諸眾生為斷命事！又沙門喬答摩 聽食鹽；吾等從今更不應食。何緣由此？ 於其鹽內多塵土故。又沙門喬答摩受用衣時，截其縷績；吾等從今受用衣時，留長縷績。何緣由此？ (♣不)壞彼織師作功勞故。又沙門喬答摩住阿蘭若處；吾等從今住村舍內。何緣由此？ (♣不)棄捐施主所施物故。」⇨(毘奈耶破僧事 卷十 大24-149b^{8}f.)

(4)【食菜(純植物食)】

苦行者→「食菜茹或食稗子，或食穄米，或食雜麴，或食頭頭邏食，或食麤食，或至無事處，依於無事，或食根或食果，或食自落果。」⇨(大1-441c^{-1}f.)

(5)【不葷食】

∾《梵網經盧舍那佛說 菩薩心地戒品第十卷 下》：「若佛子不得食五辛 —大蒜、革葱、薤葱、蘭葱、興蕖— 是五種 一切食中不得食。 若故食者 犯輕垢罪。」⇨(大24-1005b^{14}f.)

∾《楞嚴經 卷八》「諸眾生求三摩提，當斷世間五辛菜；此五種辛菜 熟食發淫，生啖增恚。……」⇨(大19-141c)

(6)【無罪食】○♣

「云何名依於穢食，當斷穢食？ 謂聖弟子於食計數思惟而食 —無著樂想、無憍慢想、無摩拭想、無莊嚴想，為持身故、為養活故、治飢渴病故、攝受梵行故，宿諸受令滅，新諸受不生，崇習長養 若力、若樂 若觸，當如是住。譬如 商客以酥油膏以膏其車，無染著想、無憍慢想、無摩拭想、無莊嚴想，為運載故。如病瘡者塗以酥油，無著樂想、無憍慢想、無摩拭想、無莊嚴想，為瘡愈故— 如是，聖弟子計數而食 —無染著想、無憍慢想、無摩拭想、無莊嚴想，爲養活故、治飢渴故、攝受梵行故，宿諸受離，新諸受不起，若力、若樂、若無罪觸安隱住— 姊妹！是名依食斷食。」

⇨(雜564大2-148a^{-3}f.)

(7)【明、解脫食】◌♣

「明、解脫亦有食，非無食；何謂明、解脫食？ 答曰：『七覺支爲食。』七覺支亦有食，非無食； 何謂七覺支食？ 答曰：『四念處爲食。』 四念處亦有食，非無食；何謂四念處食？ 答曰：『三妙行爲食。』三妙行亦有食，非無食； 何謂三妙行食？ 答曰：『護諸根爲食。』 護諸根亦有食，非無食； 何謂護諸根食？ 答曰：『正念、正智爲食。』 正念、正智亦有食，非無食； 何謂正念、正智食？ 答曰：『正思惟爲食。』正思惟亦有食，非無食； 何謂正思惟食？ 答曰：『信爲食。』信亦有食，非無食；何謂信食？ 答曰：『聞善法爲食。』 聞善法亦有食，非無食；何謂聞善法食？ 答曰：『親近善知識爲食。』親近善知識亦有食，非無食； 何謂親近善知識食？ 答曰：『善人爲食。』」

⇨(中52大1-488b^{-3}f.)

(8)【出世間食】◌♣

「夫 觀食有九事：四種人間食，五種出人間食。 云何四種是人間食？一者、揣(♣摶)食，二者、更樂(♣觸)食，三者、念(♣思)食，四者、識食， 是謂世間有四種之食。 彼云何名爲五種之食 出世間之表？ 一者、禪食，二者、願食，三者、念食，四者、八解脫食，五者、喜食，是謂名爲五種之食。 如是，比丘！五種之食 出世間之表 當共專念；捨除四種之食，求於方便辦五種之食。如是，比丘！當作是學！」⇨(增45-4大2-772b^{14}f.)

§ 3-0-1 【戒之淨化】

①〖不破壞一切學處〗

「聖弟子自念淨戒：不壞戒、不缺戒、不污戒、不雜戒、不他取戒、善護戒、明者稱譽戒、智者不厭戒。 聖弟子如是念戒時，不起貪欲、瞋恚、愚癡，……乃至念戒所熏，昇進涅槃。」⇨(雜931大2-238a^{12}f.)

“ariyasāvako attano sīlāni anussarati(自隨念戒): akhaṇḍāni acchiddāni asabalāni akammāsāni bhujissāni viññūpassahāni aparāmaṭṭhāni samādhi saṁvattanikāni.” ⇨(A 6,10 Aiii..286^{-13}f.)

②〖已破壞而可懺悔者 懺悔已〗

(1)「……所言死者，謂 捨戒還俗，失正法、正律；同死苦者，謂 犯正法、律，不識罪相，不知除罪。爾時，世尊卽說偈言：『龍象拔藕根， 水洗而食之； 異族象効彼， 合泥而取食，因雜泥食故，羸病遂至死。」⇨(雜1083大2-284b[12]f.)

(2)「阿難！汝見其中有二比丘，各各異意而起鬪諍：是法、是非法，是律、是非律，是犯、是非犯；或輕、或重；可悔、不可悔，可護、不可護；有餘、無餘，起、不起。」⇨(中196大1-753c[1]f.)

(3)「尊者優婆離復問曰：『世尊！若比丘眾共和合，應與面前律者而與憶律，應與憶律者而與面前律，是如法業、如律業耶？』 世尊答曰：『不也，優婆離！』 尊者優婆離復問曰：『……應與憶律者……應與不癡律者……應與自發露律者……應與君者……應責數者……應下置者……應舉者……應擯者……應與憶者……應從根本治者……應驅出者……應行不慢者……應治者……』 『優婆離！若比丘眾共和合，應行不慢而治，應治而行不慢者，是不如法業、不如律業；眾亦有罪。 優婆離！若比丘眾共和合，隨所作業卽說此業者，是如法業、如律業；眾亦無罪。 優婆離！若比丘眾共和合，應與面前律卽與面前律……應治卽治者，優婆離！汝當如是學！」⇨(中197大1-755c^{-7}~756c^{-1}= V 2 a 9,6 V i. 325^{-9}f.) *cf.*(大1-754d)

∾〖如律業〗如法羯磨⇨(中196大1-754a^{-9}f.)

應與面前律(sammukhākaraṇīyaṁ kammaṁ 應現前羯磨)；♣(paṭipucchākaraṇī=yaṁ k°應質問羯磨)；應與自發露律(paiññāyakaraṇīyaṁ k°應與自言羯磨)；應與君律(yebhuyyassikā 多數決)；應與憶律(sativinayârahassa應與憶念毗尼)；應與不癡律(amūḷhavinayârahassa 應與不癡毗尼)； 應與展轉止諍律(tassa-pāpiyyasikākammârahassa k° 應求彼罪羯磨)；應與如棄糞掃止諍律(tiṇavatthāka 如草覆地)； 應責數(tajjaniyakammârahassa k° 應苦切羯磨)；應下置(nissayakammârahassa k° 應依止羯磨)；應擯(pabbājaniyakammâr=ahassa k°應驅出羯磨)；♣(paisāraṇiyakammârahassa k° 應下意羯磨/ 應乞容赦所作)； 應舉(ukkhepaniyakammârahassa k° 應舉罪羯磨)；應驅出(par=ivāsârahassa 應與別住)； 應從根本治(mūlāya paṭikassanârahassa 應與本日治)；應行不慢(mānattârahaṁ 應與摩那埵)；應治(abbhānârahaṁ 應出罪)。
⇨(中196大1-754a^{-9}f.)

（七 罪 聚 ）	罪相	懺 悔	除罪
(1) 波羅夷（pārājika）♣[1]	極重罪	僧團不能接受	不能
(2) 僧殘法（saṅghadesesa）♣[2]	重罪	＞20人	能
(3) 不定法（aniyata）	不一定	不一定	不一定
(4) 捨墮法（nissaggiya-pācittiya）	中罪	＞4人	可以
(5) 波逸提（pācittiya）♣[3]	中罪		可以
(6) 提舍尼（pāṭidesanīya）♣[4]	輕罪		可以
(7) 眾學法（sekhiyā dhammā）	微細罪		無罪則

cf.（A 4,242 A ii.241f.）世法 ♣[1] 應斬首 ♣[2] 應杖刑 ♣[3] 應擔灰器 ♣[4] 應受呵責

③〖無 不清淨行〗

「婆羅門白佛言：『何等之人不修梵行，不具足清淨行？』 世尊告曰：『若有人俱會者，此名非梵行。』 婆羅門白佛言：『何等之人漏 行不具足？』 世尊告曰：『若有人與女人交接，或手足相觸，戢在心懷而不忘失；是謂，梵志！行不具足，漏諸婬泆，與婬、怒、癡共相應。

復次，梵志！或與女人共相調戲，言語相加；是謂，梵志！此人行不全具，漏婬、怒、癡，梵行不具足修清淨行。

復次，梵志！若有女人惡眼相視而不移轉，於中便起婬、怒、癡想，生諸亂念；是謂，梵志！此人梵行不淨，不修梵行。

復次，梵志！若復有人遠聞，或聞哭聲或聞笑聲，於中起婬、怒、癡，起諸亂想；是謂，梵志！此人不清淨修梵行，與婬、怒、癡共相應，行不全具。

復次，梵志！若有人曾見女人，後更生想，憶其頭目，於中生想；在屏閑之處，生婬、怒、癡，與惡行相應；是謂，梵志！此人不修梵行。』」

⇨（增37-9大2-714c^{-5}f.＝ A 7,47 A iv.54^{13}f.）

④〖無 二十一穢心〗

「若有二十一穢汚於心者，必至惡處，生地獄中。云何二十一穢？ 邪見心穢……放逸心穢。」⇨（中93大1-575a^{-7}f.）*cf.* 〈p.3-03 §1-0-1 ②之(2)〉

⑤〖生起 少欲等諸德〗

「世尊歎尊者阿那律陀曰：『善哉！善哉！阿那律陀！謂汝在安靜處燕坐思惟，心作是念：道從無欲，非有欲得；道從知足，非無厭得；道從遠離，非樂聚會、非住聚會、非合聚會得；道從精勤，非懈怠得；道從正念，非邪念得

；道從定意，非亂意得；道從智慧，非愚癡得。　阿那律陀！汝從如來更受第八大人之念；受已，便思：道從不戲、樂不戲、行不戲、非戲、非樂戲、非行戲得。阿那律陀！若汝成就此大人八念者，汝必能離欲、離惡不善之法，……(乃)至得第四禪成就遊。』」⇨(中74大1-541a[4]f.)

cf. 〈p.3-28 三.§6-0-1 ①之 (1)〉

§3-0-2 【由 二行相 成就戒淨化】

①〖見破戒之過患〗

(1)「破戒之人，天龍鬼神所共憎厭，惡聲流布，人不喜見，若在眾中，獨無威德；諸善鬼神，不復守護。　臨命終時，心識怖懼，設有微善 悉不憶念，死即隨業受地獄苦；經歷劫數 然後得出，復受餓鬼、畜生之身。　如是轉輪無解脫期。」⇨(大正No.7大1-195a[10]f.)

(2)「世尊告曰：『我為汝說，不令汝等學沙門失沙門道。汝欲成無上梵行者，寧抱木積洞燃俱熾，若坐、若臥；彼雖因此受苦或死，然不以是身壞命終，趣至惡處，生地獄中。　若愚癡人犯戒不精進，生惡不善法，非梵行稱梵行，非沙門稱沙門，若抱剎利女，梵志、居士、工師女，年在盛時，沐浴香熏，著明淨衣，華鬘、瓔珞嚴飾其身，若坐、若臥者；彼愚癡人因是長夜不善不義，受惡法報，身壞命終，趣至惡處，生地獄中。是故，汝等當觀自義、觀彼義、觀兩義。　當作是念：我出家 學不虛不空，有果有報，有極安樂，生諸善處而得長壽，受人信施衣被、飲食、床褥、湯藥，令諸施主得大福祐，得大果報，得大光明者。當作是學！

……寧令力士以緊索毛繩絞勒其腨斷皮，斷皮已斷肉，斷肉已斷筋，斷筋已斷骨，斷骨已至髓而住；彼雖因此受苦或死，然不以是身壞命終，趣至惡處，生地獄中。　若愚癡人犯戒不精進，生惡不善法，非梵行稱梵行，非沙門稱沙門，從剎利、梵志、居士、工師受其信施 按摩身體、支節、手足；……

……寧令力士以瑩磨利刀截斷其髀；彼雖因此受苦或死，然不以是身壞命終，趣至惡處，生地獄中。　若愚癡人犯戒不精進，生惡不善法，非梵行稱梵行，非沙門稱沙門，從剎利、梵志、居士、工師受信施 禮拜，恭敬將迎；……

……寧令力士以鐵銅鍱洞燃俱熾，纏絡其身；彼雖因此受苦或死，然不以是身壞命終，趣至 惡處，生地獄中。 若愚癡人犯戒不精進，生惡不善法，非梵行稱梵行，非沙門稱沙門，從刹利、梵志、居士、工師受信施衣服……

……寧令力士以熱鐵鉗 鉗開其口， 便以鐵丸洞燃俱熾，著其口中；彼熱鐵丸燒脣，燒脣已燒舌，燒舌已燒齗，燒齗已燒咽，燒咽已燒心，燒心已燒腸胃，燒腸胃已下過；彼雖因此受苦或死，然不以是身壞命終，趣至惡處，生地獄中。 若愚癡人犯戒不精進，生惡不善法，非梵行稱梵行，非沙門稱沙門，從刹利、梵志、居士、工師受信施 食無量眾味；……

……寧令力士以鐵銅床洞燃俱熾，強逼使人坐臥其上；彼雖因此受苦或死，然不以是身壞命終，趣至惡處，生地獄中。 若愚癡人犯戒不精進，生惡不善法，非梵行稱梵行，非沙門稱沙門，從刹利、梵志、居士、工師受其信施 床榻臥具；……

……寧令力士以大鐵銅釜洞燃俱熾，撮舉人已，倒著釜中；彼雖因此受苦或死，然不以是身壞命終，趣至惡處，生地獄中。 若愚癡人犯戒不精進，生惡不善法，非梵行稱梵行，非沙門稱沙門，從刹利、梵志、居士、工師受其信施 房舍，泥治堊灑，窗戶牢密，爐火熅暖； 彼愚癡人因是長夜不善不義，受惡法報，身壞命終，趣至惡處，生地獄中。是故汝等當觀自義、觀彼義、觀兩義。 當作是念：我出家 學不虛不空，有果有報，有極安樂，生諸善處而得長壽，受人信施衣被、飲食、床褥、湯藥，令諸施主得大福祐，得大果報，得大光明者。當作是學！』」

⇨(中5大1-425b[1]f.)

(3)「舍利弗告諸比丘：『其犯戒者 以破戒故，所依退減，心不樂住； 不樂住已，失 喜、息、樂、寂靜、三昧；(失三昧已，不)如實知、見；(不如實知、見已，無)厭離、離欲、解脫；(無解脫)已，永不能得無餘涅槃。』」

⇨(雜495大2-129a[11]f.)

(4)「爾時，世尊告諸比丘：『若比丘無慚、無愧，便害愛恭敬；若無愛恭敬，便害其信；若無其信，便害正思惟；若無正思惟，便害正念正智；若無正念正智，便害護諸根……護戒……不悔……歡悅……喜……止……樂……定……見如實、知如眞……厭 無欲……解脫；若無解脫，便害涅槃。』」

⇨(中45大1-486a[8]f.)

②〖見具戒之功德〗 *cf.* 〈p.3-06ff. 三.§1-0-4 ~§1-0-5〉

§4-0-1【戒之雜染】

①〖因貪、瞋、癡煩惱 起破戒業〗

「若有眾生 因欲煩惱，起破戒業， 以是因緣，雖生惡道，形容殊妙，眼目端嚴，膚體光澤，人所樂見……若有眾生，從瞋煩惱起破戒業，以是因緣，生於惡道，形容醜陋，膚體麁澀，人不喜見……若有眾生，從癡煩惱起破戒業，以是因緣，生於惡道，身口臭穢，諸根殘缺。」⇨(大正No.80大1-894b[4]f.)

②〖著 名聞、利養，不獲賢聖戒、定、慧。〗

「爾時，王阿闍世恆以五百釜食給與提婆達兜；彼時，提婆達兜名聞四遠，戒德具足，名稱悉備，乃能使王日來供養。是時，提婆達兜得此利養已；諸比丘聞之，白世尊曰：『國中人民，歎說 提婆達兜名稱遠布， 乃使王阿闍世恆來供養。』 爾時，世尊告諸比丘：『汝等比丘莫施此心，貪提婆達兜利養； 所以然者，提婆達兜愚人 造此三事 —身、口、意行— 終無驚懼，亦不恐怖。 如今提婆達兜愚人，當復盡此諸善功德，如取惡狗 鼻壞之，倍復凶惡。提婆達兜愚人亦復如是，受此利養，遂起貢高。是故，諸比丘亦莫興意著於利養。設有比丘著於利養，而不獲三法。 云何為三？ 所謂賢聖戒、賢聖三昧、賢聖智慧而不成就。 若有比丘不著利養，便獲三法。 云何為三？ 所謂賢聖戒、賢聖三昧、賢聖智慧。若欲成此三法，當發善心，不著利養。』」⇨(增27-7大2-614a^{-11}f.)

③〖(六)不清淨行 相應〗⇨(增37-9大2-714c^{-5}f.) *cf.*〈p.3-24 三.§3-0-1 ③〉

§5-0-1 【具足戒】(sīla-sampanna 戒具足/ 成就聖戒)

「世尊告婆羅門曰：『若如來出現於世……為他人說〔法〕，上、中、下言皆悉眞正，義味具足，梵行清淨。若長者、長者子〔及餘種姓〕，聞此法者信心清淨。已作如是觀 —在家為難，譬如桎梏，欲修梵行不得自在； 今我寧可剃除髮、鬚，服三法衣出家修道。— 彼於異時，捨家財業，棄捐親族，服三法衣，去諸飾好，諷誦毘尼，具足戒律(♣「律」宜作「行」)， 捨殺、不殺……乃至(♣ 省略部分見⇨大1-83c[14]~ 85c[12])心法四禪，現得歡樂。所以者何？ 斯由精勤專念不忘，樂獨閑居之所得也。 婆羅門！是為具戒(♣具足戒)。」⇨(長22大1-96b^{-8}f.≒ D 4 D i. 124$^{-14\sim-6}$；*cf.* 長25大1-103c$^{-13\sim-7}$)

cf.〈p.2-11 二. §2-0-4 ③之 (4)〉*cf.*(D 2 D i. 40^{-11}~ 76[9])

cf. ＊〖道共戒〗

§6-0-1 【頭陀行】

①(1)(A 5,181 Aiii.219⁵f.)⇦ "Mandattā momūhattā āraññako hoti, pāpiccho icchā-pakato āraññako hoti, ummādā cittakkhepā āraññako hoti, 'vaṇṇitaṁ buddhehi buddhasāvakehî' ti āraññako hoti, appicchataṁ yeva nissāya santuṭṭhiṁ yeva nissāya sallekhaṁ yeva nissāya paviv= ekhaṁ yeva nissāya idam atthitam yeva nissāya āraññako hoti. Ime kho bhikkhave pañca āraññakā."

(2)(A.5,182 Aiii.219^{-2})⇦ paṁsukūlikā……(3)(A.5,183 Aiii.219^{-1})⇦ rukkha= mūlikā…… (4)(A.5,184 Aiii.220^{1})⇦ sosānikā……(5)(A.5,185 Aiii.220^{2}) ⇦ abbhokāsikā…… (6)(A.5,186 Aiii.220^{3})⇦ nesajjikā…… (7)(A.5,187 Aiii .220^{4})⇦ yathāsanthatikā……(8)(A.5,188 Aiii.220^{5})⇦ ekâsanikā… …(9)(A.5,189 Aiii.220^{6})⇦ khalupacchâbhattikā…… (10)(A.5,190 Aiii.220^{8})⇦ pattapiṇḍikā……

② 〖Dhuta〗：(1) ＜dhunāti--to shake off (2) ↔ kosajja--scrupulous

③ 〖頭陀法〗(11法～12行～13支)

(V.3,6) (V. v. 131)	(增 11-5) (大 2-569cf.)	(增 49-2) (大 2-795a)	(A5,181~) (A iii. 219f)	(M 113) (M iii. 42)
糞掃衣	著五(補)衲衣	著補衲衣	182	2
三　衣	持三衣	守三衣		
常乞食	乞食	乞食	190	3
次第乞食		不擇家食		
一坐食	一坐一食	一處坐一時食		9
一鉢食	一(鉢)食		188	
時後不食	日正中食	(日)正中食	189	
阿練若住	阿練若行	阿練若(行)	181	1
樹下住	坐樹下	坐樹下	183	4
露地住	露坐	露坐	185	6
塚間住	塚間坐	在塚間	184	5
隨處住	(空閑處)	閑靜處	187	8
常坐不臥	(獨坐)		186	7

④〖佛陀對頭陀行之看法〗

(1)「世尊告曰：『善哉！善哉！迦葉！多所饒益，度人無量，廣及一切，天、人得度；所以然者，若，迦葉！此頭陀行在世者，我法亦當久在於世。設法在世，增益天道，三惡道便滅；亦成須陀洹、斯陀含、阿那含三乘之道，皆存於世。諸比丘！所學皆當如迦葉所習。如是，諸比丘！當作是學！』」⇨(增12-6大2-570b[12]f.)

(2)「爾時，世尊告諸比丘：『其有歎譽阿練若者，則為歎譽我已；所以然者，我今恆自歎譽阿練若行。其有誹謗阿練若者，則為誹謗我已………其有毀辱諸頭陀行者，則為毀辱我已。我今教諸比丘，當如大迦葉所行，無有漏失者；所以然者，迦葉比丘有此諸行。是故，諸比丘！所學常當如大迦葉。如是，比丘！當作是學！』」⇨(增12-5大2-569c[14]f.)

(3)「佛告迦葉：『汝觀幾種義，習阿練若，讚歎阿練若、糞掃衣、乞食，讚歎糞掃衣、乞食法？』迦葉白佛言：『世尊！我觀二種義 —現法得樂住義，復為未來眾生 而作大明— 未來世眾生當如是念：過去上座六神通，出家日久，梵行純熟，為世尊所歎，智慧梵行者之所奉事。彼於長夜習阿練若，讚歎阿練若、糞掃衣、乞食，讚歎糞掃衣、乞食法。 諸有聞者 淨心隨喜，長夜皆得安樂饒益。』 佛告迦葉：『善哉！善哉！迦葉！汝則長夜多所饒益，安樂眾生，哀愍世間，安樂天人。』 佛告迦葉：『若有毀呰頭陀法者，則毀(呰)於我，若有稱歎頭陀法者，則稱歎我。所以者何？頭陀法者，我所長夜稱譽讚歎。是故，迦葉！阿練若者，當稱歎阿練若；糞掃衣、乞食者，當稱歎糞掃衣、乞食法。』」⇨(雜1141大2-301c[13]f.)

⑤〖頭陀支 之 受持、規定、區別、破壞、功德〗 以「糞掃衣支」為例：

(1)受持 —向任何人說「我排斥〔受用〕在家人所施衣，我受持糞掃衣支！」云云

(2)規定 —墓地、路上、草堆、胞胎、沐浴、往還布……沙門、灌頂、神變、天授衣……等衣布，裂取可用部分，洗乾，裁縫成為法衣。

(3)區別 —裹屍布＞ 路邊供養布＞ 腳前供養布

(4)破壞 —心喜在家人所施衣之剎那，破壞頭陀支。

(5)功德 —資具依止 適於行道；住立於第一聖種(衣服知足)；無守護〔衣服〕之苦；生活 不依附他人；不必怖畏盜賊；對受用〔衣服〕不起愛念；沙門合適之〔民生〕必需品；世尊讚歎：「代價少，易得，無罪！」云云使在家人 信樂；完成少欲功德；隨增 正行；做後人之模範。

⇨＊(VM 62~79)

四.【增上定學】(Adhicitta-sikkhā 增上心學)

§1-0-1 【云何為定?】

「善心得一者 是謂定。」⇨(中210大1-788c^{-6}f.)

"Yā cittassa ekaggatā ayaṁ samādhi." ⇨(M 44 M i. 301[13])

"Kusalacittekaggatā samādhi." ⇨ *(VM 84^{-5})

「心住一境」⇨(大正No.12大1-231a^{-3}f.)

「專心守一」⇨(大正No. 46大1-835c^{-5}f.)

「繫心一處」⇨(大正No. 10大1-220c^{-4}f.)

「專注一境，離諸散亂。」⇨(大正No.11大1-222a[10]f.)

「心……不染、不著住故，專精勝進，身心止息，心安極，住不忘，常定一心。」⇨(雜212大2-53c^{-5}f.)

"…… cetaso apariyādānā āraddhaṃ hoti viriyam asallīnaṃ, upaṭṭhitā sati asammuṭṭhā, passaddho kāyo asāraddho, samāhitaṃ cittam ekaggaṃ." ⇨(S 35,134 S iv. 125^{-6}f.)

「若心住不亂、不動、攝受、寂止、三昧、一心，是名正定世、俗、有漏、有取、轉向善趣。」⇨(雜785大2-204a[8]f.)

「正見、正志、正語、正業、正命、正方便、正念，若有以此七支習、助、具，善趣向 心得一者，是謂正定。」⇨(中189大1-735c[5]f.)

"Idha bhikkhave ariyasāvako vossaggârammaṇaṃ karitvā labhati samādhiṃ labhati cittassa ekaggataṃ. Idaṃ vuccai bhikkhave samādh' indriyaṁ." ⇨(S 48,9 S v. 197[14]f.)

「……苦 苦思惟，集、滅、道 道思惟，無漏思惟 相應心法， 住不亂、不散、攝受、寂止、三昧、一心， 是名 正定是聖、出世間、無漏、不取、正盡苦、轉向苦邊。」⇨(雜785大2-203b[8]f.)

§2-0-1 【依何義為定?】

* "Ken, aṭṭhena samādhî ti(依何義為定耶)? Samādhānaṭṭhena samādhi(依等持義為定). Kim idaṃ samādhānaṃ nāma(云何 名此等持)? 'Ekârammaṇe cittacetasikānaṃ(心、心所於一境) samaṃ sammā ca(又平等地、正確地) ādhānaṃ ṭhapanan'ti(定置保持。云云) vuttaṃ hoti(是謂〔等持〕); tasmā

yassa（因此，凡那）dhammassânubhavena（依法之勢力）ekârammaṇe citta-cetasikā（心、心所於一境）samaṁ sammā ca（又 平等地、正確地）avikkh=ipamānā avippakiṇṇā ca hutvā（在轉成不雜亂、不散亂之狀態）tiṭṭhanti（而維持住），idaṁ ‘samādhānan’ti veditabbaṁ（當知 此是「等持」云云）.”（VM 84^{-3}f.）

§3-0-1 【禪 解脫 三昧 正受】

「如來、應、等正覺※禪、解脫、三昧、正受染惡、清淨、處淨（♣起出）如實知[1]，是名如來第三力。若此力成就，如來、應、等正覺得先佛最勝處智，能轉梵輪，於大眾中師子吼而吼。」⇨（雜684大2-186c^{-7}f.）

§3-0-2 【禪、解脫、三昧、正受〔表解〕】⇨〈p.4-03〉

①〖四禪〗⇨（中146大1-657c^{-9}f.）②〖八解脫〗⇨（長10大1-52b^{12}f.）

③〖三定〗⇨（中72大1-538c^{3}f.） ④〖九次第正受〗⇨（大正No.13大1-240a^{5}f.）

§4-0-1 【定之分類】

① - 不散亂相 avikkheapa ⇨（A 2,9-2 A i. 83^{-9}）

② ┌ 世間定 lokiya-samādhi
└ 出世間定 lokuttara-s°（雜786大2-204a^{-11}f.）

┌ 正定 sammā-s°
└ 邪定 micchā-s°（雜750大2-198c^{4}f.）

③ ┌ 有覺有觀定 savitakka-savicāra-s°
├ 無覺少觀定 avitakka-vicāramatta-s°
└ 無覺無觀定 avitakkâvicara-s°（中72大1-538c^{3}f.）

④ ┌ 初　禪 paṭhama-jjhāna
├ 第二禪 dutiya-j°
├ 第三禪 tatiya-j°
└ 第四禪 catuttha-j°⇨（雜347大2-97a^{7}f.）（☆ 接⇨ p.4-04）

※1 “jhāna-vimokkha-samādhi-samāpattīnaṁ saṁkilesaṁ vodānaṁ vuṭṭhānaṁ yathābhūtaṁ pajānāti” ⇨（A 6,64 A iii. p.417^{-1}f.）

♣ 八勝處	八解脫	七界	九次第正受	四禪那	三三昧
	超越一切非想非非想處，入想受滅具足住；此爲第八解脫。		想受滅正受	第四禪（無色）	無　覺 無觀定
	超越一切無所有處，入非想非非想處具足住；此爲第七解脫		非想非非想處正受		
	超越一切識無邊處，入「無任何有也。」云云之無所有處具足住；此爲第六解脫。		無所有處正受		
	超越一切空無邊處，入「識是無邊也。」云云之識無邊處具足住；此爲第五解脫。		識[無邊]處正受		
	超越一切諸色想，滅有對想，不思惟種種想，入「空是無邊也。」云云之 空無邊處具足住；此爲第四解脫。		空[無邊]處正受		
內無色想，觀諸外色白，白色白光白現，〃…此爲第八勝處。	有：「淨（subhaṁ）」云云之勝解；此爲第三解脫。	（嚴飾天）	第四禪正受 「離苦、息樂，憂、喜先斷，不苦不樂（受），捨 淨念、一心， 具足第四禪。」	第四禪（有色）	
內無色想，觀諸外色赤，赤色赤光赤現，〃…此爲第七勝處。					
內無色想，觀諸外色黃，黃色黃光黃現，〃…此爲第六勝處。		淨界（淨天）	第三禪正受 「離喜，捨心 住，正念、正智，身、心受樂；聖說：『[念、樂住]及捨。』具足第三禪。」	第三禪	
內無色想，觀諸外色青，青色青光青現，〃…此爲第五勝處。					
內無色想，觀無量若好若醜之外色，得如是想：「〃 ……」此爲第四勝處。	內無色想者 觀諸外色[得解脫]；此爲 第二解脫。	光界（光天）	第二禪正受 「離 有覺、有觀，內淨、一心，無覺、無觀，定 生喜、樂，具足第二禪。」	第二禪	
內無色想，觀少許若好若醜之諸色，得如是想：「〃 ……」此爲第三勝處。			第二禪未到定/近分定		無　覺 少觀定
內有色想，觀無量若好若醜之諸外色，得如是想：「知、見勝彼等[諸色]。」此爲第二勝處。	有色者（♣內有色想）觀諸色[得解脫]；此爲第一解脫。	（梵天）	初禪正受 《雜.347》：「離 欲、惡 不善法，有覺、有觀，離 生喜、樂，具足初禪。」	初　禪	有　覺 有觀定
內有色想，觀少許若好若醜之諸外色，得如是想：「知、見勝彼等[諸色]。」此爲第一勝處。					
A 8,65 A iv. 305[7]f. 長 10 大 1-55c 八除入	A 8,66 A iv. 306[11]f. 大正 No.12 大 1-232c[-9]f	大 2-116c	雜 474 大 2-121b[2]f.	中 2 大 1-422b	中 72 大 1-538c

- 退 hāna-bhāgiya samādhi(退分定)
- 住 ṭhiti-bhāgiya s° (住分定)
- 進 visesa-bhāgiya s° (勝進分定)
- 厭 nibbedha-bhāgiya s° (抉擇分定)

⇨(中177大1-716b[6]f.)(D 34,Diii. 277[2]f.)

- 欲定 ※chanda-samādhi[1]
- 精進定 viriya-s°
- 心定 citta-s°
- 觀定 vīmamsa-s° ⇨(中86大1-563a[-10]f.)

dukkhā paṭipadā dandhâbhiññā	苦行跡所行愚惑	苦滅遲得
dukkhā paṭipadā khippâ°	苦行跡所行速疾	苦滅速得
sukhā paṭipadā dandhâ°	樂行跡所行愚惑	樂滅遲得
sukhā paṭipadā khippâ°	∾ 樂行跡所行速疾	∾ 樂滅速得
⇩	⇩	⇩
(D 28 Diii..106[8]f.)	(增31-3大2-668a[13]f.)	(長18大1-77[-6]f.)
	⇩	
	(A 4,162 Aii.149[14]f.)	

- 有覺有觀禪 — 初禪
- 無覺無觀禪 — 第二禪以上
- 護(♣捨)念禪— 第三禪
- 苦樂滅禪 — 第四禪 ⇨(增31-7大2-670b[-10]f.)

⑤
- 初　禪
- 第二禪
- 第三禪
- 第四禪
- 第五禪 pañcama-j°＊(Dhamma saṅgaṇi p.97)

∾ (中66大1-509b[-12])⇦「五支禪定」

※1 chanda-samādhi-padhāna-saṅkhāra-samannāgata-iddhipāda(依善法欲《增上》勤行 得三摩地成就如意足)

⑥〖六種定及其 禪支〗♣

三昧＼禪那	覺	觀	喜	樂	捨	定	
定 共俱 定	−	−	−	−	−	＋	滅受想
捨 共俱 定	−	−	−	−	♣＋	＋	第四禪
樂 共俱 定	−	−	−	＋	＋	＋	第三禪
喜 共俱 定	−	−	＋	＋	＋	＋	第二禪
無覺少觀定	−	＋	＋	＋	＋	＋	未到定
有覺有觀定	＋	＋	＋	＋	＋	＋	第一禪

⇨(中76大1-543c^{-10}f.)

♣〖禪、定 之禪支 表解〗

四種禪		初禪		第二禪	第三禪	第四禪
五種禪		初禪	第二禪	第三禪	第四禪	第五禪
禪支	尋	＋	−	−	−	−
	伺	＋	＋	−	−	−
	喜	＋	＋	＋	−	−
	樂	＋	＋	＋	＋	−
	捨	＋	＋	＋	＋	＋
	一心	＋	＋	＋	＋	＋
		有尋有伺定	無尋有伺定	無尋無伺定		
		第一 三昧	第二 三昧	第三 三昧		

§5-0-1 【定之 雜染與淨化】

①「禪、解脫、三昧、正受(之)染惡、清淨、處淨(而出定)如實知。」

⇨(雜684大2-186c^{-7}f.)

“jhāna-vimokkha-samādhi-samāpattīnaṁ saṁkilesaṁ vodānaṁ vuṭṭhānaṁ yathābhtaṁ pajānāti” ⇨ (A 6,64 Aiii.417^{-1}f.)

②「爾時，世尊告諸比丘：『我今當爲汝等說法，初妙、中妙、竟亦妙，有義有文，具足清淨 顯現梵行， 名四種說經。如四種說經分別其義，諦聽，諦聽，善思念之！我今當說。』時，諸比丘受教而聽。

佛言：『云何四種說經分別其義？ 若有比丘所行、所相、所標，離欲、離惡不善之法，有覺、有觀，離生喜、樂，得初禪成就遊；彼 不受此行，不念此相、標，唯行欲樂相應念想 退轉具。 彼比丘應當知：我生此法，不住、不進亦復 不厭；我生此法而令我 退，然我此定 不得久住。 彼比丘應如是知。

復次，比丘所行、所相、所標，離欲、離惡不善之法，有覺、有觀，離生喜、樂，得初禪成就遊； 彼 受此行，念此相、標，立念如法，令住一意。 彼比丘應當知：我生此法，不退、不進亦復 不厭；我生此法能令我 住，而我此定 必得久住。彼比丘應如是知。

復次，比丘所行、所相、所標，離欲、離惡不善之法，有覺、有觀，離生喜、樂，得初禪成就遊； 彼 不受此行，不念此相、標，唯行第二禪相應念想 昇進具。 彼比丘應當知：我生此法，不退、不住亦復 不厭；我生此法令我 昇進，如是不久當得第二禪。彼比丘應如是知。

復次，比丘所行、所相、所標，離欲、離惡不善之法，有覺、有觀，離生喜、樂，得初禪成就遊； 彼 不受此行，不念此相、標，唯行滅息相應念想 無欲具。 彼比丘應當知：我生此法，不退、不住亦不昇進；我生此法能令我厭(♣慧→ 厭、離欲、解脫)，如是不久當得漏盡。彼比丘應如是知。

復次，比丘所行、所相、所標，覺、觀已息，內靜、一心，無覺、無觀，定生喜、樂，得第二禪成就遊； 彼 不受此行，不念此相、標，唯行初禪相應念想 退轉具。 彼比丘應當知：我生此法，不住、不進亦復不厭；我生此法而令我 退，然我此定 不得久住。彼比丘應如是知。……(第二禪之 住進、厭)……(第三禪乃至……無所有處之退、住、進、厭)……」

⇨(中177大1-716b[-14]f.)	*cf.* (A 4,179 A ii.167[12]f.)
(初禪～無所有處之)	(能於現法般涅槃之因、緣)
應當知 進	如實知 visesabhāgiya saññā(勝進分想)
住	ṭhitibhāgiya saññā(住分想)
厭	nibbedhabhāgiya saññā(抉擇分想)
退	hānabhāgiya saññā(退分想)

③《行禪經》⇨(中176大1-713c[-7]f.~716b[9])

cf. ☆〈S 53 Jhāna-saṁyutta(禪那相應)〉⇨(S 53,1~54 S v.307~310)

⇨(S 45,91~180 S v.38~62)

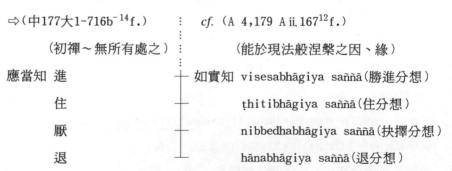

④〈S 34, Samādhi saṁyutta〉☆≒《雜883經》

cf.《中176 行禪經》《A 7,38 Vasa 自在》

相應部第34相應「三昧相應」S 34,1～55	三昧	等至	止住	出起	安樂	所緣	行境	引發	恭敬作	常作	隨應作
三昧 samādhi		1	2	3	4	5	6	7	8	9	10
等至 samāpatti			11	12	13	14	15	16	17	18	19
止住 ṭhiti				20	21	22	23	24	25	26	27
出起 vuṭṭhāna					28	29	30	31	32	33	34
安樂 kallita						35	36	37	38	39	40
所緣 ārammaṇa							41	42	43	44	45
行境 gocara								46	47	48	49
引發 abhinīhāra									50	51	52
恭敬[作] sakkacca										53	54
常作 sātaccakārī											55

e.g.《S 34,1 Samādhi ～ Samāpatti》

「有四(種)修禪者(jhāyī)：

有一類修禪者 於三昧 是三昧善(samādhikusalo)，而於三昧 非等至善(na samāpattikusalo)；

有一類修禪者 於三昧 是等至善，而於三昧 非三昧善；

有一類修禪者 於三昧 是 非三昧善，於三昧亦 非等至善；

有一類修禪者 於三昧 是 三昧善，於三昧亦 等至善。」⇨(Siii.268^{-1}f.)

⋮

《S 34,55 Sātaccakārī ～ Sappāyakārī》

「有四(種)修禪者：

有一類修禪者 於三昧 是常作，而於三昧非隨應作(sappāyakārī)：……

有一類修禪者 於三昧 是 常作，於三昧亦 隨應作。」⇨(Siii.277^{-6}f.)

《雜883經》禪「三昧」與禪「正受」之間：♣^{1}善∾非善；♣^{2}非善∾善；♣^{3}善∾善；♣^{4} 非善∾非善　等四種狀況。

如是，禪「三昧」與禪「正受」之「住」「起」「時」「處」「迎」「念」「念不念」「來」「惡」「方便」「止」「舉」「捨」等，兩兩之間 亦有上述善、非善 四種狀況。⇨(大2-222c^{13}~223b^{1};大2-342a^{5}f.)

§6-0-0 【修習定之前行】

○ 依〖增上善學〗→〖增上信學〗→〖增上戒學〗次第學習，住於戒清淨者→〖增上定學〗

＊《Visuddhi-magga》⇨(VM 89[19]f.)

① 斷破「十障礙」

② 親近能「授業處善士」

③ 分別「性行」

④ 選取「業處」

⑤ 住於適合修習定之「場所」

⑥ 斷破「小障礙」

⑦ 學習「修習定之規定」

§6-0-1 【斷破 十障礙】 *cf.* (大正No.97大1-920a[-7]~920b[11])

① 住所

② 家

③ 資具

④ 眾

⑤ 作業

⑥ 旅行

⑦ 親戚

⑧ 病

⑨ 讀誦

⑩ 神變

§6-0-2 【親近能授業處 善士】 *cf.*(中145大1-654c[13]~655a[-4])

① 世尊

② 大聲聞

③ 漏盡者

④ 阿那含、斯多含、須陀洹

⑤ 得禪之凡夫

⑥ 三藏持者、二藏持者、一藏持者

⑦ 知恥者

⑧ 多聞者

§6-0-3 【分別 性行】⇨＊(VM 101^{-9}~110^{18})

① 六種 性行

(1) 貪行者

(2) 瞋行者

(3) 癡行者

(4) 信行者

(5) 覺行者

(6) 尋行者

② 衣、食、住、業處 適合自己 性行

§6-0-4 【選取 業處】⇨＊(VM 110^{-15}~117^{-4})

①〖分別 四十業處(cattāḷīsa kammaṭṭhānāni)〗【表解】⇨(p.4-10)

cf.(雜741~747大2-197b[1] ~198a[-2]；S 46,57~76 S v.129[2] ~134[11]；

A 1,20,1~182 A i.38[12]f.~43[11])

(1)〖十遍(十一切處)〗

1.地遍 2.水遍 3.火遍 4.風遍 5.青遍 6.黃遍

7.赤遍 8.白遍 9.識遍(光明遍) 10.空遍(限定虛空遍)

(2)〖十不淨觀〗

1.膨脹相 2.青瘀相 3.膿爛相 4.斷壞相 5.食殘相

6.散亂相 7.斬斫離散相 8.血塗相 9.虫聚相 10.骸骨相

(3)〖十隨念〗

1.佛隨念 2.法隨念 3.僧隨念 4.戒隨念 5.捨隨念

6.天隨念 7.死念 8.身至念 9.安般念 10.寂止隨念

(4)〖四梵住〗1.慈 2.悲 3.喜 4.捨

(5)〖四無色〗

1.空無邊處 2.識無邊處 3.無所有處 4.非想非非想處

(6)〖一想〗：食厭想

(7)〖一差別〗：四界差別

♣四十業處內容表解	導入					超越				把	所緣			取	似	適應					作
	近	安止定				禪支			所					相	相	性	地				增
四十業處	行定	初禪	第二禪	第三禪	第四禪	尋伺支	喜支	樂支	緣	取	似相	自性法	俱非	動搖	增大	行	人類	六欲天	梵天	無色天	上緣
地遍	→○	→○	→○	→○	→○↘	︵	︵	︵		←見	+				+	一切	○	○	○	×	無色
水遍	→○	→○	→○	→○	→○↘	︵	︵	︵		←〃	+			+	+	〃	○	○	○	×	〃
火遍	→○	→○	→○	→○	→○↘	︵	︵	︵		←〃	+			+	+	〃	○	○	○	×	〃
風遍	→○	→○	→○	→○	→○↘	︵	︵	︵		←〃 └觸	+			+	+	〃	○	○	○	×	〃
青遍	→○	→○	→○	→○	→○↘	︵	︵	︵		←〃	+				+	瞋	○	○	○	×	〃
黃遍	→○	→○	→○	→○	→○↘	︵	︵	︵		←〃	+				+	〃	○	○	○	×	〃
赤遍	→○	→○	→○	→○	→○↘	︵	︵	︵		←〃	+				+	〃	○	○	○	×	〃
白遍	→○	→○	→○	→○	→○↘	︵	︵	︵		←〃	+				+	〃	○	○	○	×	〃
識遍（光明遍）	→○	→○	→○	→○	→○↘	︵	︵	︵		←〃	+			+	+	一切	○	○	○	×	〃
空遍（限定虛空遍）	→○	→○	→○	→○	→○	︵	︵	︵		←〃	+				+	〃	○	○	○	×	
膨脹相	→○	→○								←〃	+					貪	○	×	×	×	（一切為樂住、觀、有之成就之緣）
青瘀相	→○	→○								←〃	+					〃	○	×	×	×	
膿爛相	→○	→○								←〃	+			+		〃	○	×	×	×	
斷壞相	→○	→○								←〃	+					〃	○	×	×	×	
食殘相	→○	→○								←〃	+					〃	○	×	×	×	
散亂相	→○	→○								←〃	+					〃	○	×	×	×	
斬斫離散相	→○	→○								←〃	+					〃	○	×	×	×	
血塗相	→○	→○								←〃	+			+		〃	○	×	×	×	
虫聚相	→○	→○								←〃	+			+		〃	○	×	×	×	
骸骨相	→○	→○								←〃	+					〃	○	×	×	×	
佛隨念	→○									←聞		+				信	○	○	○	×	
法隨念	→○									←〃		+				〃	○	○	○	×	
僧隨念	→○									←〃		+				〃	○	○	○	×	
戒隨念	→○									←〃		+				〃	○	○	○	×	
捨隨念	→○									←〃		+				〃	○	○	○	×	
天隨念	→○									←〃		+				〃	○	○	○	×	
死念	→○									←〃		+				覺	○	○	○	×	
寂止隨念	→○									←〃		+				〃	○	○	○	×	
身至念	→○	→○								←〃	+					貪	○	×	×	×	
安那般那念	→○	→○	→○	→○	→○	︵	︵	︵		└見 ←觸	+			+		尋癡	○	○	×	×	
慈無量心	→○	→○	→○	→○↘		︵	︵			←聞			+			瞋	○	○	○	×	—捨
悲無量心	→○	→○	→○	→○↘		︵	︵			←〃			+			〃	○	○	○	×	—捨
喜無量心	→○	→○	→○	→○↘		︵	︵			←〃			+			〃	○	○	○	×	—捨
捨無量心					→○			︵	色界	←〃			+			〃	○	○	○	×	
空無邊處					○				○	←〃			+			一切	○	○	○	○	識無邊°
識無邊處					○			無色界	○	←〃		+				〃	○	○	○	○	無所有°
無所有處					○				○	←〃			+			〃	○	○	○	○	非想非°
非想非非想處					○				○	←〃		+				〃	○	○	○	○	滅受想°
食厭想	→○								滅界	←〃		+				覺	○	×	×	×	
四界差別	→○									←〃		+				〃	○	○	○	×	

② 把取業處(kammaṭṭhānaṁ gahetvā)

(1) 親近 能授適當業處之善友。

(2) 1.具足正志 —無貪、無瞋、無癡、出家、遠離、出離意樂(ajjhāsaya)，

2.具足勝解 —尊重、關心 定 慧 解脫 涅槃，

3.請求 佛陀、阿闍梨 教導、授與業處。

(3) 聽聞、憶持、了解 業處行相（修習定之 規定）。*cf.* 〈p.4-11f. 四. §6-0-7〉

(4) 從四十業處中，選取適應自己性行之業處。

§6-0-5 【住於適合修習定之 場所】

①「云何爲坐臥處五支具足？

(1) 住所距 行乞處不太遠不太近；(2) 晝 少憒鬧，夜 少聲音；(3) 不爲 虻、蚊、風、熱、蛇 所觸；(4) 易得衣服、食物、臥具、醫藥；(5) 住處 有多聞者、通達 阿含者、持法者、持律者、 持論母者……。」⇨(A 10,11 A v,15^{-9}f.)

②〖不適合修定之場所〗：

(1)大精舍 (2)新精舍 (3)舊精舍 (4)近大路 (5)近泉 (6)菜園 (7)花園 (8)果園 (9)聖地 (10)近市 (11)樹林 (12)農田 (13)水陸貿易場 (14)邊地 (15)國境 (16)異性、非人集居處 (17)乖違者 (18)無善士處 ⇨＊(VM118^{-7}~122^{4})

§6-0-6 【斷破 小障礙】

① 住處乾淨

② 衣服乾淨

③ 身體乾淨

§6-0-7 【學習 修習定之規定】⇨＊(VM 123^{5} ~139^{6})

修習〖地遍〗爲例：

① 自然之地：

② 人爲之地：

(1) 離四種「遍(kasiṇa)」之過失

(2)「遍」之作法

(3) 依「遍」之修習法

(4) 認識「二種相」—【取相】【似相】

⑸ 認識「二種定」—【近行定】【安止定】

⑹ 七種 適合、不適合修定之狀況— 住所、行境、談論、食物、時節、威儀

⑺ 十種〖安止善巧〗 *cf.* 〈p.4-46f. 四.§8-0-3 ③之 ⑼〉〖覺支相應〗

⑻ 平等 之精進

⑼ 安止之 規定

§7-0-0【正修習定】

§7-0-1【十遍(dasa kasiṇāni)】

① 修十〖一切處〗

「彼斷…… 乃至五蓋 —心穢、慧羸— 修第一 地一切處，四維 上下不二、無量； 如是，修 水一切處、火一切處、風一切處、青一切處、黃一切處、赤一切處、白一切處、無量空處一切處，修第十 無量識處一切處，四維 上下 不二、無量。」⇨(中222大1-807a^{-14}f.)

②〖於地想 能伏地想〗

「佛告跋迦利：『比丘於地想 能伏地想； 於水、火、風想、無量空入處想、識入處想、無所有入處、非想非非想入處想、此世、他世、日、月、見、聞、覺、識、若得、若求、若覺、若觀 悉伏彼想。 跋迦利！比丘如是禪者，不依地、水、火、風……乃至不依覺、觀而修禪。』」⇨(雜926大2-236a^{-3}f.)

「佛告薄迦梨：『若有比丘，深修禪定，觀彼大地，悉皆虛僞，都不見有眞實地想；水、火、風種及四無色，此世、他世，日月星辰，識、知、見、聞、推求、覺、觀心意境界， 及以 於彼智不及處，亦復如是，皆悉虛僞，無有實法 但以假號，因緣和合 有種種名，觀斯空寂，不見有法及以非法。」⇨(別雜151大2-431a^{13}f.)

③〖引發神變〗

「世尊隨其所應，而示現入禪定正受。陵虛至東方，作四威儀 —行、住、坐、臥— 入火三昧，出種種火光，青、黃、赤、白、紅、頗梨色；水火俱現 —或身下出火，身上出水；身上出火，身下出水，周圓四方 亦復如是。爾時，世尊作種種神變已，於眾中坐，是名神足示現。」⇨(雜197大2-50b^{-12}f.)

④〖→ 我見〗

「云何見色是我？ 得地一切入處正受，觀已，作是念： 地卽是我，我卽是地

，我及地唯一無二，不異不別。如是水、火、風、青、黃、赤、白一切入處正受，觀已，作是念：行(♣「行」應作：白)卽是我，我卽是♣行，唯一無二，不異不別。如是於 一切入處，一一計我，是名(見)色卽是我。」

⇨(雜109大2-34b[15]f.)

⑤〖→ 通智究竟圓滿〗

「有一人修習地遍，上下、橫(四維)無二、無量想；……乃至有一人修習識遍，上下、橫(四維)無二、無量想。於是，吾等眾多弟子得通智究竟圓滿(abhi=ññāvosānapāramippattā)。」⇨(M 77 M ii.14[-5]f.)

⑥〖→ 眞實義存於心 寂滅而不亂〗

「(迦梨迦優婆夷)白 尊者摩訶迦旃延：『如世尊所說 答僧耆多童女所問，如世尊(答)說僧耆多童女所問偈：

「♣實義存於心， 寂滅而不亂，[1] 降伏諸勇猛 可愛端正色；
一心獨靜思， 服食妙禪樂， 是則爲遠離 世間之伴黨；
世間諸伴黨， 無習近我者。」 尊者摩訶迦旃延！世尊此偈，其義云何？』 尊者摩訶迦旃延語優婆夷言：

『姊妹！有一沙門婆羅門言：「地一切入處正受，此則無上。」爲求此果，姊妹！若沙門婆羅門於地一切入處正受，清淨鮮白者，則見其本，見患、見滅、見滅道跡；以見本、見患、見滅、見滅道跡故，得眞實義存於心，寂滅而不亂。 姊妹！如是，水一切入處、火一切入處、風一切入處、青一切入處、黃一切入處、赤一切入處、白一切入處、空一切入處、識一切入處爲無上者；爲求此果，姊妹！若有沙門婆羅門……乃至於識處一切入處正受，清淨鮮白者，見本、見患、見滅、見滅道跡；以見本、見患、見滅、見滅道跡故，是則實義存於心，寂滅而不亂，善見、善入。 是故，世尊答僧耆多童女所問偈……』」⇨(雜549大2-143a[8]f.＝A 10,26 A v.46[-10]f.)

§7-0-2 【十不淨(dasa asubhā)】

①「爾時，世尊告諸比丘：『年少比丘始成就戒，當以數數詣※息止道[2] 觀相─骨相、青相、腐相、食(殘)相、骨鏁相─ 彼善受善持此相已，還至住處，澡洗手足，敷尼師檀(nisīdana 坐具)，在於床上結跏趺坐，卽念此相 ─骨

※1 atthassa pattiṁ hadayassa santiṁ(逮得義 心寂靜).※2 指 屍體臥所。

相、青相、腐相、食(殘)相、骨鏁相。　所以者何？　若彼比丘修習此相，速除心中欲、恚之病。……」⇨(中139大1-646c[12]f.)

②「比丘觀身如身 —比丘者 觀彼死屍，或一、二日……至六、七日，烏鵄所啄，犲狼所食，火燒埋地，悉腐爛壞；見已自比：今我此身亦復如是，俱有此法，終不得離。— 如是，比丘觀內身如身，觀外身如身，立念在身，有知有見，有明有達，是謂比丘觀身如身。

復次，比丘觀身如身 —比丘者 如本見息道(♣墓地曾見之屍體)，骸骨青色，爛腐餘半，骨鎖在地；見已自比：今我此身亦復如是，俱有此法，終不得離 。— 如是，比丘觀內身如身，觀外身如身，立念在身，有知有見，有明有達，是謂比丘觀身如身。

復次，比丘觀身如身 —比丘者 如本見息道，離皮肉血，唯筋相連；見已自比：今我此身亦復如是，俱有此法，終不得離。— 如是，比丘觀內身如身，觀外身如身，立念在身，有知有見，有明有達，是謂比丘觀身如身。

復次，比丘觀身如身 —比丘者 如本見息道 骨節解散， 散在諸方，足骨、腨骨、髀骨、髖骨、脊骨、肩骨、頸骨、髑髏骨，各在異處； 見已自比：今我此身亦復如是，俱有此法，終不得離。— 如是，比丘觀內身如身，觀外身如身，立念在身，有知有見，有明有達，是謂比丘觀身如身。

復次，比丘觀身如身 —比丘者 如本見息道 骨白如螺， 青猶鴿色，赤若血塗，腐壞碎末；見已自比：今我此身亦復如是，俱有此法，終不得離。— 如是，比丘觀內身如身，觀外身如身，立念在身，有知有見，有明有達，是謂 比丘觀身如身。」⇨(中98大1-583b[-6]f.)

③《中81 念身經》⇨(大1-556b[5] ~556c[11])*cf.* 〈p.4-20f.四.§7-0-3之 ④〉

④"Idaṁ bhante anussatiṭṭhānaṁ(隨念住) evaṁ bhāvitaṁ evaṁ bahulīkataṁ asmimānasamugghātāya(斷我慢) saṁvattati." ⇨(A 6,29 Aiii.325[2]f.)

§7-0-3 【十隨念(dasa anussatiyo)】

①(1)〖十念〗略說

「爾時，世尊告諸比丘：『當修行一法，當廣布一法，便成神通，去眾亂想，逮沙門果，自致涅槃。　云何爲一法？ 所謂♣念佛[1] ；當善修行，當廣演布，便成神通，去眾亂想，逮沙門果，自致涅槃。』……♣念法[2] ……♣念眾(♣僧)[3] ……♣念戒[4] ……♣念施[5] ……♣念天[6] ……♣念休息[7] ……♣念

安般[8] ……♣念身[9] ……♣念死[10]。」⇨(增2- 1~10大2-552c[10]~553c[1])

(2)〖十念〗廣演 ⇨(增3- 1~10大2-554a~557a[6])

②〖六(隨)念〗

(1)【念佛】(2)【念法】(3)【念僧】(4)【念戒】(5)【念施】(6)【念天】

「尊者摩訶迦旃延(Mahā-Kaccāyana)語諸比丘:『佛、世尊、如來、應、等正覺所知所見,說六法出苦處 昇於勝處, 說一乘道淨諸眾生,離諸惱苦,憂悲悉滅,得眞如法。 何等爲六? 謂 聖弟子♣[1] 念如來、應、等正覺所行法 淨—如來、應、等正覺、 明行足、善逝、世間解、無上士、調御丈夫、天人師、佛、世尊。— 聖弟子念如來、應 所行法故,離貪欲覺、離瞋恚覺、離害覺;如是,聖弟子出染著心。 何等爲染著心? 謂五欲功德。於此五欲功德離貪、恚、癡,安住正念正智,乘於直道,修習念佛,正向涅槃;是名如來、應、等正覺所知所見,說第一出苦處昇於勝處,說一乘道淨於眾生,離苦惱,滅憂悲,得如實法。

復次,聖弟子♣[2] 念於正法,—念於世尊現法、律, 離諸熱惱,非時通達,卽於現法緣自覺悟。— 爾時,聖弟子念此正法時,不起欲覺、瞋恚、害覺;如是,聖弟子出染著心……是名 如來、應、等正覺所知所見,說第二出苦處昇於勝處,說一乘道淨於眾生,離苦惱,滅憂悲,得如實法。

復次,聖弟子♣[3] 念於僧法,—善向、正向、直向、等向, 修隨順行,謂 向須陀洹、得須陀洹果,向斯陀含、得斯陀含,向阿那含、 得阿那含,向阿羅漢、得阿羅漢,如是四雙八士,是名世尊弟子僧戒具足、定具足、慧具足、解脫具足、解脫知見具足,(應)供養、恭敬、禮拜處,世間無上福田。— 聖弟子如是念僧時,爾時聖弟子不起欲覺、瞋恚、害覺;如是,聖弟子出染著心……是名如來、應、等正覺所知所見,說第三出苦處昇於勝處,說一乘道淨於眾生,離苦惱,滅憂悲,得如實法。

復次,聖弟子♣[4] 念於戒德,—念不缺戒、不斷戒、純厚戒、不雜戒、非盜取戒、善究竟戒、可讚歎戒、梵行(者)不憎惡戒。— 若聖弟子念此戒時,自念身中所成就戒,當於爾時不起欲覺、瞋恚、害覺;如是,聖弟子出染著心……是名如來、應、等正覺所知所見,說第四出苦處昇於勝處,說一乘道淨於眾生,離苦惱,滅憂悲,得如實法。

復次,聖弟子♣[5] 自念施法,—心自欣慶: 我今離慳貪垢,雖在居家解脫心施、常施、捨施、樂施、具足施、平等施。—若聖弟子念於自所施法時，不起欲覺、瞋恚、害覺；如是，聖弟子出染著心……是名如來、應、等正覺所知所見，說第五出苦處昇於勝處，說一乘道淨於眾生，離苦惱，滅憂悲，得如實法。

復次，聖弟子♣6 念於天德，—念四王天、三十三天、炎摩天、兜率陀天、化樂天、他化自在天 清淨信心，於此(人間)命終，生彼諸天。 我亦如是，(有)信、戒、施、聞、慧，於此命終，生彼天中。— 如是，聖弟子念天功德時，不起欲覺、瞋恚、害覺；如是，聖弟子出染著心……是名如來、應、等正覺所知所見，說第六出苦處昇於勝處，說一乘道淨於眾生，離苦惱，滅憂悲，得如實法。」⇨(雜550大2-143b^{-10}f.)

「佛告摩訶男：『若比丘在於學地 求所未得，上昇進道 安隱涅槃；彼於爾時，當修六念，乃至進得涅槃。 譬如：飢人 身體羸瘦，得美味食，身體肥澤。 如是，比丘住在學地 求所未得，上昇進道 安隱涅槃，修六隨念，乃至疾得安隱涅槃。 何等六念？ 謂聖弟子念如來事……』」

⇨(雜930,931大2-237c^{-14}f.)

(1)〖念佛(buddhânussati佛隨念)〗*cf.* 〈p.2-09ff. 二.§2-0-4〉

(2)〖念法(dhammânussati法隨念)〗*cf.* 〈p.2-36ff.二.§3-0-3；§8-0-8〉

(3)〖念僧(saṅghânussati僧隨念)〗*cf.* 〈p.2-21ff. 二.§2-0-5~2-0-7〉

(4)〖念戒(sīlânussati戒隨念)〗 *cf.* 〈p.3-09ff. 三.§1-0-5；§2-0-2〉

(5)〖念施(cāgânussati捨隨念)〗∽ (雜550大2-144a^{-7}f.)

「爾時，世尊告諸比丘：『若善男子、善女人，以財物惠施獲八功德。 云何爲八？ 一者、隨時惠施，非爲非時；二者、鮮潔惠施，非爲穢濁；三者、手自斟酌，不使他人；四者、誓願惠施，無憍恣心；五者、解脫惠施，不望其報；六者、惠施求滅；不求生天；七者、施求良田，不施荒地；八者、然持此功德，惠施眾生，不自爲己。如是，比丘！善男子、善女人，以財物惠施獲八功德。』爾時，世尊便說斯偈：

『智者隨時施，　無有慳貪心；　所作功德已，　盡用惠施人。

此施爲最勝，　諸佛所加歎；　現身受其果，　逝則受天福。』是故，比丘！欲求其果報者，當行此八事；其報無量，不可勝計，獲甘露之寶，漸至滅度。如是，諸比丘！當作是學！』」⇨(增42-9大2-755b^{-11}f.)

cf. 〈p.2-24 二.§2-0-5 ③(1)〉

「爾時，須達哆(Sudatta 善施)居士往詣佛所，稽首作禮，却坐一面；世尊問曰：『居士家 頗行施耶？』 須達哆居士答曰：『唯然，世尊！家行布施，但爲至麤，不能好也；糠飯麻羹，薑菜一片。』 世尊告曰：『居士！若施麤食及施妙食，俱得報耳；居士！若行麤施、不信施、不故施、不自手施、不自往施、不思惟施、不由信施、不觀業果報施者，當觀如是受報 —心不欲得好家，不欲得好乘，不欲得好衣被， 不欲得好飲食，不欲得好五欲功德。— 所以者何？以不至心故行施也；居士！當知受報如是。居士！若行麤施、信施、故施、自手施、自往施、思惟施、由信施、觀業果報施者，當觀如是受報 — 心欲得好家，欲得好乘，欲得好衣被，欲得好飲食，欲得好五欲功德。所以者何？ 以其至心故行施也；居士！當知受報如是。

居士！昔過去時有梵志大長者，名曰隨藍(Velāma)，極大富樂，資財無量，封戶食邑多諸珍寶，畜牧產業不可稱計；彼行布施其像如是：八萬四千金鉢盛滿碎銀，行如是大施；……居士！若梵志隨藍行如是大施，及施滿閻浮場(♣堤)凡夫人食；若復有施一須陀洹食者，此於彼施最爲勝也。居士！若梵志隨藍行如是大施，及 施滿閻浮♣場凡夫人食，施百須陀洹食； 若復有施一斯陀含食者，此於彼施爲最勝也。 居士！若梵志隨藍行如是大施，及施滿閻浮場凡夫人食，施百須陀洹、百斯陀含食；若復有施一阿那含食者，此於彼施爲最勝也。 居士！若梵志隨藍行如是大施，及施滿閻浮♣場凡夫人食，施百須陀洹、百斯陀含、百阿那含食； 若復有施一阿羅訶食者，此於彼施爲最勝也。 居士！若梵志隨藍行如是大施，及施滿閻浮♣場凡夫人食，施百須陀洹、百斯陀含、百阿那含、百阿羅訶食；若復有施一辟支佛食者，此於彼施爲最勝也。 居士！若梵志隨藍行如是大施，及施滿閻浮♣場凡夫人食， 施百須陀洹、百斯陀含、百阿那含、百阿羅訶、百辟支佛食；若復有施一如來、無所著、等正覺食者，此於彼施爲最勝也。

居士！若梵志隨藍行如是大施，及 施滿閻浮♣場凡夫人食，施百須陀洹、百斯陀含、百阿那含、百阿羅訶、百辟支佛食，若有作房舍，施四方比丘眾者，此於彼施爲最勝也。居士！若梵志隨藍行如是大施，……百辟支佛食，作房舍施四方比丘眾；若有歡喜心歸命三尊佛、法、比丘眾及受戒者，此於彼施爲最勝也。

居士！若梵志隨藍行如是大施，……作房舍施四方比丘眾，歡喜心歸命三尊佛、法、比丘眾及受戒；若有爲彼一切眾生行於慈心，乃至犛牛頃者，此於彼施爲最勝也。居士！若梵志隨藍行如是大施，……爲一切眾生行於慈心，乃至犛牛頃；若有能觀一切諸法無常、苦、空及非神者，此於彼施爲最勝也。　於居士意云何？　昔時梵志大長者名隨藍者，謂異人耶？莫作斯念！所以者何？　當知卽是我也。我昔爲梵志大長者，名曰隨藍。居士！我於爾時爲自饒益，亦饒益他，饒益多人，愍傷世間，爲天、爲人求義及饒益，求安隱快樂；爾時說法不至究竟，不究竟白淨、不究竟梵行、不究竟梵行訖。爾時，不離生老病死、啼哭憂慼，亦未能得脫一切苦。　居士！我今出世如來、無所著、等正覺、明行成爲、善逝、世間解、無上士、道法御、天人師，號佛、眾祐；我今自饒益，亦饒益他，饒益多人，愍傷世間，爲天、爲人求義及饒益，求安隱快樂；我今說法至究竟，究竟白淨、究竟梵行、究竟梵行訖。我今已離生老病死、啼哭憂慼，我今已得脫一切苦。』」⇨(中155大1-677a[11]f.)

(6)〖念天(devatânussati天隨念)〗

「多聞聖弟子若持齋時憶念諸天　—實有四王天，彼天若成就信(佛、法、僧)，於此命終得生彼間，我亦有彼信；　彼天若成就戒、聞、施、慧，於此命終得生彼間，我亦有彼慧。　實有三十三天、焰摩天、兜率哆天、化樂天、他化樂天；彼天若成就信，於此命終得生彼間，我亦有彼信；彼天若成就戒、聞、施、慧，於此命終得生彼間，我亦有彼慧。—　彼作如是憶念已及諸天信、戒、聞、施、慧；　若有惡伺　彼便得滅，所有穢汚、惡不善法　彼亦得滅。……」⇨(中202大1-772a[-13]f.)

「聖弟子念諸天事　—有四大天王、三十三天、焰摩天、兜率陀天、化樂天、他化自在天；　若有正信心者，於此命終　生彼諸天，我亦當行此正信；彼得淨戒、施、聞、捨、慧，於此命終生彼諸天，我今亦當行此戒、施、聞、慧。—　聖弟子　如是念天事者，不起貪欲、瞋恚、愚癡，其心正直，緣彼諸天。　彼聖弟子如　是直心者，得深法利、得深義利、得彼諸天饒益隨喜；隨喜已，生欣悅；欣悅已，身猗息；身猗息已，覺受樂；覺受樂已，得心定；心定已，彼聖弟子處兇嶮眾生中 無諸罣閡，入法水流； 念天所熏故，昇進涅槃。」⇨(雜931大2-238a⁻⁹f.)

「時，天帝釋見世尊與尊者大目犍連歎說 諸天眾共語已，語尊者大目犍連：『如是！如是！尊者大目犍連！ 此中種種眾會 皆是宿命曾聞正法，得於佛不壞淨，法、僧不壞淨，聖戒成就，身壞命終，來生於此。』」

⇨(雜506大2-134b⁻¹⁰f.) *cf.* *《天宮事經 Vimāna-vatthu §1~85》

「時，四十天子從座起，整衣服，偏袒右肩，合掌白尊者大目犍連：『我得於佛不壞淨，於法、僧不壞淨，聖戒成就，故生天上。』 有一天言：『得於佛不壞淨，……』 有言：『得法不壞淨……』 有言：『得僧不壞淨……』 有言：『聖戒成就，身壞命終，得生天上。』 時，四十天子於尊者大目犍連前，各自記說 得須陀洹果，即沒不現。 如四十天子，如是四百、八百、十千天子亦如是說。」⇨(雜507大2-134c⁻²f.)

③【念死(maraṇa-sati)】

「世尊告曰：『若有比丘正身正意，結跏趺坐，繫念在前，無有他想，專精念死— 所謂 死者，此沒生彼，往來諸趣，命逝不停，諸根散壞，如腐敗木，命根斷絕，宗族分離，無形無響，亦無相貌。如是，諸比丘！名曰 念死；便得具足，成大果報，諸善普至，得甘露味，至無爲處，便成神通，除諸亂想，獲沙門果，自致涅槃。』」⇨(增3-10大2-556c⁻⁴f.)

「爾時，世尊告諸比丘：『汝等當修行死想，思惟死想！』 時，彼座上有一比丘白世尊言：『我常修行，思惟死想。』 世尊告曰：『汝云何思惟 修行死想？』 比丘白佛言：『思惟死想時，意欲存七日，思惟七覺意，於如來法中多所饒益，死後無恨。如是，世尊！我思惟死想。』 世尊告曰：『止！止！比丘！此非行死想之行，此名爲放逸之法。』……六日……五日……一日……至乞食還出舍衛城，歸所在，入靜室中思惟七覺意而取命終；此思惟死想。』

世尊告曰：『止！止！比丘！此亦非思惟 修行死想。 汝等諸比丘所說者，皆是放逸之行，非是修行死想之法。』 是時，世尊重告比丘：『其能如婆迦利比丘者，此則名爲思惟死想。彼比丘者，善能思惟死想，厭患此身惡露不淨。若比丘思惟死想，繫意在前，心不移動，念出入息往還之數，於其中間思惟七覺意，則於如來法多所饒益。所以然者，一切諸行皆空、皆寂；起者、滅者皆是幻化，無有眞實。是故，比丘！當於出入息中思惟死想，便脫生、老、病、死、愁、憂、苦、惱。如是，比丘！當知作如是學！』」

⇨(增41-8大2-741c^{-2}f.) *cf.* 〈p.1-24ff. 一.§3-0-0~3-0-4〉

④【念身(kāyagatā-sati《身至念》】—— 狹義之 念身

cf.【《中81 念身經＝ M 119 》】—— 廣義之 念身

⇩

(大1-554c^{8} ~557c^{12}；Miii. 88^{17} ~99^{12})

(1)「世尊告曰：『若有比丘正身正意，結跏趺坐，繫念在前，無有他想，專精念身。　所謂 念身者，[1] 髮、[2] 毛、[3] 爪、[4] 齒、[5] 皮、[6] 肉、[7]筋、[8]骨、[9]髓、[10]膽、[11]肝、[12]肺、[13]心、[14]脾、[15]腎、[16]大腸、[17]小腸、[18]白膗(?)、[19]膀胱、[20]屎、[21]尿、[22]百葉(♣胃)、[23]滄蕩(?)、[24]脾泡(?)、[25]溺、[26]淚、[27]唾、[28]涕、[29]膿、[30]血、[31]肪脂、[32]漾(♣粘汁)、[33]髑髏、[34]腦。何者是身爲？ 地種是也，水種是也，火種是也，風種是也；爲父種、母種所造耶？ 從何處來？ 爲誰所造？ 眼、耳、鼻、口、身、心，此終當生何處？　如是，諸比丘！名曰 念身，便得具足，成大果報，諸善普至，得甘露味，至無爲處，便成神通，除諸亂想，獲沙門果，自致涅槃。」⇨(增3-9大2-556b^{-2}f.)

(2)「比丘修習念身。 比丘者，此身隨住，隨其好惡，從頭至足 觀見種種不淨充滿，謂 此身中有[1] 髮、[2] 毛、[3] 爪、[4] 齒、[5] 麁細、[6] 薄膚、[7] 皮、[8] 肉、[9]筋、[10]骨、[11]心、[12]腎、[13]肝、[14]肺、[15]大腸、[16]小腸、[17]脾、[18]胃(♣胃)、[19]摶糞、[20]腦及[21]腦根、[22]淚、[23]汗、[24]涕、[25]唾、[26]膿、[27]血、[28]肪、[29]髓、[30]涎、[31]膽(痰)、[32]小便； 猶 以器盛若干種子，有目之士，悉見分明，謂 稻、粟種，大麥、小麥，大小麻豆，菘、菁、芥子。…… 如是，比丘隨其身行便知上如眞。彼若如是在遠離、獨住，心無放逸，修行精勤，斷心諸患 而得定心；得定心已，則知上如眞。」

⇨(中81大1-556a^{12}f.)

(3)「爾時，尊者多耆奢 觀彼女人從頭至足，有何可貪？ 三十六物皆悉不淨；……」⇨(增35-9大2-701b^{5}f.)

(4)〖身至念 種種功德〗

「♣[1] 所有 順明分善法在彼(修習身至念者)中；♣[2] 引 厭離、大利、大安穩、正念正知，得 智見、現法樂住，作證明、解脫；♣[3] 使身輕安、心輕安，尋、伺止息；♣4 未生不善法使不生，已生不善法使斷；♣5 未生善法使生，已生善法使倍增廣大； ♣6 斷無明生明，斷 我慢、隨眠、結；♣7 引慧之分別，導致無取般涅槃； ♣8 通達 多界、種種界，多界無礙解；♣9 作證 預流果、一來果、不還果、阿羅漢果；♣10 得慧、增慧、廣慧，起大慧、博慧、廣慧、深慧、無隣近慧、弘慧、速慧、聰慧、利慧、擇慧…；♣11 食身至念者 食不死；♣12 已食身至念者 已食不死；♣13 身至念不衰退者 不死不衰退；♣14 身至念圓滿者 圓滿不死；♣15 身至念不疏忽者 不疏忽不死；♣16 身至念不忘者 不忘不死；♣17 習身至念者 習不死；♣18 修身至念者 修不死； ♣19 了知身至念者 了知不死；♣20偏知身至念者 偏知不死；♣21 作證身至念者 作證不死。」⇨(A 1,21,1~22 A i. 43^{13} ~46^{-2})

cf.(中81大1-557b^{8}f.~557c^{11})⇦〖修習念身十八德〗

⑤【安那般那念(ānâpâna-sati《出入息念》)】

☆〈安那般那念相應〉(雜801~815大2-205c^{-7} ~210a^{5})

☆〈ṃnâpâna-saṁyutta〉(S 54,1~20 S v. 311^{2} ~341^{9})

(1)〖 →○ 〗(修習安那般那念之 先行條件)

1.【五法 多所饒益修習 安那般那念】

「爾時，世尊告諸比丘：『有五法 多所饒益修安那般那念； 何等爲五？住於淨戒波羅提木叉律儀，威儀、行處具足，於微細罪能生怖畏，受持學戒，是名第一(法)多所饒益修習安那般那念。 復次，比丘！少欲、少事、少務，是名二法多所饒益修習安那般那念。 復次，比丘！飲食知量，多少得中，不爲飲食起求欲想，精勤思惟，是名三法多所饒益修安那般那念。 復次，比丘！初夜、後夜不著睡眠，精勤思惟，是名四法多所饒益修安那般那念。 復次，比丘！空閑林中，離諸憒鬧，是名五法多種饒益修習安那般那念。』」⇨(雜801大2-205c^{-6}f.)

2.【覺想多者 當修安那般那念】

「修安那般那念斷覺想。」⇨(雜815大2-209c^{-1}f.)

3.【極厭患身者 當修安那般那念】

「一時，佛住金剛聚落 跋求摩河側 薩羅梨林中。爾時，世尊爲諸比丘說不淨觀，讚歎不淨觀言：『諸比丘修不淨觀 多修習者，得大果大福利。』時，諸比丘修不淨觀已，極厭患身，或以刀自殺，或服毒藥，或繩自絞、投巖自殺，或令餘比丘殺。有異比丘極生厭患惡露不淨，至鹿林梵志子所，語鹿林梵志子言：『賢首！汝能殺我者，衣鉢屬汝。』時，鹿林梵志子即殺彼比丘，持刀至跋求摩河邊，洗刀時，有魔天住於空中，讚鹿林梵志子言：『善哉！善哉！賢首！汝得無量功德，能令諸沙門釋子持戒有德，未度者度，未脫者脫，未穌息者令得穌息，未涅槃者令得涅槃；諸長利衣鉢雜物悉皆屬汝。』

時，鹿林梵志子聞讚歎已，增惡邪見，作是念：我今眞實大作福德，令沙門釋子持戒功德者，未度者度，未脫者脫，未穌息者令得穌息，未涅槃者令得涅槃，衣鉢雜物悉皆屬我。於是手執利刀，循諸房舍、諸經行處、別房、禪房，見諸比丘，作如是言：『何等沙門持戒有德，未度者我能令度，未脫者令脫，未穌息者令得穌息，未涅槃令得涅槃？』

時，有諸比丘厭患身者，皆出房舍，語鹿林梵志子言：『我未得度，汝當度我；我未得脫，汝當脫我；我未得穌息，汝當令我得穌息；我未得涅槃，汝當令我得涅槃。』 時，鹿林梵志子即以利刀殺彼比丘，次第……乃至殺六十人。

爾時，世尊至十五日說戒時，於眾僧前坐，告尊者阿難：『何因何緣諸比丘轉少、轉減、轉盡？』 阿難白佛言：『世尊爲諸比丘說修不淨觀，讚歎不淨觀，諸比丘修不淨觀已，極厭患身……廣說，乃至殺六十比丘。世尊！以是因緣故，令諸比丘轉少、轉減、轉盡，唯願世尊更說餘法，令諸比丘聞已，勤修智慧，樂受正法，樂住正法。』

佛告阿難：『是故，我今次第說 住微細住，隨順開覺， 已起、未起惡不善法速令休息，如天大雨，起、未起塵能令休息。如是，比丘！修微細住，諸起、未起惡不善法能令休息。 阿難！何等爲微細住多修習，隨順開覺，已起、未起惡不善法能令休息？謂安那般那念住。』」

⇨(雜809大2-207b^{-9}f.)

(2)〖 ㊀ 〗(修習安那般那念之 過程)

1.【於過去諸行 不顧念，未來諸行 不生欣樂，於現在諸行 不生染著；於內、外 對礙想 善正除滅，如是修安那般那念。】

「(阿梨瑟吒Ariṣṭha) 白佛言：『世尊！世尊所說安那般那念，我已修習。』 佛告阿梨瑟吒比丘：『汝云何修習我所說安那般那念？』 比丘白佛：『世尊！我於過去諸行不顧念，未來諸行不生欣樂，於現在諸行不生染著，於內外對礙想善正除滅；我已如是 修世尊所說安那般那念。』 佛告阿梨瑟吒比丘：『汝實修我所說安那般那念，非不修； 然其 比丘！於汝所修安那般那念所(♣所，衍文)更有勝妙過其上者。 何等是勝妙過阿梨瑟吒所修安那般那念者？ 是比丘……(如下【安那般那念 修習法】廣說)』」

⇨(雜805大2-206b-1f.)

2.【安那般那念 修習法】

「是比丘 若依聚落、城邑止住，晨朝著衣持鉢，入村乞食， 善護其身，守諸根門，善繫心住。乞食已，還住處，舉衣鉢，洗足已，或入林中、閑房、樹下，或空露地，端身正坐，繫念面前；斷世貪愛，離欲清淨，瞋恚、睡眠、掉悔、疑斷，度諸疑惑，於諸善法心得決定。 遠離五蓋 —煩惱於心，令慧力羸，爲障礙分，不趣涅槃—

♣ (a)念於內息，繫念善學；(b)念於外息，繫念善學。

(1)息長、(2)息短；

(3a)覺知一切身入息，於一切身入息善學；

(3b)覺知一切身出息，於一切身出息善學。

(4a)覺知一切身行息入息，於一切身行息入息善學；

(4b)覺知一切身行息出息，於一心(♣「心」宜作：切)身行息出息善學。

(5a,b)覺知喜……

(6a,b)覺知樂……

(7a,b)覺知身(♣「身」宜作：心)行……

(8a)覺知心行息入息，於覺知心行息入息善學；

(8b)覺知心行息出息，於覺知心行息出息善學。

(9a,b)覺知心……

(10a,b)覺知心悅……

(11a,b)覺知心定……

(12a)覺知心解脫入息，於覺知心解脫入息善學；

(12b)覺知心解脫出息，於覺知心解脫出息善學。

(13a,b)觀察無常……

(14a,b)觀察斷……

(15a,b)觀察無欲……

(16a)觀察滅入息，於觀察滅入息善學；

(16b)觀察滅出息，於觀察滅出息善學。

是名 修安那般那念，身止息、心止息，有覺、有觀，寂滅、純一 明分想修習滿足。」 ⇨(雜803大2-206a-10f.)

"So sato 'va assasati sato 'va passasati.

(1.a.) Dīghaṁ vā assasanto 'Dīghaṁ assasāmî' ti pajānāti.

(b.) Dīghaṁ vā passasanto 'Dīghaṁ pssasāmî' ti pajānāti.

(2.a.) Rassaṁ vā assasanto 'Rassaṁ assasāmî' ti pajānāti.

(b.) Rassaṁ vā passasanto 'Rassaṁ passasāmi' ti pajānāti.

(3.a.) Sabbakāyapatisamvedī 'Assasissāmî' ti sikkhati.

(b.) Sabbākayapatisamvedī 'Passasissāmî' ti sikkhati.

(4.a.) Passambhayaṁ kāyasaṅkhāram 'Assasissāmî' ti sikkhati.

(b.) Passambhayaṁ kāyasaṅkhāraṁ 'Passasissāmî' ti sikkhati.

(5.a.) Pītipaṭisaṁvedī 'Assasissāmî' ti sikkhati.

(b.) Pītipaṭisaṁvedī 'Passasissāmî' ti sikkhati.

(6.a.) Sukhapaṭisaṁvedī 'Assasissāmî' ti sikkhati.

(b.) Sukhapaṭisamvedī 'Passasissāmî' ti sikkhati.

(7.a.) Cittasaṅkhārapaṭisamvedī 'Assasissāmî' ti sikkhati.

(b.) Cittasaṅkhārapaṭisamvedī 'Passasissāmî' ti sikkhati.

(8.a.) Passambhayaṁ cittasaṅkhāram 'Assasissāmî' ti sikkhati.

(b.) Passambhayaṁ cittasaṅkhāraṁ 'Passasissāmî' ti sikkhati.

(9.a.) Cittapaṭisaṁvedī 'Assasissāmî' ti sikkhati.

(b.) Cittapaṭisaṁvedī 'Passasissāmî' ti sikkhati.

(10.a.) Abhippamodayaṁ cittaṁ 'Assasisāamî' ti sikkhati.

(b.) Abhippamodayaṁ cittaṁ 'Passasissāmî' ti sikkhati.

(11.a.) Samādahaṁ cittam 'Assasissāmî' ti sikkhati.

(b.) Samādahaṁ cittaṁ 'Passasissāmî' ti sikkhati.

(12.a.) Vimocayaṁ cittam 'Assasissāmî' ti sikkhati.

(b.) Vimocayaṁ cittaṁ 'Passasissāmî' ti sikkhati.

(13.a.) Aniccânupassī 'Assasissāmî' ti sikkhati.

(b.) Aniccânupassī 'Passasissāmî' ti sikkhati.

(14.a.) Virāgânupassī ‘Assasissāmî’ti sikkhati.

(b.) Virāgânupassī ‘Passasissāmî’ti sikkhati.

(15.a.) Nirodhânupassī ‘Assasissāmî’ti sikkhati.

(b.) Nirodhânupassī ‘Passasissāmî’ti sikkhati.

(16.a.) Paṭinissaggânupassī ‘Assasissāmî’ti sikkhati.

(b.) Paṭinissaggânupassī ‘Passasissāmî’ti sikkhati.”

⇨(S 54,1 S v..311^{-9}f.)

3.【安般念業處作意之規定】⇨＊(VM 278^{4} ~287^{-12})

(a)〖gaṇanā(數)〗

(b)〖anubandhanā(隨結)〗

(c)〖phusanā(觸)〗

(d)〖ṭhapanā(置止)〗

(e)〖sallakkhanā(觀察)〗

(f)〖vivaṭṭanā(還滅)〗

(g)〖pārisuddhi(遍淨)〗

(h)〖tesañ ca paṭipassana(彼等之 各別觀)〗

4.【安那般那念俱 修四念處】

「云何修安那般那念，四念處滿足？ 是比丘依止聚落……乃至如 滅出息念學。

(a) 阿難！如是聖弟子 入息念時，如入息念學； 出息念時，如出息念學；若長、若短； 一切身行覺知入息念時，如入息念學；(一切身行覺知)出息念時，如出息念學； 身行休息入息念時，如身行休息入息念學；身行休息出息念時，如身行休息出息念學。— 聖弟子爾時 身身觀念住。

(b)(若復)異於身者，彼亦如是隨身比思惟；若有時，聖弟子 喜覺知、樂覺知、心行覺知……心行息覺知入息念時，如心行息入息念學；心行息出息念時，如心行息出息念學。— 是聖弟子爾時 受受觀念住。

(c)若復異受者，彼亦隨受比思惟；(若)有時，聖弟子 心覺知 心悅、心定……心解脫覺知入息念時，如入息念學；心解脫出息念時，如心解脫出息念學。— 是聖弟子爾時 心心觀念住。

(d)若有異心者，彼亦隨心比思惟；若聖弟子 有時觀無常、斷、無欲、滅；如無常、斷、無欲、滅觀住學。— 是聖弟子爾時 法法觀念住。

(若)異於法者，(彼)亦隨法比思惟。 是名 修安那般那念，滿足四念處。」⇨(雜810大2-208a^{-8}f.)

5.【安那般那念俱 修七覺分】

「爾時，世尊告諸比丘：『若比丘修習安那般那念，多修習已，得大果大福利。 云何修習安那般那念，多修習已，得大果大福利？ 是比丘心與安那般那念俱 修念覺分，依遠離、依無欲、依滅、向於捨，…… 乃至修捨覺分，依遠離、依無欲、依滅、向於捨。』」⇨(雜746大2-198a^{5}f.)

(3)〖 ○＝ 〗(安那般那念 即是……)

1.【安那般那念是 聖住、天住、梵住、學住、無學住、如來住】

「爾時，世尊坐禪二月過已，從禪覺，於比丘僧前坐，告諸比丘：『若諸外道出家來問汝等：「沙門瞿曇於二月中云何坐禪？」 汝應答言：「如來二月以安那般那念坐禪思惟住。」 所以者何？ 我於此二月，念安那般那多住思惟：入息時，念入息如實知；出息時，念出息如實知；若長，若短；一切身覺入息念如實知，一切身覺出息念如實知；身行休息入息念如實知……乃至滅出息念如實知。

我悉知已，我時作是念：此則麁思惟住，我今於此思惟止息已，當更修餘微細修住而住。 爾時，我息止麁思惟已，即更入微細思惟，多住而住。 時，有三天子，極上妙色，過夜來至我所；一天子作是言：「沙門瞿曇時到(♣死至)。」復有一天子言：「此非時到，是時向至。」 第三天子言：「非為時到，亦非時向至，此則修住，是阿羅訶寂滅(♣滅受想等至)耳。」

佛告諸比丘：『若有正說 聖住、天住、梵住、學住、無學住、如來住，學人所不得 當得，不到 當到，不證 當證，無學人 現法樂住者，謂安那般那念，此則正說。所以者何？ 安那般那念者，是聖住、天住、梵住……乃至無學現法樂住。』」⇨(雜807大2-207a[12]f.)

2.【學住 ∾ 如來住】

「迦磨比丘答言：『摩訶男(Mahānāma)！學住異如來住異。 摩訶男！學住者 斷五蓋多住；如來住者 於五蓋已斷已知，斷其根本，如截多羅(tāla 棕櫚)樹頭，更不生長，於未來世成不生法。』」⇨(雜808大2-207b[10]f.)

3.【精勤 修安那般那念＝ 修四念處＝〖自依止、法依止〗】

「(釋尊言：)『阿難！當知 如來不久亦當過去；是故， 阿難！當作自洲而自依，當作法洲而法依，當作不異洲不異依！』 阿難白佛：『世尊！云何自洲以自依？ 云何法洲以法依？ 云何不異洲不異依？』

佛告阿難：『若比丘身身觀念處，精勤方便，正智正念，調伏世間貪憂； 如是外身、內外身，受、心、法 法觀念處，亦如是說。阿難！是名自洲 以自依，法洲以 法依，不異洲 不異洲依。』」⇨(雜638大2-177a[5]f.) *cf.*〈雜810,813〉(大2-208a[-8] ~208b[13]；208c[-9] ~209a[-10])

(4)〖 ○→ 〗(修習安那般那念之 功德)

1.(雜802)修安那般那念→ 得身止息……等。

2.(雜806) 〃 住勝妙住。

3.(雜809) 〃 住微細住，隨順開覺，已起、未起惡不善法速令休息。

4.(雜814) 〃 眼、身不疲→四禪、四定、四無量心、五通。

5.(雜810,813) 〃 四念處→ 七覺分→ 明、解脫。

6.(S 54,19) 〃 資於 遍知行路。

7.(S 54,17) 〃 資於 斷結。

8.(S 54,18) 〃 資於 永斷隨眠。

9.(S 54,20) 〃 資於 盡諸漏。

10.(雜804) 〃 得大果、大福利。

11.(M 62 M i.425) 〃 覺知最後之出入息而滅。

12.(A 5,96 A iii.120) 〃 不久證得不動(akuppaṁ)

⑥【念休息(upasamânussati《寂止隨念》)】

☆〈Asaṁkhata-saṁyutta(無爲相應)〉⇨(S 43,1~44 Siv.359[9] ~373[18])

♣

⊕ 表詮 涅槃	⊖ 遮詮 涅槃
38.Mutti(解脫)	14.Anāsavaṁ(無漏)
16.Pāraṁ(彼岸)	35.Avyāpajjho(無瞋的)
44.Parâyanaṁ(到彼岸)	29.Taṇhakkhayo(渴愛盡)
40.Dīpa(洲渚)	36.Vīrago(離欲)
41.Leṇa(窟)	39.Anālayo(無愛著)
42.Tāla.(庇護所)	12.Asaṅkhataṁ(無爲的)
43.Saraṇaṁ(歸依處)	19.Ajajjaraṁ(不老的)
15.Saccaṁ(眞實的)	21.Apalokitaṁ(不壞的)
17.Nipuṇaṁ(巧妙的)	32.Anītika(無災的)
26.Paṇītaṁ(殊勝的)	33.Anītikadhamma(無災法)
27.Sivaṁ(吉祥的)	25.Amataṁ(不死的)
28.Khemaṁ(安穩的)	13.Antaṁ([苦]邊)
24.Santaṁ(寂靜的)	30.Acchariyo(希有的)
37.Suddhi(清淨)	31.Abbhutaṁ(未曾有的)
20.Dhuvaṁ(永存的)	18.Sududdasaṁ(極難見的)
♣ 濟度	22.Anidassanaṁ(無譬)
♣ 流通	23.Nippapañcaṁ(無戲論)
⇨(雜890大2-224a[-2]~b[10])	34.Nibbānaṁ(涅槃)
cf.〈p.5-171 五.§10-7-1③之 (3)〉	♣ 不動;不屈;不流轉;離熾然;離燒然;無病;無所有。

(1)「世尊告曰:『若有比丘 正身正意,結跏趺坐,繫念在前,無有他想, 專精念休息;所謂休息者,心意想息,志性詳諦,亦無卒暴,恆專一心,意樂閑居,常求方便 入三昧定,常念 不貪、勝光上達;如是,諸比丘名曰念休息。(念休息)便得具足成大果報,諸善普至 得甘露味,至無爲處,便成神通 除諸亂想,獲沙門果 自致涅槃。』」⇨(增3-7大2-556a[4]f.)

(2)“Yāvatā bhikkhave dhammā saṅkhatā vā asaṅkhatā vā virāgo tesaṁ dhammānaṁ aggam akkhāyati, yadidaṁ madanimmadano pipāsavinayo

ālayasamugghāto vaṭṭûpacchedo taṇhakkhayo virāgo nirodho ni=
bbānaṁ." ⇨(A 4,34 A ii.34^-11 f.)

(3)「云何名爲自歸法者？ 所謂 諸法 —有漏、無漏，有爲、無爲，無欲、無染、滅盡、涅槃— 然涅槃法於諸法中 最尊、最上無能及者。」
⇨(增21-1大2-602a^11 f.)

「因集 故苦集，因滅 故苦滅，斷諸逕路，滅於相續； 相續滅，滅 是名苦邊。比丘！ 彼何所滅？ 謂 有餘苦彼若滅止，清涼息沒，所謂 一切取滅、愛盡、無欲、寂滅、涅槃。」⇨(雜293大2-83c^-13 f.)

§7-0-4 【四無量(catasso appamaññāyo《四無量〔心〕》)】
⇨(中86大1-563b^13；D 33 D iii.223^-3) 'cattaro brahma-vihārā(四梵住)' ⇨(A 5,192 A iii.225^-14 f.) 「四梵行」⇨(增50-4大2-810a^13)
「四梵室」⇨(中28大1-458b^8) 「四梵堂」⇨(長9大1-50c^-6)；
「四等心」⇨(增31-2大2-667c^-7 f.)

① 《S 46,54》(S v.115^-5 f.)⇦

(1) "Etha tumhe bhikkhave pañcanīvaraṇe pahāya cetaso upakkilese paññāya dubbalīkaraṇe mettāsahagatena cetasā ekaṃ disaṃ pharitvā viharatha. Tathā dutiyaṃ tathā tatiyaṃ tathā catutthaṁ, iti uddham adho tiriyaṃ sabbadhi sabbattatāya sabbāvantaṁ lokam ※ mettāsahagatena[1] cetasā vipulena mahaggatena appamāṇena averena abyāpajjhena pharitvā viharatha.…

(2) …※ karuṇāsahagatena[2] cetasā…

(3) …※ muditāsahagatena[3] cetasā…

(4) …※ upekhāsahagatena[7] cetasā…"

② 〖慈→ 悲→ 喜→ 護(捨)〗

「由慈三昧，辦悲三昧；緣悲三昧，得喜三昧；緣喜三昧，得護三昧。」
⇨(增43-5大2-761a^6 f.)

③ 〖修四無量心之 最勝處〗

「比丘心與慈俱多修習，於淨最勝；悲心修習多修習，空入處最勝；喜心修習多修習，識入處最勝；捨心修習多修習，無所有入處最勝。」⇨(雜743大2-197c^11 f.)

④〖四梵室/ 四梵堂〗

「尊者舍梨子告曰：『陀然！世尊知見， 如來、無所著、等正覺說 四梵室，謂 族姓男、族姓女修習多修習，斷欲 捨欲念，身壞命終，生梵天中。 云何爲四？ 陀然！多聞聖弟子，心與慈俱遍滿一方成就遊；如是，二、三、四方，四維 上、下，普周一切； 心與慈俱，無結、無怨、無恚、無諍，極廣、甚大、無量善修，遍滿一切世間成就遊。 如是，悲、喜，心與捨俱，無結、無怨、無恚、無諍，極廣、甚大、無量善修，遍滿一切世間成就遊；是謂 陀然！世尊知見， 如來、無所著、等正覺說 四梵室，謂 族姓男、族姓女，修習多修習，斷欲捨欲念，身壞命終，生梵天中。』 於是，尊者舍梨子教化陀然，爲說梵天法已，從坐起去。」⇨(中27大1-458a^{-3}f.)

⑤〖梵世法〗

「若善眼大師爲說 梵世法時，諸弟子等 設有具足奉行法者，彼修四梵室，捨離於欲； 彼命終已得生梵天。彼時，善眼大師而作是念 —我不應與弟子等，同俱至後世 共生一處；我今寧可，更修增上慈，修增上慈已，命終得生，晃昱天中。— 彼時，善眼大師，則於後時，更修增上慈；修增上慈已，命終得生，晃昱天中……我(♣今釋尊，昔時 善眼大師)於爾時，親行斯道，爲自饒益 亦饒益他，饒益多人； 愍傷世間，爲天、爲人求義及饒益，求安隱快樂。爾時，說法不至究竟，不究竟白淨、不究竟梵行、不究竟梵行訖；爾時，不離生、老、病、死、啼哭、憂慼，亦未能得脫一切苦。

比丘！我今出世，如來、無所著、等正覺、明行成爲、善逝、世間解、無上士、道法御、天人師，號佛、眾祐，我今自饒益 亦饒益他，饒益多人；愍傷世間，爲天、爲人求義及饒益，求安隱快樂。我今說法，得至究竟，究竟白淨、究竟梵行、究竟梵行訖。 我今已離生、老、病、死、啼哭、憂慼，我今已得脫一切苦。』」⇨(中8大1-429b^{-12}f.)

⑥〖四等心〗

「爾時，世尊告諸比丘：『有四等心；云何爲四？ 慈、悲、喜、護(捨)。』」⇨(增29-10大2-658c^{-11}f.)

⑦〖慈゜、悲゜、喜゜、捨心解脫〗

「(世尊告諸比丘：)『多聞聖弟子，捨身不善業，修身善業；捨口、意不善業，修口、意善業。彼多聞聖弟子，如是具足精進，戒德成就身淨業，成就口、意淨業，離恚、離諍，除去睡、眠，無掉、貢高，斷疑度慢，正念、正智，無有愚癡；彼心與慈俱 遍滿一方成就遊，如是，二、三、四方，四維 上、下，普周一切； 心與慈俱 無結、無怨、無恚、無諍、極廣、甚大、無量善修，遍滿一切世間成就遊。 彼作是念 —我本此心少不善修，我今此心無量善修；多聞聖弟子，其心如是無量善修，若本 因惡知識 爲放逸行，作不善業，彼不能將去，不能穢汚、不復相隨； 若有 幼少童男、童女，生便能行慈心解脫者， 而於後時，彼身、口、意寧可 復作不善業耶？—』

比丘答曰：『不也，世尊！所以者何？ 自不作惡業，惡業何由生？』

『是以男女在家、出家，常當勤修慈心解脫；若彼男女在家、出家修慈心解脫者，不持此身 往至彼世，但隨心去此；比丘應作是念 —我本放逸，作不善業，是一切 今可受報，終不後世；若有如是，行慈心解脫 無量善與者，必得阿那含 或復上得。— 如是，悲、喜；心與捨俱………。』」

⇨（中15大1-438a^{-3}f.）

⑧〖對治 瞋心、害心、嫉心、憍慢〗

「汝今 羅雲（Rāhula）！當修行慈心；已行慈心，所有瞋恚皆當除盡。汝今 羅雲！當行悲心；已行悲心，所有害心悉當除盡。 汝今 羅雲！當行喜心；已行喜心，所有嫉心皆當除盡。 汝今 羅雲！當行護心；已行護心，所有憍慢悉當除盡。」⇨（增17-1大2-581c^{-13}f.）

「復有六法，謂六出要界。若比丘作是言：『我修慈心 更生瞋恚。』 餘比丘語言：『汝勿作此言！勿謗如來，如來不作是說； 欲使修慈解脫 更生瞋恚想，無有是處。佛言：「除瞋恚已，然後得慈。」』 若比丘言：『我行悲解脫 （更）生憎嫉心；行喜解脫 （更）生憂惱心；行捨解脫（更）生憎愛心；行無我行 （更）生狐疑心；行無想行 （更）生眾亂想，亦復如是。』」

⇨（長9大1-52a^{8}f.） *cf.*（大正No.12大1-232a^{-10}f.）

⑨ “Tattha sabbatthaka-kammaṭṭhānaṁ（一切處業處） nāma bhikkhusaṅghâdisu mettā maraṇasati（慈《念》與死念）……” ⇨ *（VM 97^{-10}f.）

⑩「爾時，世尊告諸比丘：『若有眾生修行慈心解脫，廣布其義與人演說，當獲此十一果報。 云何爲十一？ [1] 臥安、[2] 覺安、[3] 不見惡夢、[4] 天護、[5] 人愛、[6] 不毒、[7] 不兵，[8] 水、[9] 火、[10] 盜賊終不侵抂，[11] 若身壞命終生梵天上；是謂 比丘能行慈心獲此十一之福。』 爾時，世尊便說斯偈：

『若有行慈心， 亦無放逸行； 諸結漸漸薄， 轉見於道跡。
以能行此慈， 當生梵天上； 速疾得滅度， 永至無爲處。

不殺、無害心， 亦無勝負意； 行慈普一切， 終無怨恨心。』

是故，比丘 當求方便，行於慈心，廣布其義。」⇨(增49-10大2-806a^{-12}f.)

§7-0-5 【惡食想 āhāre paṭikūla-saññā(於食厭惡想)】

①「觀食不淨」爲「使法增長無有損耗七法」之第二。⇨(長2大1-11c^{-3})

②「觀食(不淨)想」爲 修習七覺分「二十種觀業處」之第十一 。

⇨(雜747大2-198a^{-6}f.)

③「穢食思想」道弟子「可行十思想」之第五。⇨(大正No.98大1-923a^{13}f.)

「見身雜穢食思想者，爲 味愛不行著。」⇨(大正No.98大1-923a^{-1}f.)

「穢食想 已習、已行、已多作爲，從是 斷〔味〕愛所。」

⇨(大正No.98大1-923b^{-9}f.)

④「若比丘得習出家學道心者，得習無常想，得習無常苦想，得習苦無我想，得習不淨想，得習〖惡(ㄨˋ)食想〗，得習一切世間不可樂想，得習死想；知世間好惡，得習如是想心；知世間集有，得習如是想心；知世間習(集)、滅、味、患、出要如眞。得習如是想心者，是謂比丘斷愛、除結、正知正觀諸法已，便得苦邊。」⇨(中113大1-602c^{-8}f.)

⑤〖如 食子肉〗

「爾時，世尊告諸比丘：『有四食，資益眾生，令得住世 攝受長養。 云何爲四？ 謂一、麤摶食，二、細觸食，三、意思食，四、識食。

⑴云何 比丘！觀察摶食？ 譬如：有夫婦二人，唯有一子，愛念將養，欲度曠野嶮道難處，糧食乏盡，飢餓困極，計無濟理，作是議言：『正有一子，極所愛念，若食其肉，可得度難；莫令在此，三人俱死。』作是計已，卽殺其子，含悲垂淚，強食其肉，得度曠野。 云何比丘！彼人夫婦，共食子肉，寧取其味，貪嗜美樂與不？ 答曰：『不也，世尊！』 復問：『比丘！彼強食其肉，爲度曠野嶮道與不？』 答言：『如是，世尊！』 佛告：『比丘！凡 食摶食，當如是觀；如是觀者，摶食斷知。 摶食斷知已，於五欲功德 貪愛則斷；五欲功德 貪愛斷者，我不見彼多聞聖弟子，於五欲功德上，有一結使而不斷者；有一結繫故，則還生此世。

⑵云何 比丘！觀察觸食？ 譬如：有牛生剝其皮，在在處處 諸蟲唼食，沙士坌塵，草本針刺；若依於地，地蟲所食；若依於水，水蟲所食；若依空中，飛蟲所食；臥、起 常有苦毒此身。 如是，比丘於彼觸食，當如是觀

；如是觀者，觸食斷知。觸食斷知者，三受則斷；三受斷者，多聞聖弟子於上無所復作，所作已作故。

(3)云何 比丘！觀察意思食？　譬如：聚落城邑邊有火起，無煙無炎；時，有士夫聰明黠慧，背苦向樂，厭死樂生，作如是念：『彼有大火，無煙無炎，行來當避，莫令墮中，必死無疑；作是思惟：當生思願，捨遠而去。』觀意思食，亦復如是。如是觀者，意思食斷；意思食斷者，三愛則斷；三愛斷者，彼多聞聖弟子，於上更無所作，所作已作故。

(4)諸比丘！云何觀察識食？　譬如：國王有防邏者，捉捕劫盜，縛送王所，如前《須深經》※廣說[1]：『以彼因緣受三百矛，苦覺 晝夜苦痛。觀察識食，亦復如是。 如是觀者，識食斷知；識食斷知者，名色斷知。 名色斷知者，多聞聖弟子 於上更無所作，所作已作故。』」

⇨(雜373大2-102b^{-11}f.)

⑥ "…… rahogatena paṭisallīnena asita-pīta-khāyita-sāyita-ppabhede kabalinkārâhāre(於食時、飲時、哺時、嚐時) dasah' ākārehi(以十行相) paṭikūlatā paccavekkhitabbā(當觀察厭逆). Seyathîdaṁ:

(1) gamanato 從行乞，

(2) pariyesanto 從遍求，

(3) paribhogato 從受用，

(4) āsayato 從分泌，

(5) nidhānato 從貯藏，

(6) aparipakkato 從不消化，

(7) paripakkato 從消化，

(8) phalato 從果，

(9) nissandato 從排泄，

(10) sammakkha nato 從塗布 ti." ⇨＊(VM 341^{-1}f.)

⑦∾〖食→ 命、色、力、安、辯〗

「佛告諸比丘：『當知食以節度，受而不損。』　佛言：『人持飯食施人，有五福德令人得道，智者消息，意度弘廓，則獲五福。 何等爲五？ 一曰、施命，二曰、施色，三曰、施力，四曰、施安，五曰、施辯……』」

⇨(大正No.132大2-854c^{7}f.)

※1 ⇨(雜347大2-97c^{-7}~ 98a^{8})

§7-0-6 【四界差別(catudhātu-vavatthāna】

①〖人有 六界聚〗

「比丘！當學最上，當學至寂，分別六界；如是 比丘！人有六界聚。 此說何因？ 謂 地界、水界、火界、風界、空界、識界。比丘！人有六界聚者，因此故說……云何 比丘！不放逸慧？ 若有比丘分別身界 —今我此身有內地界 而受於生。 此爲云何？ 謂 髮、毛、爪、齒、麤細膚、皮、肉、骨、筋、腎、心、肝、肺、脾、大腸、胃、糞，如斯之比，此身中餘在內；內所攝堅，堅性住內，於(是)生所受；是謂 比丘！內地界也。 比丘！若有內地界及外地界者，彼一切總說地界；彼一切非我有，我非彼有，亦非神也。如是，慧觀知其如眞，心不染著於此地界。— 是謂 比丘！不放逸慧。

復次，〔云何〕比丘！不放逸慧？ 若有比丘分別身界 — 今我此身有內水界 而受於生。 此爲云何？ 謂 腦髓、眼淚、汗、涕、唾、膿、血、肪、髓、涎、痰、小便，如斯之比，此身中餘在內；內所攝水，水性潤內，於(是)生所受；是謂 比丘！內水界也。 比丘！若有內水界及外水界者，彼一切總說水界；彼一切非我有，我非彼有，亦非神也。如是，慧觀知其如眞，心不染著於此水界。— 是謂 比丘！不放逸慧。

復次，〔云何〕比丘！不放逸慧？ 若有比丘分別此身界 — 今我此身有內火界 而受於生。 此爲云何？ 謂 熱身、暖身、煩悶身、溫壯身，謂 消飮食，如斯之比，此身中餘在內；內所攝火，火性熱內，於(是)生所受是謂比丘內火界也。 比丘！若有內火界及外火界者，彼一切總說火界； 彼一切非我有，我非彼有，亦非神也。如是，慧觀知其如眞，心不染著於此火界。— 是謂 比丘！不放逸慧。

復次，〔云何〕比丘！不放逸慧？ 若有比丘分別身界 — 今我此身有內風界 而受於生； 此爲云何？ 謂 上風、下風、脇風、掣縮風、蹴風、非道風、節節風、息出風、息入風，如斯之比，此身中餘在內；內所攝風，風性動內，於(是)生所受；是謂 比丘！內風界也。 比丘！若有內風界及外風界者，彼一切總說風界；彼一切非我有，我非彼有，亦非神也。如是，慧觀知其如眞，心不染著於此風界。— 是謂 比丘！不放逸慧……。」

⇨(中162大1-690b^{-4}f.)

“Yaṁ ajjhataṁ paccattaṁ kakkhaḷam kharigataṁ upādiṇṇaṁ, seyyathîdaṁ : kesā lomā nakhā dantā…… yaṁ vā pan' aññam pi kiñci ajjhattaṁ paccattaṁ kakkhaḷaṁ kharigataṁ upādiṇṇaṁ;—ayaṁ vuccati, bhikkhu, ajjhattikā paṭhavī-dhātu. Yā c' eva kho pana ajjhattikā paṭhavī-dhātu, yā ca bāhirā paṭhavī-dhātur ev' esā, taṁ: ' N'etaṁ mama, n' eso 'ham asmi, na me 'so attâ ti.' evam etaṁ yathābhūtaṁ sammappa=ññāya daṭṭhabbaṁ.……

Yaṁ ajjhataṁ paccattaṁ āpo āpogataṁ upādiṇṇaṁ, seyyathîdaṁ: …

Yaṁ ajjhataṁ paccattaṁ tejo tejogataṁ upādiṇṇaṁ, seyyathîdaṁ: ……

Yaṁ ajjhataṁ paccattaṁ vāyo vāyogataṁ upādiṇṇaṁ, seyyathîdaṁ: …

" ⇨(M 140 Miii. 240^{-14}f.)

∾ ＊(VM 365^{-6}f.)⇦

dhātu	lakkhaṇā	rasā	paccupaṭṭhānā
paṭhavī-	kakkhaḷatta-	patiṭṭhāna-	sampaṭicchana-
āpo-	paggharaṇa-	brūhaṇā-	saṅgaha-
tejo-	uṇhatta-	paripācana-	maddavânuppadāna-
vāyo-	vitthambhana-	samudīraṇa-	abhinīhāra-

②〖色盛陰 四界〗

「諸賢！云何色盛(upādāna 取)陰？ 謂 有色 彼一切四大及四大造。 諸賢！云何四大？ 謂：地界，水、火、風界。…… 」⇨(中30大1-464c^{2}f.)

③〖慧刀解剖 人身〗

「比丘！觀身如身！比丘者 觀身諸界 —我此身中有地界、水界、火界、風界、空界、識界；猶如：屠兒殺牛剝皮布地，於上 分作六段。— 如是，比丘！觀身諸界 —我此身中地界、水界、火界、風界、空界、識界。— 如是，比丘！觀內身如身，觀外身如身，立念在身，有知、有見、有明、有達；是謂比丘觀身如身。」⇨(中98大1-583b^{-13}f.)

∾ "Dhātuso paccavekkhato pana sattasaññā antaradhāyati, dhātu-vasen' eva cittaṁ santiṭṭhati." ⇨＊(VM 348^{-10}f.)

∾ "Imañ ca pana catudhātu-vavatthānam-anuyutto bhikkhu suññataṁ avagāhati, sattasaññaṁ samugghāteti." ⇨＊(VM 370^{-9}f.)

§7-0-7【四無色(cattāro arūpā)】⇨ 〈p.4-56f. 四.§10-0-1〉

§8-0-0 【七覺分 ↔ 五蓋】

①〖五蓋 ＝ 不善聚 ↔ 善聚 ＝ 七覺分〗

「爾時，世尊告諸比丘：『說不善積聚者，所謂 五蓋，是爲正說。 所以者何？ 純一不善聚者，謂五蓋故。 何等爲五？ 謂 貪欲蓋、瞋恚蓋、睡眠蓋、掉悔蓋、疑蓋。說善積聚者，謂 七覺分，是爲正說。 所以者何？純一滿淨(善聚)者，是七覺分故。何等爲七？ 謂 念覺分、擇法覺分、精進覺分、喜覺分、猗(♣輕安)覺分、定覺分、捨覺分。」⇨(雜725大2-195b²f.)

②〖五蓋 ＝ 五退法 ↔ 七不退法 ＝ 七覺分〗⇨(雜705大2-189b⁻⁵~⁻¹)

§8-0-1 【五蓋(pañca nīvaraṇāni)】

①〖蓋、障…→不轉趣涅槃〗

「有五法能爲黑闇，能爲無目，能爲無智，能羸智慧， 非明非等覺，不轉趣涅槃。 何等爲五？ 謂 貪欲、瞋恚、睡眠、掉悔、疑。」
⇨(雜706大2-189c³f.)

「有五障(蔽)、五(覆)蓋(、五翳)煩惱於心，能羸智慧，(爲)障礙之分，非明、非正覺，不轉趣涅槃。 何等爲五？ 謂 貪欲蓋、瞋(恚)蓋、睡眠蓋、掉悔蓋、疑蓋。」⇨(雜707大2-189c⁻¹⁵f.)

②〖五種 心樹〗

「有五種大樹，其種至微 而樹生長巨大，而 能映障眾雜小樹，蔭翳萎悴，不得生長。 何等爲五？ 謂揵遮耶(kacchaka 無花果)樹、迦捭多羅(kapitth=aka)樹、阿濕波他(assattha= 菩提樹)樹、優曇鉢羅(udumbara無花果)樹、尼拘留他(nigrodha 榕)樹， 如是五種心樹，種子至微而漸漸長大，蔭覆諸節；能令諸節蔭覆墮臥。何等爲五？ 謂 貪欲蓋漸漸增長，〔瞋恚、〕睡眠、掉悔、疑蓋 漸漸增長；以增長故，令善心蔭覆墮臥。」⇨(雜708大2-190a⁻¹²f.)

③〖五蓋之十(pañca nīvaraṇā dasa honti 五蓋有十)〗

(雜713大2-191b⁵f.)	(S 46,52 S v.110²f.)
內貪欲、 外貪欲	ajjhattaṃ kāmacchando, bahiddhā kā°
瞋恚、 瞋恚相	ajjhattaṃ byāpādo, bahiddhā byā°
有睡、 有眠	thīnam, middhaṃ
掉、 悔	uddhaccaṃ, kukkuccaṃ
疑善法、 疑不善法	ajjhattaṃ dhammesu vicikicchā, bahiddhā dha°

④〚五蓋之 食 ↔ 不食〛

「爾時，世尊告諸比丘：『有五蓋、七覺分 有食、無食； 我今當說，諦聽善思！當爲汝(等)說。 譬如：身依食而立，非不食；如是，五蓋依於食而立，非不食。⑴貪欲蓋 以何爲食？ 謂 觸(♣淨)相[1] ，於彼不正思惟，未起貪欲令起，已起貪欲 能令增廣；是名 貪欲蓋之食。⑵何等爲瞋恚蓋食？ 謂 障礙相，於彼不正思惟，未起瞋恚蓋 令起，已起瞋恚蓋 能令增廣； 是名 瞋恚蓋食。⑶何等爲睡、眠蓋食？ 有五法。何等爲五？ 微弱、不樂、欠呿、多食、懈怠，於彼不正思惟，未起睡、眠蓋 令起，已起睡、眠蓋 能令增廣；是名睡、眠蓋食。⑷何等爲掉、悔蓋食？ 有四法。 何等爲四？ 謂 親屬覺、人眾覺、天覺、本所經娛樂覺，自憶念、他人令憶念而生覺，於彼起不正思惟，未起掉、悔 令起，已起掉、悔 令其增廣；是名掉、悔蓋食。⑸何等爲 疑蓋食？ 有三世。 何等爲三？ 謂 過去世、未來世、現在世；於過去世猶豫，未來世猶豫，現在世猶豫， 於彼起不正思惟，未起疑蓋 令起，已起疑蓋 能令增廣；是名疑蓋食。……

何等爲貪欲蓋不食？ 謂 不淨觀，於彼正思惟，未起貪欲不起，已起貪欲蓋令斷；是名 貪欲蓋不食。⑵何等爲瞋恚蓋不食？ 彼慈心思惟，未生瞋恚蓋不起，已生瞋恚蓋 令滅； 是名 瞋恚蓋不食。⑶何等爲睡、眠蓋不食？彼明照思惟，未生睡、眠蓋 不起，已生睡、眠蓋 令滅；是名睡、眠蓋不食。⑷何等爲掉、悔蓋不食？ 彼 寂止思惟，未生掉、悔蓋不起，已生掉、悔蓋 令滅；是名掉、悔蓋不食。⑸何等爲 疑蓋不食？ 彼 緣起法思惟，未生疑蓋不起，已生疑蓋 令滅；是名疑蓋不食。

」⇨(雜715大2-192a^{-5}f.)

cf.(S 46,51.S v. 101^{-2} ~102^{-5}；105^{16} ~106^{-14}f.)

§8-0-2 【四念處(cattāro sati-paṭṭhānā)】

☆〈念處相應〉⇨（雜605~639大2-170^{-2} ~177^{8})

☆〈Satipaṭṭhāna-saṃyutta〉⇨(S 47,1~102 S v. 141 ~192)

《念處經》⇨(中98大1-582b^{7} ~584^{-2})

《M 10 Satipaṭṭhāna-sutta》⇨(M i. 55^{-5} ~63^{-11})

∾〈覺支相應〉⇨〈p.4-42ff. 四.§8-0-3〉

※1 subha-nimittaṁ(淨相)⇨(S v. 103^{1})

①〖 →○ 〗(修習四念處之 先行)

(1)【善、信、戒爲 先行】

「世尊告鬱低迦：『汝當先淨其初業，然後 修習梵行。』 鬱低迦 白佛：『我今云何淨其初業 修習梵行？』 佛告鬱低迦：『汝當先淨其戒，直其見，具足三業，然後 修四念處。』」⇨(雜624大2-175a⁵f.)

cf. 〈p.2-85ff. 二.§11-0-0~§11-0-5；p.3-17f. 三.§2-0-3〉

(2)【日常生活(衣、食、住、行)中 住四念處】

「(如愚癡猨猴)如是，比丘！愚癡凡夫依聚落住，晨朝著衣持鉢，入村乞食；不善護身，不守根門：眼見色已，則生染著；耳聲，鼻香，舌味，身觸皆生染著。愚癡比丘，內根、外境被五縛已，隨魔所欲；是故，比丘！當如是學：於自所行處，父母境界，依止而住；莫隨他處、他境界行。 云何比丘！自所行處，父母境界？ 謂 四念處 —身 身觀念住，受、心、法 法觀念住。」⇨(雜620大2-173c²f.)

(3)【修道(戒、定、慧)時 住四念處】

「正信 非家 出家學道，正其身行，護口四過，正命清淨，習賢聖戒，守諸根門，護心正念： 眼見色時，不取形相，若於眼根 住不律儀，世間貪憂惡不善法 常漏於心；而令於眼 起正律儀。耳、鼻、舌、身、意起正律儀亦復如是。 彼以賢聖戒律成就，善攝根門，來往周旋，顧視屈伸，坐臥眠覺 語默住智、正智； 彼成就如此聖戒，守護根門，正智正念，寂靜遠離，空處、樹下、閑房獨坐，正身、正念繫心安住，斷世貪憂，離貪欲，淨除貪欲；斷世瞋恚、睡眠、掉悔、疑蓋，離瞋恚、睡眠、掉悔、疑蓋；淨除瞋恚、睡眠、掉悔、疑蓋。 斷除五蓋 —惱心，慧力羸，諸障閡分，不趣涅槃者。— 是故，內身 身觀念住，精勤、方便， 正智正念，調伏世間貪憂；如是，外身、內外身，受、心、法 法觀念住，亦如是說。 是名 比丘修四念處。」⇨(雜636大2-176b²f.)

(4)【年少比丘(初學佛法者) 當以四念處 教令修習】

「佛告阿難：『此諸年少比丘 當以四念處教令修習。 云何爲四？ 謂 身身觀念住，精勤、方便、不放逸行，正智正念，寂定於心，……乃至知身。受、心、法 法觀念住，精勤、方便、不放逸行，正念正智，寂靜於心，…… 乃至知法。 所以者何？ 若比丘住學地者 未得進上，志求安隱涅槃時，身 身觀念住，精勤、方便、不放逸行，正念正智，寂靜於心； 受、心、法 法觀念住，精勤、方便、不放逸行，正念正智，寂靜於心，……乃至於法遠離。若阿羅漢 諸漏已盡，所作已作，捨諸重擔，盡諸有結，正知善解脫； 當於彼時 亦修身身觀念住，精勤、方便、不放逸行，正念正智，寂靜於心；受、心、法 法觀念住，……乃至於法得遠離。』」⇨(雜621大2-173c^{-14}f.)

②〖 ○ 〗(法句)

(雜622大2-174a^{15}f.)⇦	(S 47,1 S v. 141^{14}f.)⇦
身 身觀念處。	Kāye kāyânupassī viharati.
受 受觀念處。	Vedanāsu vedanânupassī viharati.
心 心觀念處。	Citte cittânupassī viharati.
法 法觀念處。	Dhammesu dhammânupassī viharati.

cf. "As to the body, continue so to look upon the body."
⇨〈DE iii.254〉Rhys Davids
"He behaves realizing in the body an aggregate."
⇨〈PE Dict. 208b,642b〉W.Stede
"With reference to the body, he lives observing the body."
⇨〈Introduct. to Pali 102〉A.K.Warder

「觀身如身念處。」⇨《中阿含 念處經》(大正1-582b^{-12}f.)瞿曇僧伽提婆

「身身觀意止。」⇨《阿毗曇心論》(大正28-822c^{-9})僧伽提婆法師

「於(此內)身住循身觀。」⇨《法蘊足論》(大正26-475c^{-3})玄奘法師

「身に於て身を隨觀して住し。」⇨(南傳8-362)渡邊楳雄

「身に於て身を循觀して住し。」⇨(南傳22上-179)渡邊照宏

「身に於て身を隨觀して在る。」⇨(南傳9-90)干潟龍祥

「身に於て身觀に住し。」⇨(南傳11上-13)青原慶哉

「身に於て身を隨觀じ。」⇨(南傳16上-360)立花俊道

「身に於て身を觀じ。」⇨(南傳16上-357)立花俊道

「身につきて身觀に住し。」⇨(南傳8-181)成田昌信

「身に就きて身を隨觀じて住し。」⇨(南傳7-335)石川海淨

「自分に關して身を觀察し。」⇨(南傳7-224)干潟龍祥

♣「有關身，隨觀身者住〔於身〕。」

③〖 ㊀ 〗(四念處之 修習)

(1)【維持正念、正知】

「云何名 比丘正智(♣知)？ 若比丘去、來威儀常隨正智，迴顧視瞻，屈伸俯仰，執持衣鉢，行、住、坐、臥，眠覺語默，皆隨正智住；是正♣智。

云何正念？　若比丘 內身 身觀念住，精勤、方便，正♣智、正念，　調伏世間貪憂；如是，受、心、法 法觀念住，精勤、方便，正♣智、正念，調伏世間貪憂，是名 比丘正念。⇨(雜622大2-174a^{14}f.)

(2)【當一其心 專精護持(如護命)】

「正身自重，一其心念，不顧聲色，善攝心法 住四念處，專心正念。……」

⇨〈p.2-87 二.§11-0-5〉

(3)【善巧方便取內心相 攝持外相】

「爾時，世尊告諸比丘：『當取自心相 莫令外散。所以者何？……　若有比丘黠慧、才辯，善巧方便取內心已，然後，取於外相；彼於後時，終不退減，自生障閡。譬如：廚士黠慧、聰辯，善巧方便供養尊主，能調眾味—酸、鹹、酢、淡，— 善取尊主所嗜之相，而和眾味以應其心，　聽其尊主所欲之味，數以奉之。尊主悅已，必得爵祿，愛念倍重，如是黠慧廚士，善取尊主之心；　比丘亦復如是，身 身觀念住，斷上煩惱，善攝其心，內心寂止，正念正知，得四增心法，現法樂住，得所未得，安隱涅槃。是名比丘黠慧、辯才，善巧方便 取內心相，攝持外相；(　彼於後時，)終無退減，自生障閡。　受、心、(法)法觀(念住) 亦復如是。』」

⇨(雜616大2-172b^{-6}f.)

(4)【善繫心住 知前後昇降】

「佛告阿難：『善哉！善哉！應如是學：四念處 善繫心住，知前、後、昇、降。　所以者何？ 心於外求，然後 制令求其心，散亂心、不解脫皆如實知。　若比丘於身 身觀念住，於彼身 身觀念住已，若身躭睡，心法懈怠；彼比丘當起淨信，取於淨相；起淨信心，憶念淨相已，其心則悅；悅已，生喜；其心喜已，身則猗息；身猗息已，則受身樂；受身樂已，其心則定；心定者，聖弟子 當作是學 —我於此義，外散之心攝令休息，不起覺想及已(♣「已」衍文)觀想，無覺、無觀，捨念樂住，樂住已 如實知。受、心、法念，亦如是說。』」⇨(雜615大2-172b^{10}f.)

(5)【七覺分 之修習】⇨〈p.4-44 四.§8-0-3③〉

(6)【立心正住於 四念處】⇨《中98 念處經》(大1-582b^{7} ~584b^{-2})

④〖　○=　〗(四念處卽是……)

(1)【=　一切法】

「爾時，世尊告諸比丘：『所說一切法，一切法者 謂四念處，是名 正說。

何等爲四？ 謂 身 身觀念住，受、心、法 法觀念住。』」

⇨(雜633大2-175c^{-3}f.)

(2)【＝ 自處 父、母境界】

「…… 如是，比丘！如彼鷹鳥愚癡，自捨所親父母境界，遊於他處 致斯災患。汝等比丘亦應如是，於自境界所行之處 應善守持；離，他境界 應當學。比丘！他處、他境界者，謂 五欲境界。 眼見可意，受念妙色欲心染著；耳識聲，鼻識香，舌識味，身識觸可意、愛、念妙觸，欲心染著；是名比丘！他處、他境界。

比丘！自處、父母境界者，謂 四念處。 云何爲四？ 謂 身 身觀念處；受、心、法 法觀念處。 是故，比丘！於自行處、父母境界而自遊行；遠離，他處、他境界 應當學。」⇨(雜617大2-173a^{-13}f.)

(3)【＝ 自依止、法依止】

「(佛言)：『阿難！當知如來不久亦當過去，是故，阿難！當作自洲而自依，當作法洲而法依，當作不異洲不異依！』 阿難白佛：『世尊！云何自洲以自依？ 云何法洲以法依？ 云何不異洲不異依？』 佛告阿難：『若比丘身 身觀觀念處精勤、方便，正智、正念，調伏世間貪憂； 如是，外身、內外身，受、心、法 法觀念處，亦如是說。』」⇨(雜638大2-177a^{5}f.)

(4)【＝ 一乘道】

「爾時，世尊告諸比丘：『有一乘道 淨諸眾生， 令越憂、悲，滅惱、苦，得如實法，所謂 四念處。何等爲四？ 身 身觀念處，受、心、法 法觀念處。』」⇨(雜607大2-171a^{10}f.)

(5)【＝ 止、觀之 業處】

⇨(雜741~747大2-197a^{-1} ~197a^{-2}；中98大1-582b^{7} ~584b^{-2})

cf. 〈p.4-44ff. 四.§8-0-3 ③〉

⑤〖 ○→ 〗 cf.〈p.2-86 二.§11-0-3〉

(1)【得自護 護他】

「己自護時，卽是護他；他自護時，亦是護己。心自親近，修習隨護作證，是名 自護 護他。 云何護他 自護？ 不恐怖他、不違他、不害他，慈心哀彼，是名 護他 自護。是故，比丘！當如是學！自護者，修四念處；護他者 亦修四念處。」⇨(雜619大2-173b^{13}f.)

(2)【正念正智(四念處）→ 護根 → 三妙行 → 四念處 → 七覺支 → 明、解脫具成】

「具正念正智已，便具護根；具護諸根已，便具三妙行；具三妙行已，便具四念處；具四念處已，便具七覺支； 具七覺支已，便具明、解脫。如是，此明、解脫展轉具成。」⇨(中52大1-489c^{-9}f.)

(3)【得盡諸漏、不退轉、清淨、度彼岸、阿羅漢、賢聖出離…甘露法作證、阿耨多羅三藐三菩提】

⇨(雜627~ 635大2-175b^{9}f.176a^{-13})

§8-0-3【七覺支(satta bojjhaṅgā)】

☆〈覺支相應〉⇨（雜704~747大2-189^{10} ~198^{-2})

☆〈Bojjhaṅga-saṃyutta〉⇨（S 46,1~175 S v.63 ~140)

①〖 →○ 〗(修習七覺分之 先行)

(1)【具善人→…… → 四念處→ 七覺支】

「具善人已，便具親近善知；具親近善知已，便具聞善法；具聞善法已，便具生信；具生信已，便具正思惟；具正思惟已，便具正念正智；具正念正智已，便具護根；具護諸根已，便具三妙行；具三妙行已，便具四念處；具四念處已，便具七覺支；……」(中51大1-487c^{14}f.)

(2)【善知識、善伴黨、善隨從】

「(♣若親近)善知識、善伴黨、善隨從者，未生貪欲蓋 不生，已生者 令斷；未生瞋恚、睡眠、掉悔、疑蓋念不生，已生者 令斷。 未生念覺分 令生，已生者 重生令增廣；未生 擇法、精進、喜、猗、定、捨覺分令生，已生者 重生令增廣。」⇨(雜717大2-193b^{7}f.)

(3)【聞深妙法】

「年少比丘 供養奉事長老比丘者，時時 得聞深妙之法；聞深法已，二正事成就 —身正及心正。— 爾時，修念覺分；修念覺分已，念覺分滿足。念覺分滿足已，於法選擇，分別於法，思量於法。爾時，方便修擇法覺分……乃至捨覺分修習滿足。」⇨(雜713大2-195a^{14}f.)

(4)【正思惟】

「若比丘正思惟者，未起貪欲蓋 不起，已起貪欲蓋 令滅；未起瞋恚、睡眠、掉悔、疑蓋不起，已起瞋恚、睡眠、掉悔、疑蓋　則斷。未起念覺支　則起，已起者　重生令增廣，未起擇法、精進、猗、喜、定、捨覺支　則起，已起者　重生令增廣。」⇨（雜704大2-189b⁻¹³f.）

(5)【七覺分　有食↔ 不食 】

「譬如身依食而住，依食而立；如是，七覺分依食而住，依食而立。何等爲念覺分食？　謂　四念處思惟已，未生念覺分　令起，已生念覺分　轉生令增廣；是名　念覺分食。

何等爲擇法覺分食？　有擇善法、有擇不善法　彼思惟已，未生擇法覺分　令起，已生擇法覺分　重生令增廣；是名　擇法覺分食。

何等爲精進覺分食？　彼四正斷思惟，未生精進覺分　令起，已生精進覺分　重生令增廣；是名　精進覺分食。

何等爲喜覺分食？　有喜、有喜處　彼思惟，未生喜覺分　令起，已生喜覺分　重生令增廣；是名　喜覺分食。

何等爲猗覺分食？　有身猗息、心猗息思惟，未生猗覺分令起，已生猗覺分　重生令增廣；是名　猗覺分食。

何等爲定覺分食？　謂有四禪思惟，未生定覺分　令生起，已生定覺分重生令增廣；是名　定覺分食。

何等爲捨覺分食？　有三界；何等三？　謂　斷界、無欲界、滅界　彼思惟，未生捨覺分　令起，已生捨覺分重生令增廣；是名　捨覺分食。

譬如身依於食而得長養　非不食；　如是，七覺分依食而住，依食長養非不食。　何等爲念覺分不食？　謂　四念處不思惟(♣非理作意)，未起念覺分　不起，已起念覺分　令退；是名　念覺分不食。

何等爲擇法覺分不食？　於善法撰擇、於不善法撰擇，於彼♣不思惟，未起擇法覺分　令不起，已起擇法覺分　令退；是名　擇法覺分不食。

何等爲精進覺分不食？　謂　四正斷(♣勤)於彼♣不思惟，未起精進覺分令不起，已起精進覺分　令退；是名　精進覺分不食。

何等爲喜覺分不食？　　有喜、有喜處法，於彼♣不思惟，未起喜覺分(令)不起，已起喜覺分　令退；是名　喜覺分不食。

何等爲猗覺分不食？　　有身猗息及心猗息，於彼♣不思惟，未生猗覺分(令)不起，已生猗覺分　令退；是名　猗覺分不食。

何等爲定覺分不食？　有四禪，於彼♣不思惟，未起定覺分(令)不起，

已起定覺分 令退；是名 定覺分不食。

何等爲捨覺分不食？ 有三界，謂 斷界、無欲界、滅界，於彼♣不思惟，未起捨覺分(令)不起，已起捨覺分令退；是名 捨覺分不食。」

⇨((雜715大2-192b15f.；192c-14f.)*cf.* 〈p.4-37 §8-0-1之 ④〉

②【 ○ 】(七覺分之 內容)

(1)〖佛法 七寶〗

「如來出興於世，有七覺分 現於世間， 所謂：念覺分、擇法覺分、精進覺分、喜覺分、猗覺分、定覺分、捨覺分。」⇨(雜721大2-194a-11f.)

(2)【七覺分說十四(satta bhojjhaṅgā catuddasa honti)】

(雜713大2-191b,f.)	(S 46,52 S v..p.110,-6f.)
內法念住、　外法念住	ajjhattaṁ dhammesu sati, bahiddha dha°
擇善法、　擇不善法	ajjha°dh°paññāya pavicinati pavicarati parivīmaṁsam āpajjati, bahiddhadha°
精進斷不善法、精進長養善法	kāyikaṁ viriya, cetasikaṁ viriya
喜、　喜處	savitakkasavicārā pīti, avitakka avicārā pīti
身猗息、　心猗息	kāyapassaddhi, cittapassaddhi
定、　定相	savitakko savicāro samādhi, avitakka avicārā samādhi
捨善法、　捨不善法	ajjhattaṁ dhammesu upekhā, bahiddhā dhammesu upekhā

③〖 ⊖ 〗(七覺分之 修習)

(1)【依遠離、依無欲、依滅、向於捨】

「何等爲 修七覺分？ 謂 謂念覺分……乃至捨覺分。若比丘修念覺分 依遠離、依無欲、依滅、向於捨；如是，修擇法、精進、喜、猗、定、捨覺分依遠離、依無欲、依滅、向於捨。」⇨(雜729大2-196a-12f.)

(2)【漸次而起 修習滿足】

「佛告比丘、比丘尼：『七覺分者，謂七道品法；諸比丘！此七覺分漸次起，漸次起已，修習滿足。』諸比丘白佛：『(世尊！)云何七覺分漸次起，漸次起已，修習滿足？』(佛告比丘)：『若比丘(內)身 身觀住；彼(內)身 身觀住已，專心繫念不忘；當於爾時 方便修念覺分，方便修念覺分已，修習滿足。 謂修念覺分已，於法選擇(，分別思量)；當於爾時 修擇法覺分，方便修擇法覺分 方便已，修習滿足。 如是，精進、喜、猗、定、捨覺分，亦如是說。 如內身，如是，外身、內外身，受、心、法 法觀念住，專心繫念不忘，當於爾時方便修念覺分，方便修念覺分已，修習滿足。……乃至捨覺分 亦如是說。 是名 比丘！七覺分 漸次起，漸次起已，修習滿足。』」⇨(雜737大2-196c[-6]f.)*cf.*(雜733大2-196b[15~-4])

「無畏白佛：『瞿曇！何因、何緣眾生清淨？』佛告無畏：『若婆羅門有一勝念，決定成就久時所作、久時所說 能隨憶念，當於爾時 習念覺支；修念覺已，念覺滿足。 念覺滿足已，則於(法)選擇、分別、思惟，爾時 擇法覺支修習；修擇法覺支已，擇法覺支滿足。彼選擇、分別、思量法已，則精進、方便精進覺支，於此修習；修精進覺支已，精進覺支滿足。彼精進、方便已，則歡喜生，離諸食想，修喜覺支；修喜覺支已，則喜覺支滿足。喜覺支滿足已，身、心猗息，則修猗覺支；修猗覺支已，猗覺(支)滿足。身猗息已(♣擬作：猗覺支滿足已)，則愛(♣擬作：受)樂； 愛(♣受)樂已，心定，則修定覺支；修定覺支已，定覺滿足。定覺滿足已，貪、憂滅，則捨心生，修捨覺支；修捨覺支已，捨覺支滿足。如是，無畏！此因、此緣，眾生清淨。』」⇨(雜711大2-190c[11]f.)

(3)【善知方便 修七覺分】

「(尊者阿提目多 Adhimutta《?》)復問：『云何 比丘善知方便修七覺分？』 優波摩(Upavāṇa釋尊侍者之一)答言：『比丘方便修念覺分時，知思惟： 彼心不善解脫，不害睡眠，不善調伏掉悔；如 我念覺處法思惟，精進、方便，不得平等。如是，擇法、精進、喜、猗、定、捨覺分亦如是說。若 比丘念覺分方便時，先思惟：心善解脫，正害睡眠，調伏掉悔；如 我於此念覺處法思惟已，不勤方便而得平等。如是，阿提目多！比丘知方便修七覺分；如是樂住正受，如是 不樂住正受。』」⇨(雜719大2-193c[6]f.)

(4)【善巧方便取內心相 攝持外相】

⇨〈p.4-40 四.§8-0-2③之 (3)〉

(5)【善繫心住 知前後昇降】

⇨〈p.4-40 四.§8-0-2③之 (4)〉

(6)【隨時對治 隨時相順】
♣

所 修 覺 分	心微劣猶豫時	掉心猶豫時
念覺分	○	○
擇法、精進、喜覺分	○	×
猗、 定、 捨覺分	×	○

⇨(雜714大2-191c^{-13} ~$^{-8}$) ♣ 「○」指適時、合法；「×」指非時、不合法。

(7)【隨所欲覺分正受】

「舍利弗告諸比丘：『有七覺分………此七覺分，決定而得，不勤而得。我隨所欲覺分正受； 若晨朝時、日中時、日暮時，若欲正受，隨其所欲 多入正受。譬如：王大臣有種種衣服，置箱簏中；隨其所須，(晨朝所須、)日中所須、日暮所須，隨欲自在。 如是，比丘！此七覺分 決定而得，不勤而得，隨意正受。我此念覺分，清淨純白；起時 知起，滅時 知滅，沒時 知沒；已起 知已起，已滅 知已滅。 如是，擇法、精進、喜、猗、定、捨覺分，亦如是說。』」⇨(雜718大2-193b[15]f.)

(8)【六法成就→ 堪證 無上清涼性】

“Idha bhikkhave bhikkhu ♣yasmiṁ samaye cittaṁ niggahetabbaṁ(當抑制心), tasmiṁ cittaṁ niggaṇhāti[1] ; ♣yasmiṁ samaye cittaṁ paggah=etabbaṁ(當策勵心), tasmiṁ cittaṁ paggaṇhāti[2] ; ♣yasmiṁ samaye cittaṁ sampahaṁsitabbaṁ(當使心喜悅), tasmiṁ cittaṁ sampahaṁsati[3] ;♣yasmiṁsamaye cittaṁ ajjhupekkhitabbaṁ(當捨置心), tasmiṁ cittaṁ ajjhupekkhati[4] ; ♣paṇītâdhimuttiko ca hoti(成爲 勝妙信解者)[5] ♣ nibbānâbhirato ca (及 愛樂涅槃者)[6] .” ⇨(A 6,85 Aiii.435[19]f.)

∾(9)【十種安止善巧】

＊“Dassah’ ākārehi appanākosallaṁ icchitabbaṁ:—(1) vatthu-visadaki=riyato(依 清潔事物), (2) indriyasamatta-paṭipādanato(依《五》根平等之行道), (3) nimittakusalato(依相之善巧), (4) yasmiṁ samaye cittaṁ paggahetabbaṁ, tasmiṁ cittaṁ paggaṇhāti(於宜策勵心時，卽於此時策勵心); (5) yasmiṁ samaye cittaṁ niggahetabbaṁ, tasmiṁ cittaṁ nig=gaṇhāti(於宜抑制心時，卽於此時抑制心), (6) yasmiṁ samaye cittaṁ sampahaṁsitabbaṁ, tasmiṁ cittaṁ sampahaṁseti(於宜使心喜悅時，卽

於此時使心喜悅），(7) yasmiṁ samaye cittaṁ ajjhupekkhitabbaṁ, tas=miṁ cittaṁ ajjhupekkhati（於宜捨置心時，卽於此時捨置心），(8) asamā=hitapuggala-parivajjanato（依 迴避不等持之人），(9) samāhitapuggala-sevnato（依 親近等持之人），⑽ tad adhimuttito（《成爲》其《等持之》勝解者）ti.”⇨（VM 128^{16}f.）*cf.*〈p.4-12 四.§6-0-7之 (7)〉

⑽【十徧處、十不淨觀、十隨念、四無量心、四無色定、食厭想、四界差別觀、無常想、無常苦想、苦無我想、一切世間不可樂想、盡想、斷想、無欲想、滅想、患想、空想】

「心與空想俱 修念覺分，依無欲、依滅、向於捨；如是，修 擇法、精進、喜、猗、定、捨覺分 依遠離、依無欲、依滅、向於捨。」

⇨（雜741~747大2-197a^{-1} ~198a^{-2}）⇨（S 46,57~76 S v.129^{2} ~134^{11}）

⇨〈p.4-12ff. 四.§7-0-1 ~§7-0-7；p.4-56f.§10-0-1；p.5-111ff. 五.§8-1-2；p.5-123f. 五.§9-2-1~2；p.5-147ff. 五.§10-4-1〉

④〖 ○→ 〗（修習七覺分之 功德）

(1)【生病時 思惟七覺支治病】

「當於爾時，尊者均頭(Mahā-Cunda)身抱重患，臥在床褥，不能自起居；是時，均頭便念：如來、世尊今日不見垂愍，又遭重患，命在不久，醫藥不接，又聞世尊言：『一人不度，吾終不捨。然，今獨見遺棄，將何苦哉！』

爾時，世尊以天耳聞 均頭比丘作是稱怨； 是時，世尊告諸比丘：『汝等皆集至均頭比丘所，問其所疾。』 諸比丘對曰：『如是，世尊！』世尊將眾多比丘 漸漸至均頭比丘房………

爾時，世尊告均頭曰：『汝今堪與吾說七覺意(♣支)乎？』 均頭是時，三自稱說七覺意名，（言：）『我今堪任於如來前，說七覺意法。』世尊告曰：『若能堪任向如來說，今便說之。』 是時，均頭白佛言：『七覺意者，何等爲七？ 所謂 念覺意，如來之所說，法覺意、精進覺意、喜覺意、猗覺意、定覺意、護覺意，是謂 世尊有此 七覺意者，正謂此耳。』

爾時，尊者均頭說此語已，所有疾患 皆悉除愈，無有眾惱。 是時，均頭白世尊言：『藥中之盛，所謂此七覺意之法是也。欲言藥中之盛者，不過此七覺意；今思惟此七覺意，所有眾病，皆悉除愈。』 爾時，世尊告諸比丘：『汝等受持此七覺意法，善念諷誦，勿有狐疑於佛、法、眾者，彼眾生類所有疾患皆悉除愈；所以然者，此七覺意甚難曉了，一切諸法皆悉了知，照明一切諸法，亦如良藥 療治一切眾病，猶如 甘露，食無厭足。若不得此七覺意者，眾生之類，流轉生死。 諸比丘！當求方便 修七覺意；如是，諸比丘 當作是學。』」⇨(增39-6大2-731a^{6}f.)

(2)【對治 五蓋】⇨(雜704 ~711,713,715 ~717,719,725)

(3)【能作大明、能為目，增長智慧，為明、為正覺、轉趣涅槃】
⇨(雜706,707,713)

(4)【♣善積聚[1] 、♣生樂住[2] 、♣轉成不退轉[3] 、♣轉進滿足[4] 、♣令眾生清淨[5] 、♣離諸煩惱[6] 】
⇨(雜725♣[1] ,720♣[2] ,708♣[3] ,709♣[4] ,711♣[5] ,731 ~732♣[6])

(5)【♣得心解脫、慧解脫[1] ，♣得二種果[2] 、♣四種果[3] 、♣七種福利[4] 】
⇨(雜710♣[1] ,734♣[2] ,735,739♣[3] 736,740♣[4])

~(6)【對治 七使】

「……然此七使之法 復有七藥。 云何為七？ 貪欲使者 念覺意治之，瞋恚使者 法覺意治之，邪見使者 精進覺意治之， 欲世間使者 喜覺意治之，憍慢使者 猗覺意治之，疑使者 定覺意治之，無明使者 護覺意治之； 是謂 比丘此七使用七覺意治之。

比丘當知，我本未成佛道 為菩薩行坐道樹下，便生斯念： 欲界眾生為何等所繫？ 復作是念：此眾生類為七使流轉生死，永不得解脫，我今亦為此七使所繫，不得解脫。 爾時，復作是念：此七使為用何治之，復重思惟此七使者，當用七覺意治之；我當思惟七覺意！思惟七覺意時，有漏心盡 便得解脫，後成 無上正真之道。七日之中，結跏趺坐，重思惟此七覺意。 是故，諸比丘！若欲捨七使者，當念修行七覺意法； 如是，諸比丘當作是學！」⇨(增41-3大2-739a^{6}f.)

§ 9-0-0【四禪(cattari jhānāni)/ 四禪那/ 四靜慮】

☆〈Jhāna-saṃyutta(靜慮相應)〉⇨(S 53,1~54 S v. 307~310)

§ 9-0-1 【初禪】

①〖經文〗

(1)「離欲、惡 不善法，有覺、有觀，離 生喜、樂，具足初禪。」

⇨(雜347大2-97a⁶f.)

(2)「離欲、離惡 不善之法，有覺、有觀，離 生喜、樂，逮初禪成就遊。」

⇨(中146大1-657c⁻⁸f.)

(3)" Idha bhikkhu vivicc'eva kāmehi vivicca akusalehi dhammehi savit=akkaṁ savicāraṁ vivekajam pītisukham pathamaṁ jhānam upasampajja viharati. Idaṁ vuccati pathamaṁ jhānan ti." ⇨(S 40,1 Siv.263⁹f.)

②〖作意〗

＊「(欲修習初禪之)行者，熟習『修習定之規定』，端身正坐，繫念面前。

(1) 見：彼〔散心之〕過失：1.『五蓋敵』環繞；不離『諸欲、惡 不善法』；

2.『心極粗』無『禪支』。

(2) 作意：初禪(之心 —尋、伺、喜、樂、心一境性)是『寂靜』。

(3) 除去：對諸欲之 欣求。

(4) 為 成就初禪故，當作 觀行(yoga)。

(5) 依 屢屢作意『業處』，具 正念正知→ 觀察(分別)『諸禪支』；

→ 捨斷『粗心』，成就『禪支』。

(6) 心惟念：『今 初禪正將生起！』→ 斷『有分』→意門『轉向』。

→對所緣 心生 四或五『速行』；

其『最後一速行』＝色界『初禪(之 心)』。」

⇨(VM 155¹²~⁻⁷)⇨〈p.4-11ff.四.§ 6-0-7 ~§ 7-0-7〉

③〖捨離支〗

(1)【盡、滅】

「九證法謂 九盡。 若入初禪，則聲刺滅；入第二禪，則覺、觀刺滅；入第三禪，則喜刺滅；入第四禪，則出入息刺滅；入空處，則色想刺滅；入識處，則空想刺滅；入不用處，則識想刺滅；入(非)有想(亦非)無想處，則不用想刺滅；入滅盡定，則想、受刺滅。」⇨(長10大1-56c⁻²f.)

⑵【無、離】

「禪以聲爲刺，世尊 亦說禪以聲爲刺。所以者何？ 我實如是說：禪有刺……入想知滅定者 以想知爲刺。復次，有三刺：欲刺、恚刺、愚癡之刺；此三刺者，漏盡阿羅訶 已斷、已知，拔絕根本，滅不復生。 是爲阿羅訶 無刺，阿羅訶 離刺，阿羅訶 無刺、離刺。」⇨(中84大1-561a^{2}f.)

⑶【寂滅、止息】

「初禪正受時，言語寂滅；第二禪正受時，覺、觀寂滅……想受滅正受時，想受寂滅。……初禪正受時，言語止息；第二禪正受時，覺、觀止息……想受滅正受時，想受止息。」⇨(雜474大2-121b52.)

⑷【種種 離】⇨＊(VM 140^{10}f.)

鎮伏離
- 身離＝離事欲(離諸欲)……………
- 心離＝離煩惱欲(離諸惡、不善法)
  - 欲貪………← 三昧(一心支)
  - 瞋恚………← 喜
  - 惛沉、睡眠← 尋
  - 掉舉、惡作← 樂
  - 疑…………← 伺

Kaccāyana:〈Peṭakopadesa〉⇨(VM 141^{13})

④〖相應支〗

「初禪有五支：覺、觀、喜、樂、一心。」⇨(中210大1-788c^{-10}f.)

⑴【覺(vitakka)／ 尋】

1. initial application；
2. directing of concomitant properties toward the object.
3. 對所緣 心之攀著爲相；
4. 如打鐘，心最初對境集中 就是尋；
5. 如鳥陵虛 奮翅；
6. 憶是「覺」，以「覺」思惟。

⑵【觀(vicara)／ 伺】

1. sustained application；
2. continued exercise of the mind on that object.
3. 對所緣 連續思惟爲相；
4. 如鐘聲之餘韻，心繼續思考 就是伺；
5. 如鳥盤旋 遊住於空；
6. 不捨是「觀」，以「觀」隨思惟。

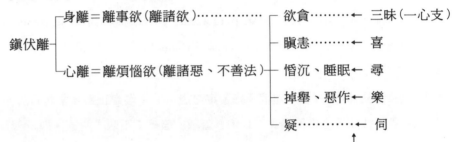

(3)【喜(pīti)/ 喜行】

(4)【樂(sukha)/ 樂受】

1.〖喜、樂 潤漬於身，周遍盈溢，無不充滿。〗

「彼即精勤捨欲、惡 不善法，與覺、觀俱，離生喜、樂，得入初禪； 彼以喜、樂潤漬於身，周遍盈溢，無不充滿。如人巧浴器，盛眾藥以水漬之，中外俱潤，無不周遍。比丘！如是，得入初禪，喜、樂遍身，無不充滿。如是，摩納！是為最初現身得樂。」⇨(長20大1-85b[11]f.)

2.〖歡悅→「喜」→ 止→「樂」→ 定→ ……〗

「因持戒，便得不悔；因不悔，便得歡悅；因歡悅，便得喜；因喜，便得止；因止，便得樂；因樂，便得定。」⇨(中42大1-485b[8]f.)

3. 九意喜

「多行九意喜。 何等為九？ 一為 聞法喜，二為 念喜，三為 喜喜，四為樂喜，五為 受猗喜，六為 安喜，七為 定喜，八為 止喜，九為 離喜。」⇨(大正No.13大1-238c[-9]f.)

4. 四樂

「世尊說 受樂數者，如說：『優陀夷！有四種樂。 何等為四？ 謂 離欲樂、遠離樂、寂滅樂、菩提樂。」⇨(雜485大2-124b[14]f.)

5.

喜：	樂：
喜、樂 有時不相離	〃
滿足於 得到想要得到的	享受獲得的
有「喜」處 必有「樂」	有「樂」處 不一定有「喜」
被困於沙漠者，見、聞 樹林水聲 生「喜」。	入林蔭、飲涼水時，生「樂」。

(5)【一心(citt'ekaggatā)/ 心一境性】

⑤〖初禪具足住(pathamaṁ jhānam upasampajja viharati)〗

(1)「初」：數之次第，最初生起 故名「初」。

(2)「禪」："Jhānan ti: vitakko vicāro pīti sukha[3] cittassa ekaggatâ ti." ＊(Vibh 257[-13])

"Arammaṇūp anijjhānato paccanīkajhāpanato vā jhānaṃ.(依所緣之 審諦，依敵對之 燒盡，故〔名〕禪那。)" ＊(VM 150[1]f.)

⑶「具足」：成就「捨離支」及「相應支」。

＊⑷「住」："'Viharatî' ti(所謂「住之。」云云)：(當知是：) iriyati(動之) vattati(轉之) pāleti(守護之) yapeti(生存之) yāpeti(生活之) carati(行之) viharati(住之)，tena vuccati 'viharatî' ti.(具此《義》謂「住之」也。)" ⇨(Vibh 252^{-12}f.)

＊⑸「禪支」:「依禪支 成禪；不離禪支 有禪，無 別異禪。 如依一一車分 說車，離分 無車……如是，依禪支名禪，非離禪支 有禪。以一種 名禪，以可分 名支； 說事 名禪，說功德 名支. 」⇨(解脫道論 大32-416c)

⑥〖證得初禪後之 進展〗＊

⑴【行相之把握】

⇨〈p.4-40. 四.§8-0-2 ③之⑶⑷ 及 p.4-44ff. 四.§8-0-3 之③〉

cf.《行禪經》⇨(中176大1-$713c^{9}$ ~$716b^{11}$)

⑵【障礙法之善巧淨化】

⇨〈p.4-05ff. 四.§5-0-1〉

⑶【似相之 增大】

《說經》：「得初禪成就遊，彼不受此行，不念此相、標，唯行第二禪相應念想 昇進具。彼比丘應當知：我生此法不退、不住亦復不厭，我生此法令我昇進…… 得第二初禪成就遊，彼不受此行，不念此相、標，唯行第三禪相應念想 昇進具。彼比丘應當知：我生此法不退、不住亦復不厭，我生此法令我昇進……(乃至)得無所有處成就遊，彼 不受此行，不念此相、標，唯行非有想非無想處相應念想 昇進具。彼比丘應當知：我生此法不退、不住亦復不厭，我生此法令我昇進……」⇨(中177大1-$716c^{5}$ ~$718b^{4}$)

《A 9,35》「譬如：山中賢明、有能、善識土地之牛 前行食草飲水……」⇨(Aiv.418^{6} ~421^{6})

⑷【五自在】

＊「轉向自在(āvajjanavasī)；入定自在(samāpajjanavasī)；在定自在(adh=iṭṭhānavasī)；出定自在(vuṭṭhānavasī)；觀察自在(paccavekkhaṇavasī)。」⇨(VM 154^{11}f.)

【四禪那、四無色定之 進、住、起(↔退)、厭】⇨(中177大1-$716b^{-3}$f.)

§9-0-2 【第二禪】

①〖經文〗

(1)「離 有覺、有觀，內淨、一心，無覺、無觀，定生喜、樂，具足第二禪。」

⇨(雜347大2-97a^{9}f.)

(2)「彼 覺、觀已息，內靖、一心，無覺、無觀，定生喜、樂，逮第二禪成就遊。」⇨(中146大1-657c^{-4}f.)

(3)"Idha bhikku vitakkavicārānaṁ vūpasamā ajjhattaṁ sampasādanaṁ cetaso ekodibhāvam avitakkam avicāraṁ samādhijam pītisukhaṁ dut=iyaṁ jhānam upasampajja viharati. Idaṁ vuccati dutiyaṁ jhānan ti." ⇨(S 40,2 Siv.263^{-1}f.)

②〖作意〗

*「於此等(初禪)五自在之 行者，從 熟習到達之初禪 出定。

(1) 見：彼〔初禪之〕過失：1.此定 接近『〔五〕蓋敵』；

2.『尋及伺』是 心粗故，禪支弱。

(2) 作意：第二禪(之心 —喜、樂、心一境性)是更『寂靜』。

(3) 除去：對初禪之 欣求。

(4) 為 成就第二禪故，當作 觀行(yoga)。

(5) 依 屢屢作意『業處』，具 正念正知→ 觀察(分別)『諸禪支』；

→ 捨斷『粗支』，成就『寂靜支』。

(6) 心惟念：『今 第二禪正將生起！(Idāni dutiyajjhānaṁ sampajjissatî ti.)』

→ 斷『有分』→意門『轉向』。

→對所緣 心生 四或五『速行』；

其『最後一速行』＝色界『第二禪(之 心)』。」

⇨(VM 155^{12} ~155^{-7})

③〖捨離支〗二粗支: (1)「覺(尋)」

(2)「觀(伺)」

④〖相應支〗三寂靜支:(1)「喜(pīti 喜行)」

(2)「樂」

(3)「心一境性」

⑤〖證得第二禪後之 進展〗*cf.* 〈p.4-52 四.§9-0-1 之⑥〉

§ 9-0-3【第三禪】

①〖經文〗

(1)「離 喜，捨心住；正念、正智，身、心受樂 —聖說 及捨。— 具足第三禪。」⇨(雜347大2-97a[11]f.)

(2)「彼 離喜欲，捨 —無求— 遊； 正念、正智，而 身覺樂— 謂 聖所說：聖所捨、念、樂住室。—逮第三禪成就遊。」⇨(中146大1-658a[1]f.)

(3) " Idha bhikkhu pītiyā ca virāgā upekkhako ca viharati, sato ca sampajāno sukhañca kāyena patisaṁvedeti. Yan tam ariyā ācikkhanti: upekkhako satimā sukhavihārî ti, tatiyaṁ jhānam upasampajja viharati. Idam vuccati tatiyaṁ jhānan ti." ⇨(S 40,3 Siv.264[-11]f.)

②〖作意〗

＊「於此等(第二禪)五行相 自在行者，從 熟習到達之第二禪 出定

(1) 見：彼〔第二禪之〕過失：1.此定 接近『尋、伺』兩敵；
2.『喜』使心 浮揚，心粗、支弱。

(2) 作意：第三禪(之心 —樂、心一境性)是更『寂靜』。

(3) 除去：對 第二禪之 欣求。

(4) 爲 成就第三禪故，當作 觀行(yoga)。

(5) 依 屢屢作意『業處』，具 正念正知→ 觀察(分別)『諸禪支』；
→ 捨斷『粗支』，成就『寂靜支』。

(6) 心惟念：『今 第三禪正將生起！』 → 斷『有分』→意門『轉向』。
→對所緣 心生 四或五『速行』;其『最後一速行』＝色界『第三禪(之 心)』。」⇨(VM 158[-8~9])

③〖捨離支〗一粗支:「喜(pīti)」

④〖相應支〗二寂靜支: (1)「樂(sukha)」
(2)「心一境性(cittekaggatā)」

⑤〖證得第三禪後之 進展〗*cf.* 〈p.4-52 四.§ 9-0-1 之⑥〉

§ 9-0-4 【第四禪】

①〖經文〗

(1)「離苦 息樂，憂、喜 先斷，不苦不樂，捨 淨念、一心，具足第四禪。」

⇨(雜349大2-97a[14]f.)

(2)「彼 樂滅、苦滅，喜、憂 本已滅，不苦不樂，捨 念清淨，逮第四禪成就遊。」⇨(中146大1-658a[6]f.)

(3)“Idha bhikkhu sukhassa ca pahānā dukkhassa ca pahānā pubb'eva sa=manassa-domanassānaṁ atthagamā ca adukkham-asukkham upekkhā-sati-pārisuddhiṁ catutthaṁ jhānam upasampajja viharati. Idaṁ vuccati catthaṁ jhānan ti.” ⇨(S 40,4 Siv.265[16]f.)

②〖作意〗

「於此等(第三禪)五行相 自在行者，從 熟習到達之第三禪 出定

(1) 見：彼〔第三禪之〕過失：1.此定 接近『喜』敵；

2.『樂』是心之受用，心粗 支弱。

(2) 作意：第四禪(之心 —樂、心一境性)是更『寂靜』。

(3) 除去：對 第三禪之 欣求。

(4) 爲 成就第四禪故，當作 觀行(yoga)。

(5) 依 屢屢作意『業處』，具 正念正知→ 觀察(分別)『諸禪支』；

→ 捨斷『粗支』，成就『寂靜支』。

(6) 心惟念：『今 第四禪正將生起！』→ 斷『有分』→意門『轉向』。

→ 對所緣 心生 四或五『速行』；

其『最後一速行』＝色界『第三禪(之 心)』。」

⇨(VM 164[18] ~165[1])

③〖捨離支〗一粗支：「喜樂(somanassa 心之樂受)」

④〖相應支〗二寂靜支：(1)「捨受(upekkhāvedanā)」

(2)「心一境性(cittassekaggatā)」

⑤〖證得第四禪後之 進展〗*cf.* 〈p.4-52 四.§9-0-1 之⑥〉

§9-0-5【十種 捨】

①〖六支捨(chaḷaṅgupekkhā)〗※

「眼⑥ 見⑥ 色⑥ 不喜、不憂，捨求 無爲，正念、正智。」⇨(大1-434c^{-11}f.)

②〖覺支捨(bojjhaṅgupekkhā)〗※

「定覺滿足已，貪憂滅 則捨心生，修捨覺支。」⇨(大2-190c^{-6}f.)

③〖禪捨(jhānupekkhā)〗※

「離貪喜，捨住……第三禪具足住。」⇨(大2-220a^{11}f.)

④〖遍淨捨(pārisuddhupekkhā)〗※

「捨 淨念、一心，第四禪具足住。」⇨(大2-220b^{1})

⑤〖梵住捨(brahmavihārûpekkhā)〗※

「心與捨俱，無怨、無嫉亦無瞋恚，廣大無量，善修充滿四方、四維、上、下一切世間。」⇨(大2-197b^{-7}f)

⑥〖受捨(vedanûpekkhā)〗

「捨受(五受根《苦、樂、喜、憂、捨根》作用之 一)」⇨(大1-230a^{-4}f.)
(S 48,38 S v.211^{5}f.)

⑦〖精進捨(viriyûpekkhā)〗

「隨時 思惟捨相。」⇨(大2-342a^{6})

⑧〖行捨(saṅkharûpekkhā)〗

「漸次 諸行止息。」⇨(大2-121b^{9}f.)

⑨〖觀捨(vipassanûpekkhā)〗

「捨觀，不生顧念、心不縛著。」(大2-79b^{-12}f.)

⑩〖中捨(tatramajjhattupekkhā)〗※

「追補心所法之一。」*(Dhs 9)(VM 161^{9}f.)

§10-0-1【四無色(cattāro arūpā)】

①〖異名〗

「四無色定」⇨(大1-50c^{-5})；「(四)處」⇨(大1-691c^{7}f.)；

「(四)入處」⇨(大2-247b^{-11}f.) ‘cattāro arūpā(四無色)’⇨(D iii. 224^{10})；

‘cataso ārupa-samāpattiyo(四無色等至)’⇨*(Pṭm ii.36^{15}f.)

‘(cattāso) āruppajjhāna(無色禪那)’⇨*(VM 334^{12}f.)

※ 義同〖中捨〗⇨(VM 161^{18}f.)

②〖經文〗

⑴【無量空處】

1.「比丘度一切色想，滅有對想，不念若干想，無量空，是 無量空處成就遊。」⇨(中168大1-701a6f.)

2.“Idh'āvuso bhikkhu sabbaso rūpa-saññānaṃ samatikkamā paṭigha-saññānaṃ atthagamā nānatta-saññānam amanasikārā，‘Ananto āk=āso ti.’ākāsânañcâyatanaṁ upasampajja viharati.”
⇨(D 33 Diii.224¹⁰f.)

⑵【無量識處】

1.「比丘度無量空處，無量識，是 無量識處成就遊。」
⇨(中168大1-701a¹⁵f.)

2.“Sabbaso ākāsânañcayâtanaṁ samatikkamma‘Anantaṁ viññānan ti’viññāṇañcâyatanaṁ upasampajja viharati.”⇨(D 33 Diii.224¹³f.)

⑶【無所有處】

1.「比丘度無量識處，無所有，是 無所有處成就遊。」
⇨(中168大1-701a⁻⁷f.)

2.“Sabbaso viññānañcâyatanaṁ samatikkamma‘N'atthi kiñcî ti’āki=ñcaññâyatanam upasampajja viharati.”⇨(D 33 Diii.224¹⁵f.)

⑷【非有想非無想處】

1.「比丘度一切無所有處想，非有想非無想，是 非有想非無想處成就遊。」
⇨(中168大1-701b²f.)

2.“Sabbaso ākiñcaññâyatanaṁ samatikkamma n'evasaññā-nâsaññâyatanaṁ upasampajja viharati.”⇨(D 33 Diii.224⁻¹⁴f.)

∾⑸《大集法門經》：「四無色定 是佛所說：『謂 若苾芻離一切色，無對、無礙而無作意；觀無邊空。此觀行相，名 空無邊處定。復離空處 而非所觀，但觀無邊識；此觀行相，名 識無邊處定。復離識處 而非所觀，但觀一切皆無所有；此觀行相，名無所有處定。復 離無所有處行相，名爲 非想非非想處定。 如是，名爲 四無色定。』」⇨(大正No.12大1-228c¹⁴f.)
cf.(中177大1-717c¹~718b¹⁴.)

③〖極重善觀色…信解無色…〗

「阿難！多聞聖弟子，亦復如是，極重善觀色；彼因極重善觀色故，心便不向色、不樂色、不近色、不信解色。若色心生，卽時融消燋縮，轉還不得舒張，捨離、不住色，穢惡厭患色；觀無色，心向無色、樂無色、近無色、信解無色。心無礙、心無濁、心得樂、能致樂；遠離一切色及因色生諸漏煩熱、憂慼。 解彼、脫彼，復解彼、脫彼，不復受此覺：謂 覺因色生，如是色出要。」 ⇨(中86大1-565a[3]f.)

④〖四無色定→ 意行生 無色界(天)〗

「比丘度一切色想，滅有對想，不念若干想，無量空，是無量空處成就遊。彼此定 樂欲住，彼此定 樂欲住已，必有是處； 住彼、樂彼，命終生 無量空處天中。 諸無量空處天者，生彼、住彼，受無量空處想，及比丘住此 受無量空處想，此二 無量空處想，無有差別，二俱等等。所以者何？ 先此行定，然後生彼；彼此定如是修、如是習、如是廣布，生無量空處天中，如是意行生…… 生無量識處天中，如是意行生…… 生無所有處天中，如是意行生……生非有想非無想處天中，如是意行生。」⇨(中168大1-701a[6]f.)

⑤ 七識住之 第(5)(6)(7)⇨(長10大1-54b[5]f.)

九眾生居之 第(6)(7)(8)(9)⇨(長10大1-56b[5]f.)

八解脫之 第(4)(5)(6)(7)⇨(長10大1-56a[15]f.)

§11-0-1【修習定之 功德】

「四三摩地想，是佛所說：『謂♣1 有見法得樂行轉，此爲三摩地想；♣2 有知見轉，此爲三摩地想；♣3 有慧分別轉，此爲三摩地想；♣4 有身得漏盡轉，此爲三摩地想。』」⇨(大正No.12大1-229b[8]f.)

“Catasso samādhi-bhāvanā：Atth' āvuso samādhi-bhāvanā bhāvitā bahu=lī-katā ♣1 diṭṭhadhamma-sukha-vihārāya saṁvattati.……♣2 ñāṇa-das=sana-paṭilābhāya saṁvattati.……♣3 sati-sampajaññāya samvattati.……♣4 āsavānaṁ khayāya saṁvattati.……” ⇨(D 33 Diii.222[17]~223[-4])

①〖現法樂住〗

「得 四增上心法(四禪那)→ 現法樂住。」⇨(雜616大2-172c[7]f.)

∾「云何離欲受？ 謂 比丘離欲、惡 不善法，有覺、有觀，離生喜、樂， 初禪具足住；是名 離欲受(樂)。若有說言：『眾生依此初禪，唯是 爲樂，非餘者。』此則不然。 所以者何？ 更有勝樂 過於此故；何者是？謂 比丘離有覺、有觀，內淨，定生喜、樂，第二禪具足住；是名 勝樂。 如是……乃至非想非非想入處，轉轉勝說。若有說言：『唯有此處，乃至非想非非想極樂，非餘。』亦復不然； 所以者何？ 更有勝樂 過於此故。何者是？謂 比丘度一切非想非非想入處，想受滅 身作證具足住；是名勝樂。 過於彼者，若有異學出家作是說言：『沙門釋種子，唯說 想受滅名爲 至樂。』此所不應，所以者何？ 應當語言：『此非世尊所說 受樂數； 世尊說受樂數者如說：「優陀夷！有四種樂；何等爲四？ 謂 離欲樂、遠離樂、寂滅樂、菩提樂。」』」⇨（雜485大2-124a[1]f.）

② 〖毘缽舍那(vipassanā)/ 觀〗

"Samādhim bhikkhave bhāvetha, samāhito bhikkhave bhikkhu yathābūtam pajānāti." ⇨(S 22,5 Siii.13[-5]f.)

「爾時，世尊告諸比丘：『常當方便禪思，內寂其心！』 所以者何？ 比丘常當方便禪思，內寂其心，(得)如實觀察。」⇨(雜65大2-17a[-6]f.)

③ 〖神通〗

∽☆〈神足相應(Iddhipāda-saṁyutta)〉⇨(S 51,1~ 86 S v.254[2] ~293[6])

「彼以定心清淨、無穢、柔濡、調伏 住無動地， 一心修習 神通智證 能種種變化。變化一身爲無數身，以無數身還合爲一；身能飛行石壁無礙，遊空如鳥，履水如地；身出烟燄，如大火積；手捫日月，立至梵天……

彼以心定清淨、無穢、柔濡、調伏 住無動地，一心修習 證天耳智。彼天耳淨，過於人耳；聞二種聲：天聲、人聲……

彼以定心清淨、無穢、柔濡、調伏 住無動地，一心修習 證他心智。彼知他心有欲、無欲，有垢、無垢，有癡、無癡，廣心、狹心，小心、大心，定心、亂心，縛心、解(脫)心，上心、下心(乃)至無上心，皆悉知之。……

彼以心定清淨、無穢、柔濡、調伏 住無動地，一心修習 宿命智證。便能憶識宿命無數若干種事，能憶一生(乃)至無數生，劫數成、敗，死此生彼，名姓種族，飲食好惡，壽命長短，所受苦樂，形色相貌皆悉憶識……。

彼以定心清淨、無穢、柔濡、調伏 住無動處，一心修習 見生死智證。彼天眼淨，見諸眾生死此生彼，從彼生此，形色好醜，善惡諸果，尊貴卑賤，隨所造業 報應因緣，皆悉知之。 此人身行惡、口言惡、意念惡，誹謗賢聖，言邪倒見，身敗命終 墮三惡道； 此人身行善、口言善、意念善，不謗賢聖，見正信行，身壞命終 生天、人中。 以天眼淨見諸眾生，隨所業緣往來五道。……

彼以定心清淨、無穢、柔濡、調伏 住不動地，一心修習 無漏智證。彼如實知苦聖諦，如實知有漏集，如實知有漏盡，如實知趣漏盡道；彼如是知、如是見 欲漏、有漏、無明漏，心得解脫，得解脫智： 生死已盡，梵行已立，所作已辦，不受後有。」⇨(長20大1-86a[6]f.)

∾「彼比丘白世尊曰：『提婆達兜比丘者，有大神力，有大威勢；云何世尊記彼一劫受罪重耶？』 佛告比丘曰：『護汝口語，勿於長夜受苦無量。』爾時，世尊便說此偈：

『遊禪世俗通， 至竟無解脫； 不造滅盡跡， 復還墮地獄。』」

⇨（增11-10大2-567b[-1]f.）

「若比丘⑴於諸世間(可)愛色不染，捨離此已，如所應行；斯乃名曰 賢聖神足[1] 。⑵於無喜色亦不憎惡，捨離此已，如所應行；斯乃名曰賢聖神足。⑶於諸世間愛色不愛色(無分之中性感受狀態之)二俱捨已，修平等護，專念不忘；斯乃名曰賢聖神足。」⇨(長18大1-78c[7]f.≒ D.28 Diii.112[-3]~113[10])

④〖殊勝之 有〗

「佛言：『云何意行生？ 若有比丘 離欲、離惡 不善之法，有覺、有觀，離生喜、樂，得 初禪成就遊；彼此定 樂欲住，彼此定 樂欲住已； 必有是處—住彼、樂彼，命終生 梵身天中。— 諸梵身天者，生彼、住彼，受離生喜、樂，及比丘住此 入初禪，受離生喜、樂；此二 生喜、樂，無有差別，二俱等等。 所以者何？ 先此行定，然後生彼。

彼此定如是修、如是習、如是廣布，生梵身天中；如是 意行生…… 得第二禪 成就遊；彼命終生晃昱天中……得第三禪成就遊； 命終生遍淨天中……得第四禪成就遊；彼命終生 果實天中…… 無量空處成就遊；命終生無量空處天中……無量識處成就遊；命終生無量識處天中……無所有處成就遊；命終生無所有處天中……非有想非無想處成就遊；命終生 非有想 非無想處天中……」⇨(中168大1-700c[1]f.)

※1 「賢聖神足」《D 28》作： “Ayaṁ iddhi anasavā an-updhikā ‘ariyâ ti’ vuccati.(此是無漏、無依著、被稱爲「聖」之神變也。)” ⇨(Diii.113[9]) *cf.*《雜864 ~870》

「初禪具足住，出定作無常、苦、空、非我思惟→ 涅槃＞五般涅槃＞生 大梵天＞生 梵輔天＞生 梵身天

第二禪具足住，出定作 〃 思惟→ 涅槃＞五般涅槃＞生 自性光音天＞生 無量光天＞生 少光天

第三禪具足住，出定作 〃 思惟→ 涅槃＞五般涅槃＞生 遍淨天＞生 無量淨天＞生 少淨天

第四禪乃至四無色定具足住，出定作〃 思惟→ 涅槃＞五般涅槃＞生 因性果實天＞生 福生天＞生 少福天」⇨(大2-219b^{-1}~220^{7})

∽「爾時，世尊告諸比丘：『人間四百歲，是兜率陀天上一日一夜；如是三十日一月，十二月一歲，※兜率陀天壽四千歲[1] ……化樂天壽 八千歲…… 爾時，世尊告諸比丘：人間千六百歲，是他化自在天一日一夜；如是三十日一月，十二月一歲，他化自在天壽一萬六千歲。 愚癡無聞凡夫於彼命終 生地獄、畜生、餓鬼中； 多聞聖弟子於彼命終；不生地獄、畜生、餓鬼中。』」

⇨(雜861~ 863大2-219b^{5} ~219b^{-6})

⑤〖滅盡定〗

「度一切非有想非無想處，想知滅身觸成就遊，慧見諸漏盡斷智；彼諸定中，此定說最第一、最大、最上、最勝、最妙。猶如因牛有乳，因乳有酪，因酪有生酥，因生酥有熟酥，因熟酥有酥精；酥精者說最第一、最大、最上、最勝、最妙。如是，彼諸定中，此定說最第一、最大、最上、最勝、最妙；得此定、依此定、住此定已，不復受生、老、病、死、苦，是說苦邊。」

⇨(中168大1-701b^{11}f.)

「聖弟子於佛一向淨信，於法、僧一向淨信；於法利智、出智、決定智；八解脫具足 身作證；以智慧見(三)有漏斷知。 如是聖弟子，不趣地獄、畜生、餓鬼，不墮惡趣，說阿羅漢俱解脫。」⇨(雜936大2-240a^{11}f.)

※1 兜率陀天壽四千歲＝（400×30×12×4000＝)人間 五億七千六百萬年

五.【增上慧學】(Adhipaññā-sikkhā 增上般若學)

§0-0-0 【當修習 增上慧學】

以分別善惡之良知、好善惡惡之良心、去惡遷善之美意具足 善根； 以善根培植 信根(佛、法、僧、戒)； 以正信 持戒；以正行 修心(定)，乃至證得定之功德(宿命、生死智證通 等等)，具備 心更專注、觀察力更加發揚之 修道者，爲了解脫世間之 纏縛，應當修習 增上慧學！

cf. 〈p.2-88f. 二.§12-0-0〉

○ 修習 增上慧學之「六質問(chappañhakammaṁ)」⇨＊(VM 436〉

① Kā paññā(云何爲 慧)？

② Ken' atthena paññā(依何義爲 慧)？

③ Kān' assā lakkhaṇa-rasa-paccupaṭṭāna-padaṭṭhānāni(何等爲此〔慧〕之相、味、現起、足處)？

④ Katividhā paññā(慧 有幾種)？

⑤ Kathaṁ bhāvetabbā(當如何修習〔慧〕)？

⑥ Paññābhāvanāya ko ānisaṁso(修習慧之功德是何)？

§0-0-1【云何爲 慧？】

「慧」爲 Ⓟ paññā/ Ⓢ prajñā 之意譯；音譯爲「般若」。

①〖般若之 意義〗

(1)「(尊者舍黎子) 復問曰：『賢者拘絺羅！♣智慧者[1]；說智慧，何者智慧？』尊者大拘絺羅答曰：『♣知(之)，知(之)，是故說 智慧。[2] 知何等耶？知此苦如眞，知此苦習、知此苦滅、知此苦滅道如眞； 知如是，故說智慧。』」⇨(中211大1-790b^{-2}f.)(M 43 M i.292^{17}f.)⇦ “(āyasmā Mahāk=oṭṭhito)āyasmantaṁ Sāriputtaṁ uttariṁ pañhaṁ apucchi: ‘♣Paññavā [1] paññavâ ti āvuso vuccati. Kittāvatā nu kho āvuso paññavâ ti vu=ccati?’ —‘♣Pajānāti pajānātî ti kho āvuso, tasmā paññavâ ti vu=ccati[2]; kiñ-ca pajānāti? idaṁ dukkhan-ti pajānāti, ayaṁ dukkhas=amudayo ti pajānāti, ayaṁ dukkhanirodho ti pajānāti, ayaṁ dukkha-nirodhagāminī paṭipadâ ti pajānāti. Pajānāti pajānātî ti kho āvuso, tasmā paññavâ ti vuccati.' "

(2)「世尊告諸比丘：『……(所謂)慧根者，當知是 四聖諦。』」

⇨(雜646大2-182b^{-9}f.)

"Catusu ariyasaccesu, ettha paññindriyaṁ daṭṭhabbaṁ."

⇨(S 46,8 S v.196^{-7})

(3)「世尊告諸比丘：『……於如來 初發菩提心所起智慧，是名 慧根。』」

⇨(雜659大2-184a^{16}f.)

"Saddhassa hi ariyasāvakassa〔āraddhaviriyassa〕upaṭṭita-satino samāhitacittassa etam pāṭikaṅkhā, yam evam pajānissati: 'Anama=taggo kho saṁsāro pubba koṭi na paññāyati, avijjānīvaraṇānaṁ sattānaṁ taṇhāsaṁyojanānaṁ sandhāvataṁ saṁsaratam avijjāya tve=va tamokāyassa asesavirāganirodho santam etam padam phanitam etam padam yad idaṁ sabbasaṅkhārasamatho sabbupadhipaṭinissaggo taṇhakkhayo virāgo nirodho nibbānaṁ.' Yā hissa bhante paññā tad assa paññindriyaṁ." ⇨(S 48,50 S v.225^{-1}f.)

(4)「世尊告諸比丘：『……何等爲慧力？ 謂 四聖諦。』」

⇨(雜666大2-184c^{14}f.)

(5)「(世尊告諸比丘：)『有因生出要想，謂出要界； 緣出要界 生出要想、出要欲、出要覺、出要熱、出要求。謂彼慧者 出要求時，眾生三處生正—謂 身、口、心…… 彼慧者 不害求時，眾生三處正 —謂 身、口、心—彼正因緣生已，現法樂住， 不苦、不礙、不惱、不熱，身壞命終 生善趣中。」⇨(雜458大2-117b^{12}f.)

(6)「正見有二種：有正見是世、俗、有漏、有取、轉向善趣，有正見是聖、出世間、無漏、無取、正盡苦、轉向苦邊。」⇨(雜785大2-203a^{-9}f.)

(7)「(世尊告諸比丘：)『手長者(是)有慧者，此何因說？ 手長者修行智慧，觀興衰法，得如此智— 聖慧明達、分別、曉了以正盡苦； 手長者(是)有慧者，因此故說。』」⇨(中41大1-484c^{-5}f.) *cf.*(中57大1-492b^{9}f.)

"Paññavā bhikkhave Hatthako Āḷavako." ⇨(A 8,23 A iv.218^{13})

"Puna ca paraṁ āvuso bhikkhu paññavā hoti, udayatthagāminiyā pañ=ñāya samannāgato ariyāya nibbedhikāya sammādukkhayagāminiyā."

⇨(A 9,1 A iv.352^{20}f.)

(8)“Rūpam bhikkhāve aniccaṁ, yad aniccaṁ taṁ dukkhaṁ, yaṁ dukkhaṁ tad anattā, yad anattā taṁ n'etam mama n'eso 'ham asmi na m'eso attâ ti. Evam etaṁ yathābhūtaṁ sammappaññāya daṭṭhabbaṁ”
⇨(S 22,15 S iii. 22[2]f.)∾（雜9大2-2a[3] ~2a[5])(中62大1-498c[9]f.) ⇦「(世尊曰)：『大王！是故 汝當如是學 —若有色 或過去、或未來、或現在……彼一切非我、非我所、我非彼所。— 當以慧觀知如眞。』

(9)「(世尊告諸比丘：)『何等爲增上慧學？ 是比丘重於戒、戒增上，重於定、定增上，重於慧、慧增上，如是知、如是見：欲有漏心解脫、有有漏心解脫、無明有漏心解脫， 解脫知見 —我生已盡，梵行已立，所作已作，自知不受後有。— 是名增上慧學。』」⇨(雜821大2-211a[5]f.)

(10)「(尊者舍黎子)復問曰：『賢者拘絺羅！智慧有何義？有何勝？有何功德？』尊者大拘絺羅答曰：『智慧者有厭義、無欲義、見如眞義。』」
⇨(中211大1-790c[-10]f.)
“‘Paññā pan' āvuso kimatthiyâ ti?' ‘Paññā kho āvuso abhiññatthā pariññatthā pahānatthâ ti.' ” ⇨(M 43 M i. 293[-2]f.)

(11) ⇨ 〈p.5-06 五.§0-0-3 ②之 (2)〉

②〖般若之 同義語〗

「(尊者舍利弗言:)『尊者摩訶拘絺羅！於此六觸入處 如實知、見、明、覺、悟、慧(般若)、無間等，是名爲明。』」⇨(雜251大2-60c[10]f.)

③〖般若與識 是一 或異〗

「(尊者舍黎子)復問曰：『賢者拘絺羅！智慧及識，此二法 爲合？爲別？ 此二法 可得別施設耶？』 尊者大拘絺羅答曰：『此二法 合，不別；此二法不可別施設。 所以者何？ 智慧所知即是識所識；是故，此二法合，不別；此二法 不可別施設。』」⇨(中211;大1-790c[9]f.)

cf.(M 43 M i. 292,[-2]f.)⇦“Yaṁ h' āvuso pajānāti taṁ vijānāti(凡所慧知即識知它), yaṁ vijānāti taṁ pajānāti(凡所識知 即慧知它). tasmā ime dhammā(是故，此等法《指 慧與識》) saṁsaṭṭhā(是會合) no visaṁsaṭṭhā(不分流), na ca labbhā imesaṁ dhammānaṁ(又，於此等法不得) vinibbh=ujitvā(分解) vinibbhujitvā(分析) nānākaraṇaṁ paññāpetun-ti.(施設殊異也。)”

∾“Yā c' āvuso paññā yañ-ca viññāṇaṁ imesaṁ dhammānaṁ saṁsaṭṭhānaṁ no

visaṁsaṭṭhānaṁ, paññā bhāve tabbā(般若是當修習) viññāṇaṁ pariññey=
yaṁ(識是當徧知), idaṁ nesaṁ nānākaraṇan-ti(此是彼等之差異)."
⇨(M 43 M i.293[5]f.)

④〖惡慧(dupañña 無慧/ 無善慧)〗

(1)「舍利弗白佛言:『世尊!若彼比丘諂曲、幻僞、欺誑、不信、無慚、無愧、懈怠、失念、不定、※惡慧[1]、慢緩,違於遠離,不敬戒律,不顧沙門,不勤修學,不自省察,爲命出家 不求涅槃……』」⇨(雜497大2-130b[9]f.)

(2)「朱盧陀天女而(向佛)說偈言:『……今乃見正覺, 演說微妙法; 若於正法律 厭惡 住惡慧, 必墮於惡道, 長夜受大苦。…』
我(佛)時答言:『如是,如是,如汝所說。…』」⇨(雜1274大2-350b[-4]f.)

(3)「(尊者舍黎子告長者給孤獨)曰:『……長者本已得須陀洹,長者!莫怖!長者!莫怖!所以者何? 若愚癡凡夫 因惡慧故,身壞命終趣至惡處,生地獄中。 長者無有惡慧,唯有善慧;長者因善慧故,或滅苦痛生極快樂;因善慧故,或得斯陀含果 或阿那含果……』」⇨(中28大1-459b[3]f.)

* 'Kusala-citta-sampayuttaṁ vipassanā-ñāṇaṁ paññā.' ⇨(VM 436)

§0-0-2 【依何義爲 慧?】

①"Ken' aṭṭhena paññâ ti(依何義爲 慧)? Pajānanaṭṭhena paññā(依 了知/慧知義爲 慧). Kim idaṃ pajānanaṁ nāma(此名曰「慧知」是何)? Sañj=ānana(《比》「想知」)-vijānanâkāra(「識知」之行相)-visiṭṭhaṁ(更殊勝之) nānappakārato jānanaṁ(種種《修習般若》方法《所成就》之知)."
⇨*(VM 436[3]f.)

② 〈P.T.S.'s Pali-English Dicitionary〉:♣([1] 知,[2] 想,[3] 識,[4] 慧. 表解)

♣

root +pref.	verb	nt.	nt.	f.	f.
♣ √jñā[1] >	jānāti	jānana	ñāṇa♣		
saṁ-√jñā[2] >	sañjānāti	sañjānana	saññāṇa	sañjānanā	saññā♣
vi- √jñā[3] >	vijānāti	vijānana	viññāṇa		
pa- √jñā[4] >	pajānāti	pajānana	paññāṇa	pajānanā	Paññā♣

※1 'duppaññā' ⇨(A 5,167 A iii.199[7])

③∾"Saññā-viññāṇa-paññānaṁ hi samāne pi jānanabhāve(相、識、慧同「處於知之狀態」)；《然而，……》

Saññā: nīlam pītakan ti ārammaṇasañjānanamattam eva hoti(想是：青的、黃的、…云云 只是「所緣之想念」爲量而已)；Aniccaṁ dukkham anattâ ti lakkhaṇapaṭivedhaṁ pāpetuṁ na sakkoti.(不能獲得無常的、苦的、無我的…云云 相之通達也。)

Viññāṇaṁ: nīlam pītakan ti ārammaṇañ ca jānāti(識是：知青、黃…之所緣，) lakkhaṇapaṭivedhañ ca pāpeti(又獲得「相之通達」)；Ussakkitvā pana maggapātubhāvaṁ pāpetuṁ na sakkoti.(卽使努力，倘不得 道之現前也。)

Paññā: vuttanayavasena ārammaṇañ ca jānāti(依前述意趣，慧：是知所緣)，lakkhaṇapaṭivedhañ ca pāpeti(亦得 相之通達)' ussakkitvā maggapātubhavañ ca pāpeti(又努力《修習慧》已，得「道之現前」也。)." ⇨ *(VM 437[1]f.)

④∾"Sā (paññā) pan' esā yattha saññā-viññāṇāni na tattha ekaṁsena hoti(復次，凡於斯 想、識存在處，非卽於此一向有《慧》)；Yadā (paññā) pana hoti, tadā avinibbhuttā tehi dhammehi(saññā-viññāṇe=hi)(然則，凡有《慧》存在，卽彼《想、識》等法不別離).'Ayaṃ saññā, idaṁ viññāṇaṁ, ayaṁ paññâ ti.' vinibbhujjitvā alabbhaneyya-nāna=ttā(分別「此是想，此是識，此是慧也。」云云 異性不可得，) sukhumā duddasā.(《彼等 想、識、慧》微細、難見也。)" *(VM 437[-1]f.)

§0-0-3【何等爲 慧之 相、味、現起、足處】

①〖通達 法之自性爲 相(lakkhaṇā 特徵)〗→ 見實

「大王！是故汝當如是學：若有色，或過去、或未來、或現在，或內、或外，或麁、或細，或好、或惡，或近、或遠；彼一切非我，非我所，我非彼所，當以慧觀知如眞。」⇨(中62大1-498c[9]f.)

「爾時，世尊告諸比丘：『多聞聖弟子於何所 見非我、不異我、不相在，如是平等正觀，如實知見？』 比丘白佛：『世尊爲法根、法眼、法依，唯願爲說！諸比丘聞已，如說奉行。』 佛告比丘：『諦聽！善思！當爲汝說。

多聞聖弟子於色 見非我、不異我、不相在，是名如實正觀。 受、想、行、識亦復如是。』」⇨(雜83大2-21b15f.)

「佛告羅睺羅：『當觀諸所有色，若過去、若未來、若現在，若內、若外，若麁、若細，若好、若醜，若遠、若近，彼一切非我、不異我、不相在，如是平等慧如實觀。』」⇨(雜24大2-5b12f.)

②〖摧破癡闇(覆蔽諸法之自性)爲 味(rasa 作用)〗➞ 慧照

(1)「猶諸光明，慧光明爲第一。」⇨(中141大1-647c-7.)*cf.*(大1-96c7f.)

(2)「『云何爲慧？』 佛言：『若比丘以三昧 心清淨、無穢、柔軟、調伏、住不動處……乃至得三明，除去無明 生於慧明，滅於闇冥 生大法光，出漏盡智。所以者何？ 斯由精勤 專念不忘，樂獨閑居之所得也。婆羅門！是爲智慧具足。』」⇨(長22大1-96c7f.)

③〖不成癡蒙爲 現起(paccupaṭṭhāna 現狀)〗➞ 明(不癡)

「無明纏故，慧 不清淨……離無明故，慧解脫。」⇨(雜1027大2-268b-11f.)

「於此六觸入處如實知、見、明、覺、悟、慧、無間等，是名爲明。」⇨(雜251大2-60c10f.)

④〖定爲慧之 足處(padaṭṭhāna 直接原因)〗定 ➞ 慧

「比丘常當修習方便禪思，內寂其心，(得)如實觀察。」⇨(雜65大2-17a-5f.)

「修定獲智，得大果報。」⇨(長2大1-12a-9f.)

§0-0-4【慧有何等 種類？】

①〖二種慧〗

(1) 世間慧(正見)∾出世間慧(正見) ⇨(雜785大2-203a-9f.)

(2) (正見)有漏慧∾(正見)無漏慧 ⇨(雜785大2-203a-9f.)

(3) 學(人)慧∾無學(人)慧 ⇨(雜934大2-239a5f.)

②〖三種慧〗

(1)“Tisso paññā: Sekhā paññā(有學慧), asekhā paññā(無學慧), n'eva sekhā nâsekhā paññā(實非有學亦非無學慧).” ⇨(D 33 Diii.219³f.)

(2)“Apara' pi tisso paññā; Cintā-mayā paññā(思所成慧), suta-mayā paññā(聞所成慧), bhāvanā-mayā paññā.(修所成慧)” ⇨(D33 Diii.219⁵f

∾“Tayo 'me bhikkhave puggalā santo saṁvijjamāno lokasmiṁ. Katame tayo? Avakujjapañño puggalo(覆慧人), ucchaṅgapañño puggalo(膝

慧人），puthupañño puggalo（廣慧人）.” ⇨（A 3,30 A i. 130[6]f.）

③〖四種慧〗＝四無礙解（catasso paṭisambhidā）

「爾時，世尊告諸比丘：『有四辯；云何爲四？ 所謂 義辯、法辯、辭辯、應辯。 ♣[1] 彼云何名爲義辯？ 所謂義辯者，彼彼之所說，若天、龍、鬼神之所說，皆能分別其義，是謂名爲 義辯也。 ♣[2] 彼云何名爲法辯？ 十二部經如來所說，所謂契經、祇夜、本末、偈、因緣、授決、已說、造頌、生經、方等、合集、未曾有，及諸有爲法、無爲法，有漏法、無漏法。諸法之實不可沮壞，所可總持者，是謂名爲法辯。 ♣[3] 彼云何名爲辭辯？ 若前眾生，長短之語，男語、女語，佛語，梵志、天、龍、鬼神之語，阿須倫、迦留羅、甄陀羅，彼之所說，隨彼根原與其說法，是謂名爲 辭辯。 ♣[4] 云何名爲應辯？ 當說法時，無有怯弱，無有畏懼，能和悅四部之眾，是謂名爲 應辯。』」⇨（增29-5大2-656c^{-3}f.≒A 4,173 A ii. 160[19]f.）

§0-0-5 【慧應當如何修習？】

①〖略說（saṅkhepa）〗

＊〈Visuddhi-magga〉：“Tasmā tesu ※bhūmībhutesu dhammesu[1] uggahaparipucchāvasena ñāṇaparicayaṁ katvā, mūlabhūtā dve visuddhiyo sampād=etvā, sarīrabhūtā pañcavisuddhiyo sampādentena bhāvetabbā. Ayaṁ ettha sankhepo.” ⇨（VM 443[16]f.）

(1)【慧地（paññāya bhūmi）】：

1.（五）陰法門；2.（六內外入）處法門；3.（六／十八）界法門；

4.（二十二）根法門；5（四聖）諦法門；6.（十二支）緣起法門

(2)【慧根（paññāya mūla）】

1.戒淨；2.心淨

(3)【慧體（paññāya sarīra）】

1.見淨；2.疑蓋淨；3.道非道知見淨；4.道跡知見淨；5.道跡斷智淨

《雜200經》釋尊指導尊者羅睺羅修習「增上法」之經過：

「♣[1] 教 尊者羅睺羅爲人演說五受陰；說已，還詣佛所。♣[2] 教 爲人演說六

※1 據 Siamese 本；P.T.S.作‘bhūmīsu tesu maggesu’

入處；說六入處已，來詣佛所。♣3 教 爲人演說尼陀那(nidāna 因緣)法；爲人廣說尼陀那法已，來詣佛所。♣4 教 當於上所說諸法，獨於一靜處，專精思惟，觀察其義；尊者羅睺羅已於如上所聞法、所說法，獨一靜處，思惟稱量，觀察其義。 知此諸法 皆順趣涅槃、流注涅槃、後注涅槃；心解脫智熟，堪任受『增上法』。♣5 (五)佛敎 一切無常之『無常法門』。」⇨(大2-51a^{-14}~c^{3})*cf.* 〈p.0-26f. ○. § 3-0-5⑥之 (7)〉

《中9經》:「以戒淨故，得 心淨；以心淨故，得 見淨；以見淨故，得 疑蓋淨；以疑蓋淨故，得 道非道知見淨；以道非道知見淨故，得 道跡知見淨；以道跡知見淨故，得道跡斷智淨； 以道跡斷智淨故，世尊施設 無餘涅槃。」⇨(大1-431b^{6}f.) cf.(增39-10大2-734c^{5}f.)(雜565大2-148c^{-13}f.)

《長9經》:「九成法? 謂 九淨滅枝(♣勤支)法；戒淨♣滅枝、心淨♣滅枝、見淨♣滅枝、度疑淨♣滅枝、分別淨♣滅枝、道淨♣滅枝、除淨♣滅枝、無欲淨♣滅枝、解脫淨♣滅枝。」⇨(長10大1-56a^{-7}f.)

cf.〈pp.104~107 § 7-0-0~ § 7-0-5〉

②〖廣說〗如下:

【陰 法 門】§ 1-0-0 ~

【處 法 門】§ 2-0-0 ~

【界 法 門】§ 3-0-0 ~

【根 法 門】§ 4-0-0 ~

【諦 法 門】§ 5-0-0 ~

【緣起法門】§ 6-0-0 ~

【慧 體】§ 7-0-0 ~

【無常法門】§ 8-0-0 ~

【苦 法 門】§ 9-0-0 ~

【無我法門】§ 10-0-0 ~

§ 0-0-6 【何等爲慧修習之 功德】

⇨〈p.5-172 五. § 11-0-1〉

§1-0-0 【陰法門】「五陰(pañca khandhā)/ 五蘊」

① 現存 漢譯《雜阿含經》之☆「陰相應」屬「有情事」

卷數	大正藏經碼	九分教	相　應	相　應　部
卷一	001 ~032經	修多羅	☆陰相應(一)	≒ S 22,1 ~158經
卷二	033 ~058經	〃	〃　(二)	≒ S 22,1 ~158經
卷十	256 ~272經	〃	〃　(三)	≒ S 22,1 ~158經
卷三	059 ~087經	〃	〃　(四)	≒ S 22,1 ~158經
卷五	103 ~110經	〃	〃　(五)	≒ S 22,1 ~158經
卷六	111 ~129經	弟子記說	☆羅陀相應	≒ S 23,1 ~46經
卷六	130 ~132經	如來記說	☆斷知相應(上)	
卷六	133 ~138經	如來記說	☆見相應(上)	≒ S 24,1 ~96經
卷七	139 ~171經	如來記說	☆見相應(下)	≒ S 24,1 ~96經
卷七	172 ~187經	如來記說	☆斷知相應(下)	

♣ 印順導師〈雜阿含經論會編〉: 11400/13412經＝85%

日本《國譯一切經》　　11578/13441經＝86.14%

§1-0-1 【有情(Ⓟ satta;Ⓢ sattva)/ 眾生】

♣ 印順導師：「凡宗教和哲學，都有其根本的立場； 認識這個立場，即不難把握其思想的重心，佛法以有情為中心，為根本的。 如不從有情著眼，而從宇宙或社會說起，從物質或精神說起，都不能把握佛法的眞義。」

⇨〈佛法概論〉p.41

① 〖有情〗

(1)【有情識】：1. satta[2]〔fr. sant 〕

A.(m.)a. a living being,

b. a sentient & rational being,

c. strong man.

B.(nt.) soul〔＝jīvita/ viññāṇa〕⇨(P-E Dict. 673a)

2.“nava sattâvāsā(九 有情居/ 眾生居)”

⇨(D 33 Diii.263^{9} ＝長10大1-52b^{-7})

“satta viññāṇa-ṭṭhitiyo(七識住)”

⇨(D 33 Diii.253^{9} ＝長10大1-52a^{-6})

3.“Yāvatā bhikkhave sattā apadā vā dvipadā vā catuppadā vā bahuppadā vā rūpino vā arūpino vā saññino vā asaññino vā n'evasaññinâsaññino vā Tathāgato tesam aggam akkhāyati araham sammāsambuddho.”
⇨(S 45,139 Siv.41^{-2}f. *cf.* 中141大1-647c^{-5} ~$^{-2}$)

(2)【有情愛】：1.satta[1]〔pp. of sajjati<√sañj〕
hanging, clinging or attached to. ⇨(P-E Dict. 673a)

2.“Rūpe kho Rādha yo chando yo rāgo yā nandi yā taṇhā tatra satto tatra visatto tasmā satto ti vuccati.…” ⇨(S.23,2 Siii..190^{3}f. ＝雜122大2-40a^{6}f.)⇦「於色染著纏綿名曰 眾生；於受、想、行、識染著纏綿名曰 眾生。」*cf.*（雜108大2-33c^{-2}~$^{-1}$)

(3)【業相續者】“Kammadāyādā sattâ ti vadāmi.” ⇨(M 57 M i.390^{3})
cf.(中170大1-704c^{-4} ~$^{-2}$)

②〖眾生〗

(1)「眾共生世，故名 眾生。」⇨(長30-12大1-145a^{-2})

(2)“…… sattā ye thalajā,…… sattā ye odakā,……sattā ye manussesu …… satta ye aññatra manussehi……” ⇨(A 1,19 A i.35^{10} ~^{14})

∾「卵生、胎生、濕生、化生。」⇨(長9大1-50c^{-8})

(3)“…… idh'ekacce sattā kāyassa bhedā param maraṇā apāyaṁ duggatiṁ vinipātaṁ nirayaṁ uppajjantî ti. …… sugatiṁ saggaṁ lokaṁ uppajjantî ti.” ⇨(A 2,2.6 A i.55^{-6}.)

(4)“Taṇhā janeti purisaṁ, cittam assa vidhāvati, satto saṁsāram āpādi, kammaṁ tassa parâyanan-ti.” ⇨(S 1,57 S i.38^{4}f. ＝ 雜1017大2-265c^{10}f.)⇦「愛欲生眾生，　意在前驅馳；　眾生起生死，　業者可依怙。」

(5)「眼、色緣 生眼識，三事和合 觸，觸俱 生受、想、思；此四 無色陰(及)眼、色，此等法 名爲 人。於斯等法 作人想、眾生(想)……」
⇨(雜306大2-87c^{-4}f.)

(6)「諸陰 因緣合，假名爲 眾生。」⇨(雜1202大2-327b^{10})

(7)「光音諸天福盡命終來生此間……於此住久，各自稱言：『眾生！眾生！(Satta satta)』」⇨(長5大1-37c^{4}f.；D 27 Diii.85^{9})

§1-0-2【聞、思、修、證五陰法門】

①〖親近善說法師〗

「佛告比丘：『若於色說 是生厭、離欲、滅盡、寂靜法者，是名(善說)法師；若於受、想、行、識說 是生厭、離欲、滅盡、寂靜法者，是名(善說)法師；是名 如來所說法師。』」⇨(雜26大2-5c[14]f.)

②〖成爲 多聞者〗

「比丘當知：若聞色 是生厭、離欲、滅盡、寂靜法，是名多聞；如是，聞受、想、行、識 是生厭、離欲、滅盡、寂靜法，是名 多聞比丘； 是名 如來所說多聞。」⇨(雜25大2-5c[4]f.)

③〔〖成爲 如理思惟者〗〕(於五陰 具正見，生正思惟、正志 —生厭、離欲、滅盡、寂靜法)⇨(依理趣)

④〖成爲 法次法向者/ 向法次法行者〗

「比丘於色 向厭、離欲、滅盡，是名 法次法向；如是，受、想、行、識，於識 向厭、離欲、滅盡，是名 法次法向。」⇨(雜27大2-5c[-5]f.)

⑤〖成爲 見法涅槃者/ 現法涅槃者〗

「佛告比丘：『於色 生厭、離欲、滅盡，不起諸漏，心正解脫，是名 比丘見法涅槃； 如是，受、想、行、識，於識 生厭、離欲、滅盡，不起諸漏，心正解脫，是名 比丘見法涅槃。』」⇨(雜28大2-6a[6]f.)

§1-1-1【陰 ∽ 受陰】

①〖陰(Ⓟ khandha;Ⓢ skandha)/ 蘊〗

「云何爲陰？ 若所有諸色 —若過去、若未來、若現在，若內、若外，若麤、若細，若好、若醜，若遠、若近— 彼一切 總說色陰；隨諸所有受、想、行、識，亦復如是，彼一切總說受、想、行、識陰；是名爲陰。」⇨(雜55大2-13b[15]f.＝S 22,48 Siii.47[12]f.)⇦ "Yaṁ kiñci bhikkhave rūpaṁ⑤ atītân=āgatapaccuppannaṁ ajjhattaṁ vā bahiddhā vā oḷārikaṁ vā sukhumaṁ vā hīnaṁ vā paṇītaṁ vā yaṁ dūre santike vā, ayaṁ vuccati rūpakkhan=dho⑤ ."

②〖受陰(upādānakkhanda)/ 取蘊〗

「云何爲受陰？ 若色 是有漏，是取；若彼色過去、未來、現在，生貪欲、瞋恚、愚癡及餘種種上煩惱心法；受、想、行、識亦復如是；是名 受陰。」⇨(雜55大2-13b-11f.＝ S 22,48 Siii.47-7f.) ⇦ “Yaṁ kiñci bhikkhave rūpam⑤ atītânāgatapaccuppannaṁ…… yaṁ dūre santike vā sâsavam upā=dānīyam, ayaṁ vuccati rūpupādanakkhandho⑤ .”

③〖陰與受陰 不一不異〗

「佛告比丘：『非五陰卽受，亦非五陰異受；能於彼有欲貪者，是五受陰。』」⇨(雜58大2-14b-5f.＝ S 22,82 Siii. 100-1f.)⇦ “Na kho bhikkhu taññeva upādānaṁ te pañcupādānakkhandhā, nâpi aññatra pañcupādāna-kkhandehi upādānaṁ; api ca yo tattha chandarāgo taṁ tattha upādā=nan ti.”

§1-1-2 【一一陰之 定義】

①〖法相的〗♣

(1)「若可礙可分，是名 色受陰； 指所礙，若手、若石、若杖、若刀、若冷、若暖、若渴、若飢，若蚊虻諸毒虫、風雨觸，是名 觸礙。是故，(可)礙、(可分)是 色受陰。」⇨(雜46大2-11b-4f.)

“Ruppatî ti kho bhikkhave tasmā r pan ti vuccati. Kena ruppati? Sītena pi ruppati, uṇhena pi ruppati……” ⇨(S.22,79 Siii.86-9f.)

(2)「諸覺相是 受受陰；何所覺？覺苦、覺樂、覺不苦不樂；是故，名覺相是受受陰。」⇨(雜46大2-11c1f.)

“Vediyantî ti kho bhikkhave tasmā vedanā ti vuccati. Kiñca vedi=yati? Sukham pi vediyati dukkham pi vediyati……”
⇨(S 22,79 Siii.86-2f.)

(3)「諸想是 想受陰；何所想？ 少想、多想、無量想，都無所有 作無所有想。」⇨(雜46大2-11c4f.)

“Sañjānātî ti kho bhikkhave tasmā saññā ti vuccati. Kinca sañjā=nāti? nīlam pi sañjānāti, pītakam pi sañjānāti……”
⇨(S 22,79 Siii.874f.)

(4)「爲作相是 行受陰；何所爲作？ 於色爲作，於受、想、行、識爲作；是故，爲作相是 行受陰。」⇨(雜46大2-11c6f.)

"Saṅkhataṁ abhisaṅkharontî ti bhikkhave tasmā saṅkhārâ ti vuccati.

Kiñca saṅkhatam abhisaṅkharonti?

rūpaṁ rūpattāya saṅkhatam abhisaṅkharonti,

vedanaṁ vedanattāya saṅkhatam abhisaṅkharonti,

saññāṁ saññāttāya saṅkhatam abhisaṅkharonti,

saṅkhāre saṅkhārattāya saṅkhatam abhisaṅkharonti,

viññāṇaṁ viññāṇattāya saṅkhatam abhisaṅkharonti."

⇨(S 22,79 Siii.87[8]f.)

(5)「別知相是 識受陰； 何所識？ 識色，識聲、香、味、觸、法； 是故，名識受陰。」⇨(雜46大2-11c[9]f.)

"Vijānātîti kho bhikkhave tasmā viññāṇan ti vuccati. Kiñca vijā=nāti? ambilam pi vijānāti, tittakam pi vijānāti.……"

⇨(S 22,79 Siii.87[17]f.)

②〖組織的〗♣

「云何色受陰？ 所有色，彼一切四大，及四大所造色，是名爲 色受陰。

云何受受陰？ 謂六受身。何等爲六？ 謂 眼觸生受，耳、鼻、舌、身、意觸生受，是名受受陰。

云何想受陰？ 謂六想身。何等爲六？ 謂 眼觸生想，……乃至意觸生想，是名想受陰。

云何行受陰？ 謂六思身。何等爲六？ 謂 眼觸生思，……乃至意觸生思是名行受陰。

云何識受陰？ 謂六識身。何等爲六？ 謂 眼識身……乃至意識身，是名識受陰。」⇨(雜61大2-15c[-14]f.)

③〖緣起的〗♣

「『何因、何緣名爲 色陰？ 何因、何緣名 受、想、行、識陰？』 佛告比丘：『四大因、四大緣，是名色陰。所以者何？ 諸所有色陰，彼一切悉皆四大，緣四大造故。 觸因、觸緣，生受、想、行；是故名 受、想、行陰。所以者何？ 若所有受、想、行，彼一切觸緣故。 名色因、名色緣，是故名爲識陰。所以者何？若所有識，彼一切名色緣故。』」⇨(雜58大2-14c[10]f.)

④〖法性的〗♣

「此色受陰(是)無常、苦、變易法……此受受陰是無常、苦、變易法……此想受陰是無常、苦、變易法……此行受陰是無常、苦、變易法……此識受陰是無常、苦、變易法。」⇨(雜46大2-11c[1]f.)

§1-1-3 【佛陀爲何開示 五陰法門】

①(1)〖※有身[1] =五受陰〗

「云何 有身? 謂 五受陰。云何爲五? 色受陰，受、想、行、識受陰，是名 有身。」⇨(雜71大2-18c[2]f.)

(2)〖見有我者，一切皆於此五受陰 見我。〗

「若諸沙門、婆羅門見有我者，一切皆於此五受陰見我。諸沙門、婆羅門見色 是我、色異我、我在色、色在我；見受、想、行、識 是我、識異我、我在識、識在我。」⇨(雜45大2-11b[3]f.)

“Ye hi keci bhikkhave samaṇā vā brahmaṇā vā anekavihitam attānaṁ samanupassamānā samanupassanti, sabbe te pañcupādānakkhandhe samanupassanti etesaṁ vā aññataraṁ.” ⇨(S 22,47 Siii.46[10]f.)

(3)〖於五受陰見我→ → 生 恐怖、障礙、心亂，以取著故。〗

「佛告比丘:『云何 取故生著? 愚癡無聞凡夫於色見 是我、異我、相在，見色是我、我所 而取; 取已，彼色若變、若異，心亦隨轉；心隨轉已，亦生取著，攝受心住；攝受心住故，則生恐怖、障礙、心亂，以取著故。愚癡無聞凡夫於受、想、行、識 見我、異我、相在，見識是我、我所 而取；取已，彼識若變、若異，彼心隨轉；心隨轉故，則生取著，攝受心住；(攝受心)住已，則生恐怖、障礙、心亂，以取著故，是名 取著。』」⇨(雜43大2-10c[-8]f.)

(4)「若色※起、住、出，[2] 則苦於此起，病於此住，老死於此出；受、想、行、識 亦如是說。 若色 滅、息、沒，則苦於此滅、病於此息，老死於此沒；受、想、行、識 亦如是說。」⇨(雜71大2-20a[4]f.)

※1 Ⓟ sakkāya Ⓢ svakāya(自身) ∽ sat-kāya(有身)

※2 uppādo(生) ṭhiti(住) pātubāvo(顯現)⇨(S.22,30 Siii.31[-1]f.)

(5)〖五陰繫著、五陰見我→ 生死輪迴、生死流轉。〗

「諸比丘！色有故，色事起，色繫著，色見我，令眾生無明所蓋，愛繫其首，長道驅馳，生死輪迴，生死流轉；受、想、行、識亦復如是。」

⇨(雜133大2-41c^{-9}f.)

②(1)〖五陰法門→ 六入處法門→ 尼陀那法門→ 無常法門→……〗

cf. 〈p.0-26f. ○. § 3-0-5⑥之 (7)；p.5-08 § 0-0-5 ①之 (3)〉

(2)〖無常想→ 無我想→ 心離我慢→ 順得涅槃。〗

「諸比丘！云何修無常想，修習多修習，能斷一切欲愛、色愛、無色愛、掉、慢、無明？ 若比丘於空露地、若林樹間 善正思惟，觀察色無常，受、想、行、識無常；如是思惟，斷一切欲愛、色愛、無色愛、掉、慢、無明。所以者何？ 無常想者，能建立無我想。聖弟子住無我想，心離我慢，順得涅槃。」⇨(雜270大2-70c^{-5}f.)

(3)〖觀 所有五陰無我→ 究竟苦邊。〗

「羅睺羅！當觀若所有諸色，若過去、若未來、若現在，若內、若外，若麁、若細，若好、若醜，若遠、若 近，彼一切悉皆 非我、不異我、不相在，如是平等慧正觀。 如是受、想、行、識，若過去、若未來、若 現在，若內、若外，若麁、若細，若好、若醜，若遠、若近， 彼一切 非我、不異我、不相在，如是 平等慧如實觀。

如是，羅睺羅！比丘如是知、如是見。如是知、如是見者，於此識身及外境界一切相，無有我 、我所見、我慢使繫著。 羅睺羅！比丘若如是於此識身及外境界一切相，無有我、我所見、我慢使繫著者，比丘是名斷愛欲，轉去諸結，正(慢)無間等，究竟苦邊。」⇨(雜23大2-5a^{-11}f.)

§ 1-1-4【色、受、想、行、識之「順序」】

①「佛說 色、受、想、行、識，為 說示順序。」⇨＊(VM 477^{9})

∾ 生起順序 ⇨(雜1300大2-357c^{-2} ~358a^{4})

捨斷順序 ⇨(雜820~821大2-210b^{10} ~211a^{10})

行道順序 ⇨(中9大1-431b^{6} ~^{10})

地 順 序 ⇨(長30大1-135c^{-3}~136a^{13}) *cf.* ＊(VM 476^{-5}f.)

②〖有情 種種我見生起之順序〗

「愚癡無聞凡夫於色見是我，若見我者，是名爲♣5 行。

彼♣5 行 何因？何集？何生？何轉？ 無明觸生愛，緣愛起彼行。

彼♣4 愛 何因？何集？何生？何轉？ 彼愛 受因、受集、受生、受轉。

彼♣3 受 何因？何集？何生？何轉？ 彼受 觸因、觸集、觸生、觸轉。

彼♣2 觸 何因？何集？何生？何轉？ 謂 彼觸 ♣1 六入處因、六入處集、六入處生、六入處轉。 彼六入處 無常、有爲、心緣起法；彼觸、受、行受(♣「行受」宜作：愛、行)亦無常、有爲、心緣起法。

如是觀者，而※1 見色是我；不見色是我，而※2 見色是我所；不見色是我所，而※3 見色在我； 不見色在我，而※4 見我在色；不見我在色，而※5 見受是我；不見受是我，而※6 見受是我所；不見受是我所，而※7 見受在我；不見受在我，而※8 見我在受；不見我在受，而※9 見想是我；不見想是我，而※10 見想是我所；不見想是我所，而※11 見想在我；不見想在我，而※12 見我在想；不見我在想，而※13 見行是我；不見行是我，而※14 見行是我所；不見行是我所，而※15 見行在我；不見行在我，而※16 見我在行；不見我在行，而※17 見識是我；不見識是我，而※18 見識是我所；不見識是我所，而※19 見識在我；不見識在我，而※20 見我在識；不見我在識，復※21 作斷見、壞有見；不作斷見、壞有見，而※22 不離我慢。不離我慢者，而復※23 見我，見我者卽是♣5 行。 彼行 何因？何集？何生？何轉？ 如前所說……乃至我慢。」⇨(雜57大2-14a13f.)

§1-2-1 【於五陰所起 種種我見】*cf.*〈p.5-140 五.§10-3-2之 ①〉

cf.〈p.5-142f. 五.§10-3-4〉

§1-2-2 【繫著五受陰 起種種邪見及苦】

☆〈(邪)見相應(Diṭṭhi-saṁyutta)〉

⇨(雜133~171大2-41c14~ 45c14；S 24,1~96 Siii.202¹ ~224⁻¹)

☆〈陰相應·(邪)見品(Khandha-saṁyutta Dhiṭṭhi-vagga)〉

⇨(S 22,149~158 Siii.180⁻⁵~ 188¹¹)

※1 ~※20 卽是 二十種〖身見(sakkāya-diṭṭhi 有身見/ 薩迦耶見)〗

cf.《長21經；大正No.21經；D 1 Brahmajāla-sutta》

⇨(大1-88b[12]~94a[13]；大1-264a[9] ~270c[6] ；D i. 1[3] ~46[-1])

《長27經；大正No.22經；增43-7經；D 2 Sāmañña-phala-sutta》

⇨(大1-108a[-4]f.；大1-271b[-5]f.；大2-763b[4]f.；D i. 52[14]f.)

○【♣邪見相應之 分析】

①〚眾生有五陰、繫著五陰、於五陰見我→

令眾生起惑、造有漏業，生死流轉受苦。〛

(1)「爾時，世尊告諸比丘：『何所有故，何所起，何所繫著，何所見我，令眾生無明所蓋，愛繫我(♣其)首， 長道驅馳，生死輪迴，生死流轉，不知本際？』諸比丘白佛言：『世尊是法根、法眼、法依。善哉！世尊！唯願哀愍，廣說其義，諸比丘聞已，當受奉行。』 佛告比丘：『諦聽！善思！當為汝說。 諸比丘！色有故，色事起，色繫著，色見我，令眾生無明所蓋，愛繫其首，長道驅馳，生死輪迴，生死流轉；受、想、行、識亦復如是。』…」⇨(雜133大2-41c[-15]f.)

⇨(S 24,2~3 S iii. 203[-5]~ 206[-10])(S 22,155 S iii. 185~[16])

(2)「爾時，世尊告諸比丘：『何所有故，何所起，何所繫著，何所見我，未起我、我所、我慢繫著使 起， 已起我、我所、我慢繫著使重令增廣？……』」⇨(雜142大2-43a[-9]f.)⇨(S 22,150 S iii. 181[-7]~[16])

(3)「爾時，世尊告諸比丘：『何所有故，何所起，何所繫著，何所見我，若未起有漏、障礙、燒然、憂、悲、惱苦 生， 已起有漏、障礙、燒然、憂、悲、惱苦 重令增廣？……』」⇨(雜145大2-43a[-1]f.)

(4)「爾時，世尊告諸比丘：『何所有故，何所起，何所繫著，何所見我，若三受於世間轉？……』」⇨(雜146大2-43b[6]f.)

(5)「爾時，世尊告諸比丘：『何所有故，何所起，何所繫著，何所見我，令三苦世間轉？……』」⇨(雜147大2-43b[11]f.)⇨(S 22,149 S iii. 180[-4]~181[-8])

(6)「爾時，世尊告諸比丘：『何所有故，何所起，何所繫著，何所見我，令世八法世間轉？……』」⇨(雜148大2-43b[-14]f.)

②〚生 九慢〛

(1)「爾時，世尊告諸比丘：『何所有故，何所起，何所繫著，何所見我，令諸眾生作如是見、如是說：「我勝、我等、我卑。」？』……」

⇨(雜149大2-43b[-9]f.)

(2)「爾時，世尊告諸比丘：『何所有故，何所起，何所繫著，何所見我，令諸眾生作如是見、如是說：「有勝我者、有等我者、有卑我者。」？』……」⇨(雜150大2-43b^{-3}f.)

(3)「爾時，世尊告諸比丘：『何所有故，何所起，何所繫著，何所見我，令諸眾生作如是見、如是說：「無勝我者、無等我者、無卑我者。」？』……」⇨(雜151大2-43c^{4}f.)

③〖生 常見〗

「爾時，世尊告諸比丘：『何所有故，何所起，何所繫著，何所見我，令諸眾生作如是見、如是說：「有我、有此世、有他世，常、恆、不變易法，如爾安住。」？』……」⇨(雜152大2-43c^{10}f.)⇨(S 22,151 Siii.182^{-11}~183^{-11})

④〖斷見(↔常見)之我見〗

「爾時，世尊告諸比丘：『何所有故，何所起，何所繫著，何所見我，令諸眾生作如是見、如是說：「※……[1]」？』…」⇨(雜160大2-44b^{12}f.)

⑤〖梵我一如之邪見〗

「爾時，世尊告諸比丘：『何所有故，何所起，何所繫著，何所見我，令諸眾生作如是見、如是說：「如是※我、彼，一切不二、不異[2]、不滅。」？』……」⇨(雜153大2-43c^{-14}f.)

⑥〖惡取 無義、惡取空〗

(1)「爾時，世尊告諸比丘：『何所有故，何所起，何所繫著，何所見我，令諸眾生作如是見、如是說：「無施、無會、無說，無善趣、惡趣 業報， 無此世、他世，無母、無父、無眾生、無 世間阿羅漢正到正趣 —若此世、他世 見法自知身作證具足住：我生已盡，梵行已立，所作已作，自知 不受後有。—」』？…』」⇨(雜154大2-43^{-8}f.)⇨(S 24,5 Siii.206^{-8}~$^{-1}$)

(2)「爾時，世尊告諸比丘：『何所有故，何所起，何所繫著，何所見我，令諸眾生作如是見、如是說：「謂七身非作、非作所作，非化、非化所化，不殺、不動、堅實。何等爲七？ 所謂 地身、水身、火身、風身、樂、苦、命。 此七種身 非作、非作所作，非化、非化所化，不殺、不動、堅實、不轉、不變、不相逼迫，若福、若惡、若福惡，若苦、若樂、若苦樂，若(一) 士梟(他)士首，亦不逼迫世間 若命、若身。 七身間間容刀往返，亦

※1 所闕經文，可能如 ：(S 24,4 Siii.205^{-5}~206^{2}) *cf.* 〈五.§10-3-4②之 (2)〉 p.5-143

※2 ≒ Brahma-ātma-aikya(梵我一如)「彼」指「Brahman」〈佛語〉p.1270b

不害命，於彼無殺、無殺者，無繫、無繫者，無念、無念者，無教、無教者。」？』…」⇨(雜161大2-44b^{-13}f.)(S 24,8 Siii.211^{5} ~$^{-9}$)

⑦〖宿命論、無作業論、無力用論〗

「爾時，世尊告諸比丘：『何所有故，何所起，何所繫著，何所見我，令諸眾生作如是見、如是說：「無力、無精進、無力精進、無士夫方便、無士夫精勤、無士夫方便精勤，無自作、無他作、無自他作，一切人、一切眾生、一切神 無方便、無力、無勢、無精進、無堪能，定分、相續、轉變 受苦樂六趣。」？』……」⇨(雜155大2-44a^{2}f.)⇨(S 24,7 Siii.210^{2} ~^{10})

⑧〖斷滅見〗

(1)「爾時，世尊告諸比丘：『何所有故，何所起，何所繫著，何所見我，令諸眾生作如是見、如是說：「諸眾生此世活，死後斷壞無所有。四大和合士夫，身(壞)命終時，地歸地、水歸水、火歸火、風歸風，根隨空轉，輿床第五，四人持死人往塚間，乃至 未燒可知，燒然已，骨白鴿色立； 高慢者知施，黠慧者知受。若說：(人死後)有。』者，彼一切虛誑妄說；若愚、若智 死後，他世 俱斷壞無所有。」？』……」⇨(雜156大2-44a^{12}f.)⇨(S 24,5 Siii.206^{-1}~207^{10})

(2)「爾時，世尊告諸比丘：『何所有故，何所起，何所繫著，何所見我，令諸眾生作如是見、如是說：「若麁四大色斷壞、無所有，是名我正斷；若復我欲界斷壞、死後無所有，是名我正斷；若復我色界死後斷壞、無所有，是名我正斷；若得空入處、識入處、無所有入處、非想非非想入處，我死後斷壞、無所有，是名我正斷。」？』……」 ⇨(雜171大2-45c^{6}f.)⇨(長21大1-93a^{-10}~b^{9})

⑨〖無因論〗

(1)「爾時，世尊告諸比丘：『何所有故，何所起，何所繫著，何所見我，令諸眾生作如是見、如是說：「眾生煩惱，無因無緣。」？』……」⇨(雜157大2-44a^{-7}f.≒ S 24,7 Siii.210^{2}f.)

(2)「爾時，世尊告諸比丘：『何所有故，何所起，何所繫著，何所見我，令諸眾生作如是見、如是說：「眾生清淨，無因無緣。」？』……」⇨(雜158大2-44a^{-1}f.≒ S 24,7 Siii.210^{5}f.)

(3)「爾時，世尊告諸比丘：『何所有故，何所起，何所繫著，何所見我，令諸眾生作如是見、如是說：「眾生無知無見，無因無緣。」？』……」

⇨(雜159大2-44b[6]f.)*cf.*(S 24,7 Siii.210[2]f.)

⑩〖無罪福報、非業說〗

「爾時，世尊告諸比丘：『何所有故，何所起，何所繫著，何所見我，令諸眾生作如是見、如是說：「作、教作，斷、教斷，煮、教煮，殺、教殺，害衆生、盜他財、行邪婬、知言妄語、飲酒，穿牆、斷鏁、偸奪，復道害村、害城、害人民，以極利劍輪 剬割斫，截作大肉聚； 作如是學，彼非惡因緣，亦非招惡。 於恆水南殺害而去，恆水北作大會而來，彼非因緣福惡，亦非招福惡。惠施、調伏、護持、行利、同利，於此所作，亦非作福。」？』……」⇨(雜162大2-44c[-1]f.)⇨(S 24,6 Siii.208[-11]~209[10])

⑪〖生死定量、修行無用論、輪迴淨化說〗

「爾時，世尊告諸比丘：『何所有故，何所起，何所繫著，何所見我，令諸眾生作如是見、如是說：「於此十四百千生門、六十千六百五業、三業、二業、一業、半業，六十二道跡、六十二內劫、百二十泥黎、百三十根、三十六貪界、四十九千龍家、四十九千金翅鳥家、四十九千邪命外道、四十九千外道出家、七想劫、七無想劫、七阿修羅、七毘舍遮、七天、七人，七百海、七夢、七百夢、七嶮、七百嶮，七覺、七百覺、六生、十增進、八大士地，於此八萬四千大劫，若愚若智 往來經歷，究竟苦邊。 彼無有沙門、婆羅門作如是說：我常持戒，受諸苦行，修諸梵行，不熟業者令熟，已熟業者棄捨，進退不可知。此苦樂常住，生死定量；譬如縷丸擲著空中，漸漸來下，至地自住。如是八萬四千大劫 生死定量，亦復如是。」？』……」

⇨(雜163大2-44c[13]f.)⇨(S 24,8 Siii.211[-8~14])

⑫〖違反自然現象〗

「爾時，世尊告諸比丘：『何所有故，何所起，何所繫著，何所見我，令諸眾生作如是見、如是說：「風不吹、火不燃、水不流、箭不射、懷妊不產、乳不墼，日月若出若沒、若明若闇不可知。」？』……」

⇨(雜164大2-45a,2f.)⇨(S 24,1 Siii.202[4] ~[-1] ； S 24,19 Siii.217[-12~9])

⑬〖梵見〗

「爾時，世尊告諸比丘：『何所有故，何所起，何所繫著，何所見我，令諸眾生作如是見、如是說：「此大梵自在，造作自然，爲眾生父。」？』……」

⇨(雜165大2-45a[10]f.)⇨(D 1 D i.18[5] ~[12])

⑭〖種種我見〗

(1)「爾時，世尊告諸比丘：『何所有故，何所起，何所繫著，何所見我，令諸眾生作如是見、如是說：「♣[1] 色是我，餘則虛名；♣[2] 無色是我，餘則虛名；♣[3] 色非色是我，餘則虛名；♣[4] 非色非無色是我，餘則虛名；♣[5] 我有邊，餘則虛名；♣[6] 我無邊，餘則虛名；♣[7] 我有邊無邊，餘則虛名；♣[8] 我非有邊非無邊，餘則虛名。♣[9] 一想、♣[10] 種種想、♣[11] 多想、♣[12]無量想，♣[13] 我一向樂、♣[14] 一向苦、♣[15] 若苦樂、♣[16] 不苦不樂，餘則虛名。」？』……」⇨(雜166大2-45a^{-14}f.)

⇨(S 24,37~44 Siii.219^{-1}~221^{6})(長21大1-91a^{12}~b^{-10}；92b^{15}f.)

(2)「爾時，世尊告諸比丘：『何所有故，何所起，何所繫著，何所見我，令諸眾生作如是見、如是說：「色是我，餘則妄想；非色、非非色是我，餘則妄想。我 有邊，餘則妄想；我 無邊，餘則妄想； 我 非有邊非無邊，餘則妄想。我 一想、種種想、少想、無量想。我 一向樂、一向苦、若苦樂、不苦不樂。」？』……」⇨(雜167大2-45a^{-3}f.)

⇨(長21大1-91a^{12}~b^{-10}；92b^{15}f.)

⑮〖無記論〗*cf.*☆〈婆蹉種出家相應〉⇨(雜957~964;別雜190~198)

(1)「爾時，世尊告諸比丘：『何所有故，何所起，何所繫著，何所見我，令諸眾生作如是見、如是說：「♣[1] 我 世間常、♣[2] (我)世間無常、♣[3] (我)世間常無常、♣[4] (我)世間非常非無常；♣[5] 世有邊、♣[6] 世無邊、♣[7] 世有邊無邊、♣[8] 世非有邊非無邊；♣[9] 命卽是身、♣[10] 命異身異；♣[11] 如來死後有、♣[12] 如來死後無、♣[13] 如來死後有無、 ♣[14]如來死後非有非無。」？』……」⇨(雜168大2-45b,7f.)⇨(S 24,9~18 Siii.213^{15}~217^{2})

(2)「爾時，世尊告諸比丘：『何所有故，何所起，何所繫著，何所見我，令諸眾生作如是見、如是說：「世間、我 常，世間、我 無常，世間、我 常無常，世間、我 非常非無常；我苦 常，我苦 無常，我苦 常無常，我苦非常非無常； 世間、我 自作，世間、我 他作，世間、我 自作他作，世間、我 非自作非他作，〔世間、我〕非自非他無因作； 世間、我苦 自作，世間、我苦 他作，世間、我苦 自他作，世間、我苦非自非他無因作。」？』……」 ⇨(雜169大2-45b^{-14}f.)

⑯〖錯見 現法涅槃〗

「爾時，世尊告諸比丘：『何所有故，何所起，何所繫著，何所見我，令諸眾生作如是見、如是說：「若無五欲娛樂，是則見法般涅槃；若離(欲)、惡不善法，有覺、有觀，離生喜樂，入初禪……乃至第四禪，是第一義般涅槃。」？』……」 ⇨(雜170大2-45b^{-3}f.)⇨(長21大1-93b^{11}~c^{8})
cf. 〈p.6-26 六.§11-5-1〉

§1-3-1 【五陰、五受陰之 譬喩】

① 五拔刀怨者(雜1172)；怨詐親伺害、如病、如癰、如刺、如殺(雜104)；食者(雜46)；魔(雜124)；魔所作(雜120)；重擔(雜73)……

②「觀色如聚沫，受如水上泡，想如春時燄，諸行如芭蕉，諸識法如幻。」

⇨(雜265)；林中木(雜274,269)

"Rupam⑤ Kukkuḷam(熇煨)" ⇨(S 22,136)

∽〖怖畏現起智(Bhayatupatthanañāṇa)〗

〖過患隨觀智(Ādīnavânupassanāñāṇa)〗⇨ *(VM 645^{8} ~650^{18})

§1-4-1 【如實觀察五陰∨如實知五陰】

① 於五陰當 正觀(雜1)；正思惟(雜2)；以智慧如實見(雜14)；

平等慧如實觀(雜23)；如實知、見、明、覺、慧、無間等(雜256)。

② 於五陰作〖四種如實知〗(雜31)

"catuparivaṭṭaṁ yathābhūtam abbhaññāsiṁ" ⇨(S 22,56 Siii.59^{4})

〖五種如實知〗(雜41) ∽ (雜13,14)

〖七處善〗(雜42)'sattaṭṭhānakusala'(S 22,57 Siii.61^{-5})

「爾時，世尊告諸比丘：『有七處善、三種觀義。 盡於此法得漏盡，得無漏心解脫、慧解脫，現法自知身作證具足住：我生已盡，梵行已立，所作已作，自知不受後有。 云何 比丘！七處善？ 比丘！如實知色，色集、色滅、色滅道跡、色味、色患、色離如實知； 如是，受、想、行、識 識集、識滅、識滅道跡、識味、識患、識離如實知。

云何色如實知？ 諸所有色，一切四大造色，是名爲色；如是 色如實知。

云何色集如實知？ 愛喜是名色集；如是 色集如實知。

云何色滅如實知？ 愛喜滅是名色滅；如是 色滅如實知。

云何色滅道跡如實知？ 謂 八聖道：正見、正志、正語、正業、正命、正方便、正念、正定，是名色滅道跡；如是 色滅道跡如實知。

云何色味如實知？ 謂 色因緣生喜樂，是名色味；如是色味如實知。

云何色患如實知？ 若色無常、苦、變易法，是名色患；如是 色患如實知。

云何色離如實知？ 謂 於色調伏欲貪、斷欲貪、越欲貪，是名色離；如是色離如實知。

云何受如實知？ 謂六受； 眼觸生受，耳、鼻、舌、身、意觸生受，是名受；如是 受如實知。

云何受集如實知？ 觸集是受集；如是 受集如實知。

云何受滅如實知？ 觸滅是受滅；如是 受滅如實知。

云何受滅道跡如實知？ 謂 八聖道：正見……乃至正定，是名受滅道跡；如是 受滅道跡如實知。

云何受味如實知？ 受因緣生喜樂，是名受味；如是 受味如實知。

云何受患如實知？ 若受無常、苦、變易法，是名受患；如是 受患如實知。

云何受離如實知？ 若 於受調伏欲貪、斷欲貪、越欲貪，是名受離；如是 受離如實知。

云何想如實知？ 謂 六想；眼觸生想，耳、鼻、舌、身、意觸生想，是名爲想；如是 想如實知。

云何想集如實知？ 觸集是想集；如是 想集如實知。

云何想滅如實知？ 觸滅是想滅；如是 想滅如實知。

云何想滅道跡如實知？ 謂八聖道；正見……乃至正定，是名想滅道跡；如是想滅道跡如實知。

云何想味如實知？ 想因緣生喜樂，是名想味；如是 想味如實知。

云何想患如實知？ 若想無常、苦、變易法，是名想患；如是 想患如實知。

云何想離如實知？ 若 於想調伏欲貪、斷欲貪、越欲貪，是名想離；如是 想離如實知。

云何行如實知？ 謂六思身； 眼觸生思，耳、鼻、舌、身、意觸生思，是名爲行；如是 行如實知。

云何行集如實知？ 觸集是行集；如是 行集如實知。

云何行滅如實知？ 觸滅是行滅；如是 行滅如實知。

云何行滅道跡如實知？ 謂八聖道；正見……乃至正定，是名行滅道跡；如是 行滅道跡如實知。

云何行味如實知？ 行因緣生喜樂，是名行味；如是 行味如實知。

云何行患如實知？ 若行無常、苦、變易法，是名行患；如是 行患如實知。

云何行離如實知？ 若 於行調伏欲貪、斷欲貪、越欲貪，是名行離；如是 行離如實知。

云何識如實知？ 謂六識身；眼識身，耳、鼻、舌、身、意識身，是名爲識；如是 識如實知。

云何識集如實知？ 名色集是識集；如是 識集如實知。

云何識滅如實知？ 名色滅是識滅；如是 識滅如實知。

云何識滅道跡如實知？ 謂八聖道；正見……乃至正定，是名識滅道跡；如是 識滅道跡如實知。

云何識味如實知？ 識因緣生喜樂，是名識味；如是 識味如實知。

云何識患如實知？ 若識無常、苦、變易法，是名識患；如是 識患如實知。

云何識離如實知？ 若 識調伏欲貪、斷欲貪、越欲貪，是名識離；〔如是 識離〕如實知。比丘！是名 七處善。

云何三種觀義？ 比丘！若於空閑、樹下、露地，觀察陰、界、入，正方便思惟其義，是名 比丘！三種觀義。是名 比丘！七處善、三種觀義。」

⇨(雜42大2-10a[5]f.)

(1) rūpam⑤ abhiññā

(2) rūpasamudayam abhiññā

(3) rūpanirodham abhiññā

(4) rūpanirodhagāminim paṭipadam abhiññā

(5) rūpassa assādam abhiññā

(6) rūpassa ādīnavam abhiññā

(7) rūpassa nissaraṇam abhiññā ⇨(S 22,57 Siii.62[-12]f.)

cf.《大毗婆沙論卷108》⇨(大27-559b[3]f.)

《瑜伽師地論卷88,85》⇨(大30-794c[15]f.,775[-11]f.)

③〖觀五陰 無常、苦、空、非我〗

cf. 〈p.5-108ff. 五.§8-0-0~ §10-0-0~（無常法門、苦法門、無我法門）〉

④〖學者乃至得阿羅漢果之後，亦復思惟五陰 無常、苦、空、無我。〗

「時，摩訶拘絺羅問舍利弗言：『若比丘未得無間等法，欲求無間等法，云何方便求？ 思惟何等法？』 舍利弗言：『若比丘未得無間等法，欲求無間等法，精勤思惟五受陰爲病、爲癰、爲刺、爲殺，(爲)無常、苦、空、非我。所以者何？ 是所應處故。 若比丘於此五受陰精勤思惟，得須陀洹果證。』又問：『舍利弗！得須陀洹果證已，欲得斯陀含果證者……欲得阿那含果證者，得阿那含果證已，欲得阿羅漢果證者，當復精勤思惟 此五受陰法爲病、爲癰爲刺、爲殺，(爲)無常、苦、空、非我。 所以者何？ 是所應處故。若比丘於此五受陰法精勤思惟，得阿羅漢果證。』 摩訶拘絺羅又問舍利弗言：『得阿羅漢果證已，復思惟何等法？』 舍利弗言：『摩訶拘絺羅！阿羅漢亦復思惟 此五受陰法爲病、爲癰、爲刺、爲殺，(爲) 無常、苦、空、非我。 所以者何？ 爲得未得故，證未證故，見法樂住故。』」⇨(雜259大2-65b[11]f.)

§1-4-2 【如實觀察五陰、如實知五陰→ 】

①〖如實觀察五陰無我→ 具向涅槃〗
≀
〖如實知五陰無我→ 究竟涅槃〗

「『云何 瞿曇！爲弟子說法，令離疑惑？』 佛告火種居士：『我爲諸弟子說諸所有色，若過去、若未來、若現在，若內、若外，若麁、若細，若好、若醜，若遠、若近，彼一切如實觀察 非我、非異我、不相在； 受、想、行、識亦復如是。彼學必見跡，不斷壞，堪任成就 厭離知見，守甘露門； 雖非一切悉得究竟，具向涅槃。如是弟子從我敎法，得離疑惑。』 復問：『瞿曇！復云何敎諸弟子，於佛法得盡諸漏，無漏 心解脫、慧解脫， 現法自知作證：我生已盡，梵行已立，所作已作，自知不受後有？ 』

佛告火種居士：『正以此法，諸所有色，若過去、若未來、若現在，若內、若外，若麁、若細，若好、若醜，若遠、若近，彼一切如實知非我、非異我、不相在；受、想、行、識亦復如是。彼於爾時成就三種無上：智無上、道無上、解脫無上。成就三種無上已，於大師所，恭敬、尊重、供養。如佛、世尊覺一切法，卽以此法調伏弟子，令得安隱、令得無畏、調伏寂靜、究竟涅槃。世尊爲涅槃故，爲弟子說法。』」⇨(雜110大2-36c14f.)

②〖正觀五陰 無常、苦、空、非我→ 厭離→ 喜貪盡→ 心解脫→ 自證涅槃〗

「爾時，世尊告諸比丘：『當觀色無常；如是觀者，則爲正觀。正觀者，則生厭離；厭離者，喜貪盡；喜貪盡者，說心解脫。如是觀受、想、行、識無常；如是觀者，則爲正觀。正觀者，則生厭離；厭離者，喜貪盡；喜貪盡者，說心解脫。 如是，比丘！心解脫者，若欲自證，則能自證：我生已盡，梵行已立，所作已作，自知不受後有。如觀無常，苦、空、非我亦復如是。』」⇨(雜1大2-1a7f.)

「爾時，世尊告諸比丘：『於色當正思惟，觀色無常如實知。 所以者何？比丘！於色正思惟，觀色無常如實知，於色欲貪斷；欲貪斷者，說心解脫。如是受、想、行、識當正思惟，觀識無常如實知。 所以者何？ 於識正思惟，觀識無常者，則於識欲貪斷；欲貪斷者，說心解脫。如是心解脫者，若欲自證，則能自證：我生已盡，梵行已立，所作已作，自知不受後有。如是正思惟無常，苦、空、非我亦復如是。』」⇨(雜2大2-1a-13f.)

⇨(雜3~7大2-1a-1~1c-13)

③〖無我→ 無我慢〗

(1)【見無我 ∾ 離我慢】⇨(雜103) ⇨ 〈p.5-168f. 五.§10-6-1 ③之 (6)〉

(2)【於五陰正思惟 空、無相、無所有→ 離(我)慢、知見清淨】⇨(雜80)

(3)【無常想→ 無我想→ 心離我慢→ 順得涅槃】⇨(雜270) ⇨〖無我法門〗

④〖如實證知五取蘊之 四轉(苦、集、滅、道)→ 成佛〗

"Yato ca kho'ham bhikkhave ime pañcupādānakkhandhe catuparivaṭṭaṁ yathābhūtam abbhññāsim athâham bhikkhave sadevake loke〔samārake sabrahmake sasamaṇabrāhmaniyā pajāya〕sadevamanussāya anuttaraṁ sambodhim abhisambuddho ti paccaññāsiṁ." ⇨(S 22,56 Siii.59⁸f. ≒ 雜41∾ 雜13大2-2c5 ~9 = S 22,28) *cf.*(雜393大2-106b-11)

§1-4-3 【知、斷、盡、吐、止、捨、滅、沒五受陰】

⇨(雜172~187大2-45c^{15}~49a^{-3})〔×※8(義)[1] 〕

♣

① 若（五陰)法無常者 當斷※[2]。(雜172)

② 當 斷八種狀態之(五陰)無常法。(雜173)〔×※8(狀態)[3] 〕

③ 爲 斷無常法故，當求大師等.（雜174)〔×56(宜親近者)〕∽(雜130)〔×60〕

④ 爲 斷無常(法)……故，當隨修 四念住。(雜176)〔×4〕

⑤ 爲 斷無常(法)……故，隨修 內、外、內外四念住。(雜177)〔×3〕

⑥ 爲 斷無常(法)……故，當修 四正勤。(雜178)〔×4〕

⑦ 爲 斷無常(法)……故，當修 四如意足。(雜179)〔×4〕

⑧ 爲 斷無常(法)……故，當修 五根。(雜180)〔×5〕

⑨ 爲 斷無常(法)……故，當修 五力。(雜181)〔×5〕

⑩ 爲 斷無常(法)……故，修 七覺分。(雜182)〔×7〕

⑪ 爲 斷無常(法)……故，當修 八正道。(雜183)〔×8〕

⑫ 爲 斷無常(法)……故，當修 四聖諦。(雜184)〔×4〕

⑬ 爲 斷無常(法)……故，當修 三法句、正句。(雜185)〔×3/ ×6〕

⑭ 爲 斷無常(法)……故，當修 止、觀。(雜186)〔×2〕

⑮ 如(爲斷) 無常(法)，如是(爲斷)動搖(法)……煩惱動(※百五法[4])，

當修(四念處)……止、觀。(雜186)〔×105〕

♣ ＝爲 8義 × 而對 8狀態的 × 105法 ×

修(3×4念住＋4正勤＋4如意足＋5根＋5力＋7覺分

＋8正道＋4聖諦＋3法句＋2止觀)

＝8×8×105×(3×4＋4＋4＋5＋5＋7＋8＋4＋3＋2)＝ 362880 思惟修習

※1 1.知(parijāna) 2.斷(pahāna) 3.盡(khaya) 4.吐(vanta) 5.止(upasama)

6.捨(vossagga) 7.滅(nirodha) 8.沒(atthagama)

※2 指 知五陰是無常法者，當斷五陰是常之邪見、邪行。

※3 1.無常法 2.過去無常法 3.未來無常法 4.現在無常法 5.過去-現在無常法

6.未來-現在無常法 7.過去-未來無常法 8.過去-現在-未來無常法

※4 *cf.* 〈p.5-106ff. 五.§7-0-4〉

§ 1-4-4 【成就[1]（/不成就[2]）貪[1] ……映翳[11]（/不翳[2]）貪[1] ……苦[67]，不堪任[1]（/堪任[2]）知色⑤ 無常[1] ……不堪任[1]（/堪任[2]）於色⑤ 滅盡作證[7]】⇨（雜187）

♣「成就# 貪欲※一法故，不復堪任知@色⑤ 無常……乃至不堪任滅色⑤ 作證@。

#（成就[1]，不知[2]，親[3]，不明[4]，不識[5]，不察[6]，不量[7]，覆[8]，種[9]，掩[10]，映翳[11]。）

※（貪[1]，恚[2]，癡[3]，瞋[4]，恨[5]，呰[6]，執[7]，嫉[8]，慳[9]，幻[10]，諂[11]，無慚[12]，無愧[13]，慢[14]，慢慢[15]，增慢[16]，我慢[17]，增上慢[18]，邪慢[19]，卑慢[20]，憍慢[21]，放逸[22]，矜高[23]，曲憍[24]，相規[25]，利誘[26]，利惡[27]，欲[28]，多欲[29]，常欲[30]，不敬[31]，惡口[32]，惡知識[33]，不忍[34]，貪嗜[35]，下貪[36]，惡貪[37]，身見[38]，邊見[39]，邪見[40]，見取[41]，戒取[42]，欲愛[43]，瞋恚[44]，睡眠[45]，掉悔[46]，疑[47]，惛悴[48]，蹁躚[49]，贔屓懶[50]，亂想[51]，不正憶[52]，身濁[53]，不直[54]，不軟[55]，不異[56]，欲覺[57]，恚覺[58]，害覺[59]，親(里)覺[60]，國土覺[61]，輕易覺[62]，愛他家覺[63]，愁[64]，憂[65]，惱[66]，苦[67].）

@(知[1]，識[2]，解[3]，受[4]，求[5]，辯[6]，獨證(作證)[7]

映翳#貪欲※一法故，不復堪任@知[1] 色⑤ 無常……乃至不堪任滅色⑤ 作證[7] 。

↕

不成就#貪欲※一法故，堪任知@色⑤ 無常……乃至堪任滅色⑤ 作證@。

#（不成就[1]，知[2]，不親[3]，明[4]，識[5]，察[6]，量[7]，不覆[8]，不種[9]，不掩[10]，不翳[11]。）

不翳#貪欲※一法故，堪任知@色⑤ 無常……乃至堪任滅色⑤ 作證@。

成就[1] 苦[67]一法故，不復堪任知[1] 色⑤ 無常……乃至不堪任滅色⑤ 作證[7] 。

映翳[11] 苦[67]一法故，不復堪任知[1] 色⑤ 無常……乃至不堪任滅色⑤ 作證[7] 。

↕

不成就[1] 苦[67]一法故，堪任知[1] 色⑤ 無常……乃至堪任滅色⑤ 作證[7]。

不翳[11] 苦[67]一法故，堪任知[1] 色⑤ 無常……乃至堪任滅色⑤ 作證[7] 。

♣ $11 \times 67 \times 7 = 5159$ 不堪任（知色⑤ ……滅色⑤ 作證）

$11 \times 67 \times 7 = 5159$ 堪任（知色⑤ ……滅色⑤ 作證）

§2-0-0【處法門】「六內、外處(cha ajjhattika-bāhira-āyatanāni)」

♣「六六法(cha chakkhāni《dhammā》)」⇨(雜304；中86；M 108)

①〚現存 漢譯《雜阿含經》之☆「處相應」屬「受用事」〛

卷 數	大正藏 經碼	九分教	相 應	相 應 部
卷 八	0188 ~0229 經	修多羅	處相應	Saḷāyatana-saṁyutta ≒ S 35,1 ~207經
卷 九	0230 ~0255 經			
卷四十三	1164 ~1177 經			
卷 十 一	0273 ~0282 經			
卷 十 三	0304 ~0342 經			

②〚受用(♣pratyupabhoga)〛

♣ 識依 感官受用對象。⇨(俱舍論 大29-13b^{-8}；AK ii. 6)

③〚處〛

(1)【入處】「眼是門，以見色故；耳、鼻、舌、身、意是門，以識法故。」
⇨(雜255大2-64a^{10}f.~^{11})

【漏處】「習賢聖戒，守諸根門，護心正念。眼見色時，不取形相；若於眼根住不律儀，世間貪憂、惡不善法 常漏於心； 而今於眼起正律儀，耳、鼻、舌、身、意起正律儀，亦復如是。」
⇨(雜636大2-176b^{3}f.~^{6})

【修處】「如是六根善調伏、善關閉、善守護、善執持、善修習，於未來世必受樂報。」⇨(雜279大2-76b^{8}f.~^{9})

【證處】「意解六內入處(如實)無我……六內入處如實無我……六外入處如實無我……六識身如實無我……六觸身如實無我……六受身如實無我……六想身如實無我……六思身如實無我……六愛身如實無我。」⇨(雜276大2-74b^{1} ~c^{-2})

§2-1-1【處(āyatana)/ 入處】

① 語源：Ⓟ ā + √yam (1) to extend, (2) to produce, (3) to make visible.

Ⓢ ā + √yat (1) to enter, (2) to rest on, (3) to make effort.

② “sphere of perception, sence-organ & sence object.” ⇨ ∗(PE Dict. 105a)

③ “āyatanato，āyānaṁ tananato，āyatassa ca nayanato，āyatanan ti veditabbam.” ⇨＊(VM 481^{-8}f.)

④《長阿含經》(大1-54a)：六內「入」、　六外「入」

《中阿含經》(大1-562b)：六內「處」、　六外「處」

《雜阿含經》(大2-074b)：六內「入處」、六外「入處」

⑤「眼是門，以見色故；耳、鼻、舌、身、意是 門，以識法故。」
⇨(雜255大2-64a^{10}f.)

「緣眼、色，眼識 生。」⇨(雜213大2-54a^{8})

「聚、<u>生門</u>、種族是 蘊、<u>處</u>、界義。」⇨＊(俱舍論 大29-4c^{13})

「<u>心、心所法生長門義</u>是<u>處義</u>。訓釋詞者 謂能生長心、心所法故名爲處；是能生長彼作用義。」⇨＊(俱舍論 大29-5a^{2}f.)

§2-1-2【有情之 生理作用】

①〖眼等五根 四大所造〗

「彼眼⑤ 者是肉形，是內、是因緣(所生)、是堅、是(♣所攝)受，是名 眼肉形內地界。比丘！若眼肉形，若內、若因緣、(是)津澤、是♣受，是名 眼肉形內水界。比丘！若彼眼肉形，若內、若因緣、(是)明暖、是♣受，是名 眼肉形內火界。 比丘！若彼眼肉形，若內、若因緣、(是)輕飄動搖、是♣受，是名 眼肉形內風界。」⇨(雜273大2-72c^{2}f.)

②〖六內、外入處〗
- 可　見—有對—— 色外入處
- 不可見
  - 有對
    - (1)眼、耳、鼻、舌、身內入處
    - (2)聲、香、味、觸外入處
  - 無對
    - (1)意內入處
    - (2)法外入處

⇨(雜322大2-91c^{5}f.)

cf.(D 33 Diii.217^{-5}f.)⇦‘tividhena rūpa-saṁgaha(三色聚)’：(1)有見有對色聚，(2)無見有對色聚，(3)無見無對色聚。

③〖二(dvaya—對)法〗

「眼、色爲 二(dvaya)，耳、聲，鼻、香，舌、味，身、觸，意、法爲 二。」
⇨(雜213大2-54a^{3}f. ＝ S 35,92 Siv.67^{13}f.)

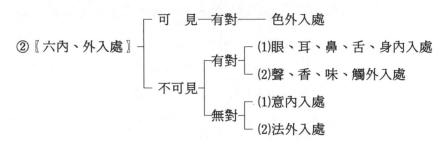

④「若♣1 內眼處 壞者，♣2 外色便不為♣3 光明所照，則無♣4 有念，♣5 眼識不得生。諸賢！若內眼處不壞者，外色便為光明所照，則便有念，眼識得生。」⇨(中30大1-467a3f.≒ M 28 M i.190-13f.)⇦ “Yato ca kho āvuso ♣1 ajjhattikañ c' eva cakkhuṁ aparibhinnaṁ hoti ♣2 bāhirā ca rūpā ♣3 āpāthaṁ āgacchanti tajjo ca ♣4 samannāhāro hoti. Evaṁ tajjassa ♣5 viññāṇabhāgassa pātubhāvo hoti.”

⑤〖六根各有其作用〗

(1)「爾時，世尊告諸比丘：『有手故知有取捨，有足故知有往來，有關節故知有屈伸，有腹故知有飢渴。 如是，比丘！有眼故，眼觸因緣生受 —內覺若苦、若樂、不苦不樂— 耳、鼻、舌、身、意亦復如是。 諸比丘！若無手則不知取捨，若無足則不知往來，若無關節則不知有屈伸，若無腹則不知有飢渴。 如是，諸比丘！若無眼，則無眼觸因緣生受 —內覺若苦、若樂、不苦不樂— 耳、鼻、舌、身、意亦復如是。』」

⇨(雜1166大2-311b-3f.)

(2)「爾時，世尊告諸比丘：『譬如士夫遊空宅中，得六種眾生。一者得狗，即執其狗，繫著一處。 次得其鳥，次得毒蛇，次得野干(sigāla 豺狼)，次得失收摩羅(suṁsumāra 鱷)，次得獼猴；得斯眾生，悉縛一處。其狗者，樂欲入村；其鳥者，常欲飛空；其蛇者，常欲入穴；其野干者，樂向塚間；失收摩羅者，長欲入海；獼猴者，欲入山林。此六眾生悉繫一處，所樂不同，各各嗜欲到所安處，各各不相樂於他處；而繫縛故，各用其力，向所樂方，而不能脫。

如是，六根種種境界，各各自求所樂境界，不樂餘境界。眼根常求可愛之色，不可意色則生其厭；耳根常求可意之聲，不可意聲則生其厭；鼻根常求可意之香，不可意香則生其厭……意根常求可意之法，不可意法則生其厭。』」⇨(雜1171大2-313a15f.)

(3)「尊者大拘絺羅(Mahā-koṭṭhita) 答曰：『五根異行，異境界，各各自受境界。眼根，耳、鼻、舌、身根，此五根異行、異境界，各各受自境界；意為彼盡受境界，意為彼依。』尊者舍黎子聞已，歎曰：『善哉！善哉！賢者拘絺羅！』」⇨(中211大1-791b14f.)

(4)「世尊告阿那律(Anuruddha)曰：『汝可寢寐。 所以然者，一切諸法由食而存，非食不存。 眼者以眠(♣閉目)為食，耳者以聲為食，鼻者以香為食，舌者以味爲食，身者以細滑(觸)爲食，意者以法爲食。我今亦說涅槃有食。』　阿那律白佛言：『涅槃者以何等爲食？』　佛告阿那律：『涅槃者以無放逸爲食，乘無放逸，得至於無爲。』」⇨(增38-5大2-$719a^{14}$f.)

⑥〖十四種作用〗

【六內入處、六外入處、六識身、六觸身、六受身、六想身、六思身、六愛身、六顧念、六覆、六喜行、六憂行、六捨行、六常行】

⇨(雜323~ 332大2-$91c^{-6}$f.)；(雜336~ 342大2-$92c^{-2}$f.)

〖五陰 ∾ 六內外處〗♣表解

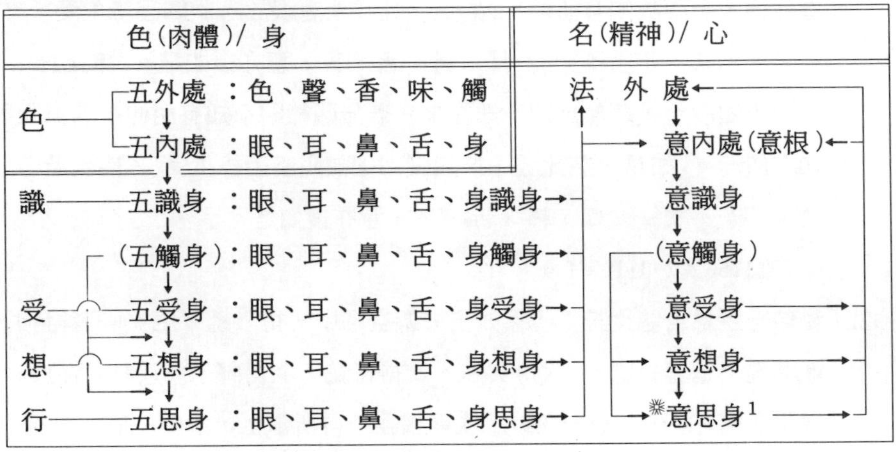

♣

心：citta②[＜pp.of √cit] to perceive, to know, to observe.

∾[＜√ci] to collect, to gether.

意：mano,mana(s)[＜maññati＜√man] to think, to believe, to imagine, to suppose.

識：viññāṇa[＜vi-√jñā] to cognize

⑦「非眼⑥ 繫色⑥ ，非色⑥ 繫眼⑥ ；於其中間者，彼欲貪③ ，是其繫也。」

⇨(雜250大2-$60b^{10}$f.；S35,191 Siv.163^{3}f)

§ 2-2-1【六六處 是世間、一切】

①〖世間〗

(1)【六六處是 世間】

「時，有比丘名三彌離提(Samiddhi)……白佛言：『世尊！所謂世間者，云

※1 意思身⊃六愛身、六顧念、六覆、六喜行、六憂行、六捨行、六常行。

何名世間？』 佛告三彌離提：『謂眼、色、眼識、眼觸、眼觸因緣生受—內覺若苦、若樂、不苦不樂— 耳、鼻、舌、身、意、法、意識、意觸、意觸因緣生受— 內覺若苦、若樂、不苦不樂，是名世間。 所以者何？六入處集則觸集…… 如是乃至純大苦聚集。三彌離提！若無彼眼、無色、無眼識、無眼觸、無眼觸因緣生受 —內覺若苦、若樂、不苦不樂— 無耳、鼻、舌、身、意、法、意識、意觸、意觸因緣生受 —內覺若苦、若樂、若不苦不樂— 者，則無世間，亦不施設世間。 所以者何？ 六入處滅則觸滅……如是乃至純大苦聚滅故。』」⇨(雜230大2-56a^{-5}f.)

(2) "♣[1] Cakkhuñ⑥ ca paṭicca ♣[2] rūpe⑥ ca uppajjati ♣[3] cakkhuviññāṇaṁ⑥ , tiṇṇam saṅgati phasso(三結合《曰》觸), phassapaccayā vedanā, ve=danāpaccayā taṇhā,……jātipaccayā jarāmaraṇaṁ sokaparidevadukkh=adomanassupāyāsā sambhavanti, ayaṁ lokassa samudayo② ."
⇨(S 35,107 Siv.87[13]f.)

(3)【危脆敗壞是名 世間】

「時，有比丘名三彌離提……白佛言：『世尊！所謂世間者，云何名世間？』 佛告三彌離提：『危脆敗壞，是名世間。 云何危脆敗壞？ 三彌離提！眼是危脆敗壞法， 若色、眼識、眼觸、眼觸因緣生受 —內覺若苦、若樂、不苦不樂— 彼一切亦是危脆敗壞；耳、鼻、舌、身、意亦復如是。是說危脆敗壞法，名爲世間。」⇨(雜231大2-56b[12]f.)

"Lujjatî ti kho bhikkhu tasmā loko ti vuccati."
⇨(S 35,82 Siv.52[8]f.)

∽ "Yaṁ kho Ānanda palokadhammam ayaṁ vuccati ariyassa vinaye loko ti." ⇨(S 35,84 Siv.53^{-2}f.)

(4)【世間空】

「時，有比丘名三彌離提……白佛言：『世尊！所謂世間空，云何名世間空？』 佛告三彌離提：『眼空，常、恆、不變易法空，我(♣、我)所空。所以者何？此性自爾。 若色、眼識、眼觸、眼觸因緣生受 —若苦、若樂、不苦不樂— 彼亦空，常、恆、不變易法空，我所空。所以者何？ 此性自爾；耳、鼻、舌、身、意亦復如是；是名 空世間。」
⇨(雜232大2-56b^{-8}f.)

"Cakkhuṁ kho Ānanda suññaṁ attena vā attaniyena vā……；Yasmā ca kho Ānanda suññaṁ attena vā attaniyena vā, tasmā 'Suñño loko' ti vuccatî ti." ⇨(S 35,85 Siv.54[8]f.)

(5)【世間數】

「爾時，阿難告諸比丘：『諦聽！善思！今當爲說。若世間、世間名、世間覺、世間言辭、世間語說，此等皆入世間數。諸尊！謂眼是世間、世間名、世間覺、世間言辭、世間語說，是等悉入世間數；耳、鼻、舌、身、意亦復如是。』」⇨（雜234大2-56c^{-3}f.＝S 35,116 Siv.95^{-9}f.)⇦ "Yena kho āvuso lokasmiṁ lokasaññī hoti lokamānī ayam vuccati ariyassa vinaye loko. Kena câvuso lokasmiṁ lokasaññī hoti lokamānī? Cak=khunā kho āvuso lokasmiṁ lokasaññī hoti lokamānī……"

②〖一切〗

(1)【一切】

「佛告婆羅門：『一切者，謂十二入處 —眼色、耳聲、鼻香、舌味、身觸、意法— 是名一切。若復說言：「此非 一切，沙門瞿曇所說一切，我今捨，別立 餘一切。」者，彼但有言說，問已不知，增其疑惑。 所以者何？非其境界故。』」⇨（雜319大2-91a[3]f.＝ S 35,23 Siv.15[13]f.)⇦ " Kiñca bhikkhave sabbaṁ? Cakkhuṁ c'eva rūpa ca;....Mano ca dhammā ca; Idam vuccati bhikkhave sabbaṁ. Yo bhikkhave evam vadeyya：'Aham etaṁ sabbam paccakkhāya aññaṁ sabbam paññāpessāmî ti.' ta=ssa vācā-vatthukam ev'assa, puṭṭho ca na sampāpeyya, uttariñ-ca vighātaṁ āpajjeyya. Tam kissa hetu, yathā tam bhikkhave avisay=asmin(處於非對境) ti."

「爾時，世尊告諸比丘：『一切無常。 云何一切無常？ 謂 眼無常，若色、眼識、眼觸，若眼觸因緣生受 —苦覺、樂覺、不苦不樂覺— 彼亦無常；耳、鼻、舌、身、意亦復如是。』」⇨(雜195大2-50a[12]f.)*cf.*(Siv.28^{-6})

「如說 一切無常；如是，(說）一切苦、一切空、一切非我、一切虛業法、一切破壞法、一切生法、一切老法、一切病法、一切死法、一切愁憂法、一切煩惱法、一切集法、一切滅法、一切知法、一切識法、一切斷法、一切覺法、一切作證、一切魔、一切魔勢、一切魔器、一切然、一切熾然。」⇨(雜196大2-50b[7]f.) *cf.*(S 35,24~32 Siv.15^{-6}~26[17])

(2)【一切有】

「時，有生聞婆羅門……白佛言：『瞿曇！所謂一切有，云何一切有？』佛告生聞婆羅門：『我今問汝，隨意答我。婆羅門！於意云何，眼是有不？』答言：『是有，沙門瞿曇！』『色是有不？』答言：『是有，沙門瞿曇！』『婆羅門！有色、有眼識、有眼觸、有眼觸因緣生受—若苦、若樂、不苦不樂—不？』答言：『有，沙門瞿曇！』耳、鼻、舌、身、意亦如是說。如是廣說……乃至非其境界故。」⇨(雜320大2-91b[5]f.)

♣【有 ∽ 無】

「佛告𨅖陀迦旃延(S 作：Kaccāyanagotta)：『世間 有二種依—若有(atthitañ ca)、若無(na'tthitañ ca)—爲取所觸；取所觸故，或依有、或依無。若無此取者，心境繫著使不取、不住、不計我；苦生而生，苦滅而滅，於彼不疑、不惑，不由於他而自知；是名正見，是名如來所施設正見。所以者何？世間集 如實正知見，若世間無者 不有；世間滅 如實正知見，若世間有者 無有；是名 離於二邊說於中道。所謂 此有故彼有，此起故彼起，………』」⇨(雜301大2-85c[-10]f.＝S 12,15 S ii.17[8]f.)

(3)【一切法】

「時，有生聞婆羅門……白佛言：『沙門瞿曇！所謂一切法，云何爲一切法？』佛告婆羅門：『眼及色、眼識、眼觸、眼觸因緣生受—若苦、若樂、不苦不樂—是名爲 一切法。若復有言：『此非一切法，沙門瞿曇所說 一切法，我今捨，更立 一切法』者，此 但有言數，問已 不知，增其癡惑。所以者何？非其境界故。」⇨（雜321大2-91b[-14]f.)

∽【世俗、有漏法；出世間、無漏法】

「云何有漏法？謂 眼、色、眼識、眼觸、眼觸因緣生受—內覺若苦、若樂、不苦不樂；耳、鼻、舌、身、意、法、意識、意觸、意觸因緣生受－內覺若苦、若樂、不苦不樂；世俗者，是名有漏法。云何無漏法？謂出世間(眼、色、眼識、眼觸、眼觸因緣生受……乃至)意、若法、若意識、意觸、意觸因緣生受—內覺若苦、若樂、不苦不樂—出世間者，是名無漏法。」⇨(雜229大2-56a[10]f.)

(4)【世間】

「時，有比丘名三彌離提……白佛言：『世尊！所謂 世間者，云何名 世間？』佛告三彌離提：『謂 眼、色、眼識、眼觸、眼觸因緣生受—內覺若苦、若樂、不苦不樂— 耳、鼻、舌、身、意、法、意識、意觸、意觸因緣生受 —內覺若苦、若樂、不苦不樂— 是名 世間。所以者何? 六入處集則觸集……如是乃至純大苦聚集。三彌離提!若無彼眼、無色、無眼識、無眼觸、無眼觸因緣生受 —內覺若苦、若樂、不苦不樂— 無耳、鼻、舌、身、意、法、意識、意觸、意觸因緣 生受 —內覺若苦、若樂、若不苦不樂— 者,則無世間,亦不施設 世間。 所以者何? 六入處滅則觸滅,……如是乃至純大苦聚滅故。」⇨(雜230大2-56a^{-5}f.= S 35,68 S iv.39^{-5}f.) *cf.*(雜231大2-56b^{12} ~$^{-11}$)

(5)【眾生】

「時,有比丘名三彌離提…… 白佛言:『世尊!所謂 眾生者,云何名眾生?』 佛告三彌離提:『謂 眼、色、眼識、眼觸、眼觸因緣生受 —內覺若苦、若樂、不苦不樂— 耳、鼻、舌、身、意、法、意識、意觸、意觸因緣生受 —內覺若苦、若樂、不苦不樂— 是名 眾生。所以者何? 六入處集則觸集……如是乃至純大苦聚集。 三彌離提!若無彼眼、無色、無眼識、無眼觸、無眼觸因緣生受 —內覺若苦、若樂、不苦不樂— 無耳、鼻、舌、身、意、法、意識、意觸、意觸因緣 生受 —內覺若苦、若樂、若不苦不樂— 者,則無眾生,亦不施設 眾生。 所以者何? 六入處滅則觸滅,……如是乃至純大苦聚滅故。」⇨(雜230大2-56b^{10}f.= S.35,66 Siv.39^{-12}f.) *cf.*(雜122大2-40a^{6}f.~^{8}f.)

(6)【魔】

「時,有比丘名三彌離提……白佛言:『世尊!所謂 魔者,云何名魔?』 佛告三彌離提:『謂 眼、色、眼識、眼觸、眼觸因緣生受 —內覺若苦、若樂、不苦不樂— 耳、鼻、舌、身、意、法、意識、意觸、意觸因緣生受 —內覺若苦、若樂、不苦不樂— 是名 魔。所以者何? 六入處集則觸集……如是乃至純大苦聚集。三彌離提!若無彼眼、無色、無眼識、無眼觸、無眼觸因緣生受 —內覺若苦、若樂、不苦不樂— 無耳、鼻、舌、身、意、法、意識、意觸、意觸因緣生受 — 內覺若苦、若樂、若不苦不樂— 者,則無魔,亦不施設 魔。 所以者何? 六入處滅則觸滅,……如是乃至純大苦聚滅故。」⇨(雜230大2-56b^{10}f.= S 35,65 Siv.38^{-6}f.)

cf. 〖魔縛〗⇨(雜243大2-58c^{1}f.);〖魔鈎〗⇨(雜244大2-58c^{15}f.);〖魔繫〗⇨(雜245大2-58c^{-5}f.);〖魔所乘處〗⇨(雜246大2-59a^{12}f.);

〖隨魔自在〗⇨(雜247大2-59b[10]f.)；〖魔所不到處〗⇨(雜246大2-59a

⑺【六觸入處地獄 ∾ 六觸入處天】

「爾時，世尊告諸比丘：『莫樂莫苦！所以者何？有六觸入處地獄，眾生生彼地獄中者，眼所見不可愛色，不見可愛色；見不可念色，不見可念色；見不善色，不見善色。以是因緣故，一向受憂苦。耳聲、鼻香、舌味、身觸、意識法……有六觸入處天，有眾生生彼處者，眼見可愛，不見不可愛；見可念色，非不可念色；見善色，非不善色；以是因緣故，一向長受喜樂。耳聲、鼻香、舌味、身觸、意所識法……』」⇨(雜210大2-53a[-12]f.)

§2-3-1 【修根】

①〖在日常生活中 實行修根〗♣

「爾時，尊者舍利弗 晨朝著衣持鉢，入舍衛城乞食，乞食已， 還精舍，舉衣鉢，洗足已，持尼師檀，入林中晝日坐禪。時，舍利弗從禪覺，詣世尊所，稽首禮足，退坐一面。 爾時，佛告舍利弗：『汝從何來？』 舍利弗答言：『世尊！從林中晝日坐禪來。』 佛告舍利弗：『今 入何等禪住？』 舍利弗白佛言：『世尊！我今 於林中入空三昧禪住。』

佛告舍利弗：『善哉！善哉！舍利弗！汝今入上座禪住而坐禪；若諸比丘欲入上座禪者，當如是學— ⑴若入城時、若行乞食時、若出城時，當作是思惟： 我今眼見色，頗起欲、恩愛、愛念著不？ 舍利弗！比丘作如是觀時，若眼識於色有愛念染著者，彼比丘爲斷惡不善故，當勤欲方便，堪能繫念修學。 譬如 有人火燒頭衣，爲盡滅故，當起增上方便，勤教令滅；彼比丘亦復如是，當起增上勤欲方便，繫念修學。

⑵若比丘觀察時，若於道路，若聚落中行乞食、若出聚落，於其中間，眼識於色，無有愛念染著者，彼比丘願以此喜樂善根，日夜精勤，繫念修習— 是名比丘於行、住、坐、臥淨除乞食。 是故此經名 清淨乞食住。』」

⇨ (雜236大2-57b[4]f.) *cf.*(M 151)(增45-6)

②〖六觸入處律儀是 修行之初步〗

「佛告(縈髮)目犍連：『有六觸入處律儀，修習多修習，令三妙行滿足。』

縈髮目犍連白佛言：『云何六觸入處律儀修習多修習，令三妙行滿足？』

佛告目犍連：『若眼見適意、可愛念、能長養欲樂、令人緣著之色，彼比丘見已，不喜、不讚歎、不緣、不著、不住；若眼見不適意、不可愛念、順於苦覺之色，諸比丘見已，不畏、不惡、不嫌、不恚。於彼好色，起眼見已，永不緣著；不好色，起眼見已，永不緣著；內心安住不動，善修解脫，心不懈勸。耳、鼻、舌、身、意、識、法亦復如是。如是於六觸入修習多修習，滿足三妙行。……修習三妙行已，得四念處清淨滿足。……修習四念處得七覺分滿足。……修習七覺分已，明、解脫、清淨滿足。』」

⇨(雜281大2-77b^{-2}f.)

③〚於此六觸入處 如實知、見、明、覺、悟、慧、無間等。〛

⇨(雜251大2-60c^{10}f.) *cf.*(雜45大2-11b^{15}f.)

④〚修根的要求〛

(1)【見以見爲量】

「佛告摩羅迦舅：『見以見爲量，聞以聞爲量，覺以覺爲量，識以識爲量。』而說偈言：『若汝非於彼，　彼亦復非此，　亦非兩中間，　是則爲苦邊。』　摩羅迦舅白佛言：『已知，世尊！已知，善逝！』　佛告摩羅迦舅：『汝云何於我略說法中，廣解其義？』　爾時，摩羅迦舅說偈白佛言：

『若眼已見色，　而失於正念；　則於所見色，　而取愛念相。
取愛樂相者，　心則常繫著；　起於種種愛，　無量色集生。
貪欲、恚、害覺，令其心退減；　長養於眾苦，　永離於涅槃。
見色不取相，　其心隨正念；　不染惡、心愛，　亦不生繫著，
不起於諸愛；　無量色集生，　貪欲、恚、害覺，不能壞其心。
小長養眾苦，　漸次近涅槃；　日種尊所說，　離愛般涅槃。
若耳聞諸聲，　心失於正念，　而取諸聲相，　執持而不捨；
鼻香、舌嘗味，　身觸、意念法，　忘失於正念，　取相亦復然。
其心生愛樂，　繫著堅固住，　起種種諸愛，　無量法集生。
貪欲、恚、害覺，退減壞其心；　長養眾苦聚，　永離於涅槃。
不染於諸法，　正智正念住；　其心不染污，　亦復不樂著。
不起於諸愛，　無量法集生；　貪、瞋恚、害覺，不退減其心。
眾苦隨損減，　漸近般涅槃；　愛盡般涅槃，　世尊之所說。

是名 世尊略說法中廣解其義。』」⇨(雜312大2-90a^{11}f.)

"Ettha ca te Mālukyaputta diṭṭha-suta-muta-viññātabbesu dhammesu diṭṭhe diṭṭhamattaṁ bhavissati, sute sutamattam bhavissati, mute mutamattam bhavissati, viññāte viññāta-muttam bhavissati.”

⇨(S 35,95 Siv.73[4]f.)

(2)【一 一住】

「佛告鹿紐(Migajāla)：『若眼識色可愛、(可)樂、(可)念、可意，長養於欲；彼比丘見已，喜樂、讚歎、繫著住；愛樂、讚歎、繫著住已，心轉歡喜；歡喜已，深樂；深樂已，貪愛；貪愛已，阨礙。 歡喜、深樂、貪愛、阨礙者，是名※第二住[1]。 耳、鼻、舌、身、意亦如是說。 鹿紐！有如是像類比丘，正使空閑獨處，猶名第二住。 所以者何？ 愛、喜不斷、不滅故。愛欲不斷、不知者，諸佛如來說 第二住。

若有比丘，於可愛、(可)樂、(可)念，可意，長養於欲色；彼比丘見已不喜樂、不讚歎、不繫著住，不喜樂、不讚歎、不繫著住已，不歡喜；不歡喜故，不深樂；不深樂故，不貪愛；不貪愛故，不阨礙。不歡喜、深樂、貪愛、阨礙者，是名爲※一一住[2]。 耳、鼻、舌、身、意亦如是說。』」⇨(雜309大2-88c^{-7}f.= S 35,63 Siv.35^{-2}f.)

(3)【現法、滅熾然、不待時、正向、卽此見、緣自覺】

「爾時，尊者富留那(Puṇṇa)比丘…… 白佛言：『世尊說現法、說滅熾然、說不待時、說正向、說卽此見、說緣自覺。世尊！云何爲現法……乃至緣自覺？』

佛告富留那：『善哉！富留那！能作此問。富留那！諦聽！善思！當爲汝說。 富留那！比丘眼見色已，覺知色、覺知色貪 —我此內有眼識色貪，我此內有眼識色貪如實知。— 富留那！若眼見色已，覺知色、覺知色貪 —我此內有眼識色貪 如實知— 者，是名現見法。

云何滅熾然？云何不待時？云何正向？云何卽此見？云何緣自覺？富留那！比丘眼見色已，覺知色，不起色貪覺 —我有內眼識色貪— 不起色貪覺 如實知。若 富留那！比丘眼見色已，覺知色，不起色貪覺；如實知色，不起色貪覺 如實知。是名 滅熾然、不待時、正向、卽此見、緣自覺。 耳、鼻、舌、身、意亦復如是。』」⇨(雜215大2-54b,3f.)

cf. 〈p.2-53 二. § 3-0-6〉〈p.2-72 二. § 8-0-8〉

※1 sadutiyavihārin(有伴住者) ※2 ekavihārin(單獨住者)

(4)【滅六入處】

「爾時，世尊告諸比丘：『我昔未成正覺時，獨一靜處，禪思思惟：自心多向何處觀察？　自心多逐過去五欲功德，少逐現在五欲功德，逐未來世轉復微少。我觀多逐過去五欲心已，極生方便，精勤自護，不復令隨過去五欲功德。我以是精勤自護故，漸漸近阿耨多羅三藐三菩提。汝等諸比丘亦復多逐過去五欲功德，現在、未來亦復微少。汝今亦當以心多逐過去五欲德故，增加自護，亦當不久得盡諸漏，無漏心解脫，現法自知作證：我生已盡，梵行已立，所作已作，自知不受後有。 所以者何？ 眼見色因緣生內受 —若苦、若樂、不苦不樂— 耳、鼻、舌、身、意法因緣生內受 —若苦、若樂、不苦不樂。—

是故，比丘！於彼入處當覺知，若眼滅，色想則離；耳、鼻、舌、身、意滅，法想則離。佛說當覺六入處！』言已，入室坐禪……爾時，眾多比丘往詣尊者阿難所……白尊者阿難言：『尊者！當知世尊為我等略說法要……』如上所說，具問阿難：『當為我等廣說其義。』

尊者阿難語諸比丘：『諦聽！善思！於世尊略說法中，當為汝等廣說其義。世尊略說者，即是滅六入處，有餘當說故言：眼處滅，色想即離；耳、鼻、舌、身、意入處滅，法想則離。世尊略說此法已，入室坐禪，我今已為汝等分別說義。』　尊者阿難說此義已，諸比丘聞其所說，歡喜奉行！』」⇨(雜211大2-53a^{-3}f.；S 35,117 Siv.97^{-13}f.)

(5)【關閉根門 ∾ 外道修根】

「彼難陀比丘關閉根門故，若眼見色，不取色相，不取隨形好。若諸眼根增不律儀，無明闇障、世間貪愛、惡不善法不漏其心，生諸律儀 防護於眼。耳、鼻、舌、身、意根，生諸律儀，是名難陀比丘關閉根門。

……難陀 勝念正知者，是善男子難陀觀察東方，一心正念，安住觀察；觀察南、西、北方，亦復如是，一心正念，安住觀察。 如是觀者，世間貪愛、惡不善法不漏其心。彼善男子難陀覺諸受起，覺諸受住，覺諸受滅，正念而住，不令散亂；覺諸想起、覺諸想住、覺諸想滅，覺諸覺起、覺諸覺住、覺諸覺滅，正念心住，不令散亂，是名善男子難陀正念正智成就。是故，諸比丘！當作是學。」⇨(雜275大2-73a^{-1}f.)

cf. 〈p.3-03 三.§1-0-1③之 (2)〉(雜279大2-76b^{4}f.)

「時，有年少名鬱多羅(Uttara)，是波羅奢那(Pārāsariya)弟子，來詣佛所，恭敬問訊已，退坐一面。爾時，世尊告鬱多羅：『汝師波羅奢那為汝等說修諸根不？』 鬱多羅言：『說已，瞿曇！』 佛告鬱多羅：『汝師波羅奢那云何說修諸根？』 鬱多羅白佛言：『我師波羅奢那說：「眼不見色，耳不聽聲，是名修根。」』

佛告鬱多羅：『若如汝(師)波羅奢那說，盲者是修根不？ 所以者何？如唯盲者眼不見色。』 爾時，尊者阿難在世尊後，執扇扇佛。 尊者阿難語鬱多羅言：『如波羅奢那所說，聾者是修根不？ 所以者何？ 如唯聾者耳不聞聲。』 爾時，世尊告尊者阿難：『(此)異於賢聖法、律 無上修諸根。』」⇨(雜282大2-78a^{-7}f.) ⇨〈p.5-41 五.§2-3-1④之 (6)〉

(6)【賢聖法、律、無上修根】

♣「阿難白佛言：『唯願世尊為諸比 丘說 賢聖法、律無上修諸根，諸比丘聞已，當受奉行。』 佛告阿難：『諦聽！善思！當為汝說。♣[1] 緣眼、色，生眼識，見可意色，欲修如來厭離正念正智。 ♣[2] 眼、色緣生眼識，不可意，故(♣宜作：欲)修如來不厭離正念正智。♣[3] 眼、色緣生眼識，(先)可意，(後)不可意；欲(先)修如來厭離，(後)不厭離正念正智。 ♣[4] 眼、色緣生眼識，(先)不可意，(後)可意；欲(先)修如來不厭離，(後)厭離正念正智。 ♣[5] 眼、色緣生眼識，(先)可意，(中)不可意，(後)可不可意； 欲(先)修如來厭，(中)不厭，(後)俱離捨心 住正念正智。

如是，阿難！若有於此五句，心善調伏、善關閉、善守護、善攝持、善修習，是則於眼、色無上修根；耳、鼻、舌、身、意法亦如是說。阿難！是名 賢聖法、律無上修根。』」⇨(雜282大2-78b^{6}f.)

(7)【學地者 於修根不放逸行】

「若諸比丘在學地者，未得心意增上安隱，向涅槃住，如是像類比丘，我為其說不放逸行。」⇨(雜212大2-53c^{-13}f.)

(8)【成就長者諸根】

「譬如嬰童愚小仰臥，爾時成就童子諸根；彼於後時 漸漸增長，諸根成就，當於爾時成就長者諸根。 在學地者亦復如是，未得增上安樂，乃至成就無學戒、無學諸根。若眼常識色，終不能妨心解脫、慧解脫；意堅住故，內修無量善解脫，觀察生滅……乃至無常。耳識聲、鼻識香、舌識味、身識觸、意識法不能妨心解脫、慧解脫；意堅住故，內修無量善解脫，觀察生滅。 譬如村邑近 大石山，不斷、不壞、不穿，一向厚密，假使四方風吹，不能動搖、不能穿過。彼無學者亦復如是，眼常識色……乃至意常識法，不能妨心解脫、慧解脫；意堅住故，內修無量善解脫，觀察生滅。」⇨(雜254大2-63a[14]f.)

⑤〖護根之 譬喻〗

(1)「爾時，世尊告諸比丘：『過去世時有河中草，有龜於中住止。時，有野干飢行覓食，遙見龜蟲，疾來捉取。龜蟲見來，卽便藏六；野干守伺，冀出頭足，欲取食之。久守，龜蟲永不出頭，亦不出足；野干飢乏，瞋恚而去。諸比丘！汝等今日亦復如是，知魔波旬常伺汝便，冀汝眼著於色、耳聞聲、鼻嗅香、舌嘗味、身覺觸、意念法；欲令出生染著六境。是故，比丘！汝等今日常當執持眼律儀住，執持眼根律儀住。惡魔波旬不得其便，隨出隨緣。耳、鼻、舌、身、意亦復如是。』」⇨(雜1167大2-311c[10]f.)

(2)「爾時，世尊告諸比丘：『譬如麴麥著四衢道頭，有六壯夫執杖共打，須臾塵碎，有第七人把執杖重打。諸比丘！於意云何？ 如麴麥聚，六人共打，七人重打，當極碎不？』 諸比丘白佛言：『如是，世尊！』

佛告諸比丘：『如是，愚癡士夫六觸入處之所搥打。何等爲六？ 謂眼觸入處，常所搥打，耳、鼻、舌、身、意觸入處，常所搥打。彼愚癡士夫爲六觸入處之所搥打，猶復念求當來世有，如第七人重打令碎。

比丘！若言：「是我。」是則動搖； 言：「是我所。」是則動搖。(言)：「未來當有。」是則動搖；(言)：「未來當無。」是則動搖。(言)：「當復有色。」是則動搖；(言)：「當復無色。」是則動搖。(言)：「當復有想。」是則動搖；(言)：「當復無想。」是則動搖；(言)：「當復非有想非無想。」是則動搖。 動搖故病，動搖故癰，動搖故刺，動搖故著。正觀察 動搖故苦者，得不動搖心，多修習住，繫念正知。

如動搖，如是 思量、虛誑、有行、因愛，(亦如是說。)

言：「我。」是則爲愛；言：「我所。」是則爲愛。言：「當來有。」是則爲愛；言：「當來無。」是則爲愛。(言)：「當有色。」是則爲愛；(言)：「當無色。」是則爲愛。(言)：「當有想。」是則爲愛；(言)：「當無想。」是則爲愛；(言)：「當非想非非想。」是則爲愛。愛故爲病，愛故爲癰，愛故爲刺。若善思觀察 愛生苦者，當多住 離愛心，正念正智。

諸比丘！過去世時，阿修羅興軍與帝釋鬪。時，天帝釋告三十三天：「今日諸天、阿修羅共戰，若諸天勝，阿修羅不如者，當生執阿修羅，縛以五繫，送還天宮。」阿修羅語其眾言：「今阿修羅軍與諸天戰，若阿修羅勝，諸天不如者，當生執帝釋，縛以五繫，還歸阿修羅宮。」當其戰諍，諸天得勝，阿修羅不如。時，三十三天生執毗摩質多羅阿修羅王，縛以五繫，還歸天宮。 爾時，毗摩質多羅阿修羅王身被五繫，置於正法殿上，以種種天五欲樂而娛樂之。毗摩質多羅阿修羅王作是念：「唯阿修羅賢善聰慧，諸天雖善，我今且當還歸阿修羅宮。」作是念時，即自見身被五繫縛，諸天五欲自然化沒。毗摩質多羅阿修羅王復作是念：「諸天賢善，智慧明徹，諸阿修羅雖善，我今且當住此天宮。」作是念時，即自見身五縛得解，諸天五欲自然還出。毗摩質多羅阿修羅王乃至有如是微細之縛，魔波旬縛轉細。於是心動搖時，魔即隨縛；心不動搖，魔即隨解。是故，諸比丘！多住不動搖心，正念正智，應當學！』」

⇨(雜1168大2-311c^{-2}f.)

(3)「爾時，世尊告諸比丘：『若有比丘、比丘尼， 眼識色因緣生 若欲、若貪、若恚、若念、若決定著處，於彼諸心善自防護。 所以者何？ 此等皆是恐畏之道，有礙、有難，此惡人所依，非善人所依，是故應自防護。耳、鼻、舌、身、意亦復如是。

譬如田夫有好田苗，其守田者懶惰放逸，蘭牛噉食；愚癡凡夫亦復如是，六觸入處……乃至放逸亦復如是。若好田苗，其守田者心不放逸，蘭牛不食，設復入田，盡驅令出；所謂若心、若意、若識，多聞聖弟子於五欲功德善自攝護，盡心令滅。若好田苗，其守護田者不自放逸，蘭牛入境，左手牽鼻，右手執杖，遍身搥打，驅出其田。諸比丘！於意云何？ 彼牛遭苦痛已，從村至宅，從宅至村，復當如前過食田苗不？』 答言：『不也，世尊！』所以者何？ 憶先入田遭捶杖苦故。 如是，比丘！若心、若意、若識，多聞聖弟子於六觸入處極生厭離、恐怖，內心安住，制令一意。』」⇨(雜1169大2-312b[13]f.)

(4)「爾時，世尊告諸比丘：『如癩病人，四體瘡壞，入茅荻中，為諸刺葉、針刺所傷，倍增苦痛；如是愚癡凡夫六觸入處受諸苦痛亦復如是。如彼癩人，為草葉、針刺所傷，膿血流出；如是愚癡凡夫，其性弊暴，六觸入處所觸則起瞋恚，惡聲流出，如彼癩人。所以者何？ 愚癡無聞凡夫心如癩瘡。

』」⇨（雜1170大2-312c^{-5}f.）

(5)「爾時，世尊告諸比丘：『愚癡無聞凡夫，比丘！寧以火燒熱銅籌，以燒其目，令其熾燃，不以眼識取於色相，取隨形好。 所以者何？ 取於色相，取隨形好故，墮惡趣中，如沈鐵丸。

愚癡無聞凡夫寧燒鐵錐，以鑽其耳，不以耳識取其聲相，取隨聲好。所以者何？ 耳識取聲相，取隨聲好者，身壞命終，墮惡趣中，如沈鐵丸。

愚癡無聞凡夫寧以利刀斷截其鼻，不以鼻識取於香相，取隨香好。所以者何？ 以取香相，取隨香好故，身壞命終，墮惡趣中，如沈鐵丸。

愚癡無聞凡夫寧以利刀斷截其舌，不以舌識取於味相，取隨味好。所以者何？ 以取味相，隨味好故，身壞命終，墮惡趣中，如沈鐵丸。

愚癡無聞凡夫寧以剛鐵利槍以刺其身，不以身識取於觸相及隨觸好。所以者何？ 以取觸相及隨觸好故，身壞命終，墮惡趣中，如沈鐵丸。

諸比丘！睡眠者是愚癡活、是癡命，無利、無福。然諸比丘寧當睡眠，不於彼色而起覺想；若起覺想者，必生纏縛諍訟，能令多眾起於非義，不能饒益安樂天人。 彼多聞聖弟子作如是學：我今寧以熾然鐵槍以貫其目，不以眼識取於色相，墮三惡趣，長夜受苦。我從今日當正思惟：觀眼無常、有為、心緣生法； 若色、眼識、眼觸、眼觸因緣生受 —內覺若苦、若樂、不苦不樂— 彼亦無常、有為、心緣生法。耳、鼻、舌、身入處當如是學：寧以鐵槍貫其身體，不以身識取於觸相及隨觸好故，墮三惡道。我從今日當正思惟：觀身無常、有為、心緣生法，若觸、身識、身觸、身觸因緣生受 —內覺若苦、若樂、不苦不樂— 彼亦無常、有為、心緣生法。 多聞聖弟子作如是學：睡眠者是愚癡活、癡命，無果、無利、無福，我當不眠，亦不起覺想；起想者生於纏縛諍訟，令多人非義饒益，不得安樂。 多聞聖弟子如是觀者，於眼生厭，若色、眼識、眼觸、眼觸因緣生受 —內覺若苦、若樂、不苦不樂— 彼亦生厭； 厭故不樂，不樂故解脫，解脫知見：我生已盡，梵行已立，所作已作，自知不受後有。

耳、鼻、舌、身、意亦復如是。』」⇨（雜241大2-58a^{8}f.）

§2-4-1【於六六處 思惟、修、證無常、苦、無我、空】

cf.〈五.§5-0-0~§10-7-1〉⇨〖四聖諦法門〗〖無常法門〗

〖苦法門〗　〖無我法門〗

① 眼[⑥] 無常、苦、空、非我（雜188~190；雜316~318）

② 三世眼[⑥] 無常、苦、空、無我（雜208,333）

③ 六六處無我（雜209,276,226,227）

④ 六識緣生 無我（雜248）

⑤ 六六處空（雜232,273）

⑥（六內入處）緣生故空（雜335）

⑦ 空村者 譬六內入（雜1172）

⑧ 一切善法皆依內六入處 而得建立（雜901）

§ 3-0-0 【界法門】「十八界（aṭṭhārasa dhātuyo）」

①〖現存 漢譯《雜阿含經》之☆「界相應」屬「差別事」〗 種種界

卷　　數	大正藏經碼	九分教	相　應	相　　應　　部
卷 十 六	444 ~454經	修多羅	界相應	Dhātu-saṁyutta ≒ S.14,1~39經
卷 十 七	456 ~465經			

cf.《中181 多界經》⇨(大1-723a[8]~724[-3])

§ 3-0-1 【界(dhātu)】

①〖語源〗：〔＜√dhā 〕to seize, to hold.

「持義，能持 自相故，名爲 界。」＊《俱舍論 卷8》⇨(大29-41b[-9])

∾「問：『何等是界義？』 答：『因義、種子義、本性義、種姓義、微細義、任持義是 界義。』 問：『以何義故 涅槃、虛空亦說名界？』 答：『由彼能持苦不生義(名 涅槃界)，持身、眼等運動用義(名 虛空界)。』」＊《瑜伽師地論 卷56》⇨(大30-610[1]f.)

②〖字義〗(1) 差別

＊《俱舍論 卷1》「法種族義是 界義。如 一山中有多銅、鐵、金、銀等族，說名 多界；如是 一身，或一相續有十八類 諸法種族，名十八界。……有說 界聲表種類義；謂 十八法種類，自性各別不同，名 十八界。」⇨(大29-5a[4]f.)

the property of （雜461)欲界、色界、無色界。

the state of being (雜1192)十(方)世界諸天。

the state of (增21-1)涅槃界

the condition of(雜456)光界、淨界……

(2) 元素(primary element)

構成物質之元素(S.14,31)：地、水、火、風界。

構成有情之元素(雜465)：地、水、火、風、空、識界。

構成知覺之元素(雜451)：色⑥ 界、眼⑥ 界、眼識⑥ 界。

(3) 原理(principle)(雜299)： 法界

⇨〈P-E Dict. 340af.〉

§3-1-1【無量界相應】

①〖界無量〗∽「眾生(pāṇā 諸生類)界 無量」⇨(雜438 大2-113b^{-6})

「爾時，世尊告諸比丘：『譬如眼藥丸，深廣一由旬。若有士夫取此藥丸，界界安置，能速令盡於彼界，界不得其邊，當知諸界，其數無量。是故，比丘！當善界學，善種種界，當如是學。』」⇨(雜444大2-114c^{-2}f.)

②〖眾生常與界和合〗

「爾時，世尊告諸比丘：『眾生常與界俱，與界和合。云何眾生常與界俱？謂眾生行不善心時與不善界俱，善心時與善界俱，勝心時與勝界俱，鄙心時與鄙界俱。是故，諸比丘！當作是學，善種種界！』」⇨(雜445大2-115a^{6}f.)

「膠漆得其素， 火得風熾然， 珂乳則同色， 眾生與界俱， 相似共和合，增長亦復然。』⇨(雜446大2-115a^{-9}f.)

「時，尊者憍陳如與眾多比丘於近處經行，一切皆是上座多聞大德，出家已久，具修梵行。

尊者大迦葉與眾多比丘於近處經行，一切皆是少欲知足，頭陀苦行，不畜遺餘。

尊者舍利弗與眾多比丘於近處經行，一切皆是大智辯才。

尊者大目犍連與眾多比丘於近處經行，一切皆是神通大力。

尊者阿那律陀與眾多比丘於近處經行，一切皆是天眼明徹。

尊者二十億耳與眾多比丘於近處經行，一切皆是勇猛精進，專勤修行者。

尊者陀驃與眾多比丘於近處經行，一切皆是能為大眾修供具者。

尊者優波離與眾多比丘於近處經行，一切皆是通達律行。

尊者富樓那與眾多比丘於近處經行，皆是辯才善說法者。

尊者迦旃延與眾多比丘於近處經行，一切皆能分別諸經，善說法相。

尊者阿難與眾多比丘於近處經行，一切皆是多聞總持。

尊者羅睺羅與眾多比丘於近處經行，一切皆是善持律行。

提婆達多與眾多比丘於近處經行，一切皆是習眾惡行。 是名 比丘常與界俱，與界和合。是故，諸比丘！當善分別種種諸界。」⇨(雜447大2-115a

③〖眾生心與 界俱〗

「勝心生時，與勝界俱；鄙心生時，與鄙界俱；殺生時，與殺界俱；盜婬、妄語、飲酒心時，與〔盜婬、妄語、〕飲酒界俱；不殺生時，與不殺界俱，不盜、不婬、不妄語、不飲酒，與〔不盜、不婬、不妄語、〕不飲酒界俱。是故，諸比丘！當善分別種種界。」⇨(雜449大2-115c[8]f.)

「不信時，與不信界俱；犯戒時，與犯戒界俱；無慚、無愧時，與無慚、無愧界俱；信心時，與信界俱；持戒時，與持戒界俱；慚、愧心時，與慚、愧界俱。

如信、不信，如是精進、不精進，失念、不失念，正受、不正受，多聞、少聞，慳者、施者，惡慧、善慧，難養、易養，難滿、易滿，多欲、少欲，知足、不知足，攝受、不攝受界俱。」⇨(雜450大2-115c[-13]f.)

§3-1-2 【種種界之 緣起】

①〖種種界〗

「云何為種種界？ 謂 眼界、色界、眼識界，耳界、聲界、耳識界，鼻界、香界、鼻識界，舌界、味界、舌識界，身界、觸界、身識界，意界、法界、意識界，是名種種界。」⇨(雜451大2-115c[-1]f.)

②〖種種界緣起〗∾〖法定性/ 法位性〗

「爾時，世尊告諸比丘：『緣種種界生種種觸，緣種種觸生種種受，緣種種受生種種愛。云何種種界？ 謂 十八界 —眼界、色界、眼識界……乃至意界、法界、意識界— 是名種種界。

云何緣種種界生種種觸？……乃至云何緣種種受生種種愛？ 謂 緣眼界生眼觸，緣眼觸生眼觸生受，緣眼觸生受生眼觸生愛；耳、鼻、舌、身、意界緣生意觸，緣意觸生意觸生受，緣意觸生受生意觸生愛。

諸比丘！非緣種種愛生種種受，非緣種種受生種種觸，非緣種種觸生種種界；要緣種種界生種種觸，緣種種觸生種種受，緣種種受生種種愛，是名比丘種種界生種種觸，緣種種觸生種種受，緣種種受生種種愛。』」

⇨(雜452大2-116a[6]f.) *cf.* 〈p.5-79 五.§6-3-2 之⑦〉

「爾時，世尊告諸比丘：『緣種種界生種種觸，緣種種觸生種種受，緣種種受生種種想，緣種種想生種種欲，緣種種欲生種種覺，緣種種覺生種種熱，緣種種熱生種種求。云何種種界？ 謂十八界 —眼界……乃至法界—……比丘！非緣種種求生種種熱……但緣種種界生種種觸……乃至緣種種熱生種種求。』⇨(雜454大2-116b[15]f.)

§3-2-1【緣界 生說、見、想、思、願、士夫、所作、施設、建立、部分、顯示，緣界 受生】

①〖緣界生 說、見、想…〗

「爾時，世尊告諸比丘：『緣界故生說，非不界；緣界故生見，非不界；緣界故生想，非不界。

緣下界， 我說生 下說、下見、下想、下思、下欲、下願、下士夫、下所作、下施設、下建立、下部分、下顯示、下受生。如是中(界)，如是勝界；緣勝界，我說彼生勝說、勝見、勝想、勝思、勝願、勝士夫、勝所作、勝施設、勝建立、勝部分、勝顯示、勝受生。』 時，有婆迦利比丘在佛後執扇 扇佛，白佛言：『世尊！若於三藐三佛陀起 非三藐三佛陀見，彼見亦緣界而生耶？』

佛告比丘：『於三藐三佛陀起 非三藐三佛陀見，亦緣界而生，非不界。所以者何？ 凡夫界者，是無明界；如我先說，緣下界生 下說、下見……乃至下受生；(緣)中(界)……(緣)勝界生 勝說、勝見……乃至勝受生。』」⇨(雜457大2-117a[4]f.)

②〖緣種種界生 種種欲、種種覺、種種熱、種種求…〗

「爾時，世尊告諸比丘：『有因生欲想，非無因；有因生恚想、害想，非無因。

÷ 云何因生欲想？ 謂 緣欲界也； 緣欲界故，生 欲想、欲欲、欲覺、欲熱、欲求。 愚癡凡夫起欲求已，此眾生起三處邪，謂 身、口、心；如是邪因緣故，現法苦住，有苦、有礙、有惱、有熱，身壞命終，生惡趣中；是名因緣生欲想。

云何因緣生恚想、害想？ 謂（恚界、)害界也……

諸比丘！有因生出要想，非無因。云何有因生出要想？ 謂 出要界。緣出要界，生出要想、出要欲、出要覺、出要熱、出要求； 謂 彼慧者出要求時，眾生三處生正，謂 身、口、心。彼如是生正因緣已，現法樂住，不苦、不礙、不惱、不熱，身壞命終，生善趣中；是名 因緣生出要想。

云何因緣生不恚、不害想？ 謂（不恚、)不害界也………』」

⇨(雜458大2-117a[-8]f.)

§3-2-2【方便界、造作界】

「時，有婆羅門來詣佛所……白佛言：『眾生非自作、非他作 。』 佛告婆羅門：『如是論者，我不與相見。汝今自來，而言我非自作、非他作？』 婆羅門言：『云何 瞿曇！眾生爲自作、爲他作耶？』

佛告婆羅門：『我今問汝，隨意答我。婆羅門！於意云何？有眾生方便界，令諸眾生知作方便耶？』　婆羅門言：『瞿曇！有眾生方便界，令諸眾生知作方便也。』　佛告婆羅門：『若有方便界，令諸眾生知有方便者，是則眾生自作、是則他作。 婆羅門！於意云何？ 有眾生安住界、堅固界、出界、造作界，令彼眾生知有造作耶？』　婆羅門白佛：『有眾生安住界、堅固界、出界、造作界，令諸眾生知有造作。』

佛告婆羅門：『若彼安住界、堅固界、出界、造作界，令諸眾生知有造作者，是則眾生自作、是則他作。』　婆羅門白佛：『有眾生自作、有他作。』」⇨(雜459大2-117c³f.)

§3-2-3 【眾生活動之 境界】

①〖種種 三界〗

「尊者阿難告瞿師羅(Ghosita)長者：『有三界。云何三？ 謂 欲界、色界、無色界。』」⇨(雜461大2-118a¹¹f.)

「尊者阿難告瞿師羅長者：『有三界；色界、無色界、滅界，是名三界。』卽說偈言：

『若色界眾生，　及住無色界，　不識滅界者，　還復受諸有；
若斷於色界，　不住無色界，　滅界心解脫，　永離於生死。』
」⇨(雜462大2-118a⁻⁸f.)

「瞿師羅長者……白尊者阿難：『所說種種界，云何爲種種界？』尊者阿難答瞿師羅長者：『謂 三種出界。 云何三？ 謂 從欲界出至色界，(從)色界出至無色界，(從)一切諸行(出至)一切思想滅界；是名 三出界。』」
⇨(雜463大2-118b³f.)

「爾時，尊者阿難往詣上座(上座名者)所……問上座(上座名者)言：『若比丘於空處、樹下、閑房思惟，當以何法專精思惟？』　上座答言：『尊者阿難！於空處、樹下、閑房思惟者，當以二法專精思惟，所謂止、觀。』　尊者阿難復問上座：『修習於止，多修習已，當何所成？ 修習於觀，多修習已，當何所成？』　上座答言：『尊者阿難！修習於止，終成於觀；修習觀已，亦成於止。謂聖弟子止、觀俱修，得諸解脫界。』

阿難復問上座：『云何諸解脫界？』 上座答言：『尊者阿難！若斷界、

無欲界、滅界，是名諸解脫界。』　尊者阿難復問上座：『云何斷界？……乃至滅界？』 上座答言：『尊者阿難！斷一切行，是名 斷界；斷除愛欲，是(名)無欲界；一切行滅，是名 滅界。』」⇨(雜464大2-118b^{-14}f.)

§3-3-1 【六界眾生】

「爾時，尊者羅睺羅詣世尊所，稽首禮足，退坐一面，白佛言：『世尊！云何知、云何見我此識身及外境界一切相，得無有我、我所見、我慢繫著使？』

佛告羅睺羅：『諦聽！善思！當為汝說。羅睺羅！若比丘於所有地界，若過去、若未來、若現在，若內、若外，若麁、若細，若好、若醜，若遠、若近，彼一切非我、不異我、不相在如實知；水界、火界、風界、空界、識界亦復如是。　羅睺羅！比丘如是知、如是見，於我此識身及外境界一切相，無有我、我所見、我慢繫著使。羅睺羅！若比丘於此識身及外境界一切相，無有我、我所見、我慢繫著使，是名斷愛縛諸結、斷諸愛、止(♣「止」宜作：「正」)慢無間等(sammā-manâbhisamaya 正慢現觀)、究竟苦邊。』」⇨(雜465大2-118c^{-5}f.)

§3-4-1 【修心正受(samāpatti 等至) 七界】

「爾時，世尊告諸比丘：『有光界、淨界、無量空入處界、無量識入處界、無所有入處界、非想非非想入處界，有滅界。　時，有異比丘從座起……白佛言：『世尊！彼光界、淨界、無量空入處界、無量識入處界、無所有入處界、非想非非想入處界，滅界；如此諸界，何因緣可知？』

佛告比丘：『彼光界者，緣闇故可知；淨界，緣不淨故可知；無量空入處界者，緣色故可知；無量識入處界者，緣內(內 宜作：空)故可知； 無所有入處界者，緣所有可知；非想非非想入處界者，緣有第一故可知；滅界者，緣有身可知。』　諸比丘白佛言：「世尊！彼光界……乃至滅界，以何正受而得？』　佛告比丘：『彼光界、淨界、無量空入處界、無量識入處界、無所有入處界，此諸界於自行正受而得；非想非非想入處界，於第一有正受而得；滅界者，於有身滅正受而得。』」⇨(雜456大2-116c^{13}f.)

§3-5-1 【多界】

cf.《中181 多界經》：〖六十二界〗⇨(大1-723a^{8} ~724c^{3})

《M 115 Bahudhātuka-sutta.》：〖四十一界〗⇨(M iii.61^{6}f.~67^{-1})

§4-0-0 【根法門】「二十二根(bāvīsati indriyāni)」

①〖現存 漢譯研雜阿含經爲之☆「根相應」，屬「所說事」〗

卷　數	大正藏經碼	九分敎	相　應	相　應　部
卷二十五	遺　失	修多羅	根相應	Indriya-saṁyutta ≒ S 48,1~185經
卷二十六	642 ~660經			

§4-0-1 【根(indriya)】

① 語源：〔＜indra+iya(belonging to Indra)通俗語源的解釋〕

governing, ruling or controlling principle. ⇨〈P-E Dict.121a〉

② 字義："Api ca ādhipaccasaṅkhātena issariyaṭṭhenâ pi etāni indriyāni." ⇨ *(VM 492^7f.)

「最勝自在光顯名 根，由此總成 根增上義。」

⇨ *《俱舍論卷3》(大29-13b^{10}f.)

§4-1-1 【根(增上力用)之 五大分類】

①〖生理 六根〗⇨(S 48,25 ~30 S v. 205^9ff.)

⇨〈p.5-29ff. 五.§2-0-0 ~§2-4-1〉

(1) 眼根 (cakkhundriyaṁ)

(2) 耳根 (sotindriyaṁ)

(3) 鼻根 (uhānindriyaṁ)

(4) 舌根 (jivhindriyaṁ)

(5) 身根 (kāyindriyaṁ)

(6) 意根 (manindriyaṁ)

②〖生命 三根〗⇨(S 48,22 S v. 204^{14}f.)

(1) 女根 (itthindriyaṁ)

(2) 男根 (purisindriyaṁ)

(3) 命根 (jīvitindriyaṁ)

③〖感受 五根〗⇨(S 48,31 ~40 S v. 207[13]ff.)⇨(雜485大2-124a[11]f.)

(1) 樂根 (sukhindriyaṁ)

(2) 苦根 (dukkhindriyaṁ)

(3) 喜根 (somanassindriyaṁ)

(4) 憂根 (domanassindriyaṁ)

(5) 捨根 (upekhindriyaṁ)

④〖賢聖 五根〗⇨(S 48,1 ~21 S v. 193[5]ff.)⇨(雜643 ~660大2-182a[-4]f.)

(1) 信根 (saddhindriyaṁ)

(2) 精進根 (viriyindriyaṁ)

(3) 念根 (satindriyaṁ)

(4) 定根 (samādhindriyaṁ)

(5) 慧根 (paññindriyaṁ)

⑤〖了知 三根〗⇨(S.48,23 S v. 204[-12]f.)⇨(♣長9大1-50b[13])

⇨(雜642大2-182a[13]f.)(大正No.12大1-228a[-8]f.)

(1) 未知當知根 (anaññātaññassāmîtindriyaṁ ♣余未知欲知根)

(2) 已知根 (aññindriyaṁ ♣知根)

(3) 具知根 (aññātavindriyaṁ ♣知已根)

cf. ＊《大毗婆娑論 卷42》⇨(大27-728cf.)

＊《阿毗達磨·俱舍論 卷 3》⇨(大29-14bf.)

♣

二十二根	流轉	還滅
所依根	眼、耳、鼻、舌、身、意根	信、進、念、定、慧根
生　根	男、女根	未知當知根
住　根	命根	已知根
受用根	樂、苦、喜、憂、捨根	具知根

§5-0-0 【諦法門】「四聖諦（cattāri-ariya-saccāni）」

①〚現存 漢譯《雜阿含經》之☆「諦相應」，屬「染淨事」〛

卷　數	大正藏經碼	九分教	相　應	相　應　部
卷 十 五	379 ~406經	修多羅	諦相應	Sacca-saṁyutta ≒ S 56,1~131經
卷 十 六	407 ~443經			

②《中31 分別聖諦經》⇨（大1-467b^{1} ~469c^{8}）

《M 141 Saccavibhaṅga-sutta.》⇨（M iii.248^{1} ~252^{-1}）

cf.（大正No.32大1-814b^{10}f.~816c^{-2}）（增27-1大2-643a^{-4} ~643c^{-1}）

"Maggān' aṭṭhaṅgiko seṭṭho, saccānaṁ caturo padā;

Virāgo seṭṭho dhammānaṁ, dipadānañ ca cakkhumā." ⇨（Dhp v.273）

∾「四聖諦 於一切法最爲第一；所以者何？ 攝受心一切善法故。」

⇨（中 30大1-464b^{-8}f.）

③〚七佛 憐愍生類故，開示 四聖諦。〛⇨（Thag vv.490 ~492）

④〚隨律經〛《初轉法輪經》⇨（律大品 第一大犍度 V i.10^{10} ~12^{-12}）

§5-0-1 【聖諦】

①〚諦〛

(1)「佛告比丘：『汝云何持我所說四聖諦？』 比丘白佛言：『世尊說苦聖諦，我悉受持。 如如、不離如、不異如，眞、實、審諦、不顚倒，是聖所諦是名苦聖諦。……』」⇨（雜417大2-110c^{-2}f.）

"Idaṁ dukkhan ti bhikkhave tatham etam avitatham etam anaññatham etaṁ." ⇨（S 56,20 S v.430^{-6}f.）

(2)「諸賢！過去時 是苦聖諦，未來、現在時 是苦聖諦，眞諦、不虛、不離於如，亦非顚倒，眞諦、審實。」⇨（中31大1-468b^{-7}f.）

②〚聖諦〛

(1)「諸賢！過去時 是苦聖諦，未來、現在時 是苦聖諦，眞諦、不虛、不離於如，亦非顚倒，眞諦、審實。合如是諦，聖所有，聖所知，聖所見，聖所了，聖所得，聖所等正覺，是故說苦聖諦。」⇨（大1-468b^{-7}f.）

(2)"Dukkham ariyasaccaṁ… Sadevake bhikkave loke samārake sabrahmake sassamaṇabrāhmaṇiyā pajāya sadevamanussāya Tathāgato ariyo, tasmā ariyasaccānî ti vuccanti." ⇨（S 56,28 S v.435^{-8}f.）

③〖四 聖諦〗

(1)「諸比丘！若沙門、婆羅門作如是說：『如沙門瞿曇所說 苦聖諦，我當捨，更立苦聖諦。』者， 但有言數，問已不知，增其疑惑，以非其境界故。(說)：『苦集聖諦、苦滅聖諦、苦滅道跡聖諦，我今當捨，更立餘四聖諦。』者，彼但有言數，問已不知，增其疑惑，以非其境界故。」

⇨(雜418大2-110c^{-10}f.＝ S 56,16 S v.428^{-12} ~429^{6})

(2)【雙層因果∨雙轉因果】♣ ⇨〈VM 497〉

轉起(pavatti)(染)
- 果— 苦諦之外 無其他 苦
- 因— 集諦之外 無其他 集苦之因

轉出(nivatti)(淨)
- 果— 滅諦之外 無其他 滅苦之境界
- 因— 道諦之外 無其他 究竟出離苦之方法

(3)【一行道 次第前因後果】♣

1.知苦　　　　　　(如實知 苦之實相)

2.知苦→ 知集　　　(如實知 集苦之因)

3.知苦、集→ 知滅　(如實知 苦之可滅)

4.知苦、集、滅→ 知道 (如實知 滅苦之道)

§5-1-1 【三轉法輪】

⇨(V 2 a 1,(6)〔Dhammacakkapavattana(轉法輪)〕V i.10^{10} ~12^{-12})

(S 56,11 S v.420^{-2}~ 424^{11})

cf.(增24-5大2-618a^{-3} ~619b^{-11})(大正No.109大2-503b^{4}f.~c^{-3})

①《(三)轉法輪經》

「(1a)此苦聖諦，本所未曾聞法，當正思惟；時，生眼、智、明、覺。(1b)此苦集(聖諦)……(1c)此苦滅(聖諦)……(1d)此苦滅道跡聖諦，本所未曾聞法，當正思惟，時，生眼、智、明、覺。

復次，(2a)(此)苦聖諦智(♣已知) 當復知，本所未聞法，當正思惟；時，生眼、智、明、覺。 (2b)(此)苦集聖諦已知 當斷，本所未曾聞法，當正思惟；時，生眼、智、明、覺。 復次，(此)苦集滅(♣「苦集滅」衍文)(2c)此苦滅聖諦已知 當知(♣「知」衍文)作證，本所未聞法，當正思惟；時，生眼、智、明、覺。 復以(♣次)，(2d)此苦滅道跡聖諦已知 當修，本所未曾聞法，當正思惟；時，生眼、智、明、覺。

復次，比丘！(3a)此苦聖諦已知 知已出，所未聞法，當正思惟；時，生眼、智、明、覺。 復次，(3b)此苦集聖諦已知 已斷出，所未聞法，當正思惟；時，生眼、智、明、覺。 復次，(3c)(此)苦滅聖諦已知 已作證出，所未聞法，當正思惟；時，生眼、智、明、覺。 復次，(3d)(此)苦滅道跡聖諦已知 已修出，所未曾聞法，當正思惟，時，生眼、智、明、覺。

諸比丘！我於此四聖諦 三轉十二行， 不生眼、智、明、覺者，我終不得於諸天、魔、梵、沙門、婆羅門 聞法眾中， 爲解脫、爲出、爲離，亦不自證 得阿耨多羅三藐三菩提。 我已於四聖諦三轉十二行，生眼、智、明、覺故，於諸天、魔、梵、沙門、婆羅門聞法眾中， 得出、得脫，自證 得成阿耨多羅三藐三菩提。

爾時，世尊說是法時，尊者憍陳如及八萬諸天遠塵離垢，得法眼淨。爾時，世尊告尊者憍陳如：『知法未？』 憍陳如白佛：『已知，世尊！』 復告尊者憍陳如(Koṇḍañña)：『知法未？』 拘隣(Koṇḍañña)白佛：『已知，善逝！』 尊者拘隣已知法故，是故名 阿若拘隣(Aññā-Koṇḍañña)。」

⇨(雜379大2-103c[14]f.)

②《Tathāgattena vutta 如來所說(經)(1)》

“(0a)Idaṁ kho pana bhikkhave dukkham ariyasaccaṁ: Jāti pi dukkhā, jarā pi dukkhā, vyādhi pi dukkhā, maraṇam pi dukkhaṁ, soka-par=ideva-dukkha-domanassupāyāsā pi dukkhā, appiyehi sampayogo dukkho, piyehi vippayogo dukkho, yam p'icchaṁ na labhati tam pi dukkhaṁ, saṁkhittena pañcupādanā-kkhandhā pi dukkhā.

(0b)Idaṁ kho pana bhikkhave dukkhasamudayam ariyasaccaṁ: Yâyaṁ taṇhā ponobbhavikā nandī rāgasahagatā tatra tatrâbhinandinī, seyy=athîdam: Kāmataṇhā bhavataṇhā vibhavataṇhā.

(0c)Idaṁ kho pana bhikkhave dukkhanirodham ariyasaccaṁ: Yo ta=ssā yeva taṇhāya asesavirāga nirodho cāgo paṭinissaggo mutti anāl=ayo.

(0d)Idaṁ kho pana bhikkhave dukkhanirodhagāminī paṭipadā ariy=asaccam: Ayam eva ariyo aṭṭhangiko maggo, seyyathidam: sammādiṭṭhi …la-pe… sammāsamādhi.”

(1a)Idaṁ dukkham ariyasaccan ti me bhikkhave pubbe ananussutesu dhammesu cakkhum udapādi ñāṇam udapādi paññā udapādi vijjā udapādi āloko udapādi.

(1b)Taṁ kho pan'idaṁ dukkham ariyasaccam pariññeyyan ti me bh=ikkhave pubbe …※〔 ananussutesu dhammesu cakkhum udapādi… la … aloko udapadi.〕

(1c)〔Taṁ kho pan'idaṁ dukkham ariyasaccaṁ〕 pariññātan ti me bhikkhave pubbe ananussutesu dhammesu cakkhum udapādi… pe…āloko udapādi.

(2a)Idaṁ dukkhasamudayam ariyasaccan ti me bhikkhave pubbe…※

(2b)Taṁ kho pan'idaṁ dukkhasamudayam ariyasaccam pahātabban ti me bhikkhave pubbe…※

(2c)〔Taṁ kho panidaṁ dukkhasamudayam ariyasaccam〕 pahīnan ti me bhikkhave pubbe…※

(3a)Idaṁ dukkhanirodham ariyasaccan ti me bhikkhave pubbe…※

(3b)Taṁ kho pan'idaṁ dukkhanirodham ariyasaccaṁ sacchikātabban ti me bhikkhave pubbe…※

(3c)〔Taṁ kho panidam dukkhanirodham ariyasaccaṁ〕 sacchikatan ti me bhikkhave pubbe…※

(4a)Idaṁ dukkanirodhagāminī paṭipadā ariyasaccan ti me bhikkh=ave pubbe…※

(4b)Taṁ kho pan'idaṁ dukkhanirodhagāminī paṭipadā ariyasaccaṁ bhāvetabban ti me bhikkhave pubbe…※

(4c)〔Taṁ kho panidaṁ dukkhanirodhagāminī patipadā ariyasaccaṁ〕 bhāvitan ti me pubbe bhikkhave ananussutesu dhammesu cakkhum udapādi ñāṇam udapādi paññā udapādi vijjā udapādi āloko udapādi.

⇨(S 56,11 S v. 421^{-14} ~424^{11})

§ 5-2-1【分別 四聖諦】⇨《中31 分別聖諦經》

「諸賢！云何苦聖諦？ 謂 生苦、老苦、病苦、死苦、怨憎會苦、愛別離苦、所求不得苦，略五盛(upādāna取/ 受)陰苦。

諸賢！說生苦者，此說何因？ 諸賢！生者，謂 彼眾生、彼彼眾生種類，生則生，出則出，成則成，興起五陰，已得命根，是名爲生。 諸賢！生苦者，謂 眾生生時， 身受苦受、遍受、覺、遍覺，心受苦受、遍受、覺、遍覺，身心受苦受、遍受、覺、遍覺；身熱受、遍受、覺、遍覺，心熱受、遍受、覺、遍覺，身心熱受、遍受、覺、遍覺；身壯熱煩惱憂慼受、遍受、覺、遍覺，心壯熱煩惱憂慼受、遍受、覺、遍覺，身心壯熱煩惱憂慼受、遍受、覺、遍覺。諸賢！說生苦者，因此故說。

諸賢！說老苦者，此說何因？ 諸賢！老者，謂 彼眾生、彼彼眾生種類，彼爲老耄，頭白齒落，盛壯日衰，身曲腳戾，體重氣上，拄杖而行，肌縮皮緩，皺如麻子，諸根毀熟，顏色醜惡，是名爲老。 諸賢！老苦者，謂眾生老時，身受苦受、遍受……

諸賢！病者， 謂 頭痛、眼痛、耳痛、鼻痛、面痛、脣痛、齒痛、舌痛……

諸賢！死者， 謂 彼眾生、彼彼眾生種類，命終無常，死喪散滅，壽盡破壞，命根閉塞，是名爲死。……

諸賢！說怨憎會苦者，此說何因？ 諸賢！怨憎會者，謂 眾生實有內六處，不愛眼處，(不愛)耳、鼻、舌、身、意處，彼同會一，有攝、和集，共合爲苦。如是外處、更樂、覺、想、思、愛，亦復如是。 諸賢！眾生實有六界，不愛地界，水、火、風、空、識界，彼同會一，有攝、和集，共合爲苦，是名怨憎會。……

諸賢！愛別離苦者， 謂 眾生實有內六處，愛眼處，(愛)耳、鼻、舌、身、意處，彼異分散，不得相應，別離不會，不攝、不集、不和合爲苦。…

諸賢！說所求不得苦者，此說何因？ 諸賢！謂 眾生生法，不離生法，欲得令我而不生者，此實不可以欲而得；老法、死法、愁憂慼法，不離憂慼法，欲得令我不憂慼者，此亦不可以欲而得。 諸賢！眾生實生苦而不可樂、不可愛念；彼作是念：若我生苦而不可樂、不可愛念者，欲得轉是，令可愛念，此亦不可以欲而得。諸賢！眾生實生樂而可愛念；彼作是念：若我生樂可愛念者，欲得令是常、恆、久住、不變易法，此亦不可以欲而得。諸賢！眾生實生思想而不可樂、不可愛念；彼作是念：若我生思想而不可樂、不可愛念者，欲得轉是，令可愛念，此亦不可以欲而得。諸賢！眾生實生思想而可愛念；彼作是念：若我生思想可愛念者，欲得令是常、恆、久住、不變易法，此亦不可以欲而得。諸賢！說所求不得苦者，因此故說。

諸賢！說略五盛陰苦者，此說何因？ 謂 色盛陰，覺、想、行、識盛陰。諸賢！說略五盛陰苦者，因此故說。……⇨(中31大1-467b^{-2}~ 468b^{-3})

諸賢！云何愛習苦習聖諦？ 謂 ……⇨(大1-468b^{-3}~ 468c^{-11})

諸賢！云何愛滅苦滅聖諦？ 謂 ……⇨(中31大1-468c^{-11}~ 469a^{13})

諸賢！云何苦滅道聖諦？ 謂 …… ⇨(中31大1-469a^{13}~ 469c^{6})」

§ 5-3-1【諦相應 要略】⇨(雜379~443大2-103c~ 114c)

① 人身難得 ⇨(雜406,438~442)

② 四聖諦 難聞 ⇨(雜395)

③ 四聖諦 甚難如實知見 ⇨(雜405)

∵

④(1) 四聖諦 義饒益、法饒益、梵行饒益 ⇨(雜404)

(2) 不聞、不知、不覺、不受四聖諦，長夜驅馳生死。⇨(雜403)

(3) 不如實知四聖諦，受地獄苦。⇨ (雜421~ 426,430~ 432)

∴

⑤ 世尊開示 四聖諦 ⇨(雜379)

= 如來增上說法 ⇨(大2-112c^{3}f.)

= 正行說法 ⇨(大1-467b^{2})

= 諸佛所說正要 ⇨(大1-630c^{6}f.)

= Buddhānaṁ sāmukkaṁsikā dhammadesanā(諸佛最勝/高揚 說法)(M i. 380^{2})

⑥ 世尊勸導 修證四聖諦 ⇨(雜380~388,393,398~404)

⑦ 一切賢聖乃至無上等正覺者，彼一切 知四聖諦故 ⇨(雜393)

⑧〚如何思惟修 四聖諦〛

(1)【修三昧 勤禪思】

「爾時，世尊告諸比丘：『當勤禪思，正方便起，內寂其心。所以者何？比丘禪思，內寂其心成就已，如實顯現。云何如實顯現？ 謂 此苦聖諦如實顯現，此苦集聖諦、苦滅聖諦、苦滅道跡聖諦如實顯現。』」⇨(雜428 大2-112a^{-11}f.)

「爾時，世尊告諸比丘：『當修無量三摩提，專心正念。 所以者何？ 修無量三摩提，專心正念已，如是如實顯現。 云何如實顯現？ 謂此苦聖諦如實顯現，苦集聖諦、苦滅聖諦、苦滅道跡聖諦如實顯現。』」

⇨(雜429大2-112a^{-4}f.)

(2)【漸次 無間等(abhisamaya 現觀)】

「時，須達長者往詣佛所，……白佛言：『世尊！此四聖諦為漸次無間等？為一頓無間等？』佛告長者：『此四聖諦漸次無間，非頓無間等。』

佛告長者：『若有說言：「(我)於苦聖諦未無間等，而於彼苦集聖諦、苦滅聖諦、苦滅道跡聖諦無間等」者，此說不應。 所以者何？ 若於苦聖諦未無間等，而欲於苦集聖諦、苦滅聖諦、苦滅道跡聖諦無間等者，無有是處。』」⇨(雜435大2-112c^{-8}f.) *cf.* (雜436,437)

「爾時，世尊告諸比丘：『當(♣若)作是說：「我於苦聖諦 未無間等，苦集聖諦、苦滅聖諦未無間等。」而言：「我當得苦滅道跡聖諦無間等」者，此說不應。所以者何？ 無是處故。 若苦聖諦、苦集聖諦、苦滅聖諦未無間等，而欲苦滅道跡聖諦無間等者，無有是處。譬如有人言：「我欲取佉提羅(khadira 洋槐，羽狀細葉)，合集作器，盛水持行。」者，無有是處。所以者何？ 無是處故。……

若復有言『我當於苦聖諦、苦集聖諦、苦滅聖諦無間等已得，復得苦滅道跡聖諦。」者，斯則善說。 所以者何？ 有是處故。若苦聖諦、苦集聖諦、苦滅聖諦無間等已，而欲苦滅道跡聖諦無間等者，斯有是處。譬如有人言『我以純曇摩(paduma 紅荷)葉、 摩樓迦(maluvā 蔓草)葉(♣莖)，合集盛水持行。」者，此則善說。所以者何？ 有是處故。如是 若言：「我於苦聖諦、苦集聖諦、苦滅聖諦無間等已，而欲苦滅道跡聖諦無間等。」者，斯則善說。 所以者何？ 有是處故。』」⇨(雜397大2-107a^{4}f.)

(3)【莫作 非義思惟、議論】

1.「(世尊)告諸比丘：『汝等比丘慎莫思惟 世間思惟。 所以者何？世間思惟 非義饒益，非法饒益，非梵行饒益，非智、非覺，不順涅槃。 汝等當正思惟：此苦聖諦、此苦集聖諦、此苦滅聖諦、此苦滅道跡聖諦。所以者何？ 如此思惟，則義饒益、法饒益、梵行饒益， 正智、正覺，正向涅槃。』」⇨(雜407大2-109a^{2}f.)

2.「時，有眾多比丘集於食堂，作如是論：或謂 世間有常，或謂 世間無常、世間有常無常、世間非有常非無常，世間有邊、世間無邊、世間有邊無邊、世間非有邊非無邊，是命是身、命異身異，如來死後有、如來死後無、如來死後有無、如來死後非有非無。……佛告(諸)比丘：『汝等莫作如是論議。……」⇨(雜408大2-109a^{-2}f.)

3.「爾時，有眾多比丘集於食堂，或有貪覺覺者，或瞋覺覺者，或害覺覺者。……(佛)告(諸)比丘：『汝等莫起貪覺覺，莫起恚覺覺，莫起害覺覺。……』」⇨(雜409大2-109b^{-10}f.)

4.「……『(莫)起親里覺、國土人民覺、不死覺……。』」⇨(雜410大2-109c^{5}f.)

5.「時，有眾多比丘集於食堂，作如是論：或論王事、賊事、鬪戰事、錢財事、衣被事、飲食事、男女事、世間言語事、事業事、諸海中事。……佛告比丘：『汝等莫作是論，……』」⇨(雜411大2-109c^{8}f.)

6.「時，有眾多比丘集於食堂，作如是說：『我知法、律。汝等不知我所說成就，我等所說與理合；汝等所說不成就，不與理合。應前說者，則在後說；應後說者，則在前說，而共諍論言：「我論 是，汝等 不如，能答者 當答。」』……〔佛告(諸)比丘：『汝等莫作是論，……』〕」⇨(雜412大2-109c^{-7}f.)

7.「時，有眾多比丘集於食堂，作如是論：『波斯匿王、頻婆娑羅王，何者大力？ 何者大富？』…… 佛告(諸)比丘：『汝等用說諸王大力、大富為？汝等比丘！莫作是論，……』」⇨(雜413大2-110a^{4}f.)

8.「時，有眾多比丘集於食堂，作如是論：『汝等宿命作何等業？為何工巧？以何自活？……佛告(諸)比丘：『汝等比丘！莫作是說：「宿命所作……」……』」⇨(雜414大2-110a^{-10}f.)

9.「時，有眾多比丘集於食堂，作如是論說：『某甲檀越作麁踈食，我等食已，無味無力；我等不如捨彼麁食，而行乞食。 所以者何？ 比丘乞食時 得好食，又見好色，時聞好聲，多人所識，亦得衣被、臥具、醫藥。』……〔佛告(諸)比丘：『汝等比丘！莫作是說：……』〕」⇨(雜415大2-110b^{6}f.) ♣檀越(dāna-pati 施主)

⑨〖受持 四聖諦〗

(1)【受持(dhāraṇa 憶持/保持∨持用《滅←道》】

1.「爾時，世尊告諸比丘：『汝等持我所說四聖諦不？』時，有異比丘從座起，……白佛：『唯然，世尊所說四聖諦，我悉受持。』 佛告比丘：『汝云何受持四聖諦？』

比丘白佛言：『世尊說言，此是苦聖諦，我即受持；此苦集聖諦、此苦滅聖諦、此苦滅道跡聖諦。如是，世尊說四聖諦，我即受持。』」

⇨(雜416大2-110b^{-14}f.)

2.「爾時，世尊告諸比丘：『汝等持我所說四聖諦不？』時，有比丘從座起……白佛：『唯然，世尊所說四聖諦，我悉受持。』 佛告比丘：『汝云何持我所說四聖諦？』

比丘白佛言：『世尊說苦聖諦，我悉受持。如如、不離如、不異如，眞、實、審諦、不顚倒，是聖所諦，是名苦聖諦；…… 』」

⇨(雜417大2-110c^{2}f.)

3.「爾時，世尊告諸比丘：『汝(等)持我所說四聖諦不？』時，有異比丘從座起，……白佛言：『唯然，世尊所說四聖諦，我悉受持之……』

佛告彼比丘：『善哉！善哉！如我所說四聖諦，汝悉持之。』

(佛告諸彼比丘)：『諸比丘！若沙門、婆羅門作如是說：「如沙門瞿曇所說苦聖諦，我當捨，更立苦聖諦。」者，但有言數，問已不知，增其疑惑，以非其境界故。(說)：「苦集聖諦、苦滅聖諦、苦滅道跡聖諦，我今當捨，更立餘四聖諦。」者，彼但有言數，問已不知，增其疑惑，以非其境界故。』」

⇨(雜418大2-110c^{-10}f.≒ S 56,16 S v.427^{-7}f.)

(2)【無疑】「四不壞淨」⇄「四聖諦」

「爾時，世尊告諸比丘：『若比丘於佛有疑者，則於苦聖諦有疑，苦集聖諦、苦滅聖諦、苦滅道跡聖諦則有疑惑；若於法、僧有疑者，則於苦聖諦疑惑，苦集聖諦、苦滅聖諦、苦滅道跡聖諦疑惑。

若於佛不疑惑者，則於苦聖諦不疑惑，苦集聖諦、苦滅聖諦、苦滅道跡聖諦不疑惑；若於法、僧不疑惑者，則於苦聖諦不疑惑，苦集聖諦、苦滅聖諦、苦滅道跡聖諦不疑惑。』」⇨(雜419大2-111a^{2}f.)

「爾時，世尊告諸比丘：『若沙門、婆羅門於苦聖諦有疑者，則於佛有疑，於法、僧有疑；若於集、滅、道疑者，則於佛有疑，於法、僧有疑。

若於苦聖諦無疑者，則於佛無疑，於法、僧無疑；於集、滅、道聖諦無疑者，則於佛無疑，於法、僧無疑。』」⇨(雜420大2-111a[13]f.)

(3)【不動】

「譬如※因陀羅柱[1]，銅鐵作之，於深入地中，四方猛風不能令動。 如是，沙門、婆羅門於苦聖諦如實知，苦集聖諦、苦滅聖諦、苦滅道跡聖諦如實知者，當知是沙門、婆羅門不視他面，不隨他語；是沙門、婆羅門智慧堅固，本隨習故，不隨他語。」⇨(雜398大2-107b[7]f.)

「爾時，世尊告諸比丘：『譬如石柱，長十六肘，八肘入地，四方風吹，不能令動。如是，沙門、婆羅門於苦聖諦如實知，於苦集聖諦、苦滅聖諦、苦滅道跡聖諦如實知；斯等沙門、婆羅門至諸(異)論處，無能屈。其心解脫、慧解脫者，能使沙門、婆羅門反生憂苦。如是如實知、如實見，皆是先世宿習故，使智慧不可傾動。』」⇨(雜399大2-107b[-13]f.)

§5-4-1 【苦法門】*cf.* 〈p.5-121ff. 五.§9-0-0 ~§9-6-1〉

※1 Indakhīla 地界界標

§6-0-0 【緣起法門】♣

「緣起法（paṭiccasamuppāda-naya）」

「緣生法（paṭiccasamuppanna dhamma）」

＊ 印順導師〈佛法概論〉：「佛法的主要方法，在觀察現象而探求他的原因。 現象爲什麼會如此，必有所以如此的原因。 佛法的一切深義、大行，都是由於 觀察因緣而發見的。佛世所談的因緣，極其廣泛，但極其簡要。後代的佛學者，根據佛陀的示導，悉心參究，於是 因緣的深義，明白的開發出來。　　這可以類別爲三層：

一、果從因生……二、事待理成……三、有依空立…」

⇨（op.cit. pp.137~140）

＊ 印順導師〈印度佛教思想史〉:「在『佛法』的開展中，四諦說 日漸重要起來。四諦的苦與集，是世間因果；滅與道是出世間因果。 這樣的分類敘述，對一般的開示教導，也許要容易領解些吧！但 世、出世間的一貫性，卻容易被漠視了！從現實身心去觀察，知道一切起滅都是依於因緣的。

依經說，釋尊是現觀(abhisamaya)緣起而成佛的。 釋尊依緣起說法，弟子們也就依緣起(及 四諦)而得解脫。」⇨(op.cit. pp.23~24)

①〖現存 漢譯《雜阿含經》之☆「因緣相應」屬「生起事」〗

卷　數	大正藏經碼	九分教	相　應	相　應　部
卷十二	283 ~303經	修多羅	因緣相應	Nidāna-saṁyutta ≒ S 12,1 ~93 經
卷十四	343 ~364經			
卷十五	365 ~370經			

②〖生起事〗：有情之「流轉、還滅」爲主。

∾〖安住事〗〖差別事〗〖染淨事〗⇨《雜阿含經》「事 相應教 表解」

§6-1-1 【緣起甚深】

①「此甚深處，所謂緣起。」⇨(雜293大2-83c[13])

②「十二因緣者 極爲甚深，非是 常人所能明曉。……非 常人所能宣暢。」

⇨(增49-5大2-797c^{-6}f.；798a^{-9}f.)

③「十二緣甚深，　難見難識知；　唯佛能善覺：　因是 有(是，因是) 無(是)。」⇨(長1大1-8a^{-10}f.)

④「賢聖、出世、空相應 緣起隨順法。」⇨(雜293大2-83c⁴f.)

cf.(雜1258大2-345b¹³f.)

§6-1-2 【眾生 難以信解、受持、修習緣起法】

①「由眾生異忍、異見、異受、異學，依彼異見 各樂所求，各務所習；是故，於此甚深因緣不能解了。」⇨(長1大1-8b⁻¹³f.)

② "Ālayarāmā kho pan'ayam pajā ālayaratā ālayasamuditā, ālayarāmāya kho pana pajāya ālayaratāya ālayasamuditāya duddasaṃ idaṃ ṭhānam, yad idam idapaccayatā paṭiccasamuppādo." ⇨(S 6,1 S i. 136¹¹f.)

③「當來比丘不修身、不修戒、不修心、不修慧，聞 如來所說修多羅 —甚深、明照 空相應、隨順緣起法— 彼不頓受持、不至到受(♣遍受)， 聞彼說者不歡喜崇習；而於世間眾雜異論、文辭綺飾、世俗雜句，專心頂受，聞彼說者，歡喜崇習，不得出離饒益。」⇨(雜1258大2-345b¹²f.)

§6-2-1 【學佛、學法、學僧→ 聞、思、修、證緣起法】

①「(過去)七佛 於十二緣起 逆、順觀察，自知、自覺成等正覺。」

⇨(雜287大2-80b⁻⁵~81a⁴ ；雜369大2-101b⁻⁶~c⁻¹⁰)

②「此(緣起法)是眞實教法顯現，斷生死流……乃至其人悉善顯現。」

⇨(雜348大2-98a⁻¹²f.)

③「尊者阿說示(Assaji)爲梵志舍利弗(Sāriputta paribbājaka)說此法門(dha=mmapariyāya)：

"Ye dhammā hetuppabhavā tesaṃ hetuṃ Tathāgato āha,

tesañ-ca yo nirodho evaṃ vādī mahāsamaṇo."」

⇨(V 2 a 1,(24) V i. 39⁻¹⁵~42⁵)

cf. ＊「諸法從緣起，　如來說是因；　彼法因緣盡，　是大沙門說。」

⇨(根本說一切有部 毘奈耶出家事 大23-1027c)

＊「諸法因緣生，　是法說因緣；　是法因緣盡，　大師如是說。」

⇨(大智度論 大25-136c⁴f.)

＊ Upatiṣya(舍利弗) 聞緣起偈，歸依佛。⇨(佛本行集經 大3-874cf.)

④「爾時，世尊告諸比丘：『今當說 因緣之法，(諦聽！)善思念之！修習其行！』」⇨(增49-5大2-797b-15f.)

§6-2-2【緣起法 爲見道、修道、證道之 樞紐】

① 五陰法門→ 六入處法門→ 尼陀那(因緣)法門→ 增上法(無常法門……) ⇨(雜200大2-51a-14~c3)

② 無常法門→ 無我法門→ 涅槃。⇨(雜270大2-71a1f.)

③ 先知法住→ 後知涅槃

「佛告須深：『不問汝知不知，且自先知法住，後知涅槃。彼諸善男子獨一靜處，專精思惟，不放逸住，離於我見，心善解脫。』　須深白佛：『唯願世尊爲我說法，令我得知法住智，得見法住智。』

♣1 佛告須深：『我今問汝，隨意答我。須深！於意云何？ 有生故 有老死，不離生 有老死耶？』　須深答曰：『如是，世尊！有生故 有老死，不離生 有老死。』 如是，生、有、取、愛、受、觸、六入處、名色、識、行、無明。『有無明故 有行，不離無明而 有行耶？』　須深白佛：『如是，世尊！有無明故 有行，不離無明而 有行。』

♣2 佛告須深：『無生故 無老死，不離生滅而 老死滅耶？』　須深白佛言：『如是，世尊！無生故無老死，不離生滅而老死滅。』如是，……乃至『無無明故 無行，不離無明滅而 行滅耶？』　須深白佛：『如是，世尊！無無明故 無行，不離無明滅而 行滅。』

佛告須深：『作如是知、如是見者，爲有離欲、惡不善法，……乃至身作證具足住不？』　須深白佛：『不也，世尊！』　佛告須深：『是名♣1 先知法住，♣2 後知涅槃。 彼諸善男子獨一靜處，專精思惟，不放逸住，離於我見，不起諸漏，心善解脫。』

佛說此經已，尊者須深遠塵離垢，得法眼淨。爾時，須深見法、得法、覺法、度疑，不由他信，不由他度，於正法中心得無畏。」

⇨(雜347大2-97b11f.)

§6-3-1 【正聞緣起法】

①〖因緣法 ∽ 緣生法〗

「爾時，世尊告諸比丘：『我今當說因緣法及緣生法。 ⑴云何爲因緣法？ 謂此有故彼有：謂 緣無明行，緣行識，……乃至如是如是純大苦聚集。

⑵云何緣生法？ 謂 無明、行……(生、老死)。 若佛出世，若未出世，此法常住，法住法界。 彼如來自所覺知 成等正覺，爲人演說，開示顯發，謂 緣無明有行……乃至緣生有老死。 若佛出世，若未出世，此法常住，法住法界。彼如來自覺知，成等正覺，爲人演說，開示顯發，謂緣生故，有老、病、死、憂、悲、惱苦。 此等諸法，法住、法空(♣定)、法如、法爾，法不離如，法不異如，審諦、眞實、不顚倒，如是隨順緣起，是名緣生法。謂無明、行、識、名色、六入處、觸、受、愛、取、有、生、老、病、死、憂、悲、惱苦，是名緣生法。

多聞聖弟子於此因緣法、緣生法正知善見，不求前際，言：『我過去世若有、若無？我過去世何等類？我過去世何如？』不求後際，(言)：『我於當來世爲有、爲無？云何類？何如？』※內[1] 不猶豫：『此是何等？ 云何有此 爲前？誰終 當云何之？此眾生從何來？於此沒 當何之？』

若沙門、婆羅門起凡俗見所繫 —謂 說我見所繫、說眾生見所繫、說壽命見所繫、忌諱吉慶見所繫— 爾時悉斷、悉知，斷其根本，如截多羅樹頭，於未來世，成不生法。是名多聞聖弟子於因緣法、緣生法如實正知。」

⇨(雜296大2-84b[13]f.)

"Katamo ca bhikkhave paṭicca-samuppādo?

Jātipaccayā bhikkhave jarāmaraṇam uppādā vā Tathāgatānaṁ anuppādā vā Tathāgatanaṁ, ṭhitā va'sā dhātu dhammaṭṭhitatā dhammaniyāmatā idappaccayatā. Taṃ Tathāgato abhisambujjhati abhisameti, abhisambujjhitvā abhisametvā ācikkhati deseti paññāpeti paṭṭhapeti vivarati vibhajati uttānīkaroti 'passathâ' ti câha.……

Avijjāpaccayā bhikkhave saṅkhārā. Iti kho bhikkhave yā tatra tathāta avitathāta anaññathatā idappaccayatā, ayaṁ vuccati bhikkhave paṭiccasamuppādo.

※1 「內」指 前、後際之間，亦卽「現在」/「現世」。

Katame ca bhikkhave paṭiccasamuppannā dhammā?

Jarāmaraṇaṁ bhikkhave aniccaṁ saṅkhataṁ paṭiccasamuppannaṁ kha=yadhammaṁ vayadhammaṁ virāgadhammaṁ nirodhadhammam.……”

⇨(S 12,20 S i. 25[17]f.)

②【緣起法之 法說(desanā)義說(vibhajanā)】

「爾時，世尊告諸比丘：『我今當說緣起法法說、義說；諦聽！善思！當爲汝說。(1)云何緣起法 法說？ 謂 此有故彼有，此起故彼起；謂 緣無明行，……乃至純大苦聚集；是名 緣起法 法說。

(2)云何義說？ 謂 緣無明行者，彼云何無明？ 若不知前際、不知後際、不知前後際，不知於內、不知於外、不知內外，不知業、不知報、不知業報，不知佛、不知法、不知僧，不知苦、不知集、不知滅、不知道，不知因、不知因所起法，不知善、不善，有罪、無罪，習、不習，若劣、若勝，染汚、清淨，分別〔、不分別〕，緣起〔、非緣起〕皆悉不知；於六觸入處，不如實覺知；於彼彼不知、不見、無無間等、癡闇、無明、大冥，是名 無明。

緣無明行者，云何爲行？（謂）行有三種— 身行、口行、意行。

緣行識者，云何爲識？ 謂 六識身— 眼識身、耳識身、鼻識身、舌識身、身識身、意識身。

緣識名色者，云何名？ 謂 四無色陰— 受陰、想陰、行陰、識陰。 云何色？ 謂 四大、四大所造色，是名爲色；此色及前所說名是爲名色。

緣名色六入處者，云何爲六入處？ 謂 六內入處— 眼入處、耳入處、鼻入處、舌入處、身入處、意入處。

緣六入處觸者，云何爲觸？ 謂 六觸身 —眼觸身、耳觸身、鼻觸身、舌觸身、身觸身、意觸身。

緣觸受者，云何爲受？ 謂 三受— 苦受、樂受、不苦不樂受。

緣受愛者，彼云何爲愛？ 謂 三愛— 欲愛、色愛、無色愛。

緣愛取者，云何爲取？（謂）四取— 欲取、見取、戒取、我取。

緣取有者，云何爲有？（謂）三有— 欲有、色有、無色有。

緣有生者，云何爲生？ 若彼彼眾生，彼彼身種類生，超越和合出生，得陰、得界、得入處、得命根，是名爲生。

緣生老死者，云何爲老？ 若髮白露頂，皮緩根熟，支弱背僂，垂頭呻吟，短氣前輸，拄杖而行，身體黧黑，四體班駁，闇鈍垂熟，造行艱難羸劣，是名爲老。　　云何爲死？ 彼彼衆生，彼彼種類 沒、遷移、身壞、壽盡、火離、命滅，捨陰時到，是名爲死。此死及前說老，是名老死。

是名 緣起(法) 義說。』」⇨(雜298大2-85a[12]f.)

cf. (中97大因經 大1-578b[7] ~582b[5])

(長13大緣方便經 大1-60a[-1] ~62b[-3])

(大正No.14 佛說人本欲生經 大1-241c[-5] ~246[-2])

(大正No.52 大生義經大1-844b[12] ~846b[-1])

(D 15 Mahā-nidāna suttanta D ii.55[3] ~71[-1])

(中201 嗏帝經大1-766c[1] ~770a[-2])

(M 38 Mahā-taṅhā saṅkhaya sutta M i.256[12] ~271[5])

③〖賢聖、出世、空相應 緣起隨順法〗⇨(雜293大2-83c[1]f.)

∾「如來所說修多羅　甚深、明照、空相應 隨順緣起法」

⇨(雜1258大2-345b[1]f.)*cf.* ‹p.5-65 五.§6-1-2③›

"Ye te suttantā Tathāgatabhāsitā gambhīrā gambhīratthā lokuttarā suññatapaṭisaṁyuttā." ⇨(S 20,7 S ii.267[6]f.)

④「此緣生法(♣緣起法)卽是諸佛根本法，爲諸佛眼，是卽諸佛所歸趣處。」

⇨(大正No.52大1-845b[-10]f.)

⑤「若見緣起，便見法；若見法，便見緣起。」⇨(中30大1-467a[-12]f.)

"Vuttaṁ kno pan' etaṁ Bhagavatā:

Yo paṭiccasamuppādaṁ passati so dhammaṁ passati;

yo dhammaṁ passati so paṭiccasamuppādaṁ passatî ti."

⇨(M 28 M i.190[-1]f.)

∾ "Yo kho Vakkali dhammam passati so mam passati,

yo mam passati so dhammam passati.

Dhammaṁ hi Vakkali passanto mam passati,

mam passanto dhammam passati."

⇨(S 22.87 S iii.120[-7]f.∾ 雜1265大2-346b[-1]f.)

⑥〖緣起法 ∾ 俗數法 ∾ 第一義空法〗

「爾時，世尊告諸比丘：『我今當爲汝等說法，初、中、後善， 善義、善味，純一滿淨，梵行清白，所謂 第一義空經。諦聽！善思！當爲汝說。　云何爲第一義空經？

諸比丘！眼生時無有來處，滅時無有去處；如是眼不實而生，生已盡滅，有業報而無作者，此陰滅已，異陰相續，除俗數法；耳、鼻、舌、身、意亦如是說，除俗數法。

俗數法者，謂 此有故彼有，此起故彼起；如 無明緣行，行緣識，……廣說乃至純大苦聚集起。

又復，此無故彼無，此滅故彼滅，無明滅故行滅，行滅故識滅，……如是廣說，乃至純大苦聚滅。比丘！是名 第一義空法經。』」

⇨(雜335大2-92c[13]f.)(增37-7大2-713c[13]f.)

⑦〖緣生法〗："Avijjā[12] bhikkhave aniccā saṅkhatā paṭiccasamuppannā khayadhammā vayadhammā virāgadhammā nirodhadhammā, ime vuccanti bhikkhave paṭiccasamuppannā dhammā." ⇨(S 12,20 S ii.26[-14]f.)

⑧〖緣起支〗

♣

緣起支→ 支數(出處)↓	無明	行	識	名色	六入	觸	受	愛	取	有	生	老死
	○											○
2 (雜292)	「因集故苦集。」											
								○	○		○	
3 (S.46,26)	taṇhakkhayā kammakkhayo kammakkhayā dukkhakkhayo ti											
	○							○			○	○
4 (雜937)	「無明所蓋，愛繫其頸，長夜生死流轉。」											
5 (雜285)								愛→	取→	有→	生→	老死
6 (雜 65)							受→	愛→	取→	有→	生→	老死
7 (D.1)						觸→	受→	愛→	取→	有→	生→	老死
8 (雜352)					六入→	觸→	受→	愛→	取→	有→	生→	老死
9 (S.12.11)	無明→	行→	識→	名色→	六入→	觸→	受→	愛→	四食			
10 (雜287)			識→	名色→	六入→	觸→	受→	愛→	取→	有→	生→	老死
11 (雜362)		行→	識→	名色→	六入→	觸→	受→	愛→	取→	有→	生→	老死
12 (雜298)	無明→	行→	識→	名色→	六入→	觸→	受→	愛→	取→	有→	生→	老死

⑨〖其他 種種緣起〗

(1)【惡性循環緣】

「云何 有因、有緣、有縛法經？ 謂 眼有因、有緣、有縛。何等爲眼因、眼緣、眼縛？ 謂 眼業因、業緣、業縛；業有因、有緣、有縛。

何等爲業因、業緣、業縛？ 業(♣「業」衍文，宜刪) 謂 業愛因、愛緣、愛縛；愛有因、有緣、有縛。

何等爲愛因、愛緣、愛縛？ 謂 愛無明因、無明緣、無明縛；無明有因、有緣、有縛。

何等無明因、無明緣、無明縛？ 謂 無明不正思惟因、不正思惟緣、不正思惟縛； 不正思惟有因、有緣、有縛。

何等不正思惟因、不正思惟緣、不正思惟縛？ 謂 緣眼、色，生不正思惟，生於癡。緣眼、色，生不正思惟，生於癡，彼癡者是 無明； 癡求欲名爲 愛；愛所作名爲 業。

如是，比丘！不正思惟因(爲)無明，爲愛(♣「爲愛」衍文)，無明因(爲)愛，愛因爲業，業因爲 眼。 耳、鼻、舌、身、意亦如是說。是名 有因、(有)緣、有縛法經。』」⇨(雜334大2-92b^{-6}f.)

【有漏業報 惡性循環】表解：

♣ →無明(癡)→愛(癡求欲)→業(愛所作)→ 眼⑥ 色⑥ →不正思惟⑥ →（循環）

(2)【穢心緣】

「(天王 釋 Sakka)復問曰：『大仙人！念者 何因何緣？爲從何生？由何而有？復何因由 無有念耶？』 世尊聞已，答曰：『拘翼(Kosiya)！念者，因思、緣思，從思而生，由思故有。若無思者，則無有念。由念故有欲，由欲故有愛、不愛，由愛、不愛故有慳、嫉，由慳、嫉故有刀杖、鬪諍、憎嫉、諛諂、欺誑、妄言、兩舌，心中生無量惡不善之法，如是此純大苦陰生。若無思者，則無有念；若無念者，則無有欲；若無欲者，則無愛、不愛；若無愛、不愛者，則無慳、嫉；若無慳、嫉者，則無刀杖、鬪諍、憎嫉、諛諂、欺誑、妄言、兩舌，心中不生無量惡不善之法，如是此純大苦陰滅。』」⇨(中134大1-635b^{-7}f.)

(3)【廣分別「緣愛故則有受(♣取)」】

1.「阿難！是爲緣愛有受，緣受有有，緣有有生，緣生有老死，緣老死有愁慼，啼哭、憂苦、懊惱皆緣老死有，如此具足純生大苦陰。」⇨(中97大1-578c[2]f.) *cf.*(長13大1-60b[-3]f.)

2.「阿難！是爲緣愛有求，緣求有利，緣利有分，緣分有染欲，緣染欲有著，緣著有慳，緣慳有家，緣家有守。阿難！緣守故便有刀杖、鬪諍、諛諂、欺誑、妄言、兩舌，起無量惡不善之法，有如此具足純生大苦陰。」⇨(中97大-579a[1]f.) *cf.*(長13大1-60c[-11]f.)

(4)【入胎因緣】

"Channaṁ bhikkhave dhātūnaṁ(六界) upādāya gabbhassâvakkanti(入胎) hoti, okkantiyā sati nāmarūpaṁ(名色), nāmarūpapaccayā saḷāyatanaṁ(六處), saḷāyatanapaccayā phasso(觸), phassapaccayā vedanā(受)." ⇨(A 3,61 A i.176[-9]f.)

(5)【界相應— 種種差別事緣】⇨〈p.5-48 五.§3-1-2〉

(6)【受相應—無量受 皆有因緣】

「(爾時，世尊)告諸比丘：『我以初成佛時所思惟禪法少許禪分，於今半月，思惟作是念：諸有衆生，生受皆有因緣，非無因緣。 云何因緣？ 欲是因緣、覺是因緣、觸是因緣。　諸比丘！於欲不寂滅、覺不寂滅、觸不寂滅，彼因緣故，衆生生受；以不寂滅因緣故，衆生生受。彼欲寂滅、覺不寂滅、觸不寂滅，以彼因緣故，衆生生受；以不寂滅因緣故，衆生生受。彼欲寂滅、覺寂滅、觸不寂滅，以彼因緣故，衆生生受；以不寂滅因緣故，衆生生受。彼欲寂滅、覺寂滅、觸寂滅，以彼因緣故，衆生生受；以彼寂滅因緣故，衆生生受。

邪見因緣故，衆生生受；邪見不寂滅因緣故，衆生生受。邪志、邪語、邪業、邪命、邪方便、邪念、邪定、邪解脫、邪智因緣故，衆生生受；邪智不寂滅因緣故，衆生生受。正見因緣故，衆生生受；正見寂滅因緣故，衆生生受。正志、正語、正業、正命、正方便、正念、正定、正解脫、正智因緣故，衆生生受；正智寂滅因緣故，衆生生受。

若彼欲不得者得、不獲者獲、不證者證生，以彼因緣故，衆生生受；以彼寂滅因緣故，衆生生受。是名不寂滅因緣，衆生生受；寂滅因緣，衆生生受。」⇨(雜481大2-122b[-12]f.)

「然，優陀夷(Udāyi)！有二受 —欲受、離欲受。— 云何欲受？ 五欲功德因緣生受，是名欲受。 云何離欲受？ 謂 比丘離欲、惡不善法，有覺有觀，離生喜樂，初禪具足住，是名離欲受。若有說言：『眾生依此初禪，唯是爲樂，非餘。』者，此則不然。 所以者何？ 更有勝樂過於此故。

何者是？ 謂 比丘離有覺有觀，內淨，定生喜、樂，第二禪具足住，是名勝樂。如是……乃至非想非非想入處，轉轉勝說。若有說言：『唯有此處，乃至非想非非想極樂，非餘。』(者)，亦復不然。 所以者何？ 更有勝樂過於此故。

何者是？ 謂 比丘度一切非想非非想入處，想受滅 身作證具足住，是名 勝樂過於彼者。 若有異學出家作是說言：『沙門釋種子唯說想受滅是名 至樂。』(者)，此所不應。 所以者何？ 應當語言：『此非世尊所說受樂數，世尊說受樂數者，如說：「優陀夷！有四種樂。 何等爲四？謂 離欲樂、遠離樂、寂滅樂、菩提樂。」』」⇨(雜485大2-124a^{-3}f.)

(7)【食相應— 有情安住事緣】

「爾時，世尊告諸比丘：『有四食資益眾生，令得住世攝受長養。 何等爲四？ 一者 摶食，二者 觸食，三意思食，四 者識食。若比丘於此四食有喜、有貪，則識住增長；識住增長故，入於名色；入名色故，諸行增長；行增長故，當來有增長；當來有增長故，生、老、病、死、憂、悲、惱、苦集，如是純大苦聚集。

若於四食無貪、無喜，無貪、無喜故，識不住、不增長；識不住、不增長故，不入名色；不入名色故，行不增長；行不增長故，當來有不生不長；當來有不生長故，於未來世生、老、病、死、憂、悲、惱、苦不起，如是純大苦聚滅。』」⇨(雜374大2-102c^{-1}f.)

cf.(雜371~372,375~379大2-101c^{-5}ff.)

(8)【無始相應—「眾生無始生死緣」】⇨〈p.5-90f. 五.§6-3-2 ⑯之 (2)〉

(9)【修習相應— 涅槃緣】

「阿難！因持戒便得不悔，因不悔便得歡悅，因歡悅便得喜，因喜便得止，因止便得樂，因樂便得定。阿難！多聞聖弟子因定便得見如實、知如眞，因見如實、知如眞，便得厭，因厭便得無欲，因無欲便得解脫，因解脫便知解脫：生已盡，梵行已立，所作已辦，不更受有，知如眞。阿難！是爲法法相益，法法相因，如是此戒趣至第一，謂度此岸，得至彼岸。」

⇨（中42大1-485b[8]f.） *cf.*（中43～57大1-485b[-9]f.）

⑽【出家學道 思想修習緣】

「諸賢！緣眼及色，生眼識，三事共會，便有更觸；緣更觸便有所覺，若所覺便想，若所想便思，若所思便念，若所念便分別。 比丘者因是 念出家學道，思想修習，此中過去、未來、今現在法，不愛、不樂、不著、不住，是說苦邊。欲使、恚使、有使、慢使、無明使、見使、疑使、鬪諍、憎嫉、諛諂、欺誑、妄言、兩舌及無量惡不善之法，是說苦邊。如是，耳、鼻、舌、身，緣意及法 生意識，三事共會，便有更觸；緣更觸便有所覺，若所覺便想，若所想便思，若所思便念，若所念便分別。 比丘者因是 念出家學道，思想修習……」⇨（中115大1-604b[2]f.）

⑾【世界、人類、社會之 緣起】

⇨（增40-1大2-735c[13] ~737a[8] ；737a[9] ~[-9]；737a[-9] ~738a[7] ）

cf.（長30 世記經 -9.三災品 大1-137b[1] ~141a[-10]；

-11.三中劫品大1-144a[-11]f.~145a[3] ；

-12.世本緣品大1-145a[6] ~149c[-4]）

§6-3-2【思惟緣起法】

①〖思惟緣起之 前導〗

(1)(S 12,82 ~93 S ii.130ff.)：

爲 如實知老死……乃至 如實知 [1] 行，行之[2] 集、[3] 滅、[4] 道→

S 12,82：satthā pariyesitabbo(應遍求師)

83：sikkhā karaṇīya(應作學習)

84：yogo karaṇīyo(應作瑜伽)

85：chando karanīyo(應作《增上》欲)

86：ussoḷhī karaṇiyo(應作努力)

87：appaṭivānī karaṇīyā(應作不退轉)

88：ātappaṁ karaṇīyaṁ(應作熱心)

89：viriyaṁ karaṇīyaṁ(應作精進)

90：sātaccaṁ karaṇīyaṁ(應作堅忍)

91：sati karaṇīyā(應作具念)

92：sampajaññaṁ karaṇīyaṁ(應作正知)

93：appamādo karaṇīyo(應作不放逸)

(2)【當修無量三摩提、當勤方便修習禪思】

「爾時，世尊告諸比丘：『毗婆尸(Vipassin)佛未成正覺時，獨一靜處，專精禪思，作如是念：一切世間皆入生死，自生自熟，自滅自沒，而彼眾生於老死之上出世間道不如實知。即自觀察：何緣有此老死？如是正思惟觀察，得如實無間等起知：有生故有此老死，緣生故有老死。復正思惟：何緣故有此生？尋復正思惟無間等起知：緣有故有生……緣生老、病、死、憂、悲、惱、苦，如是純大苦聚集。』」⇨(雜366大2-101a^{-13}f.)

「爾時，世尊告諸比丘：『當勤方便修習禪思，內寂其心。所以者何？比丘禪思，內寂其心，精勤方便者，如是如實顯現。 云何如實顯現？ 老死如實顯現，老死集、老死滅、老死滅道跡如實顯現……』」

⇨(雜367大2-101b^{9}f.)

「爾時，世尊告諸比丘：『當修無量三摩提，專精繫念；修無量三摩提，專精繫念已，如是如實顯現。云何如實顯現？ 謂老死如實顯現……』」

⇨(雜368大2-101b^{-12}f.)

「爾時，世尊告諸比丘：『昔者毗婆尸佛未成正覺時，住菩提所，不久成佛，詣菩提樹下，敷草爲座，結跏趺坐，端坐正念，一坐七日，於十二緣起逆、順觀察，所謂此有故彼有，此起故彼起，緣無明行……乃至緣生有老死，及純大苦聚集；……純大苦聚滅。如毗婆尸佛，如是 尸棄(Sikin)佛、毗濕波浮(Vesabhū)佛、迦羅迦孫提(Kakusandha)佛、迦那迦牟尼(Konāg=amana)佛、迦葉(Kassapa)佛，亦如是說。』」⇨(雜369大2-101b^{-6}f.)

「一時，佛(釋迦牟尼佛)住 毗羅尼連禪河側大菩提所，不久當成正覺，往詣菩提樹下，敷草爲座，結跏趺坐，正身正念，……如前廣說。」

⇨(雜370大2-101c^{-9}f.)

~(3)「梵志！我持薦草往詣覺樹，布草樹下，敷尼師檀，結跏趺坐；(念：)『不破正坐，要至漏盡；我不破正坐，要至漏盡。』我正坐已，離欲、離惡不善之法，有覺、有觀，離生喜、樂，逮初禪成就遊； 是謂 我爾時，獲第一增上心，卽於現法得安樂居，易不難得，樂住無怖，安隱快樂，令昇涅槃。　復次，梵志！我覺、觀已息，內靜、一心，無覺、無觀，定生喜、樂，逮第二禪成就遊；　是謂　我爾時，獲第二增上心，卽於現法得安樂居，易不難得，樂住無怖，安隱快樂，令昇涅槃。　復次，梵志！我離於喜欲，捨無求遊，正念正智而身覺樂，　謂　聖所說、聖所捨，念、樂住空(♣室)，逮第三禪成就遊；是謂　我爾時獲第三增上心，卽於現法得安樂居，易不難得，樂住無怖，安隱快樂，令昇涅槃。　復次，梵志！我樂滅、苦滅，喜、憂本已滅，不苦不樂、捨、念、清淨，逮第四禪成就遊，是謂我爾時獲第四增上心，卽於現法得安樂居，易不難得，樂住無怖，安隱快樂，令昇涅槃。

復次，梵志！我已得如是定心清淨，無穢無煩，柔軟善住，得不動心，學憶宿命智通作證：　我有行、有相貌，憶本無量昔所經歷，謂　一生、二生、百生、千生、成劫、敗劫、無量成敗劫；彼眾生名某，彼昔更歷；我曾生彼，如是姓、如是字、如是生、如是飲食、如是受苦樂、如是長壽、如是久住、如是壽訖。此死生彼，彼死生此，我生在此，如是姓、如是字、如是生、如是飲食、如是受苦樂、如是長壽、如是久住、如是壽訖。是謂我爾時初夜得此第一明達，　以本無放逸，樂住遠離，修行精懃，謂無智滅而智生，　闇壞而明成，無明滅而明生，謂　憶宿命智作證明達。

復次，梵志！我已得如是定心清淨，無穢無煩，柔軟善住，得不動心，學於生死智通作證：我以清淨天眼出過於人，見此眾生死時生時，好色惡色，妙與不妙，往來善處及不善處，隨此眾生之所作業，見其如眞。若此眾生成就身惡(行)，口、意惡行，誹謗聖人，邪見，成就邪見業，彼因緣此，身壞命終，必至惡處，生地獄中。若此眾生成就身妙行，口、意妙行，不誹謗聖人，正見，成就正見業，彼因緣此，身壞命終，必昇善處，上生天中，是謂　我爾時中夜得此第二明達，　以本無放逸，樂住遠離，修行精勤，謂　無智滅而智生，闇壞而明成，無明滅而明生，謂　生死智作證明達。

復次，梵志！我已得如是定心清淨，無穢無煩，柔軟善住，得不動心，學於漏盡智通作證：我知此苦如眞，知此苦集、知此苦滅、知此苦滅道如眞；知此漏如眞，知此漏集、知此漏滅、知此漏滅道如眞。我如是知、如是見，欲漏心解脫，有漏、無明漏心解脫，　解脫已，便知解脫　—生已盡，梵行已立，所作已辦，不更受有，知如眞。—　是謂　我爾時後夜得此第三明達，以本無放逸，樂住遠離，修行精勤，謂 無智滅而智生，闇壞而明成，無明滅而明生，謂 漏盡智作證明達。」⇨（中157大1-679c10f.）

cf.（方廣大莊嚴經 大3-595af.）

②〖緣起 字義〗

(1) Ⓢ prātītya-samutpāda

「鉢剌底（prati-）：種種義，

醫底※界[1]（-itya）：不住義，不住由種種助故 變成『緣』；

參（saṁ-）：聚集義，

嗢（ut-）：上升義，

鉢地※界[1]（pāda）：行義；由 嗢爲先行 變成『起』。

此說：種種緣 和合已，令 諸行法 聚集 昇起，是『緣起』義。」

⇨（俱舍論卷9 大29-50c12f.）

(2) Ⓟ paṭicca-samuppāda

1. paticca〔<paṭi＋√i〕a. grounded on; b.concerning

〔paṭi- ＝ Ⓢ prati-〕to express at every or on every

⇨（M.W. Skt-E Dict.661b）

〔√i＝ eti〕to go, to come, to reach, to appear.

⇨（M.W. Skt-E dict.163c）

2. sam-② together with;

〔connected with sama-② right ; equal ; same〕

⇨（M.W. Skt-E dict.1152a）

3. uppāda②〔<ud①/ ut＋√pad②〕coming into existence, appearence.

⇨（P.T.S.PE-Dict.152a）

〔ud-①〕(rise) up, out（出現、孵出）.

⇨（M.W. Skt-E Dict.183a）

〔√pad②〕to go, participate in, to cause to fall）

⇨（M.W. Skt-E Dict.582c）

1.+2.+3.＝arising on the grounds of (preceding causes).

⇨（P.T.S.' PE Dict.394a）

※1 界(dhātu)指 字界/ 字根。

③〖緣起 同義字〗

「因、集、生、觸。」⇨(雜292大2-82c⁻⁹)

“nidāna(因緣), samudaya(集起), jātika(所生), pabhava(顯現).”

⇨(S 12,51 S ii.81[12])

「因、集、生、轉。」⇨(雜57大2-14a[14])

「根本、集、生、起。」⇨(雜749大2-198b⁻²f.)

「本、生、習、起、因、緣。」⇨(雜913大2-230a[11]f.)

④〖緣起 法則〗(paṭicca- samuppāda-naya)

「所謂 此有故彼有，此生故彼生，謂 緣無明有行……乃至生、老、病、死、憂、悲、惱、苦集；所謂 此無故彼無，此滅故彼滅，謂 無明滅則行滅……乃至生、老、病、死、憂、悲、惱、苦滅。」⇨(雜262大2-67a[4]f.)

「所謂 有是故是事有，是事有故是事起， 所 謂 緣無明(有)行……緣生(有)老、病、死、憂、悲、惱、苦，如是如是純大苦聚集；〔所謂 無是故是事無，是事無故是事沒，所 謂 緣無明有行……緣生有老、病、死、憂、悲、惱、苦，如是〕乃至如是純大苦聚滅。」⇨(雜293大2-83c[5]f.)

cf.(雜853大2-217c[10 ~14])

「所謂 因緣法者，緣是有是，無是則無；所謂無明緣 行……(乃至)死緣 愁、憂、苦、惱，不可稱計。」⇨(增51-8大2-819c⁻¹³f.)*cf.*(增37-7大2-713⁻¹²f.)

“Dhamman te desessāmi(余為汝等說法：「):

※Imasmiṁ[1] ※sati[2] , ※idaṁ[3] ※hoti[4] (♣於此[1] ♣存在時[2] , ♣斯[3] ♣有[4] ；);

※imass'[5] ※uppādā[6] idam ※upajjati[7] (♣由此[5] ♣生故[6] , ♣斯[3] ♣生起[7] 。).

imasmiṁ asati, idaṁ na hoti(於此不存在時，斯無有；);

imassa nirodhā imaṁ nirujjhatî ti(由此滅故，斯消滅。」云云).”

⇨(M 79 M ii.32[5]f.; S 12,21 S ii.p.28[7]f.)

※1 近身指示代名詞 單數 處格 nt.〔idaṁ>〕imasmiṁ…；m.〔ayaṁ>〕imasmiṁ…；f.〔ayaṁ>〕imāya…。 ※2 動詞(√as《to be 存有/ 在/ 有》)之 現在分詞 處格。 ※3 近身指示代名詞 單數 主格 nt. idaṁ…；m. ayaṁ；f. ayaṁ。 ※4 動詞(√bhū《to become 變化/ 轉成/ 轉而成為有 》)之 現在式 單數。 ※5 近身指示代名詞 單數 所有格 nt.〔idaṁ>〕imassa…；m.〔ayaṁ>〕massa…；f.〔ayaṁ>〕imāya…。 ※6 m.名詞(uppāda 生/ 生起)之 從格(ablative ♣表示原因)。 ※7 動詞 現在式 單數。

⑤〖經句 舉例〗：

「生有故 老死有，生緣故 老死有．……生無故　老死無，生滅故　老死滅。」

⇨（雜287大2-80b^{-2}；c^{8}f.）

“※Jātiyā kho sati jarāmaraṇaṁ hoti[1] , jātipaccayā jarāmaraṇan ti.……

Jātiyā kho asati jarāmaraṇaṁ na hoti, jātinirodhā jarāmaraṇanirodho

ti.” ⇨（S 12,65 S ii.p.104^{16}f.；105^{10}f.）

「緣無明 行。」⇨（雜296大2-84b^{15}）

“avijjāpaccayā saṅkhārā uppādā.（諸行之生《是》緣無明故。）”

⇨（S 12,20 S ii.25^{-4}f.）

“avijjāpaccayā saṅkhārā（諸行《是》緣無明。/ 緣無明故《有》行。）

⇨（S 12,65 S ii.65^{7} ）

「然彼名色 緣識生。」⇨（雜288大2-81a^{-5}f.）

“api ca viññāṇapaccayā nāmarūpan ti.” ⇨（S.12,67 S ii.114^{5}f.）

cf.「於彼彼法起彼彼法，生彼彼法，滅彼彼法。」⇨（雜292大2-83b^{-11}f.）

“Saṅkhārā avijjānidānā avijjāsamudaya avijjājātikā avijjāpabhāvā.（諸行 無明因、無明集、無明生、無明轉現）⇨（S 12,11 S ii.12^{-11}f.）

cf.（雜371大2-101c^{-2}f.）

⑥〖此法常住，法住、法界……法住、法空（♣「空」應作：「定」）、法如、法爾、法不離如、法不異如。〗⇨（雜296大2-84b^{-13}f.）

※1	十二支緣所生法之 名詞及其 近身指示代名詞
m.	[2] saṅkhārā(pl.nom.)saṅkhāresu(pl.loc.); [6] phasso(sg.nom.) phasse(sg.loc.);[10]bhavo(sg.nom.)bhave(sg.loc.)〔 ♣ demon.pron. ayaṁ(sg.nom.)imasmiṁ(sg.loc.);ime(pl.nom.)imesu(pl.loc.)〕
nt.	[3] viññāṇaṁ(sg.nom.)viññāṇe (sg.loc.);[4] nāmar paṁ(sg.nom.) nāmarūpe(sg.loc.);[5] saḷāyatanaṁ(sg.nom.)saḷāyatane(sg.loc.) [9] upādānaṁ(sg.nom.)upādāne(sg.loc.);[12]jarāmaraṇaṁ(sg.nom.) jarāmaraṇe(sg.loc.)〔 ♣ idaṁ(sg.nom.)imasmiṁ(sg.loc.)〕
f.	[1] avijjā(sg.nom.)avijjāya(sg.loc.);[7] vedanā(sg.nom.) vedanāya(sg.loc.);[8] taṇhā(sg.nom.)taṇhāya(sg.loc.); [11]jāti(sg.nom.)jātiyā(sg.loc.)〔 ♣ ayaṁ(sg.nom.)imaya(sg.loc.)〕

" ' Jātipaccayā bhikkhave jarāmaraṇaṁ. ' uppādā vā Tathāgatānam anuppādā vā Tathāgatānaṁ, thitā va sā dhātu dhammaṭṭhitatā
dhammaniyāmatā
idappaccayatā.……

' Avijjāpaccayā bhikkhave saṅkhārā. ' Iti kho bhikkhave yā tatra
tathatā
avitathatā
anaññathatā
idappaccayatā." ⇨(S 12,20 S. ii.p.25[19]f. ; 26[4]f.)

♣【dhammaṭṭhitatā(法住性)】: establishing of causes and effects. ⇨(P.T.S.' PE Dict.338b)

【dhammaniyāmatā(法定性)】: certainty, or orderliness of causes and effects.⇨(ibid.)

【idappaccayatā(此緣性)】:(adv.)from an ascertained cause, by way of cause.⇨(id.384b)

【tathatā(如性)】:(f.)〔abstract from tathā >tatha〕 state of being such, such-likeness, similarity, correspondence.
⇨(id.296a)∽ (nt.)tathatta

【avitathatā(不違 如性)】:〔a-vi-tathatā〕

【anaññathatā(不異 如性)】:(f.)〔<an-aññathā＋tta(nt.)<an-aññā(adv.) ＋ thā〕⇨(P.T.S.' PE Dict.14a)

♣【如　　性】A(因) ＋ B(緣) ＝ C(果) 由如是不多不少之因緣而有如此結果。
【不違如性】A　　＋ B　　→ C　　於諸因緣具備之剎那，無有不生果。
【不異如性】A　　＋ B　　≠ C'… 由一定之因緣得一定之果，無他果。
⇨＊(VM 518[-14]f.)

⑦〖緣生法(paṭicca-samuppanna 由緣所生之法)〗

♣ samuppanna〔samuppajjati 之 pp.〕→ adj.

(1)「若佛出世，若未出世，此法常住，法住法界；彼如來自覺知，成等正覺，為人演說、開示、顯發，謂 緣生故 有老、病、死、憂、悲、惱、苦。此等諸法，法住、法空(♣ 定)、法如、法爾、法不離如、法不異如，審諦、眞實、不顚倒，如是隨順緣起，是名 緣生法。謂 無明、行、識、名色、六入處、觸、受、愛、取、有、生、老、病、死、憂、悲、惱、苦，是名緣生法。」⇨(雜296大2-84b^{-11}f.)

"Katame ca bhikkhave paṭiccasamuppannā dhammā?

Jarāmaraṇaṁ[12] bhikkhave aniccaṁ saṅkhataṁ paticcasamuppannaṁ khayadhammaṁ vayadhammaṁ virāgadhammaṁ nirodhadhammam.……"

⇨(S 12,20 S i. 2^{-14}f.)

(2)「世尊告彼比丘：『諦聽！善思！當爲汝說。有 二法，何等爲二？ 眼、色爲二。 如是廣說……乃至非其境界故。 所以者何？ 眼、色緣 生眼識，三事和合 觸，觸俱生 受、想、思； 此四無色陰(及) 眼、色，此等法名爲 人。於斯等法 作人想、眾生、那羅、摩㝹闍、摩那婆、士夫、福伽羅、耆婆、禪頭。

又如是說：『我眼見色，我耳聞聲，我鼻嗅香，我舌嘗味，我身覺觸，我意識法。』彼施設又如是言說：『是尊者如是名，如是生，如是姓，如是食，如是受苦樂，如是長壽，如是久住，如是壽分齊。』比丘！是則爲想，是則爲誌，是則言說，此諸法皆悉無常、有爲、思願、緣生。」

⇨(雜306大2-87c^{-6}f.)*cf.* 〈P.5-142 五.§10-3-3〉

⑧〖非四作之 緣生法〗

(1)「尊者舍利弗問 尊者摩訶拘絺羅：『云何，尊者摩訶拘絺羅！有老不？』答言：『有。』 尊者舍利弗復問：『有死不？』 答言：『有。』 復問：『云何，老死自作耶？爲他作耶？爲自他作耶？爲非自非他無因作耶？』答言：『尊者舍利弗！老死 非自作、非他作、非自他作、亦非 非自他作無因作；然彼生緣故有 老死。 如是，生、有、取、愛、受、觸、六入處……『名色爲自作、爲他作、爲自他作、爲非自他無因作？』 答言：『尊者舍利弗！名色非自作、非他作、非自他作、非 非自他作無因作； 然彼名色緣 識生。』 復問：『彼識爲自作、爲他作、爲自他作、爲非自非他無因作？』 答言：『尊者舍利弗！ 彼識非自作、非他作、非自他作、非 非自他作無因作；然彼識緣 名色生。』

尊者舍利弗復問：『尊者摩訶拘絺羅！先言：「名色非自作、非他作、非自他作、非 非自他作無因作；然彼名色緣識生。」 而今復言：「名色緣識。」此義云何？』 尊者摩訶拘絺羅答言：『今當說譬，如智者因譬得解。譬如 三蘆立於空地，展轉相依，而得竪立。 若去其一，二亦不立；若去其二，一亦不立；展轉相依，而得竪立。 識緣名色，亦復如是，展轉相依，而得生長。』」⇨(雜288大2-81a[15]f.)

(2)「佛告阿支羅迦葉(Acela-Kassapa)：『隨汝所問。』 阿支羅迦葉白佛言：『云何 瞿曇(Gotama)！苦自作耶？』 佛告迦葉：『苦自作者，※此是無記[1]。』 迦葉復問：『云何 瞿曇！苦他作耶？』 佛告迦葉：『苦他作者，此亦無記。』 迦葉復問：『苦自他作耶？』 佛告迦葉：『苦自他作，此亦無記。』 迦葉復問：『云何瞿曇！苦非自非他無因作耶？』 佛告迦葉：『苦非自非他無因作者，此亦無記。』 迦葉復問：『云何無因作者(♣「無因作者」四字衍文) 瞿曇！所問苦自作耶？答言：無記；他作耶？自他作耶？非自非他無因作耶？ 答言：無記。今無此苦耶？』 佛告迦葉：『非無此苦，然有此苦。』

迦葉白佛言：『善哉！瞿曇！說有此苦，爲我說法，令我知苦、見苦。』 佛告迦葉：『若受卽自受者，我應說 苦自作；若他受他卽受者，是則(苦)他作； 若受自受他受，復與苦者，如是者(苦)自他作。 我亦不說若不因自他 —無因而生苦— 者，我亦不說。 ※離此諸邊，說其中道，如來說法[2]：此有故彼有，此起故彼起；謂 緣無明行，…… 乃至純大苦聚集；無明滅則行滅，……乃至純大苦聚滅。』」

佛說此經已，阿支羅迦葉遠塵離垢，得法眼淨。時，阿支羅迦葉見法、得法、知法、入法，度諸狐疑，不由他知、不由他度，於正法、律心得無畏，合掌白佛言：『世尊！我今已度。我從今日，歸依佛、歸依法、歸依僧，盡壽作優婆塞，證知我。』」⇨(雜302大2-86a[13]f.)

(3)「時，諸外道出家問尊者浮彌(Bhūmija)：『苦樂自作耶？』 尊者浮彌答言：『諸外道出家說「苦樂自作。」者，世尊說言：「此是無記。」』 復問：『苦樂他作耶？』 答言：『「苦樂他作。」者，世尊說言：「此是無記。」』 復問：『苦樂自他作耶？』 答言：『「苦樂自他作。」者，世尊說言：「此是無記。」』 復問：『苦樂非自非他 —無因作耶？』答

※1《S 12,17》作：‘Mā h'evaṁ 實勿如此《說》！’⇨(S ii .19[-4]) ※2 ‘Ete te Kassapa ubho ante anupagamma majjhena Tathāgato dhammaṁ deseti:…(迦葉！如來離斯等兩極端，以中正爲汝說法：…)’⇨(S ii .20[-4]f.)

言：『「苦樂非自非他 —無因作。」者，世尊說言：「此是無記。」』

諸外道出家復問：『云何 尊者浮彌！苦樂自作耶？ 說言：無記。苦樂他作耶？ 說言：無記。 苦樂自他作耶？ 說言：無記。 苦樂非自非他 — 無因作耶？說言：無記。 今沙門瞿曇說苦樂云何生？』 尊者浮彌答言：『諸外道出家！世尊說：「苦、樂從緣起生。」』 時，諸外道出家聞尊者浮彌所說，心不歡喜，呵責而去。……

尊者舍利弗言：『尊者浮彌！汝之所說，實如佛說，不謗如來，如說說、如法說、法行法說，不爲餘因論義者來難詰呵責。 所以者何？ 世尊說 苦樂從緣起生故。 尊者浮彌！彼諸沙門、婆羅門所問苦樂自作者，彼亦從因起生；言不從緣起生者，無有是處。苦樂他作、自他作、亦(♣「亦」宜作「非」)自非他— 無緣(♣因)作說者，彼亦從緣起生；若言 不從緣生者，無有是處。 尊者浮彌！彼諸沙門、婆羅門所說苦樂自作者，亦緣觸(phassapaccayā)生；若言不從觸生者，無有是處。苦樂他作、自他作、非自非他無因作者，彼亦緣觸生；若言不緣觸生者，無有是處。』」

⇨(雜343大2-93c[2]f.)

∾「爾時，世尊告諸比丘：『何所有故，何所起，何所繫著，何所見我，令諸眾生作如是(惡)見、如是(邪)說：「無力、無精進、無力精進、無士夫方便、無士夫精勤、無士夫方便精勤、無自作、無他作、無自他作；……」』」⇨ (雜155大2-44a[2]f.)

∾「時，有婆羅門來詣佛所，與世尊面相慰勞已，於一面住，白佛言：『眾生非自作、非他作。』 佛告婆羅門：『如是論者，我不與相見。汝今自來，而言我非自作、非他作？』 婆羅門言：『云何 瞿曇！眾生爲自作、爲他作耶？』 佛告婆羅門：『我今問汝，隨意答我。婆羅門！於意云何？ 有眾生方便界，令諸眾生知作方便耶？』 婆羅門言：『瞿曇！有眾生方便界，令諸眾生知作方便也。』 佛告婆羅門：『若有方便界，令諸眾生知有方便者，是則眾生自作、是則他作。婆羅門！於意云何？有眾生安住界、堅固界、出界、造作界，令彼眾生知有造作耶？』 婆羅門白佛：『有眾生安住界、堅固界、出界、造作界，令諸眾生知有造作。』 佛告婆羅門：『若彼安住界、堅固界、出界、造作界，令諸眾生知有造作者，是則眾生自作、是則他作。』婆羅門白佛：『有眾生自作、有他作，……』」

⇨(雜459大2-117c[3]f.)

⑨〖十不緣起〗♣

(1)【不有不無 之緣起】

♣〖就緣起說有、無；離緣起，無 絕對有、絕對無。〗

「佛告蹴陀迦旃延：『世間有※二種依[1] ，※若有[2] 、※若無[3] ， 爲取所觸[4] ；取所觸故，或依有，或依無。若無此取者，心境、繫、著使 不取、不住、不計我；「苦生而生，苦滅而滅。」於彼不疑、不惑，不由於他而自知； 是名 正見，是名 如來所施設正見。所以者何？(於)「世間集」如實正知見，若(言 ：)「世間無。」者，不有； (於)「世間滅」如實正知見，若(言：)「世間有。」者 無有。是名 離於二邊說於中道；所謂 此有故彼有，此起故彼起，謂 緣無明 行，……』」⇨(雜301大2-85c^{-10}f.)

(2)【不生不滅 之緣起】

♣〖依緣起而有生、滅； 生不實生，滅不實滅。〗

「眼 生時無有來處，滅時無有去處； 如是，眼不實而生，生已盡滅，有業報而無作者；此陰滅已，異陰相續，除俗數法。耳、鼻、舌、身、意亦如是說，除俗數法。

俗數法者，謂 此有故彼有，此起故彼起；如 無明緣行，行緣識，……廣說乃至純大苦聚集起。

又復，此無故彼無，此滅故彼滅；(如)無明滅故行滅，行滅故識滅，……如是廣說，乃至純大苦聚滅。比丘！是名第一義空法經。」

⇨(雜335大2-92c^{-14}f.)

＊ ∾《中論卷一》「諸法不自生，亦不從他生，

不共不無因，是故知無生。」⇨(大30-2b[6]f.)

cf.(雜302大2-86a[13]f.)〈p.5-82 五.§6-3-2 之⑦〉

(3)【不常不斷 之緣起】

〖依緣起：因滅果生是 無常，因果相續是 不斷。〗

「時，有異婆羅門來詣佛所，……白佛言：『云何 瞿曇！爲 自作自覺耶？』佛告婆羅門：『我說此是無記；「自作自覺。」此是 無記。』『云何 瞿曇！他作他覺耶？』 佛告婆羅門：『「他作他覺。」此是 無記。』 婆羅門

※1 dvayanissito 依止兩種(極端)。 ※2 atthitañ ca 若有性。

※3 n'atthitañ ca 若無性。 ※4 upāy'upādānâbhinivesa-vinibandho 近依、取著、現貪、繫著(若有、若無)。

白佛：『云何 我問「自作自覺。」 說言：無記；「他作他覺。」說言：無記，此義云何？』

佛告婆羅門：『自作自覺，則墮常見；他作他覺，則墮斷見。義說、法說，離此二邊，處於中道而說法；所謂 此有故彼有，此起故彼起；緣無明行，……』」⇨(雜300大2-85c^{4}f.＝ S 12.46 S ii.75^{-4}f.)

cf.「阿難！(對犢子梵志 Vacchagotta而言，)若說『有我。』卽墮常見，若說『無我。』卽墮斷見； 如來說法 —捨離二邊，會於中道。— 以此諸法壞故不常，續故不斷；不常、不斷。因是有是，因是生故 彼則得生，若因不生則彼不生；是故，因於無明 則有行生……無明滅則行滅……」

⇨(別雜195大2-444c^{14}f.)

⑷【不一不異 之緣起】

♣〖因不卽是果，果不卽是因；然 因待果立，果依因生；因果不相離。〗

「爾時，世尊告諸比丘：『我當爲汝等說法，初、中、後善，善義善味，純一清淨，梵行清白，所謂 大空法經。諦聽！善思！當爲汝說。

云何爲大空法經？ 所謂 此有故彼有，此起故彼起；謂 緣無明 行，緣行 識，……乃至純大苦聚集。緣生 老死者，若有問言：『彼誰老死？老死屬誰？』 彼則答言：『※我卽老死[1] ，※今老死屬我 —老死是我所[2] 。』(如此與)言：『※命卽是身[3] 。』 或言：『※命異身異[4] 。』此則一義，而說有種種。

若見言：『命卽是身。』彼梵行者所無有。 若復見言：『命異身異。』梵行者所無有。 於此二邊，心所不隨，正向中道；賢聖出世，如實不顚倒正見，謂 緣生老死，……』」⇨(雜297大2-84c^{12}f.≒ S 12.35 S ii.60^{-3}f.)

⑸【不來不去 之緣起】

♣〖依緣起，果生時 無不變之因來到果中；果滅時 無不變之果復歸因。因果依緣變化無常，因果依緣相屬；因果之間 不實來、不實去。〗

「比丘！譬如兩手和合相對作聲；如是，緣眼、色 生眼識，三事和合觸。 觸

※1 「我卽老死」則 我與老死「是一」。※2 「今老死屬我 —老死是我所」則 我與老死是「相異」；老死不卽是我，老死屬我，是我所而已。

※3 「命卽是身」則 命與身「不異」。 ※4 「命異身異」則 命與身「不一」；命與身相屬，命屬身或 身是命所有。

俱生受、想、思，此等諸法非我、非常；是無常之我，非恆，非安隱、變易之我。 所以者何？ 比丘！謂 生、老、死、沒、受生之法。比丘！諸行如幻、如炎，剎那時頃 盡朽，不 實來、實去。是故，比丘！於空諸行 當知、當喜、當念：空諸行，常、恆、住、不變易法空，無我、我所。」

⇨(雜273大2-72c^{8}f.)

「眼 生時無有來處，滅時無有去處；如是，眼不實而生，生已盡滅……」

⇨(雜335大2-92c^{-14}f.)

⑩〖賢聖、出世、空相應 緣起隨順法〗

(1)「爾時，世尊告異比丘：『我已度疑，離於猶豫，拔邪見刺，不復退轉。心無所著故，何處有我 為彼比丘說法？ 為彼比丘說 賢聖、出世、空相應 緣起隨順法？ 所謂 有是故是事有，是事有故是事起；所謂 緣無明 行，緣行 識……如是如是純大苦聚集……乃至如是純大苦聚滅。 如是說法，而彼比丘猶有疑惑猶豫。先不得得想、不獲獲想、不證證想；今聞法已，心生憂苦、悔恨、矇沒、障礙。

所以者何？ 此甚深處，所謂緣起；倍復甚深難見，所謂 一切取離、愛盡、無欲、寂滅、涅槃。如此二法，謂 有為、無為。 有為者 若生、若住、若異、若滅； 無為者 不生、不住、不異、不滅。 是名 比丘！諸行苦寂滅、涅槃。 因集故苦集，因滅故苦滅；斷諸逕路，滅於相續，相續滅；滅 是名苦邊。 比丘！彼何所滅？ 謂 有餘苦，彼若滅、止、清涼、息沒，所謂 一切取滅、愛盡、無欲、寂滅、涅槃。』」

⇨(雜293大2-83c^{2}f.)

(2)「如是，比丘！修身、修戒、修心、修慧，以彼修身、修戒、修心、修慧故，於如來所說修多羅 ─甚深明照，難見難覺， 不可思量，微密決定，明智所知。─ 彼則頓受、周備受，聞其所說，歡喜崇習，出離饒益。

當來比丘不修身、不修戒、不修心、不修慧，聞如來所說修多羅 ─甚深、明照、空相應 隨順緣起法。─ 彼不頓受持，不至到受，聞彼說者，不歡喜崇習；而於世間眾雜異論、文辭綺飾、世俗雜句，專心頂受，聞彼說者，歡喜崇習，不得出離饒益。 於彼如來所說 甚深、明照、空相要法 隨順緣起者，於此則滅。」⇨(雜1258大2-345b^{8}f.)

⑪〖俗數法〗

「諸比丘！眼生時無有來處，滅時無有去處；如是，眼 不實而生，生已盡滅，有業報而無作者，此陰滅已，異陰相續，除俗數法； 耳、鼻、舌、身、意亦如是說，除俗數法。

俗數法者，謂 此有故彼有，此起故彼起；如 無明緣 行，行緣 識，……廣說乃至純大苦聚集起。」⇨(雜335大2-92c^{-14}f.)

「世尊告曰：『……若眼 起時則起，亦不見來處，滅時則滅，亦不見滅處；除假號法、因緣法。 云何假號、因緣？所謂 是有則有，此生則生，無明緣行，行緣 識……生緣 死，死緣 愁、憂、苦、惱，不可稱計。 如是苦陰成此因緣。……彼假號法者，此起則起，此滅則滅。

此六入亦無人造作，亦名色； 六入法，由父母而有，胎者 亦無，因緣而有，此亦假號，要前有對，然後乃有。 猶如 鑽木求火，以前有對，然後火生；火亦不從木出，亦不離木。若復有人劈木求火亦不能得，皆由因緣合會，然後有火。

此六情起病亦復如是，皆由緣會，於中起病。此六入起時則起，亦不見來，滅時則滅，亦不見滅(♣去)； 除其假號之法，因由父母合會而有。』

爾時，世尊便說此偈：

『先當受胞胎，　漸漸如凍酥；　遂復如息肉，　後轉如像形。
先生頭項頸，　轉生手足指；　支節各各生，　髮毛爪齒成。
若母飲食時，　種種若干饌；　精氣用活命，　受胎之原本。
形體以成滿，　諸根不缺漏；　由母得出生，　受胎苦如是。　比丘當知：因緣合會，乃有此身耳！

又復，比丘！一人身中骨有三百六十，毛孔九萬九千，脈有五百，筋有五百，蟲八萬戶。比丘當知：六入之身有如是災變。比丘！當念思惟：如是之患，誰作此骨？誰合此筋脈？誰造此八萬戶蟲？』

爾時，彼比丘作是念思惟，便獲二果：若阿那含、若阿羅漢。 爾時，世尊便說此偈：

『三百六十骨，　在此人身中；　古佛之所演，　我今亦說之。
筋有五百枚，　脈數亦如是；　蟲有八萬種，　九萬九千毛。
當觀身如是，　比丘勤精進；　速得羅漢道，　往至涅槃界。
此法皆空寂，　愚者之所貪；　智者心歡悅，　聞此空法本。　是謂，比丘！此名 第一最空之法。」⇨(增37-7大2-713c^{15}f.)

⑫〖緣起 ⇄ 三法印〗

「一切眾生悉是有爲，從諸因緣和合而有，言因緣者，卽是業也； 若假 因緣和合有者，卽是無常；無常卽苦；苦卽無我。」⇨(別雜202大2-448c[10]f.)

「釋尊指導羅睺羅先觀察五陰法門→ 六入處法門→ 尼陀那(因緣/ 緣起)法門→ 才開示增上之 無常法門！」⇨(雜200大2-51a[14]f.~c[-3])

「釋尊先開示 緣起法門，接著 才說明 無我法門！」

⇨(長13大1-60b[13] ~62b[-4]f.＝D 15 D ii.55[-5] ~68[-3])

「佛告須深：『不問汝知不知，且自先知法住，後知涅槃…………』」

⇨(雜347大2-97b[11]~ 97c[2])*cf.* 〈p.5-66 五.§6-2-2之 ③〉

cf. "…ṭhitā 'va sā dhātu dhammaṭṭhitatā dhammaniyāmatā sabbe dhammā anattā." ⇨(A 3,134 A i. 286[-14].)

⑬〖緣起 ∽ 有爲 ∽ 無爲〗

(1) ⇨〈p.5-86 五.§6-3-2 ⑩之 (1)〉(雜293大2-83c[2]f.)

(2)「爾時，世尊告諸比丘：『當爲汝說無爲法，及無爲道跡。諦聽！善思！云何無爲法？ 謂 貪欲永盡，瞋恚、愚癡永盡，一切煩惱永盡，是無爲法。云何爲無爲道跡？ 謂 八聖道分，正見、正志、正語、正業、正命、正方便、正念、正定，是名無爲道跡。』」⇨(雜890大2-224a[-1]f.)

(3)「諸賢！世尊亦如是說：『若見緣起便見※法[1] ，若見※法[1] 便見緣起。』所以者何？ 諸賢！世尊說五盛陰從因緣生，色盛陰，覺、想、行、識盛陰。彼厭此過去、未來、現在五盛陰，厭已 便無欲，無欲已 便解脫，解脫已便知解脫：生已盡，梵行已立，所作已辦，不更受有，知如眞。』」

⇨(中30大1-467a[-12]f.) *cf.* 〈p.5-69 五.§6-3-1之 ⑤〉

⑭〖緣起 ∽ 世間 ∽ 出世間〗

「云何有漏法？ 謂 眼、色、眼識、眼觸、眼觸因緣生受— 內覺若苦、若樂、不苦不樂， 耳、鼻、舌、身、意、法、意識、意觸、意觸因緣生受 —內覺若苦、若樂、不苦不樂— 世俗者，是名有漏法。

云何無漏法？謂 出世間(眼、色、眼識……)意，若法、若意識、意觸、意觸因緣生受 —內覺若苦、若樂、不苦不樂— 出世間者，是名無漏法。」

⇨(雜229大2-56a[10]f.)

※[1] 「法」，包括有爲法及無爲法。

「(婆羅門)白世尊曰：『沙門瞿曇！何論何說？』佛告婆羅門：『我論因、說因。』又白佛言：『云何論因？云何說因？』佛告婆羅門：『有因有緣集世間，有因有緣 世間集；有因有緣 滅世間，有因有緣 世間滅。』婆羅門白佛言：『世尊！云何爲有因有緣 集世間，有因有緣 世間集？』佛告婆羅門：『愚癡無聞凡夫色集、色滅、色味、色患、色離，不如實知。不如實知故，愛樂於色，讚歎於色，染著心住；彼於色愛樂故取，取緣 有，有緣 生，生緣 老、死、憂、悲、惱、苦，是則大苦聚集。受、想、行、識亦復如是。婆羅門！是名有因有緣 集世間，有因有緣 世間集。』

婆羅門白佛言：『云何爲有因有緣 滅世間，有因有緣世間滅？』佛告婆羅門：『多聞聖弟子於色集、色滅、色味、色患、色離如實知。如實知已，於彼色不愛樂、不讚歎、不染著、不留住。不愛樂、不留住故，色愛則滅，愛滅則 取滅，取滅則 有滅，有滅則 生滅，生滅則 老、死、憂、悲、惱苦滅。受、想、行、識亦復如是。』」⇨(雜53大2-12c^{-10}f.)

「緣無明 行，緣行 識，緣識 名色，緣名色 六處，緣六處 更樂，緣更樂 覺，緣覺 愛，緣愛 受，緣受 有，緣有 生，緣生 老死，緣老死 苦；習苦便有 信，習信便有 正思惟，習正思惟便有 正念正智，習正念正智便有 護諸根，…護戒，…不悔，…歡悅，…喜，…止，…樂，…定，…見如實、知如眞，…厭，…無欲，…解脫，習解脫便得 涅槃。」⇨(中55大1-491a^{4}f.)

⑮〖非時分緣起〗—〖「此」故「彼」；理論的 因、果觀察。〗

＊(1)【刹那緣起】

「云何爲因緣法？ 謂 此有故 彼有……(此無故 彼無)……」

⇨(雜296，299大2-84b^{14}f.，85b^{-6}f.)

⇨〈p.5-78 五.§6-3-2 之 ④〉

＊(2)【連縛緣起】

「賢聖、出世、空相應 緣起隨順法？ 所謂 有是故 是事有，是事有故 是事起，所謂 緣無明 行，緣行 識，緣識 名色，緣名色 六入處，緣六入處 觸，緣觸 受，緣受 愛，緣愛 取，緣取 有，緣有 生，緣生 老、死、憂、悲、惱、苦，如是如是純大苦聚集，……乃至如是純大苦聚滅。」

⇨(雜293大2-83c^{4}f.)

⑯〖時分緣起〗

＊(1)【分位緣起】

「佛告阿難：『緣生有老死，此爲何義？ 若使一切眾生無有生者，寧有老死不？』 阿難答曰：『無也。』 『是故，阿難！以此緣，知老死由生，緣生有老死。我所說者，義在於此。』 又告阿難：『緣有有生，此爲何義？ 若使一切眾生無有欲有、色有、無色有者，寧有生不？』 答曰：『無也。』『阿難！我以此緣，知生由有，緣有有生。我所說者，義在於此。』 又告阿難………『阿難！我以是緣，知觸由名色，緣名色有觸。我所說者，義在於此。

阿難！緣識有名色，此爲何義？ 若識不入母胎者，有名色不？』 答曰：『無也。』『若識入胎不出者，有名色不？』 答曰：『無也。』『若識出胎，嬰孩壞敗，名色得增長不？』 答曰：『無也。』『阿難！若無識者，有名色不？』 答曰：『無也。』『阿難！我以是緣，知名色由識，緣識有名色。我所說者，義在於此。

阿難！緣名色有識，此爲何義？若識不住名色，則識無住處；若識無住處，寧有生、老、病、死、憂、悲、苦、惱不？』 答曰：『無也。』『阿難！若無名色，寧有識不？』 答曰：『無也。』『阿難！我以此緣，知識由名色，緣名色有識。我所說者，義在於此。

阿難！是故名色緣 識，識緣名色，名色緣 六入，六入緣 觸，觸緣 受，受緣 愛，愛緣 取，取緣 有，有緣 生，生緣 老、死、憂、苦、悲、惱，大苦陰集。』」⇨(長13大1-60b^{-1} ~61b^{-8})

cf.(中97大1-578b^{7} ~580a^{3}f.)

⇨＊(大毘婆沙論 卷23 大27-119a^{1} ~$^{-7}$)

＊(2)【遠續緣起】

⇨☆〖無始相應〗(雜937~956大2-240b^{12} ~244a^{9})

☆〖Anamatagga-saṁyutta〗(S 15,1~20 S ii.178^{3} ~193^{-8})

「爾時，世尊作是念：此四十比丘住波梨耶聚落，皆修阿練若行、糞掃衣、乞食，學人未離欲，我今當爲說法，令其卽於此生不起諸漏，心得解脫。爾時，世尊告波梨耶聚落四十比丘：『眾生無始生死，無明所蓋，愛繫其頸，長夜生死輪迴，不知苦之本際。諸比丘！於意云何？恆水洪流趣於大海，中間恆水爲多？汝等本來長夜生死輪轉，破壞身體 流血爲多？』 諸比丘白佛：

『如我解世尊所說義，我等長夜輪轉生死，其身破壞流血甚多，多於恆水百千萬倍。』 佛告比丘：『置此恆水，乃至四大海水為多？ 汝等長夜輪轉生死，其身破壞 血流為多？』　諸比丘白佛：『如我解世尊所說義，我等長夜輪轉生死，其身破壞 流血甚多，踰四大海水也。』 佛告諸比丘：『善哉！善哉！汝等長夜輪轉生死，所出身血甚多無數，過於恆水及四大海。所以者何？汝(等)於長夜，曾生象中，或截耳、鼻、頭、尾、四足，其(流)血無量。……』」⇨(雜937大2-240b^{-14}f.)(雜938~956大2-240c^{-4} ~244a^{9})

＊〖阿毗達磨 分析緣起之 表解〗

♣
<table>
<tr><td></td><td colspan="4">一 切 法 緣 起</td><td></td></tr>
<tr><td rowspan="4">緣
起</td><td rowspan="2">非時分緣起</td><td>剎那緣起</td><td>非有情數緣起</td><td>理論的緣起</td><td rowspan="4">緣
起</td></tr>
<tr><td>連縛緣起</td><td rowspan="3">有情數 緣起</td><td rowspan="3">事實的緣起</td></tr>
<tr><td rowspan="2">時 分 緣起</td><td>分位緣起</td></tr>
<tr><td>遠續緣起</td></tr>
</table>

⇨＊《大毗婆沙論 卷23》(大27-117b^{-7} ~$^{-10}$)

⑰〖系列的 緣起觀察〗

(1)【「逆」∽ 「順」觀察】

「爾時，世尊告諸比丘：『昔者毗婆尸佛未成正覺時，住菩提所，不久成佛，詣菩提樹下，敷草為座，結跏趺坐，端坐正念，一坐七日，於十二緣起逆順觀察；所謂 此有故彼有，此起故彼起，緣無明 行，……乃至緣生有老死，及純大苦聚集；……純大苦聚滅。』」⇨(雜369大2-101b^{-6}f.)

(2)【觀察「增長法」∽「損減法」】

「爾時，世尊告諸比丘：『我今當說增長法、損減法。云何增長法？ 謂 緣眼、色，生眼識，三事和合觸，觸緣受……廣說乃至純大苦聚集，是名增長法；耳、鼻、舌、身、意亦復如是，是名增長法。 云何損減法？ 緣眼、色，生眼識，三事和合觸，觸滅則受滅……廣說乃至純大苦聚滅； 耳、鼻、舌、身、意亦復如是，是名損減法。』」⇨(雜228大2-55c^{-3}f.)

(3)【綜合觀察 有情數緣起法】＝ (1)＋(2)

〖釋尊成道前 對緣起法之觀察〗

「爾時，世尊告諸比丘：『我憶宿命未成正覺時，獨一靜處，專精禪思，作是念：

※1 何法有故老死有？何法緣故老死有？ 卽正思惟，生如實無間等；生有故老死有，生緣故老死有。 如是 有、取、愛、受、觸、六入處、名色。何法有故名色有？何法緣故名色有？ 卽正思惟，如實無間等生：識有故名色有，識緣故有名色有。

※2 我作是思惟時，齊識而還 不能過彼，謂緣識 名色，緣名色 六入處，緣六入處 觸，緣觸 受，緣受 愛，緣愛 取，緣取 有，緣有 生，緣生 老、病、死、憂、悲、惱、苦，如是如是純大苦聚集。

※3 我時作是念：何法無故則老死無？ 何法滅故老死滅？ 卽正思惟，生如實無間等：生無故老死無，生滅故老死滅，如是生、有、取、愛、受、觸、六入處、名色、識、行廣說。

※4 我復作是思惟：何法無故行無？ 何法滅故行滅？ 卽正思惟如實無間等：無明無故行無，無明滅故行滅，行滅故識滅，識滅故名色滅，名色滅故六入處滅，六入處滅故觸滅，觸滅故受滅，受滅故愛滅，愛滅故取滅，取滅故有滅，有滅故生滅，生滅故老、病、死、憂、悲、惱苦、滅，如是如是純大苦聚滅。』」⇨（雜287大2-80b^{-5}f.）

※1 逆觀增長法， ※2 順觀增長法， ※3 逆觀損減法， ※4 順觀損減法。

♣ (4)【種種緣起支 二世 三世觀】“＋” 過去，“○”現在，“－”未來(/ 世)

無明	行	識	名色	六入	觸	受	愛	取	有	生	老死
＋	＋	○	○	○	○	○	○	○	○	－	－
＋	＋	○	○	○	○	○	○	○	－	－	－
＋	＋	○	○	○	○	○	○	－	－	－	－
＋	＋	○	○	○	○	○	－	－	－	－	－
＋	＋	○	○	○	○	－	－	－	－	－	－
＋	＋	○	○	○	－	－	－	－	－	－	－
＋	＋	○	○	－	－	－	－	－	－	－	－
＋	＋	○	－	－	－	－	－	－	－	－	－
⋮											
＋	○	－	－	－	－	－	－	－	－	－	－
＋	＋	○	－	－	－	－	－	－	－	－	－
＋	＋	＋	○	－	－	－	－	－	－	－	－
⋮											
＋	＋	＋	＋	＋	＋	＋	＋	＋	＋	○	－
＋	＋	＋	＋	＋	＋	＋	＋	＋	＋	＋	○
⋮											
○	○	－	－	－	－	－	－	－	－	－	－
＋	＋	＋	＋	＋	＋	＋	＋	＋	＋	○	○

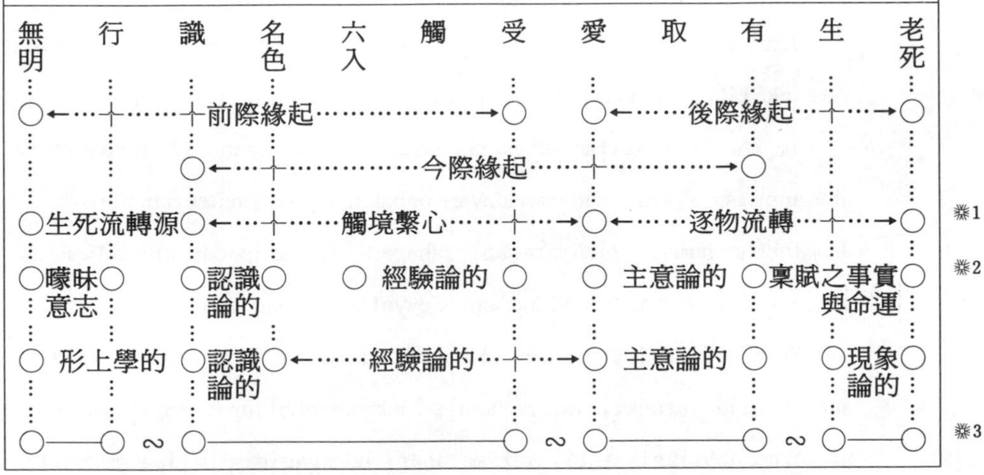

※1 印順導師〈佛法概論〉⇨(pp.145[2] ~147[4])

※2 木村泰賢先生著 歐陽瀚存先生譯〈原始佛教思想論〉⇨(pp.189[4] ~195[5])

※3 「○ ∾ ○」三連結(sandhi)「○——○」四攝(saṅgaha) 。⇨(VM 578[17]f.)

⑱〖法門的 觀察〗

(1) 陰法門的 觀察：e.g.（雜58大2-14c10 ~17）

(2) 處法門的 觀察：e.g.（雜276大2-74b-13 ~c-7）

(3) 界法門的 觀察：e.g.（雜452大2-116a6 ~-10）

(4) 根法門的 觀察：e.g. (S.48,49~50 S v.224~227)

(5) 諦法門的 觀察：e.g.（雜287大2-80b-5 ~81a4 ；雜355大2-99c5f.；雜356大2-99c-9f.）

⑲〖(緣起)四十四種智〗

「何等爲四十四種智？ 謂♣1 老死智、2 老死集智、3 老死滅智、4 老死滅道跡智；如是，♣2 生、3 有、4 取、5 愛、6 受、7 觸、8 六入處、9 名色、10 識，11 行智、行集智、行滅智、行滅道跡智；是名四十四種智。」

⇨(雜356大2-99c-9f.) ♣(4 × 11= 44)

《S 12,33》 ‘catucattārīsa ñāṇavatthūni(四十四智事)’ ⇨(S ii.56-2f.)

“Yato kho bhikkhave ariyasāvako evaṁ jarāmaraṇam pajānāti, evaṁ jarāmaraṇasamudayam pajānāti, evaṁ jarāmaraṇanirodham pajānāti, evaṁ jarāmaraṇanirodhagāminim pajānāti.

Idam assa dhamme ñāṇaṁ(法智)，so iminā dhammena diṭṭhena vidi=tena akālikena pattena pariyogāḷhena atītânāgate nayaṁ neti.

Ye kho keci atītam addhānam samaṇā vā brāhmaṇā vā jarāmaraṇam abbhaññaṁsu, jarāmaraṇasamudayam abbhaññaṁsu, jarāmaraṇaniro=dham abbhaññaṁsu, jarāmaraṇanirodhagāminim paṭipadam abbhaññaṁsu, sabbe te evam evam abbhaññaṁsu. Seyyathâp' aham etarahi.

Ye hi pi keci anāgatam addhānam samaṇā vā brāhmaṇā vā jarāmar=aṇam abhijānissanti, jarāmaraṇa samudayam abhijānissanti, jarāmaraṇa nirodham abhijānissanti, jarāmaraṇanirodhagāminim paṭipadamabhijāni=ssanti, sabbe te evam evam abhijānissanti. Seyyathâp' aham etarahî ti. Idam assa anvaye ñāṇaṁ(類智).” ⇨(S 12,33 S ii.57-2 ~5816)

⑳〖(緣起)七十七種智〗

「♣1 (現在)生緣老死智，2 非餘(現在)生緣老死智；3 過去生緣老死智，4 非餘過去生緣老死智；5 未來生緣老死智，6 非餘未來生緣老死智；及法住智(卽有)無常、有爲、心所緣生、盡法、變易法、離欲法、滅法(之)斷知智。

如是，²生、³有、⁴取、⁵愛、⁶受、⁷觸、⁸六入處、⁹名色、¹⁰識、¹¹行，(現在)無明緣行智，非餘(現在)無明緣行智；過去無明緣行智，非餘過去無明緣行智；未來無明緣行智，非餘未來無明緣行智♣及法住智♣無常、有爲、心所緣生、盡法、變易法、無欲法、滅法斷智；是名七十七種智。」⇨(雜357大2-100a[1]f.)

"Jātipaccayā jarāmaraṇan ti ñāṇaṁ, asati jātiyā n'atthi jarāmaraṇan ti ñāṇaṁ; Atītam pi addhānaṁ jātipaccayā jarāmaraṇan ti ñāṇaṁ, āsati jātiyā n'atthi jarāmaraṇan ti ñāṇaṁ; Anāgatam pi addhānaṁ jātipaccayā jarāmaraṇan ti ñāṇaṁ, asati jātiyā n'atthi jarāmaraṇan ti ñāṇaṁ; Yam pissa taṁ dhammaṭṭhiñāṇaṁ tam pi khayadhammam vaya=dhammam virāgadhammam nirodhadhammmam ti ñāṇaṁ.…"
⇨(S 12,34 S ii.60[2] ~[-9])

§6-3-3 【修習緣起法】

○〖依八正道 對「十二緣生法」作 四轉〗

cf. 〈p.5-65 五.§6-2-1 之①；p.5-92 §6-3-2 ⑯之 (3)〉

「今我如是，得古仙人道、古仙人逕、古仙人跡，古仙人去處，我得隨去，謂八聖道 —正見、正志、正語、正業、正命、正方便、正念、正定。— 我從彼道見♣¹老病死、²老病死集、³老病死滅、⁴老病死滅道跡，見生、有、取、愛、受、觸、六入處、名色、識，(見)行、行集、行滅、行滅道跡。我於此法自知自覺，成等正覺。」⇨(雜287大2-80c[-3]f.)

「獨一靜處，專精禪思→ 」⇨(雜366大2-101a[-12] ~b[7])

⇨〈p.5-75 五.§6-3-2 ①之 (2)〉

「禪思，內寂其心，精勤方便→ 」⇨(雜367大2-101b[10] ~[15])

⇨〈p.5-75 五.§6-3-2 ①之 (2)〉

「專精繫念 修無量三摩提→ 」⇨(雜368大2-101b[-12] ~[-8])

⇨〈p.5-75 五.§6-3-2 ①之 (2)〉

①〖於 無明支修因緣觀〗

(1)「云何 有因、有緣、有縛法經？ 謂 眼有因、有緣、有縛。 何等爲眼因、眼緣、眼縛？ 謂 眼業因、業緣、業縛。業有因、有緣、有縛；何等爲業因、業緣、業縛？ 謂 業愛因、愛緣、愛縛。愛有因、有緣、有縛；何等爲愛因、愛緣、愛縛？ 謂 愛無明因、無明緣、無明縛………緣眼、色，生不正思惟，生於癡，彼癡者是 無明，癡求欲名爲 愛，愛所作名爲 業。如是，比丘！不正思惟因(爲)無明，爲愛(♣「爲愛」衍文)， 無明因(爲)愛，愛因爲業，業因爲 眼。 耳、鼻、舌、身、意亦如是說，是名有因、有緣、有縛法經。』」⇨(雜334大2-92b^{-6}f.)

cf.〈p.5-71 五.§6-3-1 ⑨之 (1)〉〖無明 導致惡性循環〗

(2)*cf.*「無始生死，無明所蓋、愛結所繫，長夜輪迴。」

⇨☆〖無始相應〗(雜937~ 956大2-240b^{12} ~244a^{9})

(3)「爾時，世尊告諸比丘：『若（諸)比丘！諸惡不善法生， 一切皆以無明爲根本，無明集，無明生、無明起。㉛以者何？ 無明者無知，於善、不善法不如實知，有罪、無罪，下法、上法，染污、不染污，分別、不分別，緣起、非緣起不如實知；不如實知故，起於邪見；起於邪見已，能起邪志、邪語、邪業、邪命、邪方便、邪念、邪定。』」⇨(雜750大2-198b^{-3}f.)

(4)「謂 緣無明 行者。 彼云何無明？ 若不知前際、不知後際、不知前後際，不知於內、不知於外、不知內外，不知業、不知報、不知業報，不知佛、不知法、不知僧，不知苦、不知集、不知滅、不知道，不知因、不知因所起法，不知 善、不善； 有罪、無罪，習、不習，若劣、若勝，染污、清淨，分別〔、不分別〕，緣起〔、非緣起〕，皆悉不知；於六觸入處，不如實覺知；於彼彼不知、不見、無無間等、癡闇、無明、大冥，是名無明。」

⇨(雜298大2-85a^{-14}f.)

②〖於 行支修因緣觀〗

(1)「諸比丘！不正思惟者，未起邪見 令起，已起 重生令增廣。如是邪志、邪語、邪業、邪命、邪方便、邪念、邪定亦如是說。」

⇨(雜775大2-201b^{-14}f.) ♣〖不正思惟＝ 無明之心行〗

(2)「緣無明 行者，云何爲行？ 行有三種— 身行、口行、意行。」

⇨(雜298大2-85a^{-5}f.)

(3)「時，思量彼識何因、何集、何生、何觸？ 知彼識 行因、行集、行生、行觸，作諸福行，善識生；作諸不福不善行，不善識生；作無所有行，無所有識生，是爲彼識 行因、行集、行生、行觸。 彼行欲滅無餘，則識滅，彼所乘行滅道跡如實知，修習彼 向次法，是名比丘 向正盡苦，究竟苦邊，所謂 行滅。復次，比丘思量觀察正盡苦，究竟苦邊；時，思量彼行 何因、何集、何生、何觸？ 知彼行 無明因、無明集、無明生、無明觸。彼福行 無明緣，非福行 亦無明緣，非福不福行 亦無明緣。」

⇨(雜292大2-83a^{-4}f.)

③〖於 識支修因緣觀〗

(1)「云何 識如實知？ 謂 六識身 —眼識，耳、鼻、舌、身、意識身— 是名爲識；如是，識如實知。 云何識集如實知？ 名色集是 識集； 如是，識集如實知。 云何識滅實知？ 名色滅是 識滅；如是，識滅如實知。 云何識滅道跡如實知？ 謂 八聖道 —正見……乃至正定— 是名識滅道跡。……」⇨(雜42大2-10b^{-1}f.)

(2)「有二因緣生識；何等爲二？ 謂 眼、色，耳、聲，鼻、香，舌、味，身、⇨(雜214大2-54a^{-7}f.)

(3)「名色因、名色緣，是故名爲 識陰。」⇨(雜58大2-14c^{15}f.)

(4)「名色緣 識生；……識緣 名色生。」⇨(雜288大2-81a^{-5}f.;81a^{-1})

(5)「阿難！緣識有名色，此爲何義？ 若識不入母胎者，有名色不？」 答曰：『無也。』『若識入胎不出者，有名色不？』 答曰：『無也。』『若識出胎，嬰孩壞敗，名色得增長不？』 答曰：『無也。』 『阿難！若無識者，有名色不？』 答曰：『無也。』『阿難！我以是緣，知名色由識，緣識有名色。我所說者，義在於此。阿難！緣名色有識，此爲何義？若識不住名色，則識無住處；若識無住處，寧有生、老、病、死、憂、悲、苦、惱不？』 答曰：『無也。』『阿難！若無名色，寧有識不？』 答曰：『無也。』『阿難！我以此緣，知識由名色，緣名色有識。我所說者，義在於此。 阿難！是故名色緣 識，識緣名色……』」⇨(長13大1-61b^{8}f.)

(6)「爾時，世尊告諸比丘：『若於所取法隨生味著、顧念、縛心，其心驅馳，追逐名色； 名色緣 六入處，六入處緣 觸，觸緣 受，受緣 愛，愛緣 取，取緣 有，有緣 生，生緣 老、病、死、憂、悲、惱、苦， 如是如是純大苦聚集。譬大樹根幹、枝條、柯葉、華果，下根深固，壅以糞土，溉灌以水，彼樹堅固，永世不朽。』」⇨(雜284大2-79b^{-6}f.)

④〖於 名色支修因緣觀〗

(1)「緣識 名色者，云何 名？ 謂 四無色陰 —受陰、想陰、行陰、識陰。—云何 色？ 謂 四大(及)四大所造色，是名爲 色。此色及前所說名，是爲名色。」⇨(雜298大2-85a^{-2}f.)

(2)「名色緣 識生；……識緣 名色生。」⇨(雜288大2-81a^{-5}f.;81a^{-1})

(3)「名色因、名色緣，是故名爲 識陰。」⇨(雜58大2-14c^{15}f.)

(4)「『若有問者：「更樂(♣觸)有何緣？」 當如是答：「緣名色也。」當知所謂 緣名色有更樂。 阿難！所行、所緣有名身，離此行、離此緣，有 有對更樂耶？』答曰：『無也。』『阿難！所行、所緣有色身，離此行、離此緣，有增語更樂耶？』答曰：『無也。』『設使離名身及色身，當有更樂，施設更樂耶？』 答曰：『無也。』『阿難！是故，當知是 更樂因、更樂習、更樂本、更樂緣者，謂此名色也。 所以者何？ 緣名色故，則有更樂，阿難！若有問者：「名色有緣耶？」當如是答：「名色有緣。」若有問者：「名色有何緣？」 當如是答：「緣識也。」當知所謂 緣識有名色。 阿難！若識不入母胎者，有名色成此身耶？』 答曰：『無也。』『阿難！若識入胎卽出者，名色會精耶？』 答曰：『不會。』 『阿難！若幼童男童女，識 初斷壞不有者，名色轉增長耶？』 答曰：『不也。』『阿難！是故，當知是名色因、名色習、名色本、名色緣者，謂此識也。所以者何？ 緣識故，則有名色。』」⇨(中97大1-579c^{5}f.)

cf.〖五陰法門〗⇨(p.5-09ff. 五.§1-0-0 ~§1-4-4)

⑤〖於 六入支修因緣觀〗

(1) ⇨(雜279大2-76b^{2}f.~c^{-1})

cf.〈p.3-17 三.§2-0-3〉〖根律儀戒〗〖無上修根〗

(2)「爾時，世尊告諸比丘：『若沙門、婆羅門於法不如實知，法集、法滅、法滅道跡不如實知，當知是沙門、婆羅門，非沙門之沙門數，非婆羅門之婆羅門數，彼亦非沙門義、非婆羅門義，見法自知作證：我生已盡，梵行已立，所作已作，自知不受後有。 何等法不如實知？ 何等法集、法滅、法滅道跡不如實知？ 謂 六入處法不如實知，六入處集、六入處滅、六入處滅道跡不如實知，而於觸如實知者，無有是處；觸集、觸滅、觸滅道跡如實知者，無有是處。如是，受、愛、取、有、生、老死如實知者，無有是處。　若沙門、婆羅門於六入處如實知，六入處集、六入處滅、六入處滅道跡如實知者，於觸如實知，斯有是處。如是，受、愛、取、有、生、老死如實知者，斯有是處。』」⇨(雜353大2-99b[3]f.)

(3)*cf.*〚六入處法門〛⇨(p.5-29ff. §2-0-0~ §2-4-1)

⑥〚於 觸支修因緣觀〛

(1)「爾時，世尊告諸比丘：『有五受陰。 云何爲五？ 色受陰，受、想、行、識受陰。 若諸沙門、婆羅門見有我者，一切皆於此五受陰見我。 諸沙門、婆羅門見色是我、色異我、我在色、色在我，見受、想、行、識是我、異我、我在識、識在我。愚癡無聞凡夫以無明故，見色是我、異我、相在，言我眞實不捨；以不捨故，諸根增長；諸根長已，增諸觸；六觸入處所觸故，愚癡無聞凡夫起苦樂覺，從觸入處起。

何等爲六？謂 眼觸入處，耳、鼻、舌、身、意觸入處。 如是，比丘！有意界、法界、無明界，愚癡無聞凡夫無明觸故，起有覺、無覺、有無覺、我勝覺、我等覺、我卑覺、我知我見覺，如是知、如是見覺，皆由六觸入故。　多聞聖弟子於此六觸入處，捨離無明而生明，不生 有覺、無覺、有無覺、勝覺、等覺、卑覺、我知我見覺，如是知、如是見已，先所起無明觸滅，後明觸覺起。』」⇨(雜45大2-11b[2]f.)(雜63大2-16b[14]f.)

(2)「(世尊問)：『阿難！緣名色有觸，此爲何義？ 若使一切眾生無有名色者，寧有※心觸[1] 不？』　答曰：『無也。』『若使一切眾生無形色相貌者，寧有※身觸[2] 不？』　答曰：『無也。』　『阿難！若無名色，寧有觸不？』答曰：『無也。』　『阿難！我以是緣知 觸由名色，緣名色有觸。 我所說義者 在於此。』」⇨(長13大1-61b[3]f.)

⑦〚於 受支修因緣觀〛

(1)「多聞聖弟子於諸緣起善思惟觀察，所謂 樂觸緣生樂受， 樂受覺時，如實知樂受覺； 彼樂觸滅，樂觸因緣生受 亦滅止、清涼、息沒。如樂受，苦觸、喜觸、憂觸、捨觸因緣生捨受，捨受覺時，如實知捨受覺；彼捨觸滅

※1 《D.15》作：‘adhivacana-samphassa(增語觸/ 名目觸)’⇨〈D〉ii.62[17]f.

※2 《D.15》作：‘paṭigha-samphassa(有對觸)’⇨〈D〉ii.62[-16]

，彼捨觸因緣生捨受 亦滅止、清涼、息沒。彼如是思惟：此受 觸生、觸樂、觸縛，彼彼觸樂故，彼彼受樂； 彼彼觸樂滅，彼彼受樂 亦滅止、清涼、息沒。

如是，多聞聖弟子於色生厭，於受、想、行、識生厭，厭故不樂，不樂故解脫，解脫知見：我生已盡，梵行已立，所作已作，自知不受後有。」⇨（雜289大2-81c^{-13}f.）

(2)「爾時，世尊告諸比丘：『諸天、世人於色染著 愛樂住， 彼色若無常、變易、滅盡，彼諸天、人則生大苦； 於聲、香、味、觸、法染著 愛樂住，彼法變易、無常、滅盡，彼諸天、人得大苦住。 如來於色、色集、色滅、色味、色患、色離如實知，如實知已，於色不復染著 愛樂住，彼色變易、無常、滅盡，則生樂住；於聲、香、味、觸、法，集、滅、味、患、離如實知，如實知已，不復染著 愛樂住，彼色變易、無常、滅盡，則生樂住。

所以者何？ 眼、色緣生眼識，三事和合觸，觸緣受 —若苦、若樂、不苦不樂— 此三受集， 此受滅、此受味、此受患、此受離如實知，於彼色因緣生阨礙〔盡〕；阨礙盡已，名 無上安隱涅槃。 耳、鼻、舌、身，意、法緣生意識，三事和合觸，觸緣受 —若苦、若樂、不苦不樂— 彼受集、受滅、受味、受患、受離如實知，如實知已，彼法因緣生阨礙〔盡〕；阨礙盡已，名 無上安隱涅槃。』」⇨（雜308大2-88b^{-14}f.）

(3)「佛告諸比丘：『……愚癡無聞凡夫身觸生諸受，增諸苦痛，乃至奪命，愁憂稱怨，啼哭號呼，心生狂亂；當於爾時，增長二受，若身受、若心受。……多聞聖弟子身觸生苦受，大苦逼迫，乃至奪命，不起憂悲稱怨、啼哭號呼，心亂發狂；當於爾時，唯生一受，所謂身受，不生心受。譬如士夫被一毒箭，不被第二毒箭，當於爾時，唯生一受，所謂身受，不生心受。

為樂受觸，不染欲樂； 不染欲樂故，於彼樂受，貪使不使。 於苦觸受不生瞋恚；不生瞋恚故，恚使不使。於彼二使，集、滅、味、患、離如實知；如實知故，不苦不樂受癡使不使。於彼樂受解脫不繫，苦受、不苦不樂受解脫不繫。於何不繫？ 謂 貪、恚、癡不繫，生、老、病、死、憂、悲、惱、苦不繫。』」⇨（雜470大2-120a^{8}f.）

(4)「爾時，尊者羅睺羅…… 白佛言：『世尊！云何知、云何見 我此識身及外境界一切相，得無有我、我所見、我慢繫著使？』 佛告羅睺羅：『有三受 —苦受、樂受、不苦不樂受。— 觀於樂受而作苦想，觀於苦受作劍刺想，觀不苦不樂受作無常想。若彼比丘觀於樂受而作苦想，觀於苦受作劍刺想，觀不苦不樂受作無常、滅想者，是名 正見。』」

⇨（雜467大2-119a^{-7}f.）

(5)「『世尊說三受— 樂受、苦受、不苦不樂受，又說 諸所有受悉皆是苦，此有何義？』 佛告比丘：『我以一切行無常故，一切諸行變易法故，說諸所有受悉皆是苦。』爾時，世尊即說偈言：

『知諸行無常，　皆是變易法；　故說受悉苦，　正覺之所知。
比丘勤方便，　正智不傾動，　於諸一切受，　黠慧能了知。
悉知諸受已，　現法盡諸漏，　身死不墮數，　永處般涅槃。』」

⇨（雜473大2-121a^{7}f.）

(6)「又復，阿難！我以諸行漸次寂滅故說，以諸行漸次止息故說，一切諸受悉皆是苦。………初禪正受時，言語寂滅；第二禪正受時，覺觀寂滅；……想受滅正受時，想受寂滅。」⇨（雜474大2-121a^{-2}f.）

⑧〖於 愛支修因緣觀〗

(1)「姊妹！云何依愛斷愛？ 謂 聖弟子聞：『某尊者、某尊者弟子盡諸有漏，……乃至自知不受後有。』(念)我等何不盡諸有漏，……乃至自知不受後有。彼於爾時 能斷諸有漏，……乃至自知不受後有。姊妹！是名 依愛斷愛。姊妹！無所行者，斷截婬欲、和合橋樑。」⇨（雜564大2-148b^{-11}f.）

(2)「爾時，世尊告諸比丘：『若於結所繫法隨生味著、顧念、心縛，則愛生；愛緣取，取緣有，有緣生，生緣老、病、死、憂、悲、惱、苦，如是如是純大苦聚集。如人種樹，初小軟弱，愛護令安，壅以糞土，隨時溉灌，冷暖調適，以是因緣，然後彼樹得增長大。如是，比丘！結所繫法味著將養，則生恩愛；愛緣取，取緣有，有緣生，生緣老、病、死、憂、悲、惱、苦，如是如是純大苦聚集。

若於結所繫法隨順無常觀，住生滅觀、無欲觀、滅觀、捨觀，不生顧念，心不縛著，則愛滅；愛滅則取滅，取滅則有滅，有滅則生滅，生滅則老、病、死、憂、悲、惱、苦滅，如是如是純大苦聚滅。 猶如 種樹，初小軟弱，不愛護，不令安隱，不壅糞土，不隨時溉灌，冷暖不適，不得增長。若復斷根、截枝，段段斬截，分分解析，風飄日炙，以火焚燒，燒以成糞，或颺以疾風，或投之流水。 比丘！於意云何？ 非為彼樹斷截其根，乃至焚燒，令其磨滅，於未來世成 不生法耶？』 答言：『如是，世尊！』 『如是，比丘！於結所繫法隨順無常觀，住生滅觀、無欲觀、滅觀、捨觀，不生顧念，心不縛著，則愛滅；愛滅則取滅，取滅則有滅，有滅則生滅，生滅則老、病、死、憂、悲、惱、苦滅，如是如是純大苦聚滅。』」⇨(雜283大2-79a^{-4}f.)

(3)“Katamo ca bhikkhave maggo katamā ca patipadā taṇhānirodhāya sam=vattati? Yad idaṁ satta bojjhaṅgā. Katame satta? Satisambojjh=aṅgo…la-pe…upekkāsambojjhaṅgo.” ⇨(S 46,27 S v. 87^{8}f.)

⑨〖於 取支修因緣觀〗

(1)「佛告比丘：『云何取故生著？ 愚癡 無聞凡夫於色 見是我、異我、相在，見色是我、我所而取；取已，彼色若變、若異，心亦隨轉；心隨轉已，亦生取著，攝受心住；攝受心住故，則生恐怖、障礙、心亂，以取著故。愚癡無聞凡夫於受、想、行、識 見(是)我、異我、相在， 見識是我、我所而取；取已，彼識若變、若異，彼心隨轉；心隨轉故，則生取著，攝受心住；住已，則生恐怖、障礙、心亂，以取著故，是名取著。

云何名不取著？ 多聞聖弟子於色 不見我、異我、相在，於色不見我、我所而取；不見我、我所而取已，彼色若變、若異，心不隨轉；心不隨轉故，不生取著、攝受心住；不攝受(心)住故，則不生恐怖、障礙、心亂，不取著故。 如是，受、想、行、識 不見我、異我、相在，不見我、我所而取，彼識若變、若異，心不隨轉；心不隨轉故，不取著、攝受心住；不攝受心住故，心不恐怖、障礙、心亂，以不取著故，是名 不取著。』」⇨(雜43大2-10c^{-8}f.)

(2)「比丘！多聞聖弟子於此五受陰 非我、非我所，如實觀察。 如實觀察已，於諸世間都無所取，無所取故無所著，無所著故自覺涅槃；我生已盡，梵行已立，所作已作，自知不受後有。」⇨(雜33大2-7c^{7}f.)

⑩〖於 有支修因緣觀〗

(1)「云何有身？ 謂五受陰。……云何有身集？ (謂)當來有愛 貪、喜俱，彼彼樂著，是名有身集。 云何有身滅？ 當來有愛 貪、喜俱，彼彼樂著無餘斷、吐盡、離欲、滅，是名 有身滅。」⇨(雜71大2-18c^{3}f.)

(2)“Katamo ca bhikkhave sakkāyasamudayo? Yâyaṁ taṇhā ponabhavikā (nandi rāgasahagatā tatra tatrâbhi nandinī, seyyathîdaṁ kāmataṇhā bhavataṇhā vibhavataṇhā,) ayaṁ vuccati bhikkhave sakkhāyasamud=aya. Katamo ca sakkāyanirodho? Yo tassā-y-eva taṇhāya (ases=

avirāganirodho cāgo paṭinissaggo mutti anālayo,） ayaṁ vuccati bhikkhave sakkāyanirodho.” ⇨（S 22,105 S iii.159[14] f.）⇨（S iii.158[8] ~[14]）

⑪〖於 生支修因緣觀〗∾【投胎識、持身識（有分識）、六識】*cf.* 〈p.5-97 ③〖於識支修因緣觀〗〉

⑫〖於 老死支修因緣觀〗

(1) *cf.* 〈p.5-92 五.§6-3-2 ⑰之 (3)〉⇨（雜287大2-80b^{-5} ~81a^{4} ）

(2)「世尊告曰：『若有比丘正身、正意，結跏趺坐，繫念在前，無有他想，專精念死。所謂死者：此沒生彼，往來諸趣，命逝不停，諸根散壞，如腐敗木，命根斷絕，宗族分離，無形無響，亦無相貌。 如是，諸比丘！名曰念死，便得具足，成大果報，諸善普至，得甘露味，至無爲處，便成神通，除諸亂想，獲沙門果，自致涅槃。』」⇨（增3-10大2-556c^{-4}f.）

§6-3-4 【證知緣起法】

①〖法現觀，得法眼〗

cf.☆【Abhisamaya-saṁyutta（現觀相應）】⇨（S 13.1~11 S ii.133[11] ~139^{-7}）

(1)“…… Evam mah'atthiyo（大義） kho bhikkhave dhammâbhisamayo（法現觀），evam mah'atthiyo dhammacakkhupaṭilabho（得法眼） ti.”
⇨（S 13,1 S ii.134[4]f.）

(2)“…… brāhmaṇassa Pokkharasādissa tasmiṁ yeva āsane virajaṁ vīta=malaṁ dhamma-cakkuṁ udapādi：‘Yaṁ kiñci samudaya-dhammaṁ sabban taṁ nirodha-dhamman ti.’（沸伽羅娑羅婆羅門卽於其座上，遠塵離垢，生起法眼効（觀照）：「凡是任何（由緣）集起之法効 卽彼一切是（由緣集起之法効亦由緣離散而終歸於）滅盡之法也。」）” ⇨（D 3 D i.110[10]f.）

②〖如實無間等〗（paññāya abhisamaya）

「爾時，世尊告諸比丘：『毗婆尸佛未成正覺時，獨一靜處，專精禪思，作如是念：一切世間皆入生死，自生自熟，自滅自沒，而彼眾生於老死之上，出世間道不如實知。 卽自觀察：何緣有此老死？ 如是正思惟觀察，得如實無間等起知：有生故有此老死，緣生故有老死。 復正思惟：何緣故有此生？尋復正思惟無間等起知：緣有故有生。……緣生老、病、死、憂、悲、惱、苦，如是純大苦聚集。』」⇨（雜366大2-101a^{-13}f.） *cf.*（S 12,4~10 S ii. 5[8] ~$^{-12}$） *cf.*（雜287大2-80b^{-5}~81a^{4} ）⇨〈p.5-92 五.§6-3-2 ⑰之 (3)〉

§7-0-0 【慧體(paññāya sarīra)】→〖♣構成無漏慧之 實體〗

⇨＊(VM 443^{10} ~$^{-10}$)

①〖七清淨〗

「以戒淨故，得心淨；以心淨故，得見淨；以見淨故，得疑蓋淨；以疑蓋淨故，得道非道知見淨；以道非道知見淨故，得道跡知見淨；以道跡知見淨故，得道跡斷智淨；以道跡斷智淨故，世尊施設無餘涅槃。」

⇨(中9大1-431b^{6}f.) *cf.*(增39-10大2-734c^{5}f.)

②〖九成法〗

「云何九成法？ 謂 九淨滅枝(♣勤支)法—♣[1] 戒淨滅枝、[2] 心淨滅枝、[3] 見淨滅枝、[4] 度疑淨滅枝、[5] 分別淨滅枝、[6] 道淨滅枝、[7] 除淨滅枝、[8] 無欲淨滅枝、[9] 解脫淨滅枝。」⇨(長10大1-56a^{-8}f.)

“Katame nava dhammā bhāvetabbā? Nava pārisuddhi-padhāniyaṅgāni:—♣[1] sīla-visuddhi pārisuddhi-padhāniyaṅgaṁ, [2] citta-visuddhi pāris=uddhi-padhāniyaṅgaṁ, [3] dhiṭṭhi-visuddhi pārisuddhi-padhāniyaṅgaṁ, [4] kaṅkhā-vitaraṇa-visuddhi pārisuddhi-padhāniyaṅgaṁ,[5] maggâmagga-ñāṇana-dassana-visuddhi pārisuddhi-padhāniyaṅgaṁ, [6] paṭipadā ñāṇa=na-dassana-visuddhi pārisuddhi-padhāniyaṅgaṁ,[7] ñāṇa-dassana-visud=dhi pārisuddhi-padhāniyaṅgaṁ,[8] paññā-visuddhi pārisuddhi-padhāniy=aṅgaṁ, [9] vimutti-visuddhi pārisuddhi-padhāniyaṅgaṁ. Ime nava dha=mmā bhāvettabā.” ⇨(D 34 Diii.288^{16}f. 長11大1-58c^{-12}f.)

§7-0-1 【見清淨(diṭṭhi-visuddhi)】

〖慧體之 一〗

→ 對名色的把握 ←〖蘊法門、處法門、界法門、根法門〗

§7-0-2 【度疑清淨(kaṅkhā-vitaraṇa-visuddhi)】

〖慧體之 二〗

→ 對名色之緣的把握 ←〖諦法門、緣起法門〗

§7-0-3 【道 非道智見清淨(maggâmagga-ñāṇa-dasana-visuddhi)】

〖慧體之 三〗

→ 對名色作「聚思惟(kalāpasammasana)」←〖無常法門、苦法門、無我(空)法門〗

①⑴「爲人演說五受陰……→爲人演說六入處……→爲人演說尼陀那……思 惟、觀察其義……→受增上法 ──一切無常。」

⇨(雜200大2-51a^{-14}~c^{3})

⑵「爾時，世尊告諸比丘：『當觀色無常，如是觀者，則爲正觀。正觀者，則生厭離；厭離者，喜貪盡；喜貪盡者，說心解脫。如是觀受、想、行、識無常，如是觀者，則爲正觀。正觀者，則生厭離；厭離者，喜貪盡；喜貪盡者，說心解脫。如是，比丘！心解脫者，若欲自證，則能自證：我生已盡，梵行已立，所作已作，自知不受後有。 如觀無常，(當觀)苦、空、非我 亦復如是。』」⇨(雜2大2-1a^{5}f.)

②〖道〗 ：無 觀隨染

〖非道〗：有 觀隨染：

⑴ 光明

⑵ 智

⑶ 喜

⑷ 輕安

⑸ 樂

⑹ 勝解

⑺ 策勵

⑻ 現起

⑼ 捨

⑽ 欲求

§ 7-0-4 【行道智見清淨(paṭipadā-ñāṇa-dasana-visuddhi)】

〖慧體之 四〗⇨ ＊(VM 639^{2} ~671^{-1})

→行道時 生起：

♣

①	生滅 隨觀智(udayabbayânupassanāñāṇa)	→ 無常
②	壞 隨觀智(bhangânupassanāñāṇa)	→ 無常
③	怖畏 現起智(bhayatupaṭṭhānañāṇa)	→ 苦
④	過患 隨觀智(ādīnavânupassanāñāṇa)	→ 苦
⑤	厭離 隨觀智(nibbidânupassanāñāṇa)	→ 無常 苦 無我
⑥	冀脫智(muccitukamyatāñāṇa)	→ 無常 苦 無我
⑦	省察 隨觀智(paṭisankhânupassanāñāṇa)	→ 無常 苦 無我
⑧	行捨智(saṅkhārupekkhāñāṇa)	→ 無相 無願 空
⑨	隨順智(saccânulomikañāṇa)	→ 四沙門道智

∾〖♣ 由百五法透視 無常、苦、無我、過患法〗

「斷知→

(1) 1 無常、2 動搖、3 旋轉、4 破壞、5 飄疾、6 朽敗、7 危頓、8 不恆、9 不安、10 變易、11 如沫、12 如泡、13 損滅、14 衰耗、15 如觸露、16 如淹水、17 如駛流、18 如織縷、19 如輪涉水、20 如跳杖、21不住法、

(2) 22 苦、23 尩瘵、24 惱苦、25 嫉妬、26 相殘、27 繫縛、28 搥打、29 惡瘡、30 癰疽、31 利刺、32 煩惱、33 讁罰、34 愁慼、35 熱惱、36 生法、37 老法、38 病法、39 死法、40 憂悲法、41 惱苦法、42 無力法、43 羸劣法、44 有苦法、45 有惱法、46 有熱法、47 煩惱動、

(3) 48 空、49 如芭蕉、50 如幻、51 非我、52 非我所、53 滅法、

(4) 54 災患、55 魔邪、56 魔勢、57 魔器、58 微劣貪嗜、59 殺、60 摽刀劍、61 陰蓋、62 過患處、63 惡知識、64 怨家、65 連鏁、66 非義、67 非安慰、68 無蔭、69 無洲、70 無覆、71 無依、72 無護、73 不可欲法、74 誘引法、75 將養法、76 有殺法、77 有相法、78 有吹法、79 有取法、

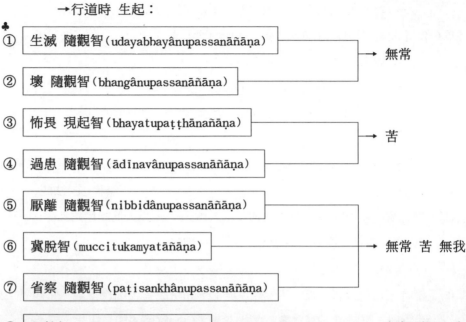

[80] 深嶮法、[81] 難澁法、[82] 不正法、[83] 兇暴法、[84] 有貪法、[85] 有恚法、[86] 有癡法、[87] 燒然法、[88] 罣閡法、[89] 災法、[90] 集法、[91] 骨聚法、[92] 肉段法、[93] 執炬法、[94] 火坑法、[95] 如毒、[96] 如蛇、[97] 如夢、[98] 如假借、[99] 如樹果、[100] 如屠牛者、[101] 如殺人者、[102] 如毒瓶、[103] 如毒身、[104] 如毒華、[105] 如毒果。」⇨(雜186大2-48b^{-3}f.)

cf. 〈p.5-27f. 五.§1-4-3~ §1-4-4〉

§7-0-5 【智見清淨(ñāṇa-dasana-visuddhi)】

〖慧體之 五〗⇨＊(VM 672^{2} ~678^{5})

＝ 四道智 ①〖須陀洹道智〗→〖須陀洹果〗

②〖斯多含道智〗→〖斯多含果〗

③〖阿那含道智〗→〖阿那含果〗

④〖阿羅漢道智〗→〖阿羅漢果〗

§8-0-0 【無常法門】

①〖無常法門 是「四法 本末如來之所說」之一〗

「今有四法 本末如來之所說。 云何爲四？ 一切諸行無常，是謂 初法本末如來之所說。一切諸行苦，是謂 第二法本末如來之所說。 一切諸行無我，是謂 第三法本末如來之所說。涅槃爲永寂，是謂 第四法本末如來之所說。是謂，諸賢！四法本末 如來之所說。」⇨(增26-9大2-640b[13]f.)

②〖無常法門 是釋尊「四事之教」/「四 法之本」之一〗

「一時，佛在毗舍離棕祇園中，與大比丘衆五百人俱，漸漸復在人中遊化。是時，世尊還顧，觀毗舍離城，尋時便說此偈：

『今觀毗舍離， 更後不復覩； 亦復更不入， 於是當別去。』 是時，毗舍離城中人民，聞說此偈，普懷愁憂，從世尊後，各各墮淚，自相謂曰：『如來滅度將在不久，世間當失光明。』 世尊告曰：「止！止！諸人勿懷愁憂，應壞之物欲使不壞者，終無此理。 吾先以有 四事之教，由此得作證。 亦復與四部之衆，說此四事之教。

云何爲四？ 一切行無常，是謂一法；一切行苦，是謂二法； 一切行無我，是謂三法；涅槃爲滅盡，是謂第四 法之本。 如是不久，如來當取滅度。汝等當知：四 法之本，普與一切衆生而說其義。」

⇨(增42-3大2-748c[-3]f.)

③〖無常法門 是「四婆羅門眞諦」之二〗

“…‘Sabbe kāmā aniccā dukkhā vipariṇāmadhammâ ti.’ iti vadaṁ brāhmaṇo saccaṃ āha no musā.…… ‘Sabbe bhavā aniccā dukkhā vipariṇāmadhammâ ti.’ iti vadaṁ brāhmaṇo saccaṁ āha no musā.…”

⇨(A 4,185 A ii.p.177[1] ~[10])

④〖無常是 難於體認〗

「爾時，尊者羅睺羅往詣佛所，稽首佛足，退坐一面，白佛言：『善哉！世尊！爲我說法，我聞法已，獨一靜處，專精思惟，不放逸住；……見法自知作證：我生已盡，梵行已立，所作已作，自知不受後有。』爾時，世尊觀察羅睺羅心解脫慧未熟，未堪任受增上法，問羅睺羅言：『汝以授人五受陰未？』 羅睺羅白佛：『未也，世尊！』 佛告羅睺羅：『汝當爲人演說五受陰。』………

爾時，羅睺羅往詣佛所，稽首禮足，退住一面，白佛言：『世尊！我已於如上所聞法、所說法獨一靜處，思惟稱量，觀察其義，知此諸法皆順趣涅槃、流注涅槃、後住涅槃。　爾時，世尊觀察羅睺羅心解脫智熟，堪任受增上法，告羅睺羅言：『羅睺羅！一切無常。　何等法無常？　謂 眼無常，若色、眼識、眼觸，如上 無常廣說。』」⇨（雜200大2-51a^{-14}f.）

cf. 〈p.0-26f.　§3-0-5 ⑥之 (7)〉

⑤〖無常是 難於承當〗

「佛般泥洹未久。時，長老闡陀晨朝著衣持鉢，入婆羅㮈城乞食。食已，還，攝衣鉢，洗足已；持戶鈎，從林至林，從房至房，從經行處至經行處，處處請諸比丘言：『當教授我，爲我說法，令我知法、見法；我當如法知、如法觀。』　時，諸比丘語闡陀言：『色無常，受、想、行、識無常，一切行無常，一切法 無我，涅槃寂滅。』

闡陀語諸比丘言：『我已知 色無常，受、想、行、識無常， 一切行無常，一切法無我，涅槃寂滅。』　闡陀復言：『然我不喜聞：一切諸行空寂、不可得、愛盡、離欲、涅槃。　此中云何有我，而言 如是知、如是見是名見法？』第二、第三亦如是說。」⇨（雜262大2-66b^{7}f.）

⑥〖無常是 易於失察〗

「一時，尊者那伽波羅在鹿野城中。是時，有一婆羅門年垂朽邁，昔與尊者那伽波羅少小舊款。是時，婆羅門往至那伽波羅所，共相問訊，在一面坐。爾時，梵志語那伽婆羅曰：『汝今於樂之中，最爲快樂！』　那伽波羅曰：『汝觀何等義，而作是說：「於樂之中，最爲快樂。」？』

婆羅門報曰：『我頻七日中，七男兒死，皆勇猛高才，智慧難及；近六日之中，十二作使人 無常，能堪作使，無有懈怠；近五日已來，四兄弟 無常，多諸技術，無事不閑；近四日已來，父母命終，年向百歲，捨我去世；近三日已來，二婦復死，顏貌端正，世之希有；又復家中有八窖珍寶，昨日求之而不知處；如我今日遭此苦惱，不可稱計。然，尊者！今日永離彼患，無復愁憂，正以道法而自娛樂。我觀此義已，故作是說：「於樂之中，最爲快樂。」』

是時，尊者那伽波羅告彼梵志曰：『汝何爲不作方便，使彼爾許之人而不命終乎？』梵志對曰：『我亦多作方便，欲令不死，又不失財，亦復隨時布施，作諸功德，祠祀諸天，供養諸長老梵志，擁護諸神，誦諸呪術， 亦能瞻視星宿，亦復能和合藥草，亦以甘饌飲食施彼窮厄，如此之比不可稱也；然復 不能濟彼命根。」…… 是時，尊者那伽波羅即授彼三衣，使出家學道，……是時，尊者那伽波羅便說此偈：

『除想勿多憂， 不久成法眼； 無常行如電， 不遇此大幸！

一一觀毛孔， 生者滅者原； 無常行如電， 施心向涅槃。』」

⇨(增41-2大2-744c[3]f.)

§8-1-1 【當觀無常】

①〖當觀 色 無常！〗— 北傳《聖典》結集爲 聖教之 第一經

⇨(雜1大2-1a[4] ~[12])

②〖一切萬物 無常存者，此是如來末後所說。〗

「時，世尊披鬱多羅僧，出金色臂，告諸比丘：『汝等當觀如來 時 時 出世，如優曇鉢花 時一現耳。』 爾時，世尊重觀此義，而說偈言：

『右臂紫金色， 佛現如靈瑞； 去來行無常， 現滅無放逸。

是故，比丘！無爲放逸！ 我以不放逸故，自致正覺。 無量眾善，亦由不放逸得，一切萬物無常存者。此是如來末後所說。』」⇨(長2大1-26b[14]f.)

③〖常當 觀察一切諸行無常！〗

「爾時，世尊告諸比丘：『一切行無常，不恆、不安，是變易法。諸比丘！常當觀察一切諸行，修習厭離、不樂、解脫。』 時，有異比丘……白佛：『壽命遷滅，遲速如何？』 佛告比丘：『我則能說，但汝欲知者難。』 比丘白佛：『可說譬不？』 佛言：『可說。』

佛告比丘：『有四士夫手執強弓，一時放發，俱射四方。有一士夫及箭未落，接取四箭。云何 比丘！如是士夫爲捷疾不？』 比丘白佛：『捷疾，世尊！』 佛告比丘：『此接箭士夫雖復捷疾，有地神天子倍疾於彼，虛空神天倍疾地神，四王天子來去倍疾於虛空神天，日月天子復倍捷疾於四王天，導日月神復倍捷疾於日月天子。諸比丘！命行遷變倍疾於彼導日月神。是故，諸比丘！當勤方便，觀察命行無常迅速如是。』」

⇨(雜1257大2-345a[13]f.)

④〖無常想 修習多修習，能斷一切欲愛……無明。〗

「爾時，世尊告諸比丘：『無常想修習多修習，能斷一切欲愛、色愛、無色愛、掉、慢、無明。譬如田夫，於夏末秋初深耕其地，發荄斷草。如是，比丘！

無常想修習多修習，能斷一切欲愛、色愛、無色愛、掉慢、無明。譬如，比丘！如人刈草，手攬其端，舉而抖擻，萎枯悉落，取其長者。如是，比丘！無常想修習多修習，能斷一切欲愛、色愛、無色愛、掉慢、無明。譬如……諸比丘！ 云何修無常想，修習 多修習，能斷一切欲愛、色愛、無色愛、掉慢、無明？ 若比丘於空露地、若林樹間，善正思惟，觀察色無常，受、想、行、識無常。如是思惟，斷一切欲愛、色愛、無色愛、掉慢、無明。 所以者何？ 無常想者，能建立無我想。 聖弟子住無我想，心離我慢，順得涅槃。』」⇨(雜270大2-70c³f.)

⑤〖無常想者 能建立無我想；聖弟子 住無我想，心離我慢，順得涅槃。〗

⇨(雜270大2-71a¹f.)

【無常法門】→【無我法門】→【涅槃法城】

⑥〖觀色⑤ 無常→ 苦→ 無我〗

「爾時，世尊告諸比丘：『色無常，無常卽苦，苦卽非我，非我者亦非我所。如是觀者，名眞實正觀。 如是，受、想、行、識無常，無常卽苦，苦卽非我，非我者亦非我所。如是觀者，名眞實正觀。聖弟子！如是觀者，厭於色，厭受、想、行、識，厭故不樂，不樂故得解脫。解脫者眞實智生：我生已盡，梵行已立，所作已作，自知不受後有。』」⇨(雜9大2-2a³f.)

§8-1-2 【如何觀察 無常】♣

①〖現觀無常〗

(1)「時，有長者子名輸屢那(Soṇa)……語舍利弗言：『若諸沙門、婆羅門於無常色⑤ 、變易、不安隱色言：我勝、我等、我劣。何故沙門、婆羅門作如是想，而不見眞實？……』(尊者舍利弗言：)『輸屢那！於汝意云何？色爲常，爲無常耶？』答言：『無常。』…… 『輸屢那！於汝意云何？ 受、想、行、識爲常，爲無常耶？』答言：『無常。』 ……」

⇨(雜30大2-6a⁻⁵f.)

(2)「¹ 無常、² 動搖、³ 旋轉、⁴ 破壞、⁵ 飄疾、⁶ 朽敗、⁷ 危頓、⁸ 不恆、⁹ 不安、¹⁰ 變易、¹¹ 如沫、¹² 如泡、¹³ 損減、¹⁴ 衰耗、¹⁵ 如觸露、¹⁶ 如淹水、¹⁷ 如駛流、¹⁸ 如織縷、¹⁹ 如輪涉水、²⁰ 如跳杖、²¹不住法……。」⇨(雜186大2-48b⁻³f.)

(3)「心、意、識 日夜時刻，須臾轉變，異生異滅；猶如 獼猴遊林樹間，須臾處處攀捉枝條，放一取一，彼心、意、 識亦復如是，異生異滅。」

⇨(雜289大2-81c[14]f. S.12,61 S ii.95[1~9])

∾＊「無常 現見，死亡啼哭，是則♣眾生無常[1] ；草木凋落，華果磨滅，是則♣外物無常[2] ； 大劫盡時，一切都滅，是則爲♣大無常[3] 。」

⇨(大智度論 大25-331b[-10])

♣1（增41-2大2-744c[3]f.）*cf.*〈p.5-109f. 五.§8-0-0之 ⑥〉

♣2「譬如恆河大水暴起，隨流聚沫，明目士夫諦觀分別。諦觀分別時：無所有、無牢、無實、無有堅固。諦觀思惟分別：無所有、無牢、無實、無有堅固，如病、如癰、如刺、如殺，無常、苦、空、非我。……

⇨(雜265大2-68c[1]f.)

♣3「爾時，世尊告諸比丘：『一切行無常，不久住法、速變易法、不可倚法；如是諸行不當樂著，當患厭之，當求捨離，當求解脫。 所以者何？有時不雨，當不雨時，一切諸樹、百穀、藥木皆悉枯槁，摧碎滅盡，不得常住。是故，一切行無常，不久住法、速變易法、不可倚法；如是諸行不當樂著，當患厭之，當求捨離，當求解脫。

復次，有時二日出世，二日出時，諸溝渠川流皆悉竭盡，不得常住。……復次，有時七日出世，七日出時，一切大地須彌山王洞燃俱熾，合爲一焰。如是七日出時，一切大地須彌山王洞燃俱熾，合爲一焰，風吹火焰，乃至梵天。……如燃酥油，煎熬消盡，無餘烟墨。如是七日出時，須彌山王及此大地無餘烖燼。

是故一切行無常，不久住法、速變易法、不可倚法；如是諸行不當樂著，當患厭之，當求捨離，當求解脫。……』」⇨(中8大1-428c[9]f.)

②〖三世觀 無常〗

「爾時，世尊告諸比丘：『過去、未來色無常，況現在色。聖弟子！如是觀者，不顧過去色，不欣未來色，於現在色厭、離欲、正向滅盡。如是，過去、未來受、想、行、識無常，況現在識。聖弟子！如是觀者，不顧過去識，不欣未來識，於現在識厭、離欲、正向滅盡。』」⇨(雜8大2-1c[-7]f.)

③〖因緣觀 無常〗

(1)「爾時，世尊告諸比丘：『色無常，若因、若緣生諸色者，彼亦無常。無常因、無常緣所生諸色，云何有常？ 如是受、想、行、識無常，若因、若緣生諸識者，彼亦無常。無常因、無常緣所生諸識，云何有常！』」

⇨(雜11大2-2a⁻⁸f.)

(2)「尊者阿難語純陀言：『我今問尊者，隨意見答。尊者純陀！爲有眼、有色、有眼識不？』　答言：『有。』　尊者阿難復問：『爲緣眼及色，生眼識不？』　答言：『如是。』　尊者阿難復問：『緣眼及色，生眼識，彼因、彼緣爲常、爲無常？』　答言：『無常。』　尊者阿難又問：『彼因、彼緣生眼識，彼因、彼緣無常變易時，彼識住耶？』　答言：『不也，尊者阿難！』」⇨(雜248大2-59b⁻²f.)

④〖♣由 緣起系列 觀無常(又 不斷)〗

⇨〈p.5-84f. 五.§6-3-2 ⑨之 (3)〉

⑤〖觀法性〗

「色 無我，無我者則 無常。……受、想、行、識亦復如是。」

⇨(雜76大2-19c⁻¹³f.)

“Uppādā vā bhikkhave Tathāgatānaṁ anuppādā vā Tathāgatānaṁ ṭhitâ 'va sā dhātudhammaṭṭhitatā dhamma-niyāmatā sabbe saṅkhāra aniccā.……” ⇨(A 3,134 A i.286⁸f.) *cf.* 〈p.5-79 五.§6-3-2 ⑥〉

⑥〖無常 ∾ 三解脫門〗

「佛告比丘：『若比丘於空閑處、樹下 坐，善觀色無常、磨滅、離欲之法；如是，觀察受、想、行、識，無常、磨滅、離欲之法。觀察彼陰無常、磨滅、不堅固、變易法，心樂、清淨、解脫，是名爲 空；如是觀者，亦不能離慢、知見清淨。

復有正思惟三昧，觀色相斷，聲、香、味、觸、法相斷，是名 無相；如是觀者，猶未離慢、知見清淨。

復有正思惟三昧，觀察貪相斷，瞋恚、癡相斷，是名 無所有；如是觀者，猶未離慢、知見清淨。

復有正思惟三昧，觀察我、我所從何而生？復有(♣「復有」衍文)正思惟三昧，觀察我、我所，從若見、若聞、若嗅、若嘗、若觸、若識而生。復作是觀察：若因、若緣而生識者，彼識因、緣，爲常、爲無常？復作是思惟：若因、若緣而生識者，彼因、彼緣皆悉無常。復次，彼因、彼緣皆悉無常，彼所生識云何有常？

無常者，是有為行，從緣起，是患法、滅法、離欲法、斷知法。 是名聖法印、知見清淨；是名 比丘當說聖法印、知見清淨。』」
⇨(雜80大2-20b[7]f.)

§ 8-2-1 【修習 無常觀】

①〖日常生活〗

(1)「時，有眾多比丘在拘薩羅人間，住一林中，言語嬉戲，終日散亂，心不得定，縱諸根門，馳騁六境。時，彼林中止住天神見是比丘不攝威儀，心不欣悅，而說偈言：

『此先有瞿曇　正命弟子眾，　無常心乞食，　無常受牀臥；
觀世無常故，　得究竟苦邊。　今有難養眾，　沙門所居止，
處處求飲食，　遍遊於他家，　望財而出家，　無眞沙門欲；
垂著僧伽梨，　如老牛曳尾。』」⇨(雜1343大2-370a[12]f.)

(2)「佛告羅睺羅：『有三受— 苦受、樂受、不苦不樂受。 觀於樂受而作苦想，觀於苦受作劍刺想，觀不苦不樂受作無常想。若彼比丘觀於樂受而作苦想，觀於苦受作劍刺想，觀不苦不樂受作無常、滅想者，是名正見。』」
⇨(雜467大2-119a[-4]f.)

(3)「(世尊告諸比丘)：『若於所取法隨順無常觀，住生滅觀、無欲觀、滅觀、厭觀，心不顧念，無所縛著，識則不驅馳、追逐名色，則名色滅；名色滅則六入處滅，六入處滅則觸滅，觸滅則受滅，受滅則愛滅，愛滅則取滅，取滅則有滅，有滅則生滅，生滅則老、病、死、憂、悲、惱、苦滅，如是如是則純大苦聚滅。

猶如種樹，不隨時愛護令其安隱，不壅糞土，不隨時溉灌，冷暖不適，不得增長。若復斷根、截枝，段段斬截，分分解析，風飄日炙，以火焚燒，燒以成糞，或颺以疾風，或投之流水。比丘！於意云何？非為彼樹斷截其根，……乃至焚燒，令其磨滅，於未來世成不生法耶？』　答言：『如是，世尊！』」⇨(雜284大2-79c[6]f.)

②〖由止觀 修無常觀〗

「爾時，世尊告諸比丘：『當修無量三摩提，專精繫念；修無量三摩提，專精繫念已，如是如實顯現。云何如實顯現？謂老死如實顯現，……乃至行如實

顯現，此諸法無常、有爲、有漏，如是如實顯現。』」

⇨(雜368大2-101b^{-13}f.)

③〖增上修 無常觀〗⇨(雜200大2-51a^{-14} ~c^{3})

cf. 〈p.5-105 五.§7-0-3〉

④〖有學、無學 皆修無常觀〗

「時，摩訶拘絺羅問舍利弗言：『若比丘未得無間等法，欲求無間等法，云何方便求？思惟何等法？』舍利弗言：『若比丘未得無間等法，欲求無間等法，精勤思惟：五受陰爲病、爲癰、爲刺、爲殺、無常、苦、空、非我。所以者何？ 是所應處故。若比丘於此五受陰精勤思惟，得須陀洹果證。』 又問：『舍利弗！得須陀洹果證已，欲得斯陀含果證者，……得斯陀含果證已，欲得阿那含果證者，……得阿那含果證已，欲得阿羅漢果證者，當復精勤思惟：此五受陰法爲病、爲癰、爲刺、爲殺、無常、苦、空、非我。者何？ 是所應處故。若比丘於此五受陰法精勤思惟，得阿羅漢果證。』摩訶拘絺羅又問舍利弗：『得阿羅漢果證已，復思惟何等法？』 舍利弗言：『摩訶拘絺羅！阿羅漢亦復思惟：此五受陰法爲病、爲癰、爲刺、爲殺、無常、苦、空、非我。 所以者何？ 爲得未得故，證未證故，見法樂住故。』」⇨(雜259大2-65b^{11}f.)

§8-3-1【驗證 無常】

「爾時，世尊告諸比丘：『以成就一法故，不復堪任知色無常，知受、想、行、識無常。何等爲一法成就？ 謂 貪欲一法成就，不堪能知色無常，知受、想、行、識無常。 何等一法成就？ 謂 無貪欲成就 無貪欲法者，堪能知色無常，堪能知受、想、行、識無常。………』」⇨(雜187大2-48c^{-2}f.)

cf. 〈p.5-28 五.§1-4-4〉

§8-4-1【阿含有關 無常、常之種種開示】

①〖欲禮佛者 當觀無常〗

「若欲禮佛者， 及諸最勝者； 陰、持、入 諸種， 皆悉觀無常。
曩昔過去佛， 及以當來者； 如今現在佛， 此皆悉無常。』

⇨(增36-5大2-707c^{-10}f.)

②〖無常偈〗

「一切行無常，　是則生滅法；　生者旣復滅，　俱寂滅爲樂。』

⇨(雜576大2-153c[13]f.d)

“Aniccā sabbe saṅkhārā,　　uppādavayadhammino,

uppajjitvā nirujjhanti,　　tesaṁ vūpasamo sukho ti.”

⇨(S 1,2,1 S i.6[4]f.)

③〖無常力(♣法力)＞ 佛力〗

「(世尊告諸力士：『)……人乘力士力百，當大人乘力士力一； 無央數〔大人乘力士力〕，不如如來、至眞等正覺，乳哺之力；…… 如來神足力……如來智慧力……如來意行力……是爲如來十力也。』　諸力士白世尊曰：『已現乳哺、神足、智慧、意行及十種力，寧有殊異復超諸力乎？』　世尊告曰：『一切諸力雖爲強盛百倍、千倍、萬倍、億倍，無常之力，計爲最勝多所消伏。 所以者何？ 如來身者金剛之數，無常勝我，當歸壞敗；吾今夜半當於力士所生之地而取滅度。』」⇨(大正No.135大2-858b[13]f.)

④〖外道「常見」是邪見〗

(1)「爾時，世尊告諸比丘：『何所有故，何所起，何所繫著，何所見我，令諸眾生作如是見、如是說：「有我、有此世、有他世，常、恆、不變易法，如爾安住。」？』」⇨(雜152大2-43c[10]f.)

(2)「時，有婆句梵天(Bako brahmā)住梵天上， 起如是邪見言：『此處常、恆、不變易，純一出離，未曾見有來至此處，況復有過此上者？』　爾時，世尊知彼梵天心之所念，卽入三昧，如其正受，於舍衞國沒，現梵天宮，當彼梵天頂上，於虛空中結跏趺坐，正身繫念。 ……」

⇨(雜1196大2-324c[-12]f.)

⑤〖外道「無常見」是「斷見」之 邪見〗(雜105大2-32-3a)

(1)「爾時，世尊告諸比丘：『何所有故，何所起，何所繫著，何所見我，令諸眾生作如是見、如是說：「諸眾生此世活，死後斷壞無所有。四大和合士夫，身(壞)命終時，地歸地、水歸水、火歸火、風歸風，根隨空轉，輿床第五，四人持死人往塚間，乃至未燒可知，燒然已，骨白鴿色立。高慢者知施，黠慧者知受，若說有者， 彼一切虛誑妄說，若愚若智 死後他世，俱斷壞無所有。」？』」⇨ (雜156大2-44a[12]f.)

∾〖外道異學 六十二見中之「常見」「斷見」〗

⑵「彼沙門、婆羅門以何等緣，於本劫本見，起 常論，言：『我及世間常存。』 此盡入四見中，齊是不過？ 或有沙門、婆羅門種種方便，入定意三昧，以三昧心憶二十成劫敗劫，彼作是說：『我及世間是常，此實，餘虛。 所以者何？ 我以種種方便入定意三昧，以三昧心憶二十成劫敗劫，其中眾生不增不減，常聚不散，我以此知：我及世間是常，此實，餘虛。』此是初見。沙門、婆羅門因此於本劫本見，計 我及世間是常；於四見中，齊是不過。

……以三昧心憶四十成劫敗劫，……以三昧心憶八十成劫敗劫，……

或有沙門、婆羅門有捷疾相智，善能觀察，以捷疾相智方便觀察，謂為審諦，以己所見，以己辯才作是說，言：『我及世間是常。』此是四見。沙門、婆羅門因此於本劫本見，計 我及世間是常， 於四見中，齊是不過。 此沙門、婆羅門於本劫本見，計 我及世間是常，如此一切盡入四見中，我及世間是常；於此四見中，齊是不過。唯有如來知此見處、如是持、如是執，亦知報應。如來所知又復過是，雖知不著，已不著則得寂滅，知受集、滅、味、過、出要，以平等觀，無餘解脫，故名如來。……

何等是 諸沙門、婆羅門於本劫本見起論， 言：『我及世間，半常半無常。』 彼沙門、婆羅門因此於本劫本見，計 我及世間半常半無常；於此四見中，齊是不過？ 或有是時，此劫始成，有餘眾生福盡、命盡、行盡，從光音天命終，生空梵天中，便於彼處生愛著心，復願餘眾生共生此處。此眾生既生愛著、願已，復有餘眾生命、行、福盡，於光音天命終，來生空梵天中。其先生眾生便作是念：『我於此處是梵、大梵，我自然有，無能造我者。我盡知諸義典，千世界於中自在，最為尊貴，能為變化，微妙第一。為眾生父，我獨先有，餘眾生後來，後來眾生，我所化成。』

其後眾生復作是念：『彼是大梵，彼能自造，無造彼者，盡知諸義典，千世界於中自在，最為尊貴，能為變化，微妙第一。為眾生父，彼獨先有，後有我等，我等眾生，彼所化成。』 彼梵眾生（福、)命、行盡已，來生世間，年漸長大，剃除鬚髮，服三法衣，出家修道，入定意三昧，隨三昧心自識本生，便作是言：『彼大梵者能自造作，無造彼者，盡知諸義典，千世界於中自在，最為尊貴，能為變化，微妙第一。為眾生父，常住不變，而彼梵化造我等，我等無常變易，不得久住。是故當知：我及世間半常半無常，此實，餘虛。』是謂初見。……

或有衆生喜戲笑懈怠，數數戲笑以自娛樂；彼戲笑娛樂時，身體疲極，便失意；以失意便命終，來生世間，年漸長大，剃除鬚髮，服三法衣，出家 修道。彼入定意三昧，以三昧心自識本生，便作是言：『彼餘衆生不數生，不數戲笑娛樂，常在彼處，永住不變；由我數戲笑故，致此無常，爲變易法。是故我知：我及世間半常半無常，此實，餘虛。』……

或有衆生展轉相看已，便失意，由此命終，來生世間，……

或有沙門、婆羅門有捷疾相智，善能觀察；彼以捷疾觀察相智，以己智辯言：『我及世間半常半無常，此實，餘虛。』是爲第四見。 諸沙門、婆羅門因此於本劫本見起論：我及世間半常半無常；於四見中，齊是不過。……… 」⇨(長21大1-90a^{7}f.)

(3)「彼沙門、婆羅門因何事於末劫末見，起 斷滅論，說 衆生斷滅無餘，於七見中，齊是不過？ 諸有沙門、婆羅門作如是論，作如是見：『我身四大、六入，從父母生，乳餔養育，衣食成長，摩捫擁護，然是無常，必歸磨滅。』齊是名爲斷滅，第一見也。 或有沙門、婆羅門作是說，言：『此我不得，名斷滅； 我欲界天斷滅無餘，齊是爲斷滅。』是爲二見。 或有沙門、婆羅門作是說，言：『此非斷滅，(我)色界化身，諸根具足，斷滅無餘，是爲斷滅。』有言：『此非斷滅，我無色 空處斷滅。』 有言：『此非斷滅，我無色 識處斷滅。』有言：『此非斷滅，我無色 不用處(♣無所有處)斷滅。』有言：『此非斷滅，我無色 有想無想處斷滅。』是第七斷滅。是爲七見 諸有沙門、婆羅門因此於末劫末見，言 此衆生類斷滅無餘；於七見中，齊此不過。……」⇨(長21大1-93a^{-7}f.)

⑥〖世尊 有時對外道所問：「我及世間常或無常？」於此諸見 佛不記說。〗

「爾時，婆蹉種出家來詣佛所，…… 白佛言：『瞿曇！云何 瞿曇作如是見、如是說：「世間常， 此是眞實，餘則虛妄。」耶？』 佛告婆蹉種出家：『我不作如是見、如是說：「世間常，是則眞實，餘則虛妄。」』

『云何 瞿曇作如是見、如是說：「世間 無常、常無常、非常非無常，有邊、無邊、邊無邊、非邊非無邊，命卽是身、命異身異，如來有後死、無後死、有無後死、非有非無後死。」？』 佛告婆蹉種出家：『我不作如是見、如是說：「……乃至非有非無後死。」』

爾時，婆蹉種出家白佛言：『瞿曇！於此見，見何等過患，而於此諸見，一切不說？』　佛告婆蹉種出家：『若作是見 —世間常，此則眞實，餘則虛妄。— 者，　此是倒見、此是觀察見、此是動搖見、此是垢汚見、此是結見，是苦、是閡、是惱、是熱，見結所繫；愚癡無聞凡夫於未來世，生、老、病、死、憂、悲、惱、苦生。』」⇨(雜962大2-245b^{-3}f.)

⑦〖世尊對弟子談：「一切無常」「一切行無常」。〗

(1)「爾時，世尊告諸比丘：『一切無常。云何一切？ 謂 眼無常，若色、眼識、眼觸、眼觸因緣生受 —若苦、若樂、不苦不樂— 彼亦無常；如是，耳、鼻、舌、身，意識(♣識：擬作「無常」)， 若法、意識、意觸、意觸因緣生受 —若苦、若樂、不苦不樂— 彼亦無常。

多聞聖弟子如是觀者，於眼解脫；若色、眼識、眼觸、眼觸因緣生受 — 若苦、若樂、不苦不樂— 彼亦解脫。如是，耳、鼻、舌、身，意、法、意識、意觸、意觸因緣生受 —若苦、若樂、不苦不樂— 彼亦解脫；我說彼解脫生、老、病、死、憂、悲、惱、苦。』」⇨(雜196大2-50a^{-5}f.)

(2)「爾時，世尊告諸比丘：『一切行無常，一切行不恆、不安、變易之法。諸比丘！於一切行當生厭離、不樂、解脫。諸比丘！過去世時，此毘富羅山名長竹山，有諸人民圍遶山居，名低彌羅邑。低彌羅邑人壽四萬歲，低彌羅邑人上此山頂，四日乃得往反。時，世有佛，名迦羅迦孫提如來、應、等正覺，明行足、善逝、世間解、無上士、調御丈夫、天人師、佛、世尊出興於世，說法教化，初、中、後善，善義善味，純一滿淨，梵行清白，開發顯示。彼長竹山於今名字亦滅，低彌羅聚落人民亦沒，彼佛如來已般涅槃。……

此毘富羅山名曰朋迦。……彼時人民壽三萬歲，……時，世有佛，名拘那含牟尼如來……

毘富羅山名宿波羅首，……人壽二萬歲，……爾時，有佛名曰迦葉如來……

今日此山名毘富羅，有諸人民遶山而居，名摩竭提國。此諸人民壽命百歲，善自消息，得滿百歲。摩竭提人上此山頂，須臾往反。我今於此得成如來、應、等正覺……乃至佛、世尊，演說正法，教化令得寂滅涅槃、正道、善逝、覺知。比丘！當知此毘富羅山名亦當磨滅，摩竭提人亦當亡沒，如來不久當般涅槃。如是，比丘！一切諸行悉皆無常、不恆、不安、變易之法，是故，比丘！當修厭離、離欲、解脫。』」⇨(雜956大2-243b^{14}f.)

(3)〖常 ＝ 涅槃〗〖無常 ＝ 有為法〗

「云何名為常？　常者唯涅槃；　云何為無常？　謂 諸有為法。」

⇨（雜1356大2-372b[13]f.）

♣(4)〖常 ＝ 法性〗

「夫生者有死，何足為奇！如來出世及不出世，法性常住；彼如來自知成等正覺，顯現、演說、分別、開示：所謂 是事有故是事有， 是事起故是事起；緣無明有行，……乃至緣生有老、病、死……無明滅則行滅，……乃至生滅則老、病、死、憂、悲、惱、苦滅，如是苦陰滅。」

⇨（雜854大2-217c[8]f.）

(5)〖因「我見」而眾生有「常」「無常」等邪見〗

「爾時，世尊告諸比丘：『何所有故，何所起，何所繫著，何所見我，令諸眾生作如是見、如是說：『我世間常、世間無常、世間常無常、世間非常非無常。』」⇨（雜168大2-45b[7]f.）

♣(6)〖無常而不斷〗

「如來說法，捨離二邊，會於中道； 以此諸法 壞故不常，續故不斷，不常不斷。因是有是， 因是生故，彼則得生，若因不生，則彼不生； 是故，因於無明則有行生……眾苦聚集。因是故有果滅，無明滅則行滅，……生滅則老、死、憂、悲、苦、惱，眾苦聚集滅盡，則大苦聚滅。」

⇨（別雜195大2-444c[15]f.）

(7)〖無常是世間、世間法〗

「諸比丘！云何為世間、世間法，我自知、我自覺，為人演說、分別、顯示，盲無目者 不知不見？ 是比丘色無常、苦、變易法，是名世間、世間法；如是，受、想、行、識無常、苦(、變易法)是世間、世間法。……」

⇨（雜37,38大2-8b[-1]f.）

§9-0-0 【苦法門】☆

cf. 〈p.5-54ff. 五.§5-0-0~§5-3-1〖四聖諦法門〗〉

①〖♣苦 是起惑心，造業流轉 ∾ 起出離心，修明、解脫 之分水嶺〗

「緣無明 行，緣行 識，緣識 名色，緣名色 六處，緣六處 更樂，緣更樂 覺，緣覺 愛，緣愛 受，緣受 有，緣有 生，緣生 老死，緣老死 苦；習苦，便有信；習信，便有正思惟；習正思惟，便有正念正智；習正念正智，(♣依此類比)便有護諸根、護戒、不悔、歡悅、喜、止、樂、定、 見如實、知如眞、厭、無欲、解脫；習解脫，便得涅槃。」⇨(中55大1-491a^{4}f.)

②〖♣苦 是 凡俗有情世間的究竟實相〗

(1)「佛告比丘：『善哉！善哉！色⑤ 是無常、變易之法，厭、離欲、滅、寂沒。如是，色⑤ 從本以來，一切無常、苦、變易法。』」⇨(雜35大2-8a^{13}f.)

(2)「一切(♣六六法)苦。」⇨(雜196大2-50b^{7}f.)

∾「時，有比丘名三彌離提……白佛言：『世尊！所謂世間者，云何名世間？』 佛告三彌離提：『謂 眼、色、眼識、眼觸、眼觸因緣生受 —內覺若苦、若樂、不苦不樂— ；耳、鼻、舌、身，意、法、意識、意觸、意觸因緣生受—內覺若苦、若樂、不苦不樂— 是名世間。所以者何？ 六入處集則觸集，……如是乃至純大苦聚集。』」⇨(雜230大2-56a^{-5}f.)

③〖於(苦等)四聖諦 順知、順入，斷諸有流，盡諸生死，不受後有。〗

「爾時，世尊告諸比丘：『我與汝等於四聖諦無知、無見、無隨順覺、無隨順受者，應當長夜驅馳生死。何等爲四？ 謂 苦聖諦、苦集聖諦、苦滅聖諦、苦滅道跡聖諦。我與汝等於四聖諦無知、無見、無隨順覺、無隨順受者，應當長夜驅馳生死。以我及汝於此苦聖諦順知、順入，斷諸有流，盡諸生死，不受後有；於苦集聖諦、苦滅聖諦、苦滅道跡聖諦順知、順入，斷諸有流，盡諸生死，不受後有。是故，比丘！於四聖諦未無間等者，當勤方便，起增上欲，修無間等。』」⇨(雜403大2-108a^{7}f.)

④〖於此(苦等)四聖諦平等正覺，名爲 如來、應、等正覺。〗

「爾時，世尊告諸比丘：『於四聖諦平等正覺，名爲如來、應、等正覺。何等爲四？ 所謂 苦聖諦、苦集聖諦、苦滅聖諦、苦滅道跡聖諦。於此四聖諦平等正覺，名爲如來、應、等正覺。是故，諸比丘！於四聖諦未無間等者，當勤方便，起增上欲，學無間等。』」⇨(雜402大2-107c^{-4}f.)

cf.(雜287大2-80b^{-5} ~81a^{4})

§ 9-1-1 【苦】

①〖八苦〗—【苦相】♣

「苦者謂♣生苦[1]、老苦[2]、病苦[3]、死苦[4]、恩愛別離苦[5]、怨憎會苦[6]、所求不得苦[7]，略說五受陰苦[8]；是名爲 苦。」⇨(雜490大2-126c$^{-3\sim-1}$)

「何謂爲苦？ 謂♣生[1]、老苦[2]，病苦[3]，憂、悲、惱苦[4]，怨憎會苦[5]，所愛別苦[6]，求不得苦[7]；要(略)從五陰受盛爲苦[8]。」

⇨(大正No.109大2-503b^{-7}f.)

∾ "Idaṁ kho pana bhikkhave dukkhaṁ ariyasaccaṁ:♣Jāti pi dukkhā[1] ,jarā pi dukkhā[2] , vyādhi pi dukkhā[3] , maraṇam pi dukkhaṁ[4] , soka-parid=eva-dukkha-domanass-upāyāsā pi dukkhā[5] , appiyehi sampayogo dukkho[6] , piyehi vippayogo dukkho[7] , yam p'icchaṁ na labhati tam pi dukk=haṁ[8] ; saṁkhittena pañcupādānakkhandhā pi dukkhā."

⇨(S 56,11 S v. 421^{-13}f.)

♣

生苦 ┐
老苦 ├─(生命現象)┐
病苦 │
死苦 ┘ ├ 略說五受陰苦(♣ 總說：世俗有情的人生是 苦)
恩愛別離苦 ┐
怨憎會苦 ├─(生活現象)┘
所求不得苦 ┘

②〖七苦〗—【苦相】

"♣Jāti pi dukkhā[1] , jarā pi dukkhā[2] , vyādhi pi dukkhā[3] , maraṇam pi dukkhaṁ[4] , soka-parideva-dukkha-domanass'upāyāsā pi dukkhā[5] , yam p'icchaṁ na labhati tam pi dukkhaṁ[6] , saṁkhittena pañcupādanak=khandhā dukkhā[7] ." ⇨(A 6,63 A iii. 416^{8}f.)

cf.(M 141 M iii. 249^{9} ~250^{-5})(D 22 D ii. 305^{1}f.)

③〖三苦〗—【苦性】♣

「復有三法，謂 三苦 —行苦、苦苦、變易苦。」⇨(長8大1-50b^{12})

"Tisso imā bhikkhave dukkhatā. Katamā tisso?

Dukkhadukkhatā(苦苦性) saṅkhāradukkhatā(行苦性) vipariṇāmadukk=hatā(變易苦性), imā kho bhikkhave tisso dukkhatā(三 苦性).

Imāsaṃ kho bhikkhave tissannam dukkhatānam abhiññāya pariññāya parikkhayāya pahānāya…la… ayam ariyo aṭṭhaṅgiko maggo bhāvetabbo ti.” ⇨(S 45,165 S v.56[-6]f.)

④〖二苦〗— 凡、聖 同異

(1)“So kāyadukkham(身苦) pi cetodukkham(心苦) pi paṭisaṃvedeti.”

⇨(M.149 M iii.288[3]f.)

(2)「佛告諸比丘：『諸比丘！愚癡無聞凡夫身觸生諸受，增諸苦痛，乃至奪命，愁憂稱怨，啼哭號呼，心生狂亂；當於爾時，增長二受 —若身受、若心受。譬如士夫身被雙毒箭，極生苦痛。愚癡無聞凡夫亦復如是，增長二受 —身受、心受-- 極生苦痛；所以者何？以彼愚癡無聞凡夫不了知故，於諸五欲生樂受觸，受五欲樂；受五欲樂故，為貪使所使。苦受觸故，則生瞋恚；生瞋恚故，為恚使所使。於此二受，若集、若滅、若味、若患、若離不如實知；不如實知故，生不苦不樂受，為癡使所使。為樂受所繫終不離，苦受所繫終不離，不苦不樂受所繫終不離。云何繫？謂為貪、恚、癡所繫，為生、老、病、死、憂、悲、惱苦所繫。

多聞聖弟子身觸生苦受，大苦逼迫，乃至奪命，不起憂悲稱怨、啼哭號呼、心亂發狂；當於爾時，唯生一受，所謂身受，不生心受。譬如士夫被一毒箭，不被第二毒箭，當於爾時，唯生一受，所謂身受，不生心受。為樂受觸，不染欲樂；不染欲樂故，於彼樂受，貪使不使。於苦觸受不生瞋恚；不生瞋恚故，恚使不使。於彼二使，集、滅、味、患、離如實知；如實知故，不苦不樂受癡使不使。於彼樂受解脫不繫，苦受、不苦不樂受解脫不繫。於何不繫？謂 貪、恚、癡不繫，生、老、病、死、憂、悲、惱苦不繫。

樂受不放逸，　苦觸不增憂，　苦樂二俱捨，　不順亦不違。
比丘勤方便，　正智不傾動，　於此一切受，　黠慧能了知；
了知諸受故，　現法盡諸漏，　身死不墮數，　永處般涅槃。」

⇨(雜470大2-120a[8]f.)

§ 9-2-1 【苦觀】

(1) "Katamañ ca bhikkhave dukkham(苦)? Pañcupādanakkhandhā(五受陰)ti 'ssa vacanīyaṁ.……" ⇨(S 22,104 S iii.158^{-10}f.)

(2)「當觀色 苦，如是觀者，則爲正觀。 正觀者 則生厭離，厭離者 喜貪盡，喜貪盡者 說心解脫。如是，觀受、想、行、識 苦，如是觀者，則爲正觀。正觀者 則生厭離，厭離者 喜貪盡，喜貪盡者 說心解脫。 如是，比丘！心解脫者 若欲自證，則能自證： 我生已盡，梵行已立，所作已作，自知 不受後有。」⇨(雜1大2-1a[12])

* "Dukkhassa(苦爲) pīḷanaṭṭho(害義)saṅkhataṭṭho(有爲義) santāpaṭṭho(煩熱義) vipariṇāmaṭṭho(變壞義) pariññaṭṭho(遍知義)."
⇨(Pṭm i.118[10]f.)

* "Dukkha〔adj.-n.〕
(adj.) unpleasant, painful, causing miserry(opp. 'sukha' plesant)
(nt.) There is no word in English covering the same ground as Dukkha does in Pali. Our modern words are too specialised, too limited, and usually too strong.…… We are forced, therefore, in translation to use half synonyms, no one of which is exact." ⇨(P.T.S.'PE Dict. 324b)

§ 9-2-2 【無常 ∽ 苦】—〖苦理〗♣

①(1)「色 無常，無常卽 苦。」⇨(雜9大2-2a[3]f.)

(2)「(尊者舍利弗言)：『輸屢那(Soṇa)！色爲常 爲無常耶？』 答言：『無常。』 『無常者 爲苦耶？』 答言：『是苦。』」⇨(雜32大2-7a^{-6}f.)

(3)「色者 無常，此無常義 卽是苦。」⇨(增35-10大2-702b^{-12}f.)

(4) "Rūpam⑤ bhikkhave aniccaṁ, yad aniccaṁ taṁ dukkhaṁ,…… "
⇨(S 22,15 S iii.22[3]f.)

②(1)「無常苦想。」⇨(雜746大2-198a^{-6})

(2) "Anicce dukkhasaññā bhikkhave." ⇨(S 46,72 S v.132^{-1})

③(1)「我(佛)以一切行無常，一切諸行變易法故 說：『諸所有受悉皆是 苦。』」
⇨(雜473大2-121a9f.)

∽「我以諸行漸次寂滅故 說，以諸行漸次止息故 說：『一切諸受悉皆是 苦。』」⇨(雜474大2-121a-2f.)

§ 9-2-3 【一切行 苦、一切 苦】

①〖苦 法爾如是〗♣

"Uppādā vā bhikkhave Tathāgatānaṁ anuppādā vā Tathāgatānaṁ ṭhitā 'va sā dhātu dhammaṭṭhitatā dhammaniyāmatā sabbe saṅkhārā dukkhā. Taṁ Tathāgato abhisaṁbujjhati abhisameti abhisambujjhitvā abhisam=etvā ācikkhati deseti paññāpeti paṭṭhapeti vivarati vibhajati utt=ānīkaroti 'sabbe saṅkhārā dukkhâ' ti." ⇨(A 3,134 A i. 286[14]f.)

②〖苦 成就隨順忍〗♣

"…… sabba saṅkhāraṁ dukkhato samanupassanto〔anulomikāya khantiyā samannāgato bhvissatî ti ṭhānam etaṁ vijjati.〕……"
⇨(A 6,99 A iii. 442[10]f.) *cf.* 〈p.2-64 § 7-0-4 之②〉

§ 9-2-4 【(無明的)有 ∽ 苦】—♣〖世俗 不離苦〗

①「爾時，世尊告諸比丘：『我不讚歎受少有身，況復多受？ 所以者何？ 受有者苦。譬如糞屎，少亦臭穢，何況於多？ 如是諸有，少亦不歎，乃至剎那，況復於多？ 所以者何？ 有者 苦故。 是故，比丘！當如是學：斷除諸有，莫增長有。當如是學！』」⇨(雜1263大2-346a-11f.)

∽「爾時，世尊告諸比丘：『我今當說有身邊、有身集邊、有身滅邊。諦聽！善思念之！當為汝說。云何有身邊？ 謂 五受陰。 云何為五？ 色受陰，受、想、行、識受陰，是名有身邊。 云何有身集邊？ 謂 愛、當來有愛 貪喜俱，彼彼樂著，是名有身集邊。 云何有身滅邊？ 即此愛，當來有愛 貪喜俱，彼彼樂著 無餘斷、苦盡、離欲、滅、寂沒，是名有身滅邊。 是故當說有身邊、有身集邊、有身滅邊。』」⇨(雜70大2-18b-13f.)

∾「爾時，世尊告諸比丘：『我今當說重擔、取擔、捨擔、擔者。諦聽！善思！當為汝說。云何重擔？ 謂 五受陰。 何等為五？ 色受陰，受、想、行、識受陰。 云何取擔？當來有愛 貪喜俱，彼彼樂者。 云何捨擔？ 若當來有愛貪喜俱，彼彼樂者永斷無餘已、滅已，苦盡、離欲、滅沒。 云何擔者？ 謂士夫是。士夫者，如是名，如是生，如是姓族，如是食，如是受苦樂，如是長壽，如是久住，如是壽命齊限； 是名為 重擔、取擔、捨擔、擔者。』」

⇨(雜73大2-19a-14f.)

∾「諸陰因緣合， 假名為眾生； 其生則苦生， 住亦卽苦住；
無餘法生苦， 苦生苦自滅。 捨一切愛苦， 離一切闇冥，
已證於寂滅， 安住諸漏盡。……」⇨(雜1202大2-327b10f.)

∾「爾時，世尊告諸比丘：『若色起、住、出，則苦於此起，病於此住，老、死於此出：受、想、行、識亦如是說。 比丘！若色滅、息、沒，苦於此滅，病於此息，老、死於此沒；受、想、行、識亦復如是。』」

⇨(雜78大2-20a4f.)

§9-3-1 【欲 → 苦】—〖世俗 苦源〗♣

①(1)「佛告聚落主：『我今問汝，隨汝意說。 聚落主！於意云何？ 若眾生於此欝鞞羅聚落住者，是若縛、若打、若責、若殺，汝心當起憂、悲、惱、苦不？』 聚落主白佛言：『世尊！亦不一向。 若諸眾生於此欝鞞羅聚落住者，於我 有欲、有貪、有愛、有念、相習近者，彼 遭若縛、若打、若責、若殺，我則生憂、悲、惱、苦。 若彼眾生所 無欲、貪、愛、念、相習近者，彼遭縛、打、責、殺，我何為橫生憂、悲、惱、苦？』 佛告聚落主：『是故當知：眾生種種苦生，彼一切皆以欲為本，欲生、欲習、欲起、欲因、欲緣而生眾苦。

聚落主！於意云何？ 汝依父母不相見者，則生欲、貪、愛、念不？』聚落主言：『不也，世尊！』『聚落主！於意云何？ 若見、若聞彼依父母，當起欲、貪、愛、念不？』 聚落主言：『如是，世尊！』 復問：『聚落主！ 於意云何？ 彼依父母，若無常變異者，當起憂、悲、惱、苦不？』 聚落主言：『如是，世尊！若依父母無常變異者，我或隣死，豈

唯憂、悲、惱、苦？』　佛告聚落主：『是故當知：若諸眾生所有苦生，一切皆以愛欲為本，欲生、欲集、欲起、欲因、欲緣而生苦。』

聚落主言：『奇哉！世尊！善說如此 依父母譬。 我有依父母，居在異處，我日日遣信問其安否； 使 未時還，我以憂苦，況復無常，而無憂苦？』　佛告聚落主：『是故我說：其諸眾生所有憂苦，一切皆以欲為根本，欲生、欲集、欲起、欲因、欲緣而生憂苦。』

佛告聚落主：『若有四愛念無常變異者，則四憂苦生；若三、二，若一愛念無常變異者，則一憂苦生。聚落主！若都無愛念者，則無憂苦塵勞。』即說偈言：

『若無世間愛念者，　　則無憂苦塵勞患；
一切憂苦消滅盡，　　猶如蓮花不著水。』」⇨(雜913大2-229c^{-9}f.)

⑵「爾時，世尊說偈答(天子)言：

『瞋恚起應滅，　貪生逆防護，　無明應捨離，　等觀眞諦樂。
欲生諸煩惱，　欲為生苦本，　調伏煩惱者，　眾苦則調伏；
調伏眾苦者，煩惱亦調伏。』」⇨(雜1285大2-354a^{-1}f.)

②「爾時，世尊說偈答(天子)言：

『大力自在樂，　彼則無所求；　若有求欲者，　是苦非為樂；
於求已過去，是則樂於彼。』」⇨(雜1294大2-356b^{-6}f.)

③「時，彼天子說偈問佛：

『※伊尼耶鹿蹲[1]，　仙人中之尊，　少食不嗜味，　禪思樂山林。
我今敬稽首，　　而問於瞿曇：　云何出離苦？　云何苦解脫？
我今問解脫，　　於何而滅盡？』　爾時，世尊說偈答言：
『世間五欲德，　　心法說第六；　於彼欲無欲，　解脫一切苦。
如是於苦出，　　如是苦解脫，　汝所問解脫，　於彼而滅盡。』」
⇨(雜602大2-161a^{6}f.)

④「爾時，世尊告諸比丘：『若比丘修「無常想」，多修習已， 得大果大福利。云何比丘修「無常想」，多修習已，得大果大福利？

※1 Eṇi-jaṅgha 麋鹿之脛，三十二相之一；具有伊尼耶鹿蹲相之 釋尊。

是比丘心口(♣口，衍文)與無常想俱 修念覺分，依遠離、依無欲、依滅、向於捨，;…… 乃至得捨覺分，依遠離、依無欲、依滅、向於捨。』

如『無常想』，如是，『無常 苦想』，『苦 無我想』亦如上說。」⇨(雜747大2-198a[13]f.)

§9-4-1 【由苦 生怖畏】—♣〖宗教心〗

〖怖畏現起智〗→〖過患隨觀智〗→〖厭離智〗→〖冀脫智〗

①「世尊告諸比丘：『……如是，於正法、律 有四種善男子。 何等爲四？ 謂善男子聞他聚落有男子、女人疾病困苦，乃至死，聞已，能生恐怖，依正思惟，如彼良馬顧影則調，是名第一善男子於正法、律能自調伏。

復次，善男子不能 聞他聚落若男、若女 老、病、死苦，能生怖畏，依正思惟； 見他聚落若男、若女老、病、死苦，則生怖畏，依正思惟……

復次，善男子不能聞、見他聚落中男子、女人 老、病、死苦， 生怖畏心，依正思惟； 然見(己)聚落、城邑有善知識及所親近 老、病、死苦，則生怖畏，依正思惟……

復次，善男子不能聞、見(自)他聚落中男子、女人及所親近老、病、死苦，生怖畏心，依正思惟； 然於自身 老、病、死苦能生厭怖，依正思惟，如彼良馬侵肌徹骨，然後乃調，隨御者心，是名第四善男子於聖法、律能自調伏。』」⇨(雜922大2-234a[-13].) *cf.* 〈p.2-77 二.§9-0-7〉

②「佛告比丘：『有三使者，云何爲三？ 一者、老，二者、病，三者、死。有眾生身行惡，口言惡，心念惡，身壞命終，墮地獄中， 獄卒將此罪人詣閻羅王所。到已，白言：「此是天使所召也；唯 願大王善問其辭。」 王問罪人言：「汝不見初使耶？」 罪人報言：「我不見也。」

王復告曰：「汝在人中時頗見老人頭白齒落，目視矇矇，皮緩肌皺，僂脊拄杖，呻吟而行，身體戰掉，氣力衰微。見此人不？」 罪人言：「見。」 王復告曰：「汝何不自念：我亦如是。」 彼人報言：「我時放逸，不自覺知。」 王復語言：「汝自放逸，不能修身、口、意，改惡從善，今當令汝知放逸苦。」』」⇨(長30-4大1-126b[-11]f.)

§ 9-4-2 【正見 出要界→ 出要志】—♣〖由 菩提心→ 發 出離心〗

①(1)「何等爲正見是聖、出世間，無漏、不取，正盡苦，轉向苦邊？ 謂 聖弟子苦苦思惟，集、滅、道 道思惟，無漏思惟， 相應於法選擇，分別推求，覺知黠慧，開覺觀察，是名正見是聖、出世間，無漏、不取，正盡苦，轉向苦邊。……

何等爲正志是聖、出世間，無漏、不取，正盡苦，轉向苦邊？ 謂 聖弟子苦 苦思惟，集、滅、道 道思惟，無漏思惟， 相應心法 分別、自決、意解、計數、立意，是名正志是聖、出世間，無漏、不取，正盡苦，轉向苦邊。」⇨(雜785大2-203a^{-4}f.)

(2)「正見→ 正志」*cf.*〈p.0-23 ○. § 3-0-5⑥之 (2)〉⇨(雜749大2-198b^{-11}f.)
cf.(中189大1-735c^{8})

②「(世尊告諸比丘：)『云何有因生出要想，謂 出要界；緣出要界 生出要想、出要欲、出要覺、出要熱、出要求。謂 彼慧者 出要求時，眾生三處生正……彼慧者 不害求時，眾生三處正 —謂 身、口、心；— 彼正因緣生已，現法樂住，不苦、不樂、不礙、不惱、不熱，身壞命終 生善趣中。」
⇨(雜458大2-117b^{12}f.)

§ 9-5-1 【苦→ 無我→ 解脫】 *cf.*〈p.5-131ff. 五. § 10-0-0~ 〖無我法門〗〉

「爾時，世尊告餘五比丘：『色非有我；若色有我者，於色不應病、苦生，亦不得於色 欲令如是，不令如是。 以色無我故，於色有病、有苦生，亦得於色 欲令如是，不令如是。受、想、行、識亦復如是。

比丘！於意云何？ 色爲是常，爲無常耶？』 比丘白佛：『無常，世尊！』『比丘！若無常者，是苦耶？』 比丘白佛：『是苦，世尊！』『比丘！若無常、苦，是變易法，多聞聖弟子寧於中見是我、異我、相在不？』比丘白佛：『不也，世尊！』『受、想、行、識亦復如是。 是故，比丘！諸所有色 —若過去、若未來、若現在，若內、若外， 若麁、若細，若好、若醜，若遠、若近— 彼一切非我、非我所，如實觀察。 受、想、行、識亦復如是。

比丘！多聞聖弟子於此五受陰見非我、非我所，如是觀察，於諸世間都無所取；無所取故無所著，無所著故自覺涅槃：我生已盡，梵行已立，所作已作，自知不受後有。』」⇨(雜34大2-7c[14]f.)

§9-6-1 【知 苦、苦因、苦報、苦勝如、苦滅盡、苦滅道】

「云何知苦？ 謂 生苦、老苦、病苦、死苦、怨憎會苦、愛別離苦、所求不得苦、略五盛陰苦，是謂知苦。

云何知苦所因生？ 謂 愛也；因愛生苦，是謂 知苦所因生。

云何知苦有報？ 謂 或有苦微 遲滅，或有苦微疾滅，或有苦盛 遲滅，或有苦盛 疾滅，苦苦盡，是謂 知苦有報。

云何知苦勝如？ 謂 不多聞愚癡凡夫，不遇善知識，不御聖法，身生覺極苦甚重苦，命將欲絕，出此 從外，更求於彼。或有沙門、梵志持一句呪，或二、三、四……多句呪，或持百句呪，彼治我苦； 如是 因求生苦，因集生苦，苦滅，是謂 知苦勝如。

云何知苦滅盡？ 謂 愛滅苦便滅，是謂 知苦滅盡。

云何知苦滅道？ 謂 八支聖道，正見……乃至 正定為八，是謂 知苦滅道。 若比丘如是知苦，知苦所因生，知苦有報，知苦勝如，知苦滅盡，知苦滅道者，是謂達梵行，能盡一切苦。」

⇨(中111大1-600b[8]f.＝ A 6,63 Aⅲ.416[3]f.)

§ 10-0-0 【無我法門】♣

♣ *cf.* 楊郁文：〈以四部阿含經為主 綜論原始佛教之 我與無我〉

⇨《中華佛學學報》第二期 pp.1~63

①〖♣離斷、離常之無我見 可以簡別 異學〗

「(佛告)仙尼當知：有三種師。 何等為三？ 有一師，見現在世眞實是我，如所知說，而無能知命終後事，是名第一師出於世間。 復次，仙尼！有一師，見現在世眞實是我，命終之後亦見是我，如所知說。 復次，仙尼！有一師，不見現在世眞實是我，亦復不見命終之後眞實是我。

仙尼！其第一師見現在世眞實是我，如所知說(而無能知命終後事)者，名曰 斷見；彼第二師見今世、後世眞實是我，如所知說者，則是 常見；彼第三師※不見現在世眞實是我，命終之後 亦不見我[1] ， 是則 如來、應、等正覺說，(得)現法愛斷、離欲、滅盡、涅槃。」⇨(雜105大2-32a[3]f.)

②〖無我是 本末如來之所說〗

「……一切諸行無我，是謂 第三法 本末如來之所說。……」

⇨(增26-9大2-640b[16]f.)

③〖是釋尊 四事之教/ 四法之本/ 四法本(之三)〗

「……一切行無我，是謂三法…… 汝等當知 四法之本，普與一切眾生而說其義。』」⇨(增42-3大2-748c[-3]f.)*cf.*〈p.5-108 五.§ 8-0-0之 ②〉

cf. (增31-4大2-668b[14] ~c[10])

* 「無常、苦、無我 為〖道非道智見清淨〗與〖行道智見清淨〗的思惟、觀察、修習的重心。」⇨*cf.*〈p.5-105f. 五.§ 7-0-3; § 7-0-4〉

④〖無常想→ 無我想→ 心離我慢→ 得涅槃〗

「無常想者 能建立無我想，聖弟子住無我想，心離我慢，順得涅槃。」

⇨(雜270大2-71a[1]f.)

⑤〖眞實正觀 色無常＝ 苦＝ 非我→ 厭於色→ 不樂→ 解脫→ 智(證 涅槃)〗

「爾時，世尊告諸比丘：『色無常，無常卽苦，苦卽非我，非我者亦非我所。如是觀者，名 眞實正觀。 如是受、想、行、識無常，無常卽苦，苦卽非我，非我者亦非我所。如是觀者，名 眞實正觀。 聖弟子！如是觀者，厭於色

※1 「不見現在世眞實是我」卽 異於斷見；「命終之後 亦不見我」卽 異於常見。

，厭受、想、行、識，厭故不樂，不樂故得解脫；解脫者眞實智生：我生已盡，梵行已立，所作已作，自知不受後有。』」⇨(雜9大2-2a[3]f.)

⑥〖無我法爲諸佛 法中上〗

「若學決定法， 知諸法無我； 此爲法中上， 智慧轉法輪。」

⇨(長1大1-9b[12]f.)

⑦〖釋尊般涅槃後，最主要之 教法〗

「佛般泥洹未久。時，長老闡陀(Channa)晨朝著衣持鉢，入波羅㮈城乞食；食已，還攝衣鉢，洗足已，持戶鉤，從林至林，從房至房，從經行處至經行處，處處請諸比丘言：『當教授我，爲我說法，令我知法、見法，我當如法知、如法觀。』 時，諸比丘語闡陀言：『色無常，受、想、行、識無常，一切行無常，一切法無我，涅槃寂滅。』」⇨(雜262大2-66b[7]f.)

⑧〖三 法決定性〗

"Uppādā vā bhikkhave Tathāgatānaṁ anuppādā vā Tathāgatanaṁ ṭhitā 'va sā dhātu dhammaṭṭhitatā dhammaniyāmatā sabbe saṅkhārā aniccā. Taṁ Tathāgato abhisambujjhati abhisameti abhisambujjhitvā abbhisa=metvā ācikkhati deseti paññāpeti paṭṭhapeti vivarati vibhajati ut=tānīkaroti 'sabbe sankhārā aniccâ(諸行 無常) ti.'

Uppādā·········uttānīkaroti 'sabbe saṅkhārā dukkhâ(諸行 苦) ti.'

Uppādā·········uttānīkaroti 'sabbe dhammā anattâ(諸法 無我) ti.' "

⇨(A 3,134 A i. 286[8] ~[-9])

⑨〖無我 甚深難見，然須通達〗

「此甚深處，所謂 緣起； 倍復甚深難見，所謂 一切♣取離、愛盡、無欲、寂滅、涅槃[1] 。」⇨(雜293大2-83c[13]f.)

♣[1] *cf.* 「我取」⇨(雜298大2-85c[9])

「我見、我所見、我慢繫著使」*cf.* 〈p.5-148 五.§10-4-1 ②〉

「我慢、我欲、我使」*cf.* 〈p.5-168f. 五.§10-6-1③之 (6)〉

⑩〖我、無我 多義，內容不一〗*cf.* 〈p.5-142ff. 五.§10-3-4 ~§10-4-2〉

§10-1-1 【無我引起的困擾】

①〖異學〗：

(1) 以「有我」建立輪迴觀、解脫觀。

(2)「異學」以「有我」爲正見，「無我」爲 邪見。

(3) 疑「無我」則 誰是輪迴的 主體？誰是縛、解的 連繫者？

「一時，佛住毗舍離獮猴池側。毗舍離國有尼揵子，聰慧明哲，善解諸論，有聰明慢；所廣集諸論，妙智入微，爲眾說法，超諸論師，……有少緣事，詣諸聚落，從城門出，遙見比丘阿濕波誓(Assaji ;Ⓢ Aśvajit)，卽詣其所，問言：『沙門瞿曇爲諸弟子云何說法？ 以何等法教諸弟子，令其修習？』

阿濕波誓言：『火種居士！世尊如是說法教諸弟子，令隨修學；言：「諸比丘！於色當觀無我，受、想、行、識當觀無我。此五受陰勤方便觀，如病、如癰、如刺、如殺，無常、苦、空、非我。」』 薩遮尼揵子聞此語，心不喜，作是言：『阿濕波誓！汝必誤聽，沙門瞿曇終不作是說。若沙門瞿曇作是說者，則是邪見，我當詣彼難詰令止。……』」

⇨(雜110大2-35a^{-13}f.)

②〖教內〗：

(1)【鈍根無知 在無明𣪊起惡邪見】

「(一比丘白佛言：)『世尊！云何得無我慢？』 佛告比丘：『多聞聖弟子不於色見我、異我、相在；不於受 、想、行、識見我、異我、相在。』 比丘白佛：『善哉所說！更有所問。何所知、何所見，盡得漏盡？』

佛告比丘：『諸所有色，若過去、若未來、若現在， 若內、若外，若麤、若細，若好、若醜，若遠、若近，彼一切非我、不異我、不相在；受、想、行、識亦復如是。 比丘！如是知，如是見，疾得漏盡。』爾時，會中復有異比丘，鈍根無知，在無明𣪊 起惡邪見，而作是念：『若無我者，作無我業，於未來世，誰當受報？』」⇨(雜58大2-15a^{3}f.)

(2)【愚癡無聞凡夫 疑無我，則誰活？ 誰受苦樂？】

「(世尊告摩竭陀王 洗尼頻鞞娑邏 Seniya Bimbisāra：)『大王！若族姓子不著色、不計色、不染色、不住色、不樂色是我者，便不復更受當來色。大王！若族姓子不著覺、想、行、識，不計識、不染識、不住識、不樂識是我者，便不復更受當來識。大王！此族姓子無量、不可計、無限，得息寂。若捨此五陰已，則不更受陰也。』

於是，諸摩竭陀人而作是念：『若使色無常，覺、想、行、識無常者，誰活？ 誰受苦樂？』 世尊即知摩竭陀人心之所念，便告比丘：『愚癡凡夫不有所聞，見我是我而著於我； 但 無我、無我所，空我、空我所，法生則生，法滅則滅，皆由因緣合會生苦。若無因緣，諸苦便滅。眾生因緣會 相連續，則生諸法。 如來見眾生相連續生已，便作是說：有生有死，………大王！是故汝當如是學：若有色，或過去、或未來、或現在，或內、或外，或麁、或細，或好、或惡，或近、或遠；彼一切非我，非我所，我非彼所，當以慧觀知如眞。大王！若有覺、想、行、識，或過去、或未來、或現在，或內、或外，或麁、或細，或好、或惡，或近、或遠；彼一切非我，非我所，我非彼所，當以慧觀知如眞。』」

⇨(中62大1-498b[1]f.)

(3)【無聞眾生於無畏處 —無我— 而生恐畏】

「比丘復問曰：『世尊！云何因內有恐怖耶？』 世尊答曰：『比丘者，如是見、如是說 ：「彼或昔時無，設有我不得。」 彼如是見、如是說，憂慼煩勞，啼哭椎胸而發狂癡。比丘！如是因內有恐怖也。』」

⇨(中200大1-765a[1]f.)

「佛告比丘：『愚癡凡夫、無聞眾生於無畏處而生恐畏。愚癡凡夫、無聞眾生怖畏：無我、無我所，二俱非當生。』」⇨(雜64大2-16c[-4]f.)

(4)【知 無我，然不喜 無我】

「比丘語闡陀言：『色無常，受、想、行、識無常，一切行無常，一切法無我，涅槃寂滅。』 闡陀語諸比丘言：『我已知色無常，受、想、行、識無常，一切行無常，一切法無我，涅槃寂滅。』 闡陀復言：『然我不喜聞：一切諸行空寂、不可得、愛盡、離欲、涅槃。此中云何有我，而言如是知、如是見 是名見法？』第二、第三亦如是說。」

⇨(雜262大2-66b[13]f.)

③〖凡夫為何 起疑、怖畏、不喜「無我」〗

(1)【長夜無明所蓋，愛繫其首，生死流轉 加深我見故。】

「(佛告比丘)：『諸比丘！色有故，色事起，色繫著，色見我，令眾生無明所蓋，愛繫其首，長道驅馳，生死輪迴，生死流轉；受、想、行、識亦復如是。』」⇨(雜133大2-41c[-10]f.)

⑵【長夜保惜繫我故】

「爾時，世尊告諸比丘：『愚癡無聞凡夫於四大身厭患、離欲、背捨而非識。 所以者何？ 見四大身有增、有減、有取、有捨，而於心、意、識，愚癡無聞凡夫不能生厭、離欲、解脫。 所以者何？ 彼長夜於此保惜繫我，若得、若取，言：是我、我所、相在。是故，愚癡無聞凡夫不能於彼生厭、離欲、背捨。」⇨(雜289大2-81c[5]f.)

⑶【眾生異忍、異見、異受、異學，依彼異見，各樂所求，各務所習故。】

「毗婆尸佛於閑靜處復作是念：我今已得此無上法，甚深微妙，難解難見，息滅、清淨，智者所知，非是凡愚所能及也。斯由眾生異忍、異見、異受、異學，依彼異見，※各樂所求，各務所習[1] 。 是故於此甚深因緣，不能解了，然※愛盡涅槃[2] ，倍復難知。」⇨(長1大1-8b[15]f.)

cf.((雜105大2-32a[12~14])

「(佛言：)『彼第三師不見現在世眞實是我，命終之後，亦不見我，是則如來、應、等正覺說，現法愛斷、離欲、滅盡、涅槃。』 仙尼白佛言：『世尊！我聞世尊所說，遂更增疑。』 佛告仙尼：『正應增疑。所以者何？此甚深處，難見、難知，應須甚深照微妙至到，聰慧所了。凡眾生類，未能辯知。 所以者何？ 眾生長夜異見、異忍、異求、異欲故。」

⇨(雜105大2-32a[12]f.)

⑷【如實知非我 甚難】

「佛告阿難：『於意云何？離車童子競射門孔，箭箭皆入，此爲難耶？破一毛爲百分，而射一毛分，箭箭悉中，此爲難耶？』 阿難白佛：『破一毛百分，射一分之毛，箭箭悉中，此則爲難。』 佛告阿難：『未若於苦聖諦生如實知，此則甚難。如是，苦集聖諦、苦滅聖諦、苦滅道跡聖諦如實知見，此則甚難。』爾時，世尊而說偈言：

『一毛爲百分，　射一分甚難；　觀一一苦陰，　非我難亦然。』」

⇨(雜405大2-108b[-6]f.)

※1　"Ālayarāmāya ālayaratāya ālayasamuditāya(樂阿賴耶、愛阿賴耶、喜阿賴耶)…" ⇨(S.6,1 S i. 136[12]f.) ※2　「於此識身及外境界一切相，無有 我、我所見、我慢使繫著者，比丘！是名斷愛欲、轉去諸結、正(慢)無間等、究竟苦邊(涅槃)。」⇨(雜23大2-5a[-1]f.)

§ 10-2-1 【世尊爲何開示 無我法門】

①〖令眾生 解脫、證涅槃。

「『云何 瞿曇！爲弟子說法，令離疑惑？』 佛告火種居士：『我爲諸弟子說諸所有色，若過去、若未來、若現在，若內、若外，若麁、若細，若好、若醜，若遠、若近，彼一切如實觀察非我、非異我、不相在；受、想、行、識亦復如是。彼學必見跡不斷壞，堪任成就，厭離知見，守甘露門，雖非一切悉得究竟，具向涅槃。如是，弟子從我教法，得離疑惑。』

復問瞿曇：『復云何教諸弟子，於佛法得盡諸漏、無漏，心解脫、慧解脫，現法自知作證：我生已盡，梵行已立，所作已作，自知不受後有？』

佛告火種居士：『正以此法，諸所有色，若過去、若未來、若現在，若內、若外，若麁、若細，若好、若醜，若遠、若近，彼一切如實知非我、非異我、不相在；受、想、行、識亦復如是。彼於爾時成就三種無上：智無上、道無上、解脫知見無上。成就三種無上已，於大師所恭敬、尊重、供養如佛。世尊覺一切法，即以此法調伏弟子，令得安隱、令得無畏、調伏寂靜、究竟涅槃。世尊爲涅槃故，爲弟子說法。』」⇨(雜110大2-36c^{14}f.)

cf.(雜1026大2-268b^{2} ~^{8})

②〖捨斷我見之害〗

⑴【捨陰取陰】

「我諸弟子聞我所說(無我法門)，不悉解義，而(♣「而」宜作「不」)起慢無間等；非無間等故，慢則不斷；慢不斷故，捨此陰已，與陰相續生。」⇨(雜105大2-32b^{7}f.)

↔「聖弟子住無我想，心離我慢，順得涅槃。」⇨(雜270大2-71a^{2})

∾「云何一滅法？ 謂是 我慢。」⇨(長10大1-53a^{6})

⑵【避免 起種種邪見及苦】

cf.〈p.5-17ff. 五.§1-2-2〉⇨(雜133~ 171大2-41c^{14}~ 45c^{14})

＊ 印順導師：「佛說無我有兩方面：(一)眾生執我，所以自私；無我是化私爲公(利他爲前提)的道德根本要則。(二)眾生執我、我所見，所以惑於眞理、流轉生死；得無我見 就可以打破惑、業纏縛，而得解脫。所以，無我又是離繫得解(自利爲歸宿)的根本原則。」⇨〈妙雲集.中④ 性空學探源〉p.111

§10-2-2 【世尊開示無我法門的 時代背景】

①〖佛世及以前凡間流行之 見解〗

「爾時，世尊告諸比丘：『何所有故，何所起，何所繫著，何所見我，令諸眾生作如是見、如是說：「※如是我、彼(梵)，一切不二、不異、不滅。[1]」？』」⇨(雜153大2-43c⁻14f.)

②＊ *cf.*〈印度佛教史〉⇨(龍谷大學編 中譯本 p.4f.)

③ ♣ *cf.*〈以四部阿含經為主 綜論原始佛教之 我與無我 §4-0-0「世尊開示 無我法門的 時代背景」⇨《中華佛學學報》第二期 pp.12~13

§10-3-1 【我】

①〖人(有情)為何 會追求「自我」〗←♣【屬 天性】

(1) 三昧心憶劫(宿命通)→ 常見(我見) ⇨(長21大1-90a3~b3)

cf.〈p.5-117f. 五.§8-4-1 ⑤之 (2)〉

(2) 捷疾相智(戲論)→ 我見(妄見) ⇨(長21大1-90b3~11)

＊ I. Kant：「人類天生具有 哲學傾向；對終極的關心(ultimate concern)是人類的本性。」

＊ K. Jaspers：「哲學是 人對自身的反省。」

＊ 海德斐 F. Hyde?：“The law of completeness……

生理方面，我們稱此 完備為「健康(health)」

道德 〃　「完人(Perfection)」

宗教 〃　「神性(holiness)」

心理 〃　「自我實現(Self realizaton)」

②〖人(有情)為何 要追求「我」〗←【求 涅槃】

(1) 凡夫 求安心：⇨(雜57大2-14a13f.) *cf.*〈p.5-16 五.§1-1-4之 ②〉

(2) 異學 求解脫：⇨(雜153大2-43c⁻14f.) *cf.*〈p.5-137 五.§10-2-2之 ①〉

(3) 聖弟子 求知己：(attānaṁ jānāti)

「云何比丘為知己耶？ 謂 比丘自知我有爾所信、戒、聞、施、慧、辯、阿含及所得，是謂 比丘為知己也。」⇨(中1大1-421b⁻13f.)

cf.「當追尋 自己(attānaṁ gaveseyyāma)」⇨(V 2.a 1,14 V i.23⁻15)

※1 正統婆羅門系統，以為 依宗教的修行，體驗 梵我合一，即得解脫。

③〖古印度 探究「我」的經歷〗＊

Veda　神話的敘述— 生主(Prajāpati)。
↓
Brāhmaṇa 神學的解說— 梵(brahman)爲 世界之根源、創造的原理。
↓
Upaniṣad 哲學的觀察— 我(ātman)爲 個人的「主體」，
梵(brahman)爲 宇宙的「本元」。

④〖「我」的 五藏說〗— 由 體的方面 追求「自我」的主體

(1) 食味所成我(annarasamayâtman)

(2) 生氣所成我(prāṇamayâtaman)

(3) 意所成我(manomayâtman)

(4) 識所成我(vijñānamayâtaman)

(5) 妙樂所成我(ānandamayâtman) ⇨〈Taittrīya up°〉

⇨高觀廬譯.高楠順次郎 木村泰賢共著：〈印度哲學宗教史〉pp.251 ~252

⑤〖「我」的 四位說〗— 由用的方面 追求「自我」的主宰力

(1) 醒位(buddhânta)

(2) 夢位(svapnânta)

(3) 熟眠(位)(samprasāda)

(4) 死(位)(mṛta) ⇨〈Bṛhadāraṇyaka up°〉

⇨高觀廬譯 高楠順次郎 木村泰賢共著：〈印度哲學宗教史〉pp.250 ~251

⑥〖「我」的 定義〗—♣ 凡夫追求「我」之結論

＊(1)〈Upaniṣad〉：

1.【主宰】：「它(梵)是 主宰(paribhū)。」(Iśā up°)

2.【常】　：「太古的 主是 常住(nitya)、恆有(śāśvata)。」(Kathaka up°)

3.【一】　：「在太初時 只有『有(Sat)』，唯一 無二。」(Chandogya up°)
「它(梵)是 自存(svayambhū)。」(Iśā up°)

∽「復有餘眾生命、行、福盡，於光音天命終，來生空梵天中，其先生眾生便作是念：『我於此處是梵、大梵，我自然有，無能造我者。我盡知諸義典，千世界於中自在，最爲尊貴，能爲變化，微妙第一。爲眾生父，我獨先有，餘眾生後來，後來眾生，我所化成。』 其後眾生復作是念：『彼是大梵，彼能自造，無造彼者，盡知諸義典，千世界於中自在，最爲尊貴，能爲變化，微妙第一。爲眾生父，彼獨先有，後有我等，我等眾生，彼所化成。』」⇨(長21大1-90b^{-6}f.)

(2)《Āgama》：

1.【主、自在】：

「佛告火種居士：『我今問汝，隨意答我。譬如國王，於自國土有罪過者，若殺、若縛、若擯、若鞭、斷絕手足；若有功者，賜其象馬、車乘、城邑、財寶，悉能爾不？』答言：『能爾，瞿曇！』佛告火種居士：『凡是主者，悉得自在不？』答言：『如是，瞿曇！』佛告火種居士：『汝言色是我，受、想、行、識卽是我，得隨意自在，令彼如是，不令如是耶？』時，薩遮尼揵子默然而住。」⇨(雜110大2-36a^{5}f.)

2.【常】：

「色是無常，無常故卽無我。」⇨(別雜330大2-486a^{5}f.)

3.【獨一、自有】

「我今是大梵王，忽然而有，無作我者。…… 我先至此，獨一無侶……爲人父母，先有是一，後有我等(眾生)……」⇨(長15大1-69b^{1}f~^{13}.)

⑦〖「ātman(我)」之 語源〗

*「所謂 ātman 之字義觀之，雖爲『自我』之意，但 其語源，學者間之意見頗不一致。Bohtlink氏及 Roth氏之意，歸於“√an(息 to breathe)”之語根；Weber氏謂 歸於“√at(行 to move)”；Grasmann氏謂 歸於“√vā＝av(吹 to blow)”。但 諸氏皆以氣息爲原義，由此而成 生氣、靈魂之意，終爲自我之意，實相同也。故諸學者之意見，可謂略相一致；獨 Deussen氏反對此推定，謂：『細尋〈Ṛg-veda〉中雖有“tman”一語，但 用至十七次之“tmanan，tmana，tmane，tmani”等之形，則爲副詞及 自稱(反身)代名詞；其用法大致原始的，“ātman”卽由此而來者。

『我』之語根之“a(ahaṁ 之 a)”，與指示代名詞之“ta”相合爲『此我』，又強其意味而爲“ātman”；故 ātman 思想發達之次序，初爲廣泛之意味，只對於他物他身而爲自身之意之語。 由是在自身中，稍成 本質的軀幹之意之語；又 進一層而爲本質的呼吸或心之意；終乃用爲 眞性實我之意云。 卽反於其他學者所謂 由呼吸而進爲自我之意之推定，而謂 自始卽爲自我之意；在其發達過程中，曾到達呼吸云。其圖如下：

ātman(此我)

(1)身體全部→ (2)軀幹→ (3)魂、生氣→ (4)眞我

Deussen氏 之語源說是否正確，原尚有疑問，但 其發達歷程說，對自

我觀，極合於人類心理的考察之自然，且 合於奧義書的思想，誠 不失其爲語源說以外，極堪尊重之假定。奧義書中『我之五藏說、四位說』正依上述之次序而說者。」

⇨高觀廬譯·高楠順次郎 木村泰賢共著：〈印度哲學宗教史〉pp.212~213

⑧〖attan(我) 之語源〗

巴利語 attan 從古典梵語(classic Sanskrit)同化而來，所以語源和 ātman 相同。 ⇨水野弘元著：〈パ-リ語文法〉p.49

⑨〖我(ahaṃ)之 起源〗— 神話的、傳說的

「經劫長時，此世間始成，有諸衆生命行福盡，於光音天命終，意所成化生空梵宮中；最初生有情 便作是念：『Aham asmi Brahmā(我是梵)，……』」⇨(D 1 D i. 17[18] ~18[6])

＊「天地始成時，此世間有具人(purṣa)〔形〕之 Ātman(「我」)，彼 環顧四周，除自己外 不見他(有情)。彼口云：『Ahaṁ asmi(我是∨有我∨我是存在的)！』 爾時以來，有『ahaṁ(我)』之名稱存在；因此，於今 被他人叫到者，先答：『Aham ayaṁ(此我《在此》)！』 繼之，告彼〔人，自己〕所持（固有之)名字。」⇨(Bṛhadāranyakopaniṣad 第 1篇第 4章)

§10-3-2 【於何、從何、因何見 我、我所】

①〖於五陰見 我、我所〗

(1)「爾時，世尊告諸比丘：『有五受陰。 云何爲五？ 色受陰，受、想、行、識受陰。若所沙門、婆羅門見有我者，一切皆於此五受陰見我。』」⇨(雜45大2-11b[2]f.)

(2)“Ye hi keci bhikkhave samaṇā vā brāhmaṇā vā anekavihitam attānaṁ samanupassamānā samanupassanti, sabbe te pañc'upādānakkhandhe (於五受陰)samanupassanti etesaṁ vā aññataraṁ.(或其等之一《陰》” ⇨(S 22.47 S iii. 46[10]f.)

(3)「爾時，世尊告諸比丘：『……諸比丘！色有故，色事起，色繫著，色見我，令眾生無明所蓋，愛繫其首，長道驅馳，生死輪迴，生死流轉；受、想、行、識亦復如是。』」⇨(雜133大2-41c[15]f.)

(4)「時，尊者阿難告諸比丘：『尊者富留那 彌多羅尼子(Puṇṇa Mantāṇiputta

)年少初出家時，常說深法，作如是言：『阿難！生法計是我，非不生。阿難！云何於生法計是我，非不生？色生，生是我，非不生；受、想、行、識生，生是我，非不生。譬如士夫手執明鏡及淨水鏡，自見面生，生故見，非不生。是故，阿難！色生，生故計是我，非不生；如是受、想、行、識生，生故計是我，非不生。。』」⇨(雜261大2-66a[6]f.)

②〖從六識生 我、我所見〗

(1)「復有正思惟三昧，觀察我、我所，從若見、若聞、若嗅、若嘗、若觸、若識而生。」⇨(雜80大2-20b^{-13}f.)

(2)「爾時，世尊告諸比丘：『當為汝等演說二法，諦聽！善思！何等為二？眼色為二，耳聲、鼻香、舌味、身觸、意法為二，是名二法。若有沙門、婆羅門作如是說：「是非二者；沙門瞿曇所說二法，此非為二。」彼自以意說二法者，但有言說，問已不知，增其疑惑，以非其境界故。所以者何？緣眼、色，眼識生，三事和合觸，緣觸生受—若苦、若樂、不苦不樂。—若於此受集、受滅、受味、受患、受離不如實知者，種貪欲身觸、種瞋恚身觸、種戒取身觸、種我見身觸，亦種殖增長諸惡不善法，如是純大苦聚皆從集生；如是，耳、鼻、舌、身、意、法，緣生意識，三事和合觸，…廣說如上。』」⇨(雜213大2-54a[2]f.)

③〖因無明觸 於陰∨處∨界見 我、我所〗

(1)「爾時，世尊告諸比丘：『有五受陰，謂色受陰，受、想、行、識受陰。愚癡無聞凡夫無慧、無明，於五受陰生我見繫著使，心繫著而生貪欲。……愚癡無聞凡夫無慧、無明，見色是我、異我、相在；如是受、想、行、識，是我、異我、相在。如是，愚癡無聞凡夫無慧、無明，於五受陰說我繫著使，心結縛而生貪欲。』」⇨(雜62大2-16a^{-10}f.)

(2)「爾時，世尊告諸比丘：『有五受陰，謂色受陰，受、想、行、識受陰。比丘！若沙門、婆羅門計有我，一切皆於此五受陰計有我。何等為五？諸沙門、婆羅門於色見是我、異我、相在；如是受、想、行、識，見是我、異我、相在。如是，愚癡無聞凡夫計我、無明、分別，如是觀不離我所；不離我所者，入於諸根；入於諸根已，而生於觸；六觸入所觸，愚癡無聞凡夫生苦樂，從是生此等及餘。謂六觸身；云何為六？謂眼觸入處，耳、鼻、舌、身、意觸入處。

比丘！有意界、法界、無明界，無明觸所觸。愚癡無聞凡夫言有、言無、言有無、言非有非無、言我最勝、言我相似，我知、我見。

復次，比丘！多聞聖弟子住六觸入處，而能厭離無明，能生於明。彼於無明離欲而生於明，不有、不無、非有無、非不有無、非有我勝、非有我劣、非有我相似，我知、我見。作如是知、如是見已，所起前無明觸滅，後明觸集起。』」⇨(雜63大2-16b[14]f.)

cf. 〈p.5-148f. 五.§10-4-1之 ②〉

§10-3-3 【種種「我」之同義語】

「眼⑥、色⑥緣，生眼識⑥；(眼、色、眼識)三事和合 觸。觸俱生 受、想、思，此(眼識、眼觸生受、眼觸生想、眼觸生思)四無色陰，(及)眼、色；此等法名爲人，於斯等法作 人想、眾生(satta 有情)、那羅(nara 原人)、摩㝹闍(manuṣya 人/ 人祖)、摩那婆(māṇava 童子)、士其(♣夫)(puruṣa 士夫)、福伽羅(puggala 數取趣)、耆婆(jīva 命者/ 壽者)、禪頭(jantu 人趣)如是說：我眼見色，我耳聞聲，我鼻嗅香，我舌嘗味，我身覺觸，我意識法……」⇨(雜306大2-87c[-6]f.)

§10-3-4 【計「我」之形式】♣

①〖現在世〗：

(1)【二種 我、我所見】

1.「是 我、我所。」⇨(雜1169大2-312c[-9])

"'ahaṁ' ti vā 'maman' ti vā" ⇨(S 35,205 Siv.198[1])

2.「(非)我、(非)我所」⇨(雜103大2-30a[3])

"(na)attānam vā (na)attaniyam vā" ⇨(S 22.89 Siii.128[4])

(2)【三種 我、我所見】

「於色⑤ 見 是我、異我、相在。」⇨(雜43大2-10c[-7])

"Rūpam⑤ etam mama, eso 'ham asmi, eso me attâ ti samanupassati."

⇨(S 22,8 Siii.18[-14]f.)

(3)【四種 我、我所見】

「見 色⑤ 是我、色⑤ 異我、我在色⑤、色⑤ 在我。」⇨(雜45大2-11b[5]f)

"rūpam⑤ attato samanupassati, rūpavantam⑤ vā attānam, attani vā rūpaṁ⑤ , rūpasmiṁ⑤ vā attānaṁ." ⇨(S 22,47 Siii.46[16]f.)

【4×5 ＝ 20種「我、我所」見 ＝ 二十有身見(sakkāya-diṭṭhi)】

「愚癡無聞凡夫見

色是我[1] 、(♣色)異我[2] 、我在色(♣中)[3] 、色在我(♣中)[4] ，

受是我[5] 、(受)異我[6] 、我在受(中)[7] 、受在我(中)[8] ，

想是我[9] 、(想)異我[10]、我在想(中)[11]、想在我(中)[12]，

行是我[13]、(行)異我[14]、我在行(中)[15]、行在我(中)[16]，

識是我[17]、(識)異我[18]、我在識(中)[19]、識在我(中)[20]。」

⇨(雜109大2-34b[13] ~35a[2])

(4)【二十五種「我、我所」見】

「彼計色爲我[1] ，色是我所(有)[2] ，我是色所(有)[3] ，色中有我[4] ，我中有色[5] ……痛(♣受)[6] 、想[11]、行[16]、識[21]亦復如是。」

⇨(增13-4大2-573b[10] ~[-4])

②〖現在世～未來世〗：

(1)【種種 二世之我見】

「言：是我，是我所，未來當有，未來當無，當復有色，當復無色，當復有想，當復無想，當復非有想非無想。」⇨(雜1168大2-312a[8] ~[13])

" 'Asmî' ti. 'Ayam aham asmî' ti. 'Bhavissan' ti. 'Na bhabissan' ti. 'Rūpī bhavissan' ti. 'Arūpī bhavissan' ti. 'Saññī bhavissan' ti. 'Asaññī bhavissan' ti. 'N'eva saññīnâsaññī bhavissan' ti."

⇨(S 35,207 Siv.202[-14] ~[-9])

(2)【常見/ 斷見之我見】

「斷見師：見現在世眞實是我，無能知命終後事(♣否定後世有我)。

常見師：見現在世眞實是我，命終之後亦見是我。」

⇨(雜105大2-32a[4] ~[12])

"Rūpe⑤ kho bhikkhave sati rūpam upādāya rūpam abhinivissa evaṁ (♣sassata常)diṭṭhi uppajjati: 'So attā so loko so pecca bhavissāmi nicco dhuvo sassato avipariṇāmadhammo' " ⇨(S 24,3 Siii.205[2]f.)

"Rūpe⑤ kho bhikkhave sati rūpam upādāya rūpam abhinivissa evaṁ (♣uccheda 斷)diṭṭhi uppajjati: 'No cassaṁ no ca me siyā na bhavis=sāmi na me bhavissatî' ti." ⇨(S 24,4 Siii.205[-1]f.)

(3)【展轉二十種常見之我見→ 斷見之我見→ 無明行→ 種種我見之循環】

⇨〈p.5-16 五.§1-1-4 之②〉

③〖過去、未來、現在世〗—【百八愛行】

♣⇨ 楊郁文：〈南、北傳「十八愛行」之法說及義說〉《中華佛學學報》第三期 pp.1~ 23

(1)「有我故有(言)：『※我有、我無、[1] 我欲、 我爾、 我異、

我當、我不當、我〔當〕欲、我當爾、(時)〔我〕當異、

※(異)〔或〕[2] 我、 或欲我、 或爾我、 或異〔我〕、

或然、 或欲然、 或爾然、 或異〔然〕。

』如是十八愛行 從內起。……有我於諸所有，言：『(我所有、我所無、)我(所)欲、我(所)爾……』乃至十八愛行從外起。如是，(共)三十六愛行，或於過去起，或於未來起，或於現在起，如是總說百八愛行。」

⇨(雜984大2-256a^{-6}f.)

(2)“Asmî ti bhikkhave sati:

Itth'asmî ti hoti, Ev'asmî ti hoti, Aññath'asmî ti hoti, As'asmî ti hoti, Sat'asmî ti,

※San ti[3] hoti, Itthaṁ ※san ti hoti, Evaṁ ※san ti hoti, Aññathā ※san ti hoti,

Api'haṁ ※san ti hoti, Api'haṁ itthaṁ ※san ti hoti, Api'haṁ evaṁ ※san ti hoti, Aññathā ※san ti hoti,

Bhavissan ti hoti, Ittham bhavissan ti, Evaṁ bhavissan ti hoti, Aññathā bhavissan ti hoti.” ⇨(A 4,199 A ii.212[13])

※1 「我有、我無」本在「我異」之後，今移到「我欲」之前。

※2 ( )內字爲 衍文，〔 〕內字爲 補字。 ※3 ‘san ti’《Vibh》作：siyan ti ⇨(Vibh 392^{-4})

(3)「十八愛行乃至百八愛行(我、我所愛)」※表解[1]

<table>
<tr><td colspan="3" rowspan="3"></td><td rowspan="2">世差別</td><td colspan="4">所依差別</td></tr>
<tr><td>我慢現行</td><td>是我如是</td><td>是我如此</td><td>我是異此</td></tr>
<tr><td>現在世</td><td>我有</td><td>我欲</td><td>我爾</td><td>我異</td></tr>
<tr><td rowspan="5">自性差別</td><td rowspan="3">有愛</td><td>軟有愛</td><td rowspan="3">當來</td><td>我當</td><td>我當欲</td><td>我當爾</td><td>我當異</td></tr>
<tr><td>中有愛</td><td>或我</td><td>或欲我</td><td>或爾我</td><td>或異我</td></tr>
<tr><td>上有愛</td><td>或然</td><td>或欲然</td><td>或爾然</td><td>或異然</td></tr>
<tr><td colspan="2" rowspan="2">無有愛</td><td>現在</td><td>我無</td></tr>
<tr><td>當來</td><td>我不當</td></tr>
</table>

於現世 內十八愛行生起「我見」
　　　 外十八愛行生起「我所見」
於三世 總共生起「百八愛行」

④〖有關色、身、想、受起 種種我見〗

「於色：見色是我，無色是我，色非色是我，非色非無色是我；
於身：見 我有邊，我無邊，我有邊無邊，我非有邊非無邊；
於想：見〔我〕一想，〔我〕種種想，〔我〕多想，〔我〕無量想；
於受：見 我一向樂，〔我〕一向苦，〔我〕若苦若樂，〔我〕不苦不樂。」

⇨(雜166大2-45a^{-13}f.)

⑤〖卽陰之其他 我見〗

「阿難！夫計我者，齊幾名我見？ (1)(有人對)名色與受，俱計以爲我。(2)有人言：『受非我，我是受。』 (3)或有言：『受非我，我非受，受法是我。』 (4)或有言：『受非我，我非受，受法非我，但愛是我。』」

⇨(長13 大1-61c^{2}f.)

∾ 'Vedanaṁ vā hi Ānanda attānaṁ samanupassamāno samanupassati:

(1) "Vedanā me attâ" ti;

(2) "Na h'eva kho me vedanā attā, appaṭisaṁvedano me attâ" ti;

(3) "Na h'eva kho me vedanā attā, no pi appaṭisaṁvedano me attā, attā me vediyati vedanā-dhammo hi me attâ" ti. iti.'

⇨(D 15 D ii.p.66^{6}f.)

※1 根據《瑜伽師地論》卷95「攝事分中 契經事」⇨(大30-842b^{-3}f.)

§ 10-3-5 【計我 表解】（以 現在世之我 爲例）

①♣〖種種我見、我所見、我慢使 表解　（以五陰爲例，六處、六界同例）

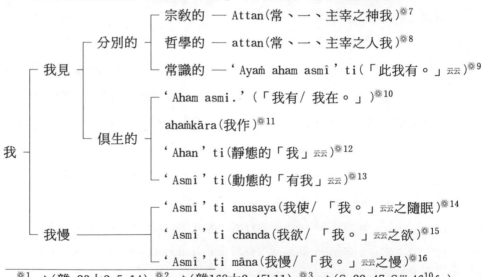

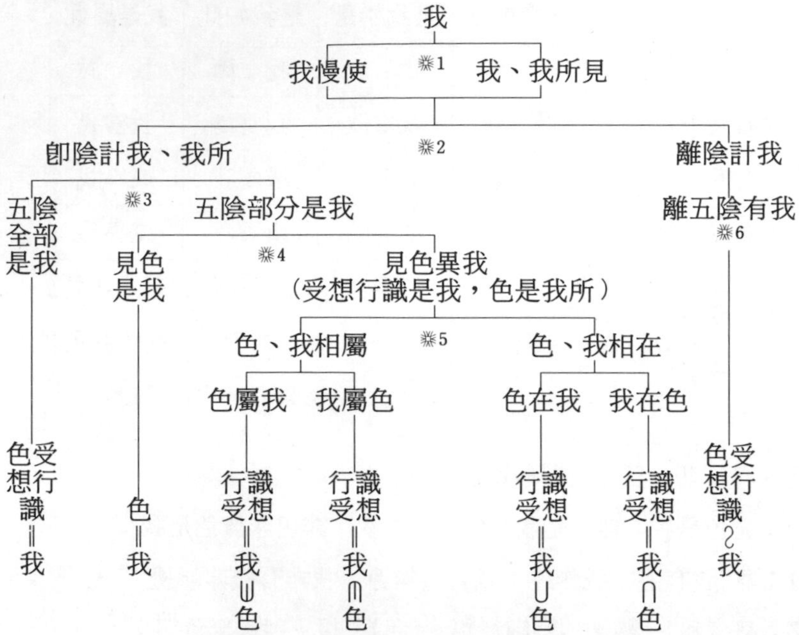

②♣〖不同深度之我見、我慢使 表解〗（上列淺顯，愈下列愈深隱）

- 我
  - 我見
    - 分別的
      - 宗教的 — Attan（常、一、主宰之神我）※7
      - 哲學的 — attan（常、一、主宰之人我）※8
      - 常識的 —‘Ayaṁ aham asmî’ti（「此我有。」云云）※9
    - 俱生的
      - ‘Aham asmi.’（「我有/ 我在。」）※10
      - ahaṁkāra（我作）※11
      - ‘Ahan’ti（靜態的「我」云云）※12
      - ‘Asmî’ti（動態的「有我」云云）※13
  - 我慢
    - ‘Asmî’ti anusaya（我使/ 「我。」云云之隨眠）※14
    - ‘Asmî’ti chanda（我欲/ 「我。」云云之欲）※15
    - ‘Asmî’ti māna（我慢/ 「我。」云云之慢）※16

※1 ⇨（雜.23大2-5a14）※2 ⇨（雜168大2-45b11）※3 ⇨（S 22,47 S iii.46^{10}f.）※4 ⇨（雜109大2-34b^{15}~35a^{2} ）※5 ⇨（增13-4大2-573b^{10}f.）※6 ⇨（S 22,81 S iii.98^{-9}f.）※7 ⇨（S 22,81 S iii.98^{-6}）※8 ⇨（S 22,89 S iii.128^{4} ）※9 ⇨（S 22,89 S. iii.128^{-2}）※10 ⇨（D 1 D i.18^{6} ）※11 ⇨（S 22,91 S iii.136^{3} ）※12 ※13 ⇨（S 35,205 S iv.198^{1} ）※14 ※15 ※16 ⇨（S 22,89 S iii.130^{-4}f.）

以上，對種種「我見、我所見、我慢使繫著」之認識，作爲了解釋尊所開示「無我法門」之增上緣。應當特別注意者，釋尊否定了上述「種種不同性質、不同層次之 我」之見、執；世尊要求眾生捨斷、除淨所有此等邪見、妄執！

§ 10-4-1 【觀察 無我】♣

○“Yath’eva kho āvuso Udāyi ayaṃ kāyo Bhagavatā anekapariyāyena akkhāto vivaṭo pakāsito iti pâyaṁ kāyo anattâ ti; sakkā evam evaṁ viññāṇam pi ācikkhituṁ desetuṁ paññāpetum paṭṭhapetuṁ vivarituṁ vibhajitum uttānīkatum, iti p’idaṁ viññāṇam anattâ ti.”

⇨(S 35,193 Siv.166-7f.)

Ānanda尊者答覆Udayin尊者：「噢 尊者Udāyi！世尊實如是，對此身用種種方便，開示、說明『此身無我也。』 同樣地，對此識 ♣[1] 宣說、[2] 指示、[3] 施設、[4] 建立、[5] 開明、[6] 分別、[7] 顯示『此識無我也。』」經文中以‘♣[1] ācikkhituṁ [2] desetuṁ [3] paññāpetum [4] paṭṭhapetuṁ [5] vivarituṁ [6] vibhajitum [7] uttānīkatum 七不定體動詞(inf.v.)，加強語氣地說出「世尊以種種方便 開示無我法門」。

《 阿含經》裡有種種方法 觀察無我；方便提示，列表如下：

♣〖於陰、處、界 種種觀察無我 表解〗

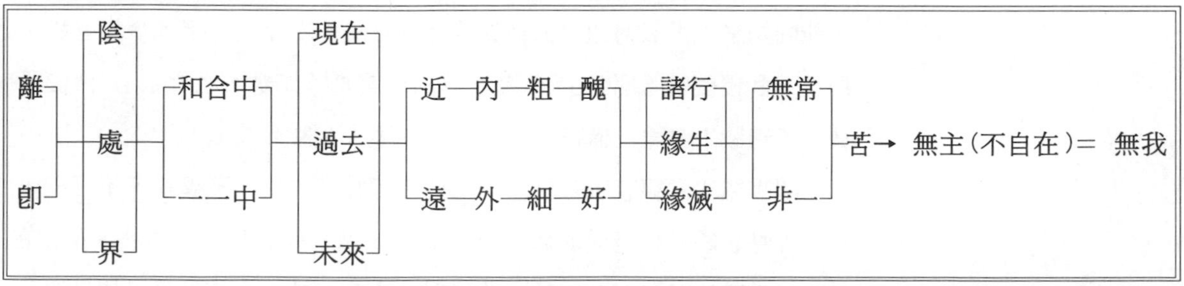

①〖(1)離陰、(2)卽陰 觀察〗

(1)【離陰無我】

「爾時，世尊告諸比丘：『有五種種子。何等爲五？ 謂 根種子、莖種子、節種子、自落種子、實種子。此五種子不斷、不壞、不腐、不中風，新熟堅實，有地界而無水界，彼種子不生長增廣。若彼種新熟堅實，不斷、不壞、不腐、不中風，有水界而無地界，彼種子亦不生長增廣。若彼種子新熟堅實，不斷、不壞、不腐、不中風，有地、水界，彼種子生長增廣。

比丘！彼五種子者，譬取陰俱識；地界者，譬四識住；水界者，譬貪喜。 四取攀緣識住。何等為四？ 於色中識住，攀緣色，喜貪潤澤，生長增廣；於受、想、行中識住，攀緣受、想、行，貪喜潤澤，生長增廣。比丘！識於中若來、若去、若住、若沒、若生長增廣。比丘！若離色、受、想、行 識有若來、若去、若住、若生者，彼但有言數，問已 不知，增益生癡，以非境界(avisayasmiṁ 處於非對境)故。』」⇨(雜39大2-8c^{-3}f.)

⑵【即陰無我】

「爾時，世尊告諸比丘：『當觀色無我，如是觀者，則為正觀。正觀者，則生厭離；厭離者，喜貪盡；喜貪盡者，說心解脫。如是，觀受、想、行、識無我，如是觀者，則為正觀。正觀者，則生厭離；厭離者，喜貪盡；喜貪盡者，說心解脫。

如是，比丘！心解脫者，若欲自證，則能自證：我生已盡，梵行已立，所作已作，自知不受後有。』」⇨(雜1大2-1a^{7}f.)

*「若我是五陰， 我即為生滅； 若我異五陰， 則非五陰相。」

⇨《中論 觀法品》:(大30-23c^{-10}f.)

②〖就 有情身、心—⑴五陰、⑵六內入處、⑶六界 觀察無我〗

⑴「尊者羅睺羅……白佛言：『世尊！云何知、云何見我此識身及外境界一切相，能令無有我、我所見、我慢使繫著？』 佛告羅睺羅：『善哉！善哉！能問如來：「云何知、云何見我此識身及外境界一切相，令無有我、我所見、我慢使繫著耶？」』 羅睺羅白佛言：『如是，世尊！』 佛告羅睺羅：『善哉！諦聽！諦聽！善思念之！當為汝說。

羅睺羅！當觀若所有諸色……彼一切悉皆非我、不異我、不相在，如是平等慧正觀。如是受、想、行、識……彼一切非我、不異我、不相在，如是平等慧如實觀。 如是，羅睺羅！比丘如是知、如是見。如是知、如是見者，於此識身及外境界一切相，無有我、我所見、我慢使繫著。羅睺羅！比丘若如是於此識身及外境界一切相，無有我、我所見、我慢使繫著者，比丘是名斷愛欲，轉去諸結，正(慢)無間等，究竟苦邊。』」

⇨(雜23大2-5a^{12}f.)

⑵「……諸所有眼……彼一切非我、非異我、不相在如實正觀。羅睺羅！耳、鼻、舌、身、意亦復如是。……」⇨(雜199大2-50c^{-2}f~51a^{11})

⑶「……於所有地界……彼一切非我、不異我、不相在如實知，水界、火界、風界、空界、識界亦復如是。羅睺羅！比丘如是知、如是見，於我此識身

及外境界一切相，無有我、我所見、我慢繫著使。 羅睺羅！若比丘於此識身及外境界一切相，無有我、我所見、我慢繫著使，是名斷愛縛諸結、斷諸愛、止(♣正)慢無間等、究竟苦邊。』」⇨(雜465大2-118c^{-5}f.)

③〖於陰、處、界之(1)和合中、(2)一一中 觀察〗

(1)【五陰、六內入處、六界 和合中 觀察】↔〖我獨一、非和合。〗

「舍利弗言：『若比丘未得無間等法，欲求無間等法，精勤思惟：五受陰爲病、爲癰、爲刺、爲殺、無常、苦、空、非我。所以者何？是所應處故。』」⇨(雜259大2-65b^{13}f.)

「唯有空陰聚， 無是眾生者。 如和合眾材， 世名之爲車；
諸陰因緣合， 假名爲眾生。」⇨(雜1202大2-327b^{8}f.)

(2)【一一陰、處、界中 觀察】—〖一一陰、處、界亦無常、非一〗

「一毛爲百分， 射一分 甚難； 觀一一苦陰， 非我難亦然。」
⇨(雜405大2-108c^{3}f.)

④〖由(1)時間、(2)空間、(3)對觸、(4)難易 觀察無我〗

「當觀若所有諸色，(1)若過去、若未來、若現在，(2)若內、若外，(3)若麁、若細，(3)若好、若醜，(4)若遠、若近，彼一切悉皆非我、不異我、不相在，如是平等慧正觀。 如是受、想、行、識(1)若過去、若未來、若現在，(2)若內、若外，(3)若麁、若細，(3)若好、若醜，(4)若遠、若近，彼一切非我、不異我、不相在，如是平等慧如實觀。」⇨(雜23大2-5a^{-10}f.)

⑤〖由(1)緣起、(2)諸行、(3)一切、(4)生、滅 觀察無我〗

(1)【緣起】↔〖我者 自有，非緣起所生。〗

"Rūpam⑤ bhikkhave anattā, yo pi hetu yo pi paccayo rūpassa⑤ uppā=dāya so pi anattā, anattasambhūtam bhikkhave rūpaṁ⑤ kuto attā bhavissati." ⇨(S 22,20 Siii.24^{7}f.)*cf.* 〈p.5-112f. 五.§8-1-2之 ③〉

"Cakkhum⑥ hikkhave anattā, yo pi hetu yo pi paccayo cakkhussa⑥ uppādāya so pi anattā, anattasambhūtam bhikkhave cakkhuṁ⑥ kuto attā bhavissati." ⇨(S 35,141 Siv.130^{13})

「過去世時，有王聞未曾有好彈琴聲，極生愛樂，耽湎染著，問諸大臣：『此何等聲？甚可愛樂。』 大臣答言：『此是琴聲。』 語大臣：『取彼聲來。』 大臣受教，即往取琴來，白言：『大王！此是琴作好聲者。』王語大臣：『我不用琴，取其先聞 可愛樂聲來。』 大臣答言：『如此之琴，有眾多種具 —謂 有柄、有槽、有麗、有絃、有皮，巧方便人彈之，得眾具因緣 乃成音聲，非不得眾具而有音聲。 前所聞聲，久已過去，轉亦盡滅，不可持來。』

爾時，大王作如是念，言：『咄！何用此虛僞物爲？世間琴者是虛僞物，而今世人耽湎染著；汝今持去，片片析破，棄於十方。』 大臣受教，析爲百分，棄於處處。

如是，比丘！若色、受、想、思、欲，知此諸法無常、有爲、心因緣生，而便說言：『是我、我所』，彼於異時，一切悉無。諸比丘！應作如是平等正智，如實觀察。」⇨（雜1169大2-312c⁶f.）

⑵【諸行】

「諦觀察諸行， 苦、空、非有我。 繫念正觀身， 多修習厭離，
修習於無相， 滅除憍慢使， 得慢無間等， 究竟於苦邊。」
⇨（雜1214大2-331b⁴f.）

「一切諸行無我，是謂第三法 本末如來之所說。」
⇨（增26-9大2-640b⁻¹⁴f.）

⑶【一切】＝〖一切是緣起〗↔〖我非緣起〗

「一切非我。」⇨（雜196大2-50b⁷f.）

「一切行無常，一切法無我，涅槃寂滅。」⇨（雜262大2-66b¹⁴f.）

⑷【生滅】↔〖我不生、滅〗

「眼生滅故，若眼是我者，我應受生死；是故說眼是我者，是則不然。如是若色、若眼識、眼觸、眼觸生受♣若是我者，是則不然。所以者何？ 眼觸生受是生滅法；若眼觸生受是我者，我復應受生死；是故說眼觸生受是我者，是則不然，是故眼觸生受非我。如是耳、鼻、舌、身、意觸生受非我。 所以者何？ 意觸生受是生滅法；若是我者，我復應受生死，是故意觸生受是我者，是則不然，是故意觸生受非我。」⇨（雜304大2-87a⁹f.）

「譬如大雨水泡，一起一滅，明目士夫諦觀思惟分別。諦觀思惟分別時：無所有、無牢、無實、無有堅固。所以者何？ 以彼水泡無堅實故。 如是，比丘！諸所有受，若過去、若未來、若現在，若內、若外，若麁、若細，若好、若醜，若遠、若近，比丘！諦觀思惟分別。諦觀思惟分別時：無所有、無牢、無實、無有堅固，如病、如癰、如刺、如殺，無常、苦、空、非我。所以者何？以受無堅實故。」⇨（雜265大2-68c⁹f.）

⑥〖由 ⑴無常、⑵非一 觀察〗

⑴【無常】—〖♣違反 我是常〗

「『輸屢那！於汝意云何？ 色爲常、爲無常耶？』 答言：『無常。』『輸屢那！若無常，爲是苦耶？』 答言：『是苦。』『輸屢那！若無常、苦，是變易法，於意云何？ 聖弟子於中見色是我、異我、相在不？』 答言：『不也。』」⇨(雜30大2-6b7f.)

「愚癡無聞凡夫寧於四大身繫我、我所，不可於識繫我、我所。 所以者何？四大色身或見十年住，二十、三十……乃至百年，若善消息，或復少過；彼心、意、識日夜時刻，須臾轉變，異生異滅。猶如獼猴遊林樹間，須臾處處，攀捉枝條，放一取一，彼心、意、識亦復如是，異生異滅。」⇨(雜289大2-81c11f.)

⑵【非一】—〖♣違背我是獨一、自存〗

「云何爲陰？ 若所有諸色，若過去、若未來、若現在，若內、若外，若麤、若細，若好、若醜，若遠、若近，彼一切總說色陰。 隨諸所有受、想、行、識亦復如是，彼一切總說受、想、行、識陰，是名爲陰。云何爲受陰？若色是有漏、是取，若彼色過去、未來、現在，生貪欲、瞋恚、愚癡及餘種種上煩惱心法；受、想、行、識亦復如是，是名受陰。」⇨(雜55大2-13b15f.)

「『彼見我者，言受非我，我是受者，當語彼言：『如來說三受：苦受、樂受、不苦不樂受。若樂受是我者，樂受滅時，則有二我，此則爲過。若苦受是我者，苦受滅時，則有二我，此則爲過。若不苦不樂受是我者，不苦不樂受滅時，則有二我，此則爲過。阿難！彼見我者，言：『受非我，我是受。』彼則爲非。」⇨(長13大1-61c-8f.)

⑦〖苦 觀察〗—【♣於苦不得自在 卽無我】

「爾時，世尊告諸比丘：『色非是我。若色是我者，不應於色病、苦生，亦不應於色欲令如是、不令如是。以色無我故，於色有病、有苦生，亦得於色欲令如是、不令如是。受、想、行、識亦復如是。』」⇨(雜33大2-7b-7f.)

「爾時，世尊告諸比丘：『眼非我。若眼是我者，不應受逼迫苦，應得於眼欲令如是、不令如是；以眼非我故，受逼迫苦，不得於眼欲令如是、不令如是。耳、鼻、舌、身、意亦如是說。』」⇨(雜318大2-91a-13f.)

⑧〖由非主(不自在)觀察〗—【無主、不自在 卽無我】

「(薩遮尼犍子白佛言：)『瞿曇！譬如世間一切所作皆依於地，如是色是我人，善、惡從生；受、想、行、識是我人，善、惡從生。又復 譬如人界、神界、藥草樹木，皆依於地而得生長；如是，色是我人，受、想、行、識是我人。』佛告火種居士：『汝言：色是我人，受、想、行、識是我人耶？』答言：『如是，瞿曇！色是我人，受、想、行、識是我人。此等諸眾 悉作是說。』佛告火種居士：『且立汝論本，用引眾人為？』

薩遮尼犍子白佛言：『色實是我人。』佛告火種居士：『我今問汝，隨意答我。譬如國王於自國土有罪過者，若殺、若縛、若擯、若鞭，斷絕手足；若有功者，賜其象馬、車乘、城邑、財寶，悉能爾不？』答言：能爾，瞿曇！』佛告火種居士：『凡是主者 悉得自在不？』答言：『如是，瞿曇！』佛告火種居士：『汝言：色是我，受、想、行、識卽是我，得隨意自在，令彼如是，不令如是耶？』時，薩遮尼犍子默然而住……」

⇨(雜110大2-35c^{-6} ~37a^{5})

⑨〖觀無常→ 觀苦→ 觀無我〗

【色⑤ -→ 無常→ 苦→ 無我】⇨(S.22,15)∽ 眼⑥ ⇨(S.35,179)

∽ 色⑥ ⇨(S.35,182)

【色⑤ ———→ 苦→ 無我】⇨(S.22,16)∽ 眼⑥ ⇨(S.35,180)

∽ 色⑥ ⇨(S.35,183)

【色⑤ ————————→ 無我】⇨(S.22,17)∽ 眼⑥ ⇨(S.35,181)

∽ 色⑥ ⇨(S.35,184)

cf.「無常想者 能建立無我想。」⇨(雜270大2-71a^{1}f.)

⑩〖無我 ∽ 空〗

♣ *cf.* 楊郁文：〈初期佛教「空之法說及義說」(下)三、以「空」代替「無我」之演變〉⇨《中華佛學學報》第五期 pp.68 ~79

(1)【無我→ 空】

「色者無常，無常者卽是苦，苦者是無我，無我者卽是空，空者 非有、非不有，亦復無我，如是智者所覺知；痛、想、行、識無常，無常者是苦，苦者無我，無我者是空，空者 非有、非不有，此智者所覺知。」

⇨(增32-5大2-678c^{-3}f.)

「色者無常，其無常者卽是苦也；苦者無我，無我者空，以空無我、彼空；

如是智者之所觀也。 痛(♣受)、想、行、識亦復無常、苦、空、無我，其實空者彼無、我空，如是智者之所學也。 此五盛陰皆空、皆寂，因緣合會皆歸於磨滅，不得久住。」⇨(增41-4大2-745c^{-14}f.)

「色者無常，此無常義卽是苦；苦者卽無我，無我者卽是空也。痛、想、行、識皆悉無常，此無常義卽是苦；苦者卽無我，無我者卽是空也。此五盛陰是無常義，無常義者卽是苦義。(空義卽是)我非彼有，彼非我有。」⇨(增35-10大2-702b^{-12}f.)

(2)【無我 ←空】

「比丘！諸行如幻、如炎，剎那時頃盡朽，不實來實去。是故，比丘！於空諸行當知、當喜、當念： 空諸行，常、恆、住、不變易法空，無 我、我所。」⇨(雜273大2-72c^{12}f.)

「當知色有生有滅，了知此色有生有滅，受、想、行、識亦復生滅；而彼蘊法當知有生卽知有滅。大王！此色蘊法，若善男子能實了知有生卽滅。色蘊本空，色蘊既空，生卽非生；生既無生滅何所滅？色蘊如是，諸蘊皆然。若善男子了知此已，卽悟諸蘊不生不滅，無住、無行、卽無有我，我說是人於無量阿僧祇劫中，爲眞寂靜者。」⇨(大正No.41大1-826a^{4}f.)

(3)【無我＝ 空】

「若欲禮佛者， 過去及當來； 說於現在中， 當觀於空法。
若欲禮佛者， 過去及當來； 現在及諸佛， 當計於無我。』
⇨(增36-5大2-707c^{-6}f.)

「知身空無我， 觀名色不堅； 不著於名色， 從是而解脫；
亦不見解脫， 及以非解脫； 哀愍利群生， 廣饒益一切。』
⇨(別雜284大2-473a^{-9}f.)

「一切所有 皆歸於空，無我、無人，無壽、無命，無士、無夫，無形、無像，無男、無女。」⇨(增13-7大2-575c^{-12}f.)

「諸比丘！ 眼生時無有來處，滅時無有去處，如是眼不實而生，生已盡滅，有業報而無作者，此陰滅已，異陰相續，除俗數法；耳、鼻、舌、身、意亦如是說，除俗數法。 俗數法者，謂此有故彼有，此起故彼起；如無明緣行，行緣識，……廣說乃至純大苦聚集起。 又復 此無故彼無，此滅故彼滅；無明滅故行滅，行滅故識滅，……如是廣說乃至純大苦聚滅。 比丘！是名 第一義空法經。」⇨(雜335大2-92c^{-14}f.)

(4)【空＝ 無】

「愚癡凡夫不有所聞，見我是我而著於我，但無我、無我所，空我、空我所，法生則生，法滅則滅，皆由因緣合會生苦。若無因緣，諸苦便滅。眾生因緣會相連續則生諸法。如來見眾生相連續生已，便作是說：有生有死。」⇨(中62大1-498b^{10}f.)

(5)【空、無我 性自爾】

「佛告三彌離提：『眼空，常、恆、不變易法空，我所空。 所以者何？ 此性自爾。 若色、眼識、眼觸、眼觸因緣生受 —若苦、若樂、不苦不樂，彼亦空，常、恆、不變易法空，我所空。 所以者何？ 此性自爾；耳、鼻、舌、身、意亦復如是。』」⇨(雜232大2-56b-6f)

cf. 〈p.5-132 五.§10-0-0 之 ⑧〉

§10-4-2 【無我的 範圍】♣

①〖無我〗

「當觀色 非我……如是觀受、想、行、識非我……」⇨(雜大2-1a^{5} ~^{12}≒ S 22,14 Siii.21^{-4}f.)⇦"Rūpaṁ bhikkhave anattā. Vedanā anattā. Saññā anattā. Saṅkhārā anattā. Viññāṇam anattā."

②〖非我所〗

「色非我所……受、想、行、識非我所……」⇨(雜17大2-3c^{15}f.≒ S 22,69 Siii.78^{-8}f.)⇨ "Rūpaṁ⑤ kho bhante anattaniyaṁ……"

③〖非我、非我所；無我、無我所〗

「色、受、想、行、識　非 我及我所。」⇨(雜1102大2-290a^{-10}≒ S 4,16 S i.112^{-8}f.)⇦"Rūpaṁ vedayitaṁ saññaṁ viññāṇaṁ yañca saṅkhataṁ n'eso 'ham asmi n'etam me, ……"

「我於彼五受陰能觀察非我、非我所。」⇨(雜103大2-30a^{2}f.≒ S.22,89 Siii.128^{3}f.)⇦" Imesu khvâham āvuso pañcasu upādānakkhandho na kiñci attānaṁ vā attaniyaṁ vā samanupassāmî(余正觀無任何 我、我所) ti."

④〖無有 我、我所見、我慢使繫著〗

「於此識身及外境界一切相無有 我、我所見、我慢使繫著。」⇨(雜23大2-5a^{-1}f.≒ S 22,91 Siii.136^{15}f.)⇦" imasmiṁ ca saviññāṇake kāye bahiddhā ca sabbanimittesu ahaṁkāra-mamaṁkara-mānânusayā na hontî ti.”

⑤〖不是我、不異我、不相在〗

「彼一切色⑤ 不是我、不異我、不相在是名 如實知。」⇨(雜30大2-6b^{-13}f. ≒ S.22,49 Siii.49^{-5}f.)⇦“N’etam mama(此《色》非余所) n’eso ’ham asmi(此《色》非余) na m’eso attâ ti(此《色》非余之我) evam etaṁ yathābhūtaṁ sammappaññāya daṭṭhabbaṁ(當以般若如實觀此《色》如是).”

⑥〖不見 色⑤ 是我、色⑤ 異我、我中色⑤ 、色⑤ 中我〗

「多聞聖弟子不見色⑤ 是我，不見色⑤ 異我，不見我中色⑤ ，(不見)色⑤ 中我。」⇨(雜570大2-151a^{-3}f.≒ S.41,3 Siv.287^{-9}f)⇦“Idha…sutvā ariya=sāvako ……na rūpam⑤ attato samanupassati, na rūpavantaṁ⑤ vā attā=naṁ na attani vā rūpaṁ⑤ na rūpasmim⑤ vā attānaṁ.”

⑦〖不觀 我有色⑤ 、色⑤ 中有我、我中有色⑤ 、色⑤ 是我所、我是色所⑤〔、不計色⑤ 爲我〕〗

「賢聖弟子……彼亦不觀我有色⑤ ，不見色⑤ 中有我、我中有色⑤ ，不見色⑤ 是我所、我是色所⑤ ……」⇨(增13-5大2-573b^{-10}f.≒S 22,1 Siii.4^{17}f.)⇦“……na rūpam⑤ attato samanupassati, na rūpavantaṁ⑤ vā attānaṁ na attani vā rūpaṁ⑤ na rūpasmim⑤ vā attānaṁ. ‘Ahaṁ rūpam⑤ mama rūpam⑤ ’ti na pariyuṭṭhaṭṭhāyî hoti.”

⑧〖不計我見色⑥ ，不計眼⑥ 我所，不計(我、眼)相屬……莫計不苦不樂(受)是我、我所、相在。〗

「不計我見色，不計眼我所，不計(我、眼)相屬；若色、眼、(眼)識、眼觸，眼觸因緣生受 —內覺若苦、若樂、不苦不樂— 彼亦不計是我、我所、相屬 / 相在。耳、鼻、舌、身、意亦復如是。」⇨(雜226大2-55c^{4}f.；雜227大2-55c$^{-13\sim-11}$)∾ “Cakkhuṁ na maññeyya, cakkhusmiṁ na maññeyya, cak=khuto na maññeyya, ‘Cakkhu me’ ti na maññeyya. Rūpe na maññeyya, …… Cakkhuviññāṇaṁ na maññeyya,……Cakkhusamphassaṁ na maññeyya…… adukkham asukhaṁ vā tam pi na maññeyya, tasmim pi na maññeyya, tato pi na maññeyya, ‘Tam me’ ti na maññeyya.”

⇨(S 35,90~ 91 Siv.65^{3}f.)

⑨〖無我處所及事都無所有〗

「無我處所及事都無所有，此則眞諦。……是名第三婆羅門眞諦。」⇨(雜972

大2-251b[12]f. ≒ A 4,185 A ii.p.177[11]f.)⇦ "Nâhaṁ kvaci kassaci kiñc=anaṁ tasmiṁ(勿論何處無余，於此《我》中《無》任誰之任何物)，na ca mama kvaci katthaci kiñcanaṁ n'atthî ti(勿論何處無余所，於任誰中無有《余之》任何物)，iti vadaṁ brāhmaṇo saccaṁ(是名婆羅門眞諦)……"

cf. ＊(VM 653^{-1} ~654^{19})

cf.「我非爲他而有所爲，亦非自爲而有所爲。」⇨(中75大1-542c^{-5}f.)

cf.「非我有處、有時、有所屬物，亦無處、時、物屬我者。」⇨(大毘婆沙論 卷84 大27-433b^{-10}f.)

⑩〘受非我、我非受、受法非我〙

「阿難！彼見我者，言：『受是我。』 當語彼言：『如來說三受 —樂受、苦受、不苦不樂受。— 當有樂受時，無有苦受、不苦不樂受；有苦受時，無有樂受、不苦不樂受；有不苦不樂受時，無有苦受、樂受。』所以然者，阿難！樂觸緣生樂受，若樂觸滅受亦滅。阿難！苦觸緣生苦受，若苦觸滅受亦滅。不苦不樂觸緣生不苦不樂受，若不苦不樂觸滅受亦滅。阿難！如兩木相攢則有火生，各置異處則無有火。此亦如是，因樂觸緣故生樂受，若樂觸滅受亦俱滅。因苦觸緣故生苦受，若苦觸滅受亦俱滅。因不苦不樂觸緣生不苦不樂受，若不苦不樂觸滅受亦俱滅。

阿難！此三受有爲無常，從因緣生，盡法、滅法，爲朽壞法，彼非我有，我非彼有，當以正智如實觀之。阿難！彼見我者，以受爲我，彼則爲非。

阿難！彼見我者，言：『受非我，我是受。』者，當語彼言：『如來說三受：苦受、樂受、不苦不樂受。若樂受是我者，樂受滅時，則有二我，此則爲過。若苦受是我者，苦受滅時，則有二我，此則爲過。若不苦不樂受是我者，不苦不樂受滅時，則有二我，此則爲過。』阿難！彼見我者，言：『受非我，我是受。』彼則爲非。

阿難！彼計我者，作是說：『受非我，我非受；受法是我。』 當語彼言：『一切無受(時)，汝云何言：有受法，汝是受法耶？』對曰：『非是。』是故，阿難！彼計我者，言：『受非我，我非受；受法是我 。』 彼則爲非。

阿難！彼計我者，作是言：『受非我，我非受，受法非我；但愛是我。』者， 當語彼言：『一切無受，云何有愛？汝是愛耶？』對曰：『非也。』是故，阿難！彼計我者，言：『受非我，我非受，受法非我；愛是我。』者，彼則爲非。」⇨(長13大1-61c6f.≒ D 15 D ii.66^5 ~68^3)⇦ "…… Na h' eva kho me vedanā attā, no pi appaṭisaṁvedano attā, attā me vediy=ati, vedanā-dhammo hi me attâ ti samanupassituṁ"

⑪〖不起塵、不熾然、不嫌彼〗

「云何不起塵？ 謂 無我、無我欲，……乃至十八愛不起，是名不起塵。

云何不熾然？ 謂 無我所、無我所欲……乃至無外十八愛行，是名不熾然。

， 云何不嫌彼？ 謂 不見我眞實，我慢、我欲、我使已斷、已知，是名不嫌彼。」⇨(雜985大2-256c^-12f.≒ A 4,200 A ii.215^-5 ~216^-6)⇦ "Kathañ ca bhikkhave bhikkhu na dhūpāyati? Asmî ti bhikkhave asati, itth=asmî ti na hoti……aññathā bhavissanti na hoti.

Kathañ ca bhikkhave bhikkhu na pajjalati? Iminā asmî ti bhikkh=ave asati, iminā itthasmî ti na hoti……iminā aññathā bhavissanti na hoti.

Kathañ ca bhikkhave bhikkhu na pajjhāyati? Idha bhikkhave bhik=khuno asmimāno pahīno hoti ucchinnamūlo tālāvatthukato anabhāvaka=to āyatiṁ anuppādadhammo. Evaṁ kho bhikkhave bhikkhu na pajjhāyatî ti."

⑫〖否定 色是我、無色是我、色非色是我、非色非無色是我，否定 我有邊、我無邊、我有邊無邊、我非有邊非無邊，否定〔我〕一想、〔我〕種種想、〔我〕多想、〔我〕無量想， 否定 死後非有、死後非無，死後有色無病之我、死後無色無病之我、死後非有色非無色無病之我，死後一向樂無病之我、死後一向苦無病之我、死後亦樂亦苦無病之我、死後非樂非苦無病之我 等等「邪見」〗⇨(雜166,167大2-45a^-14f.≒ S 24,36~44 S iii.218^10 ~220^-3)

⑬〖無有「我有也。/ 我在也。」；無有「此是我也。」；無有「我當有也，我當無也；我當來是有色者也，是無色者也；是有想者也，是無想者也，是非想非非想者也。」〗

"Asmî ti pissa na hoti(無有「我有也。/ 我在也。」); Ayam aham asmî ti pi'ssa na hoti(無有「此是我也。」); Bhavissan ti, Na bhavissan ti, Rūpī, Arūpī, Sannī, Asaññī, Nevasaññīnâsaññī bhvissan ti pi'ssa na hotî ti.(無有「我當有也，我當無也；我當來是有色者也，是無色者也

，是有想者也，是無想者也，是非想非非想者也。)" ⇨(S 22,47 Siii.47[4]f.)

∾「多聞聖弟子於此六觸入處 捨離無明而生明，不生 有覺、無覺、有無覺，勝覺、等覺、卑覺，我知、我見覺……」⇨(雜45大2-11b[15])

§10-4-3 【正見 ∾ 邪見之無我】

①〚邪見之 無我〛

(1)【♣部分 無我】

「大梵 常住、不變、自在，彼梵化造其他眾生，其他諸眾生是 無常、變易，不得久住；以爲：我及世間半常(有我)半無常(無我)。」

⇨(長21大1-90b^{-12} ~91a[11])⇨*cf.* 〈p.5-117f. 五.§8-4-1⑤之 (2)〉

(2)【♣惡取 無我】

⇨*cf.* 〈p.5-18 §1-2-2之 ⑥〉⇨(雜154大2-43c^{-6}f.；S 24,5 Siii.206^{-8}f.)

(3)【♣斷見之 無我】

"Rūpe⑤ kho bhikkhave sati(諸比丘！有色故，), rūpam⑤ upādāya(取色、)，rūpam⑤ abhinivissa(執取色已) evaṁ diṭṭhi uppajjati(生起如是見): No c'assaṁ(不可能有我)，no ca me siyā(亦不可能有我所)，na bhavissāmi(我當不有)，na me bhavissatî(我所當不有) ti"

⇨(S 24,4 Siii.205^{-1}f.)*cf.* 〈p.5-159 §10-4-3 ②之 (2)〉

(4)【♣取著 無我】

「世尊告曰：『阿難！若比丘 如是行 —無我、無我所，我當不有、我所當不有，若本有者，便盡得捨。阿難！若比丘樂彼捨、著彼捨、住彼捨者，阿難！比丘行如是，必不得般涅槃。』」⇨(中75大1-543a^{-14}f.≒ M.106 Mii.264^{-12}f.)

②〚正見之 無我〛

(1)【斷身見結之 無我】

「(質多羅 Citara長者問)：『尊者！云何得無此身見？』(尊者梨犀達多 Ṛṣidatta)答言：『長者！謂 多聞聖弟子不見色是我，不見色異我，不見我中色、色中我；不見受、想、行、識是我，不見識異我，不見我中識、識中我，是名得無身見。』⇨(雜570大2-151a^{-4}f.)

⑵【斷五下分結之 無我】

「爾時，世尊歎優陀那偈：

『法無有吾我，　亦復無我所；　我既非當有，　我所何由生？

比丘解脫此，　則斷下分結。』

時，有一比丘……白佛言：『世尊！云何「(法)無(有)吾我，亦無有我所；我既非當有，我所何由生？比丘解脫此，則斷下分結。」？』　佛告比丘：『愚癡無聞凡夫計色 是我、異我、相在； 受、想、行、識，是我、異我、相在。多聞聖弟子不見色是我、異我、相在；不見受、想、行、識，是我、異我、相在，亦非知者，亦非見者。

此色是無常，受、想、行、識是無常；色是苦，受、想、行、識是苦；色是無我，受、想、行、識是無我；此色非當有，受、想、行、識非當有；此色壞有，受、想、行、識壞有；故非我、非我所，我、我所非當有。如是解脫者，則斷五下分結。』」

⇨(雜64大2-16c⁶f.；S 22,55 Siii.55⁻²~⁻¹³)

「佛言：『……比丘行當如是：我者無我，亦無我所；當來無我，亦無我所。已有便斷，已斷得捨，有樂不染，合會不著。如是行者，無上息迹慧之所見，然未得證。比丘行如是，往至何所？譬如燒麩，纔燃便滅。當知比丘亦復如是，少慢未盡，五下分結已斷，得中般涅槃，是謂第一善人所往至處，世間諦如有。……生般涅槃……行般涅槃……無行般涅槃……得上流阿迦膩吒(akaniṣṭha)般涅槃。』⇨(中6大1-427a⁻¹³f.)

⑶【♣離慢而非斷滅見之 無我】

「(眾多外道出家)問尊者富隣尼(Puṇṇiya)：『我聞沙門瞿曇 作「斷滅破壞有」教授耶？ 今問尊者富隣尼，竟爲爾不？』 富隣尼語諸外道出家：『我不如是知；「世尊教語眾生斷滅，壞有 令無所有。」者，無有是處。我作如是解 —世尊所說：「有諸眾生計言 有我、我慢、邪慢。」世尊爲說(♣無我) 令其斷滅(♣有我、我慢、邪慢等)。』』」

⇨(雜966大2-248a⁻¹²f.)

⑷【一切諸行(有爲法)無我】

「一切諸行無我。」⇨(增26-9大2-640b⁻¹⁴)

⑸【一切法 無我】

「一切法無我。」⇨(雜262大2-66b¹⁴)

"Sabbe dhammā anattâ ti." ⇨(S 22,90 Siii.132[-5]f.)

(6)【♣不取著無我】

「世尊告曰：『阿難！若 比丘如是行 —無我、無我所、我當不有、我所當不有，若本有者，便盡得捨。— 阿難！若比丘不樂彼捨、不著彼捨、不住彼捨者，阿難！比丘行如是，必得般涅槃。』」⇨(中75大1-543a[-2]f.)

∾ "N'atthi attā(無有我)，kuto nirattaṁ vā(云何《有》非我)."

⇨(Sn v.919　Sn 179[-1])

§10-5-1 【佛陀處處說 無我，亦說 有我。∾ 異學處處說 有我，亦說 無我。】

○ 佛教與異學都說到 我、無我；雙方是同文同義，或是同文異義，須分辨清楚！

①〖佛陀說 無我〗 *cf.* 〈p.5-147ff. 五.§10-4-1~§10-4-3〉

②〖佛陀說 我〗

(1)「我(ahaṁ) 昔於色　味……」⇨(雜14大2-2c[12]f)

「……爾時 大典尊……卽我(ahaṁ)身是也。」⇨(長4大1-34a[9]f.)

「我ahaṁ)不與世間諍……」⇨(雜37大2-8b[-14]f.)

「爾時，世尊告諸比丘：「我今當說(dessisāmi)陰及受陰……」

⇨(雜55大2-13b[14]f.)

(2)【♣世俗常識的 我】

「〔我〕、人、眾生、那羅……」⇨〈p.5-142 五.§10-3-3〉

「♣[1] 大師、[2] 勝師者……[60]正憶念者。」⇨(雜130大2-41b[13]f.)

「有父母，有(化生)眾生♣生(♣生，衍文)，有阿羅漢善到、善生。」

⇨(雜784大2-203a[6]f.)

【♣無常之 我】

「「無常之我，非恆、非安穩、變易之 我。」⇨(雜273大2-72c[10]f)

(4)【♣順世俗假名 我】

「爾時，世尊卽說偈答：

『若羅漢比丘，　自所作已作，　一切諸漏盡，　持此後邊身，

正復說有我、　我所亦無咎。』」⇨(雜581大2-154b[-4]f.)

cf.(S 1,3,5 S i.14[14]f.)

「爾時，世尊說偈答言：

『已離於我慢， 無復我慢心， 超越我、我所， 我說爲漏盡。

於彼我、我所， 心已永不著， 善解世名字， 平等假名說。』」

⇨(雜582大2-154c⁷f.≒ S 1,3,5 S i. 14^{-3}f.)⇦ “Pahīna-mānassa na santi ganthā, vidhūpita mānaganthassa sabbe. Sa vītivatto yama=taṁ sumedho, ahaṁ vadāmî ti pi so vadeyya,〔mamaṁ vadantî ti pi so vadeyya, loke samaññaṁ kusalo viditvā, vohāramattena so voh=areyyâ ti.”

(5)【反身代名詞 人人自己】

“attānaṁ gaveseyyāma(余等當尋覓自己！)” ⇨(V 2. a 1,14 V i. 23^{-15})

「云何比丘爲知己耶？ 謂 比丘自知我有爾所信、戒、聞、施、慧、辯、阿含及所得，是謂比丘爲知己也。」⇨(中1大1-421b^{-13}f.≒A 7,64 Aiv.114 ³f.)⇦ “Idha bhikkhave bhikkhu attānaṁ jānāti(知己)‘ettako ’mhi saddhāya sīlena sutena cāgena paññāya paṭibhānenâ’ ti”

「若復行身善行，行口善行，行意善行者，當知斯等則爲自念(piyo attā 愛己)。」⇨(雜1228大2-335c^{-9}f.；S 3,4 S i. 72^{3} ~^{5})

「爾時，世尊告諸比丘：『住於自洲(attadīpa)，住於自依(attasaraṇa)；住於法洲，住於法依；不異洲，不異依。』」⇨(雜36大2-8a^{-7}f.；S 22,43 Siii. 42^{8}f.)

③〖異學說 有我〗⇨〈p.5-138ff. 五. § 10-3-1 ③~⑨；§ 10-3-2 ~ § 10-3-5〉

④〖異學說 無我〗

「思惟無我 亦是邪思，……若念無我 亦是戲論。」

⇨(大正No.24大1-350a^{-13}f.)

「……彼如是不正思惟，於六(邪見)中隨其見生 而生……眞無神……神見非神……非神見神……」⇨(中10大1-432a^{-10}f.)

【邪見 無我】 ⇨〈p.5-158 五. § 10-4-3 ①〉

「二人壞正法：謂說※唯極空[1]，或復說 有我.」⇨(大正No.120大2-528a^{-11}f.)

⑤〖佛教 ∾ 異學之 我、無我〗

異學之有「我(attan《哲學的我》/Attan《宗教的我》)； 此余(ayam aham

※1 唯極空＝ 惡取空＝ 惡取無我；*cf.*〈p.5-18 § 1-2-2之 ⑥〉

asmi《常識的、分別的我》)」爲絕對的 常、一、自在；在現實世界裡，此絕對的「我(attan/Attan)∨余(aham asmi)」是妄情遍計，屬「增益(samāropa)執」。

異學之 斷滅的∨惡取的無「余(ahaṁ)、各人自己(attan)」，此「余、各人自己」是相對的、安定的、統合的、隨順緣起才自在的我，在無常又相續之各自緣起系列裡，作業、受報；在現實的世間裡否定此緣起之「余(ahaṃ)、各人自己(attan)」，是屬「減損(apavāda)執」。「增益、減損」與實在不相等，違反實際、事實。

佛教無絕對常、一、主宰、非緣起之「我(attan∨Attan《哲學的∨ 宗教的 分別的我》)；此余(ayam aham asmi《常識的、分別的我》)」故，無增益；佛教有相對的安定的、統合的、隨順緣起才自在之「余(ahaṃ)、人人自己(attan)」故，不減損。「無增益、不減損」如如、不離如、不異如，與實在相應，符合實際、事實。

上述【表解】如下：

	異學	佛教
有我	非緣起之絕對常.一.主(增益執)	隨順緣起.世.俗.假名說(無減損)
無我	非緣起之絕對斷.滅.盡(減損執)	隨順緣起.聖.出世.實說(無增益)

§10-5-2 【釋尊有時 不記說有我、無我】

①「(犢子梵志)白佛言：『瞿曇！一切眾生爲有我不？』 佛默然不答。 又問：『爲無我耶？』 佛亦不答。　爾時，犢子作是念：我曾數問沙門瞿曇，如是之義，默不見答。」⇨(別雜195大2-444c[3]f.)

②「佛告婆蹉種出家：『隨汝所問，當爲汝說。』 婆蹉種出家白佛言：『云何瞿曇！命卽身耶？』佛告婆蹉種出家：『命卽身者，此是無記。』 『云何瞿曇！爲命異身異耶？』　佛告婆蹉種出家：『命異身異者，此亦無記。』婆蹉種出家白佛：『云何 瞿曇！命卽身耶？』 答言：『無記。』『命異身異？』 答言：『無記』。」⇨(雜957大2-244a[12]f.)

③「爾時，婆蹉種出家來詣佛所……白佛言：『瞿曇！云何瞿曇作如是見、如是說：「世間常，此是眞實，餘則虛妄。」耶？』 佛告婆蹉種出家：『我不

作如是見、如是說：「世間常，是則眞實，餘則虛妄。」』　『云何瞿曇作如是見、如是說：「世間無常、常無常、非常非無常，有邊、無邊、邊無邊、非邊非無邊，命卽是身、命異身異，如來有後死、無後死、有無後死、非有非無後死。」？』　佛告婆蹉種出家：『我不作如是見、如是說，……乃至非有非無後死。』」⇨(雜962大2-245b⁻³f.)

§10-5-3 【無我 而有作業、受報】

①「諸比丘！眼生時無有來處，滅時無有去處；如是，眼不實而生，生已盡滅，有業報而無作者，此陰滅已，異陰相續，除俗數法。　耳、鼻、舌、身、意亦如是說，除俗數法。」⇨(雜335大2-92c⁻¹⁴f.)

②「(比丘頗求那)白佛言：『世尊！※誰食此識？[1]』　佛告頗求那：『我不言有食識者，我若言 有食識者，汝應作是問。 我說 識是食，汝應問言：「※何因緣故有識食？[2]」　我則答言：「能招未來有，令相續生；有有故有六入處，六入處緣觸。」』…觸者…受者…愛者…取者…有者(亦如是說)」⇨(雜372大2-102a⁻¹⁴f.)♣【無食識者而有 識食】

③「(世尊告曰)：『大王！若族姓子不著色、不計色、不染色、不住色、不樂色是我者，便不復更受當來色。大王！若族姓子不著覺、想、行、識，不計識、不染識、不住識、不樂識是我者，便不復更受當來識。大王！此族姓子無量、不可計、無限，得息寂。若捨此五陰已，則不更受陰也。』

於是，諸摩竭陀人而作是念：『若使色無常，覺、想、行、識無常者，誰活？誰受苦樂？』　世尊卽知摩竭陀人心之所念，便告比丘：『愚癡凡夫不有所聞，見我是我 而著於我； 但無我、無我所，空我、空我所，法生則生，法滅則滅，皆由因緣合會生苦。若無因緣，諸苦便滅。眾生因緣會相連續 則生諸法。如來見眾生相連續生已，便作是說：有生有死。』

⇨(中62大1-498b¹f.)

※1 《S 12,12》：“Ko nu kho viññāṇâhāraṃ āhāretîti?(究竟是誰 食識食)” ⇨(S ii.13⁸)　※2 “Kissa(＝kimpaccayā) nu kho viññāṇâhāro ti?(識食究竟何緣)” ⇨(S ii.13¹²f.)

§ 10-6-1 【無我行】

①〖日常生活〗：

(1)【覺察 無我】⇨(雜236大2-57b4 ~-4) *cf.* 〈p.5-37 五.§ 2-3-1 之 ①〉

(2)【覺知 無我】

1.「(有異比丘)白佛言：『世尊！云何知、云何見次第我見斷，無我見生？』 佛告彼比丘：『於眼正觀無常，若 色、眼識、眼觸、眼觸因緣生受—若苦、若樂、不苦不樂— 彼亦正觀無我； 如是，……乃至意觸因緣生受 —若苦、若樂、不苦不樂— 彼亦正觀無我。比丘！如是知、如是見，次第我見斷，無我見生。』」⇨(雜202大2-52a2f.)

2.「多聞聖弟子於此六觸入處，捨離無明而生明，不生有覺、無覺、有無覺、勝覺、等覺、卑覺、我知我見覺，如是知、如是見已，先所起無明觸滅，後明觸覺起。」⇨(雜45大2-11b15f.) *cf.*(雜63大2-16b-3~16c2)

②〖專精禪思〗：

(1)【多行空】

1.「爾時，尊者阿難則於晡時從燕坐起，往詣佛所，稽首禮足，卻住一面，白曰：『世尊 一時遊行釋中，城名 釋都邑，我於爾時從世尊聞說如是義：「阿難！我多行空。」彼世尊所說，我善知、善受，為善持耶？』

爾時，世尊答曰：『阿難！彼我所說，汝實善知、善受，善持。所以者何？ 我從爾時及至於今，多行空也。

阿難！如此鹿子母堂空無象、馬、牛、羊、財物、穀米、奴婢，然有不空，唯比丘眾。是為，阿難！若此中無者，以此故我見是空；若此有餘者，我見眞實有。阿難！是謂行眞實、空、不顚倒也。

阿難！比丘若欲多行空者，彼比丘莫念村想，莫念人想，當數念一無事想。彼如是知：空於村想，空於人想，然有不空，唯一無事想。若有疲勞，因村想故，我無是也。若有疲勞，因人想故，我亦無是。唯有疲勞，因一無事想故。若彼中無者，以此故，彼見是空；若彼有餘者，彼見眞實有。 阿難！是謂 行眞實、空、不顚倒也。

復次，阿難！比丘若欲多行空者，彼比丘莫念人想，莫念無事想，當數念一地想。 …… 當數念一無量空處想……當數念一無量識處想……當數念一無所有處想……當數念一無想心定。 彼如是知：空 無量識處想、空 無所有處想，然有不空，唯一無想心定。 若有疲勞，因無量識處想故，我無是也。若有疲勞，因無所有處想故，我亦無是。唯有疲勞，因一無想心定故。若彼中無者，以此故，彼見是空；若彼有餘者，彼見眞實有。阿難！是謂行眞實、空、不顚倒也。

彼作是念：我本無想心定，本所行、本所思；若本所行、本所思者，我不樂彼，不求彼，不應住彼。如是知、如是見，欲漏心解脫，有漏、無明漏心解脫。解脫已，便知解脫：生已盡，梵行已立，所作已辦，不更受有，知如眞。彼如是知：空欲漏，空有漏、空無明漏，然有不空，唯此我身六處命存。若有疲勞，因欲漏故，我無是也。若有疲勞，因有漏、無明漏故，我亦無是。唯有疲勞，因此我身六處命存故。若彼中無者，以此故，彼見是空。若彼有餘者，彼見眞實有。阿難！是謂行眞實、空、不顚倒也；謂 漏盡、無漏、無爲、心解脫。

阿難！若過去諸如來、無所著、等正覺，彼一切行此眞實、空、不顚倒，謂 漏盡、無漏、無爲、心解脫。阿難！若當來諸如來、無所著、等正覺，彼一切 行此眞實、空、不顚倒，謂 漏盡、無漏、無爲、心解脫。 阿難！若今現在 我如來、無所著、等正覺，我亦行此眞實、空、不顚倒，謂 漏盡、無漏、無爲、心解脫。

阿難！汝當如是學：我亦行此眞實、空、不顚倒，謂 漏盡、無漏、無爲、心解脫。 是故，阿難！當學如是！』」⇨(中190大1-737a[1]f.)

2.「若比丘欲多行空者，彼比丘當持內心住止令一定。彼持內心住止令一定已，當念內空。阿難！若比丘作如是說『我不持內心住止，不令一定，念內空』者，當知比丘大自疲勞。

阿難！云何比丘持內心住止令一定耶？ 比丘者，此身離生喜、樂，漬盡潤漬，普遍充滿，離生喜、樂，無處不遍。阿難！猶人沐浴，器盛澡豆，以水澆和，和令作丸，漬盡潤漬，普遍充滿，內外周密，無處有漏。如是，阿難！比丘此身離生喜、樂，漬盡潤漬，普遍充滿，離生喜、樂，無處不遍。……如是比丘持內心住止令得一定。

彼持內心住止令一定已，當念內空。彼念內空已，其心移動，不趣向近，不得清澄，不住不解於內空也。阿難！若比丘觀時，則知念內空，其心移動，不趣向近，不得清澄，不住、不解於內空者，彼比丘當念外空。……當念內外空……當念不移動。彼念不移動已，其心移動，不趣向近，不得清澄，不住、不解於不移動也。

阿難！若比丘觀時，則知念不移動，其心移動，不趣向近，不得清澄，不住、不解於不移動者，彼比丘，彼彼心於彼彼定，御復御，習復習，軟復軟，善快柔和，攝樂遠離。若彼彼心於彼彼定，御復御，習復習，軟復軟，善快柔和，攝樂遠離已，當以內空成就遊。彼內空成就遊已，心不移動，趣向於近，得清澄住，解於內空。阿難！如是比丘觀時，則知內空成就遊，心不移動，趣向於近，得清澄住，解於內空者，是謂正知。

阿難！比丘當以外空成就遊。……知外空成就遊……知內外空成就遊……知不移動成就遊，心不移動，趣向於近，得清澄住，解於不移動者，是謂正知。

阿難！彼比丘行此住處心，若欲經行者，彼比丘從禪室出，在室影中露地經行，諸根在內，心不向外，後作前想。如是經行已，心中不生貪伺、憂慼、惡不善法，是謂正知。　阿難！彼比丘行此住處心，若欲坐定者，彼比丘從離經行，至經行道頭 敷尼師檀，結跏趺坐； 如是坐定已，心中不生貪伺、憂慼、惡不善法，是謂正知。……

若比丘觀時，則知此五欲功德， 隨其欲功德 心中行者，彼比丘彼彼欲功德，觀無常、觀衰耗、觀無欲、觀斷、觀滅、觀斷 捨離。 若此五欲功德有欲有染者，彼卽滅也。阿難！若如是比丘觀時，則知者此五欲功德有欲有染，彼已斷也；是謂 正知。

復次，阿難！有五盛陰：色盛陰，覺、想、行、識盛陰。 謂 比丘如是觀興衰，是色、是色集、是色滅，是覺、想、行、識，是識、是識集、是識滅。若此五盛陰有我慢者，彼卽滅也。阿難！若有比丘如是觀時，則知五陰中我慢已滅，是謂正知。』」⇨（中191大1-738b^{-10}f.）

(2)【如實觀、如實知 無我】

⇨〈p.5-147ff. 五.§10-4-1 ~§10-5-3〉

③〖漸修→ 除去我見（attan/Attan；ayam aham asmi）、我所見（attaniya/Attaniya；idam me）、我慢使（mānânusaya）〗

(1)【精勤修習 方便隨順成就，一切結、縛、使、煩惱、纏漸得解脫。】

「精勤修習隨順成就，一切結縛、使、煩惱、纏，漸得解脫。」

⇨（雜263大2-67b^{-3}f.）

⑵【斷身見結】

1.「(質多羅長者問)：『云何得無此身見？』(梨犀達多)答言：『長者！謂多聞聖弟子不見色是我，不見色異我，不見我中色、色中我；不見受、想、行、識是我，不見識異我，不見我中識、識中我，是名得無身見。』」⇨(雜570大2-151a[-4]f.)

2.「重於戒，戒增上；不重於定，定不增上；不重於慧，慧不增上……斷三結，謂身見、戒取、疑。斷此三結，得須陀洹，不墮惡趣法，決定正趣三菩提，七有天人往生，究竟苦邊。」⇨(雜820大2-210b[-9]f.)

3.「重於戒，戒增上；不重於定，定不增上；不重於慧，慧不增上，於彼彼分細微戒，……乃至受持學戒，如是知、如是見，斷三結，謂身見、戒取、疑，貪、恚、癡薄，成一種子道。彼地未等覺者，名斯陀含；彼地未等覺者，名家家；彼地未等覺者，名七有；彼地未等覺者，名隨法行；彼地未等覺者，名隨信行。」⇨(雜821大2-210c[-11]f.)

⑶【斷五下分結】

1.「多聞聖弟子不見色是我、異我、相在；不見受、想、行、識，是我、異我、相在，亦非知者，亦非見者。此色是無常，受、想、行、識是無常；色是苦，受、想、行、識是苦；色是無我，受、想、行、識是無我；此色非當有，受、想、行、識非當有；此色壞有，受、想、行、識壞有；故 非我、非我所，我、我所非當有。如是解脫者，則斷五下分結。」⇨(雜64大2-16c[-14]f.)

2.「我者無我，亦無我所；當來無我，亦無我所。已有便斷，已斷得捨，有樂不染，合會不著。如是行者，無上息迹慧之所見，然未得證。……少慢未盡，五下分結已斷，得中般涅槃，……得生般涅槃……得行般涅槃……得無行般涅槃……得上流阿迦膩吒般涅槃。」⇨(中6大1-427a[-12]f.)

⑷【不起塵、不熾然】

「云何不起塵？謂 無我、無我欲，……乃至十八愛不起，是名不起塵。……云何不熾然？謂 無我所、無我所欲……乃至無外十八愛行，是名不熾然。」⇨(雜985大2-256c[-12]f.)

⑸【永捨離 我慢】

「爾時，世尊告諸比丘：『色者無常，無常則苦，苦則非神。覺亦無常，無常則苦，苦則非神。想亦無常，無常則苦，苦則非神。行亦無常，無常則苦，苦則非神。識亦無常，無常則苦，苦則非神。是爲色無常，覺、想、行、識無常，無常則苦，苦則非神。多聞聖弟子作如是觀，修習七道品，無礙正思正念。彼如是知、如是見，欲漏心解脫，有漏、無明漏心解脫。解脫已，便知解脫：我生已盡，梵行已立，所作已辦，不更受有，知如眞。若有眾生及九眾生居，乃至有想無想處行餘第一有，於其中間是第一、是大、是勝、是最、是尊、是妙，謂 世中阿羅訶。 所以者何？ 世中阿羅訶得安隱快樂。』於是，世尊說此頌曰：

『無著第一樂， 斷欲無有愛； 永捨離我慢， 裂壞無明網。
彼得不移動， 心中無穢濁； 不染著世間， 梵行得無漏。
了知於五陰， 境界七善法； 大雄遊行處， 離一切恐怖。
成就七覺寶， 具學三種學； 妙稱上朋友， 佛最上眞子。
成就十支道， 大龍極定心； 是世中第一， 彼則無有愛。
眾事不移動， 解脫當來有； 斷生老病死， 所作辦滅漏。
興起無學智， 得身最後邊； 梵行第一具， 彼心不由他。
上下及諸方， 彼無有喜樂； 能爲師子吼，世間無上覺。』」

⇨(中120大1-609c^{5}f.)

3.「云何不嫌彼？ 謂 不見我眞實，我慢、我欲、我使已斷、已知，是名不嫌彼。」⇨(雜985大2-256c^{-6}f.)

(6)《雜103經；S 22,89 (差摩經)》【♣ 次第觀察無我、無我所乃至漏盡】

「一時，有眾多上座比丘住拘舍彌國 瞿師羅園。時，有差摩(Khema)比丘住拘舍彌國 跋陀梨園，身得重病。 時，有陀娑(Dāsaka)比丘爲瞻病者。……還至諸上座所，以差摩比丘所說病狀，具白諸上座。時，諸上座還遣陀娑比丘至差摩比丘所，語差摩比丘言：『世尊所說，有五受陰。何等爲五？ 色受陰，受、想、行、識受陰； 汝差摩能少觀察此五受陰非我、非我所耶？』

時，陀娑比丘受諸上座比丘敎已，往語差摩比丘言：『諸上座語汝，世尊說五受陰，汝少能觀察非我、非我所耶？』 差摩比丘語陀娑言：『♣我於彼五受陰能觀察非我、非我所。[1] 』 陀娑比丘還白諸上座：『差摩比丘言：「我於五受陰能觀察非我、非我所。」』諸上座比丘復遣陀娑比丘語差摩比丘言：『汝能於五受陰觀察非我、非我所，如漏盡阿羅漢耶？』

時，陀娑比丘受諸上座比丘敎，往詣差摩比丘所，語差摩言：『比丘能如是觀五受陰者，如漏盡阿羅漢耶？』　差摩比丘語陀娑比丘言：『我觀五受陰非我、非我所，♣非漏盡阿羅漢也[2]。』　時，陀娑比丘還至諸上座所，白諸上座：『差摩比丘言：「我觀五受陰非我、非我所，而非漏盡阿羅漢也。」』　時，諸上座語陀娑比丘：『汝復還語差摩比丘：「汝言：我觀五受陰非我、非我所，而非漏盡阿羅漢。前後相違。」』

陀娑比丘受諸上座比丘敎，往語差摩比丘：『汝言：我觀五受陰非我、非我所，而非漏盡阿羅漢。前後相違。』　差摩比丘語陀娑比丘言：『我於五受陰觀察非我、非我所，而非阿羅漢者，我於我慢、我欲、我使，未斷、未知、未離、未吐。』　陀娑比丘還至諸上座所，白諸上座：『差摩比丘言：「我於五受陰觀察非我、非我所，而非漏盡阿羅漢者，於五受陰我慢、我欲、我使，未斷、未知、未離、未吐。」』

諸上座復遣陀娑比丘語差摩比丘言：『汝言有我，於何所有我？爲色是我？爲我異色？受、想、行、識是我？爲我異識耶？』　差摩比丘語陀娑比丘言：『我不言色是我，我異色；受、想、行、識是我，我異識。然於五受陰我慢、我欲、我使，未斷、未知、未離、未吐。』　差摩比丘語陀娑比丘言：『何煩令汝駈馳往反？汝取杖來，我自扶杖，詣彼上座，願授以杖。』　差摩比丘卽自扶杖，詣諸上座。

時，諸上座遙見差摩比丘扶杖而來，自爲敷座，安停腳机，自往迎接，爲持衣鉢，命令就座，共相慰勞。慰勞已，語差摩比丘言：『汝言我慢，何所見我？色是我耶？我異色耶？受、想、行、識是我耶？我異識耶？』　差摩比丘白言：『非色是我，非我異色；非受、想、行、識是我，非我異識。能於五受陰我慢、我欲、我使，未斷、未知、未離、未吐。譬如優鉢羅、鉢曇摩、拘牟頭、分陀利華香，爲卽根香耶？ 爲香異根耶？ 爲莖葉鬚 精、麤香耶？ 爲香異精、麤耶？爲等說不？』　諸上座答言：『不也，差摩比丘！非優鉢羅、鉢曇摩、拘牟頭、分陀利根卽是香，非香異根，亦非莖葉鬚 精、麤是香，亦非香異精、麤也。』 差摩比丘復問：『彼何等香？』 上座答言：『是華香。』 差摩比丘復言：『我亦如是。非色卽我，我不離色；非受、想、行、識卽我，我不離識。然我於五受陰見非我、非我所，而於我慢、我欲、我使，未斷、未知、未離、未吐。諸上座聽我說譬，凡智者，因譬類得解。譬如乳母衣，付浣衣者，以種種灰湯，浣濯塵垢、猶有餘氣，要以種種雜香，薰令消滅。 如是，♣多聞聖弟子離於五受陰，正觀非我、非我所，能於五受陰我慢、我欲、我使，未斷、未知、未離、未吐，然後於五受陰增進思惟，觀察生滅，此色、此色集、此色滅，此受、想、行、識，此識集、此識滅。於五受陰如是觀生滅已，我慢、我欲、我使，一切悉除[3]　，是名眞實正觀。』

差摩比丘說此法時，彼諸上座遠塵離垢，得法眼淨。差摩比丘不起諸漏，心得解脫，法喜利故，身病悉除。時，諸上座比丘語差摩比丘言：『我聞仁者初所說，已解已樂，況復重聞；所以問者，欲發仁者微妙辯才，非爲嬈亂汝，便堪能廣說 如來、應、等正覺法。』」⇨(雜103大2-29c[6]f＝S.22,89 Siii.126[-2]f.)⇦

1. “……imesu khvâham āvuso pañcasu upādānakkhandhesu na kiñci attānaṁ vā attaniyaṁ vā samanupassāmî ti.” ♣[1]
2. “……na c'amhi arahaṁ khīnâsavo♣[2]. Api ca me āvuso pañcasu upādānakkhandhesu asmî ti adhigatam ayam aham asmî ti ca na samanupassāmî ti.”
3. “Kiñcâpi āvuso ariyasāvakassa pañcorambhāgiyāni saññojanāni pahīnāni bhavanti, atha khvassa hoti yeva pañcasu upādānakkh=andhesu anusahagato: Asmî ti māno Asmî ti chando Asmî ti anusayo asamūhato. So aparena samayena pañcasu upādānakkhan=dhesu udayabbayânupassi viharati········ viharato yo pissa hoti pañcasu upādānakkhandhesu anusahagato: Asmî ti māno Asmî ti chando Asmîti anusayo asamūhato. So pi samugghātaṁ gacchati.” ♣[3]

§10-7-1 【證 無我】

①〖無惑〗

(1)「多聞聖弟子住六觸入處，而能厭離無明，能生於明。彼於無明離欲而生於明，不有、不無、非有無、非不有無、非有我勝、非有我劣、非有我相似，我知、我見。作如是知、如是見已，所起前無明觸滅，後明觸集起。」⇨(雜63大2-16b[-3]f.)

(2)「爾時，世尊告諸比丘：『以成就一法故，不復堪任知色無我，知受、想、行、識無我。何等爲一法成就？ 謂 貪欲一法成就；不堪能知色無我，知受、想、行、識無我。何等一法成就？ 謂 無貪欲成就；無貪欲法者，堪能知色無我，堪能知受、想、行、識無我。』」⇨(雜187大2-48c^{-2}f.)

(3)「離貪欲者心解脫，離無明者慧解脫。若彼比丘離貪欲，心解脫，得身作證；離無明，慧解脫，是名比丘斷愛縛、結，(正)慢無間等，究竟苦邊。」⇨(雜710大2-190b^{-13}f.)

②〖無(有漏)業〗

(1)「比丘！多聞聖弟子於此五受陰非我、非我所，如實觀察。如實觀察已，於諸世間都無所取。」⇨(雜33大2-7c^{7}f.；雜34大2-7c^{-3}f.)

(2)「尊者舍梨子復問曰：『賢者大拘絺羅！若有比丘無明已盡，明已生，復作何等？』 尊者大拘絺羅答曰：『尊者舍梨子！若有比丘無明已盡，明已生，無所復作(♣有漏業)。」⇨(中大1-464b^{9}f.)

③ 無苦 ⇨(p.6-02ff.六.§2-0-1§11-4-3)

(1)「佛告火種居士：『正以此法，諸所有色，若過去、若未來、若現在，若內、若外，若麁、若細，若好、若醜，若遠、若近，彼一切如實知非我、非異我、不相在；受、想、行、識亦復如是。彼於爾時成就三種無上：智無上、道無上、解脫知見無上。成就三種無上已，於大師所恭敬、尊重、供養如佛。世尊覺一切法，即以此法調伏弟子，令得安隱、令得無畏、調伏寂靜、究竟涅槃。』」⇨(雜110大2-36c^{-5}f.)

(2)「聖弟子住無我想，心離我慢，順得涅槃。」⇨(雜270大2-71a^{2}f.)

(3)「爾時，世尊告諸比丘：『當爲汝說無爲法，及無爲道跡。 諦聽！善思！云何無爲法？ 謂 貪欲永盡，瞋恚、愚癡永盡，一切煩惱永盡，是無爲法。云何爲無爲道跡？ 謂 八聖道分，正見、正志、正語、正業、正命、正方便、正念、正定，是名無爲道跡。』佛說此經已，諸比丘聞佛所說，歡喜奉行！

如無爲， 如是 難見、不動、不屈、不死、無漏、覆蔭、洲渚、濟渡、依止、擁護、不流轉、離熾焰、離燒然、流通、清涼、微妙、安隱、無病、無所有、涅槃亦如是說。」⇨(雜890大2-224a^{-1}f.)

§ 11-0-1 【何等爲慧修習之 功德】

○ ＊ “Ayaṁ hi paññābhāvanā nāma anekasat' ānisaṁsā; tassā dīghenā pi addhunā na sukaraṁ vitthārato ānisaṁsaṁ pakāsetuṁ; sankhepato pan' assā ① nānākilesaviddhaṁsanaṁ,

② ariyaphalarasânubhavanaṁ,

③ nirodhasamāpatti-samāpajjana-samatthatā,

④ āhuneyyabhavâdisiddhî ti

ayam ānisaṁso veditabbo.” ⇨(VM 698[6]f.)

①〖摧破煩惱〗

(1)「何等爲慚力是學力？ 謂 羞恥，恥於起惡不善法諸煩惱數，受諸有熾然苦報，於未來世生、老、病、死、憂、悲、苦、惱；是名 慚力是學力。

何等爲愧力是學力？ 謂 諸可愧事而愧，愧起諸惡不善法煩惱數，受諸有熾然苦報，於未來世 生、老、病、死、憂、悲、苦惱；是名 愧力是學力。

何等爲慧力是學力？ 謂 聖弟子住於智慧，成就世間生滅智慧，(成就)賢聖出離、決定正盡苦；是名 慧力是學力。」⇨(雜679大2-186a[7]f.)

(2)「爾時，世尊告諸比丘：『有五根。 何等爲五？ 信根，精進根、念根、定根、慧根。若聖弟子成就信根者，作如是學：聖弟子無始生死，無明所著，愛所繫，眾生長夜生死，往來流馳，不知本際，有因故有生死，因永盡者，則無 生死、無明、大闇聚、障礙；誰般涅槃？ 唯苦滅、苦息、清涼、沒。

如信根，如是 精進根、念根、定根、慧根亦如是說。 此五根，慧爲首，慧所攝持。譬如堂閣，棟爲首，棟所攝持。』」

⇨(雜657大2-183c[-14]f.)

(3)「重於戒，戒增上；重於定，定增上；重於慧，慧增上，如是知、如是見，欲有漏心解脫、有有漏心解脫、無明有漏心解脫，解脫知見：我生已盡，梵行已立，所作已作，自知不受後有，是名 增上慧學。」

⇨(雜821大2-211a[6]f.)

②〖領納 聖果味〗

(1)「若有比丘有漏盡，成無漏心解脫、智慧解脫，於現法中身作證而自遊戲：生死已盡，梵行已立，所作已辦，更不復受胎，如實知之。是彼比丘修此先苦之法，後獲沙門四果之樂。」⇨（增28-6大2-653c[3]f.）

⑵「世尊說受樂數者，如說：『優陀夷！有四種樂。何等爲四？ 謂 離欲樂、遠離樂、寂滅樂、菩提樂。』」⇨（雜485大2-124b[14]f.）

③〚入滅盡等至之 可能性〛

⑴「…… 復次，比丘度一切無所有處想，（唯念）非有想非無想；是 非有想非無想處成就遊。彼此定 樂欲住，彼此定 樂欲住已，必有是處；住彼樂彼，命終生非有想非無想處天中。諸非有想非無想處天者，生彼住彼，受非有想非無想處想，及比丘住此，受非有想非無想處想，此二想無有差別，二俱等等。所以者何？先此行定，然後生彼，彼此定如是修、如是習、如是廣布，生非有想非無想處天中，如是意行生。

復次，比丘度一切非有想非無想處， 想知（♣受）滅身觸成就遊，慧見諸漏盡斷智；彼諸定中，此定說爲最第一、最大、最上、最勝、最妙。……得此定、依此定、住此定已，不復受生、老、病、死苦，是說苦邊。」⇨（中168大1-701b[1]f.）

※“……dvīhi balehi samannāgatattā（依具備二力、）
tayo ca saṅkhārānaṁ paṭippassaddhiyā（依止息三行、）
soḷasahi ñāṇacariyāhi（依十六智行、）
navahi samādhicariyāhi（依九定行、）
vasībhāvatā paññā（得自在之般若、）
nirodhasamāpattiyā ñāṇaṁ（爲 滅盡定之智也。）.” ⇨（Pṭm i. 97^{-10}f.）

④〚成爲 應供者〛

⑴「比丘重於戒，戒增上；不重於定，定不增上；不重於慧，慧不增上，……斷三結，謂身見、戒取、疑。斷此三結，得須陀洹，不墮惡趣法，決定正趣三菩提，七有天人往生，究竟苦邊。」⇨（雜820大2-210b^{-9}f.）

⑵「重於戒，戒增上；不重於定，定不增上；不重於慧，慧不增上，於彼彼分細微戒，……乃至受持學戒，如是知、如是見，斷三結，謂身見、戒取、疑，貪、恚、癡薄，成一種子道。彼地未等覺者，名斯陀含；彼地未等覺者，名家家；彼地未等覺者，名七有；彼地未等覺者，名隨法行；彼地未等覺者，名隨信行。」⇨（雜821大2-210c^{-11}f.）

⑶「世尊告曰：『居士！世中凡有二種福田人。云何爲二？ 一者 學人，二者無學人。 學人有十八，無學人有九。

居士！云何十八學人？　信行、法行、信解脫、見到、身證、家家、一種、向須陀洹、得須陀洹、向斯陀含、得斯陀含、向阿那含、得阿那含、中般涅槃、生般涅槃、行般涅槃、無行般涅槃、上流色究竟，是謂十八學人。

居士！云何九無學人？　思法、昇進法、不動法、退法、不退法、護法— 護則不退，不護則退—、實住法、慧解脫、俱解脫，是謂 九無學人。』　於是，世尊說此頌曰：

『世中學、無學，　可尊可奉敬，　彼能正其身，　口、意亦復然，

居士！是良田，　施彼得大福。』」⇨(中127大1-616a[10]f.)

∾「云何有十四私施，得大福，得大果，得大功德，得大廣報？　有信族姓男、族姓女布施如來，施緣一覺，施阿羅訶，施向阿羅訶，施阿那含，施向阿那含，施斯陀含，施向斯陀含，施須陀洹，施向須陀洹。」⇨(中180大1-722b[14]f.)

∾「爾時，世尊告諸比丘：『若比丘持戒、修德、慚、愧，成眞實法，見此人者，多得果報。若復聞者，若隨憶念者、隨出家者，多得功德，況復親近恭敬奉事。　所以者何？　親近奉事如是人者，時時得聞深妙之法；得聞深法已，成就二正 —身正及心正，方便修習定覺分；　修習已，修習滿足，……乃至捨覺分修習滿足。』」⇨(雜724大2-195a[-8]f.)

∾「無有諸天、魔、梵、沙門、婆羅門、天神、世人能於我所戒具足勝、三昧勝、智慧勝、解脫勝、解脫知見勝，令我恭敬、宗重、奉事、供養、依彼而住者。唯有正法令我自覺，成三藐三佛陀者，我當於彼恭敬、宗重、奉事、供養、依彼而住。　所以者何？　過去如來、應、等正覺亦於正法恭敬、宗重、奉事、供養、依彼而住；諸當來世如來、應、等正覺亦於正法恭敬、宗重、奉事、供養、依彼而住。」⇨(雜1188大2-321c[-3]f.)

六.【正解脫學】(Sammāvimuttisikkhā 正解脫學)

①⇨(中93大1-575a[5]f.)②⇨(增13-4大2-573c[11]f.)③⇨(M 7 M i.36[-5]f.) ④⑤⑥⑦⑧⑨⑩⇨(雜490大2-126b[14]~127b[-12]) ⑪⇨(長10大1-53a[-5]) ⑫⑬⇨(雜490大2-128a[12~-3])

§1-0-0【種種 結縛】

種種結縛	①二十一心穢	②二十一結	③(十七心穢)	④九結	⑤七使	⑥五蓋	⑦四縛	⑧四取	⑨四流、漏、軛	⑩三有漏	⑪三愛	⑫三愛	⑬三穢、刺、戀
貪	貪	貪	貪欲	愛	貪欲	貪欲	貪欲	欲	欲	欲	欲	欲	貪
惡貪	〃		邪貪		有愛				有	有	有	色	
非法貪	〃											無色	
慳	慳		慳	慳									
誑	〃	僞	誑										
不語	〃		覆惡										
諛諂	〃												
姦		姦	詐瞞										
幻		幻											
瞋纏	〃	瞋	瞋		瞋恚	瞋恚	瞋恚						瞋
恚	恚	恚害		恚									
怒		怒	忿										
惱		惱	惱害										
憎		憎	恨										
嫉	嫉	嫉	嫉	嫉									
妬		妬											
諍		諍											
頑固			頑固										
放逸	〃		放逸										
睡、眠	〃	睡、眠				睡眠							
掉、悔	〃	調戲	急躁			掉悔							
無慚	〃	〃											
無愧	〃	〃											
無明				無明	無明			我	無明	無明			癡
邪見	〃			見	見		我見	見	見		無有		
邪法	〃	忌		他取			戒取	戒					
疑惑	〃	疑		疑	疑	疑							
慢	〃	慢	慢	慢	慢								
憍傲	〃	憍	憍										
大慢	〃	增上慢	過慢										

§2-0-1 【種種結之解脫】

⑭⑮⇨（長10大1-53a^{6} ~^{15}） ⑯⇨（雜820大2-210b^{-3}） ⑰⑱⇨（長9大1-51b^{10}f.）

種種解脫	⑭一法滅	⑮二法滅	⑯三結斷	⑰五下分結斷	⑱五上分結斷
貪		愛	※（－）	欲貪	※（＋）
惡貪			（－）	（－）	色貪
非法貪			（－）	（－）	無色貪
慳			（－）	（－）	
誑			（－）	（－）	（＋）
不語			（－）	（－）	（＋）
諛諂			（－）	（－）	（＋）
姦			（－）	（－）	（＋）
幻			（－）	（－）	（＋）
瞋纏			（－）	瞋	（＋）
恚			（－）	恚	（＋）
怒			（－）	（＋）	（＋）
惱			（－）	（＋）	（＋）
憎			（－）	（＋）	（＋）
嫉			（－）	（＋）	（＋）
妬			（－）	（＋）	（＋）
諍			（－）	（＋）	（＋）
頑固			（－）	（＋）	（＋）
放逸			（－）	（－）	（＋）
睡、眠			（－）	（－）	（＋）
掉、悔			（－）	（－）	掉舉
無慚			（－）	（－）	（＋）
無愧			（－）	（－）	（＋）
無明		無明	（－）	（－）	無明
邪見			身見	有身	（＋）
邪法			戒取	戒禁	（＋）
疑惑			疑	疑	（＋）
慢	我慢		（－）	（－）	慢
憍傲			（－）	（－）	（＋）
大慢			（－）	（－）	（＋）

※（－）：未斷之 結
（＋）：已斷之 結

§2-0-2【種種解脫】

＊《無礙解道》「大品第五 解脫論」結集南傳經、論〖六十八解脫〗

⇨（Pṭm ii.35~71）

＊《清淨道論》「第十三品 神通之解釋〔三.他心智論〕」 釋 解脫〔心〕有 五種

解脫：♣彼分[1]、鎮伏[2]、正斷[3]、安息[4]、出離[5]〔解脫〕⇨（VM 410[18]f.）

"♣Tad-aṅga[1] -vikkhambhana[2] -samuccheda[3] -paṭippassaddha[4] -nissaraṇavimutti[5] -ppattaṁ vimuttaṁ."

cf.〈p.2-89 二.§12-0-0 ♣[6]〉「戒增上學→ 彼分捨斷；定〔心〕增上學→ 鎮伏捨斷；慧增上學→ 正斷捨斷。」

§3-0-1 【信解脫】

①〖信解脫（者）saddhā-vimutta〗←「須陀洹 以上」

(1)「聖弟子一向於佛清淨信，……乃至決定智慧，於正法、律如實知見，不得見到，是名聖弟子不墮惡趣，乃至信解脫。」⇨（雜936大2-240a[-5]f.）

(2)「得信解脫，意無猶豫，所謂 婆迦利比丘是。」⇨（增4-5大2-557c[-4]f.）

cf.（雜1265大2-346b[7] ~347b[12]）

②〖（信）心解脫六處／ 六處信解者（adhimutta）〗←「阿羅漢」

(1)【六處信解者】

"So cha ṭṭhānāni adhimutto hoti :♣[1] nekkhammâdhimutto（出離信解者）hoti, [2] pavivekâdhimutto（遠離信解者）hoti, [3] avyāpajjhâdhimutto（無惱害信解者）hoti, [4] taṇhakkhayâdhimutto（渴愛盡信解者）hoti, [5] upā=dānakkhayâdhimutto（取盡信解者）hoti, [6] asammohâdhimutto（無癡信解者）hoti." ⇨（A 6，55 A iii.376[-13]f.）

(2)【解脫六處】

「時，尊者二十億耳常念世尊說彈琴譬，獨靜禪思，如上所說，乃至漏盡心得解脫，成阿羅漢。爾時，尊者二十億耳得阿羅漢，內覺解脫喜樂，作是念：我今應往問訊世尊。爾時，尊者二十億耳往詣佛所，稽首禮足，退坐一面，白佛言：『世尊！於世尊法中得阿羅漢，盡諸有漏，所作已作，捨離重擔，逮得己利，盡諸有結，正智心解脫，當於爾時解脫六處。

云何為六？♣[1] 離欲解脫、[2] 離恚解脫、[3] 遠離解脫、[4] 愛盡解脫、

[5] 諸(♣「諸」擬作：離)取解脫、[6]心不忘念解脫。

世尊！若有 依少信心而言「離欲解脫」， 此非所應；貪、恚、癡盡，是名眞實離欲解脫。

若復有人依少持戒而言「我得離恚解脫」，此亦不應；貪、恚、癡盡，是名眞實解脫。

若復有人依於(少)修習利養遠離而言「遠離解脫」，是亦不應；貪、恚、癡盡，是名眞實遠離解脫。

貪、恚、癡盡，亦名離愛，亦名離取，亦名離忘念解脫。

如是，世尊！若諸比丘未得羅漢，未盡諸漏，於此六處不得解脫。』」

⇨(雜254大2-62c^{-9}f.)

(3)【(信)樂於六處】

「爾時，尊者沙門二十億聞佛所說，……白曰：『世尊！若有比丘得無所著，諸漏已盡，梵行已立，所作已辦，重擔已捨，有結已解，自得善義，正智解脫者，彼於爾時樂此六處：♣[1] 樂於無欲，[2] 樂於遠離，[3] 樂於無諍，[4] 樂於愛盡，[5] 樂於受(♣取)盡，[6] 樂心不移動。……

世尊！若有比丘得無所著，諸漏已盡，梵行已立，所作已辦，重擔已捨，有結已解，自得善義，正智正解脫者，彼於爾時樂此六處。」

⇨(中123大1-612b[1]f.)

③〖不壞淨(信) 解脫惡趣苦〗→ 四不壞淨者 不墮三惡趣

(1)「彼多聞聖弟子解脫地獄、畜生、餓鬼惡趣之苦。 所以者何？ 以彼多聞聖弟子於佛不壞淨，法、僧不壞淨，聖戒成就。」⇨(雜835大2-214b[1]f.)

(2)「爾時，世尊告諸比丘：『若比丘於五恐怖怨對(♣犯五戒) 休息，三事(佛、法、僧)決定(信)，不生疑惑，如實知見賢聖正道，彼聖弟子能自記說：「地獄、畜生、餓鬼惡趣已盡，得須陀洹，不墮惡趣法，決定正向三菩提，七有天人往生，究竟苦邊。」……』」⇨(雜845大2-215c^{-5}f.)

cf.〈p.3-09 三.§1-0-5 之④〉

④〖淨信 心解脫〗←「有慧者 解脫心施，無罪安樂施。」

「(世尊)隨說異偈言：

『無爲無諸難， ※邪盛[1] 時清淨， 如法隨順行， 攝護諸梵行。

※[1] yañña(Ⓢ yajña),〔ger. yajitvā〕供養、祭祀

馨香歸世界， 超過諸凡鄙， 佛於邪盛善， 稱歎此邪盛。
惠施修供養， 邪盛隨所應， 淨信平等施， 梵行良福田。
彼作如是施， 是施羅漢田， 如是廣大施， 諸天所稱歎。
自行恭敬請， 自手而供養， 等攝自他故， 邪盛得大果。
※慧者如是施， 淨信心解脫[2] ， 於無罪世界， 智者往生彼。』」

⇨(雜90大2-23a⁷f.) ⇨(雜1224大2-334b⁵f.~ b⁻¹⁰)

§4-0-1 【從解脫/ 別解脫(Ⓟ pātimokkha Ⓢ prātimokṣa 波羅提木叉/戒條)】

①〚戒→ 定→ 慧→ 心淨 得等解脫，盡於三漏〛

「修戒獲定，得大果報；修定獲智，得大果報；修智心淨，得等解脫，盡於三漏 —欲漏、有漏、無明漏。 已得解脫，生解脫智：生死已盡，梵行已立，所作已辦，不受後有。」⇨(長2大1-12a⁻¹⁰f.)

②〚從解脫〛→【彼分解脫】

「修習禁戒，守護 從解脫，又復 善攝威儀禮節，見纖芥罪，常懷畏怖，受持學戒。」⇨(中22大1-449a⁻²f.) *cf.* 〈p.3-14ff. 三.§2-0-2〉

③〚戒增上 斷三結〛—「戒十分，定、慧一分以上。」

「比丘重於戒、戒增上，不重於定、定不增上，不重於慧、慧不增上，於彼彼分細微戒，犯則隨悔。所以者何？ 我不說彼不堪能，若彼戒隨順梵行、饒益梵行、久住梵行，如是比丘戒堅固、戒師常住、戒常隨順生，受持而學；如是知、如是見，斷三結，謂 身見、戒取、疑。 斷此三結，得須陀洹，不墮惡趣法，決定正趣三菩提，七有天人往生，究竟苦邊，是名 學增上戒。」⇨(雜820大2-210b⁻⁹f.≒ A 3，85 A i.231⁻⁷f.)⇦ "Idha bhikkhave bhikkhu sīlesu paripūrakārī hoti samādhismiṁ mattaso kārī paññāya mattaso kārī."

※2 "Evaṁ yajitvā medhāvī saddho muttena cetasā(有智慧之淨信者 具解脫心如是祀施已)……" ⇨(A 4,40 A ii.44⁹)

§5-0-1 【定解脫】→〖鎮伏解脫〗

①〖九刺滅〗

「若入初禪，則 聲刺滅。入第二禪，則 覺觀刺滅。入第三禪，則 喜刺滅。入第四禪，則 出入息刺滅。入空處，則 色想刺滅。入識處，則 空想刺滅。入不用處(無所有處)，則 識想刺滅。入(非)有想(非)無想處，則 不用想刺滅。入滅盡定，則 想受刺滅。⇨(長10大1-56c^{-1}f.)

②〖八解脫〗

「八解脫是佛所說，謂 內有色想觀外色解脫，內無色想觀外色解脫，淨解脫，具足住空無邊處解脫，識無邊處解脫，無所有處解脫，非想非非想處解脫，想受滅解脫。」⇨(大正No.12 大1-232c^{-9}f.)

③〖五 心解脫〗

「無量(心)三昧者，謂 聖弟子心與慈俱，無怨、無憎、無恚， 寬弘重心，無量修習普緣 一方充滿；如是二方、三方、四方，上、下一切世間， 心與慈俱，無怨、無憎、無恚，寬弘重心，無量修習，充滿諸方一切世間普緣住…

聖弟子於一切相不念，無相心三昧，身作證，是名無相心三昧。……

聖弟子度一切無量識入處，無所有，無所有心住，是名無所有心三昧。…

聖弟子世間空，世間空如實觀察，常、住、不變易(空)，非我、非我所，是名空心三昧。」⇨(雜567大2-149c^{-8}f.；S 41,7 Siv.296^{15}f.) ⇦

(1) appamāṇena cetovimutti(無量心解脫), (2) ākiñcaññā cetovimutti(無所有心解脫), (3) suññatā cetovimutti(空心解脫),(4) animittā cetovim=utti(無相心解脫), (5) akuppā cetovimutti(不動心解脫).

④〖慈、悲、喜、捨心解脫〗

「若比丘作是言：『我修慈心，更生瞋恚。』餘比丘語言：『汝勿作此言，勿謗如來，如來不作是說。欲使修慈解脫，更生瞋恚想，無有是處。佛言：除瞋恚已，然後得慈。』……

『我行悲解脫，(更)生憎嫉心； 行喜解脫，(更)生憂惱心；行捨解脫，(更)生憎愛心；行無我行，(更)生狐疑心。』……亦復如是。」

⇨(長10大1-52a^{9}f.) *cf.*(大正No.12大1-232a^{-9} ~232b^{13})

∾「夫行慈者所得功德 如大地土，殺生之罪 如爪上土；悲之功德 如大地土，偷盜之罪 如爪上土；喜之功德如大地土，邪婬之罪 如爪上土；捨之功德如大地土，妄語之罪 如爪上土。」⇨(別雜131大2-425c[1]f.)

⑤〖三三昧(解脫)〗

「由空三昧，得無願三昧；因無願三昧，得無相三昧。以此三三昧之力，與汝(魔)共戰。」⇨(增43-5大2-761a[7]f.)

「佛告比丘：『若比丘於空閑處樹下坐，善觀色無常、磨滅、離欲之法；如是觀察受、想、行、識，無常、磨滅、離欲之法。觀察彼陰無常、磨滅、不堅固、變易法，心樂、清淨、解脫，是名爲空；……復有正思惟三昧，觀察色相斷，聲、香、味、觸、法相斷，是名無相；……觀察貪相斷，瞋恚、癡相斷，是名無所有……』」⇨(雜80大2-20b[7]f.)

⑥〖時愛樂心解脫(sāmāyika kanta cetovimutti)與
不時不移動心解脫(asāmāyika akuppā〔cetovimutti〕)〗

「若有比丘不欲嘩說，不樂嘩說，不合會嘩說，不欲於眾，不樂於眾，不合會眾，欲離於眾，常樂獨住遠離處者，得時愛樂心解脫，及不時不移動心解脫者，必有是處。……」⇨(中191大1-738b[8]f.；M 122 Miii.110[-12])
cf.(雜1091大2-286a[3]f.)

⑦〖得不動(āneñjappatte 於得不動《心》)〗

「我(釋尊)已得如是定心清淨，無穢無煩，柔軟善住，得不動，心覺憶宿命智通作證，……

我得如是定心清淨，無穢無煩，柔軟善住，得不動，心學於生死智通作證……

我已得如是定心清淨，無穢無煩，柔軟善住，得不動，心學於漏盡智通作證。我知此苦如眞，知此苦集，知此苦滅，知此苦滅道如眞；知此漏如眞，知此漏集，知此漏滅，知此漏滅道如眞。我如是知、如是見，欲漏心解脫，有漏、無明漏心解脫，解脫已，便知解脫：生已盡，梵行已立，所作已辦，不更受有，知如眞，是謂我爾時後夜得此第三明達，以本無放逸，樂住遠離，修行精勤，謂無智滅而智生，闇壞而明成，無明滅而明生，謂漏盡智作證明達。」⇨(中157大1-679c[-1]f.；A 8,11 Aiv.177[8] ~179[13])

∾〖不移動(ānejja)〗

「(世尊告曰：)『……若聖弟子離欲，離惡、不善之法，……至得第四禪成就遊者，如是弟子則隨如來 住不移動。…… 若聖弟子隨如來住不移動者，彼於爾時則能堪忍飢渴、寒熱、蚊虻、蠅蚤、風日所逼，惡聲、捶杖亦能忍之，身遇諸疾極爲苦痛，至命欲絕，諸不可樂皆能堪耐。　阿奇舍那(Aggivessana)！若聖弟子隨如來能堪忍者，彼於爾時調御、善調御，得上調御、最上調御，得上息、最上息，除諸曲惡、恐怖、愚癡及諛諂，清淨止塵，無垢無穢，可呼可請，可敬可重，實可供養，爲一切天人良福田也。』」

⇨(中198大1-758c[3]f.；M 125 Miii.133[-9]f.)

⑧〖淨解脫〗

(1)【八解脫之〖第三解脫〗】

「淨解脫，三解脫。」⇨(長9大1-52b[13]f.)

「觀三十六物不淨 身受觀行止，是爲第三(淨)解脫處。」

⇨(大正No.14大1-246a[10]f.)

cf.〈p.4-20 四.§7-0-3 之 ④〉

cf.「獲得〔第五、六、七〖、八〗〕勝處，如斯等成就 證得淨解脫(subhavimokkhâdhigamo ti evam ādīni ijjhanti.)。」⇨(VM 176[6]f.)

(2)【平等對待諸有情之 清淨心態】♣

「比丘！心與慈俱多修習，於淨最勝。」⇨(雜743大2-197c[11].)

"Subhaṁ vā kho pana vimokkham upasampajja viharati. Subhaparamâham bhikkhave mettā cetovimuttim vadāmi." ⇨(S 46,62 Sv.119[16]f.)

「修習慈、悲、喜、捨無量心已，於有情 無厭，有『淨也。』如是信解之解脫(Evaṁ 'subhan' t'eva adhimutto hotî ti vimukkho.)。」

⇨ *(Pṭm ii.P.39[15]f.)

(3)【成就淨行】

「我自言：『我弟子入淨解脫，成就淨行，彼知清淨，一切遍淨。』」

⇨(長15大1-70a[7]f.)

"Yasmiṁ samaye subhaṁ vimokkhaṁ upasampajja viharati, 'Subhan t' eva tasmiṁ samaye sañjānātîti.(凡彼處於淨解脫具足住，卽於其時，彼只知覺「淨也。」)" ⇨(D 24 Diii.34[-7]f.)

cf.〖九淨勤支〗：「戒淨滅枝(♣勤支)、心淨滅枝、見淨滅枝、度疑淨滅枝、分別淨滅枝、道淨滅枝、除淨滅枝、無欲淨滅枝、解脫淨滅枝。」

⇨(長10大1-56a[-7]f.)

§6-0-1 【心解脫】

○ 種種 心解脫

①【淨信心解脫】

「淨信心解脫」⇨(雜90大2-23a^{-12}) *cf.* 〈p.6-04f. 六.§3-0-1之 ④〉

②【正智心解脫】

「於世尊法中得阿羅漢，盡諸有漏，所作已作，捨離重擔，逮得己利，盡諸有結，正智心解脫；當於爾時，解脫六處……」⇨(雜254大2-62c^{-4}f.)

cf. 〈p.6-03f. 六.§3-0-1 ②之 (2)〉

③【漏盡無餘心解脫】

「若聖弟子住漏盡無餘得心解脫。」⇨(中217大1-802b^{-5})

④【無礙心解脫】

「云何一證法？ 謂 無礙心解脫。」⇨(長10大1-53a^{10}f.)

"Katamo eko dhammo sacchikātabbo(一當證法)? Akuppā cetovimutti(不動心解脫). Ayam eko dhammo sacchikātabbo." ⇨(D 34 Diii.273^{13}f.)

cf. "Katamo eko dhammo uppādetabbo(一當生法)? Akuppaṁ ñāṇaṁ(不動智). Ayam eko dhammo uppādetabbo." ⇨(D 34 Diii.273^{9}f.)

cf. "Katamo eko dhammo pahātabbo(一當滅法)? Asmi-māno(我慢/「我有」之慢). Ayam eko dhammo pahātabbo." ⇨(D 34 Diii.273^{1}f.)

cf. "Yato ca kho me bhikkhave imesu catusu ariyasaccesu evaṁ tiparivaṭ=ṭaṁ dvādasâkāraṁ yathābhūtam ñāṇa-dassanaṁ suvisuddham ahosi, ath=âham bhikkhave sadevake loke samārake sabrahmake sassamaṇa brāham=aṇiyā pajāya sadevamanussāya anuttaram sammāsambodhim abhisambuddho ti paccaññāsiṁ, ñāṇañ-ca pana me dassanam udapādi: Akuppā me ceto-vimutti(余 不動心解脫) ayam antimā jāti(此乃最後生) n'atth'idāni punabbhvo ti.(於今 無有後有也。)" ⇨(S 56,11 Sv.423^{4}f.)

⑤〖無上愛盡解脫、心正善解脫〗

「(訶梨聚落主長者):『如世尊於界隔山 天帝釋石窟說言:「憍尸迦(Kosika)！ 若沙門、婆羅門無上愛盡解脫，心正善解脫，究竟邊際，究竟無垢，究竟梵行，畢竟清淨。」云何於此法、律究竟邊際，究竟無垢，究竟梵行，畢竟清淨？』

尊者摩訶迦旃延(Mahākaccāna)語長者言：『謂 眼、眼識、眼識所識色相依生喜，彼若盡、無欲、滅、息、沒，於此法、律究竟邊際，究竟無垢，究竟梵行，畢竟清淨；耳、鼻、舌、身、意、意識、意識所識法 相依生喜，彼若盡、滅、息、沒，比丘於此法、律(無上愛盡解脫，心正善解脫，)究竟無垢，究竟梵行，畢竟清淨。』」⇨(雜552大2-144c^{-6}f.)

⑥【無漏心解脫慧解脫】

「若一切漏盡，無漏心解脫慧解脫，見(♣現)法自知作證： 我生已盡，梵行已立，所作已作，自知 不受後有；彼一切悉知四聖諦。……」

⇨(雜393大2-106b^{10}f.) *cf.*〈p.6-10 六.§6-0-2〉

§6-0-2 【心解脫 慧解脫】*cf.*〈p.6-14f. 六.§7-0-1之 ③〉

○〖諸漏盡〗

「世尊告諸比丘：『有七處善、三種觀義，盡於此法 得漏盡，得 無漏心解脫慧解脫，現法自知身作證具足住：我生已盡，梵行已立，所作已作，自知不受後有。』」⇨(雜42大2-10a^{5}f.)

①〖如來 十力之一〗

「如來諸漏已盡，無漏心解脫慧解脫，現法自知身作證：我生已盡，梵行已立，所作已作，自知 不受後有；是名 第十如來力。若此力成就，如來、應、等正覺 得先佛最勝處智，能轉梵輪，於大眾中 師子吼而吼。」

⇨(雜684大2-187a^{-2}f.)

②〖俱解脫阿羅漢〗

(1)「有比丘於現在世，由於諸漏之盡滅，自己證知、自作證已，而具足住(於)無漏之心解脫慧解脫。」⇨(M 6 Mii.156^{-12}f.) *cf.*(D 29 Diii.132^{-7}f.)

(2)「若有比丘八解脫身觸成就遊，以慧見諸漏已盡、已知，如是比丘有俱解脫。」⇨(中195大1-751b^{14}f.)

cf.(雜936大2-240a^{12}f.)

§6-0-3 【慧解脫】

①〖慧解脫(者)(paññāvimutta)〗

(1)「聖弟子一向於佛清淨信，(於法、僧一向淨信，於法利智)……乃至決定智慧，不得八解脫身作證具足住，然 彼知見有漏斷，是名聖弟子不墮惡趣，乃至慧解脫。」⇨(雜936大2-240a15f.)

(2)「云何比丘有慧解脫？　若有比丘八解脫身不觸成就遊，(然)以慧見諸漏已盡、已知，如是比丘有慧解脫。」⇨(中195大1-751b-10f.)

(3)「(須深)白佛言：『世尊！彼眾多比丘於我面前記說：「我生已盡，梵行已立，所作已作，自知不受後有。」我卽問彼尊者：「得離欲、惡不善法，……乃至身作證，不起諸漏，心善解脫耶？」彼答我言：「不也，須深！」我卽問言：「所說不同，前後相違；言 不入正受，而復記說 自知作證。」彼答我言：「得慧解脫。」作此說已，各從座起而去。我今問世尊：「云何 彼所說不同，前後相違；不得正受，而復說言 自知作證？』 佛告須深：『彼先知法住，後知涅槃。』」⇨(雜347大2-97a-5f.)

②〖阿羅漢 慧解脫〗

(1)「比丘於色厭、離欲、滅、不起、解脫，是名 如來、應、等正覺； 如是受、想、行、識，厭、離欲、滅、不起、解脫，是名 如來、應、等正覺。比丘亦於色厭、離欲、滅，名 阿羅漢慧解脫； 如是受、想、行、識厭、離欲、滅，名阿羅漢慧解脫。」⇨(雜75大2-19b-7f.)

(2)「爾時，世尊告諸比丘：『若比丘於色生厭、離欲、滅盡、不起、解脫，是名 阿羅訶 三藐三佛陀；受、想、行、識亦如是說。 若復比丘於色生厭、離欲、不起、解脫者，是名 阿羅漢 慧解脫；受、想、行、識，亦如是說。』」⇨(雜684大2-186b-3f.)

③〖如來 心解脫慧解脫＝ 阿羅訶·三藐三佛陀〔解脫〕〗

「如來諸漏已盡，無漏　心解脫慧解脫」⇨(雜684大2-187a-2 ~187b4)

cf. 〈p.6-10 六.§6-0-2 之 ①〉

「若比丘(♣如 釋尊之出家者)於色生厭、離欲、滅盡、不起(♣取)、解脫，是名阿羅訶·三藐三佛陀〔解脫〕；受、想、行、識，亦如是說。」

⇨(雜684大2-186b-3~-1)

④〖智解脫(aññāvimokkha)〗

「阿難！若復比丘於此識身及外境界一切相，……乃至自知作證具足住，是名比丘斷愛縛結、慢無間等，究竟苦邊。阿難！我於此有餘說，答波羅延憂陀耶所問(Pārāyane Udaya pañhe 於《彼岸道》憂陀耶《學童》所問)：

『斷於愛欲想，　憂苦亦俱離，　覺悟於睡眠，　滅除掉悔蓋，

捨貪恚清淨，　現前觀察法，　我說智解脫，　滅除無明闇。』」

⇨(雜983大2-256a[7]f.；A 3,32 A i. 134[5 ~13])

⑤〖無知解脫(aññā-vimuttassa ñāṇa 已知解脫之智)〗

「爾時，世尊即說偈言：

『學者學戒時，　直道隨順行，　專審勤方便，　善自護其身。

得初漏盡智，　次究竟無知；　得無知解脫，　知見悉已度，

成不動解脫，　諸有結滅盡。　彼諸根具足，　諸根寂靜樂，

持此後邊身，　摧伏眾魔怨。』」⇨(雜824大2-211c[3]f.

≒ A 8,84 A i. 231[15]f.)

∽"Sekkhassa sikkhamānassa ujumaggânusārino

Khayasmiṁ paṭhamaṁ ñāṇaṁ tato aññā anantarā

Tato ※aññāvimuttassa[1] ñāṇaṁ ve hoti tādino

Akuppā me vimuttî ti bhavasaññojanakkhaye ti"

⇨(A 3,84 A i. 231[15]f.)

⑥〖不動意解脫〗

「爾時，世尊告諸比丘：『有三根 —未知當知根、知根、無知(♣具知)根。』

爾時，世尊即說偈言：

『覺知學地時，　隨順直道進，　精進勤方便，　善自護其心。

如自知生盡，　無礙道已知，　以知解脫已，　最後得♣無知。

※不動意解脫，　一切有能盡[2]，　諸根悉具足，　樂於根寂靜，

持於最後身，　降伏眾魔怨。』」⇨(雜642大2-182a[15]f.)

⑦〖正智善解脫〗

「爾時，世尊說偈答言：

『父母及長兄，　和尚諸師長，　及諸尊重者，　所不應生慢。

應當善恭敬，　謙下而問訊，　盡心而奉事，　兼設諸供養。

※1 aññāvimuttassa之 aññā：①〔＜ā-√jñā〕已知、開悟；②〔＜a-√jñā〕無知

※2 "Akuppā me vimuttiî ti bhavasaññojanakkhaye ti(「余之解脫是不動也。」處於有結滅盡。)" ⇨(A 3,84 A i. 231[18])

離貪、恚、癡心， 漏盡阿羅漢， 正智善解脫， 伏諸憍慢心，

於此賢聖等， 合掌稽首禮！』」⇨(雜92大2-24a^{-10}f.)

⑧〖正智心解脫〗

「得阿羅漢……盡諸有結，正智心解脫，當於爾時 解脫六處……」

⇨(雜254大2-62c^{-4}f.~63a^{1}) *cf.* 〈p.6-03f. 六.§3-0-1②之 (2)〉

⑨〖心善解脫〗

「(世尊告羅陀曰)：『羅陀！當知有身、有身集、有身滅、有身滅道跡。何等爲有身？ 謂五受陰：色受陰，受、想、行、識受陰。云何有身集？ 謂當來有愛、貪喜俱，於彼彼愛樂，是名有身集。云何有身滅？ 謂 當有愛、喜貪俱，彼彼愛樂，無餘斷捨、吐盡、離欲、寂沒，是名有身盡。云何有身滅道跡？ 謂 八正道：正見、正志、正語、正業、正命、正方便、正念、正定，是名有身滅道跡。有身當知，有身集當斷，有身滅當證，有身滅道跡當修。

羅陀！若多聞聖弟子於有身 若知、若斷， 有身集若知、若斷，有身滅若知、若證，有身滅道跡若知、若修已；羅陀！名 斷愛、離愛、轉結、止(♣正)慢無間等，究竟苦邊。』

羅陀比丘聞佛所說，歡喜奉行，從座起，作禮而去。世尊如是教授已，羅陀比丘獨一靜處，專精思惟：所以善男子剃除鬚髮，著染色衣，正信、非家、出家學道，增益精進，修諸梵行，見法自知作證：我生已盡，梵行已立，所作已作，自知不受後有，成阿羅漢，心善解脫。」

⇨(雜123大2-40a^{-2}f.)

⑩〖明、解脫〗

「是爲具善人已，便具親近善知識；具親近善知識已，便具聞善法；具聞善法已，便具生信；具生信已，便具正思惟；具正思惟已，便具正念、正智；具正念、正智已，便具護諸根；具護諸根已，便具三妙行；具三妙行已，便具四念處；具四念處已，便具七覺支；具七覺支已，便具明、解脫。如是此明、解脫展轉具成。」⇨(中52大1-489a^{15}f.)

§7-0-1 【種種解脫之 異同】

①〘阿羅漢慧解脫 ∽ 如來、應、等正覺〔解脫〕〙

(1)「梵志瞿默目揵連(Gopakamoggallāna)即問曰：『阿難！若如來、無所著、等正覺解脫及慧解脫、阿羅訶解脫，此二解脫有何差別？有何勝如？』尊者阿難答曰：『目揵連！若如來、無所著、等正覺解脫及慧解脫、阿羅訶解脫，此二解脫無有差別，亦無勝如。』」⇨(中145大1-655c^{-3}f.)

(2)「如來、應、等正覺者，先未聞法，能自覺知，現法身知，得三菩提，於未來世能說正法，覺諸聲聞，所謂 四念處、四正斷♣、四如意足、五根、五力、七覺分、八聖道分，是名如來、應、等正覺。所未得法能得，未制梵行能制，能善知道、善說道，爲眾將導；然後聲聞成就隨法隨道，樂奉大師教誡、教授，善於正法，是名如來應等正覺、阿羅漢慧解脫種種別異。

復次，(阿羅漢慧解脫)五學力，如來十力。」

⇨(雜684大2-186c^{6}f.) *cf.*(雜75大2-19b^{-2}f.)

②〘學解脫 ∽ 無學解脫〙

「(♣[1])五下分結已斷、已知，謂 身見、戒取、疑、貪欲、瞋恚，此五下分結斷，於彼受生，得般涅槃阿那含，不復還生此(♣欲)世； 彼當爾時，成就學戒、學三昧、學慧、學解脫。

復於餘時盡諸有漏，無漏(心)解脫、慧解脫，自知作證：我生已盡，梵行已立，所作已作，自知不受後有；彼當爾時成就無學戒、無學三昧、無學慧、無學解脫。 ……」⇨(雜934大2-239a^{-8}f.)

♣[1] 「斷三結得須陀洹，不墮惡趣法；斷三結，貪、瞋、癡薄，成一種子道，彼地未等覺者 斯陀含……」

⇨(雜820大2-210b^{-3}f.；雜821大2-210^{-8}f.)

③〘心解脫 ∽ 慧解脫〙

(1)「念覺支，擇法、精進、猗、喜、定、捨覺支。 此七法修習滿足，淨信者 謂 心解脫，智者 謂 慧解脫。 貪欲染心者，(心)不得不樂(♣「不樂」，應作：離欲；⇨③之(2)經文)；無明染心者，慧不清淨。 是故，比丘！離貪欲者 心解脫，離無明者 慧解脫。若彼比丘離貪欲，心解脫，得身作證；離無明，慧解脫；是名比丘斷愛縛、結，(正)慢無間等，究竟苦邊。」

⇨(雜710大2-190b^{13}f.)

(2)「佛告比丘：『如是如是，汝正應為離貪欲故，於我所修梵行；離瞋恚、愚癡故，於我所修梵行。比丘！貪欲纏故，不得離欲；無明纏故，慧不清淨。是故，比丘！於欲離欲 心解脫，離無明故慧解脫。若比丘於欲離欲 心解脫身作證，離無明故 慧解脫；是名 比丘斷諸愛欲，轉結縛，止(♣「止」宜作：「正」)慢無間等，究竟苦邊。』⇨(雜1027大2-268b^{-14}f.)

(3)「云何比丘心善得解脫？ 於是，比丘愛已除盡，如是比丘心善得解脫。云何比丘智慧解脫？ 於是，比丘觀苦諦，集、盡、道諦，如實知之，如是比丘智慧解脫。」⇨(增46-2大2-776a^{8}f.)

(4)“Idha bhikkhave bhikkhuno rāgā cittaṁ vimuttaṁ hoti, dosā cittaṁ vimuttaṁ hoti, mohā cittaṁ vimuttaṁ hoti. Evaṁ kho bhikkhave bh=ikkhu suvimutta-citto hoti.

Idha bhikkhave bhikkhu ‘rāgo me pahīno ucchinnamūlo tālāva=tthukato anabhāvaṁ kato āyatiṁ anuppādadhammo’ ti pajānāti; ‘doso me pahīno… pe … moho me pahīno ucchinnamūlo tālāvatthukato an=abhāvaṁ kato āyatiṁ anuppādadhammo’ ti pajānāti. Evaṁ kho bhikk=have bhikkhu suvimutta-pañño hoti.” ⇨(A 10,20 A v.31^{-4}f.)

(5)“(āyasmant Ānanda etad-avoca): ‘Eso ce bhante maggo esā paṭipadā pañcannaṁ orambhāgiyānaṁ saṁyojanānaṁ pahānāya, atha kiñ-carahi idh’ ekacce bhikkhū ceto-vimuttino ekacce paññā-vimuttino’ ti.
——(Idam-avocca Bhagavā): ‘Ettha kho tesâhaṁ Ānanda indriyave=mattataṁ(根性之差別) vadāmî’ ti.” ⇨(M 64 M i.437^{7}f.)

(6)“Etad aggaṁ bhikkhave mama sāvakānaṁ bhikkhūnaṁ ceto-vimutti-kusalānaṁ yadidaṁ Cullapanthako, paññā-vimutti-kusalānaṁ yadidaṁ Mahāpanthako.” ⇨(A 1,14,2 A i.24^{1}f.；A i.24 註1)

cf. “Ceto-vimuttin(心解脫) ti, arahatta-phala-samādhi[3](阿羅漢果定). Paññā-vimuttin(慧解脫) ti, arahatta-phala-pañña[3](阿羅漢果慧).”
⇨＊(SA ii.175^{6}f.)

④〖無量心解脫 ∾ 無所有心解脫 ∾ 空心解脫 ∾ 無相心解脫〗

(1)【五法種種義 種種句】

⇨(雜567大2-149c^{-8} ~150a^{5} ； S 41,7 Siv.296^{15} ~297^{6})

cf. 〈p.6-06 六.§5-0-1 之 ③〉

⑵【五法一義 種種句】

「(尊者那伽達多《Nāgadatta》問質多羅長者)：『云何 法一義 種種(句、)味？』　答言：『

尊者！謂 貪有量(，恚、癡有量)，若※無諍[1] 者第一無量。

謂 貪者有相，恚、癡者是有相，無諍者是無相。

貪者是(有)所有，恚、癡者是(有)所有，無諍者是無所有。

復次，無諍者空於貪，空於恚、癡，空常、住，不變易空，非我、非我所，是名 法一義 種種味。』」

⇨(雜567大2-150a[6]f.；S 41,7 Siv.297[9] ~[-12])

⑤〖時 愛樂心解脫 ∾ 不時 不移動心解脫〗

「若有比丘不欲嘩說，不樂嘩說，不合會嘩說，不欲於眾，不樂於眾，不合會眾，欲離於眾，常樂獨住遠離處者，得※時愛樂心解脫[2] ，及※不時不移動心解脫[3] 者，必有是處。所以者何？我不見有一色令我欲樂，彼色敗壞變易，異時生愁慼啼哭、憂苦、懊惱，以是故 我此住處正覺、盡覺，謂 度一切色想行於(內空、)外空(、內外空、心不移動)。……」⇨(中191大1-738b[8]f.)

∾ ⇨(雜1091大2-286a[3] ~b[-10]) *cf.* 〈p.2-81f. 二.§10-5-1之 ②〉

⑥〖大心解脫 ∾ 無量心解脫〗

「(尊者阿那律陀告曰)：『財主！……大心解脫者，若有沙門、梵志在無事處，或 至樹下空安靜處，依一樹，※意解大心解脫遍滿成就遊[4] ，彼齊限是，心解脫不過是。若不依一樹者，當依二、三樹，意解大心解脫遍滿成就遊，彼齊限是，心解脫不過是。　若不依二、三樹者，當依一林；若不依一林者，當依二、三林；若不依二、三林者，當依一村；若不依一村者，當依二、三村；若不依二、三村者，當依一國；若不依一國者，當依二、三國；若不依二、三國者，當依此大地乃至大海，意解大心解脫遍滿成就遊，彼齊限是，心解脫不過是，是謂大心解脫。

※1《S 41,7》作：‘akuppā cetovimutti(不動心解脫)’ ⇨(Siv.297[15])

※2 sāmāyika kanta cetovimutti　※3 asāmāyika akuppa〔cetovimutti〕⇨(M iii.110[-1]f.)　※4 ‘mahaggatan’ti pharitvā adhimuccitvā viharati(「大至也。」云云 遍滿、勝解已而住).⇨(M 127 Miii.149[6])

財主！云何無量心解脫？　若有沙門、梵志在無事處，或至樹下空安靜處，心與慈俱，遍滿一方成就遊。如是，二、三、四方，四維、上、下，普周一切，心與慈俱，無結無怨，無恚無諍，極廣甚大，無量善修遍滿一切世間成就遊。如是(心與)悲、喜，心與捨俱，無結無怨，無恚無諍，極廣甚大，無量善修遍滿一切世間成就遊，是謂無量心解脫。

財主！大心解脫、無量心解脫，此二解脫爲義異文異？爲一義文異耶？』仙餘財主白尊者阿那律陀曰：『如我從尊者聞，則解其義，此二解脫義既異文亦異。』」⇨(中79大1-550a⁹f.)

§8-1-1 【種種修習→ 解脫】

① 得信善法、持戒、布施、多聞、智慧 修習善法→「解脫」

⇨(中4大1-424b⁻⁶f.)

② 五根增上、明利滿足→「解脫」

⇨(雜653大2-183b⁶f.；S 48,15 S v. 201¹¹f.；增34-6大2-697a⁻⁸f.)

③ 於 佛、法、僧成就不壞淨→「解脫」

⇨(S 55.24 S v. 376⁴f. ∾ 雜936大2-240a¹¹f.)

④ 修七覺分→「解脫」

⇨(雜740大2-197a⁻⁸f.；S 46,3 S v. 69¹⁶f.)

⑤ 修八正道→「解脫」

⇨(雜797大2-205c¹f.；S 45,35 S v. 25⁵f.)

⑥ 增上三(無漏)學→「解脫」

⇨(雜820,821大2-210b⁻⁹f.；A 3,85~ 87 A i. 231⁻⁷ ~235⁷)

⑦ 正智觀察五陰、六六法處、六界→「解脫」

⇨(雜892大2-224b⁻³f.)

⑧ 知、見、現觀四聖諦→「解脫」

⇨(雜393大2-106a⁻⁴f.)

⑨ 如實正觀十二因緣法→「解脫」

⇨(長13大1-60b¹⁰f.；62a¹²；62b⁻⁴)

⑩ 無我見、我慢盡 經時長短→「解脫」

⇨(中6大1-427a⁻¹³f.)

§ 8-1-2 【種種修習得解脫 表解】

	戒	定	慧	解脫煩惱	解脫苦
佛陀	全分	全分	全分 ※1	三有漏 盡 ※4	(於現世)解脫知見 …… 不受後有
辟支佛	〃	〃	全分 ※2	〃	(於現世) 〃
阿羅漢				五上分結斷 ※5	
現法智有餘涅槃	〃	〃	全分 ※3	〃	(於現世) 〃
命終時涅槃	〃	〃	〃	〃	(於臨命終時) 〃
阿那含	〃	〃	多分	五下分結斷 ※6	於化生處 般涅槃
中般涅槃 ※7	〃	〃	〃	〃	從彼世成不退轉法
生般涅槃	〃	〃	〃	〃	〃
無行般涅槃	〃	〃	〃	〃	〃
有行般涅槃	〃	〃	〃	〃	〃
上流般涅槃	〃	〃	〃	〃	〃
一種子道	〃	多分	少分	三結 斷 貪瞋癡 薄	唯一人有 作苦邊
斯陀含	〃	〃	〃	〃	一來此世 作苦邊
家家	〃	少	〃	〃	輪迴二家 作苦邊
須陀洹(七有)	全分	一分	一分	三結 斷 ※8	天、人中 極七返 作苦邊
隨法行	多分	(〃)	法忍		
隨信行	多分	(〃)	信忍		

※1 慧(證三菩提用)全分：自覺無上等正覺； ※2 自覺通證； ※3 他覺道證；※4 欲有漏、有有漏、無明有漏； ※5 色貪、無色貪、慢、掉舉、無明←〖修四念處⇨(S 47,103)； 四神足⇨(S 51,86)； 五根⇨(S 48,128)；五力⇨(S 49,110)；七覺支⇨(S 46,120)；八正道⇨(S 45,180)〗 ※6 身見、戒取、疑、貪欲、瞋恚；※7 三種 中般涅槃⇨(中6大1-427a^{-7}；427b^{2} ；427b^{9}f.)；※8 身見、戒取、疑結。

§9-1-1【人施設(puggala-paññatti)】

cf. *《人施設論》：依 法數(一～十)認識 聖人與凡夫，果人與因人

⇨(Pp pp.1~74)

§9-1-2【七種 人施設(puggala-paññatti)】

① “satta pugglā dakkhiṇeyyā(七應供人)”

⇨(D 28 Diii.105⁻⁶f.) ∽ (D 33 Diii.253⁻¹f.)

⇨(雜936大2-240a¹¹f. ∽ S 55，24 Sv.376⁴f.)

⇨(中195大1-751b¹³f.；M 70 Mi.477⁻¹⁵f.)

⇨(大正No.18大1-255c⁻⁴f.)「七種補特伽羅最上法」

	於三寶	於　法	於　定	於　慧	三惡趣
阿羅漢俱解脫	一向淨信	利智 出智 決定智	八解脫具足身作證	以智慧知見有漏斷	不趣 不墮
慧解脫	〃	〃	(－)	♣ 〃	〃
身證	〃	〃	♣(＋)	不見有漏斷	〃
見到	〃	〃	(－)	於正法律如實知見	〃
信解脫	♣ 〃	〃	(－)	不如見到	〃
隨法行	信 三寶 言說清淨	於五法(信進念定慧) 增上智慧 審諦 堪忍	(－)	不如信解脫	〃
隨信行	〃	於五法少慧 審諦 堪忍	(－)	不如隨法行	〃

②〖由 行捨智區分 七聖者〗 ⇨*(VM 659¹²f.)

出 世 根	阿羅漢果	阿羅漢道	阿那含 果/道	斯多含 果/道	須陀洹果	須陀洹道	作意
獲得信根	信解脫……………………………………				信解脫	隨信行	←無常
獲得定根	俱解脫 身證……………………………				身證		← 苦
獲得慧根	慧解脫	見到……………………………			見到	隨法行	←無我

§ 9-1-2 【三(種)人】

信解者	信根增上	向阿羅漢 … 得阿那含 … 得斯多含
身證者	定根增上	向阿羅漢 … 得阿那含 … 得斯多含
見到者	慧根增上	向阿羅漢 … 得阿那含 … 得斯多含

⇨(A 3,21 A i. 118[19] ~120[-7])

∾

無常作意	→多勝解→信根增上→依信根力獲得預流道(隨信行者)→預流果…現證阿羅漢果
苦　作意	→多輕安→定根增上→依定根力獲得預流道(身證者)　→預流果…現證阿羅漢果
無我作意	→多明智→慧根增上→依慧根力獲得預流道(隨法行者)→預流果…現證阿羅漢果

⇨ * (Pṭm ii. 49[11]~54[10])

§ 10-1-1【〔種種〕福田 ♣表解】(anuttaraṁ puññakkhetaṁ lokassa 世間無上福田)

中127大1-616a；雜653大2-183b				A 10,16 A v.23
				Tathāgato arahaṁ sammāsambuddho
				Paccekasambuddho
得阿羅漢		俱解脫		Ubhatobhāgavimutto
不退法	慧解脫			Paññāvimutto
不動法				
向阿羅漢 昇進法 實住法 護法 思法 退法				
得阿那含 中般涅槃 生般涅槃 無行般涅槃 行般涅槃 上流色究竟				
向阿那含 一種子道				
得斯陀含				
向斯陀含 家家				
得須陀洹		身證者		Kāyasakkhin
	見到者			Diṭṭhippatta
			信解脫	Saddhāvimutta
向須陀洹	法行者			Dhammânusārin
			信行者	Saddhânusārin
				Gotrabhū(種姓者)

§ 11-0-0 【涅槃】

「世尊覺一切法，卽以此法調伏弟子，令得安隱、令得無畏，調伏寂靜，究竟涅槃；世尊爲涅槃故，爲弟子說法！」⇨(雜110大2-37a[3]f.)

cf. 〈p.5-136 五. § 10-2-1之 ①〉

§ 11-1-1 【涅槃義】

①〖定義〗

「舍利弗言：『涅槃者 貪欲永盡、瞋恚永盡、愚癡永盡，一切諸煩惱永盡，是名涅槃。』」⇨(雜490大2-126b[3]f.)

②〖同義語〗

⇨(雜890大2-224b[1]f.) *cf.* 〈p.4-28 四. § 7-0-3 之 ⑥〉

§ 11-2-1【涅槃甚深】

「此甚深處，所謂緣起；倍復甚深難見，所謂一切取離、愛盡、無欲、寂滅、涅槃。 如此二法，謂 有爲、無爲。 有爲者 若生、若住、若異、若滅；無爲者 、不生、不住、不異、不滅，是名比丘諸行苦寂滅、涅槃。因集故苦集，因滅故苦滅；斷諸逕路，滅於相續，相續滅，滅 是名苦邊。 比丘！彼何所滅？ 謂 有餘苦； 彼若滅止、清涼、息沒，所謂 一切取滅、愛盡、無欲、寂滅、涅槃。」⇨(雜293大2-83c[13]f.)

§ 11-2-2 【十法趣涅槃】

「云何十法向涅槃？ 謂 十直道 —♣[1] 正見、[2] 正志、[3] 正語、[4] 正業、[5] 正命、[6] 正方便、[7] 正念、[8] 正定、[9] 正解脫、[10] 正智；諸比丘！如是十法得至涅槃。」⇨(長12大1-60a[-10]f.)

§ 11-3-1 【不著 涅槃】

「若彼比丘漏盡阿羅漢，所作已辦，捨於重擔，盡生死原本，平等解脫，彼能分別地種，都不起想著。地種、人、天、梵王……乃至有想無想處，亦復如是。……至於涅槃，不著涅槃，不起涅槃之想。所以然者，皆由壞婬、怒、癡之所致也。」⇨(增44-6大2-766b[5]f.)

§ 11-3-2 【令彼得涅槃】

①「魔復說偈言：

『瞿曇若自知，　安隱涅槃道；　獨善無為樂，　何為強化人？』

佛復說偈答言：

『非魔所制處，　來問度彼岸；　我則以正答，　令彼得涅槃，

時得不放逸，　不隨魔自在。』」⇨(雜1092大2-286c[9]f.)

②「世尊善顯示，　日種苗胤說，　為生盲眾生，　開其出要門：

苦苦及苦因，　苦滅盡作證，　八聖離苦道，　安樂趣涅槃。

善義善句味，　梵行無過上，　世尊善顯示，　涅槃濟眾生。」

⇨(雜1217大2-332a[2]f.)

§ 11-4-1 【涅槃 ∽ 般涅槃】

①〖般涅槃＝完全涅槃(現法涅槃)〗←【漏盡智作證明達】

⇨(中157大1-680b[1] ~[7])

(1)「時，彼天子復說偈言：

『久見婆羅門，　逮得般涅槃；　一切怖已過，　永超世恩愛。』」

⇨(雜576大2-153c[15]f.)

(2)「(世尊)告諸比丘：『我為婆羅門，得般涅槃，持後邊身，為大醫師，拔諸劍刺。』」⇨(雜1212大2-330a[10]f.)

(3)「若比丘修習此七覺分，多修習已，當得七果。何等為七？ 謂♣[1] 現法智有餘涅槃及 [2] 命終時； 若不爾者，五下分結盡，得[3] 中般涅槃；若不爾者，得[4] 生般涅槃；若不爾者，得[5] 無行般涅槃；若不爾者，得[6] 有行般涅槃；若不爾者，得[7] 上流般涅槃。」

⇨(雜740大2-197a[-8]f.≑ S 46,3 S v. 69[16]f.) ⇦ “Diṭṭhe'va dhamme paṭihacca aññam ārādheti, no ce diṭṭhe'va dhamme paṭihacca aññam ārādheti, atha maraṇakāle aññam ārādheti.”

(4)「比丘如是修習七覺分已，當得二種果：[1] 現法得漏盡無餘涅槃，或得[2] 阿那含果。」⇨(雜734大2-196c[2]f.≑ S 46，57 S v. 129[-3]f.)⇦ “……

dvinnam phalānam aññataram phalam pāṭikaṅkham ditthe'va dhamme aññā, sati vā upādisese anāgāmitā."

②〖般涅槃＝ 涅槃＝ 滅度〗

⑴「佛與阿難獨留。於後夏安居中，佛身疾生，舉體皆痛，佛自念言：『我今疾生，舉身痛甚，而諸弟子悉皆不在，若取涅槃，則非我宜，今當精勤自力以留壽命。』」⇨(長2大1-15a^{-13}f.)

⑵「時，魔波旬復白佛言：『佛昔於鬱鞞羅 尼連禪水邊，阿遊波 尼俱律樹下初成正覺，我時至世尊所，勸請如來可般涅槃：『今正是時，宜速滅度！』 爾時，如來卽報我言：『止！止！波旬！ 我自知時，如來今者未取涅槃，須我諸弟子集，乃至天人見神變化乃取滅度。』」⇨(長2大1-15c^{8}f.)

∾「修習勝妙道，漏盡般涅槃。如來及緣覺，佛聲聞弟子，會當捨身命，何況俗凡夫！」⇨(雜1227大2-335c^{12}f.)

③〖於無餘涅槃(界)而般涅槃〗

⑴「一時，佛住俱夷那竭國力士生處堅固雙樹林中。爾時，世尊涅槃時至，告尊者阿難：『汝爲世尊於雙樹間敷繩床，北首， 如來今日中夜 於無餘涅槃而般涅槃。」⇨(雜979大2-253c^{-6}f.)

⑵「於無餘涅槃界而般涅槃。」⇨(增26-9大2-639c^{-1})

⑶" Idha Tathāgato anupādisesāya nibbāna-dhātuyā parinibbuto" ti.
⇨(D 16 D ii.140^{-3}f.)

§ 11-4-2 【無餘涅槃 ∾ 有餘涅槃】

①〖餘取(♣ upādisesa)〗

⑴「爾時，世尊告諸比丘：『有此二涅槃界。云何爲二？ [1] 有餘涅槃界、[2] 無餘涅槃界。

彼云何名爲有餘涅槃界？ 於是，比丘滅五下分結，卽彼般涅槃，不還來此(欲)世，是謂名爲 有餘涅槃界。

彼云何名爲無餘涅槃界？ 如是，比丘盡有漏 成無漏，意解脫、智慧解脫，自身作證而自遊戲：生死已盡，梵行已立，所作已辦，更不受有，如實知之；是謂爲 無餘涅槃界。

此二涅槃界，當求方便，至無餘涅槃界。 如是，諸比丘！當作是學！

」⇨(增16-2大2-579a[13]f.)

(2)「(佛言)我者無我，亦無我所；當來無我，亦無我所。已有便斷，已斷得捨，有樂不染，合會不著。 如是行者，無上息迹 慧之所見，然未得證。比丘行如是，往至何所？ 譬如燒麩，纔燃便滅。 當知比丘亦復如是，少慢未盡(♣「未盡」卽「有餘」)，五下分結已斷，得中般涅槃，……(乃至上流般涅槃)。」⇨(中6大1-427a[-12]f.)

＊ upādi° the compound-form of upādāna, derived from upādā(upa-ā-√dā)〕

upādi-sesa:(adj.)having some fuel of life(＝khandhas or substratum) left; *i.e.* still dependent(on existence), not free, materially determined. ‘sati upādisese(有餘)’ ⇨M i. 481[7] 大1-752c[2]

an-upādi-sesa:(nibbāna, nibbānadhātū or parinibbāna)completely emancipated, without any(material)substratum.⇨(PE-d.149b)

∾ upadhi〔from upa + √dhā〕

(1) foundation, basis, ground, substratum(of rebirth)

"anuttare upadhi-saṅkhaye vimutto(無上依盡解脫)"

⇨(S 4,25 S i. 124[-6]f.)

(2) clining to rebirth, attachment,

(almost synonym with kilesa or taṇhā)

the rejection of all upadhis is nibbāna.

"sabba-saṁkhāra-samatho sabbûpadhi-paṭinissaggo taṇhakkhayo virāgo nirodho nibbānaṁ."

⇨(D 14 D ii. 36[8]f.)

(3)「當知此苦 億波提(upadhi)因、億波提集、億波提生、億波提轉；……億波提愛因、愛集、愛生、愛觸。」⇨(雜291大2-82b[11]f.)

②〖餘依〗

(1)「現法智有餘涅槃及 命終時(涅槃)。」⇨(雜740大2-197a[-7]f.)

(2) ⇨〈p.6-23 六.§11-4-1 ① 之 (1)及(2)〉

∾ ＊「有餘涅槃，①有餘依涅槃(sopadhiśeṣa-nirvāṇa)之略。生存於此世之期間所得涅槃；尙有肉體殘餘，故云：「有餘。」②謂 菩薩已盡生死之因。③ (♣大乘者所)謂 小乘之涅槃。→「灰身滅智」」

⇨中村元〈佛教語大辭典〉88c

§11-4-3 【無取般涅槃(anupādā-parinibbāna)】

“Ekadhammo bhikkhave bhāvito bahulīkato（諸比丘！《有》一法修習、多所作）paññāpabhedāya saṁvatatti(導致慧之簡擇)anupādā-parinibbānāya saṁvattati(導致無取般涅槃). Katamo ekadhammo(云何一法)? Kāyagatā-satiyā(身至念也。).” ⇨(A 1,21,22 A i. 44^{-14}f.)

§11-5-1 【妄計現法涅槃】

「諸有沙門、婆羅門於末劫末見，現在生泥洹論，說眾生現在有泥洹；彼盡入五(♣邪)見中，於末劫末見說現在有泥洹，於五見中，齊是不過。

彼沙門、婆羅門因何事於末劫末見，說眾生現有泥洹，於五見中，齊是不過？諸有沙門、婆羅門作是見，作是論，說：『我於現在五欲自恣，此是我得現在泥洹。』是第一見。

復有沙門、婆羅門作是說：『此是現在泥洹，非不是，復有現在泥洹微妙第一，汝所不知，獨我知耳；如我去欲、惡不善法，有覺、有觀，離生喜、樂，入初禪。』此名現在泥洹，是第二見。

復有沙門、婆羅門作如是說：『此是現在泥洹，非不是，復有現在泥洹微妙第一，汝所不知，獨我知耳；如我滅有覺、觀，內喜、一心，無覺、無觀，定生喜、樂，入第二禪。』齊是名現在泥洹，是為第三見。

復有沙門、婆羅門作是說，言：『此是現在泥洹，非不是，復有現在泥洹微妙第一，汝所不知，獨我知耳；如我除念、捨喜、住樂，護念一心，自知身樂，賢聖所說，入第三禪。』齊是名現在泥洹，是為第四見。

復有沙門、婆羅門作是說，言：『此是現在泥洹，非不是，現在泥洹復有微妙第一，汝所不知，獨我知耳；如我樂滅、苦滅，先除憂、喜，不苦不樂，護念清淨，入第四禪。』此名第一泥洹，是為第五見。

若沙門、婆羅門於末劫末見，生現在泥洹論，於五見中，齊是不過。唯佛能知，亦復如是。」⇨(長21大1-93b[11]f.)

【四角號碼 檢字法】— 王雲五先生 發明

號碼	筆名	筆　　形	舉　　例　（說 明 每 碼 之 特 點）
0	頭	亠	亠 亠 亠 疒 广（獨立之點與獨立之橫相結合）
1	橫	一 ㇀ ㇄ ㇗	二 弓 孑 石 雨 耳 土 𠃊 丄 王 土（含橫刁與右鉤）
2	垂	丨 亅 丿	丿 亻 巛 ⺈ 由 幺 禾 癶 氏 乚 刂 ⺌（含撇與左鉤）
3	點	丶 ㇏	氵 衤 𠂆 宀 之 厶 厶 辶 艮 辰 衣 辶 ㇏（含點與捺）
4	叉	十 乂	木 皮 其 走 女 巾 犭 乂 大 耂 才 ⺈ 支（兩筆相交）
5	插	扌	虫 車 申 韋 聿 吏 中 戈　（一筆通過兩筆以上）
6	方	口	器 晶 品 罒 由 甲 目 國（四邊齊整之形）
7	角	⺆ 凵	阝 與 四 門 目 月 馬 羽 彐（橫與垂相接之處）
8	八	人 竹 火 貝	八 人 人 年 竹 并 走 火 頁 貝（八字形及其變形）
9	小	忄 小 尚 米	火 省 尚 眷 米 小 糸 木 未（小字形及其變形）

【王氏歌訣】：「一橫二垂三點捺，　點下帶橫變零頭；
　　　　　　　叉四插五方塊六，　七角八八九是小。」

【楊氏記碼秘訣】：

0 —— 點下帶橫“亠”爲　零頭，　需要死記！

1 ┐
2 ├—— 記寫“大”字之筆順：一橫，二撇，三捺。
3 ┘

4 —— 記阿拉伯數字“ 4 ”　有　一竪一橫之交叉。

5 —— 記“ 4 ＋ 1 ＝ 5 ”　有　一竪通過二橫以上（4 再多加一橫）。

6 —— 記阿拉伯數字“ 6 ”　有　一近似方塊之形狀。

7 —— 記阿拉伯數字“ 7 ”　左右各有一角。

8 —— 記中文數字“八 ”之　形狀。

9 —— 記“ 8 ＋ 1 ＝ 9”　「小」字形　爲「八」字　多一竪。

〖索引之編排〗

採用　中文字「王氏　四角號碼」編碼；爲省略數目，改採上面左右兩角而已，並且，只用字條之前兩字算數。

第一字上兩角同數目，則參考下兩角之數目，依數目之大小，由小數目依次增加排列；第二字上兩角　又同數，同上例　排列。

【筆畫索引】

一、以辭彙之首字，按筆畫數排列。

二、筆畫同數，則 以起筆之⼂ ⼀ ⼁ ⼃(永字筆法)爲序 排列。

一畫

⼀ 一 08a~09b；11a~13b；15a；16a,b.

二畫

⼀ 二 08a,b；11a~12a；14a. 了 19a. 七 41b；42a~44b. 十 41a~42a；43a~44b. ⼃ 九 41b；42b~43b. 人 65b~66b；67b；69a,b；72a. 入 65b~66b；68a,b；71a；72a. 八 65b~66a；67b；68b；69a,b；71b；73a.

三畫

⼀ 三 07b~12b；14a~15b. 工 15a. 15b. 已 18b~19a. 丈 55a. 士 43b. 大 41b~44a；45a. 尸 64b. ⼁ 上 21b~22a. 口 56b；59b. 小 75b. ⼃ 女 43b. 凡 64b.

四畫

⼂ 六 01a~04a；11b. 火 75b. 方 01a,b. ⼀ 不 07b~16b. 五 07b~11b；13b；14a；15a~16a. 比 23b. 天 10b~11a；12a；13b；14a~15b. 王 14a. 水 17b. 引 17a. 支 41a. ⼁ 止 21a~22a；23a. 內 41b；43b；44a. 中 52a,b；53a. 日 59b. 少 76a. ⼃ 化 22a. 幻 29b. 勿 29b~31b；32b. 心 36a~37a. 及 58b. 分 66b；70a,b. 今 71a. 父 71b.

五畫

⼂ 主 02a. 立 02a. 永 34b~35a. 字 35b. 必 37a. ⼀ 示 02b. 正 06b；07b~09a；10a~12b；14a~16b. 可 08a；10b. 示 08a. 尼 64b. 平 16a,b. 布 43b. 世 44b；45b~46b；47b~48b. 本 52a~53a. 未 52b~53a. 古 42a；44a. 甘 46a. ⼁ 占 23b. 出 23b~25b. 以 33a. 由 52a~53a. 四 56a~59b. ⼃ 外 25b~26a；44b. 生 26a~28a. 失 27a. 令 67b. 白 28b~29a.

六畫

⼂ 妄 01a. 衣 02b；03b~04a. 守 34a. 安 34a~5a. 次 40a. 沙 41a. ⼀ 死 07b；13a；15b. 至 08b~09a；11b. 耳 13b. 百 15b. 巧 17a. 有 27a；28a；41a~45a. 在 42b；43b. 吉 43a. 共 45b. 老 45b~46a；47a. 成 53b~54b；62b~63a. 地 45b~47b. ⼁ 此 21b~23b. 吐59b. 虫 52a. 曲 54b. 因 56b~57b；58b~59b. 回 57b. 男

七畫

八畫

九畫

十畫

十一畫

十二畫

十三畫

十四畫

十五畫

十六畫

十七畫

十八畫

5052 恚刺 4-50.

5058 中捨 4-56°.

5060 中國 1-02,1-08,2-07.

5060 本見息道 4-14°.

5064 由(1)時間、(2)空間、(3)對觸、(4)三界 觀察無我 5-149°.

5070 由譬喻看戒德 3-10°.

5071 中阿含經 0-02，0-04,0-07°,0-09,5-30.

5071 中阿笈摩 0-02°.

5080 未曾有的(境界) 4-28.

5080 未曾有法 2-48,2-54,2-61~2.

5080 由(陰、處、界)無常、非一 觀察無我 5-151°.

5080 由(陰、處、界)無常觀察無我 5-151°.

5080 由善知識 成無上徧正覺 2-02°.

5080 素食 3-20°.

5086 未知當知根 6-12.5-53°.

5086 未知欲知根 5-53°.

5090 事火 2-35,2-97.

5095 專精禪思 多行空 5-164f°.

5095 專精思惟 0-15,0-26,0-28,2-38,2-44,2-73,2-81,5-08,5-50,5-66,5-108,6-13.

5120 攝受、不攝受界 5-48.

5120 頓受持 5-65.

5130 輕安(隨染) 5-105.

5133 攝心 1-25°.

5160 輕易覺 5-28.

5177 掉舉、惡作 4-50°.

5180 頓無間等 5-60°.

5198 掉悔 4-23,4-36,4-38,4-42~3,4-45,5-28,6-01,6-12.

5198 掉、悔 0-28,2-80,4-37,6-01~02.

5212 斬斫離散相 4-09,4-10°.

5214 摧破癡闇(覆蔽諸法之自性) 5-06

5214 摧破煩惱 5-171°.

5221 靜慮相應 4-49°.

5271 誓願成佛 2-20°.

5277 授與正法 善知識 1-07°.

---

53 戒 0-18,3-01°,3-04°,3-10°.

5303 成就、不知、親、不明、不識、不察、不量、覆、種、掩、映翳 5-28.

5303 成就聖戒 3-27°.

5303 成就 信根 2-66°.

5303 成就淨行 6-08°.

5303 成就十法 佛想說法 2-43.

5303 成就長者諸根 5-41°.

5303 成就貪[1] ……成就苦[65]，不堪任[1] 於色⑤ 知[1] …… 不堪任[1] 於色⑤ 滅盡作證[7] 5-28°.

5310 戒正行 3-15°.

5317 戒取 0-17,0-34, 2-30,2-51,2-63,3-07,3-11,5-28,5-68,5-141,5-167,5-173, 6-01~02,6-05,6-14,6-18.

5320 轉重爲 輕微報 1-12°.

5320 成爲 應供者 5-173°.

5320 成爲 多聞者 5-11°.

5320 成爲 法次法向者/ 向法次法行者 5-11°.

5320 成爲 如理思惟者 5-11°.

5320 成爲 見法涅槃者/ 現法涅槃者 5-11°.

8077 無覺、無觀 2-71~2,4-02,4-04,4-06,4-40,4-53,5-76.

8077 無間等(現觀) 0-22,0-30~31,1-17,2-55~6,2-73,2-76,5-03,5-06,5-15,5-22,5-25,5-38,5-51,5-60,5-75,5-92,5-103,5-115,5-121,5-135~136,5-149~150,5-171,6-11,6-13~15.

8077 無間等法 5-25,5-115,5-149.

【《阿含要略》修訂及勘誤 】

（註：「➪」此符號代表「改正為」）

0 1 表 事相應教	行13	〃│六入處相應 ➪ 修多羅 │六入處相應
10 目錄	倒數 -9	㉓ ➪ ⑳
頁 0-01	1	saṅkhittena ➪ saṅkhepa
0-02	12	p.0-7 ➪ p.0-07
0-04	18	《中阿含經》+ ✳ ——————《真言》 ➪《長阿含經》+ ✳ …………→《真言》
		表中第二列 〔論藏結集〕 ➪ 〔論藏著作〕
0-07	14	Papañca-sudānī ➪ Papañca-sūdanī
0-08	右列14	453~443 ➪ 435~443
	-2	思想概論 ➪ 源流略講
0-11	3	雜阿含論 ➪ 雜阿含經論
0-13	10	佛教語 ➪ 廣說佛教語 彌勒出版社 ➪ 東京書籍株式會社
	14	〈パ-リ語辭典〉➪ 增補改訂〈パ-リ語辭典〉
0-20	-7	信解 ➪信解脫
0-21	10	至道 ➪ 成道
	13	asañjatassa ➪ asañjātassa
	14	maggassakkhātā ➪ maggassa akkhātā
	-8	○→→ ➪ ⊙→→
	-3	○→→ ➪ ⊙→→
0-22	-2	(隨遍轉遍隨《正見》普 現起《正見、正方便、正念等 三成分》) ➪ (Ⓜiii.72^{-6}) ➪ (隨遍轉)’ ➪ (Ⓜiii.72^{-6}) 註：指 普遍現起正見、正方便、正念等 三成分。
0-23	11	✳ ✳ ※ ➪ ✳ ＃ ※
	-5	中196 ➪ 中195
0-26	-2	世尊： ➪ 世尊！
0-27	12及14	示教照喜 ➪ 示、教、照、喜
0-31	-8	至道至於今 ➪ 成道至於今
0-32	5	欒 ➪ 樂
		(中45) ↓ (中54) ↓ ➪ (中45) ↓ (中54) 往詣 ↓
0-33	-1~-2	善法習耳界 ➪ 聞善法 習耳界
1-01	15~17	佛道➪ 佛果 辟支佛道 ➪ 辟支佛果 聲聞道 ➪ 聲聞四果
1-03	14	善心、善見、善業 ➪ 善見、善心、善業
1-04	-2	sukkhavipākaṁ ➪ sukhavipākaṁ
1-05	16	kalyāṇamita ➪ kalyāṇamitta
1-08	13f.	9a. ➪8c. 9b. ➪8d. 10a.➪8e. 10b.➪8f. 11a.➪8g. 11b.➪8h. 12 ➪9 13 ➪10 14 ➪11 15 ➪12 16 ➪13 17 ➪14 18a.➪14c. 18b.➪14d. 19 ➪15 20 ➪16 21 ➪17 22 ➪18
1-09	1f.	23 ➪19 24 ➪20 25 ➪21 26 ➪22 27 ➪23 28 ➪24 39 ➪25 30 ➪26 31 ➪27 32 ➪28 33 ➪29
	15及16	夫人作善惡 ➪ 夫 人作善惡
1-11	1	可得得 ➪ 可得

1-21	10	能遠離諸惡；　此人實希有 ⇨ 此人實希有；　能遠離諸惡
	-3	(七) ⇨ (第七)
2-01	15	♣[1] sakadâgāmiphala- ⇨ ♣[2] sakadāgāmiphala-
2-01	16	♣[1] anāgāmiphala- ⇨ ♣[3] anāgāmiphala-
	17	♣[1] arahattaphala- ⇨ ♣[4] arahattaphala-
2-02	-8	puggalo ārādhako ⇨ puggalo visujjhati hoti.0
	-10	vāco hoti,sammā-ājivo ⇨ vāco hoti,sammākammanto hoti,sammā-ājivo
2-03	12	sammāvāco hoti, ⇨ sammāvāco hoti,sammākammanto hoti,
2-04	-5	若比丘所為眾生，善知識遇及 ⇨ 若比丘所為眾生善知識，遇及
2-06	15	dasanânutariya ⇨ dassanânuttariya
2-07	10	〖出離(nissaraṅa)〗⇨〖出離(nissaraṇa)〗
	12	na ppajānāti ⇨ nappajānāti
	-10	maggaṅga ⇨ magg’aṅgā
2-08	15	十(賢)人 ⇨ 十人
2-09	-3	

9天人師	11世　尊	11眾　祐	11世　尊	11眾　祐	⇨

9天人師	11世　尊	11眾　祐	11世　尊	11眾　祐♥

	-1	♣[4] ⇨ (增6-5 大2-574a^{-3}f.) ⇨
		♣[4] ⇨ (增6-5 大2-574a^{-3}f.)眾祐♥ 在(增49.6 大2-799c^{7})作：世祐
2-20	15	增.38-6 ⇨ 增.38-5
2-22	-3	增.42-4 ⇨ 增.42-3
2-23	2	paggajeyyan ti ⇨ pabbajeyyan ti
	-3	bhujjhanaka- ⇨ bujjhanaka-
2-35	-10 f.	『善哉！汝迦葉，　先非惡思量；　次第分別求，　遂至於勝處。』汝今，迦葉！當安慰汝徒眾之心！時， ⇨ 『「善哉！汝迦葉，　先非惡思量；次第分別求，　遂至於勝處。」汝今，迦葉！當安慰汝徒眾之心！』時，
2-36	15	大1-651a^{-7}f. ⇨ 大1-651a^{7}f.
2-37	20	(M 73 M i. 489^{14}f.)⇨(M 73 ⟨M⟩ i. 489^{15}f.)
2-38	18,19,24,29	蒺藜 ⇨ 蒺䔧
2-40	17	paññataṁ ⇨ paññattaṁ
	-2	dihe ⇨ diṭṭhe
2-41	-5	adihapubbā ⇨ adiṭṭhapubbā
2-47	4	vinivaraṅa ⇨ vinīvaraṇa
2-48	2	即說法！」　轉於七覺分， ⇨ 即說法，　轉於七覺分！」
	-3	6 avdāna； ⇨ 6 avadāna；
2-50	4, 5,8,9	眾生　世間 ⇨ 眾生世間
2-52	-2	āyasma ⇨ āyasmā
	-1	⟨M⟩ i. 319^{13}f. ⇨⟨M⟩ i. 319^{12}f.
2-53	6	織 ⇨ 纖
2-55	1	attho vibhatto ⇨ attha vibhatta
	-8	vis kadassanā ⇨ visūkadassana
	-2	pā-√jñā ⇨ pa-√jñā
2-56	13	dihinijjhānakkhantiyā ⇨ diṭṭhinijjhānakkhantiyā
2-57	-9	世尊知 ⇨ 世尊告
2-59	11	佛知諸比丘 ⇨ 佛告諸比丘
	12	大1,161a^{2} ⇨ 大1,161a^{1}f.
2-60	-4	六法 ⇨ 第㊂六法
2-62	-7	saṁvasanto ‖ … ⇨ saṁvasanto ‖ …”
2-65	-2	有能 ⇨ 有德

	-1	德道家	⇨	道德家
	-1	有德	⇨	有能
2-69	5	大2-854c^5~6a^3	⇨	大2-854c^5~5a^3
2-70	3	轅輻	⇨	轅輞
2-71	17	耶(♣「耶」應作：也)。	⇨	耶！
2-74	-1	止觀相應	⇨	止觀軛結
2-77	8	令人狂惑心意，錯亂	⇨	令人狂惑，心意錯亂
2-78	4	無漏思惟，相應心法 分別	⇨	無漏思惟相應，心法 分別
2-79	17	無常法[106]	⇨	無常法[104]
	18	常、學	⇨	常學
2-80	5	汝當分別，此時觀察此相	⇨	汝當 分別此時，觀察此相
	9	A iii.375^{-7}f.	⇨	〈A〉iii.375^{-8}f.
2-83	-14	Arahat	⇨	Arahā
2-87	-12	拔乃者	⇨	拔刀者
2-89	12	須陀洹果	⇨	須陀洹果及斯陀含果
	-13	成明	⇨	成眼㊂
2-90	-2	斷二	⇨	斷二邊
2-91	8,-5	《婆羅延》	⇨	《波羅延》
	-5	有餘《經》說	⇨	有餘經說
	-3	大2-310	⇨	大2-310b^{-8}f.)
2-92	-1	五種能引欲之性質	⇨	五種能使凡夫產生欲之性質
2-93	16	不以安樂自供	⇨	不♣ (原文「不♣ 」宜刪)以安樂自供
2-94	-6	繳已染著	⇨	繳已 染著
	-2	不繳已(不)染著	⇨	不繳已 (不)染著
2-95	-8	記	⇨	計(明)
2-100	16	俱足行	⇨	具足行
2-102	18	果蔬	⇨	果蓏
	-11	(三)賢聖解脫	⇨	♣(三)賢聖解脫
3-01	7	若父母護，……乃至	⇨	若父母護，〔……〕乃至
	-11	若檀越以五事	⇨	若檀越以此五事
	-8	(大)1,71^{5}f.	⇨	(大)1,71c^{5}f.
	-3	不作惡業。』	⇨	不作惡業。
3-02	-6	是♣心所有 與♣心相隨	⇨	是 心所有 與心相隨
3-03	8	憍傲心穢	⇨	慢傲心穢
	-12	常常勤修習	⇨	常當勤修習
	-4	推伏眾魔怨	⇨	摧伏眾魔怨
3-04	4	大30-386^{-10}f.	⇨	大30-386b^{-10}f.
	8	惡聲捶扙	⇨	惡聲捶杖
	17	大2,581a^{-13}f.	⇨	大2,581a^{-14}f.
	-5	sīlalaṁ nāma?	⇨	sīlanaṁ nāma?
	-1	大1,83c^{14}f.~85c^{12}	⇨	大1,83c^{14} ~85c^{12}
3-05	10	大1,773b^7	⇨	大1,773b^{7}f.
	21	aṇi 捨《捨福、降福》	⇨	aṇī 捨⟪捨福、降福⟫
3-06	9	捨刀扙	⇨	捨刀杖
	15	？作是覺已，	⇨	？ — 作是覺已，
3-07	2	A.2.17.1~2	⇨	A .2.17.1
	12	當念思惟當何方便	⇨	常念思惟 當何方便
	-14	佛告諸比丘	⇨	(佛)告諸比丘
	-8	大2,175a,^{5}f.	⇨	大2,175a^{-5}f.
3-08	-7	自整頓思惟世間，擾擾	⇨	自整頓思惟 世間擾擾，
3-09	-13	開徹世間	⇨	聞徹世間

3-11	8	真僞則分	➪ 真偽則分
	14	爾時，尊者阿難語 摩訶男	➪ 爾時，尊者阿難……語摩訶男
	18	婆羅提木叉	➪ 波羅提木叉
3-15	9	大2-361c$^{13\sim17}$	➪ 大2-361c$^{11\sim17}$
	11	廻顧	➪ 迴顧
	-1	大1-78a$^{-7\sim-1}$	➪ 大1-78a^{-7}~b^{1}
3-17	14	paipajjati	➪ paṭipajjat
3-18	-4	捨世占侯	➪ 捨世占候
3-19	-1	大正№16,17	➪大正№16.17.
3-20	-13	不欺僞	➪ 不欺偽
3-23	-11	paiññāyakaraṇīyaṁ	➪ paṭiññāyakaraṇīyaṁ
3-27	11	莫施	➪ 莫抱㊂
	19	(六)不清淨行	➪ (五)不清淨行
3-28	14	scrupulous	➪ indolence
	-2	閑靜處	➪ 閑靜之處
4-01	-8	無漏思惟 相應心法， 住不亂、 ➪ 無漏思惟相應，心法 住不亂、	
	-6	大2-203b^{8}f.	➪ 大2-204a^{11}f.
4-02	3	不雜亂、不散亂	➪ 不散亂、不雜亂
	14	avikkheapa	➪ avikkhepa
	16	雜786大2-204a^{-11}f.	➪ 雜.85大2-204a^{5}f.
4-04	14	(長18大1-77^{-6}f.)	➪ (長18大1-77a^{-6}f.)
4-05	-5	yathābh taṁ	➪ yathābhūtaṁ
4-08	-3	斯多含	➪ 斯陀含
4-12	-12	僞	➪ 偽
4-20	11	[32]漾	➪ [32]羨
		[33]髑髏	➪ [33]髑髏
	-13	[5]麁細、[6]薄膚、[7]皮、	➪ [5]麁細薄膚、[6]皮、(以下號碼各減一)
4-21	9	♣[19]了知身至念者 了知不死； ♣[20]了知身至念者 了知不死；	➪ ♣[19]對身至念多所作者 對不死 多所作； (以下號碼各增一)
	12	ānâpâna	➪ Ānâpâna
4-25	-10	sallakkhanā	➪ sallakkhaṇā
4-27	-2	M i. 425	➪ M i. 426^{1}f.
4-28	7	40.Dīpa(洲渚)	➪ 40.Dīpaṁ(洲渚)
	8	41.Leṇa(窟)	➪ 41.Leṇaṁ(窟)
	9	42.Tāla.(庇護所)	➪ 42.Tāṇṁ(庇護所)
4-29	-7	upekhāsahagatena[7]	➪ upekhāsahagatena[4]
4-32	-6	食摶食	➪ 食摶食
	-2	沙士	➪ 沙土
4-34	6	麤細膚、皮	➪ 麤-細膚皮
	8	堅，堅性住內，於(是)生所受	➪ 堅、堅性住，內於 生所受
	13	水，水性潤內，於(是)生所受	➪ 水、水性潤，內於 生所受
	19	火，火性熱內，於(是)生所受	➪ 火、火性熱，內於 生所受
	-7f.	風，風性動內，於(是)生所受	➪ 風、風性動，內於 生所受
4-42	5	(中52大1-489c^{-9}f.)	➪ (中53大1-489c^{-9}f.)
	14	「具善人已，便具親近善知；具親近善知已， ➪「具善人已，便具親近善知識；具親近善知識已，	
	-3	(雜713大2-195a^{14}f.)	➪ (雜723大2-195a^{14}f.)
4-45	10	精進覺支，於此修習	➪ 精進覺支 於此修習
4-48	-1	增41-3	➪ 增40-3
4-51	-4	sukha[3]	➪ sukhaŋ

4-53	7	bhikku	⇨	bhikkhu
4-55	3	捨-淨念、一心，	⇨	捨-淨-念，一心，
	5	捨 念清淨	⇨	捨-念-清淨
	8	asukkham	⇨	asukham
	15	(之心 ── 樂	⇨	(之心 ── 捨
	-7	色界『第三	⇨	色界『第四
4-56	-2	cataso	⇨	catasso
	-1	catāsso	⇨	catasso
4-57	3	無量空，	⇨	『無量空。』
	10	無量識，	⇨	『無量識。』
	15	無所有，	⇨	『無所有。』
4-58	1	卽時融消燋縮，轉還不得舒張	⇨	卽時 融消、燋縮，轉還 不得舒張
	2	捨離、不住色，穢惡厭患色	⇨	捨離、不住，色穢惡、厭患色
4-59	8	大2-124a^{1}f.	⇨	大2-124a^{-1}f.
4-60	13	色(無分之中性感受狀態之)二俱捨已	⇨	色 二俱捨已
	-2	an-updhikā	⇨	an-upadhikā
5-01	5	生死智證通	⇨	天眼通
	6	更加發揚	⇨	充分發展
5-02	-2	sammādukkhayagāminiyā	⇨	sammādukkhakkhayagāminiyā
5-04	1	bhāve tabbā	⇨	bhāvetabbā
	4	(dupañña 無慧	⇨	(duppaññā 無慧
	-2	√jnā	⇨	√jñā
5-05	1	相、識、慧	⇨	想、識、慧
	9	卽使努力，	⇨	卽使努力已，
5-09	5	｜卷二｜033~058經‖〃｜〃(二)｜	⇨	｜卷十｜256~272經‖〃｜〃(二)｜
	6	｜卷十｜256~272經‖〃｜〃(三)｜	⇨	｜卷三｜059~087經‖〃｜〃(三)｜
	7	｜卷三｜059~087經‖〃｜〃(四)｜	⇨	｜卷二｜033~058經‖〃｜〃(四)｜
5-12	16	r pan	⇨	rūpan
5-14	-3	雜71	⇨	雜78
5-19	14	若說：(人死後)有。』者	⇨	若說：『(人死後)有。』者
5-20	-2	此大梵自在，造作自然，	⇨	此大梵 自在造作，自然(有)，
5-22	1	若無	⇨	若無(「無」宜作：「有」)
	18	(雜.41) ∽ (雜.13,14)	⇨	(雜.41)
5-24	-3~-9	abhiññā	⇨	abhiññāya
5-25	-2	於大師所，恭敬	⇨	於大師所 恭敬
5-26	-4	abbhññāsim	⇨	abhiññāsim
5-27	5	×56	⇨	×57
	17	百五法	⇨	百四法
	18	×105	⇨	×104
	19	×105	⇨	×104
5-27	22	8×8×105×(3×4+4+4+5+5+7+8+4+3+2)＝362880	⇨	8×8×104×(3×4+4+4+5+5+7+8+4+3+2)＝359424
5-28		修正請參考末頁		
5-29	-1	sence-organ	⇨	sense-organ
5-34	-2	一切熾然。	⇨	一切熾然、一切燒。
	-1	S 35,24~32	⇨	S 35,28~50
5-36	9	(5)〖眾生〗	⇨	③〖眾生〗
	20	(6)【魔】	⇨	④【魔】
5-36	-1	〖魔所乘處〗	⇨	〖魔所乘〗
5-37	2	(7)【六觸入處	⇨	⑤【六觸入處
5-38	12	佛告摩羅迦舅：『見以見為量，聞以聞為量，覺以覺為量，識以識為量。』		

		⇨ 佛告：*『摩羅迦舅！見以見為量，聞以聞為量，覺以覺為量，識以識為量。』[1]	
	-2	"Ettha ca te	⇨ *[1] "Ettha ca te
5-46	5	456~465經	⇨ 455~465經
5-48	-6	§6-3-2 之⑦	⇨ §6-3-2 之⑥
5-49	18	十 刪除	
5-54	-13	真、實	⇨ 真實
5-64	8	類別	⇨ 分別
	-8	還滅	⇨ 轉出
	-2	因是 有(是，因是)無(是)。	⇨ 因是 有(是，因)是無(是)。
5-65	10	明照 空相應、隨順緣起法	⇨ 明照，空相應 隨順緣起法
5-68	-1	駁	⇨ 駮
5-69	-13	kno	⇨ kho
5-70	15	雜292	⇨ 雜293
	19	雜 65	⇨ 雜65
5-71	18	眼⑥ 色⑥	⇨ 眼⑥ 見色⑥
5-76	10f.,18f.,-5f.	得不動心，學	⇨ 得不動，心學
5-77	-2	(preceding causes)	⇨ (a preceding causes)
5-78	-3	massa	⇨ imassa
5-79	8	avijjāpaccayā saṅkhārā uppādā.(諸行之生((是))緣無明故。)	⇨ avijjāpaccayā saṅkhārā.(諸行((是))緣無明故((生成))。)
	10	緣無明故((有))行。	⇨ 緣無明故((有))諸行。
	-7	nāmar paṁ	⇨ nāmarūpaṁ
	-1	imaya	⇨ imāya
5-80	-12	an-aññā(adv.)	⇨ an-aññā(a.;pron.)
5-85	12	因待果立，果依因生	⇨ 果依因生，因待果立
	-7	復歸因。	⇨ 復歸因位中。
5-90	11	識入胎不出者	⇨ 識入胎 ♣不(宜作：「 ♥即」)出者
5-91	-13	㊅27-117b^{-7}~ $^{-10}$	⇨ ㊅27-117b^{-7}~c^{-10}
5-93	1	【種種緣起支 二世 三世觀】	⇨【種種緣起支之 一世 二世 三世觀】

24 ‖ + + + + + + + + + + ○ ○ ‖
‖ ⋮ ‖
‖ ○ ○ ○ ○ ○ ○ ○ ○ ○ ○ ○ ○ ‖
├──────────────────────────┤

	-1	VM 578^{17}f.	⇨ VM 579^{-1}f.
5-94	16	pajānāti.	⇨ paṭipadam pajānāti.
5-95	9	āsati	⇨ asati
	12	nirodhadhammmam	⇨ nirodhammam
5-102	-3	tatrâbhi nandinī	⇨ tatrâbhinandinī
	-2f.	sakkhāyasamudaya	⇨ sakkhāyasamudayo
5-105	3	蘊法門	⇨ 陰法門
5-106	5	bhangânupassanāñāṇa	⇨ bhaṅgânupassanā-ñāṇa
	9	muccitu	⇨ muñcitu
	10	paṭisankhânupassanāñāṇa	⇨ paṭisaṅkhânupassanā-ñāṇa
	13	百五法	⇨ 百〇四法
	-5f.	(3) [48]空、[49]如芭蕉、[50]如幻、[51]非我、[52]非我所、[53]滅法、 [54]如夢、(4) [55]災患、[56]魔邪、[57]魔勢、[58]魔器、[59]微劣貪嗜、[60]殺、[61]摽刀劍、[62]陰蓋、[63]過患處、[64]惡知識、[65]怨家、[66]連鏁、[67]非義、[68]非安慰、[69]無蔭、[70]無洲、[71]無覆、[72]無依、[73]無護、[74]不可欲法、[75]誘引法、[76]將養法、[77]有殺法、[78]有相法、[79]有吹法、[80]有取法、[81]深嶮法、[82]難澁法、	

		[83]不正法、[84]凶暴法、[85]有貪法、[86]有恚法、[87]有癡法、[88]燒然法、[89]罣閡法、[90]災法、[91]集法、[92]骨聚法、[93]肉段法、[94]執炬法、[95]火坑法、[96]如毒蛇、[97]如假借、[98]如樹果、[99]如屠牛者、[100]如殺人者、[101]如毒瓶、[102]如毒身、[103]如毒華、[104]如毒果。」
5-107	-3	〖斯多含道智〗→〖斯多含果〗⇨〖斯陀含道智〗→〖斯陀含果〗
5-113	15	saṅkhara ⇨ saṅkhārā
5-116	-7	雜105大2-32-3a ⇨ 雜105大2-32af.
5-120	-5,-4,-3	世間、世間法 ⇨ 世間 世間法
5-124	-9	【無常 ∞ 苦】⇨【無常 ≧ 苦】
5-132	-4	雜298大2-85c[9] ⇨ 雜298 大2-85b[9]
5-136	8	得盡諸漏、無漏，心解脫 ⇨ 得盡諸漏，無漏心解脫
	13	於大師所恭敬、尊重、供養如佛。世尊 ⇨ 於大師所 恭敬、尊重、供養。如佛、世尊
5-137	17	海德斐 F. Hyde? ⇨ J.A. Hadfield
5-138	-11f.	(Isā up°) ⇨ 〈Isā up°〉 (Kathaka up°) ⇨ 〈Kathaka up°〉 (Chandogya up°) ⇨ 〈Chandogya up°〉
5-140	6	同化而來 ⇨ 音之同化而來
	-10	若所沙門 ⇨ 若諸沙門
5-143	18	Na bhabissan ⇨ Na bhavissan
5-144	-3	我異 ⇨ 我爾
5-147	表中最左列	離 ⇨ 卽 卽 ⇨ 離
5-153	-10	亦不見解脫， 及以非解脫；⇨ 亦不見解脫 及以非解脫；
5-154	-5	upādānakkhandho ⇨ upādānakkhandhesu
5-157	4,8,9	不嫌彼 ⇨ 不慊彼
	-10	死後非有色非無色無病之我，⇨ 死後亦有色新無色無病之我、死後非有色非無色無病之我，
	-2	Sanni ⇨ Saññi
5-159	-9	教授耶？ ⇨ 教授耶。
5-164	15	哺時 ⇨ 晡時
5-165	-4	不住不解於內空 ⇨ 不住、不解於內空
5-166	-2	一切結縛 ⇨ 一切結、縛
5-167	-7	⑷【不起塵、不熾然】⇨ 3.【不起塵、不熾然】
	-3	⑸【永捨離 我慢】⇨ ⑷【永捨離 我慢 ＝ 斷五上分結】
	-2	「爾時， ⇨ 1.「爾時，
5-168	17	3.「云何不嫌彼？⇨ 2.「云何不慊彼？
	18	嫌彼 ⇨ 慊彼
5-170	15	Kiñcâpi āvuso ⇨ Evam eva kho āvuso kiñcâpi
5-171	16	於大師所恭敬、尊重、供養如佛。世尊 ⇨ 於大師所 恭敬、尊重、供養。如佛、世尊
5-172	7	āhuneyyabhavâdisiddhî ti ⇨ āhuneyyabhāvâdisiddhî ti
6-12	10	A 8,84 ⇨ A 3,84
6-15	-7	samādhi[3](阿羅漢果定) ⇨ samādhiŋ(阿羅漢果定)
	-6	pañña[3](阿羅漢果慧) ⇨ paññaŋ(阿羅漢果慧)
6-18	-3	49,110) ⇨ 50,110)
6-19	-4	斯多含 果/道 ⇨ 斯陀含 果/道
6-20	2,3,4	得斯多含 ⇨ 得斯陀含
	-1	(Pṭm ii. 49^{11}~54^{10}) ⇨ (Pṭm ii. 49^{-11}~55^{21})
6-23	-4	paṭihacca ⇨ paṭikacca[B^{1-2}]

5-28　全頁修正如下：

§1-4-4 【成就[1♦] (/不成就[1])貪[1♠] ……映翳[11♦] (/不翳[11])貪[1♠] ……惱苦[66♠] ，不堪任[1](/堪任[1])知[1♥] 色⑤ 無常……不堪任[1] (/堪任[1])於色⑤ 滅盡作證[7♥] 】⇨ (雜.187)

♣「成就[♦] 貪欲[♠] 一法故，不復堪任知[♥] 色⑤ 無常……乃至不堪任滅色⑤·作證[♥] 。

⋮

⋮(成就[1♦] 、不知[2]、親[3]、不明[4]、不識[5]、不察[6]、不量[7]、覆[8]、種[9]、掩[10]、映翳[11♦] 。)

⋮

⋮(貪[1♠] 、恚[2]、癡[3]、瞋[4]、恨[5]、呰[6]、執[7]、嫉[8]、慳[9]、幻[10]、諂[11]、無慚[12]、無愧[13]、慢[14]、慢慢[15]、增慢[16]、我慢[17]、增上慢[18]、邪慢[19]、卑慢[20]、憍慢[21]、放逸[22]、矜高[23]、曲偽㊂[24]、相規[25]、利誘[26]、利惡[27]、欲[28]、多欲[29]、常欲[30]、不敬[31]、惡口[32]、惡知識[33]、不忍[34]、貪嗜[35]、下㊂貪[36]、惡貪[37]、身見[38]、邊見[39]、邪見[40]、見取[41]、戒取[42]、欲愛[43]、瞋恚[44]、睡眠[45]、掉悔[46]、疑[47]、惛悴[48]、蹁蹮[49]、贔屓懶[50]、亂想[51]、不正憶[52]、身濁[53]、不直[54]、不軟[55]、不異[56]、欲覺[57]、恚覺[58]、害覺[59]、親(里)覺[60]、國土覺[61]、輕易覺[62]、愛他家覺[63]、愁[64]、憂[65]、惱苦[66♠] 。)

⋮

⋮(知[1♥] 、識[2]、解[3]、受[4]、求[5]、辯[6]、獨證((自作證))[7♥])

⋮

⋮

映翳[11♦] 貪欲[1♠] 一法故，不復堪任 知[1♥] 色⑤ 無常……乃至不堪任滅色⑤ 作證[7♥] 。

⇅

不成就[1♦] 貪欲[1♠] 一法故，堪任 知[1♥] 色⑤ 無常……乃至堪任滅色⑤ 作證[7♥] 。 ⋮

⋮(不成就[1♦] 、知[2]、不親[3]、明[4]、識[5]、察[6]、量[7]、不覆[8]、不種[9]、不掩[10]、不翳[11♦] 。)

⋮

不翳[1♦] 貪欲[1♠] 一法故，堪任知[1♥] 色⑤ 無常……乃至堪任滅色⑤ 作證[7♥] 。

⋮

⋮

成就[1♦] 惱苦[66♠] 一法故，不復堪任知[1♥] 色⑤ 無常……乃至不堪任滅色⑤ 作證[7♥] 。

映翳[11♦] 惱苦[66♠] 一法故，不復堪任知[1♥] 色⑤ 無常……乃至不堪任滅色⑤ 作證[7♥] 。

⇅

不成就[1♦] 惱苦[66♠] 一法故，堪任知[1♥] 色⑤ 無常……乃至堪任滅色⑤ 作證[7♥] 。

⋮

不翳[11♦] 惱苦[66♠] 一法故，堪任知[1♥] 色⑤ 無常……乃至堪任滅色⑤ 作證[7♥] 。

♣ 11[♦] × 66[♠] × 7[♥] ＝ 5082 不堪任(知[♥] 色⑤ ……乃至滅色⑤ 作證[♥])

♣ 11[♦] × 66[♠] × 7[♥] ＝ 5082 堪任(知[♥] 色⑤ ……乃至滅色⑤ 作證[♥])

2019/07/16 修訂

國家圖書館出版品預行編目資料

阿含要略 / 楊郁文著 -- 修訂版.-- 臺北市
: 法鼓文化,1997[民86] 面;公分. --
(智慧海;29) ISBN 957-8473-31-1(精裝)

1.阿含部

221.8 86007102

智慧海 29

阿含要略

法鼓文化

著者/楊郁文

出版/法鼓文化

總監/釋果賢

總編輯/陳重光

責任編輯/賴月英

地址/臺北市北投區公館路186號5樓

電話/(02)2893-4646 傳真/(02)2896-0731

網址/http://www.ddc.com.tw

E-mail/market@ddc.com.tw

讀者服務專線/(02)2896-1600

原東初出版社1993年6月初版至1995年12月初版四刷

修訂版一刷/1997年8月 修訂版九刷/2019年8月

建議售價/新臺幣1000元

郵撥帳號/50013371

戶名/財團法人法鼓山文教基金會-法鼓文化

北美經銷處/紐約東初禪寺

Chan Meditation Center (New York, USA)

Tel/(718)592-6593 Fax/(718)592-0717